中國國家圖書館編

國家圖書館藏敦煌遺書

第六十一册　北敦〇四五〇九號——北敦〇四六〇〇號

北京圖書館出版社

圖書在版編目(CIP)數據

國家圖書館藏敦煌遺書·第六十一册/中國國家圖書館編;任繼愈主編.—北京:北京圖書館出版社,2007.7

ISBN 978-7-5013-3213-7

Ⅰ.國…　Ⅱ.①中…②任…　Ⅲ.敦煌學—文獻　Ⅳ.K870.6

中國版本圖書館 CIP 數據核字(2007)第 081626 號

書　　名　國家圖書館藏敦煌遺書·第六十一册
著　　者　中國國家圖書館編　任繼愈主編
責任編輯　徐　蜀　孫　彦
封面設計　李　璀

出　　版　北京圖書館出版社　(100034　北京西城區文津街7號)
發　　行　010-66139745　66151313　66175620　66126153
　　　　66174391(傳真)　66126156(門市部)
E-mail　cbs@nlc.gov.cn(投稿)　btsfxb@nlc.gov.cn(郵購)
Website　www.nlcpress.com
經　　銷　新華書店
印　　刷　北京文津閣印務有限責任公司

開　　本　八開
印　　張　48.25
版　　次　2007年7月第1版第1次印刷
印　　數　1-250册(套)

書　　號　ISBN 978-7-5013-3213-7/K·1440
定　　價　990.00圓

目録

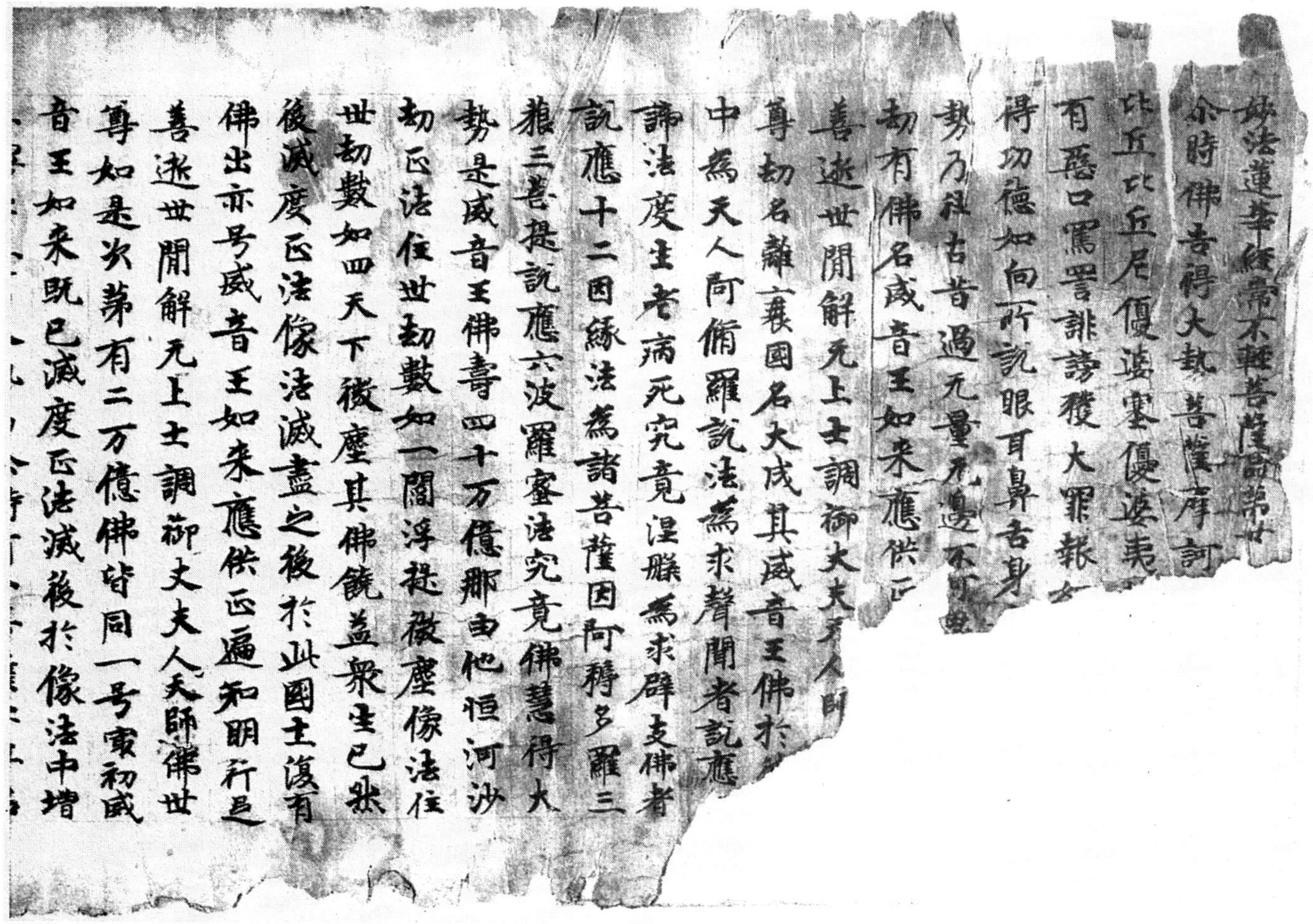

妙法蓮華經常不輕菩薩品第廿
尒時佛告得大勢菩薩摩訶
比丘比丘尼優婆塞優婆夷
有惡口罵詈誹謗獲大罪報如
得功德如向所說眼耳鼻舌身
勢乃往古昔過无量无邊不可思
劫有佛名威音王如来應供正
善逝世間解无上士調御丈夫天人師
尊劫名離衰國名大成其威音王佛於
中為天人阿脩羅說法為求聲聞者說應
諦法度生老病死究竟涅槃為求辟支佛者
說應十二因緣法為諸菩薩因阿耨多羅三
藐三菩提說應六波羅蜜法究竟佛慧得大
勢是威音王佛壽四十万億那由他恒河沙
劫正法住世劫數如一閻浮提微塵像法住
世劫數如四天下微塵其佛饒益衆生已然
後滅度正法像法滅盡之後於此國土復有
佛出亦号威音王如来應供正遍知明行足
善逝世間解无上士調御丈夫人天師佛世
尊如是次第有二万億佛皆同一号冣初威
音王如来既已滅度正法滅後於像法中增

BD04509 號　妙法蓮華經（八卷本）卷七　（9–1）

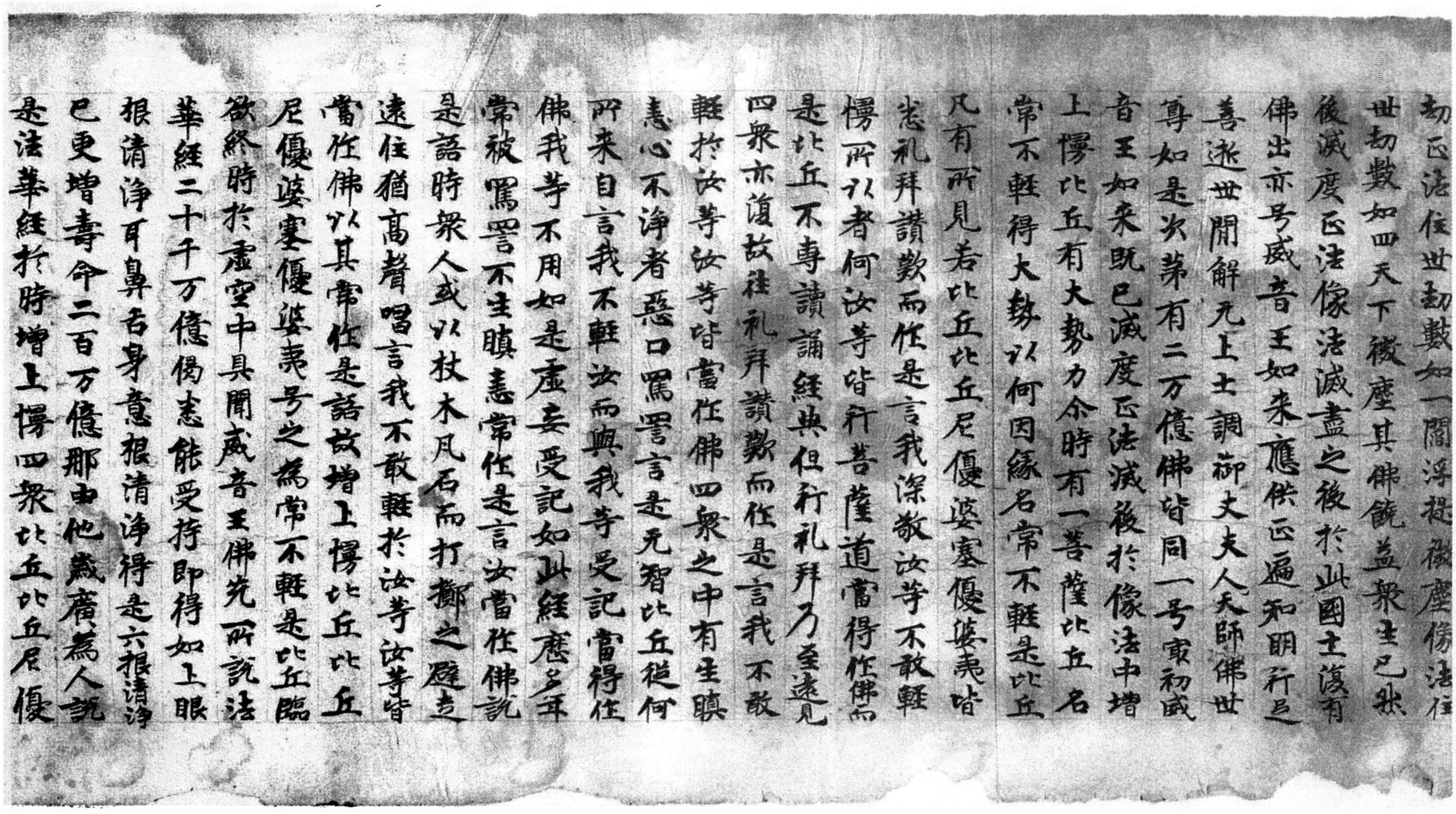

劫正法住世劫數如一閻浮提微塵像法住
世劫數如四天下微塵其佛饒益衆生已然
後滅度正法像法滅盡之後於此國土復有
佛出亦号威音王如来應供正遍知明行足
善逝世間解无上士調御丈夫人天師佛世
尊如是次第有二万億佛皆同一号冣初威
音王如来既已滅度正法滅後於像法中增
上慢比丘有大勢力尒時有一菩薩比丘名
常不輕得大勢以何因緣名常不輕是比丘
凡有所見若比丘比丘尼優婆塞優婆夷皆
悉礼拜讚歎而作是言我深敬汝等不敢輕
慢所以者何汝等皆行菩薩道當得作佛而
是比丘不專讀誦經典但行礼拜乃至遠見
四衆亦復故往礼拜讚歎而作是言我不敢
輕於汝等汝等皆當作佛四衆之中有生瞋
恚心不淨者惡口罵詈言是无智比丘從何
所来自言我不輕汝而與我等受記當得作
佛我等不用如是虛妄受記如此經歷多年
常被罵詈不生瞋恚常作是言汝當作佛說
是語時衆人或以杖木瓦石而打擲之避走
遠住猶高聲唱言我不敢輕於汝等汝等皆
當作佛以其常作是語故增上慢比丘比丘
尼優婆塞優婆夷号之為常不輕是比丘臨
欲終時於虛空中具聞威音王佛先所說法
華經二十千万億偈悉能受持即得如上眼
根清淨耳鼻舌身意根清淨得是六根清淨
已更增壽命二百万億那由他歲廣為人說
是法華經於時增上慢四衆比丘比丘尼優

BD04509 號　妙法蓮華經（八卷本）卷七　（9–2）

欲終時於虛空中具聞威音王佛先所說法
華經二十千万億偈悉能受持即得如上眼
根清淨耳鼻舌身意根清淨得是六根清淨
已更增壽命二百万億那由他歲廣為人說
是法華經於時增上慢四衆比丘比丘尼優
婆塞優婆夷輕賤是人為作不輕名者見
其得大神通力樂說辯力大善寂力聞其所
說皆信伏隨從是菩薩復化千万億衆令住
阿耨多羅三藐三菩提命終之後得值二千
億佛皆号日月燈明於其法中說是法華經
以是因緣復值二千億佛同号雲自在燈王
於此諸佛法中受持讀誦為諸四衆說此經
典故得是常眼清淨耳鼻舌身意諸根清
淨於四衆中說法心无所畏得大勢是常不
輕菩薩摩訶薩供養如是若干諸佛恭敬
尊重讚歎種諸善根於後復值千万億佛
亦於諸佛法中說是經典功德成就當得作佛得
大勢於意云何尒時常不輕菩薩豈異人乎
則我身是若我於宿世不受持讀誦此經為
他人說者不能疾得阿耨多羅三藐三菩提
我於先佛所受持讀誦此經為他人說故疾
得阿耨多羅三藐三菩提得大勢彼時四衆
比丘比丘尼優婆塞優婆夷以瞋恚意輕賤我
故二百億劫常不值佛不聞法不見僧千劫
於阿鼻地獄受大苦惱畢是罪已復遇常不
輕菩薩教化阿耨多羅三藐三菩提得大勢
於汝意云何尒時四衆常輕是菩薩者豈異

比丘比丘尼優婆塞優婆夷以瞋恚意輕賤我
故二百億劫常不值佛不聞法不見僧千劫
於阿鼻地獄受大苦惱畢是罪已復遇常不
輕菩薩教化阿耨多羅三藐三菩提得大勢
於汝意云何尒時四衆常輕是菩薩者豈異
人乎今此會中䟦陁婆羅等五百菩薩師子
月等五百比丘尼思佛等五百優婆塞皆於
阿耨多羅三藐三菩提不退轉者是得大勢
當知是法華經大饒益諸菩薩摩訶薩能令
至於阿耨多羅三藐三菩提是故諸菩薩摩
訶薩於如來滅後常應受持讀誦解說書寫
是經尒時世尊欲重宣此義而說偈言
過去有佛　号威音王　神智无量　將導一切
天人龍神　所共供養
是佛滅後　法欲盡時　有一菩薩　名常不輕
時諸四衆　計著於法　不輕菩薩　往到其所
而語之言　我不輕汝　汝等行道　皆當作佛
諸人聞已　輕毀罵詈　不輕菩薩　能忍受之
其罪畢已　臨命終時　得聞此經　六根清淨
神通力故　增益壽命　復為諸人　廣說是經
諸著法衆　皆蒙菩薩　教化成就　令住佛道
不輕命終　值无數佛　說是經故　得无量福
漸具功德　疾成佛道　彼時不輕　則我身是
時四部衆　著法之者　聞不輕言　汝當作佛
以是因緣　值无數佛　此會菩薩　五百之衆
并及四部　清信士女　今於我前　聽法者是
我於前世　勸是諸人　聽受斯經　第一之法
開示教人　令住涅槃　世世受持　如是經典

時四部衆　著法之者　聞不輕言　汝當作佛
以是因緣　值无數佛　此會菩薩　五百之衆
并及四部　清信士女　今於我前　聽法者是
我於前世　勸是諸人　聽受斯經　第一之法
開示教人　令住涅槃　世世受持　如是經典
億億万劫　至不可議　時乃得聞　是法華經
億億万劫　至不可議　諸佛世尊　時說是經
是故行者　於佛滅後　聞如是經　勿生疑惑
應當一心　廣說此經　世世值佛　疾成佛道
妙法蓮華經如來神力品第廿一
尒時千世界微塵等菩薩摩訶薩從地踊出
者皆於佛前一心合掌瞻仰尊顏而白佛言
世尊我等於佛滅後世尊分身所在國土滅
度之處當廣說此經所以者何我等亦自欲
得是真淨大法受持讀誦解說書寫而供養
之尒時世尊於文殊師利等无量百千万億
舊住娑婆世界菩薩摩訶薩及諸比丘比丘
尼優婆塞優婆夷天龍夜叉乾闥婆阿脩
羅迦樓羅緊那羅摩睺羅伽人非人等一切
衆前現大神力出廣長舌上至梵世一切毛
孔放於无量无數色光皆悉遍照十方世界衆
寶樹下師子座上諸佛亦復如是出廣長舌
放无量光釋迦牟尼佛及寶樹下諸佛現神
力時滿百千歲然後還攝舌相一時謦欬俱
共彈指是二音聲遍至十方諸佛世界地皆
六種震動其中衆生天龍夜叉乾闥婆阿脩
羅迦樓羅緊那羅摩睺羅伽人非人等以佛

BD04509 號　妙法蓮華經（八卷本）卷七　（9–5）

放无量光釋迦牟尼佛及寶樹下諸佛現神
力時滿百千歲然後還攝舌相一時謦欬俱
共彈指是二音聲遍至十方諸佛世界地皆
六種震動其中衆生天龍夜叉乾闥婆阿脩
羅迦樓羅緊那羅摩睺羅伽人非人等以佛
神力故皆見此娑婆世界无量无邊百千万
億衆寶樹下師子座上諸佛及見釋迦牟尼
佛共多寶如來在寶塔中坐師子座又見无
量无邊百千万億菩薩摩訶薩及諸四衆恭
敬圍遶釋迦牟尼佛既見是已皆大歡喜得
未曾有即時諸天於虛空中高聲唱言過此
无量无邊百千万億阿僧祇世界有國名娑婆
是中有佛名釋迦牟尼今為諸菩薩摩訶薩
說大乘經名妙法蓮華教菩薩法佛所護念
汝等當深心隨喜亦當礼拜供養釋迦牟尼佛
彼諸衆生聞虛空中聲已合掌向娑婆世界
作如是言南无釋迦牟尼佛南无釋迦牟尼
佛以種種華香瓔珞幡蓋及諸嚴身之具珎
寶妙物皆共遙散娑婆世界所散諸物從十
方來譬如雲集變成寶帳遍覆此間諸佛
之上于時十方世界通達无礙如一佛土
尒時佛告上行等菩薩大衆諸佛神力如是
无量无邊不可思議若我以是神力於无量
无邊百千万億阿僧祇劫為囑累故說此經
功德猶不能盡以要言之如來一切所有之法
如來一切自在神力如來一切祕要之藏
如來一切甚深之事皆於此經宣示顯說是

BD04509 號　妙法蓮華經（八卷本）卷七　（9–6）

无邊百千万億阿僧祇劫為囑累故說此經
功德猶不能盡以要言之如来一切所有之法
如来一切自在神力如来一切秘要之藏
如来一切甚深之事皆於此經宣示顯說是
故汝等於如来滅後應一心受持讀誦解說
書寫如說脩行所在國土若有受持讀誦解
說書寫如說脩行若經卷所住之處若於園
中若於林中若於樹下若於僧坊若白衣舍
若在殿堂若山谷曠野是中皆應起塔供
養所以者何當知是處即是道場諸佛於此
得阿耨多羅三藐三菩提諸佛於此轉于法輪
諸佛於此而般涅槃尒時世尊欲重宣此義
而說偈言
諸佛救世者　住於大神通　為悅衆生故　現无量神力
舌相至梵天　身放无數光　為求佛道者　現此希有事
諸佛謦欬聲　及彈指之聲　周聞十方國　地皆六種動
以佛滅度後　能持是經故　諸佛皆歡喜　現无量神力
囑累是經故　讃美受持者　於无量劫中　猶故不能盡
是人之功德　无邊无有窮　如十方虛空　不可得邊際
能持是經者　則為已見我　亦見多寶佛　及諸分身者
又見我今日　教化諸菩薩
能持是經者　令我及分身　滅度多寶佛　一切皆歡喜
十方現在佛　并過去未来　亦見亦供養　亦令得歡喜
諸佛坐道場　所得秘要法　能持是經者　不久亦當得
能持是經者　於諸法之義　名字及言辭　樂說无窮盡
如風於空中　一切无鄣礙　於如来滅後　知佛所說經
因緣及次第　隨義如實說　如日月光明　能除諸幽冥
斯人行世間　能滅衆生闇　教无量菩薩　畢竟住一乘

十方現在佛　并過去未来　亦見亦供養　亦令得歡喜
諸佛坐道場　所得秘要法　能持是經者　不久亦當得
能持是經者　於諸法之義　名字及言辭　樂說无窮盡
如風於空中　一切无鄣礙　於如来滅後　知佛所說經
因緣及次第　隨義如實說　如日月光明　能除諸幽冥
斯人行世間　能滅衆生闇　教无量菩薩　畢竟住一乘
是故有智者　聞此功德利　於我滅度後　應受持斯經
是人於佛道　決定无有疑

妙法蓮華經囑累品第廿二

尒時釋迦牟尼佛從法座起現大神力以右
手摩无量菩薩摩訶薩頂而作是言我於
无量百千万億阿僧祇劫脩集是難得阿耨多
羅三藐三菩提法今以付囑汝等汝等應當
一心流布此法廣令增益如是三摩諸菩薩摩
訶薩頂而作是言我於无量百千万億阿僧
祇劫脩集是難得阿耨多羅三藐三菩提法
今以付囑汝等汝等當受持讀誦廣宣此法
令一切衆生普得聞知所以者何如来有大
慈悲无諸慳悋亦无所畏能與衆生佛之智
慧如来智慧自然智慧如来是一切衆生之
大施主汝等亦應隨學如来之法勿生慳悋
於未来世若有善男子善女人信如来智慧
者當為演說此法華經使得聞知為令其人
得佛慧故若有衆生不信受者當於如来
餘深法中示教利喜汝等若能如是則為已
報諸佛之恩時諸菩薩摩訶薩聞佛作是說
已皆大歡喜遍滿其身益加恭敬曲躬低頭
合掌向佛俱發聲言如世尊勑當具奉行唯

令以付屬汝等汝等當受持讀誦廣宣此法
令一切衆生普得聞知所以者何如來有大
慈悲无諸慳恡亦无所畏能與衆生佛之智
慧如來智慧自然智慧如來是一切衆生之
大施主汝等亦應隨學如來之法勿生慳恡
於未來世若有善男子善女人信如來智慧
者當為演說此法華經使得聞知為令其人
得佛慧故若有衆生不信受者當於如來
餘深法中示教利喜汝等若能如是則為已
報諸佛之恩時諸菩薩摩訶薩聞佛作是說
已皆大歡喜遍滿其身益加恭敬曲躬低頭
合掌向佛俱發聲言如世尊勑當具奉行唯
然世尊願不有慮諸菩薩摩訶薩衆如是
三反俱發聲言如世尊勑當具奉行唯然世尊
願不有慮尒時釋迦牟尼佛令十方來諸分身
佛各還本土而作是言諸佛各隨所安多
寶佛塔還可如故說是語時十方无量分身
諸佛坐寶樹下師子座上者及多寶佛并上
行等无邊阿僧祇菩薩大衆舍利弗等聲聞
四衆及一切世間天人阿脩羅等聞佛所說
皆大歡喜

BD04509 號　妙法蓮華經（八卷本）卷七　（9–9）

…得求心中所願者无不獲得求長壽
得長壽求富饒得富饒求安隱得安隱求男
女得男女求官位得官位若命過以後欲生
妙樂天上者亦當礼敬琉璃光佛至真等正
覺若欲上生三十三天者亦當礼拜必得往
生若欲與明師世世相值者亦當礼敬琉璃
光佛
佛言文殊若欲生十方妙樂國土者亦應
礼敬琉璃光佛欲得生兜率天上見彌勒者
亦應礼敬琉璃光佛若欲遠諸耶道亦當礼
敬琉璃光佛若夜惡夢鳥鳴百怪蜚尸耶忤
魍魎鬼神之所嬈者亦當礼敬琉璃光佛若
為水火所焚漂者亦當礼敬琉璃光佛若入山
谷為虎狼熊羆蒺蔾諸狩烏龍蚖虵蝮蠍
種種雜類若有惡心來相向者心中當存念琉
璃光佛山中諸難不能為害若他方怨賊偷
竊惡人怨家債主欲來侵陵心當存念琉璃
光佛則不為害以善男子善女人礼敬琉璃
光如來功德所致華報如是况果報也是故

BD04510 號　灌頂章句拔除過罪生死得度經　（11–1）

谷爲虎狼熊羆蒺藜諸形鳥龍蚖虵蚰蜒
種種雜類若有惡心來相向者心中當存念琉
璃光佛山中諸難不能爲害若他方怨賊偷
竊惡人怨家債主欲來侵淩心當存念琉璃
光佛則不爲害以善男子善女人礼敬琉璃
光如來功德所致華報如是况果報也是故
吾今勸諸四輩礼事琉璃光佛至真等正覺
佛告文殊我但爲汝略說琉璃光佛礼敬功
德若使我廣說是琉璃光佛无量功德與一
切人求心中所願者從一劫至一劫故不周遍
其世間人若有著床瘦黃困篤惡病連年
累月不差者聞我說是琉璃光佛名字之時
横病之厄无不除愈唯除宿殃不請耳
佛告文殊若男子女人受三自歸若五戒若
十戒若善信菩薩二十四戒若沙門二百五
十戒若比丘尼五百戒若菩薩戒若破是諸
戒若能至心一懺悔者復聞我說琉璃光佛
終不墮三惡道中必得解脫若人愚癡不受
父母師友教誨不信佛不信經戒不信聖僧
應墮三惡道中者妄失人種受畜生身聞
我說是琉璃光佛善願功德者即得解脫
佛告文殊世有惡人雖受佛禁戒觸事違犯
或煞无道偷竊他人財寶欺詐妄語婬他婦
女飲酒鬬亂兩舌惡口罵詈罵人犯戒爲惡復
祠祀鬼神有如是過罪當墮地獄中若當屠

BD04510號　灌頂章句拔除過罪生死得度經　（11–2）

我說是琉璃光佛善願功德者即得解脫
佛告文殊世有惡人雖受佛禁戒觸事違犯
或煞无道偷竊他人財寶欺詐妄語婬他婦
女飲酒鬬亂兩舌惡口罵詈罵人犯戒爲惡復
祠祀鬼神有如是過罪當墮地獄中若當屠
割若抱銅柱若鐵鉤出舌若洋銅灌口者聞
我說是藥師琉璃光佛无不即得解脫者也
佛告文殊其世間人豪貴下賤不信佛不信
經道不信沙門不信有須陁洹不信有斯陁
含不信有阿那含不信有阿羅漢不信有辟
支佛不信有十住菩薩不信有三世之事不
信有十方諸佛不信有本師釋迦文佛不信
人死神明更生善者受福惡者受殃有如是
之罪應墮惡道聞我說是藥師琉璃光佛
名字之者一切過罪自然消滅
佛告文殊若有善男子善女人聞我說是藥
師琉璃光佛至真等正覺其誰不發无上正
真道意後皆當得作佛人居世間仕宦不遷
治生不得飢寒困厄亡失財產无復方計聞我
說藥師琉璃光佛各各得心中所願仕宦皆
得高遷財物自然長益飲食充饒皆得富
貴若爲縣官所拘録惡人侵枉若爲怨家所
得便者心當存念琉璃光佛若他婦女生產
難者皆當念是琉璃光佛兒則易生身體平
正无諸疾痛六情完具聰明智慧壽命得長

BD04510號　灌頂章句拔除過罪生死得度經　（11–3）

得□遲財物自然長益飲食□飲皆得□
貴若為縣官所拘錄惡人侵枉若為怨家所
得便者心當存念琉璃光佛若他婦女生產
難者皆當念是琉璃光佛兒則易生身體平
正无諸疾痛六情具足聡明智慧壽命得長
不遭枉橫善神擁護不為惡鬼㪡其頭也
佛說是語時阿難在右邊佛顧語阿難言汝
信我為文殊師利說往昔東方過十恒河沙
有佛名曰藥師琉璃光本願功德者不阿難
白佛言唯天中天佛之所言何敢不信耶佛
復語阿難言世間人雖有眼耳鼻舌身意人
常用是六事以自惑惑信世間魔耶之言不
信至真至誠度世苦切之語如是人輩難可
開化也
阿難白佛言世尊世人多有惡逆下賤之者
若聞佛說經開人耳目破治人病除人陰冥
使覩光明解人疑結去人重罪千劫万劫无復
憂惱皆因佛說是藥師琉璃光本願功德悉
令安隱得其福
佛言阿難汝口為言善而汝內心疑我言
阿難汝莫作是念以自毀敗佛言阿難我見
汝心我知汝意汝知之不阿難即以頭面着
地長跪白佛言審如天中天所說我遣次聞
佛說是藥師琉璃光佛極大尊貴智慧巍
巍難可度量我心有小疑耳敢不首伏佛言汝

佛言阿難汝口為言善而汝內心疑我言
阿難汝莫作是念以自毀敗佛言阿難我見
汝心我知汝意汝知之不阿難即以頭面着
地長跪白佛言審如天中天所說我遣次聞
佛說是藥師琉璃光佛極大尊貴智慧巍
巍難可度量我心有小疑耳敢不首伏佛言汝
智慧狹劣少見少聞汝聞我說深妙之法无
上空義應生信敬貴重之心必當得至无上正
真道也
文殊師利問佛言世尊佛說是藥師琉璃光
如來无量功德如是不審誰肯信此言者佛
荅文殊言唯有百億諸菩薩摩訶薩當信是
言耳唯有十方三世諸佛當信是言
佛言我說是藥師琉璃光如來本願功德難
可得見何况得聞亦難得說難得書寫亦難
得讀文殊師利若有男子女人能信是經受持
讀誦書着竹帛復能為他人解說中義此皆
先世以發道意今復得聞此微妙法開化十方
无量衆生當知此人必當得至无上正真道也
佛告阿難我作佛以來從生死復至生死勤
苦累劫无所不經无所不歷无所不作无所不
為如是不可思議况復琉璃光佛本願功德
者乎汝所以有疑者亦復如是阿難汝聞佛
所說汝諦信之莫作疑惑佛語真誠无有
虛篤亦无二言佛為信者施不為疑者說也

苦果劫无所不經无所不歷无所不作无所不
爲如是不可思議琉璃光佛本願功德
者乎汝所以有疑者亦復如是阿難汝聞佛
所說汝諦信之莫作疑惑佛語真誠无有
虛僞亦无二言佛爲信者施不爲疑者說也
阿難汝莫作小疑以毀大乘之業汝却後亦
當發摩訶衍心莫以小道毀汝功德也阿難言
唯天中天我從今日以去无復佘心唯佛自當
知我心耳
佛語阿難此經能照諸天宮宅若三災起時
中有天人發心念此琉璃光佛本願功德經
者皆得離於彼處之難是經能除水涸不調
是經能除他方怨賊悉令斷滅四方夷狄各
還正治不相嬈惱國土交通人民歡樂是經
能除穀貴飢凍是經能滅惡星變怪是經
能除疫毒之病是經能救三惡道苦地獄
餓鬼畜生等苦若人得聞此經典者无不
解脫厄難者也
尒時衆中有一菩薩名曰救脫從坐而起整
衣服叉手合掌而白佛言我等今日聞佛世
尊演說過東方十恒河沙世界有佛号琉璃光
一切衆會靡不歡喜救脫菩薩又白佛言若
族姓男女其有危厄著床痛惱无救護者我
今當勸呼諸衆僧七日七夜齋戒一心受持八

衣服叉手合掌而白佛言我等今日聞佛世
尊演說過東方十恒河沙世界有佛号琉璃光
一切衆會靡不歡喜救脫菩薩又白佛言若
族姓男女其有危厄著床痛惱无救護者我
今當勸呼諸衆僧七日七夜齋戒一心受持八
禁六時行道四十九遍讀是經典勸然七層
之燈亦勸懸五色續命神幡阿難問救脫菩
薩言續命幡燈法則云何救脫菩薩語阿難
言神幡五色四十九尺燈亦復尒七層之燈
一層七燈燈如車輪若遭厄難閉在牢獄
枷鎖著身亦應造立五色神幡燃四十九燈
應放雜類衆生至四十九可得過度危厄之
難不爲諸橫惡鬼所持
救脫菩薩語阿難言若天王大臣及諸輔相
王子妃主中宮綵女若爲病苦所惱亦應造
立五色繒幡燃燈續明放諸生命散雜色華
燒衆名香王當放赦屈厄之人徒鏁解脫王
得其福天下太平雨澤以時人民歡樂惡龍
攝毒无病苦者四方夷狄不生逆害國土通
洞慈心相向无諸怨害四海歌詠稱王之德乘
此福祿在意所生見佛聞法信受教誨從
是福報至无爲道
阿難又問救脫菩薩言命可續也救脫菩薩
荅阿難言我聞世尊說有諸橫勸造幡蓋
令其脩福又言阿難昔沙祢救蟻已脩福故

是福報至无爲道
阿難又問救脫菩薩言命可續也救脫菩隡
荅阿難言我聞世尊說有諸橫勸造幡蓋
令其脩福又言阿難昔沙弥救蟻已脩福故
盡其壽命不更苦患身體安寧福德力強使
之然也阿難因復問救脫菩薩言橫有幾種
世尊說言橫乃无數略而言之大橫九一者橫
病二者橫有口舌三者橫遭縣官四者身羸
无福又持戒不完橫爲鬼神之所得便五者
橫爲劫賊所剥六者橫爲水火焚漂七者橫
爲雜類禽獸所噉八者橫爲怨讎符書厭禱
耶神牽引未得其福但受其殃先亡牽引
亦名橫死九者有病不治又不脩福湯藥不
順針灸失度不值良醫爲病所困於是滅亡
又信世間妖孽之師爲作恐動寒熱言語妄
發禍福所犯者多心不自正不能自定卜問
覓禍煞猪猶牛羊種種衆生解奏神明呼諸
耶妖魍魎鬼神請乞福祚欲望長生終不能
得愚癡迷惑信耶倒見死入地獄展轉其中
无解脫時是名九橫
救脫菩薩語阿難言其世間人癃黃之病困
篤著床求生不得求死不得考楚万端此病
人者或其前世造作惡業罪過所招殃咎所
引故使然也救脫菩薩語阿難言閻羅王者

BD04510 號　灌頂章句拔除過罪生死得度經　（11–8）

无解脫時是名九橫
救脫菩薩語阿難言其世間人癃黃之病困
篤著床求生不得求死不得考楚万端此病
人者或其前世造作惡業罪過所招殃咎所
引故使然也救脫菩薩語阿難言閻羅王者
主領世間名籍之記若人爲惡作諸非法无
孝順心造作五逆破滅三寶无君臣法又有
衆生不持五戒不信正法設有受者多所毀
犯於是地下鬼神及伺候者奏上五官五官
料簡除死定生或注錄精神未判是非若已
定者奏上閻羅閻羅監察隨罪輕重考而治
之世間癃黃之病困篤不死一絕一生猶其
罪福未得料簡錄其精神在彼王所或七
日五三七日乃至七七日名籍定者放其精
神還其身中如從夢中見其善惡其人若
明了者信驗罪福是故我今勸諸四輩造
續命神幡然四十九燈放諸生命以此幡燈
放生功德拔彼精神令得度苦今世後世不
遭厄難
救脫菩薩語阿難言如來世尊說是經典威
神功德利益不少坐中諸鬼神有十二王從
坐而起往到佛所胡跪合掌白佛言我等十
二鬼神在所作護若城邑聚落空閑林中若
四輩弟子誦持此經令所結願无求不得阿
難問言其名云何爲我說之救脫菩薩言

BD04510 號　灌頂章句拔除過罪生死得度經　（11–9）

神功德利益不少坐中諸鬼神有十二王從
坐而起往到佛所胡跪合掌白佛言我等十
二鬼神在所作護若城邑聚落空閑林中若
四輩弟子誦持此經令所結願无求不得阿
難問言其名云何爲我說之救脫菩薩言
灌頂章句其名如是
神名金毗羅　神名和耆羅　神名弥佉羅
神名安陁羅　神名摩尼羅　神名宋林羅
神名因持羅　神名波耶羅　神名摩休羅
神名真陁羅　神名照頭羅　神名毗伽羅
救脫菩薩語阿難言此諸鬼神別有七千以
爲眷屬皆悉叉手低頭聽佛世尊說是琉
離光如来本願功德莫不一時捨鬼神形得
受人身長得度脫无衆惱患若人疾急厄難之
日當以五色縷結其名字得如願已然後解
結令人得福灌頂章句法應如是
南无毗舍闍瞿留　毗留離耶　般頗阿羅闍耶　多經他
毗舍是　毗舍是　毗舍闍　娑摩踋帝　娑婆呵
佛說是經時比丘僧八千人諸菩薩三万六
千人俱諸天龍鬼神八部大王无不歡喜阿
難從坐而起前白佛言演說此法當何名之
佛言此經凡有三名一名藥師瑠璃光本願功
德二名灌頂章句十二神王結願神呪三名拔
除過罪生死得度佛說經竟大衆人民作礼

BD04510 號　灌頂章句拔除過罪生死得度經　（11–10）

爲眷屬皆悉叉手低頭聽佛世尊說是琉
離光如来本願功德莫不一時捨鬼神形得
受人身長得度脫无衆惱患若人疾急厄難之
日當以五色縷結其名字得如願已然後解
結令人得福灌頂章句法應如是
南无毗舍闍瞿留　毗留離耶　般頗阿羅闍耶　多經他
毗舍是　毗舍是　毗舍闍　娑摩踋帝　娑婆呵
佛說是經時比丘僧八千人諸菩薩三万六
千人俱諸天龍鬼神八部大王无不歡喜阿
難從坐而起前白佛言演說此法當何名之
佛言此經凡有三名一名藥師瑠璃光本願功
德二名灌頂章句十二神王結願神呪三名拔
除過罪生死得度佛說經竟大衆人民作礼
奉行

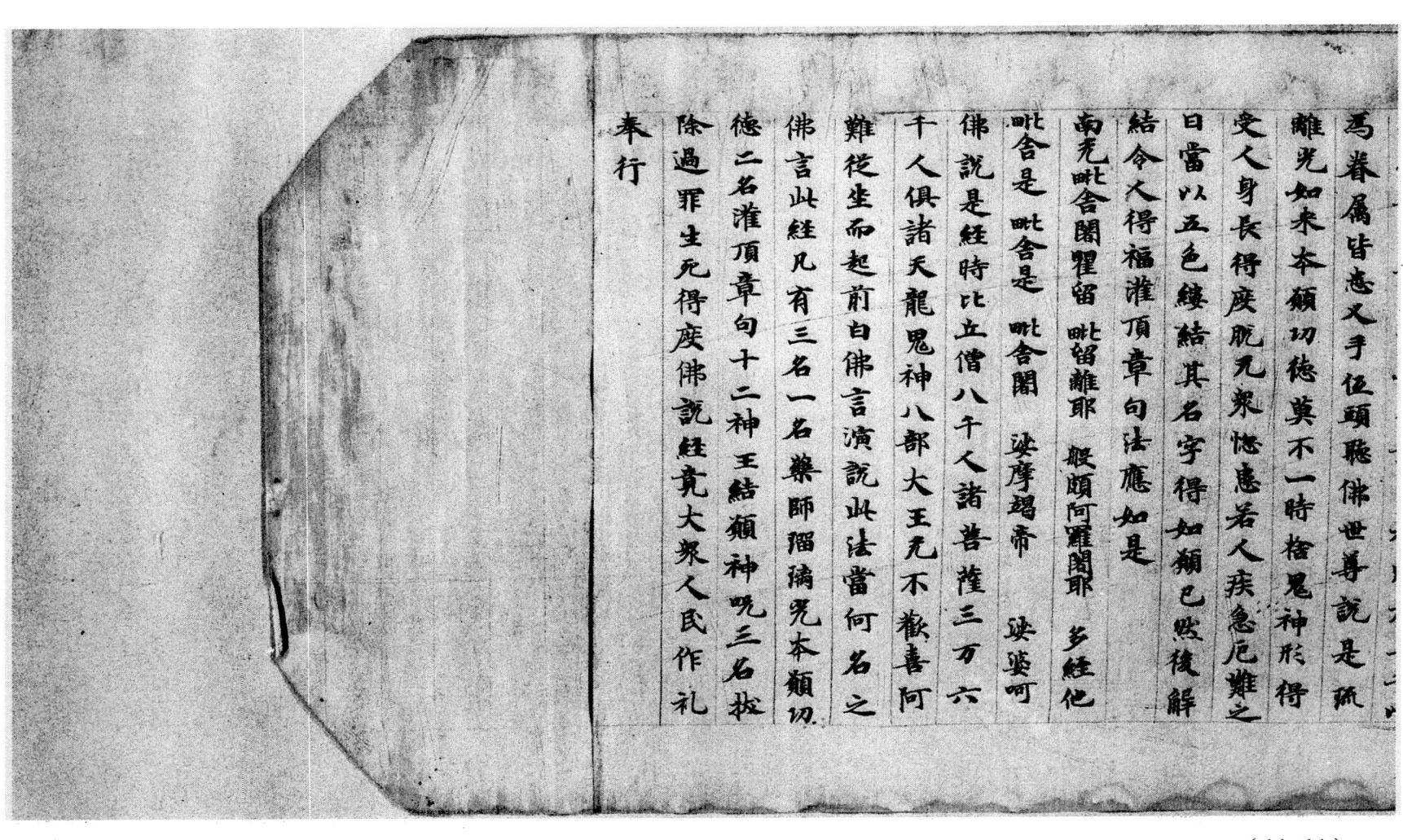

BD04510 號　灌頂章句拔除過罪生死得度經　（11–11）

界乃至
眼觸乃至意觸思惟眼觸為緣所生諸受乃
至意觸為緣所生諸受思惟地界乃至識界
亦復如是憍尸迦是諸菩薩摩訶薩般若波
羅蜜多
復次憍尸迦若菩薩摩訶薩發一切智智相
應之心以无所得而為方便思惟色乃至識
若寂靜若遠離若無生若無滅若無染若无
淨若無作若無為思惟眼處乃至意處思惟
色處乃至法處思惟眼界乃至意界思惟色
界乃至法界思惟眼識界乃至意識界思惟
眼觸乃至意觸思惟眼觸為緣所生諸受乃
至意觸為緣所生諸受思惟地界乃至識界
亦復如是憍尸迦是謂菩薩摩訶薩般若波
羅蜜多
復次憍尸迦若菩薩摩訶薩發一切智智相
應之心以無所得而為方便思惟無明緣行
行緣識識緣名色名色緣六處六處緣觸觸
緣受受緣愛愛緣取取緣有有緣生生緣老
死乃至純大苦蘊集以無所得而為方便思
惟無明滅故行滅行滅故識滅識滅故名色
滅名色滅故六處滅六處滅故觸滅觸滅故受

BD04511 號　大般若波羅蜜多經卷四二五　（4–1）

復次憍尸迦若菩薩摩訶薩發一切智智相
應之心以無所得而為方便思惟無明緣行
行緣識識緣名色名色緣六處六處緣觸觸
緣受受緣愛愛緣取取緣有有緣生生緣老
死乃至純大苦蘊集以無所得而為方便思
惟無明滅故行滅行滅故識滅識滅故名色
滅名色滅故六處滅六處滅故觸滅觸滅故
受滅受滅故愛滅愛滅故取滅取滅故有滅
有滅故生滅生滅故老死乃至純大苦蘊滅
憍尸迦是謂菩薩摩訶薩般若波羅蜜多復
次憍尸迦若菩薩摩訶薩發一切智智相應
之心以無所得而為方便安住內空乃至
無性自性空安住真如法界乃至不思議界
安隱界等憍尸迦是謂菩薩摩訶薩般若波
羅蜜多復次憍尸迦若菩薩摩訶薩發一切
智智相應之心以无所得而為方便脩行四
念住乃至八聖道支脩行空解脫門无相无
願解脫門脩行佛十力乃至十八佛不共法
脩行一切三摩地門陀羅尼門脩行一切智
道相智一切相智憍尸迦是謂菩薩摩訶薩
般若波羅蜜多復次憍尸迦若菩薩摩訶薩
發一切智智相應之心以无所得而為方便
脩行布施淨戒安忍精進靜慮般若波羅蜜
多憍尸迦是諸菩薩摩訶薩般若波羅蜜多
復次憍尸迦若菩薩摩訶薩脩行般若波羅
蜜多時作如是觀唯有諸法平相滋潤平相
增長平相圓滿思惟挍計无我我所復作是
觀諸菩薩摩訶薩迴向心不與菩提心和合

BD04511 號　大般若波羅蜜多經卷四二五　（4–2）

多憍尸迦是諸菩薩摩訶薩般若波羅蜜多
復次憍尸迦若菩薩摩訶薩脩行般若波羅
蜜多時作如是觀唯有諸法平相滋潤平相
增長平相圓滿思惟挍計无我我所復作是
觀諸菩薩摩訶薩迴向心不與菩提心和合
菩提心亦不與迴向心和合諸菩薩摩訶薩
迴向心於菩提心中无所有不可得菩提心
於迴向心中亦无所有不可得諸菩薩摩訶
薩雖如實觀諸法而於諸法都无所見憍尸
迦是諸菩薩摩訶薩般若波羅蜜多時天
帝釋問善現言云何菩薩摩訶薩迴向心不與
菩提心和合菩提心亦不與迴向心和合云何
菩薩摩訶薩迴向心於菩提中无所有不
可得菩提心於迴向心中亦无所有不可
得善現荅言憍尸迦諸菩薩摩訶薩迴向心
則非心菩提心亦非心不應非心迴向非心
亦不應迴向非心非心不應迴向於心心亦
不應迴向於心何以故憍尸迦非心即是不
可思議不可思議即是非心如是二種俱无
所有无所有中无迴向義憍尸迦心無自性
心性无故心所亦无心乃心所既无自性故
心亦无迴向心義憍尸迦若作是觀是謂菩
薩摩訶薩般若波羅蜜多尒時世尊讚善
現曰善哉善哉汝善能為諸菩薩摩訶薩宣
說般若波羅蜜多亦善勸勵諸菩薩摩訶薩
令生歡喜勤脩般若波羅蜜多具壽善現白言
世尊我既知恩不應不報何以故過去如來

BD04511號　大般若波羅蜜多經卷四二五　（4–3）

薩摩訶薩般若波羅蜜多尒時世尊讚善
現曰善哉善哉汝善能為諸菩薩摩訶薩宣
說般若波羅蜜多亦善勸勵諸菩薩摩訶薩
令生歡喜勤脩般若波羅蜜多具壽善現白言
世尊我既知恩不應不報何以故過去如來
應正等覺及諸弟子為諸菩薩摩訶薩衆
宣說六種波羅蜜多亦現教導讚勵慶喜安撫
建立令得究竟世尊尒時亦在中學今證无
上正等菩提轉妙法輪利樂我等故我今者
應隨佛教為諸菩薩摩訶薩衆宣說六種波
羅蜜多亦現教導讚勵慶喜安撫建立令得
究竟疾證无上正等菩提是則名為報彼恩
德
尒時具壽善現告天帝釋言憍尸迦汝問云
何菩薩摩訶薩應住般若波羅蜜多者汝等
諦聽吾當為說諸菩薩摩訶薩於般若波羅
蜜多如所應住不應住相憍尸迦色色空受
受想行識受想行識空菩薩菩薩空若色空若
受想行識空若菩薩空如是一切皆无二无
二處憍尸迦諸菩薩摩訶薩於般若波羅蜜
多應如是住憍尸迦眼處眼處空乃至意處
意處空菩薩菩薩空若眼處空乃至若意處
空若菩薩空如是一切皆无二无二處憍尸
迦諸菩薩摩訶薩於般若波羅蜜多應如是
住憍尸迦色處色處空乃至法處法處空菩

BD04511號　大般若波羅蜜多經卷四二五　（4–4）

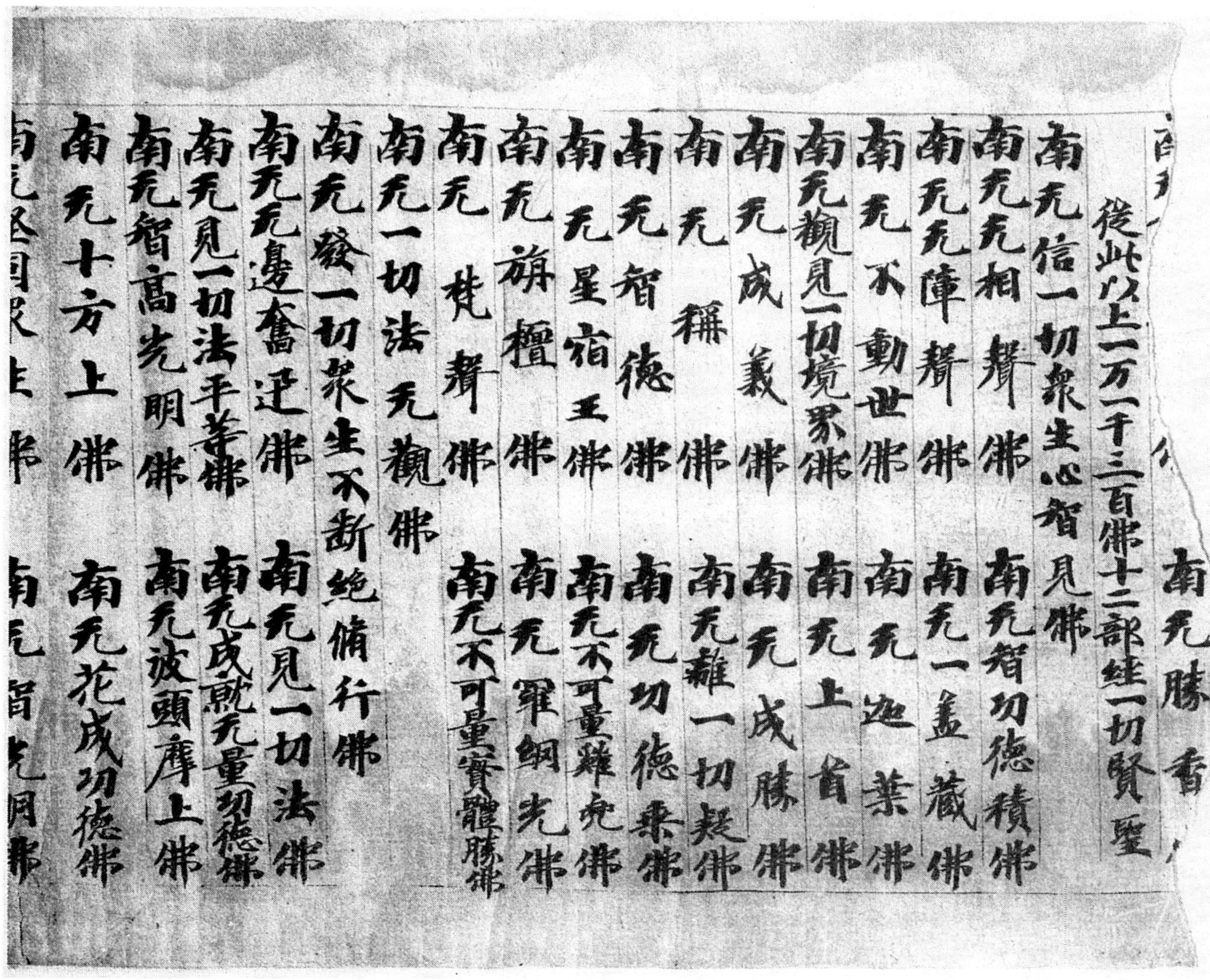
南无[illegible] / 南无勝香[illegible]
從此以上一万一千三百佛十二部經一切賢聖
南无信一切衆生心智見佛
南无无相聲佛 / 南无智功德積佛
南无无障聲佛 / 南无一蓋藏佛
南无不動世佛 / 南无迦葉佛
南无觀見一切境界佛 / 南无上首佛
南无成義佛 / 南无成勝佛
南无稱佛 / 南无離一切疑佛
南无智德佛 / 南无功德乘佛
南无星宿王佛 / 南无不可量難免佛
南无旃檀佛 / 南无羅網光佛
南无梵聲佛 / 南无不可量寶體勝佛
南无一切法无觀佛
南无發一切衆生不斷絶脩行佛
南无无邊奮迅佛 / 南无見一切法佛
南无見一切法平等佛 / 南无成就无量功德佛
南无智高光明佛 / 南无波頭摩上佛
南无十方上佛 / 南无花成功德佛
南无堅固衆生佛 / 南无智光明佛

BD04512號　佛名經(十六卷本)卷一四　　(2–1)

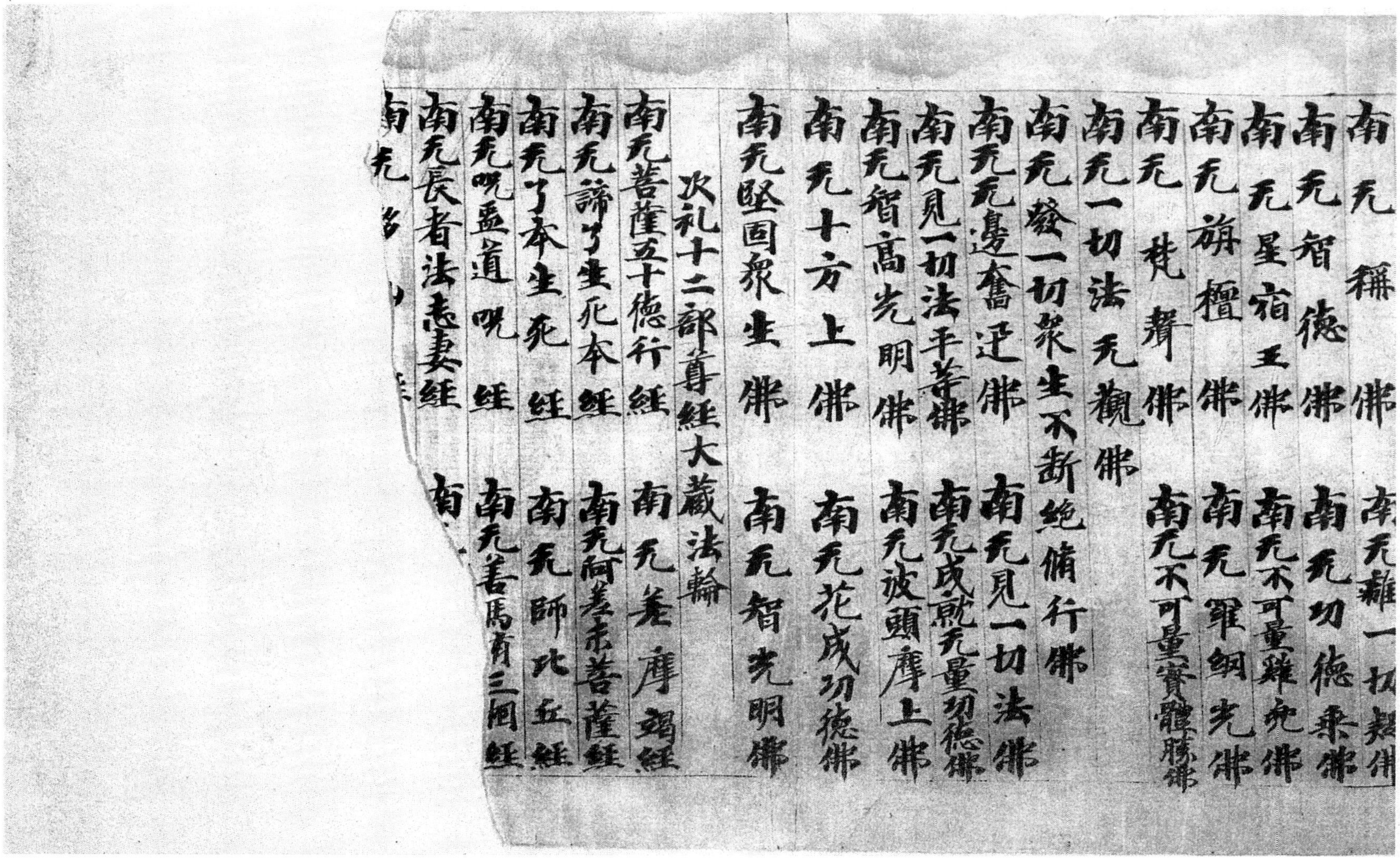
南无稱佛 / 南无離一切疑佛
南无智德佛 / 南无功德乘佛
南无星宿王佛 / 南无不可量難免佛
南无旃檀佛 / 南无羅網光佛
南无梵聲佛 / 南无不可量寶體勝佛
南无一切法无觀佛
南无發一切衆生不斷絶脩行佛
南无无邊奮迅佛 / 南无見一切法佛
南无見一切法平等佛 / 南无成就无量功德佛
南无智高光明佛 / 南无波頭摩上佛
南无十方上佛 / 南无花成功德佛
南无堅固衆生佛 / 南无智光明佛
次礼十二部尊經大藏法輪
南无菩薩五十德行經 / 南无菴摩羯經
南无諦了生死本經 / 南无阿差末菩薩經
南无了本生死經 / 南无師比丘經
南无呪蠱道呪經 / 南无善馬有三相經
南无長者法志妻經 / 南[illegible]
南无多[illegible]

BD04512號　佛名經(十六卷本)卷一四　　(2–2)

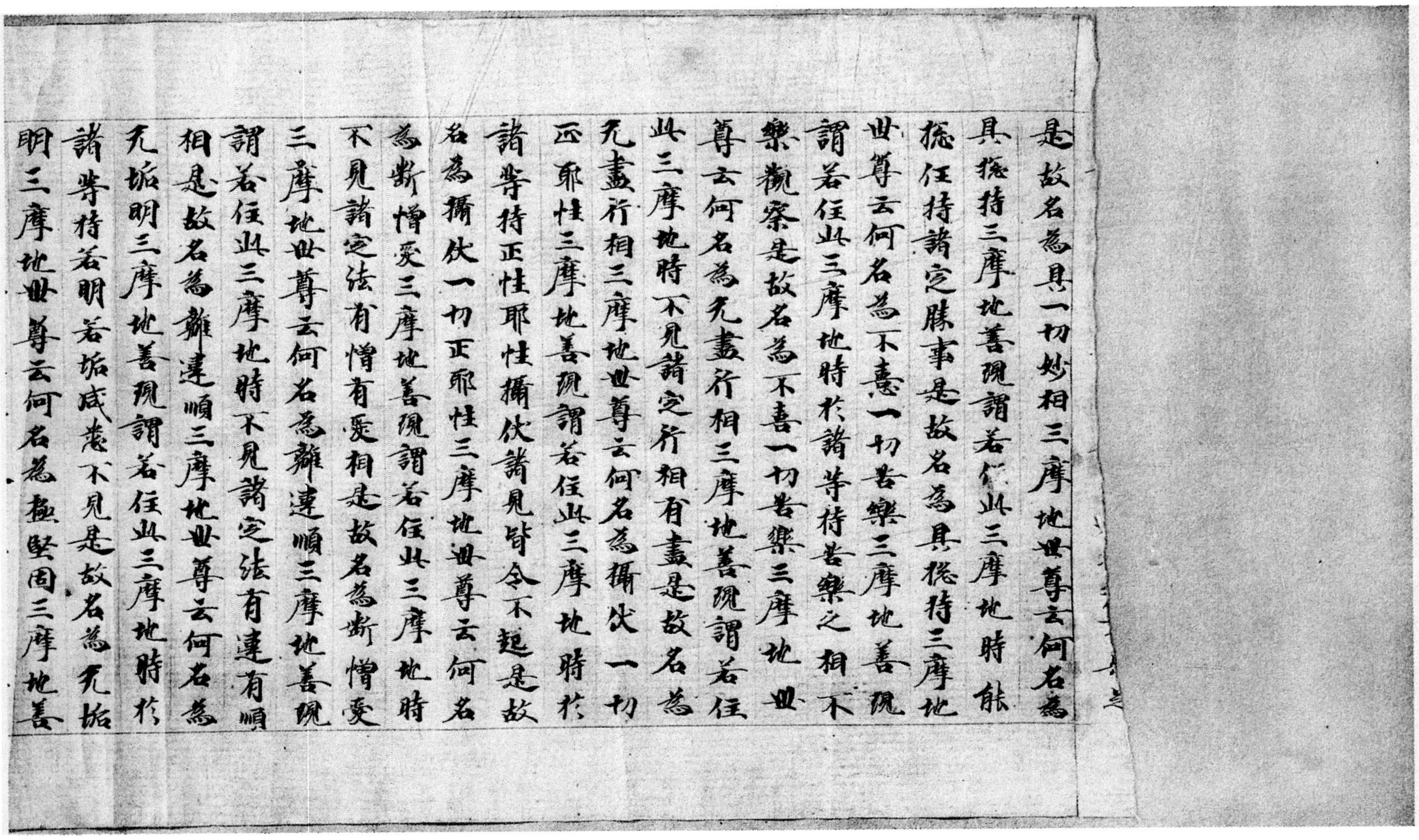

是故名為具一切妙相三摩地世尊云何名為
具揔持三摩地善現謂若住此三摩地時能
揔任持諸定勝事是故名為具揔持三摩地
世尊云何名為不憙一切苦樂三摩地善現
謂若住此三摩地時於諸等持苦樂之相不
樂觀察是故名為不喜一切苦樂三摩地世
尊云何名為无盡行相三摩地善現謂若住
此三摩地時不見諸定行相有盡是故名為
无盡行相三摩地世尊云何名為攝伏一切
正邪性三摩地善現謂若住此三摩地時於
諸等持正性邪性攝伏諸見皆令不起是故
名為攝伏一切正邪性三摩地世尊云何名
為斷憎愛三摩地善現謂若住此三摩地時
不見諸定法有憎有愛相是故名為斷憎愛
三摩地世尊云何名為離違順三摩地善現
謂若住此三摩地時不見諸定法有違有順
相是故名為離違順三摩地世尊云何名為
无垢明三摩地善現謂若住此三摩地時於
諸等持若明若垢咸悉不見是故名為无垢
明三摩地世尊云何名為極堅固三摩地善

BD04513 號　大般若波羅蜜多經卷五二　（2–1）

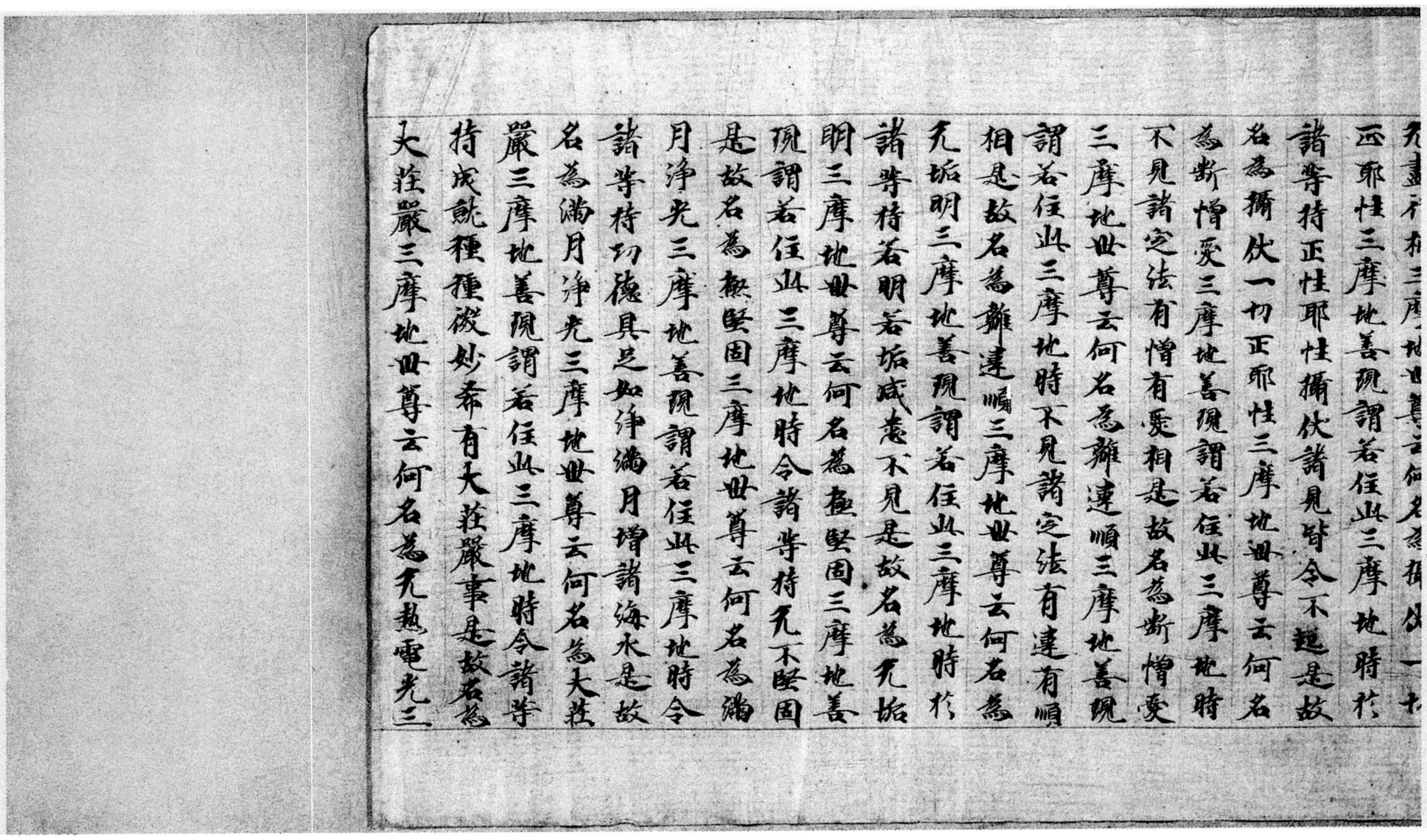

无盡行相三摩地世尊云何名為攝伏一切
正邪性三摩地善現謂若住此三摩地時於
諸等持正性邪性攝伏諸見皆令不起是故
名為攝伏一切正邪性三摩地世尊云何名
為斷憎愛三摩地善現謂若住此三摩地時
不見諸定法有憎有愛相是故名為斷憎愛
三摩地世尊云何名為離違順三摩地善現
謂若住此三摩地時不見諸定法有違有順
相是故名為離違順三摩地世尊云何名為
无垢明三摩地善現謂若住此三摩地時於
諸等持若明若垢咸悉不見是故名為无垢
明三摩地世尊云何名為極堅固三摩地善
現謂若住此三摩地時令諸等持无不堅固
是故名為極堅固三摩地世尊云何名為滿
月淨光三摩地善現謂若住此三摩地時令
諸等持功德具足如淨滿月增諸海水是故
名為滿月淨光三摩地世尊云何名為大莊
嚴三摩地善現謂若住此三摩地時令諸等
持成就種種微妙希有大莊嚴事是故名為
大莊嚴三摩地世尊云何名為无熱電光三

BD04513 號　大般若波羅蜜多經卷五二　（2–2）

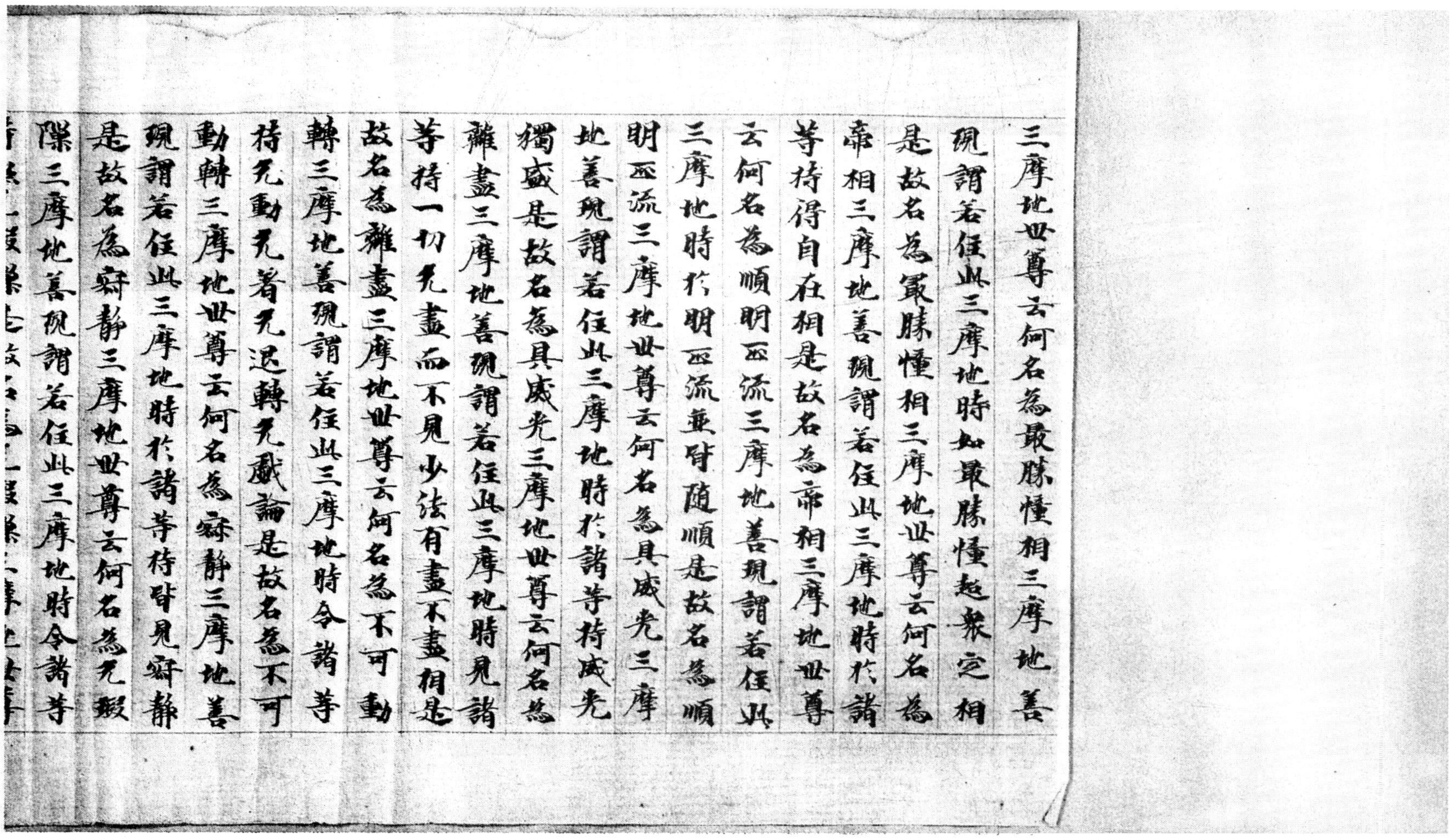
三摩地世尊云何名為最勝幢相三摩地善
現謂若住此三摩地時如最勝幢超衆定相
是故名為最勝幢相三摩地世尊云何名為
帝相三摩地善現謂若住此三摩地時於諸
等持得自在相是故名為帝相三摩地世尊
云何名為順明正流三摩地善現謂若住此
三摩地時於明正流無皆隨順是故名為順
明正流三摩地世尊云何名為具威光三摩
地善現謂若住此三摩地時於諸等持威光
獨盛是故名為具威光三摩地世尊云何名為
離盡三摩地善現謂若住此三摩地時見諸
等持一切无盡而不見少法有盡不盡相是
故名為離盡三摩地世尊云何名為不可動
轉三摩地善現謂若住此三摩地時令諸等
持无動无著无退轉无戲論是故名為不可
動轉三摩地世尊云何名為寂靜三摩地善
現謂若住此三摩地時於諸等持皆見寂靜
是故名為寂靜三摩地世尊云何名為无瑕
隙三摩地善現謂若住此三摩地時令諸等

BD04514 號　大般若波羅蜜多經卷五二　（2–1）

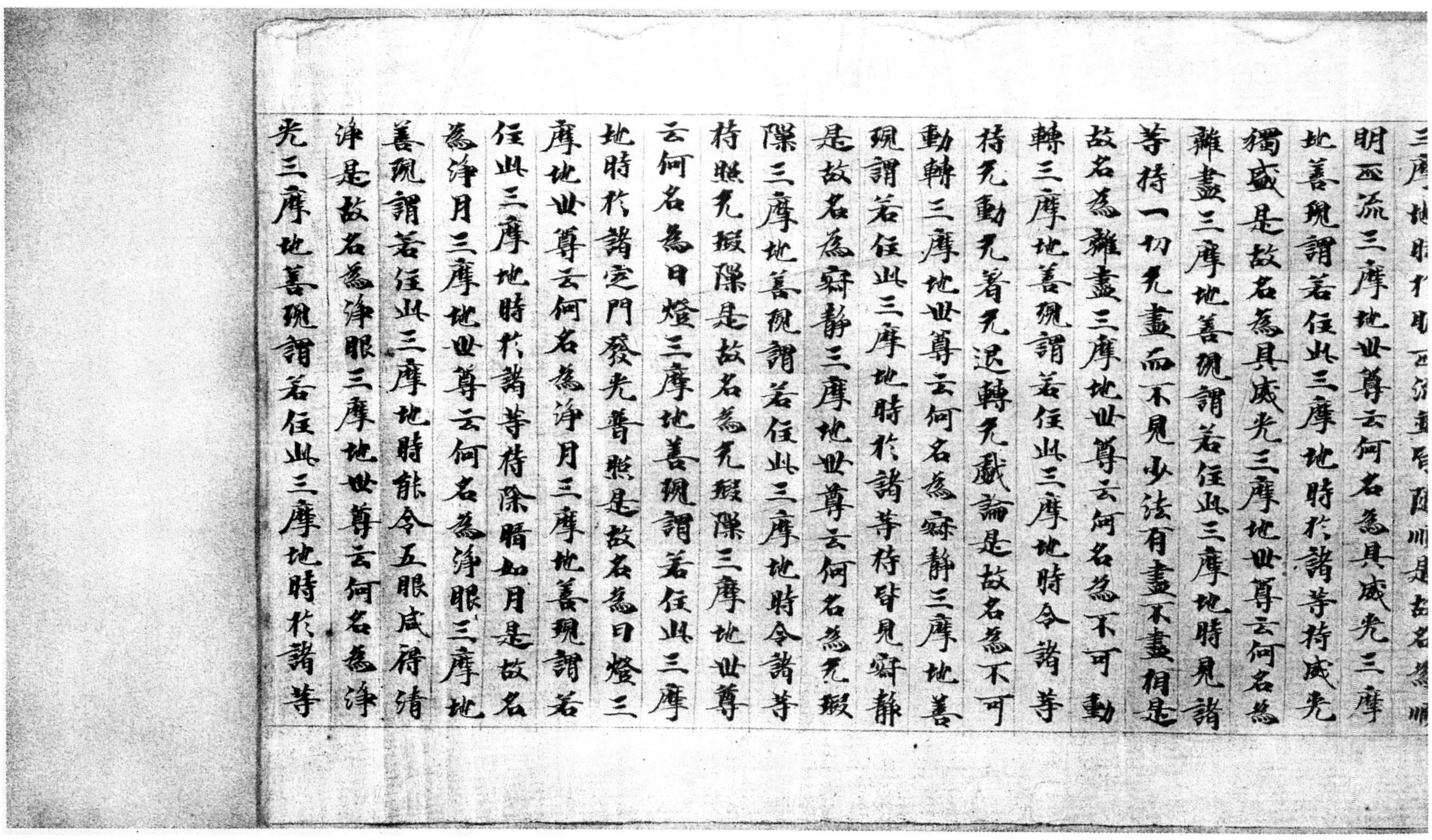
明正流三摩地世尊云何名為具威光三摩
地善現謂若住此三摩地時於諸等持威光
獨盛是故名為具威光三摩地世尊云何名為
離盡三摩地善現謂若住此三摩地時見諸
等持一切无盡而不見少法有盡不盡相是
故名為離盡三摩地世尊云何名為不可動
轉三摩地善現謂若住此三摩地時令諸等
持无動无著无退轉无戲論是故名為不可
動轉三摩地世尊云何名為寂靜三摩地善
現謂若住此三摩地時於諸等持皆見寂靜
是故名為寂靜三摩地世尊云何名為无瑕
隙三摩地善現謂若住此三摩地時令諸等
持照无瑕隙是故名為无瑕隙三摩地世尊
云何名為日燈三摩地善現謂若住此三摩
地時於諸定門發光普照是故名為日燈三
摩地世尊云何名為淨月三摩地善現謂若
住此三摩地時於諸等持除暗如月是故名
為淨月三摩地世尊云何名為淨眼三摩地
善現謂若住此三摩地時能令五眼咸得清
淨是故名為淨眼三摩地世尊云何名為淨
光三摩地善現謂若住此三摩地時於諸等

BD04514 號　大般若波羅蜜多經卷五二　（2–2）

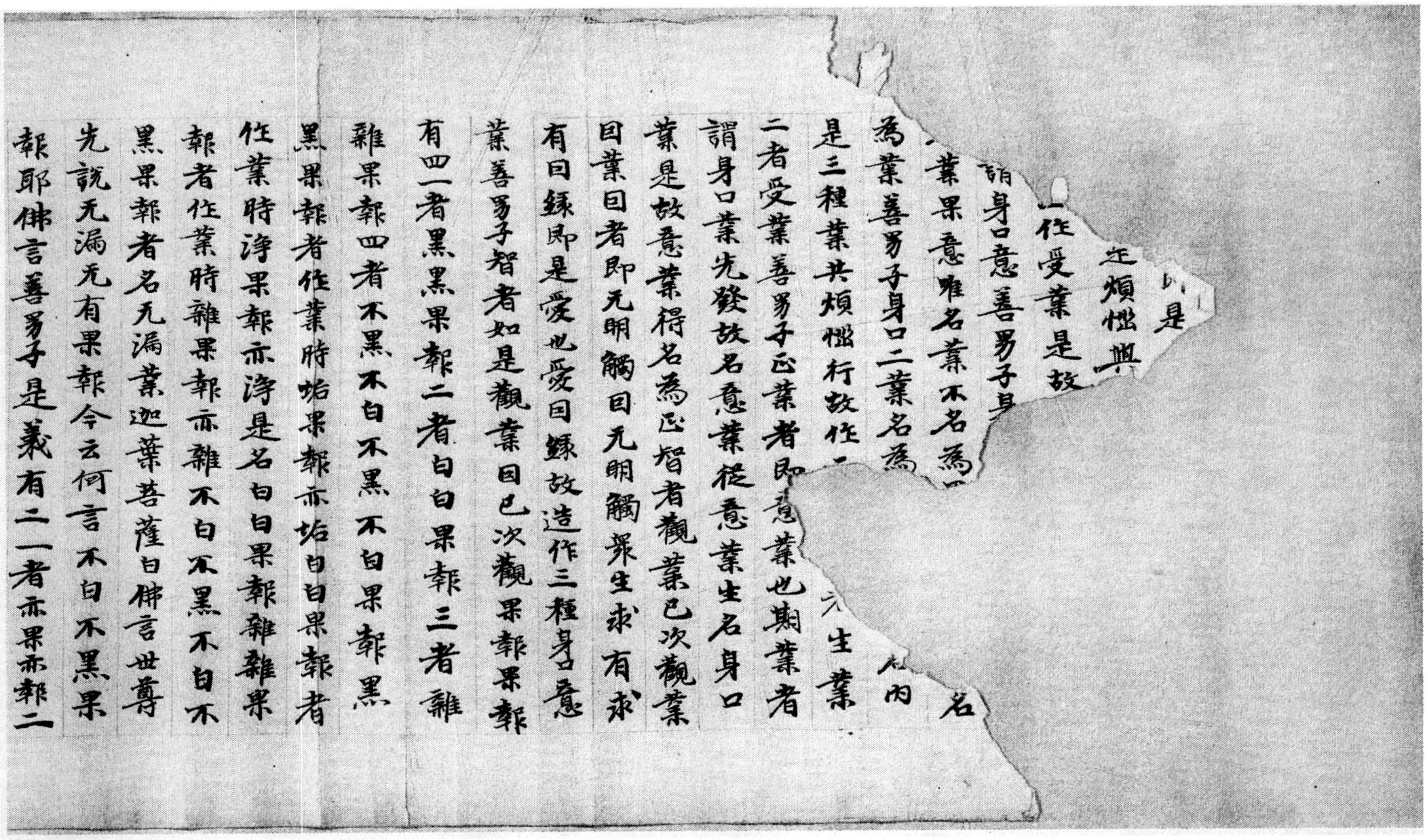

…是
近煩惱與
…住受業是故
…謂身口意善男子身
…業果意雖名業不名為…名
為業善男子身口二業名為…內
是三種業共煩惱行故住…生業
二者受業善男子正業者即意業也期業者
謂身口業先發故名意業從意業生名身口
業是故意業得名為正智者觀業已次觀業
因業因者即无明觸因无明觸衆生求有求
有因緣即是愛也愛因緣故造作三種身口意
業善男子智者如是觀業因已次觀果報果報
有四一者黑黑果報二者白白果報三者雜
雜果報四者不黑不白不黑不白果報黑
黑果報者作業時垢果報亦垢白白果報者
作業時淨果報亦淨是名白白果報雜雜果
報者作業時雜果報亦雜不白不黑不白不
黑果報者名无漏業迦葉菩薩白佛言世尊
先說无漏无有果報今云何言不白不黑果
報耶佛言善男子是義有二一者亦果亦報二

BD04515號　大般涅槃經（北本　異卷）卷三七　　（7–1）

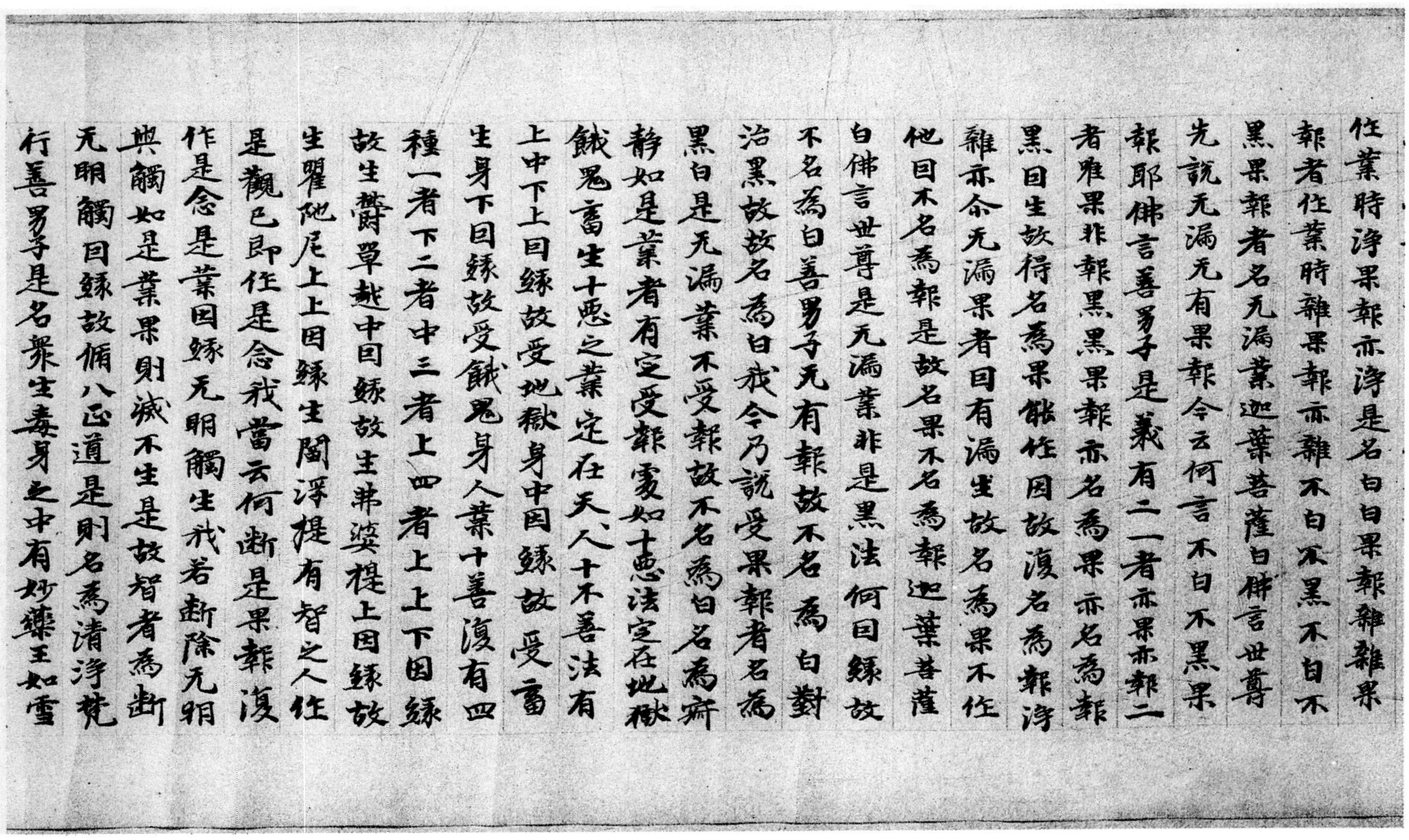

作業時淨果報亦淨是名白白果報雜雜果
報者作業時雜果報亦雜不白不黑不白不
黑果報者名无漏業迦葉菩薩白佛言世尊
先說无漏无有果報今云何言不白不黑果
報耶佛言善男子是義有二一者亦果亦報二
者雖果非報黑黑果報亦名為果亦名為報
黑因生故得名為果能作因故復名為報淨
雜亦介无漏果者因有漏生故名為果不作
他因不名為報是故名果不名為報迦葉菩薩
白佛言世尊是无漏業非是黑法何因緣故
不名為白善男子无有報故不名為白對
治黑故故名為白我今乃說受果報者名為
黑白是无漏業不受報故不名為白名為寂
靜如是業者有定受報處如十惡法定在地獄
餓鬼畜生十惡之業定在天、人、十不善法有
上中下上因緣故受地獄身中因緣故受畜
生身下因緣故受餓鬼身人業十善復有四
種一者下二者中三者上四者上上下因緣
故生欝單越中因緣故生弗婆提上因緣故
生瞿陀尼上上因緣生閻浮提有智之人作
是觀已即作是念我當云何斷是果報復
作是念是業因緣无明觸生我若斷除无明
與觸如是業果則滅不生是故智者為斷
无明觸因緣故修八正道是則名為清淨梵
行善男子是名衆生毒身之中有妙藥王如雪

BD04515號　大般涅槃經（北本　異卷）卷三七　　（7–2）

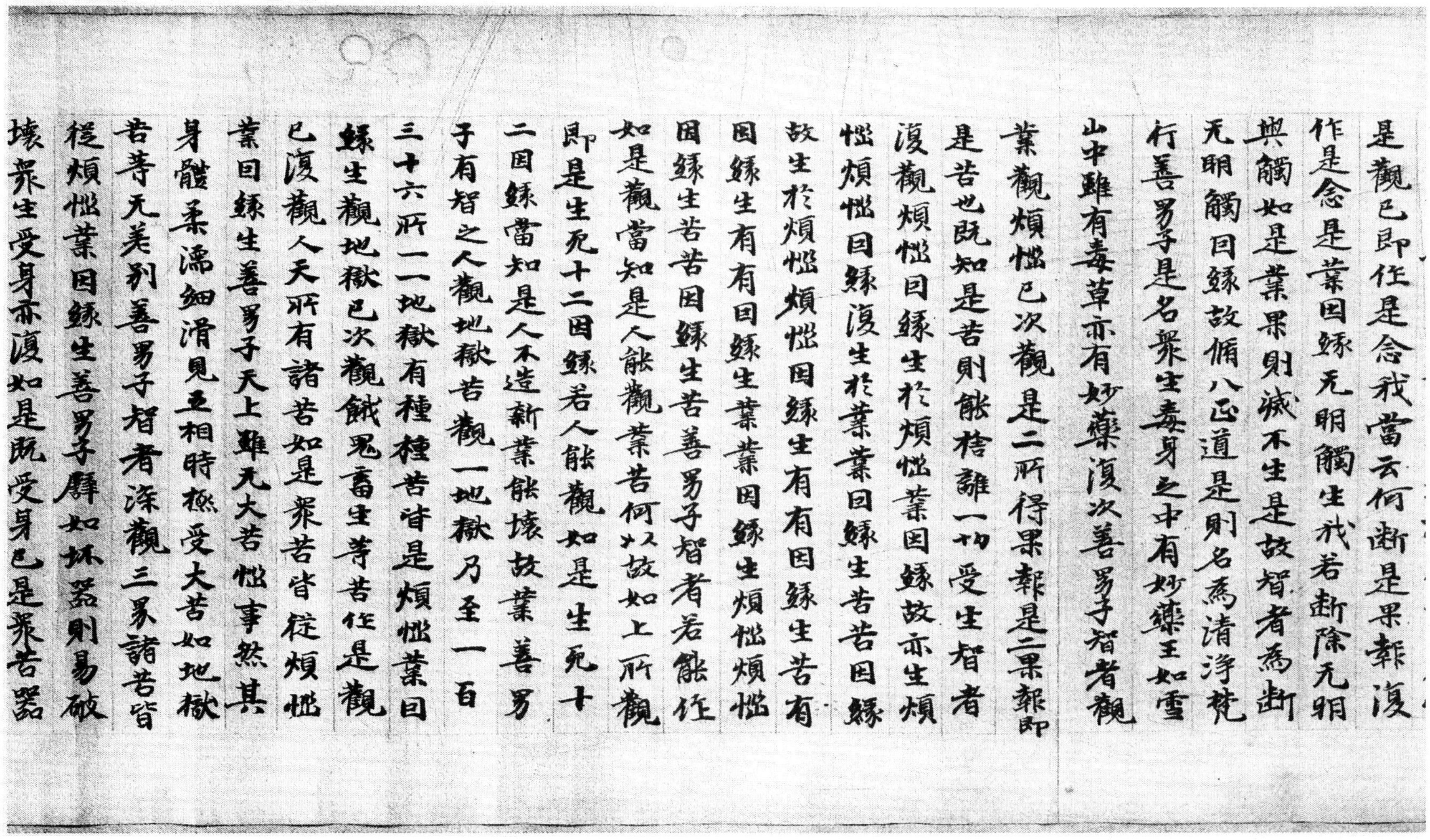

是觀已即作是念我當云何斷是果報復
作是念是業因緣无明觸生我若斷除无明
與觸如是業果則滅不生是故智者爲斷
无明觸因緣故脩八正道是則名爲清淨梵
行善男子是名衆生毒身之中有妙藥王如雪
山中雖有毒草亦有妙藥復次善男子智者觀
業觀煩惱已次觀是二所得果報是二果報即
是苦也既知是苦則能捨離一切受生智者
復觀煩惱因緣生於煩惱業因緣故亦生煩
惱煩惱因緣復生於業業因緣生苦苦因緣
故生於煩惱煩惱因緣生有有因緣生苦有
因緣生有有因緣生業業因緣生煩惱煩惱
因緣生苦苦因緣生苦善男子智者若能作
如是觀當知是人能觀業苦何以故如上所觀
即是生死十二因緣若人能觀如是生死十
二因緣當知是人不造新業能壞故業善男
子有智之人觀地獄苦觀一地獄乃至一百
三十六所一一地獄有種種苦皆是煩惱業因
緣生觀地獄已次觀餓鬼畜生等苦作是觀
已復觀人天所有諸苦如是衆苦皆從煩惱
業因緣生善男子天上雖无大苦惱事然其
身體柔濡細滑見五相時極受大苦如地獄
苦等无差別善男子智者深觀三界諸苦皆
從煩惱業因緣生善男子譬如坏器則易破
壞衆生受身亦復如是既受身已是衆苦器

BD04515 號　大般涅槃經（北本　異卷）卷三七　（7–3）

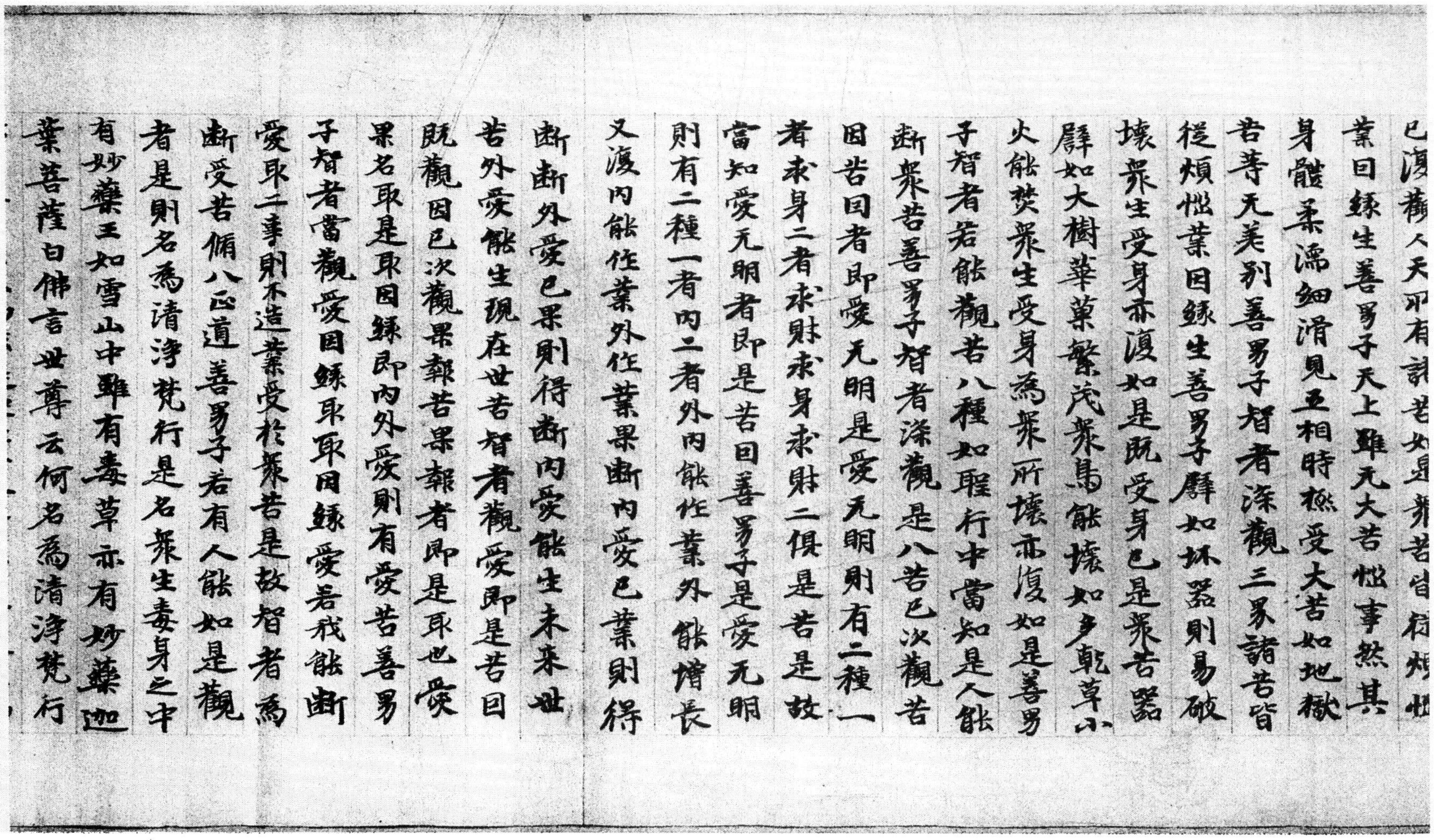

已復觀人天所有諸苦如是衆苦皆從煩惱
業因緣生善男子天上雖无大苦惱事然其
身體柔濡細滑見五相時極受大苦如地獄
苦等无差別善男子智者深觀三界諸苦皆
從煩惱業因緣生善男子譬如坏器則易破
壞衆生受身亦復如是既受身已是衆苦器
譬如大樹華菓繁茂衆鳥能壞如多乾草小
火能焚衆生受身爲衆所壞亦復如是善男
子智者若能觀苦八種如聖行中當知是人能
斷衆苦善男子智者深觀是八苦已次觀苦
因苦因者即愛无明是愛无明則有二種一
者求身二者求財求身求財二俱是苦是故
當知愛无明者即是苦因善男子是愛无明
則有二種一者内二者外内能作業外能增長
又復内能作業外作業果斷内愛已業則得
斷斷外愛已果則得斷内愛能生未來世
苦外愛能生現在世苦智者觀愛即是苦因
既觀因已次觀果報苦果報者即是取也愛
果名取是取因緣即内外愛則有愛苦善男
子智者當觀愛因緣取取因緣愛若我能斷
愛取二事則不造業受於衆苦是故智者爲
斷愛苦脩八正道善男子若有人能如是觀
者是則名爲清淨梵行是名衆生毒身之中
有妙藥王如雪山中雖有毒草亦有妙藥迦
葉菩薩白佛言世尊云何名爲清淨梵行

BD04515 號　大般涅槃經（北本　異卷）卷三七　（7–4）

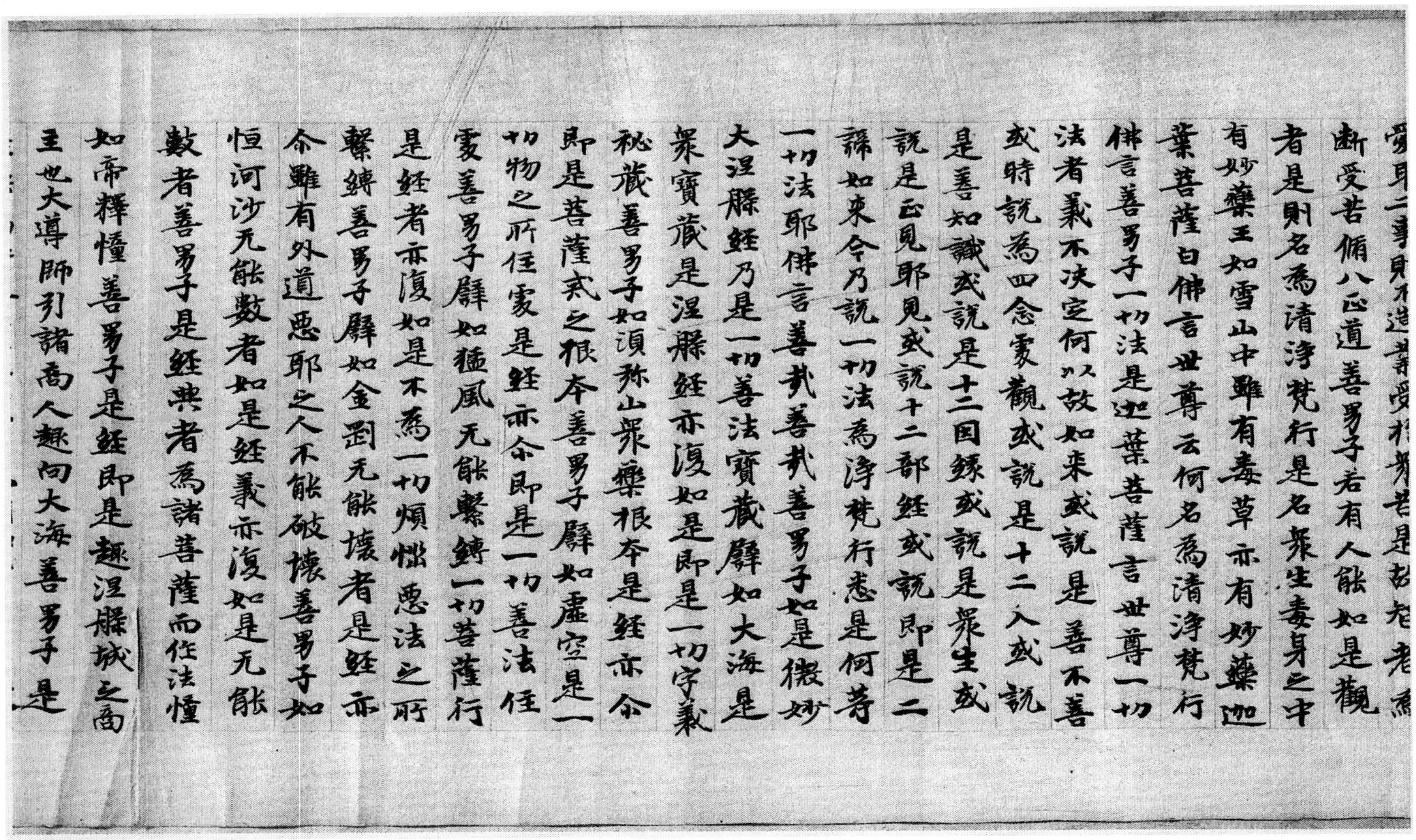

愛取二事則不造業受於身是故老死
斷受苦脩八正道善男子若有人能如是觀
者是則名為清淨梵行是名衆生毒身之中
有妙藥王如雪山中雖有毒草亦有妙藥迦
葉菩薩白佛言世尊云何名為清淨梵行
佛言善男子一切法是迦葉菩薩言世尊一切
法者義不決定何以故如来或說善不善
或時說為四念處觀或說是十二入或說
是善知識或說是十二因緣或說是衆生或
說是正見耶見或說十二部經或說即是二
諦如来今乃說一切法為淨梵行悉是何等
一切法耶佛言善哉善哉善男子如是微妙
大涅槃經乃是一切善法寶藏譬如大海是
衆寶藏是涅槃經亦復如是即是一切字義
秘藏善男子如須弥山衆藥根本是經亦尒
即是菩薩戒之根本善男子譬如虗空是一
切物之所住處是經亦尒即是一切善法住
處善男子譬如猛風无能繫縛一切菩薩行
是經者亦復如是不為一切煩惱惡法之所
繫縛善男子譬如金剛无能壞者是經亦
尒雖有外道惡耶之人不能破壞善男子如
恒河沙无能數者如是經義亦復如是无能
數者善男子是經典者為諸菩薩而作法幢
如帝釋幢善男子是經即是趣涅槃城之商
主也大導師引諸商人趣向大海善男子是

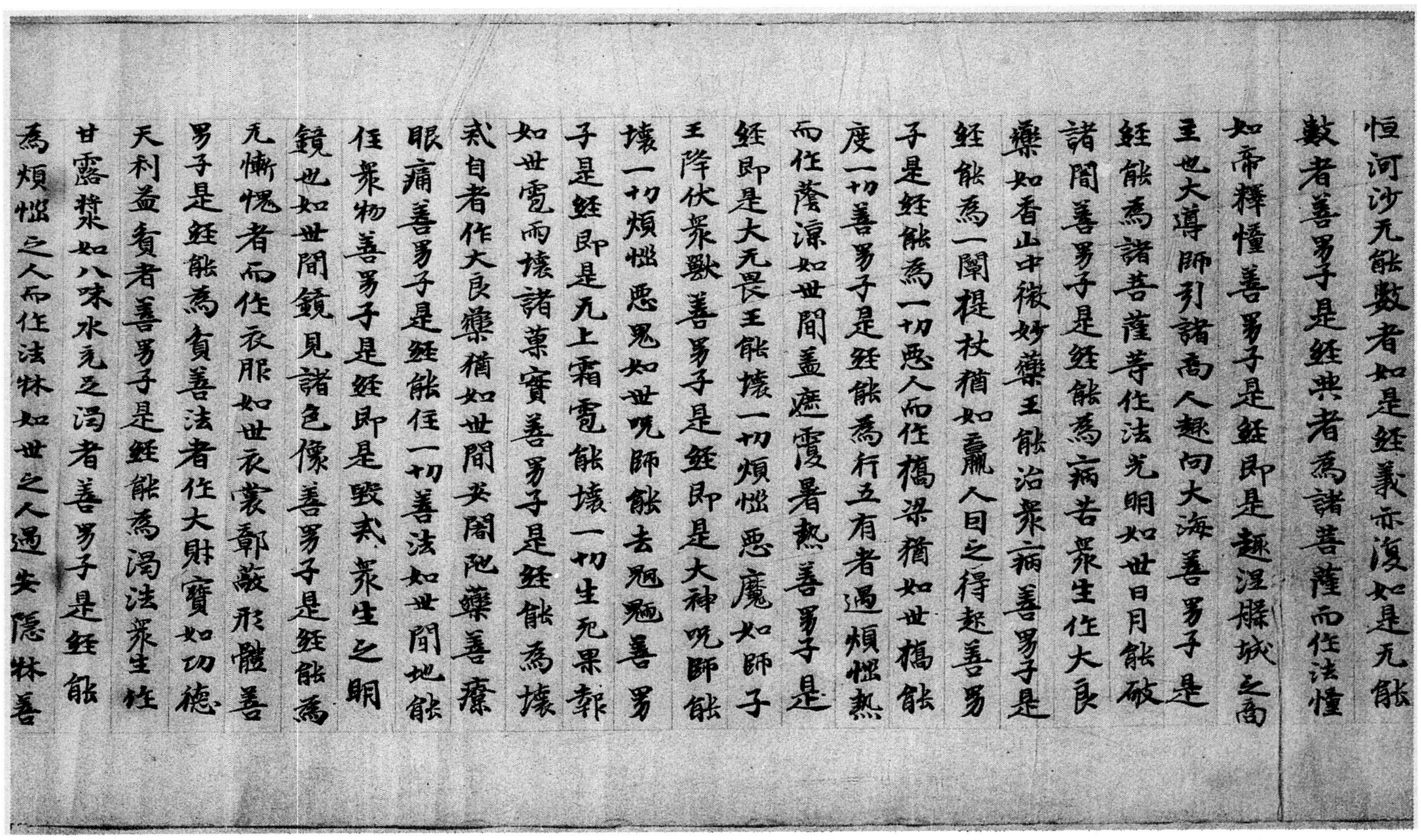

恒河沙无能數者如是經義亦復如是无能
數者善男子是經典者為諸菩薩而作法幢
如帝釋幢善男子是經即是趣涅槃城之商
主也大導師引諸商人趣向大海善男子是
經能為諸菩薩等作法光明如世日月能破
諸闇善男子是經能為病苦衆生作大良
藥如香山中微妙藥王能治衆病善男子是
經能為一闡提杖猶如羸人因之得起善男
子是經能為一切惡人而作橋梁猶如世橋能
度一切善男子是經能為行五有者遇煩惱熱
而作蔭涼如世間蓋遮覆暑熱善男子是
經即是大无畏王能壞一切煩惱惡魔如師子
王降伏衆獸善男子是經即是大神呪師能
壞一切煩惱惡鬼如世呪師能去魍魎善男
子是經即是无上霜雹能壞一切生死果報
如世雹雨壞諸菓實善男子是經能為壞
戒目者作大良藥猶如世間安闍那藥善療
眼痛善男子是經能住一切善法如世間地能
住衆物善男子是經即是毀戒衆生之明
鏡也如世間鏡見諸色像善男子是經能為
无慚愧者而作衣服如世衣裳鄣蔽形體善
男子是經能為貧善法者作大財寶如功德
天利益貧者善男子是經能為渴法衆生作
甘露漿如八味水充足渇者善男子是經能
為煩惱之人而作法牀如世之人遇安隱牀善

天利益貪者善男子是經能為渴法衆生作
甘露漿如八味水充足渴者善男子是經能
為煩惱之人而作法林如世之人過安隱林善
男子是經能為初地菩薩至十住菩薩而作
瓔珞香華塗香末香燒香清淨種性具足三
乘過於一切六波羅蜜受妙樂處如忉利天
波利質多羅樹善男子是經即是剛利智
斧能代一切煩惱大樹即是利刀能割習氣即
是勇健能摧魔怨即是智火焚煩惱薪即
因緣藏出辟支佛即聲聞藏生聲聞人即
是一切諸天之眼即是一切人之正道即是一切
畜生依處即是餓鬼解脫之處即是地獄
无上之尊即是一切十方衆生无上之器即
是十方過去未來現在諸佛之父母也善
男子是故此經攝一切法如我先說此經雖
攝一切諸法我說梵行即是三十七助道法

大般涅槃經卷第卅七

BD04515號　大般涅槃經（北本　異卷）卷三七　（7–7）

金剛般若波羅蜜經
如是我聞一時佛在舍衛國祇樹給孤
與大比丘衆千二百五十人俱尒時世尊
時著衣持鉢入舍衛大城乞食於其城
第乞已還至本處飯食訖收衣鉢洗足
敷座而坐
時長老須菩提在大衆中即從座起偏
肩右膝著地合掌恭敬而白佛言希有世
如來善護念諸菩薩善付囑諸菩薩
男子善女人發阿耨多羅三藐三菩提
云何住云何降伏其心佛言善哉善哉
提如汝所說如來善護念諸菩薩善付囑
菩薩汝今諦聽當為汝說善男子
阿耨多羅三藐三菩提心應如是住如
伏其心唯然世尊願樂欲聞
佛告須菩提諸菩薩摩訶薩應如是降伏其
心所有一切衆生之類若卵生若胎生若濕
生若化生若有色若无色若有想若无想若
非有想若非无想我皆令入无餘般涅而滅

BD04516號　金剛般若波羅蜜經　（5–1）

阿耨多羅三藐三菩提心應如是住如
伏其心唯然世尊願樂欲聞
佛告須菩提諸菩薩摩訶薩應如是降伏其
心所有一切衆生之類若卵生若胎生若濕
生若化生若有色若无色若有想若无想若
非有想若非无想我皆令入无餘涅槃而滅
度之如是滅度无量无數无邊衆生實无衆
生得滅度者何以故須菩提若菩薩有我相
人相衆生相壽者相即非菩薩
復次須菩提菩薩於法應无所住行於布施
所謂不住色布施不住聲香味觸法布施須
菩提菩薩應如是布施不住於相何以故若
菩薩不住相布施其福德不可思量須菩提
於意云何東方虛空可思量不不也世尊須
菩提南西北方四維上下虛空可思量不不
也世尊須菩提菩薩无住相布施福德亦復
如是不可思量須菩提菩薩但應如所教住
須菩提於意云何可以身相見如來不不也
世尊不可以身相得見如來何以故如來所
說身相即非身相佛告須菩提凡所有相皆
是虛妄若見諸相非相即見如来
須菩提白佛言世尊頗有衆生得聞如是言
說章句生實信不佛告須菩提莫作是說
如來滅後後五百歲有持戒脩福者於此章
句能生信心以此為實當知是人不於一佛二

BD04516號　金剛般若波羅蜜經　（5–2）

說身相即非身相佛告須菩提凡所有相皆
是虛妄若見諸相非相即見如来
須菩提白佛言世尊頗有衆生得聞如是言
說章句生實信不佛告須菩提莫作是說
如来滅後後五百歲有持戒脩福者於此章
句能生信心以此為實當知是人不於一佛二
佛三四五佛而種善根已於无量千万佛所
種諸善根聞是章句乃至一念生淨信者須
菩提如來悉知悉見是諸衆生得如是无量
福德何以故是諸衆生无復我相人相衆生
相壽者相无法相亦无非法相何以故是諸
衆生若心取相則為著我人衆生壽者若
法相即著我人衆生壽者何以故若取非法
相即著我人衆生壽者是故不應取法不應
取非法以是義故如來常說汝等比丘知我
說法如筏喻者法尚應捨何况非法
須菩提於意云何如來得阿耨多羅三藐三
菩提耶如來有所說法耶須菩提言如我解
佛所說義无有定法名阿耨多羅三藐三菩
提亦无有定法如來可說何以故如來所說
法皆不可取不可說非法非非法所以者何一
切賢聖皆以无為法而有差別
須菩提於意云何若人滿三千大千世界七
寶以用布施是人所得福德寧為多不須菩
提言甚多世尊何以故是福德即非福德性

BD04516號　金剛般若波羅蜜經　（5–3）

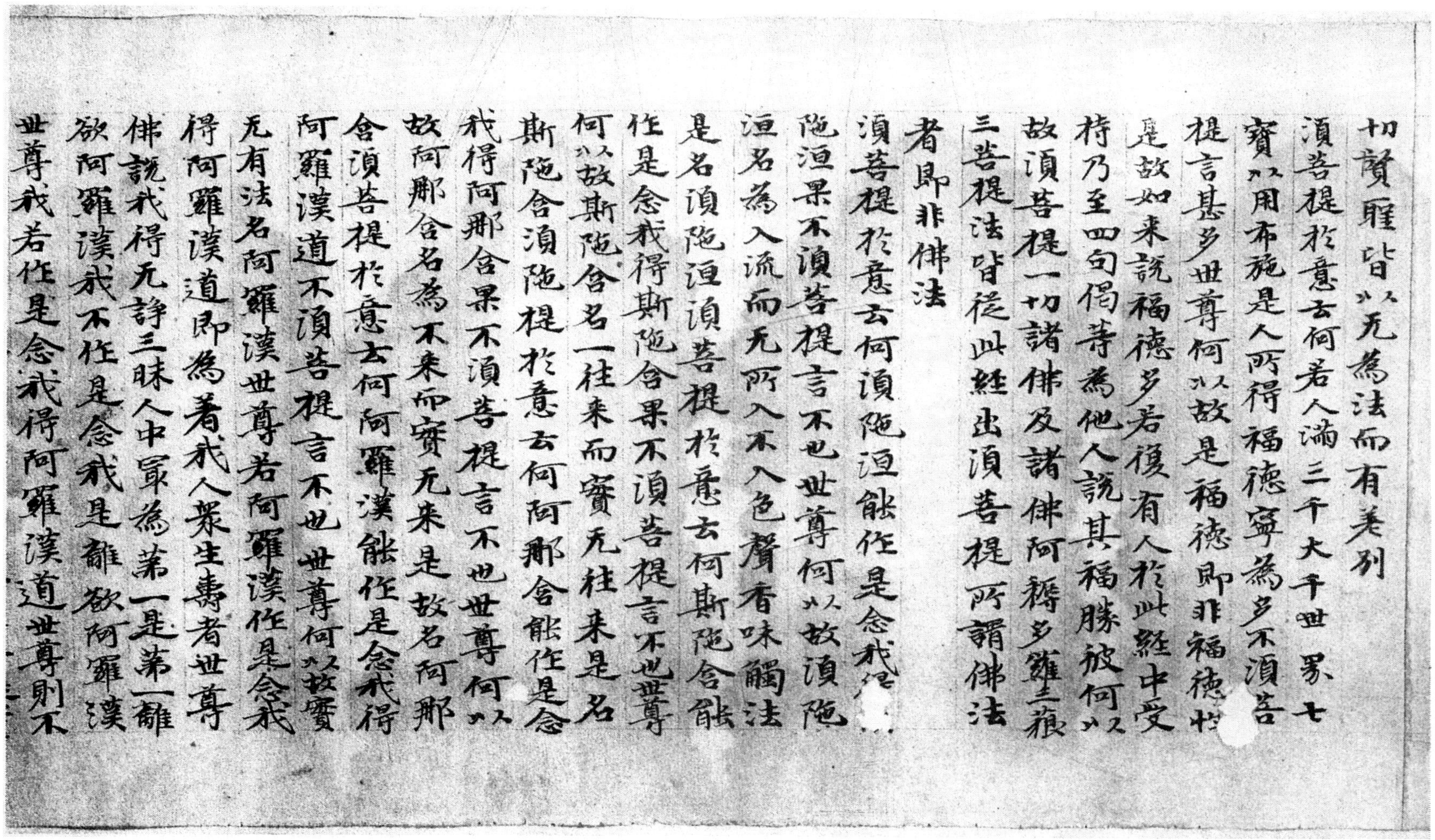

切賢聖皆以无為法而有差別
須菩提於意云何若人滿三千大千世界七
寶以用布施是人所得福德寧為多不須菩
提言甚多世尊何以故是福德即非福德性
是故如來說福德多若復有人於此經中受
持乃至四句偈等為他人說其福勝彼何以
故須菩提一切諸佛及諸佛阿耨多羅三藐
三菩提法皆從此經出須菩提所謂佛法
者即非佛法
須菩提於意云何須陁洹能作是念我得
陁洹果不須菩提言不也世尊何以故須陁
洹名為入流而无所入不入色聲香味觸法
是名須陁洹須菩提於意云何斯陁含能
作是念我得斯陁含果不須菩提言不也世尊
何以故斯陁含名一往來而實无往來是名
斯陁含須菩提於意云何阿那含能作是念
我得阿那含果不須菩提言不也世尊何以
故阿那含名為不來而實无來是故名阿那
含須菩提於意云何阿羅漢能作是念我得
阿羅漢道不須菩提言不也世尊何以故實
无有法名阿羅漢世尊若阿羅漢作是念我
得阿羅漢道即為著我人衆生壽者世尊
佛說我得无諍三昧人中最為第一是第一離
欲阿羅漢我不作是念我是離欲阿羅漢
世尊我若作是念我得阿羅漢道世尊則不

BD04516 號　金剛般若波羅蜜經　（5–4）

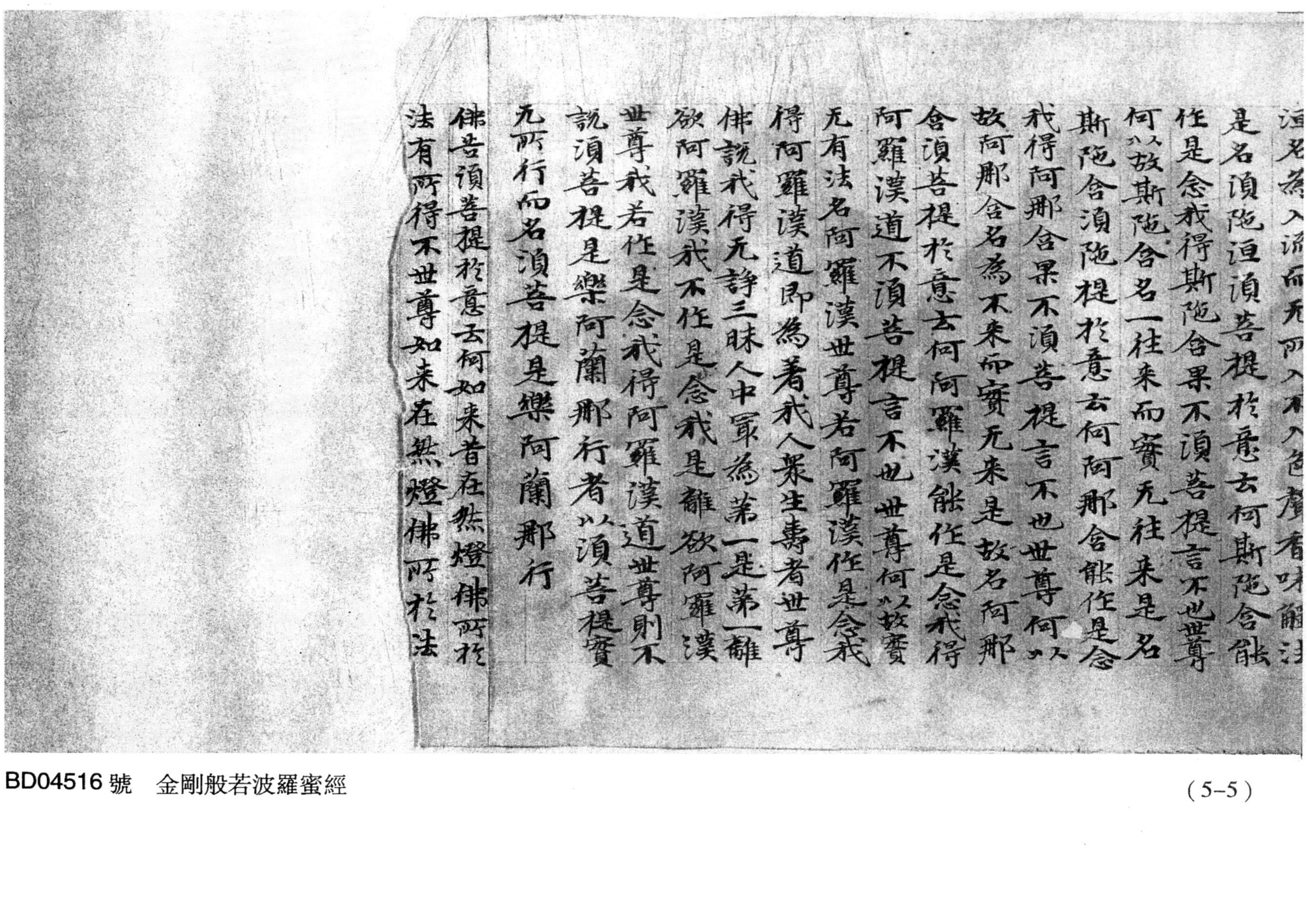

洹名為入流而无所入不入色聲香味觸法
是名須陁洹須菩提於意云何斯陁含能
作是念我得斯陁含果不須菩提言不也世尊
何以故斯陁含名一往來而實无往來是名
斯陁含須菩提於意云何阿那含能作是念
我得阿那含果不須菩提言不也世尊何以
故阿那含名為不來而實无來是故名阿那
含須菩提於意云何阿羅漢能作是念我得
阿羅漢道不須菩提言不也世尊何以故實
无有法名阿羅漢世尊若阿羅漢作是念我
得阿羅漢道即為著我人衆生壽者世尊
佛說我得无諍三昧人中最為第一是第一離
欲阿羅漢我不作是念我是離欲阿羅漢
世尊我若作是念我得阿羅漢道世尊則不
說須菩提是樂阿蘭那行者以須菩提實
无所行而名須菩提是樂阿蘭那行
佛告須菩提於意云何如來昔在然燈佛所於
法有所得不世尊如來在然燈佛所於法

BD04516 號　金剛般若波羅蜜經　（5–5）

三藏法師玄奘奉　詔譯
尒時於此　堪忍世界有四大天王
各與無量百　胝四大王衆天諸天子衆
俱來集會所　帝各與無量百千俱胝三
十三天諸天　衆　來集會所有蘇夜摩天
王各與無量百千俱胝夜摩天諸天子衆
俱來集會所有珊覩史多天王各與无量百
千俱胝覩史多天諸天子衆俱來集會所有
妙變化天王各與無量百千俱胝樂變化天
諸天子衆俱來集會所有自在天王各與無
量百千俱胝他化自在天諸天子衆俱來集
會所有大梵天王各與無量百千俱胝諸梵
天衆俱來集會所有極光淨天各與无量百
千俱胝第二靜慮天衆俱來集會所有遍淨
天各與無量百千俱胝第三靜慮天衆俱來
集會所有廣果天各與無量百千俱胝第四
靜慮天衆俱來集會所有色究竟天各與无
量百千俱胝淨居天衆俱來集會是四大王
天衆乃至淨居天衆所有淨業異熟身光比
如來身所現常光百分不及一千分不及一
百千分不及一俱胝分不及一百俱胝分不
及一千俱胝分不及一百千俱胝分不及一
如是乃至數分筭分計分喻分乃至鄔波尼

BD04517號　大般若波羅蜜多經卷四二五　（3–1）

集會所有廣果天各與無量百千俱胝第四
靜慮天衆俱來集會所有色究竟天各與无
量百千俱胝淨居天衆俱來集會是四大王
天衆乃至淨居天衆所有淨業異熟身光比
如來身所現常光百分不及一千分不及一
百千分不及一俱胝分不及一百俱胝分不
及一千俱胝分不及一百千俱胝分不及一
如是乃至數分筭分計分喻分乃至鄔波尼
煞曇分亦不及一何以故以如來身所現常
光熾然赫弈於諸光中最尊最勝最上最妙
無比無等無上第一故諸天光皆令不現猶
如燋炷對贍部金
尒時天帝釋白具壽善現言今此三千大千
世界所有四大王衆天乃至淨居天皆來集
會欲聞尊者宣說般若波羅蜜多唯願尊
者知時為說尊者何謂菩薩摩訶薩般若波羅
蜜多云何菩薩摩訶薩應住般若波羅蜜多
云何菩薩摩訶薩應學般若波羅蜜多時具
壽善現告天帝釋言憍尸迦汝等天衆諦聽
諦聽善思念之吾當承佛威神之力順如來
意為諸菩薩摩訶薩衆宣說般若波羅蜜多
如菩薩摩訶薩可於其中應如是住應如是
學憍尸迦汝諸天等未發无上菩提心者今
皆應發憍尸迦諸有已入聲聞獨覺正性離
生不復能發大菩提心何以故憍尸迦彼於
生死已結界故此中若有能於无上正等菩
提發心趣者我亦隨喜何以故憍尸迦諸有
勝人應求勝法我終不障也勝善品

BD04517號　大般若波羅蜜多經卷四二五　（3–2）

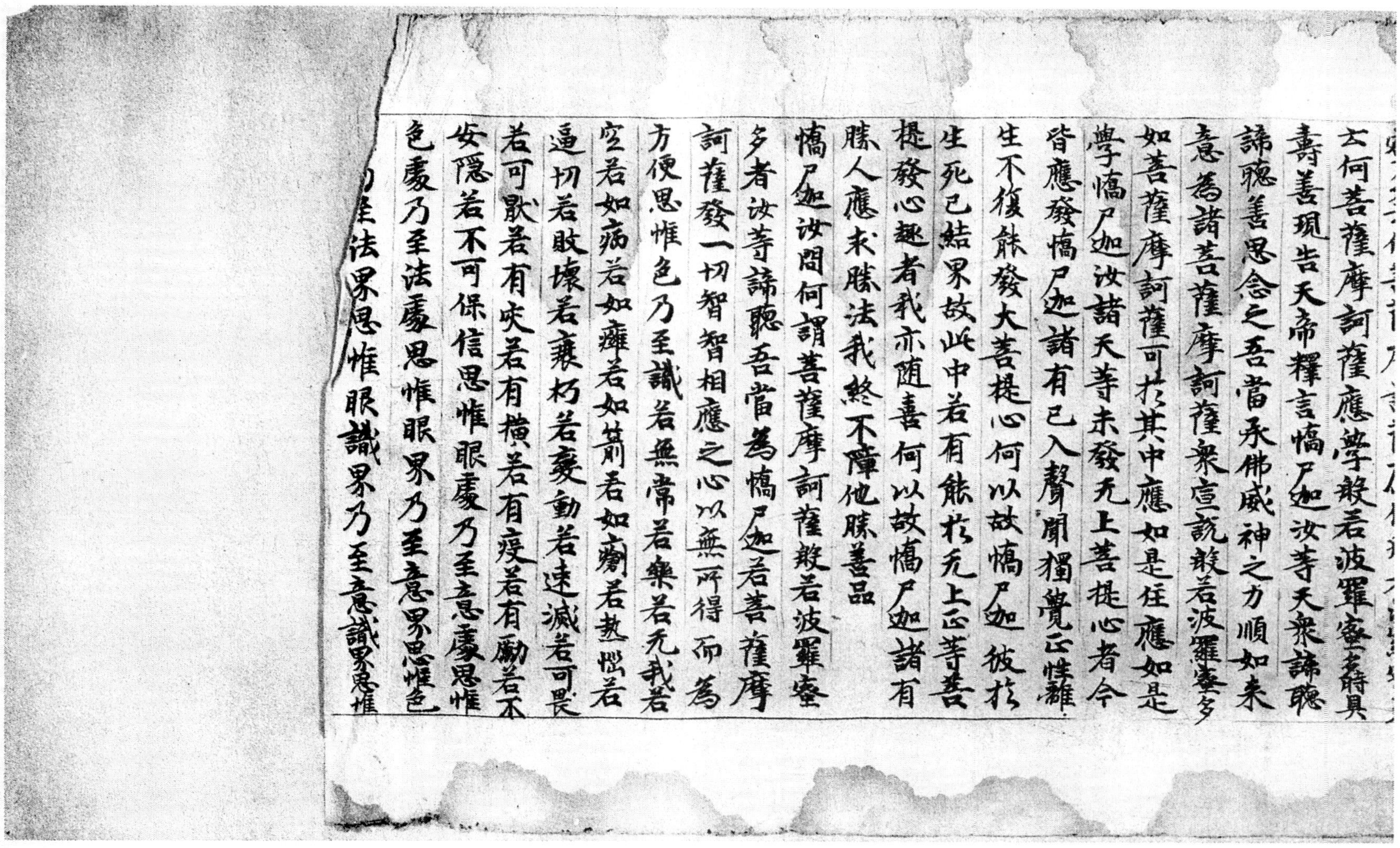

云何菩薩摩訶薩應學般若波羅蜜多時具
壽善現告天帝釋言憍尸迦汝等天衆諦聽
諦聽善思念之吾當承佛威神之力順如來
意為諸菩薩摩訶薩衆宣說般若波羅蜜多
如菩薩摩訶薩可於其中應如是住應如是
學憍尸迦汝諸天等未發无上菩提心者今
皆應發憍尸迦諸有已入聲聞獨覺正性離
生不復能發大菩提心何以故憍尸迦彼於
生死已結界故此中若有能於无上正等菩
提發心趣者我亦隨喜何以故憍尸迦諸有
勝人應求勝法我終不障他勝善品
憍尸迦汝問何謂菩薩摩訶薩般若波羅蜜
多者汝等諦聽吾當為憍尸迦若菩薩摩
訶薩發一切智智相應之心以無所得而為
方便思惟色乃至識若無常若樂若无我若
空若如病若如癰若如箭若如瘡若熱惱若
逼切若敗壞若衰朽若變動若速滅若可畏
若可猒若有災若有橫若有疫若有癘若不
安隱若不可保信思惟眼處乃至意處思惟
色處乃至法處思惟眼界乃至意界思惟色
界乃至法界思惟眼識界乃至意識界思惟

BD04517 號　大般若波羅蜜多經卷四二五　（3–3）

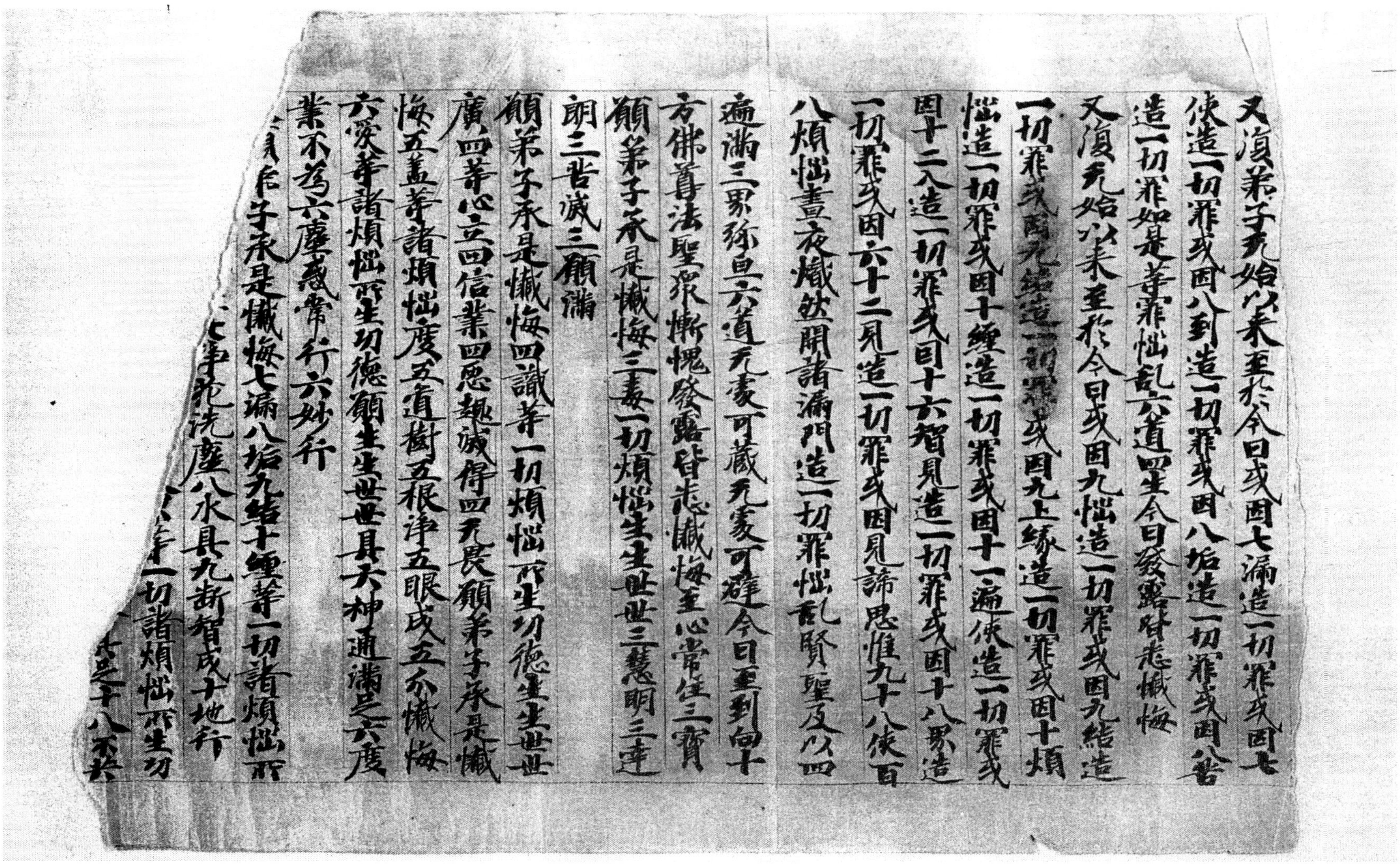

又復弟子无始以來至於今日或因七漏造一切罪或因七
使造一切罪或因八倒造一切罪或因八垢造一切罪或因八苦
造一切罪如是等罪惱亂六道四生今日發露皆悉懺悔
又復无始以來至於今日或因九惱造一切罪或因九結造
一切罪或因[illegible]造一切罪或因九上緣造一切罪或因十煩
惱造一切罪或因十纏造一切罪或因十一遍使造一切罪或
因十二入造一切罪或因十六知見造一切罪或因十八界造
一切罪或因六十二見造一切罪或因見諦思惟九十八使百
八煩惱晝夜熾然開諸漏門造一切罪惱亂賢聖及以四
生遍滿三界彌亘六道无處可藏无處可避今日至到向十
方佛尊法聖衆慚愧發露皆悉懺悔至心常住三寶
願弟子承是懺悔三毒一切煩惱生生世世三慧明三達
朗三苦滅三願滿
願弟子承是懺悔四識等一切煩惱所生功德生生世世
廣四等心立四信業四惡趣滅得四无畏願弟子承是懺
悔五蓋等諸煩惱度五道樹五根淨五眼成五分懺悔
六愛等諸煩惱所生功德願生生世世具六神通滿足六度
業不為六塵惑常行六妙行
[illegible]願弟子承是懺悔七漏八垢九結十纏等一切諸煩惱所
[illegible]七淨花洗塵八水具九斷智成十地行
[illegible]六等一切諸煩惱所生功
[illegible]是十八不共

BD04518 號　佛名經（十六卷本）卷一　（1–1）

□食是比丘尼犯初法應捨僧伽婆尸沙
若比丘尼教比丘尼作如是語大姊彼有染汙心無染汙
心能那汝何汝自無染汙心捨彼若得食但以時清淨
受取此比丘尼犯初法應捨僧伽婆尸沙
若比丘尼欲壞和合僧勤方便受破僧法堅持不捨是比
丘尼應諫彼比丘尼言大姊大汝莫壞和合僧莫方便壞
和合僧莫受破僧法堅持不捨大姊應與僧和合與僧和合
歡喜不諍同一師學如水乳合於佛法中有增益安樂
住是比丘尼諫彼比丘尼時堅持不捨是比丘尼應三諫捨此事故
乃至三諫捨者善不捨者是比丘尼犯三法應捨僧伽婆尸沙
若比丘尼有餘比丘尼群黨若一若二若三乃至無數彼
比丘尼語是比丘尼言大姊汝莫諫此比丘尼此比丘尼是法
語比丘尼律語比丘尼此比丘尼所說我等心喜樂此比丘尼
所說我等忍可是比丘尼語彼比丘尼言大姊莫作是說言此比
丘尼是法語比丘尼律語比丘尼此比丘尼所說我等喜樂此
比丘尼所說我等忍可何以故此比丘尼所說非法語非律
語大姊汝莫欲破壞和合僧當樂欲和合僧大姊與僧和合
歡喜不諍同一師學如水乳合於佛法中有增益安樂住
是比丘尼諫彼比丘尼時堅持不捨是比丘尼應三諫捨此事
故乃至三諫捨者善不捨者是比丘尼犯三法應捨僧伽婆
尸沙
若比丘尼依城邑若村落住汙他家行惡行惡行亦見亦

BD04519號　四分比丘尼戒本

（28–1）

比丘尼所說我等忍可何以故此比丘尼所說非法語非律
語大姊汝莫欲破壞和合僧當樂欲和合僧大姊與僧和合
歡喜不諍同一師學如水乳合於佛法中有增益安樂住
是比丘尼諫彼比丘尼時堅持不捨是比丘尼應三諫捨此事
故乃至三諫捨者善不捨者是比丘尼犯三法應捨僧伽婆
尸沙
若比丘尼依城邑若村落住汙他家行惡行惡行亦見亦
聞汙他家亦見亦聞是比丘尼諫彼比丘尼言大姊汝汙他
家行惡行行惡行亦見亦聞汙他家亦見亦聞大姊汝汙
他家行惡行今可離此村落去不須住此彼比丘尼語此比丘尼
作是言大姊諸比丘尼有愛有恚有怖有癡有如是同
罪比丘尼有驅者有不驅者是諸比丘尼語彼比丘尼言大姊
莫作是語有愛有恚有怖有癡亦莫言有如是同罪比
丘尼有驅者有不驅者何以故而諸比丘尼不愛不恚不怖不
癡有如是同罪比丘尼有驅者有不驅者大姊汙他家行惡行
行惡行亦見亦聞汙他家亦見亦聞是比丘尼諫彼比丘
尼時堅持不捨是比丘尼應三諫捨此事故乃至三諫捨
者善不捨者是比丘尼犯三法應捨僧伽婆尸沙
若比丘尼惡性不受人語於戒法中諸比丘尼如法諫已
自身不受諫言大姊汝莫向我說若好若惡我亦不向汝說
若好若惡諸好止莫諫我是比丘尼當諫彼比丘尼言大姊
汝莫自身不受諫語大姊自身當受諫語大姊如法諫
諸比丘尼諸比丘尼亦當如法諫大姊如是佛弟子衆得
增益展轉相諫展轉相教展轉懺悔是比丘尼如是諫
時堅持不捨是比丘尼應三諫捨此事故乃至三諫捨者善
不捨者是比丘尼犯三法應捨僧伽婆尸沙
若比丘相親近住共作惡行惡聲流布展轉共相覆罪
是比丘尼當諫彼比丘尼言大姊汝等莫相親近共作惡
行惡聲流布相覆罪汝等若不相親近於佛法中穩增

BD04519號　四分比丘尼戒本

（28–2）

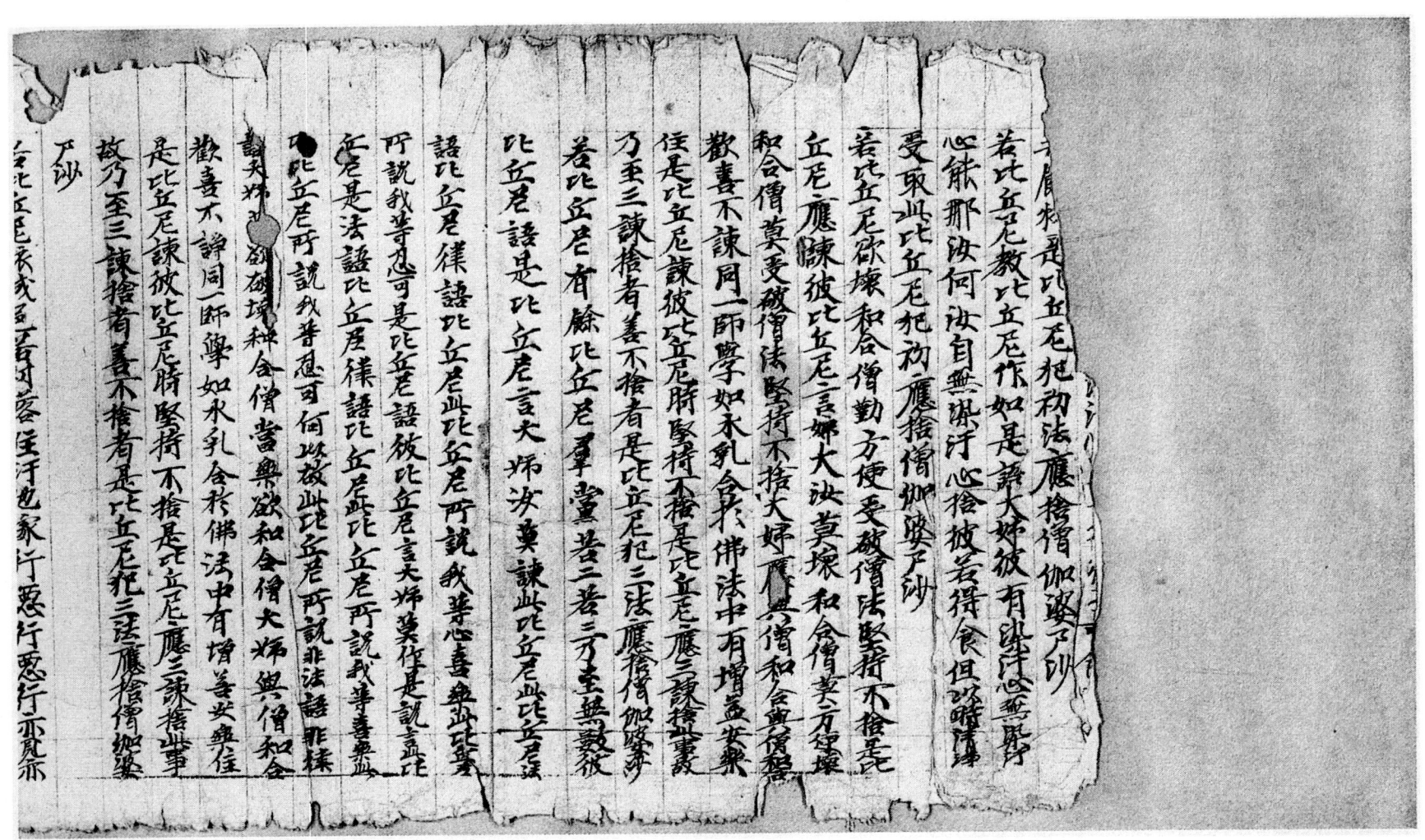

不捨者是比丘尼犯三法應捨僧伽婆尸沙
若比丘尼相親近住共作惡行惡聲流布展轉共相覆罪
是比丘尼當諫彼比丘尼言大姊汝等莫相親近共作惡
行惡聲流布相覆罪汝等若不相親近於佛法中得增
益安樂住是比丘尼諫比丘尼時堅持不捨是比丘尼應三
諫捨此事故乃至三諫捨者善不捨者是比丘尼犯三法
應捨僧伽婆尸沙
若比丘尼比丘尼僧為作呵諫時餘比丘尼教作如是言汝
等莫別住當共住我亦見餘比丘尼不別住共作惡行惡
聲流布共相覆罪僧以恚故教汝等別住是比丘尼應諫
彼比丘尼言大姊汝莫教餘比丘尼言汝等莫別住我見
餘比丘尼共住共作惡行惡聲流布共相覆罪僧以恚故教
汝等別住今正有此二比丘尼共住共作惡行惡聲流布共
相覆更無有餘若此比丘尼別住於佛法中有增益安
樂住是比丘尼諫彼比丘尼時堅持不捨是比丘尼應三諫
令捨此事故乃至三諫捨者善不捨者是比丘尼犯三法
應捨僧伽婆尸沙
若比丘尼趣以一小事瞋恚不喜便作是語我捨佛捨
法捨僧不獨有此沙門釋子更有餘沙門婆羅門
脩梵行者我等亦可於彼脩梵行是比丘尼當諫彼
比丘尼言大姊汝莫趣以一小事瞋恚不喜便作是語
我捨佛捨法捨僧不獨有此沙門釋子亦更有沙
沙門婆羅門脩梵行者我等亦可於彼脩梵
行若是比丘尼諫彼比丘尼時堅持不捨彼比丘尼應
三諫捨此事故乃至三諫捨者善不捨者是比丘尼犯
三法應捨僧伽婆尸沙
若比丘尼喜鬪諍不善憶持諍事後瞋恚作是語僧
有愛有恚有怖有癡是比丘尼應諫彼比丘尼言

BD04519號　四分比丘尼戒本　（28–3）

行若是比丘尼諫彼比丘尼時堅持不捨彼比丘尼應
三諫捨此事故乃至三諫捨者善不捨者是比丘尼犯
三法應捨僧伽婆尸沙
若比丘尼喜鬪諍不善憶持諍事後瞋恚作是語僧
有愛有恚有怖有癡是比丘尼應諫彼比丘尼言
妹汝莫喜鬪諍不善憶持諍事後瞋恚作是語僧
有愛有恚有怖有癡而僧不愛不恚不怖不癡
是比丘尼諫彼比丘尼時堅持不捨彼比丘尼應三諫
捨此事故乃至三諫捨者善不捨者是比丘尼犯
三法應捨僧伽婆尸沙
諸大姊我已說十七僧伽婆尸沙法九初犯八乃至三諫
若比丘尼犯一一法應半月二部僧中行摩那埵行摩
那埵已餘有出罪應二部四十人僧中出是比丘尼
罪若少一人不滿四十衆出是比丘尼罪是比丘尼
罪不得除諸比丘尼亦可呵此是時今問諸大姊是
中清淨不二第三諸大姊是中清淨默然故是事如是持
諸大姊是三十尼薩耆波逸提法半月半月說戒經
來
若比丘尼衣已竟迦絺那衣已捨畜長衣經十日不
淨施得持若過者尼薩耆波逸提
若比丘尼衣已竟迦絺那衣已捨五衣中若離一一衣
異處宿經一夜除僧羯磨尼薩耆波逸提
若比丘尼衣已竟迦絺那衣已捨若得非時衣欲須便
受受已疾疾成衣若足者善不足者得畜一月為
滿足故若過畜者尼薩耆波逸提
若比丘尼從非親里居士居士婦乞衣除餘時尼薩
耆波逸提餘時者若奪衣失衣燒衣漂衣是
名時

BD04519號　四分比丘尼戒本　（28–4）

若比丘尼衣竟迦絺那衣已捨若得非時衣欲須便
受受已疾疾成衣若足者善不足者得畜一月為
滿足故若過畜者尼薩耆波逸提
若比丘尼從非親里居士居士婦乞衣除餘時尼薩
耆波逸提餘時者若奪衣失衣燒衣漂衣是
名時
若比丘尼奪衣失衣燒衣漂衣若非親里居士若
居士婦自恣請多與衣是比丘尼當知足受衣若
過受尼薩耆波逸提
若比丘尼居士居士婦為比丘尼辦衣價具如是衣
價與八某甲比丘尼是比丘尼先不受自恣請到居士家
作如是說善哉居士為我辦如是衣價與我為
好故若得衣者尼薩耆波逸提
若比丘尼二居士居士婦與比丘尼辦衣價我曹辦
如是衣價與某甲比丘尼是比丘尼先不受自恣請
到彼二居家作如是言善哉居士辦如是如是衣為
好故若得衣者尼薩耆波逸提
若比丘尼若王若大臣若婆羅門若居士居士婦遣
使為比丘尼送衣價持如是衣價與某甲比丘尼彼使
至比丘尼所語言阿姨為汝送衣價受取是比丘尼語
彼使言我不應受此衣價我若須衣合時清淨
當受彼使語比丘尼言阿姨有執事人不須衣比
丘尼應言有若僧伽藍民若優婆塞此是比丘尼
執事人常為比丘尼執事彼使至執事人所與衣價已
還到比丘尼所如是言阿姨所示某甲執事人我
已與衣價大姊知時往彼當得比丘尼若須衣者
當往執事人所二反三反語言我須衣若二反三
反為作憶念得衣者善若不得衣四反五反六反
在前默然立令彼憶念若四反五反六反在前

BD04519 號　四分比丘尼戒本　（28–5）

執事人常為比丘尼執事彼使至執事人所與衣價已
還到比丘尼所如是言阿姨所示某甲執事人我
已與衣價大姊知時往彼當得比丘尼若須衣者
當往執事人所二反三反語言我須衣若二反三
反為作憶念得衣者善若不得衣四反五反六反
在前默然立令彼憶念若四反五反六反在前
默然住得衣者善若不得衣過是求得衣者
尼薩耆波逸提若不得衣隨彼使所來處若自
往若遣使往語言汝先遣使持衣價與某甲比丘
尼是比丘尼竟不得衣汝還取莫使失此是時
若比丘尼自取金銀若錢若教人取若口可受者尼
薩耆波逸提
若比丘尼種種賣買物者尼薩耆波逸提
若比丘尼種種販賣者尼薩耆波逸提
若比丘尼缽減五綴下漏更求新缽為好故尼薩耆
波逸提比丘尼當持此缽於尼眾中捨從次第貿
至下坐以坐缽與此比丘尼言妹持此缽乃至破此是
時
若比丘尼缽減五綴不漏更求新缽為好尼薩耆波
逸提比丘尼當持此缽於尼眾中捨從次第貿至
下坐以下坐缽與比丘尼言妹持此缽乃至破此是
時
若比丘尼自求縷使非親里織師織作衣者尼薩耆
波逸提
若比丘尼居士士婦使織師為比丘尼織作衣彼比丘
尼先不受自恣請便往到彼所織師言此衣為我
織極好織令廣長堅緻齊整好我當少多與汝
價若比丘尼與價乃至一食直得衣者尼薩耆
波若比丘尼與比丘尼衣後瞋恚若自奪若教人奪取

BD04519 號　四分比丘尼戒本　（28–6）

波逸提
若比丘尼居士居士婦使織師為比丘尼織作衣彼比丘
尼先不受自恣請便往到彼所織師言此衣為我
織極好織令廣長堅緻齊整好我當少多與汝
價若比丘尼與價乃至一食直得衣者尼薩耆
波若比丘尼與比丘尼衣後瞋恚若自奪若教人奪取
還我衣來不與汝是比丘尼應還衣彼取衣者尼
薩耆波逸提
若比丘尼有諸病畜藥酥油生酥蜜石蜜得食殘宿
至七日得服若過七日服尼薩耆波逸提
若比丘尼十日未滿夏三月若有急施衣比丘尼知是急
施衣應受受乃至衣時應畜若過者尼薩耆波逸提
若比丘尼知物向僧自求入己者尼薩耆波逸提
若比丘尼欲索是更索彼者尼薩耆波逸提
若比丘尼知檀越所為僧施異迴作餘者尼薩耆
波逸提
若比丘尼所為施物異自求為僧迴作餘用者尼
薩耆波逸提
若比丘尼擅越所施物異迴作餘用者尼薩耆波逸提
若比丘尼擅越所為施物異自求為僧迴作餘用
者尼薩耆波逸提
若比丘尼畜長鉢者尼薩耆波逸提
若比丘尼多畜好色器者尼薩耆波逸提
若比丘尼許他比丘尼病衣後不與者尼薩耆波逸提
若比丘尼以非時衣受作時衣者尼薩耆波逸提
若比丘尼與比丘尼貿易衣後瞋恚還自奪取若使
人奪妹還我衣來不與汝汝我衣還我者尼薩耆波
逸提
若比丘尼乞重衣齊價直四張氎過者尼薩耆波逸提

BD04519 號　四分比丘尼戒本　（28–7）

若比丘尼畜長鉢者尼薩耆波逸提
若比丘尼多畜好色器者尼薩耆波逸提
若比丘尼許他比丘尼病衣後不與者尼薩耆波逸提
若比丘尼以非時衣受作時衣者尼薩耆波逸提
若比丘尼與比丘尼貿易衣後瞋恚還自奪取若使
人奪妹還我衣來不與汝汝我衣還我者尼薩耆波
逸提
若比丘尼乞重衣齊價直四張氎過者尼薩耆波逸提
若比丘尼欲乞輕衣極重價直兩張半氎過者尼薩
耆波逸提
諸大姊我已說三十尼薩耆波逸提法今問諸
姊是中清淨不　諸大姊是中清淨默然故是
事如是持
諸大姊是一百七十八波逸提法半月半月說戒經來
若比丘尼故妄語者波逸提
若比丘尼毀呰語者波逸提
若比丘尼兩舌語者波逸提
若比丘尼與男子同室宿者波逸提
若比丘尼共未受大戒女人同一室宿若過三宿波逸提
若比丘尼與未受具戒人共誦法者波逸提
若比丘尼知他有麤惡罪向未受大戒人說除僧羯
磨波逸提
若比丘尼向未受大戒人說過人法言我知是
實者波逸提
若比丘尼與男子說法過五六語除有智女人
逸提
若比丘尼自掘地若教人掘波逸提　下
若比丘尼壞鬼神村波逸提
若比丘尼妄作異語惱他者波逸提

BD04519 號　四分比丘尼戒本　（28–8）

實者波逸提
若比丘尼與男子說法過五六語除有知女人波
逸提
若比丘尼自掘地若教人掘波逸提 十
若比丘尼壞鬼神村波逸提
若比丘尼妄作異語惱他者波逸提
若比丘尼嫌罵他者波逸提
若比丘尼取僧繩床若木床若臥具坐褥露地自敷
若教人敷捨去不自舉不教人舉波逸提
若比丘尼於僧房中取僧臥具自敷若教人敷在中
若坐若從彼處捨去不自舉不教人舉者波逸提
若比丘尼知比丘尼先住處後來於中間敷臥具止宿
念言彼若嫌迮者自當避我去作如是因緣非餘
非威儀波逸提
若比丘尼瞋他比丘尼不喜眾僧房中自牽出者波逸提
若比丘尼若在重閣上脫腳繩床若木床若坐若臥波逸提
若比丘尼知水有虫自澆泥若草若教人澆者波逸提
若比丘尼作大房戶扉窗牖及餘莊飾具指授覆
苫齊二三節若過者波逸提 二十
若比丘尼施一食處無病比丘尼應一食若過受者波逸提
若比丘尼別眾食除餘時波逸提餘時者病時作衣時施衣
時行道時船上時大會時沙門施食時此是時
若比丘尼至檀越家殷勤請與餅麨飯比丘尼須者
當二三鉢應受持至寺內分與餘比丘尼食若比丘尼
無病過三鉢受持至寺中不分與餘比丘尼食者波
逸提
若比丘尼非時食者波逸提
若比丘尼殘宿食噉者波逸提

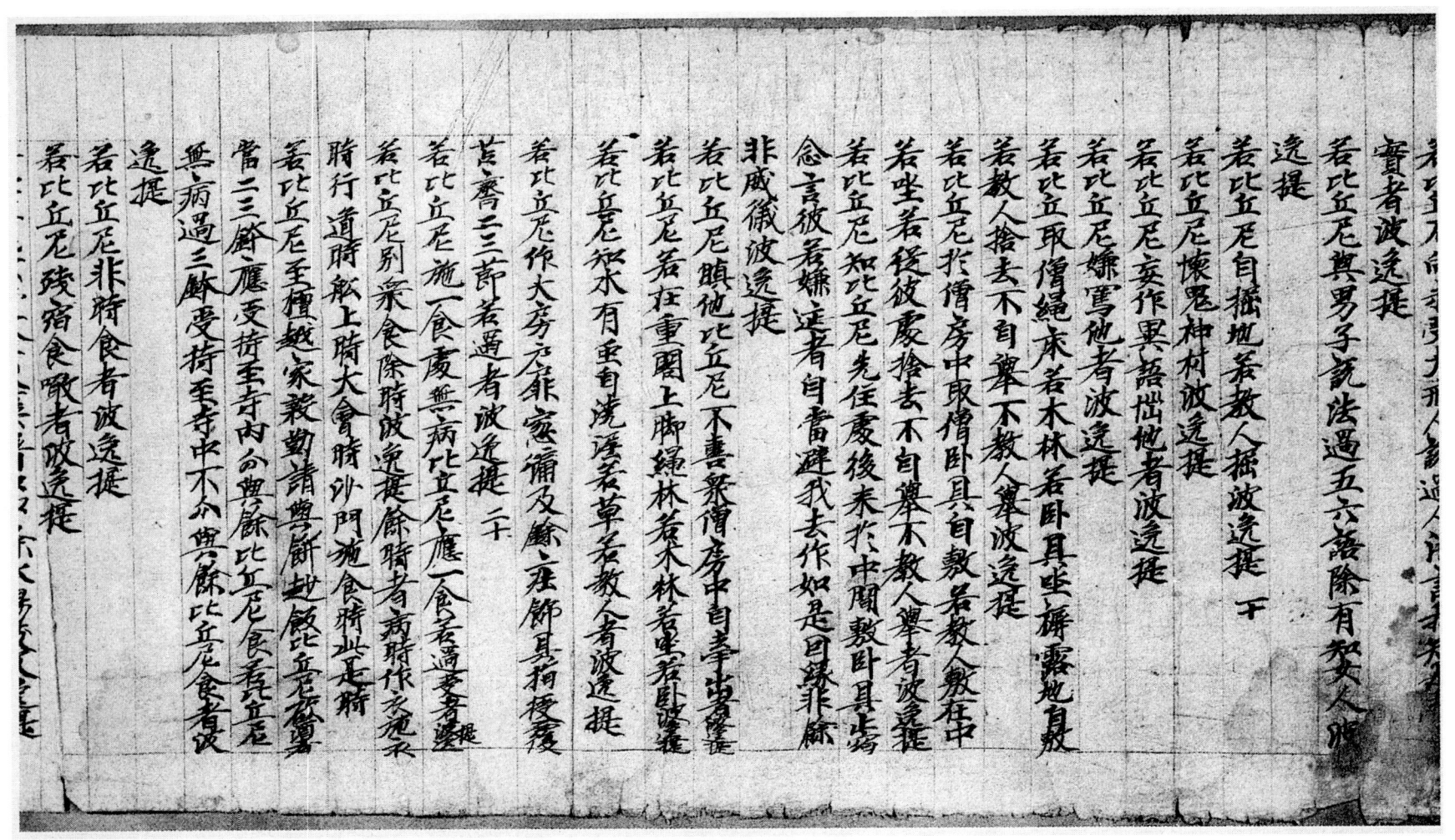

BD04519號　四分比丘尼戒本　（28–9）

當二三鉢應受持至寺內分與餘比丘尼食若比丘尼
無病過三鉢受持至寺中不分與餘比丘尼食者波
逸提
若比丘尼非時食者波逸提
若比丘尼殘宿食噉者波逸提
若比丘尼不受食及藥著口中除水楊枝波逸提
若比丘尼先受請已若前食後食行詣餘家不囑
餘比丘尼除餘時波逸提餘時者病時作衣時施衣
時此是時
若比丘尼食家中有寶強安坐者波逸提
若比丘尼食家中有寶在屏處坐者波逸提 三十
若比丘尼獨與男子露地一處共坐者波逸提
若比丘尼語比丘尼如是語大姊共汝至聚落當與汝
食彼比丘尼竟不教與是比丘尼食如是言大姊去我
與汝一處共坐共語不樂我獨坐語樂以是因緣非
餘方便遣去者波逸提
若比丘尼請比丘尼四月與藥無病比丘尼應受若
過受除常請更請分請盡形請波逸提
若比丘尼往觀軍陣除時因緣波逸提
若比丘尼因緣至軍中若二宿三宿過者波逸提
若比丘尼軍中住若二宿三宿或時觀軍陣鬬戰若
觀遊軍象馬勢力波逸提
若比丘尼飲酒者波逸提
若比丘尼水中戲者波逸提
若比丘尼以指相擊攊者波逸提
若比丘尼不受諫者波逸提
若比丘尼恐怖他比丘尼者波逸提
若比丘尼半月洗浴無病比丘尼應受若過受除餘

BD04519號　四分比丘尼戒本　（28–10）

若比丘尼水中戲者波逸提
若比丘尼以指相擊攊者波逸提
若比丘尼不受諫者波逸提
若比丘尼恐怖他比丘尼者波逸提
若比丘尼半月洗浴無病比丘尼應受若過受除餘
時波逸提餘時熱時病時作衣時大風時雨時遠行
來時此是時
若比丘尼無病為炙身故露地然火若教人然除時
波逸提
若比丘尼藏比丘尼若鉢若衣若坐具針筒自藏教
人藏下至戲笑波逸提
若比丘尼淨施比丘比丘尼式叉摩那沙弥沙弥尼衣
後不問主取著者波逸提
若比丘尼得新衣當作三種壞色青黑木蘭若比丘尼
得新衣不作三種染壞色青黑木蘭新衣持者波逸提
若比丘尼故斷畜生命者波逸提
若比丘知水有虫飲者波逸提
若比丘尼故惱他比丘尼乃至少時不樂者波逸提
若比丘尼知比丘尼有麁惡罪覆藏者波逸提 五十
若比丘尼知淨事如法懺悔已後更發舉者波逸提
若比丘尼知是賊伴共一道行乃至一聚落波逸提
若比丘尼作如是語我知佛所說法行婬欲非是障
道法彼比丘尼諫此比丘尼言大姉莫作是語莫謗世尊
者不善世尊不作是語世尊無數方便說欲是障道
法犯婬欲者是障道法彼比丘尼諫此比丘尼時堅持不
捨彼比丘尼乃至二三諫令捨是事乃至三諫時捨者善
不捨者波逸提
若比丘尼知如是語人未作法如是惡邪不捨若畜同

BD04519 號　四分比丘尼戒本　（28–11）

者不善世尊不作是語世尊無數方便說欲是障道
法犯婬欲者是障道法彼比丘尼諫此比丘尼時堅持不
捨彼比丘尼乃至二三諫令捨是事乃至三諫時捨者善
不捨者波逸提
若比丘尼知如是語人未作法如是惡邪不捨若畜同
一羯磨同一止宿波逸提
若比丘尼知沙弥尼作如是語我知佛所說法行婬非障
道法彼比丘尼諫此沙弥尼汝莫作是語莫謗世尊
者不善世尊不作是語沙弥尼世尊無數方便說婬
欲是障道法犯婬欲者是障道法彼比丘尼諫此沙弥
尼時堅持不捨彼比丘尼應乃至三呵諫捨此事故乃至
三諫時若捨者善不捨者彼比丘尼應語應語是沙
弥尼言汝自今已去非佛弟子不得隨餘比丘尼如
諸沙弥尼得與比丘尼二宿汝今無是事汝去滅去不
須此中住若比丘尼知是被擯沙弥尼若畜共同止宿
波逸提
若比丘尼如法諫時作如是語我今不學是戒乃至
問有智慧持律者當難問波逸提若為求解應難問
若比丘尼說戒時作如是語大姉用是雜碎戒為說是
戒時令人惱愧懷疑輕訶戒故波逸提
若比丘尼說戒時作如是語大姉我今始知是戒半月半
月說戒經中來餘比丘尼知是比丘尼若二若三說戒中
坐況多彼比丘尼無知無解若犯罪應如法治更重增无
知罪大姉汝無利不善得汝說戒時不用心念不一心攝
耳聽法彼無知故波逸提
若比丘尼共同羯磨已後作如是說諸比丘尼隨親厚
以眾僧物與者波逸提
若比丘尼僧斷事時不與欲而起者波逸提 六十
若比丘尼與欲竟後更呵者波逸提

BD04519 號　四分比丘尼戒本　（28–12）

知非大姊汝無利不善得汝說戒時不用心念不一心攝
耳聽法彼無知故波逸提
若比丘尼共同羯磨已後作如是說諸比丘尼隨親厚
以眾僧物與者波逸提
若比丘尼僧斷事時不與欲而起者波逸提 七十
若比丘尼與欲竟後更呵者波逸提
若比丘尼比丘尼共鬪諍後聽語已欲向彼說者波逸提
若比丘尼瞋恚不喜打比丘尼者波逸提
若比丘尼瞋恚不喜以手搏比丘尼者波逸提
若比丘尼瞋恚故不喜以无根僧伽婆尸沙謗波逸提
若比丘尼刹利水澆頭王王未出未藏寶若入過宮
門閾者波逸提
若比丘尼寶及寶莊飾具自捉若教人捉僧伽藍
中及寄宿處波逸提 若僧伽藍中若寄宿處若寶
若以寶莊飾具自捉教人捉若識者當取如是因緣非餘
若比丘尼非時入聚落不囑比丘尼波逸提
若比丘尼作繩床若木床足應高如來八指除入陛孔上
若藏竟過者波逸提
若比丘尼持兜羅綿貯作繩床木床若卧具坐褥波
逸提 七十
若比丘尼噉蒜者波逸提
若比丘尼剃三處毛者波逸提
若比丘尼以水作淨應齊兩指各一節若過者波逸提
若比丘尼以胡膠作男根者波逸提
若比丘尼共相拍者波逸提
若比丘尼共相拍者波逸提
若比丘尼比丘無病食時供給水扇者波逸提
若比丘尼乞生穀者波逸提
若比丘尼在寺内生草上大小便者波逸提

BD04519 號　四分比丘尼戒本　　（28–13）

若比丘尼以胡膠作男根者波逸提
若比丘尼共相拍者波逸提
若比丘尼比丘無病食時供給水扇者波逸提
若比丘尼乞生穀者波逸提
若比丘尼在寺内生草上大小便者波逸提
若比丘尼夜便大小便器中晝不看牆外棄者波逸提
若比丘尼往觀看伎樂者波逸提 八十
若比丘尼入村内與男子在屏處共立語者波逸提
若比丘尼與男子共入屏處者波逸提
若比丘尼入村内巷陌中遣伴遠去在屏處與男子耳
語者波逸提
若比丘尼白衣家内坐不語主人捨去者波逸提
若比丘尼入白衣家内不語主人輒坐床者波逸提
若比丘尼入白衣家内不語主人輒自敷坐具宿者波逸提
若比丘尼與男子共入闇室中者波逸提
若比丘尼不審諦受語便向人說者波逸提
若比丘尼有小因緣事便呪咀墮三惡道不生佛法中若
我有如是事墮三惡道不生佛法中若汝有如是事
亦墮三惡道不生佛法中波逸提
若比丘尼共鬪諍不善憶持諍事推胸啼哭者波
逸提 九十
若比丘尼無病二人共牀卧者波逸提
若比丘尼共一褥同一被卧除餘時波逸提
若比丘尼知先住後至知後至先住為惱故在前誦
經問義教授者波逸提
若比丘尼同活比丘尼病不瞻視者波逸提
若比丘尼安居初聽餘比丘尼在房中安床後瞋恚驅

BD04519 號　四分比丘尼戒本　　（28–14）

若比丘尼無病二人共床臥者波逸提
若比丘尼共一褥同一被卧除餘時波逸提
若比丘尼知先住後至知後至先住為惱故在前誦
經問義教授者波逸提
若比丘尼同活比丘尼病不瞻視者波逸提
若比丘尼安居初聽餘比丘尼在房中安床後瞋恚駈
出者波逸提
若比丘尼春夏冬一切時人間遊行除餘因緣者波逸提
若比丘尼夏安居訖不去者波逸提
若比丘尼邊界有疑恐怖處人間遊行者波逸提
若比丘尼於界內有疑恐怖處在人間遊行者波逸提
若比丘尼親近居士居士兒共住作不隨順行除比丘
尼諫此比丘尼言妹汝莫親近居士居士兒共住作不
不隨順行大姊可別住若別住於佛法中有增益安
樂住彼比丘尼諫此比丘尼時堅持不捨彼比丘尼應
三諫捨此事故乃至三諫捨此事善不捨者波逸提
若比丘尼往觀王宮文飾畫堂園林浴池者波逸提
若比丘尼露身形在河水泉水渠水池水中浴者波逸提
若比丘尼作浴衣應量作應量作者長佛六搩手
二搩手半若過者波逸提
若比丘尼縫僧伽梨過五日除求索僧伽梨出迦絺
那衣六難事起者波逸提
若比丘尼過五日不看僧伽梨波逸提
若比丘尼與衆僧衣作留難者波逸提
若比丘尼不問主便著他衣者波逸提
若比丘尼持沙門衣施與外道白衣者波逸提
若比丘尼作如是意衆僧如法分衣遮令不分恐弟子
不得者波逸提

BD04519 號　四分比丘尼戒本　（28–15）

若比丘尼與衆僧衣作留難者波逸提
若比丘尼不問主便著他衣者波逸提
若比丘尼持沙門衣施與外道白衣者波逸提
若比丘尼作如是意衆僧如法分衣遮令不分恐弟子
不得者波逸提
若比丘尼作如是意令衆僧今不得出迦絺那衣
後當出欲令五事久得放捨者波逸提　一百一十
若比丘尼作如是意遮比丘尼僧不出迦絺那衣欲
久得五事放捨波逸提
若比丘尼餘比丘尼語言為我滅此諍事而不作方
便令滅者波逸提
若比丘尼自手持食與白衣及外道食者波逸提
若比丘尼為白衣作使者波逸提
若比丘尼自手紡績者波逸提
若比丘尼入白衣舍內在小床大床上若坐若臥波逸提
若比丘尼至白衣舍語言數數坐止宿明日不辭主
人而去波逸提
若比丘尼誦習世俗呪術者波逸提
若比丘尼教人誦習呪術者波逸提
若比丘尼知女人姙娠度與受具足戒者波逸提　一百二十
若比丘尼知婦女乳兒受具足戒者波逸提
若比丘尼知年不滿廿與受具足戒者波逸提
若比丘尼年十八童女與二歲學戒年滿廿便與受具
足戒波逸提
若比丘尼年十八童女二歲學戒不與六法滿廿便與受
具足戒者波逸提
若比丘尼年十八童女與二歲學戒與六法滿二十衆僧
不聽與便受具足戒者波逸提

BD04519 號　四分比丘尼戒本　（28–16）

若比丘尼年十八童女與二歲學戒年滿廿便與受具
足戒波逸提
若比丘尼年十八童女二歲學戒不與六法滿廿便與受
具足戒者波逸提
若比丘尼年十八童女與二歲學戒與六法滿二十眾僧
不聽便受具足戒者波逸提
若比丘尼度曾嫁女年十歲與二歲學戒滿十二聽
與受具足戒若減十與受具戒者波逸提
若比丘尼度他小年曾嫁婦女與受二歲學戒年滿
十二不白眾僧便與受具足戒者波逸提
若比丘尼知如是人與受具足戒者波逸提
若比丘尼多度弟子不二歲學戒不以二法攝取波
逸提三
若比丘尼不二歲隨和上尼者波逸提　一百三十
若比丘尼僧不聽而人具足戒者波逸提
若比丘尼年未滿十二歲授人具足戒者波逸提
若尼比丘年滿十二歲眾僧不聽便授人具足戒者波逸提
若比丘尼僧不聽授人具戒便言眾僧有愛有恚有
怖有癡欲者便聽不欲聽者便不聽波逸提
若比丘尼父母夫主不聽與受具足戒者波逸提
若比丘尼知女人與童男男子相敬愛愁憂瞋恚
女人度令出家受具足戒者波逸提
若比丘尼語式叉摩那言汝捨是學是當與
汝受具足戒若不方便與受具足戒者波逸提
若比丘尼語式叉摩那言持來我當與汝受具足
戒而不方便與受具足戒波逸提
若比丘尼不滿一歲授人具足戒者波逸提
若比丘尼與人授具足戒已經宿方往比丘僧中與
授具足戒者波逸提卌百

若比丘尼語式叉摩那言汝捨是學是當與
汝受具足戒若不方便與受具足戒者波逸提
若比丘尼語式叉摩那言持來我當與汝受具足
戒而不方便與受具足戒波逸提
若比丘尼不滿一歲授人具足戒者波逸提
若比丘尼與人授具足戒已經宿方往比丘僧中與
授具足戒者波逸提卌百
若比丘尼不病不往受授者波逸提
若比丘尼半月應往比丘僧中求教授若不求者波
逸提
若比丘尼僧夏安居竟應往大比丘尼僧中說三事自
恣見聞疑若不者波逸提
若比丘尼在無比丘處夏安居波逸提
若比丘居在無比丘處夏安居波逸提
若比丘尼知有比丘僧伽藍不白而入者波逸提
若比丘尼罵比丘者波逸提
若比丘尼喜鬪諍不善憶持諍事後瞋恚不喜罵
比丘尼眾者波逸提
若比丘尼身生癰及種種不瘡白眾及餘人輒使
若比丘尼身生癰及種種瘡不白眾及餘人輒使
男子破若裹者波逸提
若比丘尼先受請若足食已後食餅麨乾飯魚及
肉者波逸提
若比丘尼於食家中生嫉妬心者波逸提一百五十
若比丘尼以香塗摩身者波逸提
若比丘尼以胡麻滓塗身者波逸提
若比丘尼使比丘尼塗摩身者波逸提
若比丘尼使式叉摩那塗摩身者波逸提
若比丘尼使沙彌塗摩身者波逸提

若比丘尼在村[illegible]家中[illegible]者波逸提

若比丘尼以香塗摩身者波逸提

若比丘尼以胡麻滓塗身者波逸提

若比丘尼使比丘尼塗摩身者波逸提

若比丘尼使式叉摩那塗摩身者波逸提

若比丘尼使沙彌尼塗摩身者波逸提

若比丘尼使白衣婦女塗摩身者波逸提

若比丘尼著貯腰衣者波逸提

若比丘尼畜婦女莊嚴身具除時因緣波逸提

若比丘尼著革屣持蓋行除時因緣波逸提

若比丘尼無病乘乘行除時因緣波逸提 一百六十

若比丘尼不著僧祇支入村者波逸提

若比丘尼向暮至白衣家先不被喚波逸提

若比丘尼向暮開僧伽藍門不屬授餘比丘尼而
出者波逸提

若比丘尼日沒開僧伽藍門不屬授而出者波
逸提

若比丘尼不前安居不後安居者波逸提

若比丘尼知女人常漏大小便涕唾常出者授具
足戒波逸提

若比丘尼知二形人與受具足戒者波逸提

若比丘尼知二道合者與受具足戒波逸提

若比丘尼知有負債難者病難者與授具足戒波逸提

若比丘尼學世俗伎術以自活命波逸提 一百七十

若比丘尼以世俗伎術教授白衣波逸提

若比丘尼被擯不去者波逸提

若比丘尼欲問比丘義先不求而問者波逸提

若比丘尼知先住後至先住欲惱彼故在前經行

若立若坐臥波逸提

若比丘尼在有比丘僧伽藍內起塔波逸提

若比丘尼以世俗伎術教授白衣波逸提

若比丘尼被擯不去者波逸提

若比丘尼欲問比丘義先不求而問者波逸提

若比丘尼知先住後至先住欲惱彼故在前經行

若立若坐臥波逸提

若比丘尼在有比丘僧伽藍內起塔波逸提

若比丘尼見新受戒比丘應起迎逆恭敬禮拜問
訊請與坐不者除因緣波逸提

若比丘尼為好故搖身趍行波逸提

若比丘尼作婦女莊嚴香塗摩身波逸提

若比丘尼使外道女香塗摩身者波逸提

諸大姊我已說一百七十八波逸提法今問諸大姊是中
清淨不 如是至三 諸大姊是中清淨默然故是事如是持

諸大姊是八波羅提舍尼法半月半月說戒經中來

若比丘尼無病乞蘇而食者犯應懺悔可呵法應
向餘比丘尼說言大姊我犯可呵法所不應為我今向
大姊懺悔是法名悔過法

若比丘尼無病乞油而食者犯應懺悔可呵法應向
餘比丘尼說言大姊我犯可呵法所不應為我今向大姊懺
悔是法名悔過法

若比丘尼無病乞油而食者犯應懺悔可呵法應向餘
比丘尼說言大姊我犯可呵法所不應為我今向大姊懺
悔是法名悔過法若比丘尼無病蜜而食者應懺悔
可呵法應向餘比丘尼說言大姊我犯可呵法所不應為我
今向大姊懺悔是法名悔過法若比丘尼無病乞石蜜而
食者犯應懺悔可呵法應向餘比丘尼說言大姊我犯可呵
法所不應為我今向大姊懺悔是法名懺悔過法

若比丘尼無病乞乳而食者犯應懺悔可呵法應向
餘比丘尼說言大姊我犯可呵法所不應為我今向大

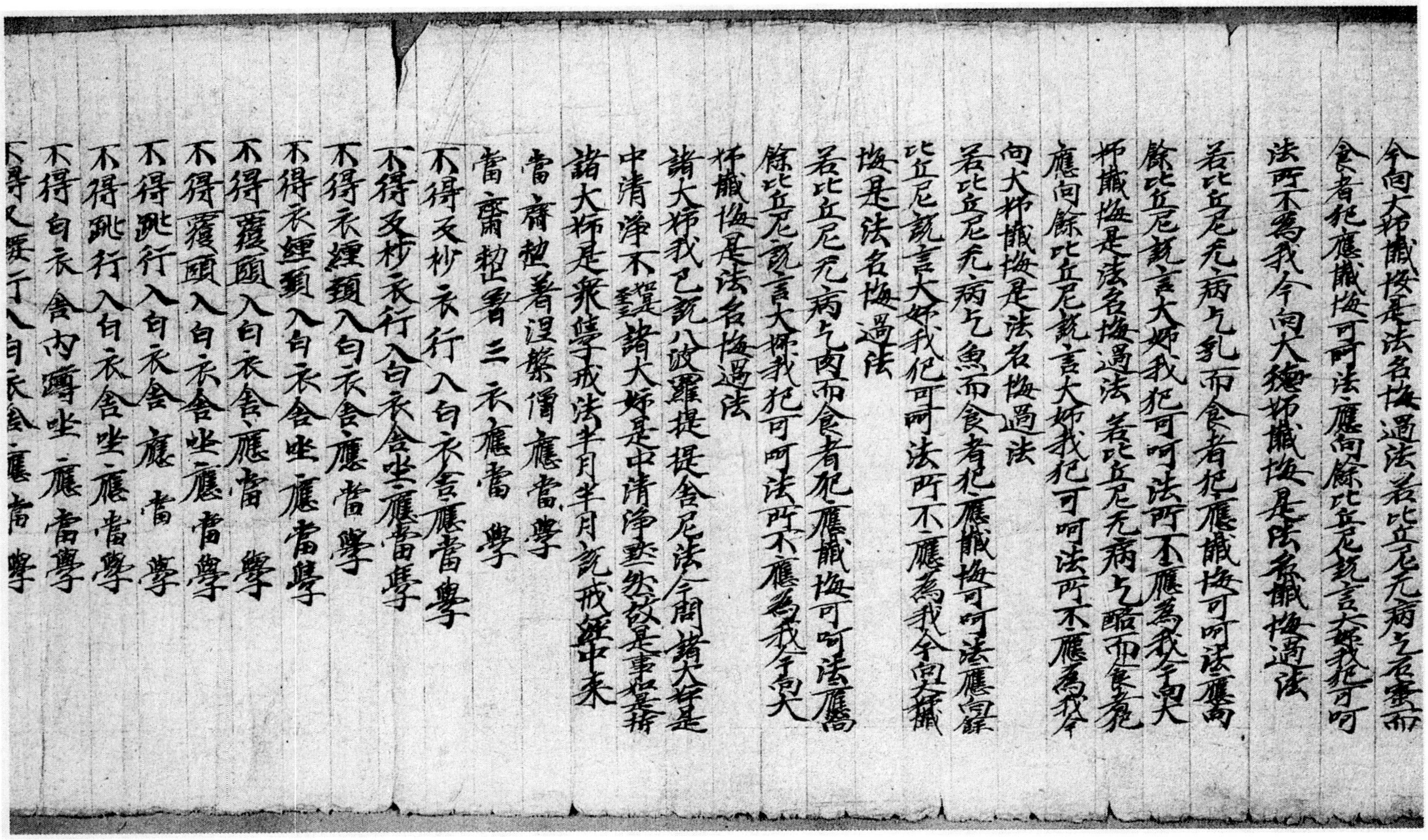

今向大姊懺悔是法名悔過法若比丘尼无病乞石蜜而
食者犯應懺悔可呵法應向餘比丘尼說言大姊我犯可呵
法所不為我今向大德姊懺悔是法名懺悔過法
若比丘尼无病乞乳而食者犯應懺悔可呵法應向
餘比丘尼說言大姊我犯可呵法所不應為我今向大
姊懺悔是法名悔過法若比丘尼无病乞酪而食者犯
應向餘比丘尼說言大姊我犯可呵法所不應為我今
向大姊懺悔是法名悔過法
若比丘尼无病乞魚而食者犯應懺悔可呵法應向餘
比丘尼說言大姊我犯可呵法所不應為我今向大姊懺
悔是法名悔過法
若比丘尼无病乞肉而食者犯應懺悔可呵法應向
餘比丘尼說言大姊我犯可呵法所不應為我今向大
姊懺悔是法名悔過法
諸大姊我已說八波羅提提舍尼法今問諸大姊是
中清淨不三說諸大姊是中清淨默然故是事如是持
諸大姊是眾學戒法半月半月說戒經中來
當齊整著涅槃僧應當學
當齊整著三衣應當學
不得反抄衣行入白衣舍應當學
不得反抄衣入白衣舍坐應當學
不得衣纏頸入白衣舍應當學
不得衣纏頸入白衣舍坐應當學
不得覆頭入白衣舍應當學
不得覆頭入白衣舍坐應當學
不得跳行入白衣舍應當學
不得跳行入白衣舍坐應當學
不得白衣舍內蹲坐應當學
不得叉腰行入白衣舍應當學

BD04519 號　四分比丘尼戒本　（28–21）

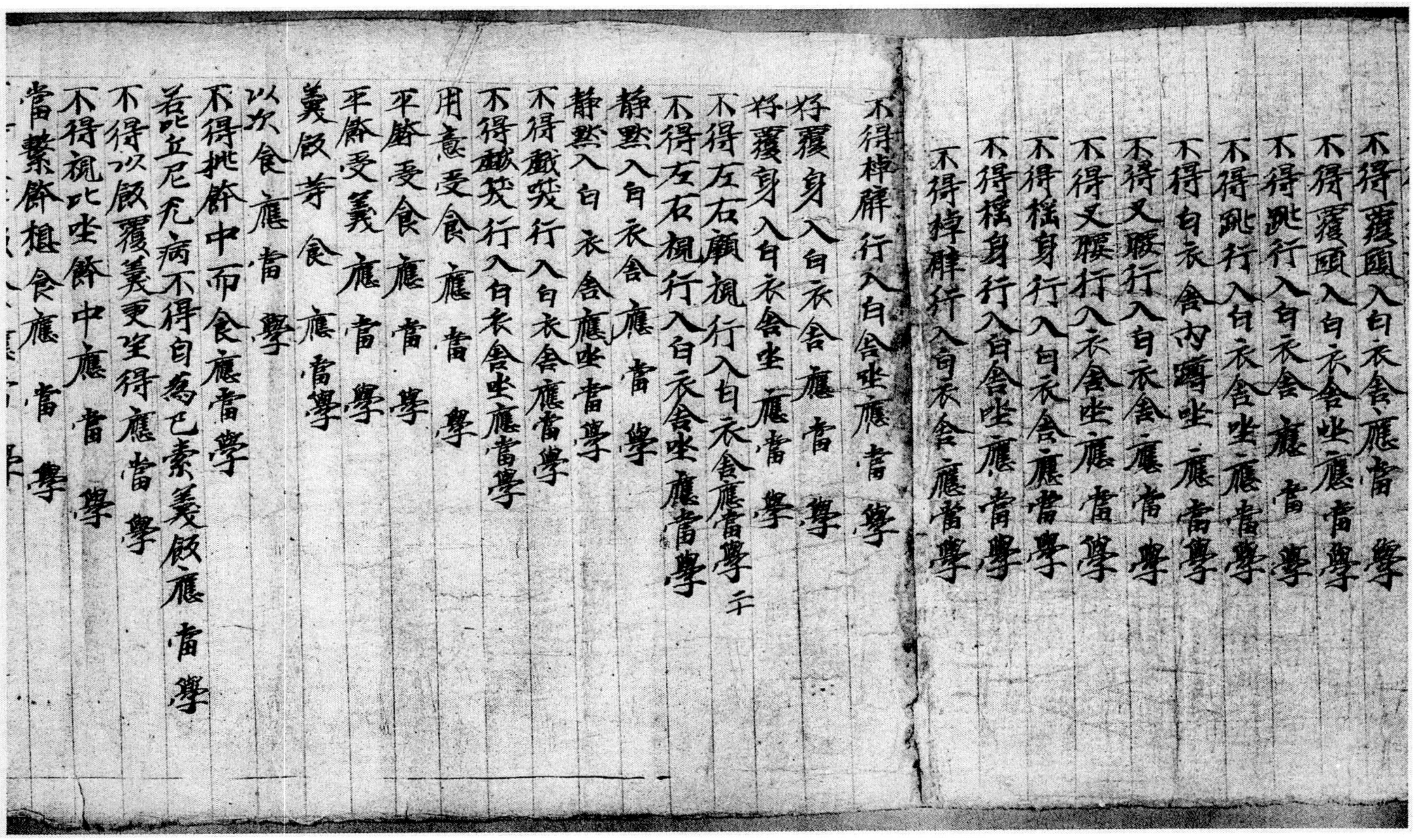

不得覆頭入白衣舍應當學
不得覆頭入白衣舍坐應當學
不得跳行入白衣舍應當學
不得跳行入白衣舍坐應當學
不得白衣舍內蹲坐應當學
不得叉腰行入白衣舍應當學
不得叉腰行入白衣舍坐應當學
不得搖身行入白衣舍應當學
不得搖身行入白衣舍坐應當學
不得掉臂行入白衣舍應當學
不得掉臂行入白舍坐應當學
好覆身入白衣舍應當學
好覆身入白衣舍坐應當學
不得左右顧視行入白衣舍應當學 卆
不得左右顧視行入白衣舍坐應當學
靜默入白衣舍應當學
靜默入白衣舍坐應當學
不得戲笑行入白衣舍應當學
不得戲笑行入白衣舍坐應當學
用意受食應當學
平鉢受食應當學
平鉢受羹應當學
羹飯等食應當學
以次食應當學
不得挑鉢中而食應當學
若比丘尼无病不得自為己索羹飯應當學
不得以飯覆羹更望得應當學
不得視比坐鉢中應當學
當繫鉢想食應當學

BD04519 號　四分比丘尼戒本　（28–22）

[illegible]
以次食應當學
不得挑鉢中而食應當學
若比丘尼无病不得自爲己索羹飯應當學
不得以飯覆羹更望得應當學
不得視比坐鉢中應當學
當繫鉢想食應當學
不得大摶飯食應當學
不得大張口待飯食應當學
不得含飯語應當學
不得摶飯遥擲口中應當學
不得遺落飯食應當學　四十
不得頰食食應當學
不得嚼飯作聲食應當學
不得大噏飯食應當學
不得舌舐食應當學
不得振手食應當學
不得手把散飯食應當學
不得汙手捉飲器應當學
不得洗鉢水棄白衣舍内應當學
不得生草菜上大小便涕唾除病應當學
不得淨水中大小便涕唾除病應當學　卆
不得立大小便除病應當學
不得与反抄衣不恭敬人說法除病應當學
不得爲衣纏頸者說法除病應當學
不得爲覆頭者說法除病應當學
不得爲裹頭者說法除病應當學
不得爲叉腰者說法除病應當學
不得爲著革屣者說法除病應當學
不得爲著木屐者說法除病應當學
不得爲騎乘者說法除病應當學

BD04519號　四分比丘尼戒本　(28–23)

不得爲衣纏頸者說法除病應當學
不得爲覆頭者說法除病應當學
不得爲裹頭者說法除病應當學
不得爲叉腰者說法除病應當學
不得爲著革屣者說法除病應當學
不得爲著木屐者說法除病應當學
不得爲騎乘者說法除病應當學
不得在佛塔中止宿除爲守護故應當學　卒
不得藏財物置佛塔中除爲堅牢應當學
不得著革屣入佛塔中應當學
不得手提革屣入佛塔中應當學
不得著革屣繞佛塔行應當學
不得著富羅入佛塔中應當學
不得手捉富羅入佛塔中應當學
不得塔下坐食留草及食汙地應當學
不得擔死屍從塔下過應當學
不得塔下埋死屍應當學
不得在塔下燒死屍應當學　七十
不得向佛塔燒死屍應當學
不得佛塔四邊燒死屍使臭氣來入應當學
不得持死人衣及床從塔下過除浣染香薰應當學
不得佛在塔下大小便應當學
不得向佛塔大小便應當學
不得繞佛塔四邊大小便使臭氣來入應當學
不得持佛像至大小便處應當學
不得在佛塔下嚼楊枝應當學
不得向佛塔嚼楊枝應當學
不得向佛塔四邊嚼楊枝應當學　卆
不得在佛塔下涕唾應當學
不得向佛塔涕唾應當學
[illegible]

BD04519號　四分比丘尼戒本　(28–24)

不得在佛塔下嚼楊枝應當學
不得向佛塔嚼楊枝應當學
不得向佛塔四邊嚼楊枝應當學 八十
不得在佛塔下涕唾應當學
不得向佛塔涕唾應當學
不得塔四邊涕唾應當學
不得向佛塔舒脚坐應當學
不得安佛塔下房已在上房住應當學
人坐已立不得為說法除病應當學
人卧已坐不得為說法除病應當學
人在坐已在非坐不得為說法除病應當學
人在高坐已在下坐不得為說法除病應當學
人在前行已在後不得為說法除病應當學 九十
人在高經行處已在下經行處不應為說法除病應當學
人在道已在非道不應為說法除病應當學
不得携手在道行應當學
不得上樹過人頭除時因緣應當學
不得絡囊盛鉢貫杖頭著肩上而行應當學
人持杖不恭敬不應為說法除病應當學
人持劒不應為說法除病應當學
人持鉾不應為說法除病應當學
人持刀不應為說法除病應當學
人持蓋不應為說法除病應當學 百
諸大姊我已說衆學戒法今問諸大德是中清淨不
如是二三 諸大姊是中清淨默然故是事如是持
諸大姊是七滅諍法半月半月說戒經中來
若比丘尼有諍事起即應除滅
應與現前毗尼當與現前毗尼 應與憶念毗尼當與憶念毗尼
應與不癡毗尼當與不癡毗尼 應與自言治當與自言治
應與多人覓罪 應與覓罪相當與覓罪相 應與如草覆地當與如草覆地

BD04519號　四分比丘尼戒本　（28–25）

諸大姊是七滅諍法半月半月說戒經中來
若比丘尼有諍事起即應除滅
應與現前毗尼當與現前毗尼 應與憶念毗尼當與憶念毗尼
應與不癡毗尼當與不癡毗尼 應與自言治當與自言治
應與多人覓罪 應與覓罪相當與覓罪相 應與如草覆地
當與如草覆地 諸大姊我已說七滅諍法今問諸大姊
是中清淨不 如是二三 諸大姊是中清淨默然故是事如是持
諸大姊我已說戒經序已說八波羅夷法已說十七僧伽
婆尸沙已說三十尼薩耆波逸提法已說八波羅提提舍
尼法已說衆學戒法已說七滅諍法此是佛所說
半月半月說戒經中來若更有餘佛法是中皆共和合
應當學
忍辱第一道 佛說無為最 出家惱他人 不名為沙門 此是毗
婆尸如來无所著等正覺說是戒經 譬如明眼人
能避嶮惡道 世有聡明人 能遠離諸惡 此是尸棄如
來无所著等正覺說是戒經 不謗亦不嫉 當奉行
於戒 飲食知止足 常樂在空閑 心定樂精進 是名諸
佛教 此是毗葉羅如來无所著等正覺說是戒經
譬如蜂採花 不壞色與香 但取其味去 比丘入聚然 不違戾
他事 不觀作不作 但自觀身行 若正若不正 此是拘樓
孫如來无所著等正覺說是戒經 心莫作放逸
聖法當勤學 如是無憂愁 心定入涅槃 此是拘那含牟
尼如來无所著等正覺說是戒經 一切惡莫作 當奉
行諸善 自淨其志意 是則諸佛教 此迦葉如來
无所著等正覺說是戒經 善護於口言 自淨其志意
身莫作諸惡 此三業道淨 能得如是行 是大仙人道
此是釋迦牟尼如來無所著等正覺於十二年中為无事
僧說是經 從是已後廣分別說 諸比丘尼自為樂
法樂沙門者 有慙有愧樂學者 當於中來
明人能護戒 能得三種樂 名譽及利養 死得生天上 當觀是處

BD04519號　四分比丘尼戒本　（28–26）

行諸善自淨其志意　是則諸佛教　此迦葉如來
無所著等正覺說是戒經　善護於口言　自淨其志意
身莫作諸惡　此三業道淨　能得如是行　是大仙人道
此是釋迦牟尼如來無所著等正覺於十二年中為無事
僧說是經　從是已後　廣分別說　諸比丘尼自為樂
法樂沙門者　有慚有愧樂學者　當於中學
明人能護戒　能得三種樂　名譽及利養　死得生天上　當觀如是處
當觀如是處　有智勤護戒　戒淨有智慧　便得第一道
如過去諸佛　及以未來者　現在諸世尊　能勝一切憂
皆共尊敬戒　此是諸佛法　若有自為身　欲求於佛道
當尊重正法　此是諸佛教　七佛為世尊　滅除諸結使
說是七戒經　諸縛得解脫　已入於涅槃　諸戲永滅盡
尊行大仙說　聖賢稱譽戒　弟子之所行　入寂滅涅槃
世尊涅槃時　興起於大悲　集諸比丘眾　與如是教誡
莫謂我涅槃　淨行者無護　我今說戒經　亦善說毗尼
我雖般涅槃　當視如世尊　此經久住世　佛法得熾盛
以是熾盛故　得入於涅槃　若不持此戒　如所應布薩
喻如日沒時　世界皆闇冥　當護持是戒　如犛牛愛尾
和合一處坐　如佛之所說　我已說戒經　眾僧布薩竟
我今說戒經　所說諸功德　施一切眾生　皆共成佛道
四分比丘尼戒本一卷

當尊重正法　此是諸佛教　七佛為世尊　滅除諸結使
說是七戒經　諸縛得解脫　已入於涅槃　諸戲永滅盡
尊行大仙說　聖賢稱譽戒　弟子之所行　入寂滅涅槃
世尊涅槃時　興起於大悲　集諸比丘眾　與如是教誡
莫謂我涅槃　淨行者無護　我今說戒經　亦善說毗尼
我雖般涅槃　當視如世尊　此經久住世　佛法得熾盛
以是熾盛故　得入於涅槃　若不持此戒　如所應布薩
喻如日沒時　世界皆闇冥　當護持是戒　如犛牛愛尾
和合一處坐　如佛之所說　我已說戒經　眾僧布薩竟
我今說戒經　所說諸功德　施一切眾生　皆共成佛道
四分比丘尼戒本一卷

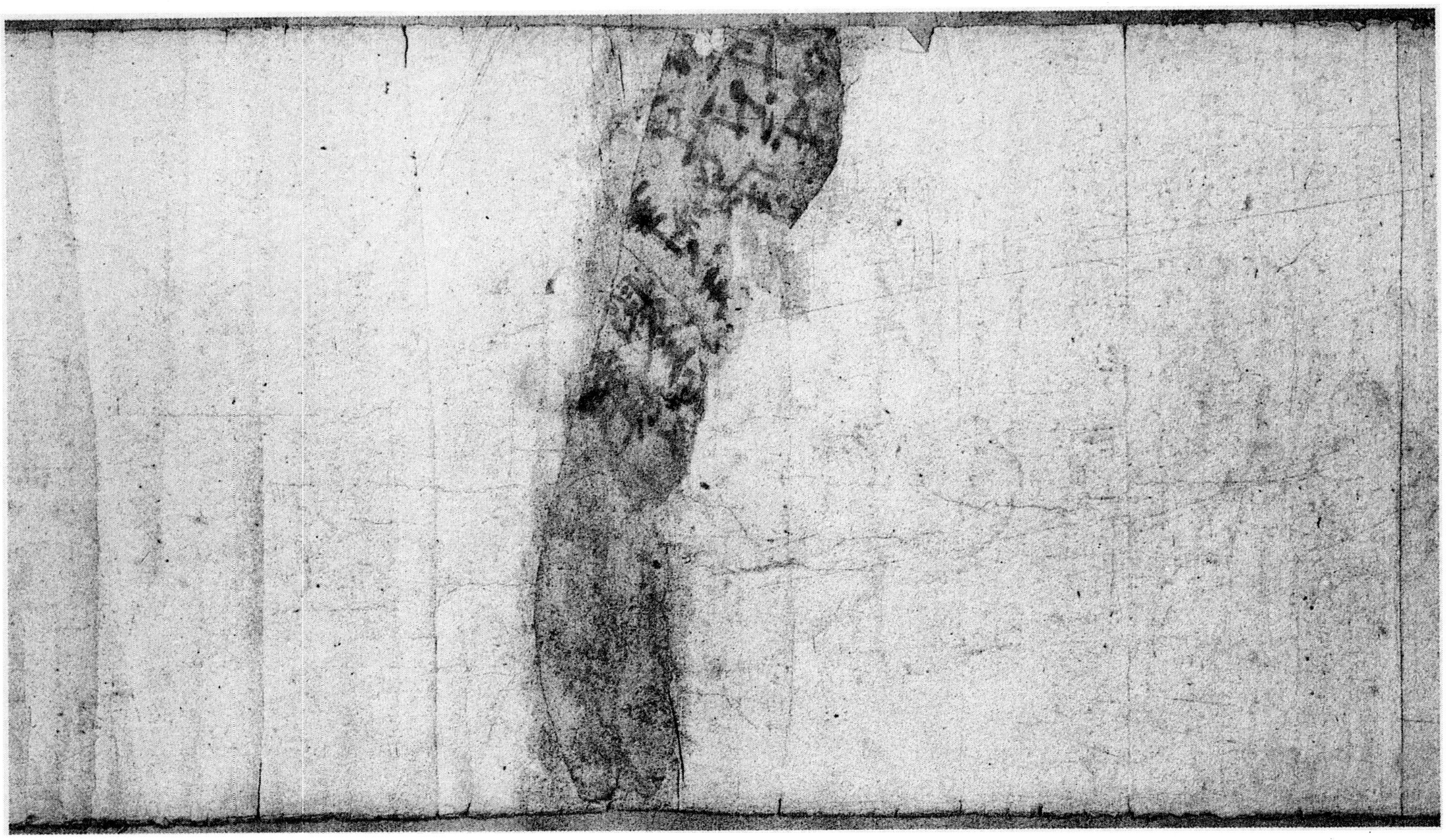

BD04519 號背　社司轉帖（擬）　　（1–1）

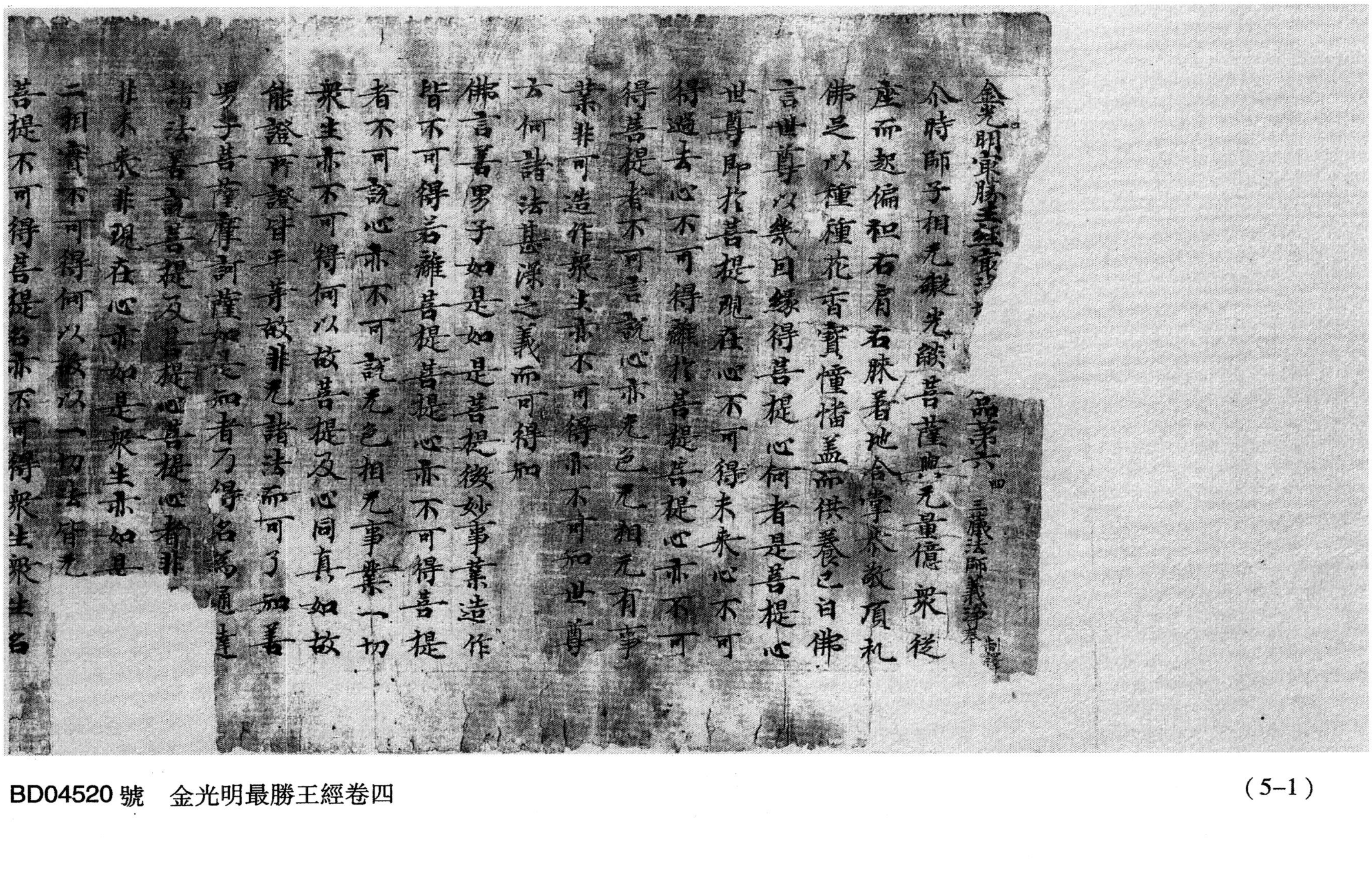

金光明最勝王經最淨地陀羅尼品第六 四　三藏法師義淨奉　制譯
尒時師子相无礙光燄菩薩與无量億衆從
座而起偏袒右肩右膝著地合掌恭敬頂礼
佛足以種種花香寶幢幡蓋而供養已白佛
言世尊以幾因緣得菩提心何者是菩提心
世尊即於菩提現在心不可得未來心不可
得過去心不可得離於菩提菩提心亦不可
得菩提者不可言說心亦无色无相无有事
業非可造作衆生亦不可得亦不可知世尊
云何諸法甚深之義而可得知
佛言善男子如是如是菩提微妙事業造作
皆不可得若離菩提菩提心亦不可得菩提
者不可說心亦不可說无色相无事業一切
衆生亦不可得何以故菩提及心同真如故
能證所證皆平等故非无諸法而可了知善
男子菩薩摩訶薩如是知者乃得名爲通達
諸法善說菩提及菩提心菩提心者非
非未來非現在心亦如是衆生亦如是
二相實不可得何以故以一切法皆无
菩提不可得菩提名亦不可得衆生衆生名

BD04520 號　金光明最勝王經卷四　　（5–1）

能證所證皆平等故非无諸法而可了知善
男子菩薩摩訶薩如是知者乃得名爲通達
諸法善說菩提及菩提心菩提心者非
非未來非現在心亦如是衆生亦如是
二相實不可得何以故以一切法皆无
菩提不可得菩提名亦不可得衆生衆生名
不可得聲聞聲聞名不可得獨覺獨覺名不
可得菩薩菩薩名不可得佛佛名不可得行
非行不可得行非行名不可得以不可得故
於一切寂靜法中而得安住此依一切功德
善根而得生起
善男子譬如寶須弥山王饒益一切此菩提
心利衆生故是名第一布施波羅蜜因善男
子譬如大地持衆物故是名第二持戒波羅
蜜因譬如師子有大威力獨步无畏離驚恐
故是名第三忍辱波羅蜜因譬如風輪那羅
延力勇壯速疾心不退故是名第四勤策波
羅蜜因譬如七寶樓觀有四階道清涼之風
來吹四門受安隱樂靜慮法藏求滿足故是
名第五靜慮波羅蜜因譬如日輪光輝熾盛
此心速能破滅生死无明闇故是名第六智
慧波羅蜜因譬如商主能令一切心願滿足
此心能度生死險道獲功德寶故是名第七
方便勝智波羅蜜因譬如淨月圓滿无翳此
心能於一切境界清淨具足故是名第八願
波羅蜜因譬如轉輪聖王主兵寶臣隨意自

BD04520號　金光明最勝王經卷四　（5–2）

慧波羅蜜因譬如商主能令一切心願滿足
此心能度生死險道獲功德寶故是名第七
方便勝智波羅蜜因譬如淨月圓滿无翳此
心能於一切境界清淨具足故是名第八願
波羅蜜因譬如轉輪聖王主兵寶臣隨意自
在此心善能莊嚴淨佛國土无量功德廣利
羣生故是名第九力波羅蜜因譬如虛空及
轉輪聖王此心能於一切境界无有障礙於
一切處皆得自在至灌頂位故是名第十智
波羅蜜因善男子是名菩薩摩訶薩十種菩
提心因如是十因汝當修學
善男子依五種法菩薩摩訶薩成就布施波
羅蜜云何爲五一者信根二者慈悲三者无
求欲心四者攝受一切衆生五者願求一切
智智善男子是名菩薩摩訶薩成就布施波
羅蜜善男子復依五法菩薩摩訶薩成就持
戒波羅蜜云何爲五一者三業清淨二者不
爲一切衆生作煩惱因緣三者閉諸惡道開
善趣門四者過於聲聞獨覺之地五者一切
功德皆悉滿足善男子是名菩薩摩訶薩成
就持戒波羅蜜善男子復依五法菩薩摩訶
薩成就忍辱波羅蜜云何爲五一者能伏貪
瞋煩惱二者不惜身命不求安樂止息之想
三者思惟往業遭苦能忍四者發慈悲心成
就衆生諸善根故五者爲得甚深无生法忍
善男子是名菩薩摩訶薩成就忍辱波羅蜜

BD04520號　金光明最勝王經卷四　（5–3）

善趣門四者過於聲聞獨覺之地五者一切
功德皆悉滿足善男子是名菩薩摩訶薩成
就持戒波羅蜜善男子復依五法菩薩摩訶
薩成就忍辱波羅蜜云何為五一者能伏貪
瞋煩惱二者不惜身命不求安樂止息之想
三者思惟往業遭苦能忍四者發慈悲心成
就衆生諸善根故五者為得甚深无生法忍
善男子是名菩薩摩訶薩成就忍辱波羅蜜
善男子復依五法菩薩摩訶薩成就 勤策
波羅蜜云何為五一者與諸煩惱不樂共住
二者福德未具不受安樂三者於諸難行苦
行之事不生厭心四者以大慈悲攝受利益
方便成熟一切衆生五者願求不退轉地善
男子是名菩薩摩訶薩成就勤策波羅蜜善
男子復依五法菩薩摩訶薩成就靜慮波羅
蜜云何為五一者於諸善法攝令不散故二者
常願解脫不著二邊故三者願得神通成就
衆生諸善根故四者為淨法界蠲除心垢故
五者為斷衆生煩惱根本故善男子是名菩
薩摩訶薩成就靜慮波羅蜜善男子復依五
法菩薩摩訶薩成就智慧波羅蜜云何為五
一者常於一切諸佛菩薩及明智者供養親
近不生厭背二者諸佛如來說甚深法心常
樂聞无有厭足三者真俗勝智樂善分別四
者見脩煩惱咸速斷除五者世間伎術五明
之法皆悉通達善男子是名菩薩摩訶薩成
就智慧波羅蜜善男子復依五法菩薩摩訶

BD04520號　金光明最勝王經卷四　　（5–4）

二者福德未具不受安樂三者於諸難行苦
行之事不生厭心四者以大慈悲攝受利益
方便成熟一切衆生五者願求不退轉地善
男子是名菩薩摩訶薩成就勤策波羅蜜善
男子復依五法菩薩摩訶薩成就靜慮波羅
蜜云何為五一者於諸善法攝令不散故二者
常願解脫不著二邊故三者願得神通成就
衆生諸善根故四者為淨法界蠲除心垢故
五者為斷衆生煩惱根本故善男子是名菩
薩摩訶薩成就靜慮波羅蜜善男子復依五
法菩薩摩訶薩成就智慧波羅蜜云何為五
一者常於一切諸佛菩薩及明智者供養親
近不生厭背二者諸佛如來說甚深法心常
樂聞无有厭足三者真俗勝智樂善分別四
者見脩煩惱咸速斷除五者世間伎術五明
之法皆悉通達善男子是名菩薩摩訶薩成
就智慧波羅蜜善男子復依五法菩薩摩訶
薩成就方便波羅蜜云何為五一者於一切
衆生意樂煩惱心行差別悉皆通達二者无

BD04520號　金光明最勝王經卷四　　（5–5）

現謂若住此三摩地時絶諸等持所緣境相
是故名為斷所緣三摩地世尊云何名為
无變異三摩地善現謂若住此三摩地時
不得諸法變異之相是故名為无變異三
摩地世尊云何名為无品類三摩地善現
謂若住此三摩地時不見諸法品類異相
是故名為无品類三摩地世尊云何名為
入名相三摩地善現謂若住此三摩地時
悟入諸法名相實際是故名為入名相三摩
地世尊云何名為无所作三摩地善現謂
若住此三摩地時一切所為无不皆息是
故名為无所作三摩地世尊云何名為入
決定名三摩地善現謂若住此三摩地時
悟入諸法決定名字都无所有但假施設是
故名為入決定名三摩地世尊云何名為无
相行三摩地善現謂若住此三摩地時於諸
定相都无所得是故名為无相行三摩地世
尊云何名為離翳闇三摩地善現謂若住此
三摩地時諸定翳闇无不除遣是故名為離
翳闇三摩地世尊云何名為具行三摩地善
現謂若住此三摩地時於諸定行中雖見而
不見是故名為具行三摩地世尊云何名為

BD04521號　大般若波羅蜜多經卷五二　（2–1）

悟入諸法名相實際是故名為入名相三摩
地世尊云何名為无所作三摩地善現謂
若住此三摩地時一切所為无不皆息是
故名為无所作三摩地世尊云何名為入
決定名三摩地善現謂若住此三摩地時
悟入諸法決定名字都无所有但假施設是
故名為入決定名三摩地世尊云何名為无
相行三摩地善現謂若住此三摩地時於諸
定相都无所得是故名為无相行三摩地世
尊云何名為離翳闇三摩地善現謂若住此
三摩地時諸定翳闇无不除遣是故名為離
翳闇三摩地世尊云何名為具行三摩地善
現謂若住此三摩地時於諸定行中雖見而
不見是故名為具行三摩地世尊云何名為
不變動三摩地善現謂若住此三摩地時於
諸等持不見變動是故名為不變動三摩地
世尊云何名為度境界三摩地善現謂若住
此三摩地時超諸等持所緣境界是故名為
度境界三摩地世尊云何名為集一切功德
三摩地善現謂若住此三摩地時能集諸定

BD04521號　大般若波羅蜜多經卷五二　（2–2）

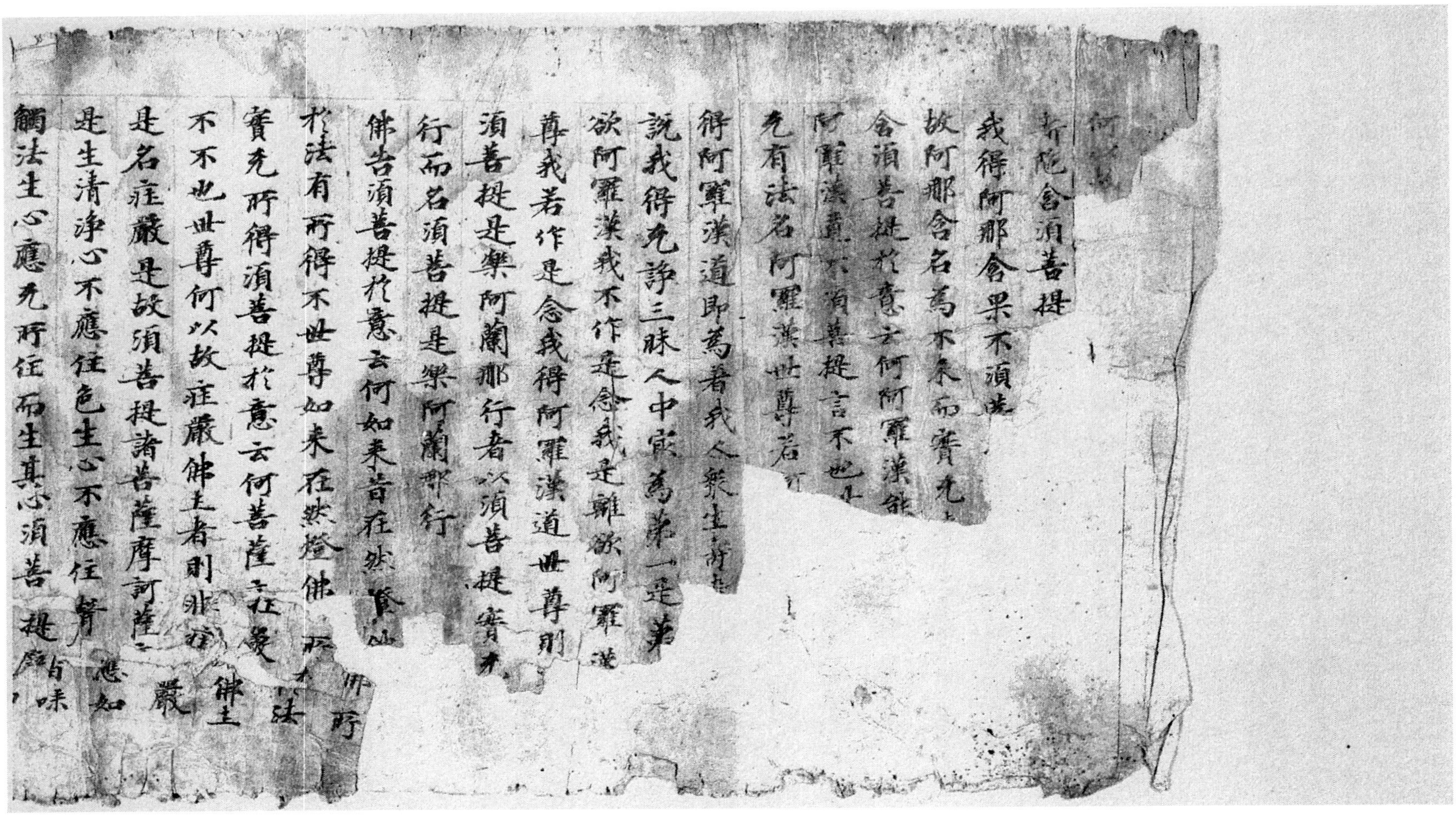

斯陁含須菩提
我得阿那含果不須菩提言不
故阿那含名為不來而實无
含須菩提於意云何阿羅漢能
阿羅漢道不須菩提言不也世
无有法名阿羅漢世尊若阿
得阿羅漢道即為著我人衆生壽
說我得无諍三昧人中最為第一是第
欲阿羅漢我不作是念我是離欲阿羅漢
尊我若作是念我得阿羅漢道世尊則
須菩提是樂阿蘭那行者以須菩提實无
行而名須菩提是樂阿蘭那行
佛告須菩提於意云何如來昔在然燈佛所
於法有所得不世尊如來在然燈佛所於法
實无所得須菩提於意云何菩薩莊嚴佛土
不不也世尊何以故莊嚴佛土者則非莊嚴
是名莊嚴是故須菩提諸菩薩摩訶薩應如
是生清淨心不應住色生心不應住聲香味
觸法生心應无所住而生其心須菩提譬

BD04522 號　金剛般若波羅蜜經　（13–1）

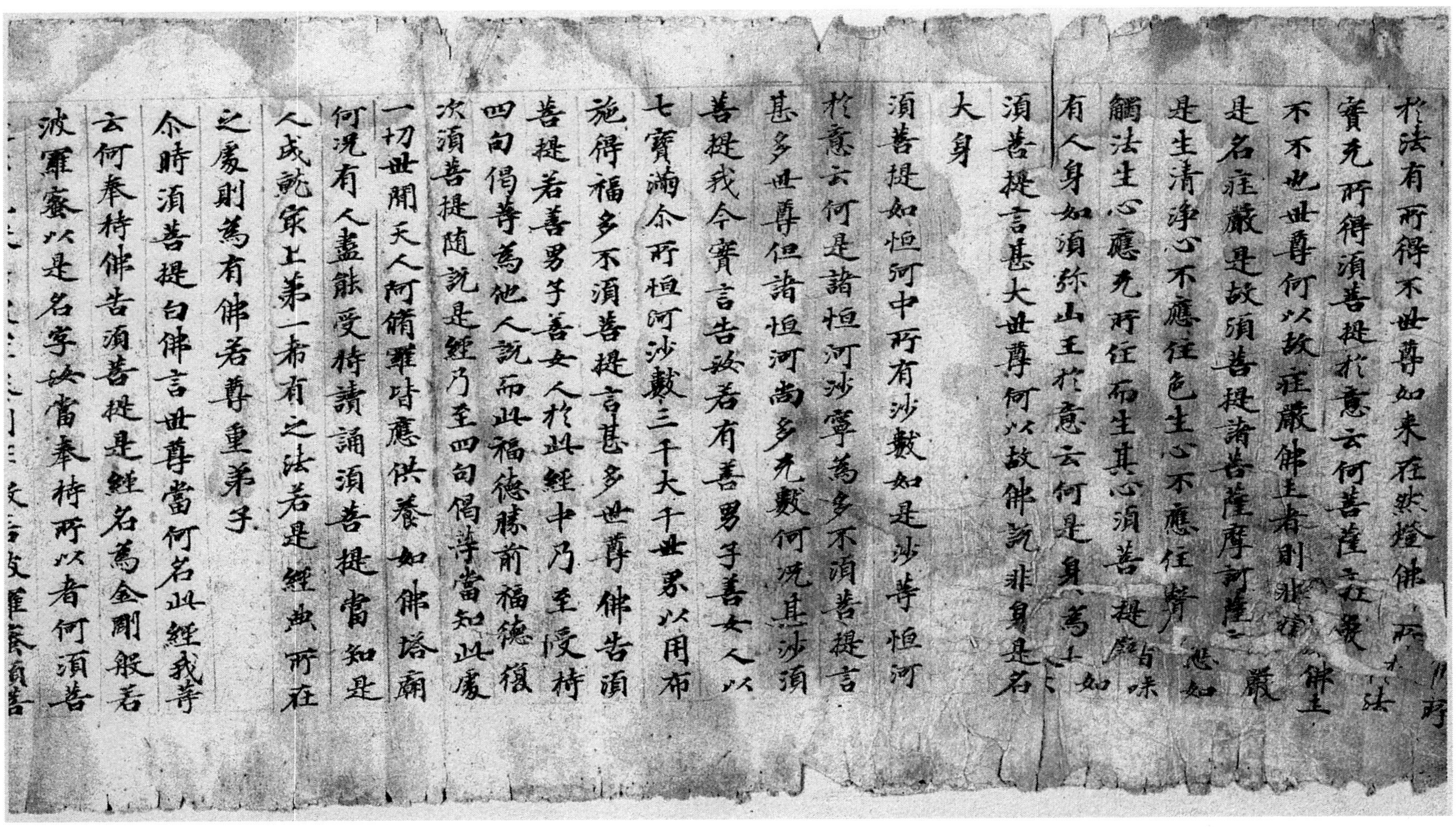

於法有所得不世尊如來在然燈佛所於法
實无所得須菩提於意云何菩薩莊嚴佛土
不不也世尊何以故莊嚴佛土者則非莊嚴
是名莊嚴是故須菩提諸菩薩摩訶薩應如
是生清淨心不應住色生心不應住聲香味
觸法生心應无所住而生其心須菩提譬如
有人身如須弥山王於意云何是身為大不
須菩提言甚大世尊何以故佛說非身是名
大身
須菩提如恒河中所有沙數如是沙等恒河
於意云何是諸恒河沙寧為多不須菩提言
甚多世尊但諸恒河尚多无數何況其沙須
菩提我今實言告汝若有善男子善女人以
七寶滿尒所恒河沙數三千大千世界以用布
施得福多不須菩提言甚多世尊佛告須
菩提若善男子善女人於此經中乃至受持
四句偈等為他人說而此福德勝前福德復
次須菩提隨說是經乃至四句偈等當知此處
一切世間天人阿脩羅皆應供養如佛塔廟
何況有人盡能受持讀誦須菩提當知是
人成就最上第一希有之法若是經典所在
之處則為有佛若尊重弟子
尒時須菩提白佛言世尊當何名此經我等
云何奉持佛告須菩提是經名為金剛般若
波羅蜜以是名字汝當奉持所以者何須菩

BD04522 號　金剛般若波羅蜜經　（13–2）

人成就最上第一希有之法若是經典所在
之處則為有佛若尊重弟子
尒時須菩提白佛言世尊當何名此經我等
云何奉持佛告須菩提是經名為金剛般若
波羅蜜以是名字汝當奉持所以者何須菩
提佛說般若波羅蜜則非般若波羅蜜須菩
提於意云何如來有所說法不須菩提白佛
言世尊如來无所說須菩提於意云何三千
大千世界所有微塵是為多不須菩提言甚
多世尊須菩提諸微塵如來說非微塵是名
微塵如來說世界非世界是名世界須菩提於
意云何可以卅二相見如來不不也世尊不可
以三十二相得見如來何以故如來所說卅二
相即是非相是名卅二相須菩提若有善男
子善女人以恒河沙等身命布施若復有人
於此經中乃至受持四句偈等為他人說
其福甚多
尒時須菩提聞說是經深解義趣涕淚悲
泣而白佛言希有世尊佛說如是甚深經典
我從昔來所得慧眼未曾得聞如是之經世
尊若復有人得聞是經信心清淨則生實相當
知是人成就第一希有功德世尊是實相者
則是非相是故如來說名實相世尊我今得
聞如是經典信解受持不足為難若當來世
後五百歲其有衆生得聞是經信解受持是

BD04522號　金剛般若波羅蜜經　（13–3）

尊若復有人得聞是經信心清淨則生實相當
知是人成就第一希有功德世尊是實相者
則是非相是故如來說名實相世尊我今得
聞如是經典信解受持不足為難若當來世
後五百歲其有衆生得聞是經信解受持是
人則為第一希有何以故此人无我相人相衆
生相壽者相所以者何我相即是非相人相
衆生相壽者相即是非相何以故離一切諸
相則名諸佛
佛告須菩提如是如是若復有人得聞是經
不驚不怖不畏當知是人甚為希有何以故
須菩提如來說第一波羅蜜非第一波羅蜜
是名第一波羅蜜須菩提忍辱波羅蜜如來
說非忍辱波羅蜜何以故須菩提如我昔為
歌利王割截身體我於尒時无我相无人相
无衆生相无壽者相何以故我於往昔節節
支解時若有我相人相衆生相壽者相應生
瞋恨須菩提又念過去於五百世作忍辱仙
人於尒所世无我相无人相无衆生相无壽
者相是故須菩提菩薩應離一切相發阿耨
多羅三藐三菩提心不應住色生心不應住
聲香味觸法生心應生无所住心若心有住
則為非住是故佛說菩薩心不應住色布施
須菩提菩薩為利益一切衆生應如是布施
如來說一切諸相即是非相又說一切衆生則

BD04522號　金剛般若波羅蜜經　（13–4）

聲香味觸法生心應生无所住心若心有住
則為非住是故佛說菩薩心不應住色布施
須菩提菩薩為利益一切衆生應如是布施
如来說一切諸相即是非相又說一切衆生則
非衆生須菩提如来是真語者實語者如語
者不誑語者不異語者須菩提如来所得法
此法无實无虛須菩提若菩薩心住於法而
行布施如人入闇則无所見若菩薩心不住於
法而行布施如人有目日光明照見種種色須
菩提當来之世若有善男子善女人能於此
經受持讀誦則為如来以佛智慧悉知是人
悉見是人皆得成就无量无邊功徳
須菩提若有善男子善女人初日分以恒河
沙等身布施中日分復以恒河沙等身布施
後日分亦以恒河沙等身布施如是无量百
千万億劫以身布施若復有人聞此經典信
心不逆其福勝彼何况書寫受持讀誦為人
解說須菩提以要言之是經有不可思議不
可稱量无邊功徳如来為發大乘者說為發
最上乘者說若有人能受持讀誦廣為人說
如来悉知是人悉見是人皆得成就不可量不
可稱无有邊不可思議功徳如是人等則為
荷擔如来阿耨多羅三藐三菩提何以故須
菩提若樂小法者著我見人見衆生見壽
者見則於此經不能聽受讀誦為人解說須

BD04522號　金剛般若波羅蜜經　（13–5）

如来悉知是人悉見是人皆得成就不可量不
可稱无有邊不可思議功徳如是人等則為
荷擔如来阿耨多羅三藐三菩提何以故須
菩提若樂小法者著我見人見衆生見壽
者見則於此經不能聽受讀誦為人解說須
菩提在在處處若有此經一切世間天人阿脩
羅所應供養當知此處則為是塔皆應恭
敬作礼圍繞以諸華香而散其處
復次須菩提若善男子善女人受持讀誦此經
若為人輕賤是人先世罪業應墮惡道以今世
人輕賤故先世罪業則為消滅當得阿耨多羅
三藐三菩提須菩提我念過去无量阿僧祇
劫於然燈佛前得值八百四千万億那由
他諸佛悉皆供養承事无空過者若復有
人於後末世能受持讀誦此經所得功徳於
我所供養諸佛功徳百分不及一百千万億分
乃至筭數譬喻所不能及須菩提若善男子
善女人於後末世有受持讀誦此經所得功
徳我若具說者或有人聞心則狂亂狐疑不
信須菩提當知是經義不可思議果報亦不
可思議
尒時須菩提白佛言世尊善男子善女人發阿
耨多羅三藐三菩提心云何應住云何降伏
其心佛告須菩提善男子善女人發阿耨多
羅三藐三菩提者當生如是心我應滅度一
切衆生滅度一切衆生已而无有一衆生實

BD04522號　金剛般若波羅蜜經　（13–6）

尒時須菩提白佛言世尊善男子善女人發阿
耨多羅三藐三菩提心云何應住云何降伏
其心佛告須菩提善男子善女人發阿耨多
羅三藐三菩提者當生如是心我應滅度一
切衆生滅度一切衆生已而无有一衆生實
滅度者何以故若菩薩有我相人相衆生
相壽者相則非菩薩所以者何須菩提實无
有法發阿耨多羅三藐三菩提者須菩提於
意云何如来於然燈佛所有法得阿耨多羅
三藐三菩提不不也世尊如我解佛所說義
佛於然燈佛所實无有法得阿耨多羅三藐
三菩提佛言如是如是須菩提實无有法如
来得阿耨多羅三藐三菩提須菩提若有法
如来得阿耨多羅三藐三菩提者然燈佛則不
與我受記汝於来世當得作佛号釋迦牟尼以
實无有法得阿耨多羅三藐三菩提是故然
燈佛與我受記作如是言汝於来世當得作
佛号釋迦牟尼何以故如来者即諸法如義若
有人言如来得阿耨多羅三藐三菩提須菩
提實无有法佛得阿耨多羅三藐三菩提
須菩提如来所得阿耨多羅三藐三菩提於
是中无實无虛是故如来說一切法皆是佛法
須菩提所言一切法者即非一切法是故名一
切法須菩提譬如人身長大須菩提言世尊
如来說人身長大則為非大身是名大身

BD04522 號　金剛般若波羅蜜經　（13–7）

須菩提如来所得阿耨多羅三藐三菩提於
是中无實无虛是故如来說一切法皆是佛法
須菩提所言一切法者即非一切法是故名一
切法須菩提譬如人身長大須菩提言世尊
如来說人身長大則為非大身是名大身
須菩提菩薩亦如是若作是言我當滅度无
量衆生則不名菩薩何以故須菩提實无有
法名為菩薩是故佛說一切法无我无人无
衆生无壽者須菩提若菩薩作是言我當
莊嚴佛土是不名菩薩何以故如来說莊嚴
佛土者即非莊嚴是名莊嚴須菩提若菩
薩通達无我法者如来說名真是菩薩
須菩提於意云何如来有肉眼不如是世尊
如来有肉眼須菩提於意云何如来有天眼
不如是世尊如来有天眼須菩提於意云何
如来有慧眼不如是世尊如来有慧眼須菩
提於意云何如来有法眼不如是世尊如来
有法眼須菩提於意云何如来有佛眼不如
是世尊如来有佛眼須菩提於意云何恒河
中所有沙佛說是沙不如是世尊如来說是
沙須菩提於意云何如一恒河中所有沙有
如是等恒河是諸恒河所有沙數佛世界如
是寧為多不甚多世尊佛告須菩提尒所國
土中所有衆生若干種心如来悉知何以故如
来說諸心皆為非心是名為心所以者何須菩

BD04522 號　金剛般若波羅蜜經　（13–8）

是寧為多不甚多世尊佛告須菩提尒所國
土中所有衆生若干種心如来悉知何以故如
来說諸心皆為非心是名為心所以者何須菩
提過去心不可得現在心不可得未来心不
可得須菩提於意云何若有人滿三千大
千世界七寶以用布施是人以是因緣得福
多不如是世尊此人以是因緣得福甚多
須菩提若福德有實如来不說得福德多
以福德无故如来說得福德多
須菩提於意云何佛可以具足色身見不不
也世尊如来不應以具足色身見何以故如来
說具足色身即非具足色身是名具足色身
須菩提於意云何如来可以具足諸相見不
不也世尊如来不應以具足諸相見何以故如
来說諸相具足即非具足是名諸相具足須
菩提於意云何汝勿謂如来作是念我當有所
說法莫作是念何以故若人言如来有所說法即
為謗佛不能解我所說故須菩提說法者无
法可說是名說法須菩提白佛言世尊佛
得阿耨多羅三藐三菩提為无所得耶如是
如是須菩提我於阿耨多羅三藐三菩提乃
至无有少法可得是名阿耨多羅三藐三菩
提復次須菩提是法平等无有高下是名阿
耨多羅三藐三菩提以无我无人无衆生无壽
者脩一切善法則得阿耨多羅三藐三菩提須

BD04522 號　金剛般若波羅蜜經　（13–9）

得阿耨多羅三藐三菩提為无所得耶如是
如是須菩提我於阿耨多羅三藐三菩提乃
至无有少法可得是名阿耨多羅三藐三菩
提復次須菩提是法平等无有高下是名阿
耨多羅三藐三菩提以无我无人无衆生无壽
者脩一切善法則得阿耨多羅三藐三菩提須
菩提所言善法者如来說非善法是名善法
須菩提若三千大千世界中所有諸須弥山
王如是等七寶聚有人持用布施若人以此
般若波羅蜜經乃至四句偈等受持讀誦為
他人說於前福德百分不及一百千万億分
乃至筭數譬喻所不能及
須菩提於意云何汝等勿謂如来作是念我
當度衆生須菩提莫作是念何以故實无有
衆生如来度者若有衆生如来度者如来則
有我人衆生壽者須菩提如来說有我者則
非有我而凡夫之人以為有我須菩提凡夫
者如来說則非凡夫須菩提於意云何可以
卅二相觀如来不須菩提言如是如是以卅二
相觀如来佛言須菩提若以卅二相觀如来
者轉輪聖王則是如来須菩提白佛言世尊
如我解佛所說義不應以卅二相觀如来尒
時世尊而說偈言
若以色見我　以音聲求我　是人行耶道　不能見如来
須菩提汝若作是念如来不以具足相故得阿
耨多羅三藐三菩提須菩提汝莫作是念如

BD04522 號　金剛般若波羅蜜經　（13–10）

時世尊而說偈言
若以色見我　以音聲求我　是人行耶道　不能見如来
須菩提汝若作是念如来不以具足相故得阿
耨多羅三藐三菩提須菩提汝莫作是念如
来不以具足相故得阿耨多羅三藐三菩提須
菩提汝若作是念發阿耨多羅三藐三菩提者
說諸法斷滅相莫作是念何以故發阿耨多
羅三藐三菩提者於法不說斷滅相須菩提
若菩薩以滿恒河沙等世界七寶布施若復
有人知一切法无我得成於忍此菩薩勝前
菩薩所得功德須菩提以諸菩薩不受福德
故須菩提白佛言世尊云何菩薩不受福
德須菩提菩薩所作福德不應貪着是故
說不受福德須菩提若有人言如来若来若
去若坐若卧是人不解我所說義何以故如
来者无所從来亦无所去故名如来須菩提
若善男子善女人以三千大千世界碎為微塵
於意云何是微塵衆寧為多不甚多世尊
何以故若是微塵衆實有者佛則不說是
微塵衆所以者何佛說微塵衆則非微塵衆
是名微塵衆世尊如来所說三千大千世界則
非世界是名世界何以故若世界實有者則
是一合相如来說一合相則非一合相是名一
合相須菩提一合相者則是不可說但凡夫
之人貪着其事須菩提若人言佛說我見

BD04522號　金剛般若波羅蜜經　（13–11）

何以故若是微塵衆實有者佛則不說是
微塵衆所以者何佛說微塵衆則非微塵衆
是名微塵衆世尊如来所說三千大千世界則
非世界是名世界何以故若世界實有者則
是一合相如来說一合相則非一合相是名一
合相須菩提一合相者則是不可說但凡夫
之人貪着其事須菩提若人言佛說我見
人見衆生見壽者見須菩提於意云何是人
解我所說義不世尊是人不解如来所說義
何以故世尊說我見人見衆生見壽者見即
非我見人見衆生見壽者見是名我見人見衆
生見壽者見須菩提發阿耨多羅三藐三菩
提心者於一切法應如是知如是見如是信
解不生法相須菩提所言法相者如来說即非
法相是名法相須菩提若有人以滿无量阿
僧祇世界七寶持用布施若有善男子善女
人發菩薩心者持於此經乃至四句偈等受
持讀誦為人演說其福勝彼云何為人演說
不取於相如如不動何以故
一切有為法　如夢幻泡影　如露亦如電　應作如是觀
佛說是經已長老須菩提及諸比丘比丘尼優
婆塞優婆夷一切世間天人阿脩羅聞佛所
說皆大歡喜信受奉持
金剛般若波羅蜜經

BD04522號　金剛般若波羅蜜經　（13–12）

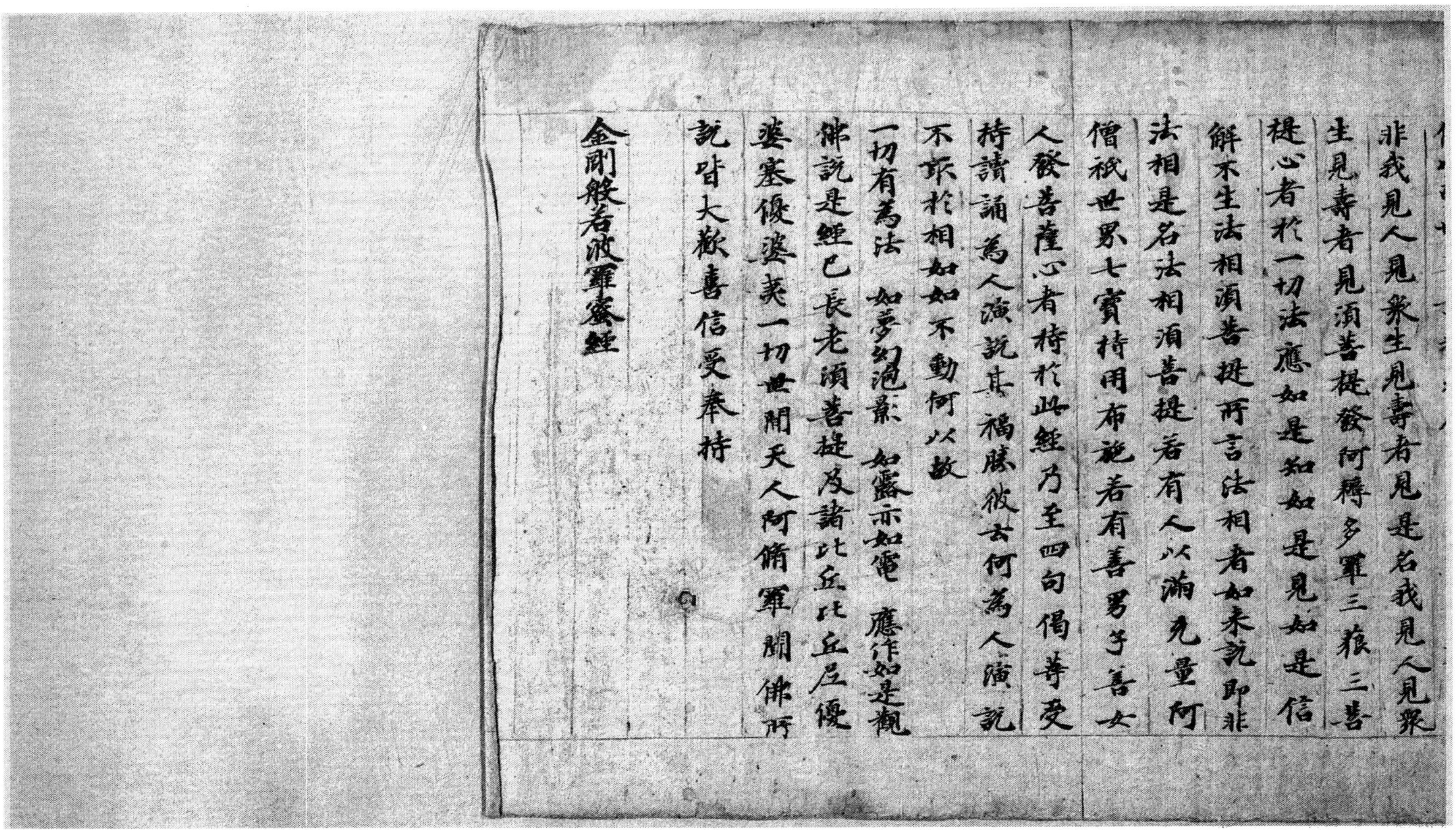
[illegible]
非我見人見眾生見壽者見是名我見人見眾
生見壽者見須菩提發阿耨多羅三藐三菩
提心者於一切法應如是知如是見如是信
解不生法相須菩提所言法相者如來說即非
法相是名法相須菩提若有人以滿无量阿
僧祇世界七寶持用布施若有善男子善女
人發菩薩心者持於此經乃至四句偈等受
持讀誦為人演說其福勝彼云何為人演說
不取於相如如不動何以故
一切有為法 如夢幻泡影 如露亦如電 應作如是觀
佛說是經已長老須菩提及諸比丘比丘尼優
婆塞優婆夷一切世間天人阿脩羅聞佛所
說皆大歡喜信受奉持
金剛般若波羅蜜經

BD04522 號　金剛般若波羅蜜經　（13–13）

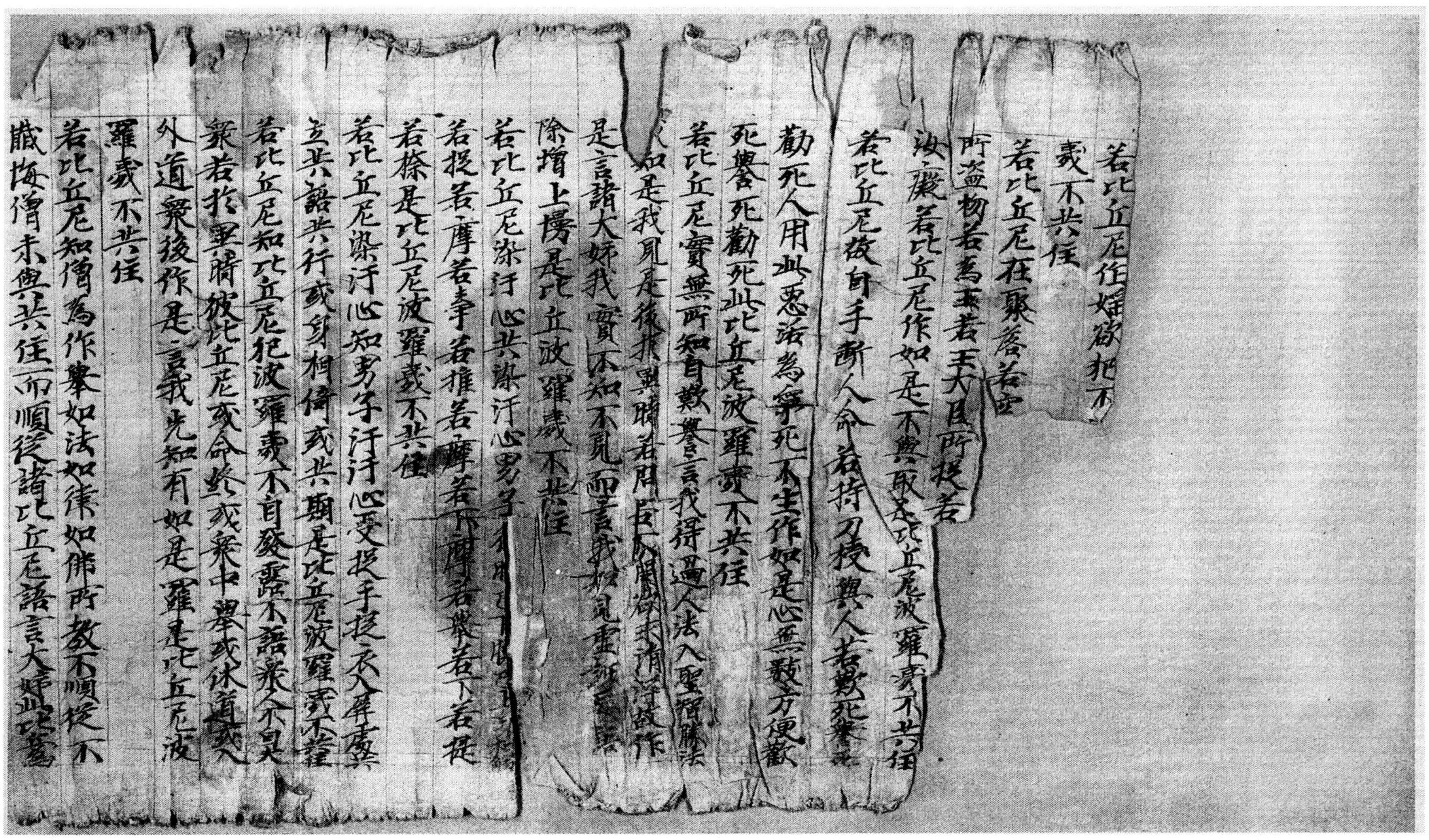
若比丘尼作婬欲犯不
夷不共住
若比丘尼在聚落若空
所盜物若為王若王大臣所捉若
汝癡若比丘尼作如是不與取是比丘尼波羅夷不共住
若比丘尼故自手斷人命若持刀授與人若歎死譽死
勸死人用此惡活為寧死不生作如是心無數方便歎
死譽死勸死此比丘尼波羅夷不共住
若比丘尼實無所知自歎譽言我得過人法入聖智勝法
我知是我見是後於異時若問若不問欲自清淨故作
是言諸大姊我實不知不見而言我知見虛誑妄語
除增上慢是比丘尼波羅夷不共住
若比丘尼染汙心共染汙心男子[illegible]
若捉若摩若牽若推若上摩若下摩若舉若下若捉
若捺是比丘尼波羅夷不共住
若比丘尼染汙心知男子汙汙心受捉手捉衣入屏處共
立共語共行或身相倚或共期是比丘尼波羅夷不共住
若比丘尼知比丘尼犯波羅夷不自發露不語眾人不白
眾若於異時彼比丘尼或命終或眾中舉或休道或入
外道眾後作是言我先知有如是羅是比丘尼波
羅夷不共住
若比丘尼知僧為作舉如法如律如佛所教不順從不
懺悔僧未與共住而順從諸比丘尼語言大姊此比丘為

BD04523 號　四分比丘尼戒本　（2–1）

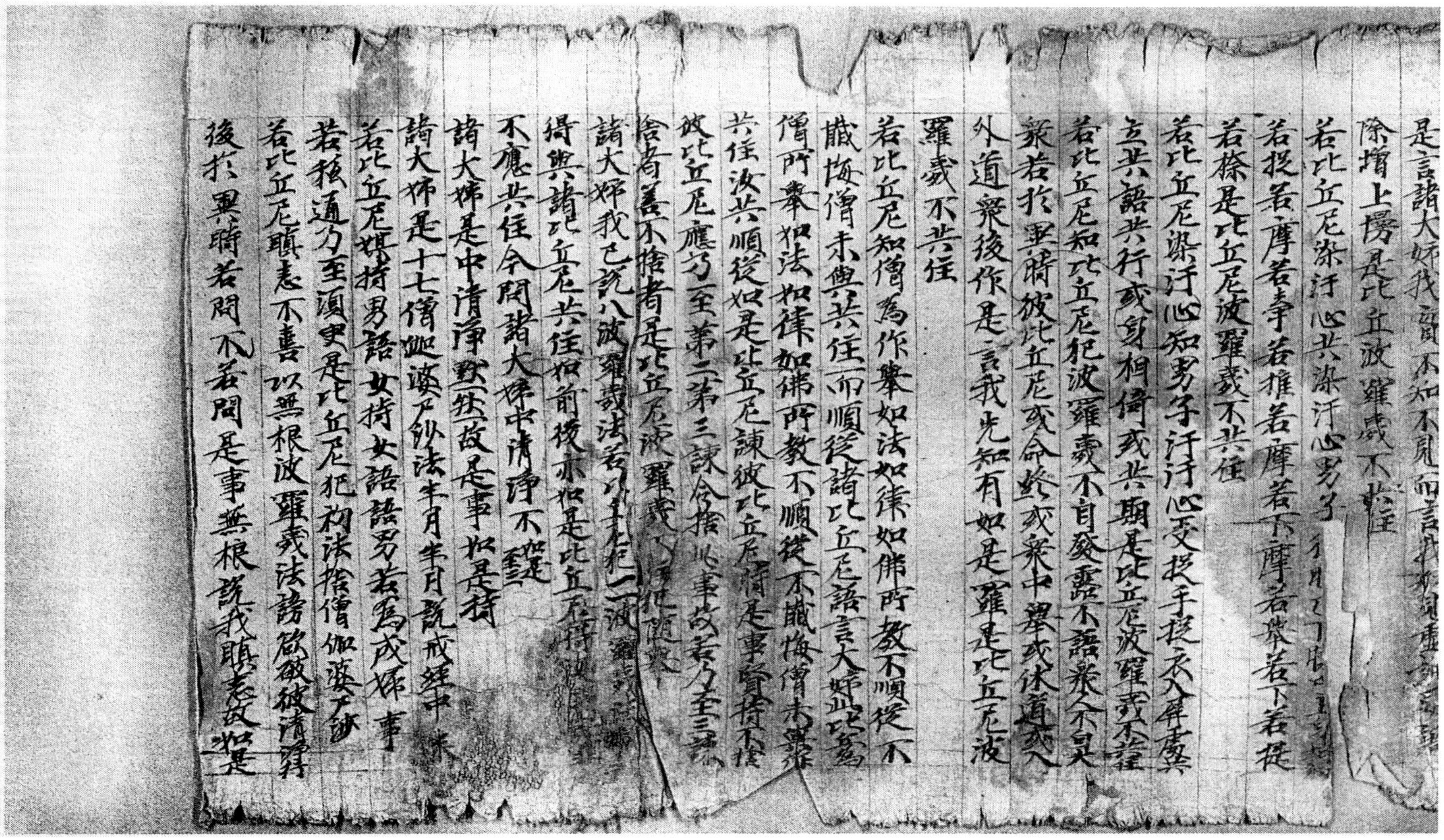

是言諸大姊我實不知不見而言我知我見……
除增上慢是比丘尼波羅夷不共住
若比丘尼染汙心共染汙心男子……
若捉若摩若牽若推若上摩若下摩若舉若下若捉
若捺是比丘尼波羅夷不共住
若比丘尼染汙心知男子染汙心受捉手捉衣入屏處
共立共語共行或身相倚或共期是比丘尼波羅夷不共住
若比丘尼知比丘尼犯波羅夷不自發露不語衆人不白大
衆若於異時彼比丘尼或命終或衆中舉或休道或入
外道衆後作是言我先知有如是如是比丘尼波
羅夷不共住
若比丘尼知僧爲作舉如法如律如佛所教不順從不
懺悔僧未與共住而順從諸比丘尼語言大姊此比丘爲
僧所舉如法如律如佛所教不順從不懺悔僧未與作
共住汝莫順從如是比丘尼諫彼比丘尼時堅持不捨
彼比丘尼應乃至第二第三諫令捨此事故若乃至三諫
捨者善不捨者是比丘尼波羅夷不共住
諸大姊我已說八波羅夷法若比丘尼犯一一波羅夷法
不得與諸比丘尼共住如前後亦如是比丘尼得波羅夷
不應共住今問諸大姊是中清淨不 如是
諸大姊是中清淨默然故是事如是持
諸大姊是十七僧伽婆尸沙法半月半月說戒經中來
若比丘尼媒嫁持男語女持女語語男若爲成婦事
若私通乃至須臾頃是比丘尼犯初法應捨僧伽婆尸沙
若比丘尼瞋恚不喜以無根波羅夷法謗欲破彼清淨行
後於異時若問不問若問是事無根說我瞋恚故如是

BD04523號　四分比丘尼戒本　（2–2）

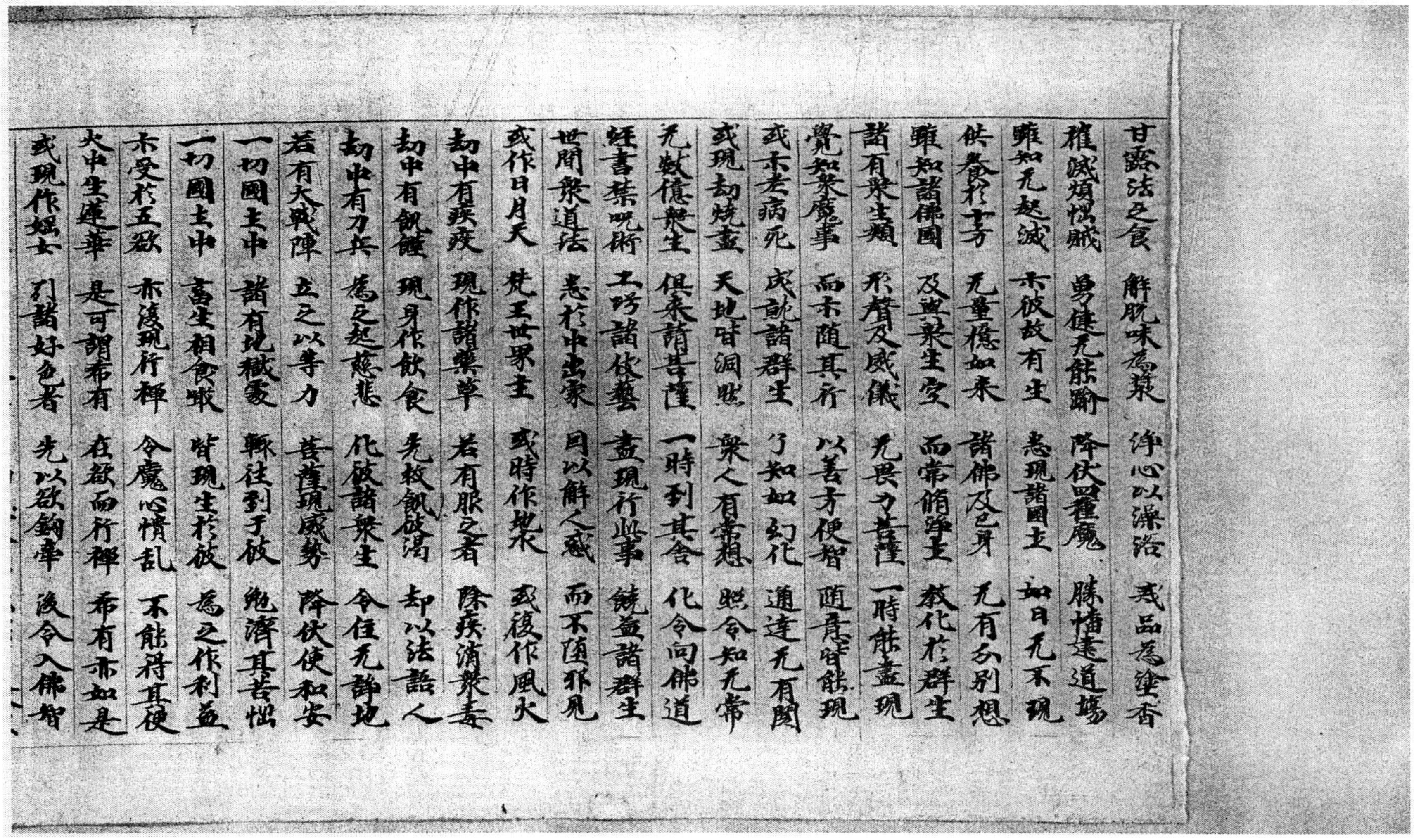

甘露法之食　解脫味爲漿　淨心以澡浴　戒品爲塗香
摧滅煩惱賊　勇健无能踰　降伏四種魔　勝幡建道場
雖知无起滅　示彼故有生　悉現諸國土　如日无不現
供養於十方　无量億如來　諸佛及己身　无有分別想
雖知諸佛國　及與衆生空　而常脩淨土　教化於群生
諸有衆生類　形聲及威儀　无畏力菩薩　一時能盡現
覺知衆魔事　而示隨其行　以善方便智　隨意皆能現
或示老病死　成就諸群生　了知如幻化　通達无有閡
或現劫燒盡　天地皆洞然　衆人有常想　照令知无常
无數億衆生　俱來請菩薩　一時到其舍　化令向佛道
經書禁呪術　工巧諸伎藝　盡現行此事　饒益諸群生
世間衆道法　悉於中出家　因以解人惑　而不墮邪見
或作日月天　梵王世界主　或時作地水　或復作風火
劫中有疾疫　現作諸藥草　若有服之者　除病消衆毒
劫中有飢饉　現身作飲食　先救彼飢渴　却以法語人
劫中有刀兵　爲之起慈悲　化彼諸衆生　令住无諍地
若有大戰陣　立之以等力　菩薩現威勢　降伏使和安
一切國土中　諸有地獄處　輙往到于彼　勉濟其苦惱
一切國土中　畜生相食噉　皆現生於彼　爲之作利益
示受於五欲　亦復現行禪　令魔心憒亂　不能得其便
火中生蓮華　是可謂希有　在欲而行禪　希有亦如是
或現作婬女　引諸好色者　先以欲鉤牽　後令入佛智

BD04524號　維摩詰所說經卷中　（2–1）

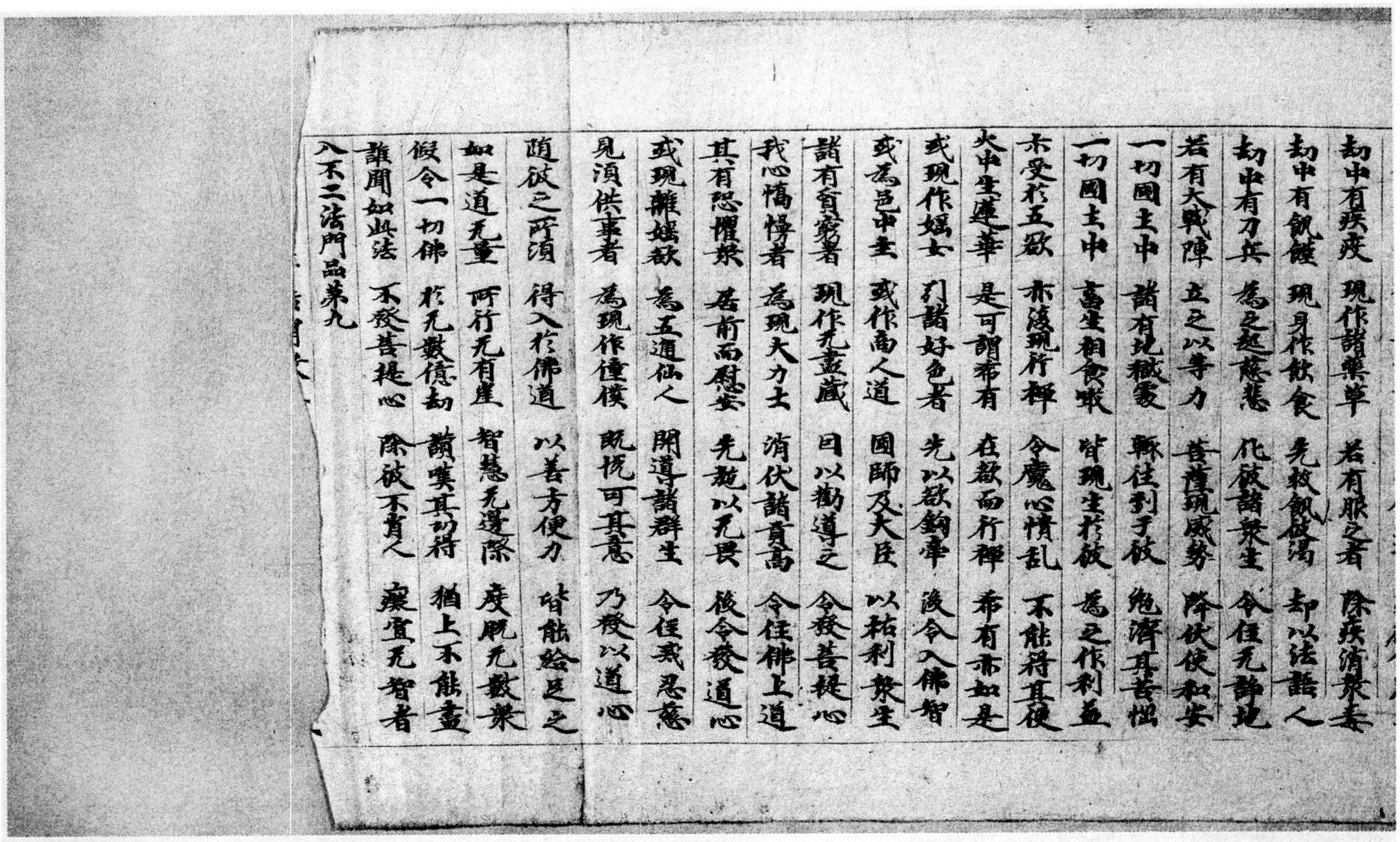

劫中有疾疫　現作諸藥草　若有服之者　除疾消衆毒
劫中有飢饉　現身作飲食　先救彼飢渴　却以法語人
劫中有刀兵　為之起慈悲　化彼諸衆生　令住无諍地
若有大戰陣　立之以等力　菩薩現威勢　降伏使和安
一切國土中　諸有地獄處　輙往到于彼　勉濟其苦惱
一切國土中　畜生相食噉　皆現生於彼　為之作利益
示受於五欲　亦復現行禪　令魔心憒乱　不能得其便
火中生蓮華　是可謂希有　在欲而行禪　希有亦如是
或現作婬女　引諸好色者　先以欲鉤牽　後令入佛智
或為邑中主　或作商人道　國師及大臣　以祐利衆生
諸有貧窮者　現作无盡藏　因以勸導之　令發菩提心
我心憍慢者　為現大力士　消伏諸貢高　令住佛上道
其有恐懼衆　居前而慰安　先施以无畏　後令發道心
或現離婬欲　為五通仙人　開導諸群生　令住戒忍慈
見須供事者　為現作僮僕　既悅可其意　乃發以道心
隨彼之所須　得入於佛道　以善方便力　皆能給足之
如是道无量　所行无有崖　智慧无邊際　度脫无數衆
假令一切佛　於无數億劫　讚嘆其功德　猶上不能盡
誰聞如此法　不發菩提心　除彼不肖人　癡冥无智者
入不二法門品第九

BD04524 號　維摩詰所說經卷中　（2–2）

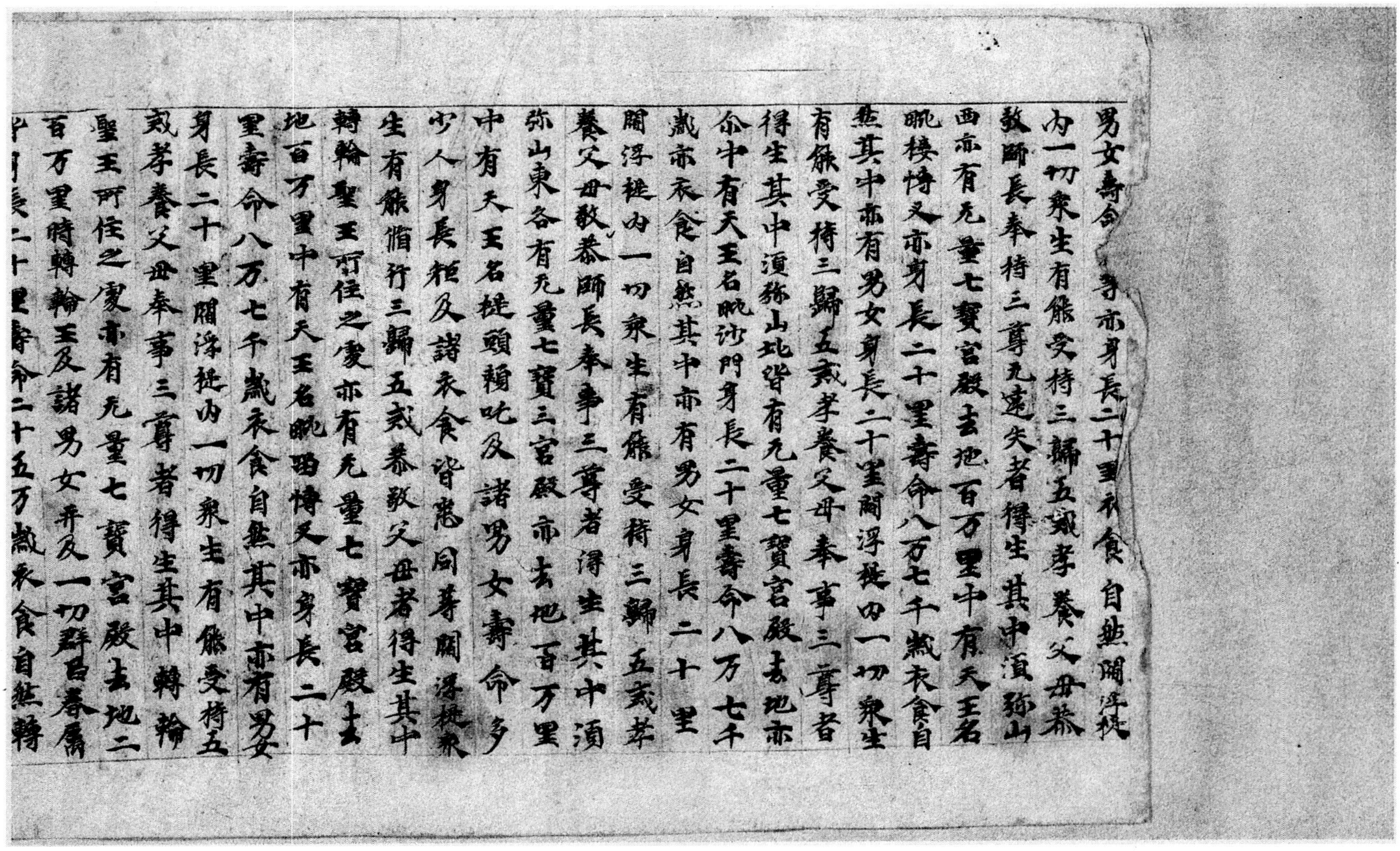

男女壽命[illegible]亦身長二十里衣食自然閻浮提
內一切衆生有能受持三歸五戒孝養父母恭
敬師長奉持三尊无違失者得生其中須弥山
西亦有无量七寶宮殿去地百万里中有天王名
毗樓博叉亦身長二十里壽命八万七千歲衣食自
然其中亦有男女身長二十里閻浮提內一切衆生
有能受持三歸五戒孝養父母奉事三尊者
得生其中須弥山北皆有无量七寶宮殿去地亦
[illegible]中有天王名毗沙門身長二十里壽命八万七千
歲亦衣食自然其中亦有男女身長二十里
閻浮提內一切衆生有能受持三歸五戒孝
養父母敬恭師長奉事三尊者得生其中須
弥山東各有无量七寶三宮殿亦去地百万里
中有天王名提頭賴吒及諸男女壽命多
少人身長短及諸衣食皆悉同等閻浮提衆
生有能脩行三歸五戒恭敬父母者得生其中
轉輪聖王所住之處亦有无量七寶宮殿去
地百万里中有天王名毗留博叉亦身長二十
里壽命八万七千歲衣食自然其中亦有男女
身長二十里閻浮提內一切衆生有能受持五
戒孝養父母奉事三尊者得生其中轉輪
聖王所住之處亦有无量七寶宮殿去地二
百万里時轉輪王及諸男女并及一切群臣眷屬
身長二十里壽命二十五万歲衣食自然轉

BD04525 號　妙法蓮華經度量天地品　（4–1）

里壽命八万七千歲衣食自然其中亦有男女
身長二十里閻浮提內一切衆生有能受持五
戒孝養父母奉事三尊者得生其中轉輪
聖王所住之處亦有无量七寶宮殿去地二
百万里時轉輪王及諸男女并及一切群臣眷屬
皆身長二十里壽命二十五万歲衣食自然轉
輪聖王及諸王子一切皆乘七寶大象遊行四
天下教化衆生一切衆生有能受持三歸五戒
備十善行不犯諸惡受持讀誦妙法蓮經随
意所願得生其中亦身長二十里壽命廿五万
歲衣食自然无所乏少須弥頂上名忉利天此天
第一壽命一劫其中天人亦身長二十里一切皆受
自然閻浮提內一切衆生若有受持五戒十善
勤行精進供養諸佛受持讀誦妙法華經
晝夜一心護持經戒清淨具足无違失者盡其
壽命随意所願得生其中亦受无量自在快
樂其第二天壽命二劫衣食自然其中亦有男
女身長二十里受持五戒十善得生其中第三
天壽命四劫衣食自然其中亦有男女身長
二十里受持五戒十善者得生其中第四天壽命
八劫衣食自然其中亦有男女身長二十里受持
五戒十善得生其中第五天壽命十六劫衣食自然
其中亦有男女身長二十里受持五戒十善得生其中
其第六天壽命三十二劫衣食自然其中亦有男
女身長二十里受持五戒十善得生其中其第七天
壽命六十四劫其中天人見食即飽亦有男女身
長二十里受持五戒十善得生中其第八天壽命
一百二十八劫見食即飽其中亦有男女身長二
十里受持五戒十善得生其中其第九天壽命

BD04525號　妙法蓮華經度量天地品　（4–2）

其第六天壽命三十二劫衣食自然其中亦有男
女身長二十里受持五戒十善得生其中其第七天
壽命六十四劫其中天人見食即飽亦有男女身
長二十里受持五戒十善得生中其第八天壽命
一百二十八劫見食即飽其中亦有男女身長二
十里受持五戒十善得生其中其第九天壽命
二百五十六劫見食即飽其中亦有男女身長
二十里受持五戒十善得生其中第十天壽命五百
三十二劫見食即飽其中亦有男女身長二十里受
持五戒十善得生其中第十一天壽命一千六十四劫見
食即飽其中亦有男女身長二十里受持五戒十
善得其中其第十二天壽命二千一百二十八劫
聞食即飽其中亦有男女身長二十里受持
五戒十善得生其中其第十三天壽命四千四
百五十六劫聞食即飽其中亦有男女身長
二十里受持五戒十善得生其中第十四天壽
命一万劫聞食即飽其中亦有男女身長
二十里受持五戒十善得生其中其第五十天
壽命二万劫聞食即飽其中亦有男女身長
二十里受持五戒十善得生其中第十六天壽命
四万劫憶食即能其中亦有男女身長二十里
受持五戒十善得生其中第十七天壽命八万劫憶
食即能其中亦有男女身長二十里受持五戒十
善得生中其第十八天壽命十六万劫憶食即能
其中亦有男女身長二十里受持五戒十善得
生其中其第十九天壽命三十二万劫其中天
人无有煩惱身心清淨无所味著神通自在
无有障㝵如諸佛菩薩同等无異其第二十天
壽命六十四万劫其中天人无有障㝵快樂其

BD04525號　妙法蓮華經度量天地品　（4–3）

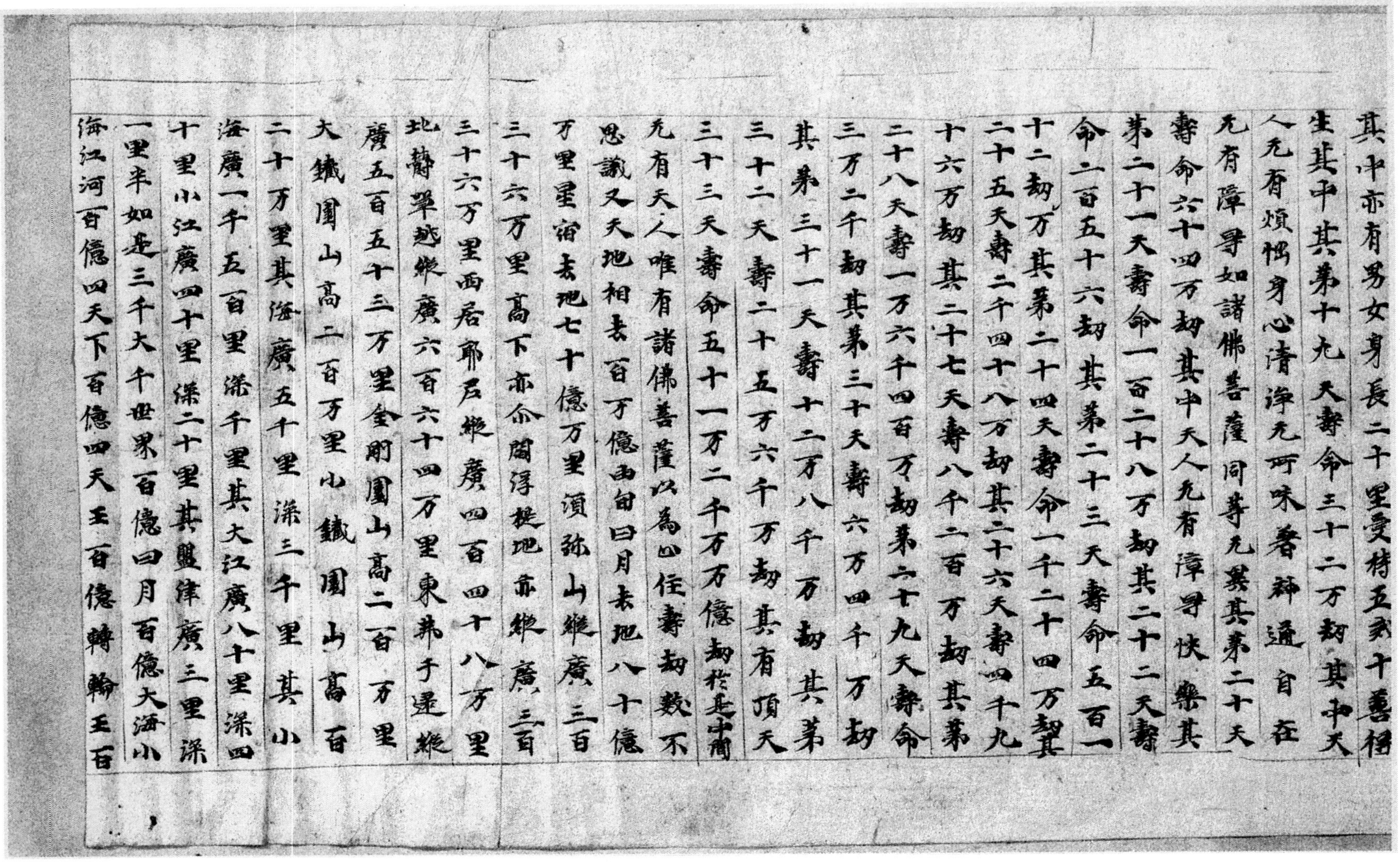
其中亦有男女身長二十里受持五戒十善得
生其中其弟十九天壽命三十二万劫其中天
人无有煩惱身心清淨无所味著神通自在
无有障𥫗如諸佛菩薩同壽无異其弟二十天
壽命六十四万劫其中天人无有障𥫗快樂其
弟二十一天壽命一百二十八万劫其二十二天壽
命二百五十六劫其弟二十三天壽命五百一
十二劫万其弟二十四天壽命一千二十四万劫其
二十五天壽二千四十八万劫其二十六天壽四千九
十六万劫其二十七天壽八千二百万劫其弟
二十八天壽一万六千四百万劫弟二十九天壽命
三万二千劫其弟三十天壽六万四千万劫
其弟三十一天壽十二万八千万劫其弟
三十二天壽二十五万六千万劫其有頂天
三十三天壽命五十一万二千万万億劫於其中間
无有天人唯有諸佛菩薩以爲心住壽劫數不
思議又天地相去百万億由旬日月去地八十億
万里星宿去地七十億万里須弥山縱廣三百
三十六万里高下亦介閻浮提地亦縱廣三百
三十六万里西居耶尼縱廣四百四十八万里
地欝單越縱廣六百六十四万里東弗于逮縱
廣五百五十三万里金剛圍山高二百万里
大鐵圍山高二百万里小鐵圍山高百
二十万里其海廣五千里深三千里其小
海廣一千五百里深千里其大江廣八十里深四
十里小江廣四十里深二十里其盟津廣三里深
一里半如是三千大千世界百億日月百億大海小
海江河百億四天下百億四天王百億轉輪王百

BD04525 號　妙法蓮華經度量天地品　　（4–4）

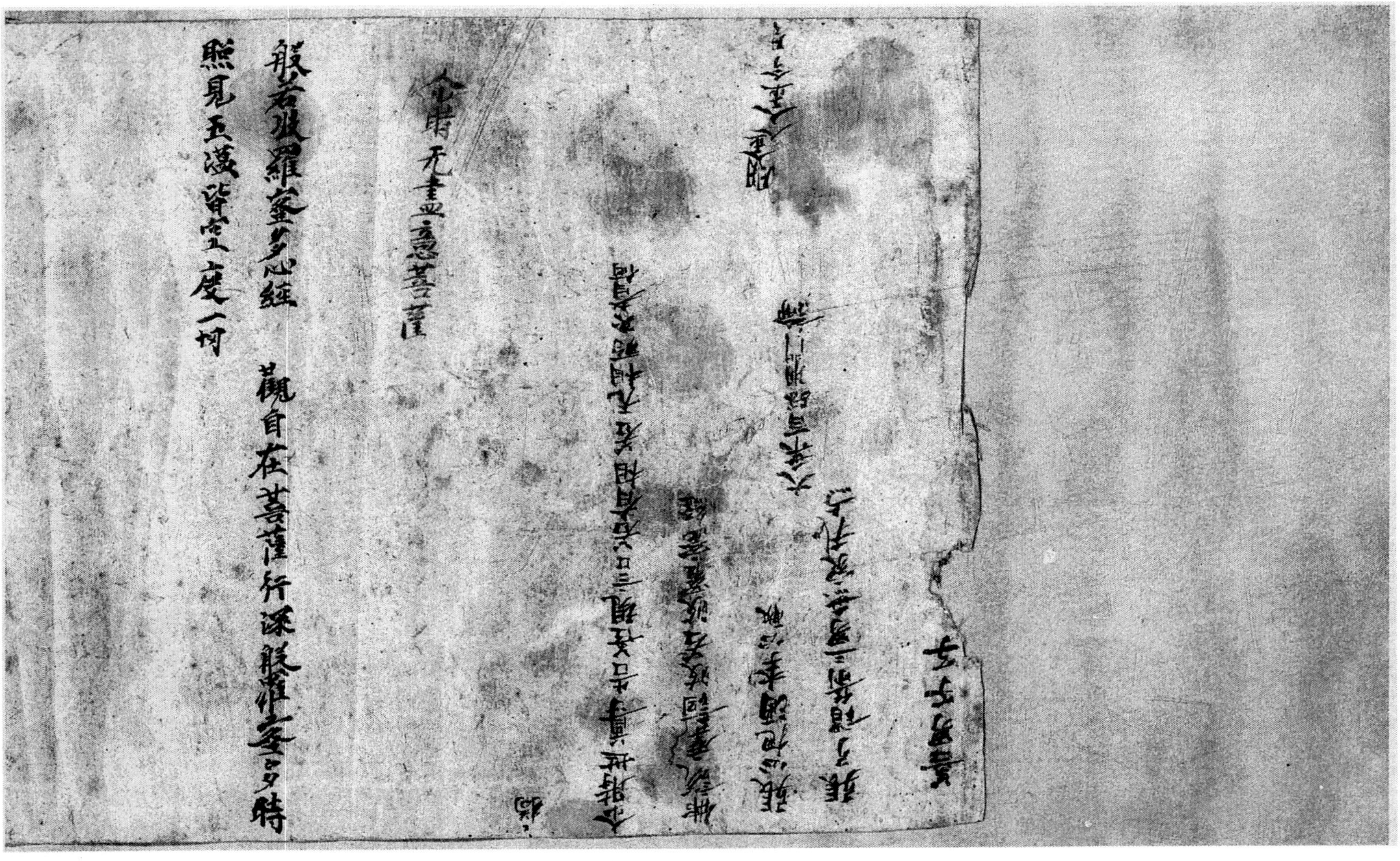
般若波羅蜜多心經　觀自在菩薩行深般若波羅蜜多時
照見五蘊皆空度一切
人中无盡意菩薩

BD04525 號背　雜寫　　（3–1）

BD04525 號背　雜寫　　（3–2）

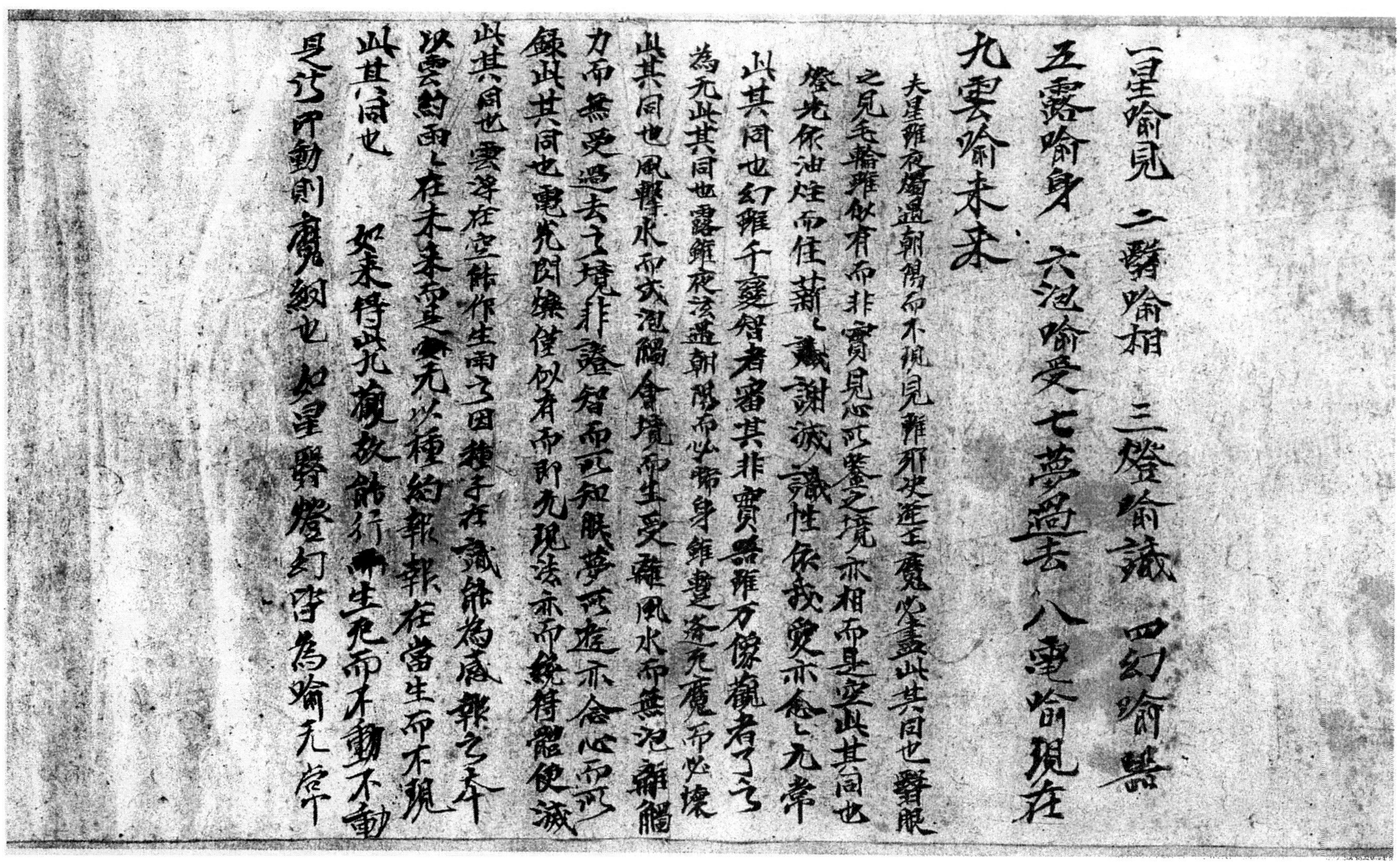

BD04525 號背　如來九觀（擬）　　（3–3）

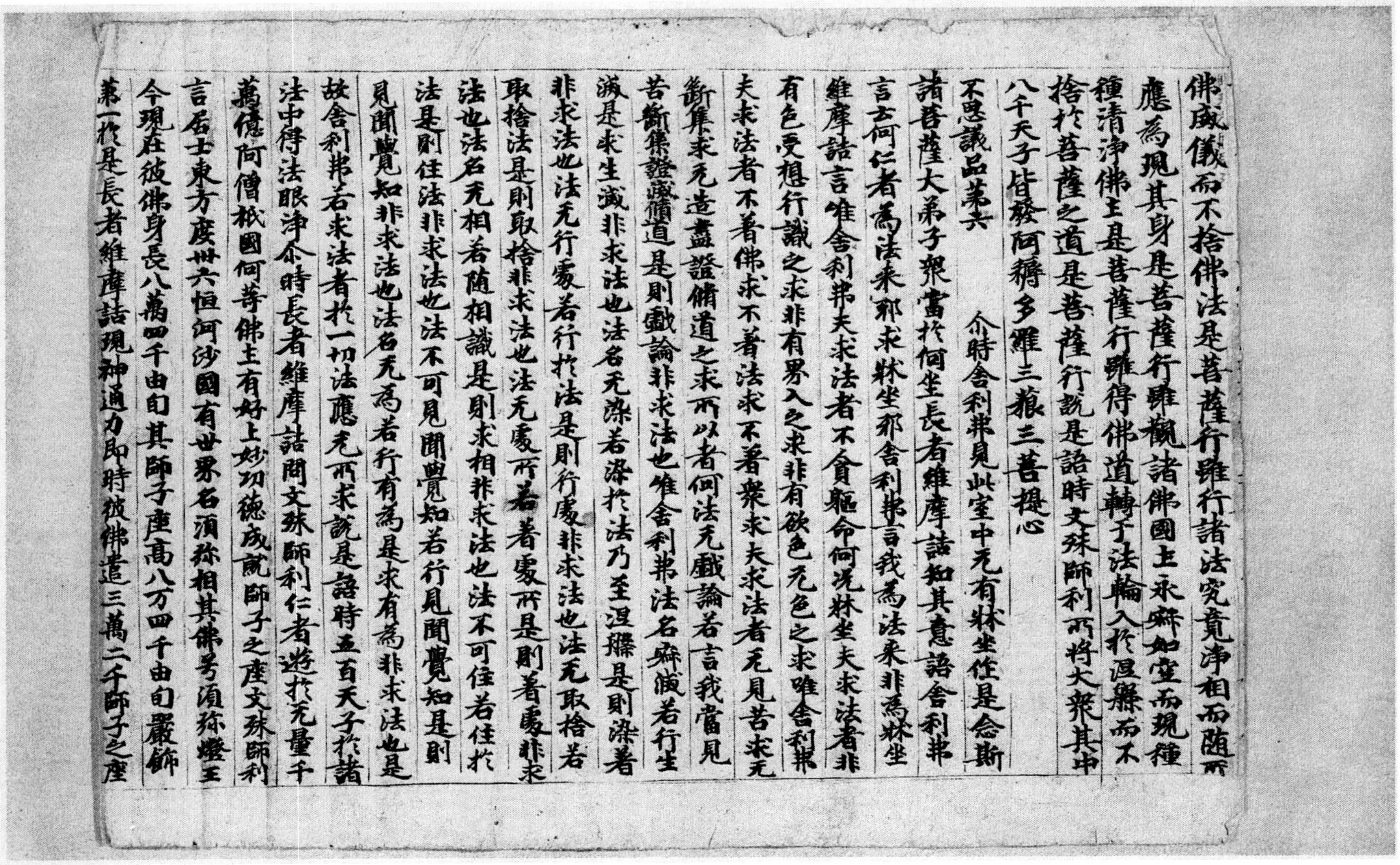

佛威儀而不捨佛法是菩薩行雖行諸法究竟淨相而隨所
應為現其身是菩薩行雖觀諸佛國土永寂如空而現種
種清淨佛土是菩薩行雖得佛道轉于法輪入於涅槃而不
捨於菩薩之道是菩薩行說是語時文殊師利所將大衆其中
八千天子皆發阿耨多羅三藐三菩提心
不思議品第六　　尒時舍利弗見此室中无有牀坐作是念斯
諸菩薩大弟子衆當於何坐長者維摩詰知其意語舍利弗
言云何仁者為法來耶求牀坐耶舍利弗言我為法來非為牀坐
維摩詰言唯舍利弗夫求法者不貪軀命何況牀坐夫求法者非
有色受想行識之求非有界入之求非有欲色无色之求唯舍利弗
夫求法者不著佛求不著法求不著衆求夫求法者无見苦求无
斷集求无造盡證脩道之求所以者何法无戲論若言我當見
苦斷集證滅脩道是則戲論非求法也唯舍利弗法名寂滅若行生
滅是求生滅非求法也法名无染若染於法乃至涅槃是則染著
非求法也法无行處若行於法是則行處非求法也法无取捨若
取捨法是則取捨非求法也法无處所若著處所是則著處非求
法也法名无相若隨相識是則求相非求法也法不可住若住於
法是則住法非求法也法不可見聞覺知若行見聞覺知是則
見聞覺知非求法也法名无為若行有為是求有為非求法也是
故舍利弗若求法者於一切法應无所求說是語時五百天子於諸
法中得法眼淨尒時長者維摩詰問文殊師利仁者遊於无量千
萬億阿僧祇國何等佛土有好上妙功德成就師子之座文殊師利
言居士東方度卅六恒河沙國有世界名須彌相其佛號須彌燈王
今現在彼佛身長八萬四千由旬其師子座高八万四千由旬嚴飾
第一於是長者維摩詰現神通力即時彼佛遣三萬二千師子之座

BD04526 號　維摩詰所說經卷中　　（1–1）

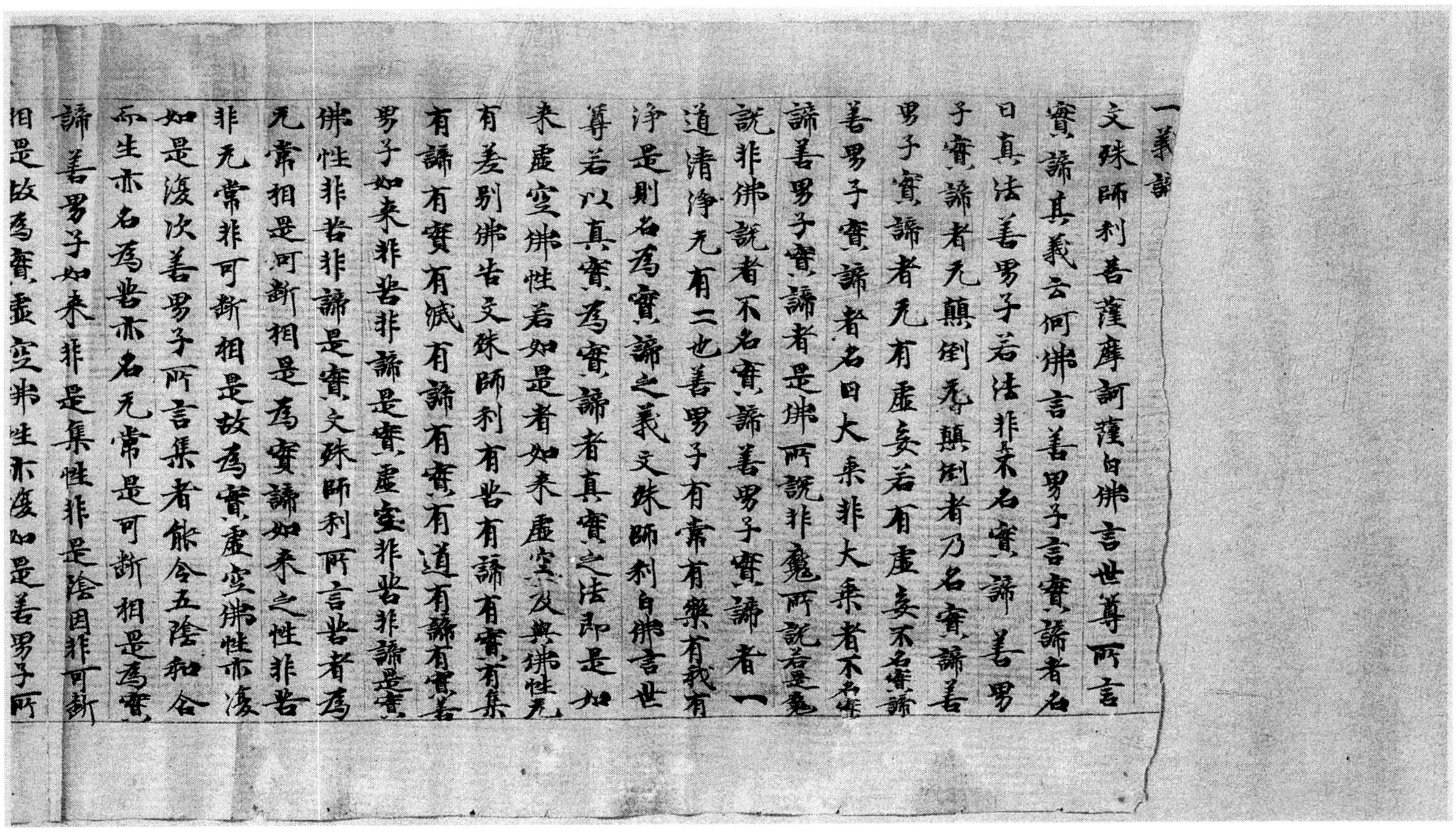

一義諦
文殊師利菩薩摩訶薩白佛言世尊所言
實諦其義云何佛言善男子言實諦者名
曰真法善男子若法非真不名實諦善男
子實諦者无顛倒有顛倒者乃名實諦善
男子實諦者无有虛妄若有虛妄不名實諦
善男子實諦者名曰大乘非大乘者不名實諦
諦善男子實諦者是佛所說非魔所說若是魔
說非佛說者不名實諦善男子實諦者一
道清淨无有二也善男子有常有樂有我有
淨是則名為實諦之義文殊師利白佛言世
尊若以真實為實諦者真實之法即是如
來虛空佛性若如是者如來虛空及與佛性无
有差別佛告文殊師利有苦有諦有實有集
有諦有實有滅有諦有實有道有諦有實善
男子如來非苦非諦是實虛空非苦非諦是實
佛性非苦非諦是實文殊師利所言苦者為
无常相是可斷相是為實諦如來之性非苦
非无常非可斷相是故為實虛空佛性亦復
如是復次善男子所言集者能令五陰和合
亦生亦名為苦亦名无常是可斷相是為實
諦善男子如來非是集性非是陰因非可斷
相是故為實虛空佛性亦復如是善男子所

BD04527 號　大般涅槃經（北本）卷一三　　（3–1）

有差别佛告文殊師利有苦有諦有實有集
有諦有實有滅有諦有實有道有諦有實善
男子如來非苦非諦是實虛空非苦非諦是實
佛性非苦非諦是實文殊師利所言苦者為
无常相是可斷相是為實諦如來之性非苦
非无常非可斷相是故為實虛空佛性亦復
如是復次善男子所言集者能令五陰和合
而生亦名為苦亦名无常是可斷相是為實
諦善男子如來非是集性非是陰因非可斷
相是故為實虛空佛性亦復如是善男子所
言滅者名煩惱滅亦常无常二乘所得名曰
无常諸佛所得是則名常亦名證法是為實
諦善男子如來之性不名為滅能滅煩惱非
常无常不名證知常住无變是故為實虛空
佛性亦復如是善男子道者能斷煩惱亦復
无常是可修法是為實諦如來非道能斷煩
惱非常无常非可修法常住不變是故為實
虛空佛性亦復如是復次善男子言真實者
即是如來如來者即是真實真實者即是虛
空虛空者即是真實真實者即是佛性佛性
者即是真實文殊師利有苦有苦因有苦盡
有苦對如來非苦乃至非對是故為實不名
為諦虛空佛性亦復如是苦者有為有漏无
樂如來非有為非有漏湛然安樂是實非諦
文殊師利白佛言世尊如佛所說不顛倒者
名為實諦若尒者四諦之中有四倒不如其
有者云何說言无有顛倒名為實諦一切顛

BD04527號　大般涅槃經（北本）卷一三　（3–2）

无常是可修法是為實諦如來非道能斷煩
惱非常无常非可修法常住不變是故為實
虛空佛性亦復如是復次善男子言真實者
即是如來如來者即是真實真實者即是虛
空虛空者即是真實真實者即是佛性佛性
者即是真實文殊師利有苦有苦因有苦盡
有苦對如來非苦乃至非對是故為實不名
為諦虛空佛性亦復如是苦者有為有漏无
樂如來非有為非有漏湛然安樂是實非諦
文殊師利白佛言世尊如佛所說不顛倒者
名為實諦若尒者四諦之中有四倒不如其
有者云何說言无有顛倒名為實諦一切顛
倒不名為實佛告文殊師利一切顛倒皆入
苦諦如諸眾生有顛倒心名為顛倒善男子
譬如有人不受父母尊長教勅雖受不能隨
順脩行如是人等名為顛倒如是顛倒非不
是苦即是苦也文殊師利言如佛所說不虛
妄者即是實諦若尒者當知虛妄則非實
虛妄皆入苦諦如有眾生

BD04527號　大般涅槃經（北本）卷一三　（3–3）

相即著我人衆生壽者是故不…
取非法以是義故如來常說汝等比丘知我
說法如筏喻者法尚應捨何况非法
須菩提於意云何如來得阿耨多羅三藐三
菩提耶如來有所說法耶須菩提言如我解
佛所說義无有定法名阿耨多羅三藐三菩
提亦无有定法如來可說何以故如來所說
法皆不可取不可說非法非非法所以者何
一切賢聖皆以无為法而有差別
須菩提於意云何若人滿三千大千世界七
寶以用布施是人所得福德寧為多不須菩
提言甚多世尊何以故是福德即非福德性
是故如來說福德多若復有人於此經中受
持乃至四句偈等為他人說其福勝彼何以
故須菩提一切諸佛及諸佛阿耨多羅三藐三菩
提法皆從此經出須菩提所謂佛法者即非佛法
須菩提於意云何須陁洹能作是念我得須
陁洹果不須菩提言不也世尊何以故須陁
洹名為入流而无所入不入色聲香味觸法
是名須陁洹須菩提於意云何斯陁含能作
是念我得斯陁含果不須菩提言不也世尊
何以故斯陁含名一往來…

BD04528 號　金剛般若波羅蜜經　　（13–1）

提法皆從此經出須菩提所謂佛法者即非佛法
須菩提於意云何須陁洹能作是念我得須
陁洹果不須菩提言不也世尊何以故須陁
洹名為入流而无所入不入色聲香味觸法
是名須陁洹須菩提於意云何斯陁含能作
是念我得斯陁含果不須菩提言不也世尊
何以故斯陁含名一往來而實无往來是名
斯陁含須菩提於意云何阿那含能作是念
我得阿那含果不須菩提言不也世尊何以
故阿那含名為不來而實无來是故名阿那
含須菩提於意云何阿羅漢能作是念我得
阿羅漢道不須菩提言不也世尊何以故實
无有法名阿羅漢世尊若阿羅漢作是念我
得阿羅漢道即為著我人衆生壽者世尊佛
說我得无諍三昧人中最為第一是第一離
欲阿羅漢我不作是念我是離欲阿羅漢世
尊我若作是念我得阿羅漢道世尊則不說
須菩提是樂阿蘭那行者以須菩提實无所
行而名須菩提是樂阿蘭那行
佛告須菩提於意云何如來昔在然燈佛所
於法有所得不世尊如來在然燈佛所於法
實无所得須菩提於意云何菩薩莊嚴佛土
不不也世尊何以故莊嚴佛土者則非莊嚴
是名莊嚴是故須菩提諸菩薩摩訶薩應如
是生清淨心不應住色生心不應住聲香味
觸法生心應无所住而生其心須菩提譬如
有人身如須彌山王於意云何是身為大不

BD04528 號　金剛般若波羅蜜經　　（13–2）

不不也世尊何以故莊嚴佛土者則非莊嚴
是名莊嚴是故須菩提諸菩薩摩訶薩應如
是生清淨心不應住色生心不應住聲香味
觸法生心應无所住而生其心須菩提譬如
有人身如須彌山王於意云何是身為大不
須菩提言甚大世尊何以故佛說非身是名大
身須菩提如恒河中所有沙數如是沙等
恒河於意云何是諸恒河沙寧為多不須菩
提言甚多世尊但諸恒河尚多无數何況其
沙須菩提我今實言告汝若有善男子善女
人以七寶滿尒所恒河沙數三千大千世界
以用布施得福多不須菩提言甚多世尊佛
告須菩提若善男子善女人於此經中乃至
受持四句偈等為他人說而此福德勝前福
德復次須菩提隨說是經乃至四句偈等當
知此處一切世間天人阿脩羅皆應供養如
佛塔廟何況有人盡能受持讀誦須菩提當
知是人成就最上第一希有之法若是經典
所在之處則為有佛若尊重弟子
尒時須菩提白佛言世尊當何名此經我等
云何奉持佛告須菩提是經名為金剛般若
波羅蜜以是名字汝當奉持所以者何須菩
提佛說般若波羅蜜則非般若波羅蜜須菩
提於意云何如來有所說法不須菩提白佛
言世尊如來无所說須菩提於意云何三千
大千世界所有微塵是為多不須菩提言甚
多世尊須菩提諸微塵如來說非微塵是名
微塵如來說世界非世界是名世界須菩提

BD04528號　金剛般若波羅蜜經　（13–3）

提佛說般若波羅蜜則非般若波羅蜜須菩
提於意云何如來有所說法不須菩提白佛
言世尊如來无所說須菩提於意云何三千
大千世界所有微塵是為多不須菩提言甚
多世尊須菩提諸微塵如來說非微塵是名
微塵如來說世界非世界是名世界須菩提
於意云何可以三十二相見如來不不也世尊不
可以三十二相得見如來何以故如來說三十二相
即是非相是名三十二相須菩提若有善男子
善女人以恒河沙等身命布施若復有人於此經
中乃至受持四句偈等為他人說其福甚多
尒時須菩提聞說是經深解義趣涕淚悲泣
而白佛言希有世尊佛說如是甚深經典我
從昔來所得慧眼未曾得聞如是之經世尊
若復有人得聞是經信心清淨則生實相當
知是人成就第一希有功德世尊是實相者
則是非相是故如來說名實相世尊我今得
聞如是經典信解受持不足為難若當來世
後五百歲其有衆生得聞是經信解受持是
人則為第一希有何以故此人无我相人相
衆生相壽者相所以者何我相即是非相人
相衆生相壽者相即是非相何以故離一切
諸相則名諸佛
佛告須菩提如是如是若復有人得聞是經
不驚不怖不畏當知是人甚為希有何以故
須菩提如來說第一波羅蜜非第一波羅蜜

BD04528號　金剛般若波羅蜜經　（13–4）

諸相則名諸佛
佛告須菩提如是如是若復有人得聞是經
不驚不怖不畏當如是人甚為希有何以故
須菩提如來説第一波羅蜜非第一波羅蜜
是名第一波羅蜜
須菩提忍辱波羅蜜如來説非忍辱波羅蜜
何以故須菩提如我昔為歌利王割截身體
我於尒時无我相无人相无衆生相无壽者
相何以故我於往昔節節支解時若有我相
人相衆生相壽者相應生瞋恨須菩提又念
過去於五百世作忍辱仙人於尒所世无我
相无人相无衆生相无壽者相是故須菩提
菩薩應離一切相發阿耨多羅三藐三菩提
心不應住色生心不應住聲香味觸法生心
應生无所住心若心有住則為非住是故佛
説菩薩心不應住色布施須菩提菩薩為利
益一切衆生應如是布施如來説一切諸相
即是非相又説一切衆生則非衆生須菩提
如來是真語者實語者如語者不誑語者不
異語者須菩提如來所得法此法无實无虚
須菩提若菩薩心住於法而行布施如人入
闇則无所見若菩薩心不住法而行布施如
人有目日光明照見種種色須菩提當來之
世若有善男子善女人能於此經受持讀誦
則為如來以佛智慧悉知是人悉見是人皆
得成就无量无邊功德

BD04528號　金剛般若波羅蜜經　（13–5）

人有目日光明照見種種色須菩提當來之
世若有善男子善女人能於此經受持讀誦
則為如來以佛智慧悉知是人悉見是人皆
得成就无量无邊功德
須菩提若有善男子善女人初日分以恒河
沙等身布施中日分復以恒河沙等身布施
後日分亦以恒河沙等身布施如是无量百
千万億劫以身布施若復有人聞此經典信
心不逆其福勝彼何況書寫受持讀誦為人
解説須菩提以要言之是經有不可思議不
可稱量无邊功德如來為發大乘者説為發
最上乘者説若有人能受持讀誦廣為人説
如來悉知是人悉見是人皆得成就不可量
不可稱无有邊不可思議功德如是人等則
為荷擔如來阿耨多羅三藐三菩提何以故
須菩提若樂小法者著我見人見衆生見壽
者見則於此經不能聽受讀誦為人解説須
菩提在在處處若有此經一切世間天人阿
脩羅所應供養當知此處則為是塔皆應恭
敬作礼圍繞以諸華香而散其處
復次須菩提善男子善女人受持讀誦此經
若為人輕賤是人先世罪業應墮惡道以今
世人輕賤故先世罪業則為消滅當得阿耨
多羅三藐三菩提須菩提我念過去无量阿
僧祇劫於然燈佛前得值八百四千万億那
由他諸佛悉皆供養承事无空過者若復有

BD04528號　金剛般若波羅蜜經　（13–6）

若為人輕賤是人先世罪業應墮惡道以今
世人輕賤故先世罪業則為消滅當得阿耨
多羅三藐三菩提須菩提我念過去无量阿
僧祇劫於然燈佛前得值八百四千万億那
由他諸佛悉皆供養承事无空過者若復有
人於後末世能受持讀誦此經所得功德於
我所供養諸佛功德百分不及一千万億分
乃至筭數譬喻所不能及須菩提若善男子
善女人於後末世有受持讀誦此經所得功
德我若具說者或有人聞心則狂亂狐疑不
信須菩提當知是經義不可思議果報亦不可思議
尒時須菩提白佛言世尊善男子善女人發
阿耨多羅三藐三菩提心云何應住云何降
伏其心佛告須菩提善男子善女人發阿耨
多羅三藐三菩提者當生如是心我應滅度
一切衆生滅度一切衆生已而无有一衆生
實滅度者何以故若菩薩有我相人相衆生
相壽者相則非菩薩所以者何須菩提實无
有法發阿耨多羅三藐三菩提者須菩提於
意云何如來於然燈佛所有法得阿耨多羅
三藐三菩提不不也世尊如我解佛所說義
佛於然燈佛所无有法得阿耨多羅三藐三
菩提佛言如是如是須菩提實无有法如來
得阿耨多羅三藐三菩提須菩提若有法如
來得阿耨多羅三藐三菩提者然燈佛則不
與我受記汝於來世當得作佛号釋迦牟尼
以實无有法得阿耨多羅三藐三菩提是故

BD04528 號　金剛般若波羅蜜經　（13–7）

得阿耨多羅三藐三菩提須菩提若有法如
來得阿耨多羅三藐三菩提者然燈佛則不
與我受記汝於來世當得作佛号釋迦牟尼
以實无有法得阿耨多羅三藐三菩提是故
然燈佛與我受記作是言汝於來世當得作
佛号釋迦牟尼何以故如來者即諸法如義
若有人言如來得阿耨多羅三藐三菩提須
菩提實无有法佛得阿耨多羅三藐三菩提
須菩提如來所得阿耨多羅三藐三菩提於
是中无實无虛是故如來說一切法皆是佛
法須菩提所言一切法者即非一切法是故
名一切法須菩提譬如人身長大須菩提言
世尊如來說人身長大則為非大身是名大
身須菩提菩薩亦如是若作是言我當滅度
无量衆生則不名菩薩何以故須菩提實无
有法名為菩薩是故佛說一切法无我无人
无衆生无壽者須菩提若菩薩作是言我當
莊嚴佛土是不名菩薩何以故如來說莊嚴
佛土者即非莊嚴是名莊嚴須菩提若菩薩
通達无我法者如來說名真是菩薩
須菩提於意云何如來有肉眼不如是世尊
如來有肉眼須菩提於意云何如來有天眼
不如是世尊如來有天眼須菩提於意云何
如來有慧眼不如是世尊如來有慧眼須菩
提於意云何如來有法眼不如是世尊如來
有法眼須菩提於意云何如來有佛眼不如

BD04528 號　金剛般若波羅蜜經　（13–8）

如来有肉眼須菩提於意云何如来有天眼
不如是世尊如来有天眼須菩提於意云何
如来有慧眼不如是世尊如来有慧眼須菩
提於意云何如来有法眼不如是世尊如来
有法眼須菩提於意云何如来有佛眼不如
是世尊如来有佛眼須菩提於意云何恒河
中所有沙佛説是沙不如是世尊如来説是
沙須菩提於意云何如一恒河中所有沙有
如是等恒河是諸恒河所有沙數佛世界如
是寧為多不甚多世尊佛告須菩提尒所國
土中所有衆生若干種心如来悉知何以故
如来説諸心皆為非心是名為心所以者何
須菩提過去心不可得現在心不可得未来
心不可得須菩提於意云何若有人滿三千
大千世界七寶以用布施是人以是因緣得
福多不如是世尊此人以是因緣得福甚多
須菩提若福德有實如来不説得福德多以
福德无故如来説得福德多
須菩提於意云何佛可以具足色身見不不
也世尊如来不應以具足色身見何以故如来説
具足色身即非具足色身是名具足色身須
菩提於意云何如来可以具足諸相見不不
也世尊如来不應以具足諸相見何以故如
来説諸相具足即非具足是名諸相具足須
菩提汝勿謂如来作是念我當有所説法莫
作是念何以故若人言如来有所説法即為

具足色身即非具足色身是名具足色身須
菩提於意云何如来可以具足諸相見不不
也世尊如来不應以具足諸相見何以故如
来説諸相具足即非具足是名諸相具足須
菩提汝勿謂如来作是念我當有所説法莫
作是念何以故若人言如来有所説法即為
謗佛不能解我所説故須菩提説法者无法
可説是名説法須菩提白佛言世尊佛得阿
耨多羅三藐三菩提為无所得耶如是如是
須菩提我於阿耨多羅三藐三菩提乃至无
有少法可得是名阿耨多羅三藐三菩提復
次須菩提是法平等无有高下是名阿耨多
羅三藐三菩提以无我无人无衆生无壽者
脩一切善法則得阿耨多羅三藐三菩提須
菩提所言善法者如来説非善法是名善法
須菩提若三千大千世界中所有諸須称山
王如是等七寶聚有人持用布施若人以此
般若波羅蜜經乃至四句偈等受持讀誦為他
人説於前福德百分不及一百千万億分乃至
筭數譬喻所不能及
須菩提於意云何汝等勿謂如来作是念我
當度衆生須菩提莫作是念何以故實无有
衆生如来度者若有衆生如来度者如来則
有我人衆生壽者須菩提如来説有我者則
非有我而凡夫之人以為有我須菩提凡夫
者如来説則非凡夫須菩提於意云何可以
三十二相觀如来不須菩提言如是如是以

當度衆生須菩提莫作是念何以故實无有
衆生如来度者若有衆生如来度者如来則
有我人衆生壽者須菩提如来說有我者則
非有我而凡夫之人以為有我須菩提凡夫
者如来說則非凡夫須菩提於意云何可以
三十二相觀如来不須菩提言如是如是以
三十二相觀如来佛言須菩提若以三十二
相觀如来者轉輪聖王則是如来須菩提白
佛言世尊如我解佛所說義不應以三十二
相觀如来尒時世尊而說偈言
若以色見我　以音聲求我　是人行邪道　不能見如来
須菩提汝若作是念如来不以具足相故得
阿耨多羅三藐三菩提須菩提莫作是念如
来不以具足相故得阿耨多羅三藐三菩提
須菩提汝若作是念發阿耨多羅三藐三菩
提者說諸法斷滅相莫作是念何以故發阿
耨多羅三藐三菩提者於法不說斷滅相須
菩提若菩薩以滿恒河沙等世界七寶布施
若復有人知一切法无我得成於忍此菩薩
勝前菩薩所得功德須菩提以諸菩薩不受
福德故須菩提白佛言世尊云何菩薩不受
福德須菩提菩薩所作福德不應貪著是故
說不受福德須菩提若有人言如来若来若
去若坐若卧是人不解我所說義何以故如
来者无所從来亦无所去故名如来
須菩提若善男子善女人以三千大千世界
碎為微塵於意云何是微塵衆寧為多不甚

BD04528 號　金剛般若波羅蜜經　（13–11）

說不受福德須菩提若有人言如来若来若
去若坐若卧是人不解我所說義何以故如
来者无所從来亦无所去故名如来
須菩提若善男子善女人以三千大千世界
碎為微塵於意云何是微塵衆寧為多不甚
多世尊何以故若是微塵衆實有者佛則不
說是微塵衆所以者何佛說微塵衆則非微
塵衆是名微塵衆世尊如来所說三千大千
世界則非世界是名世界何以故若世界實
有者則是一合相如来說一合相則非一合
相是名一合相須菩提一合相者則是不可
說但凡夫之人貪著其事須菩提若人言佛
說我見人見衆生見壽者見須菩提於意云
何是人解我所說義不世尊是人不解如来
所說義何以故世尊說我見人見衆生見壽
者見即非我見人見衆生見壽者見是名我
見人見衆生見壽者見須菩提發阿耨多羅
三藐三菩提心者於一切法應如是知如是
見如是信解不生法相須菩提所言法相者
如来說即非法相是名法相須菩提若有人
以滿无量阿僧祇世界七寶持用布施若有
善男子善女人發菩薩心者持於此經乃至
四句偈等受持讀誦為人演說其福勝彼云
何為人演說不取於相如如不動何以故
一切有為法　如夢幻泡影　如露亦如電　應作如是觀
佛說是經已長老須菩提及諸比丘比丘尼
優婆塞優婆夷一切世間天人阿脩羅聞佛

BD04528 號　金剛般若波羅蜜經　（13–12）

說我見人見衆生見壽者見須菩提於意云
何是人解我所說義不世尊是人不解如來
所說義何以故世尊說我見人見衆生見壽
者見即非我見人見衆生見壽者見是名我
見人見衆生見壽者見須菩提發阿耨多羅
三藐三菩提心者於一切法應如是知如是
見如是信解不生法相須菩提所言法相者
如來說即非法相是名法相須菩提若有人
以滿无量阿僧祇世界七寶持用布施若有
善男子善女人發菩薩心者持於此經乃至
四句偈等受持讀誦為人演說其福勝彼云
何為人演說不取於相如如不動何以故
一切有為法　如夢幻泡影　如露亦如電　應作如是觀
佛說是經已長老須菩提及諸比丘比丘尼
優婆塞優婆夷一切世間天人阿脩羅聞佛
所說皆大歡喜信受奉行
金剛般若波羅蜜經

BD04528號　金剛般若波羅蜜經　（13–13）

從此以上一万一千佛十二部經一切賢聖
南无大聲佛　南无了聲佛
南无斷惡道佛　南无天帝泳佛
南无水眼佛　南无大燈佛
南无離闇佛　南无堅固眼佛
南无不可思議光明佛　南无普光眼佛
南无普賢佛　南无勝月佛
南无意德佛　南无莊嚴聲佛
南无意德佛　南无莊嚴聲佛
南无妙意佛　南无賢光佛
南无堅固華佛　南无功德成佛
南无意成佛　南无解脫乘佛
南无降伏怨佛　南无過舌佛
南无過諸煩惱佛　南无无量光佛
南无无垢心佛　南无和合聲佛
南无不可量眼佛　南无勢力佛

BD04529號　佛名經（十六卷本）卷一四　（14–1）

南无降伏怨佛　南无過舌佛
南无過諸煩惱佛　南无无量光佛
南无无垢心佛　南无和合聲佛
南无不可量眼佛　南无勢力佛
南无妙光明佛　南无集功德佛
南无可聞聲佛　南无大思惟佛
南无信天佛　南无思惟甘露佛
南无了意佛　南无勝燈佛
南无堅意佛　南无力勢佛
南无華眼佛　南无菩提光明佛
南无最勝聲佛　南无六通聲佛
南无威德力佛　南无人稱佛
南无勝華集佛　南无大路佛
南无不隨他佛　南无不長行佛
南无離一切憂闇佛　南无月光明佛
南无心勇猛佛　南无解勝慧佛
南无離惡道佛　南无閻浮燈佛
南无勝供養佛　南无善思惟佛
南无勝威德色佛　南无信衆生佛
南无快恭敬佛　南无波頭摩清淨佛
南无人波頭摩佛　南无善香佛

BD04529 號　佛名經（十六卷本）卷一四　（14–2）

南无勝供養佛　南无善思惟佛
南无勝威德色佛　南无信衆生佛
南无快恭敬佛　南无波頭摩清淨佛
南无人波頭摩佛　南无善香佛
南无勝供養佛　南无種種色華佛
南无勝功德佛　南无虛空劫佛
南无月賢佛　南无堅固佛
南无妙力佛　南无勝因陁羅智佛
南无勝親佛　南无愛思惟佛
南无勝香佛　南无无諍行佛
南无功德含佛　南无大精進思惟佛
南无大光明佛　南无稱愛施佛
南无諸行淨思惟佛　南无香希佛
南无香烏佛　南无種種智佛
南无思惟妙智佛　南无功德在嚴佛
南无增上行佛　南无智行佛
南无功德山佛　南无聲滿十方佛
南无稱受擇佛　南无信妙佛
南无月見佛　南无功德衆佛
南无法力佛　南无過一切疑佛
南无稱王佛　南无護諸根佛

BD04529 號　佛名經（十六卷本）卷一四　（14–3）

南无攝受擇佛　南无信妙佛
南无月見佛　南无功德衆佛
南无法力佛　南无過一切疑佛
南无稱王佛　南无護諸根佛
南无勝意佛　南无甘露光佛
南无思惟甘露佛　南无一切衆上首佛
從此以上一万一千一百佛十二部經一切賢聖
南无愛語佛　南无不可降伏色佛
南无普信佛　南无莊嚴王佛
南无金剛步佛　南无賢佐佛
南无功德報光明佛　南无精進力起佛
南无善清淨明佛　南无得脫一切縛佛
南无无垢波頭摩藏勝佛
南无得无㝵解脫佛　南无十方稱讚无㝵佛
南无破一切闇起佛
南无光明王佛　南无大炎積佛
南无无邊行功德寶光明佛
南无法光明佛　南无歡喜王佛
南无能作一切衆生光明破闇勝佛
南无起普光明脩行无邊願稱王佛

BD04529 號　佛名經（十六卷本）卷一四　（14–4）

南无无邊行功德寶光明佛
南无法光明佛　南无歡喜王佛
南无能作一切衆生光明破闇勝佛
南无起普光明脩行无邊願稱王佛
南无普滿足不怯弱佛
南无一切見光明佛
南无无垢光莊嚴王佛
南无功德藏山破金剛佛
南无龍王自在王佛
南无寶精進日月摩尼莊嚴威德聲王佛
南无吼聲妙聲佛　南无善住持地佛
南无世間自在王佛
南无无障㝵藥王樹勝佛
南无弥留幢佛　南无大山佛
南无弥留光明佛　南无妙聲佛
南无日月住佛　南无稱光明佛
南无无量光佛　南无不可量幢佛
南无大光明佛　南无寶難覓佛
南无淨王佛　南无大炎聚佛
南无一切王聲佛　南无難勝佛
南无日生佛　南无羅網光明佛
南无照光明佛　南无師子佛
南无稱佛　南无稱光明佛

BD04529 號　佛名經（十六卷本）卷一四　（14–5）

南无一切王聲佛　南无難勝佛
南无日生佛　南无羅網光明佛
南无照光明佛　南无師子佛
南无稱佛　南无稱光明佛
南无法佛　南无法住持佛
南无法幢佛　南无梵聲佛
南无星宿王佛　南无香勝佛
南无香光佛　南无大積佛
南无寶種種華敷身佛
南无娑羅自在王佛
南无寶蓮華勝佛　南无見一切義佛
南无須弥劫佛　南无智燈佛
南无大光明照佛　南无難伏佛
南无照佛　南无懃雞兜幢佛
南无威德自在王佛　南无覺王佛
南无寶藏佛　南无大海佛
南无十力增上自在佛　南无唯寶莊嚴佛
南无无邊寶莊嚴佛　南无无相聲佛
南无過境界步佛　南无須弥山聚佛
南无盡空眼佛　南无虛空府佛
南无稱力王佛　南无放光明佛
南无雜諸染佛
南无種種華成就勝佛
南无遠離諸畏驚怖毛竪佛
南无智積佛　南无栴檀香佛

BD04529號　佛名經（十六卷本）卷一四　（14–6）

南无稱力王佛　南无放光明佛
南无雜諸染佛
南无種種華成就勝佛
南无遠離諸畏驚怖毛竪佛
南无智積佛　南无栴檀香佛
南无伏眼佛　南无寶來佛
南无香首佛　南无勝聚佛
南无唯蓋佛　南无无障眼佛
南无栴檀去佛　南无智華寶光明勝佛
南无賢勝光明佛　南无能一切畏佛
南无无畏佛　南无弥留藏佛
從此以上一万一千二百佛十二部經一切賢聖
南无法作佛　南无十方光明佛
南无千上光明佛　南无智光明佛
南无寶勝光明佛　南无无邊光明佛
南无尋聲佛　南无羅網光明佛
南无種種寶智佛　南无无邊莊嚴佛
南无優波羅勝佛　南无住智勝佛
南无勝能聖佛　南无智稱佛
南无娑羅自在王佛　南无寶娑羅奉佛
南无大持佛　南无寶驗佛
南无不空名佛　南无勝成就功德佛
南无稱王佛　南无不空步佛
南无香光明佛　南无无障尋聲佛
南无稱力王佛　南无須弥增長勝王佛

BD04529號　佛名經（十六卷本）卷一四　（14–7）

南无大[illegible]佛　南无寶[illegible]長[illegible]佛
南无不空名佛　南无勝成就功德佛
南无稱王佛　南无不空步佛
南无香光明佛　南无无障㝵聲佛
南无稱力王佛　南无須弥增長勝王佛
南无寶勝功德佛　南无波頭摩勝佛
南无寶起佛　南无香光明佛
南无十方稱發起佛
南无普護增長上雲聲王佛
南无无邊光明佛　南无无邊智成佛
南无无邊輪蓋迗佛　南无衆上道佛
南无華勝王佛　南无寶像佛
南无空名稱佛　南无寶勝佛
南无發起无邊精進功德佛
南无蓋行佛　南无香山佛
南无發心莊嚴一切衆生佛
南无光明轉威德王佛　南无功德王光明佛
南无一切功德到彼岸佛　南无然燈作佛
南无能作光明佛　南无得功德佛
南无波頭摩上勝佛　南无寶作佛
南无无邊願佛　南无无邊功德王住佛
南无寶聚佛　南无娑羅自在王佛
南无寶光明佛　南无寶積佛
南无最上佛　南无脩行无邊功德佛

南无波頭摩上勝佛　南无寶作佛
南无无邊願佛　南无无邊功德王住佛
南无寶聚佛　南无娑羅自在王佛
南无寶光明佛　南无寶積佛
南无最上佛　南无脩行无邊功德佛
南无觀聲佛　南无須弥山光明佛
南无无邊境界佛　南无妙去佛
南无寶華成就勝佛　南无无邊蓋迗佛
南无發起一切衆生信佛　南无寶蓋起佛
南无勝功德佛　南无不可華佛
南无寶境界光明佛　南无寶勝功德佛
南无發心即轉法輪佛　南无十方稱名佛
南无迦陵迦王佛　南无日輪然燈佛
南无寶上佛　南无智成就勝佛
南无功德王住佛　南无无障㝵眼佛
南无无畏佛　南无智積佛
南无發起无譬喻相佛
南无積光明輪威德佛
南无曰意佛　南无那羅延佛
南无无垢離覺佛　南无月積佛
南无清淨意佛　南无安隱佛
南无發起善思惟佛　南无能破諸怨佛
南无優波羅功德佛　南无積力王佛
南无无邊光明雲香弥留

南无无垢離光佛　南无月積佛
南无清淨意佛　南无安隱佛
南无發起善思惟佛　南无能破諸怨佛
南无優波羅功德佛　南无積力王佛
南无无邊光明雲香稱留
南无種種色華佛　南无无邊光佛
南无能轉能住佛　南无勝香佛
從此以上一万一千三百佛十二部經一切賢聖
南无信一切衆生心智見佛　南无智功德積佛
南无无相聲佛
南无无障聲佛　南无一蓋藏佛
南无不動勢佛　南无迦葉佛
南无觀見一切境界佛　南无上首佛
南无成義佛　南无成勝佛
南无稱佛　南无離一切疑佛
南无智德佛　南无功德柔佛
南无星宿王佛　南无不可量難兜佛
南无栴檀佛　南无軍網光佛
南无梵聲佛　南无不可量寶體勝佛
南无一切法无觀佛
南无發一切衆生不斷絶脩行佛
南无无邊舊迹佛　南无見一切法佛
南无見一切法平等佛　南无成就无量功德佛

BD04529號　佛名經（十六卷本）卷一四　（14–10）

南无梵聲佛　南无不可量寶體勝佛
南无一切法无觀佛
南无發一切衆生不斷絶脩行佛
南无无邊舊迹佛　南无見一切法佛
南无見一切法平等佛　南无成就无量功德佛
南无智高光明佛　南无拔頭摩上佛
南无十方上佛　南无華成功德佛
南无堅固衆生佛　南无智光明佛
次礼十二部尊經大藏法輪
南无菩薩五十德行經　南无羞摩竭經
南无諦了生死本經　南无阿差末菩薩經
南无了本生死經　南无師比丘經
南无呪盡道呪經　南无善馬有三相經
南无長者法志妻經　南无呪毒蛇神呪經
南无彌山經　南无須真天子經
南无聖法印經　南无諸佛要集經
南无七夢經　南无四貪想經
南无九傷經　南无諸福德田經
南无神呪礫賊害經　南无居吡國王經
南无比丘分衛經　南无鑑炭經
次礼十方諸大菩薩
南无妙行世界精進慧菩薩

BD04529號　佛名經（十六卷本）卷一四　（14–11）

南无神呪降伏賊害經

南无比丘分衛經　南无庢叱國王經

南无鑪炭經

次礼十方諸大菩薩

南无妙行世界精進慧菩薩

南无善行世界善慧菩薩

南无歡喜世界智慧菩薩

南无星宿世界真寶慧菩薩

南无无猷慈世界无上慧菩薩

南无虛空世界堅固慧菩薩

南无堅固寶世界金剛幢菩薩

南无堅固樂世界堅固幢菩薩

南无堅固寶王世界勇幢菩薩

南无堅固金剛世界寶幢菩薩

南无堅固蓮華世界精進幢菩薩

南无堅固青蓮華世界離垢菩薩

南无堅固金世界夜光菩薩

南无堅固栴檀世界真寶幢菩薩

南无堅固摩尼世界智幢菩薩

南无堅固香世界法幢菩薩

南无寶光樂世界香炎平等嚴日光菩薩

南无安樂世界觀世音菩薩

南无華林世界寶首菩薩

南无安樂世界得大勢菩薩

BD04529號　佛名經（十六卷本）卷一四　（14–12）

南无寶光樂世界香炎平等嚴日光菩薩

南无安樂世界觀世音菩薩

南无華林世界寶首菩薩

南无安樂世界得大勢菩薩

南无慧聞世界勝幢菩薩

南无寂静世界持月光明菩薩

南无寂静世界无垢寶華菩薩

南无一切勝觀世界香炎平等菩薩

次礼聲聞緣覺一切賢聖

南无憍陽辟支佛　南无助多辟支佛

南无斷愛辟支佛　南无耳辟支佛

南无心得解脫辟支佛　南无優波耳辟支佛

南无吉辟支佛　南无差摩辟支佛

南无遮羅辟支佛　南无優波遮羅辟支佛

南无梨沙婆辟支佛　南无菩薩他淨辟支佛

南无善香稽辟支佛　南无阿沙羅辟支佛

礼三寶已次復懺悔

夫論懺悔者本是改往脩來滅惡興善人生居世誰能无過學人失念尚起煩惱羅漢結習動身口業豈況凡夫而當无過但智者先覺便能改悔愚者覆藏遂使滋滿所以積習長夜曉悟无期若能慚愧發露懺悔者豈惟止是滅罪而已亦復增長无量功德樹立如來

[illegible]

BD04529號　佛名經（十六卷本）卷一四　（14–13）

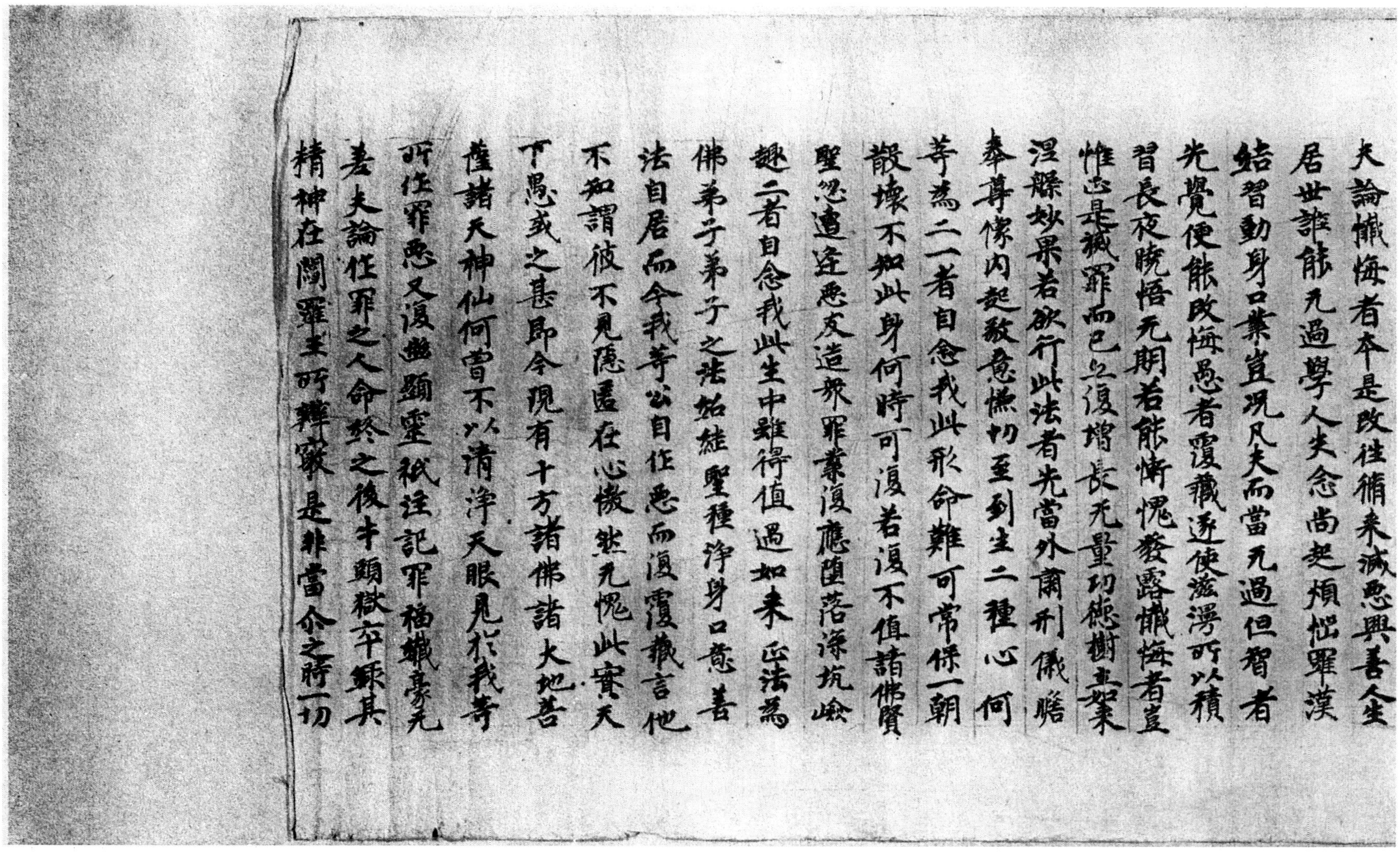

BD04529 號　佛名經（十六卷本）卷一四　（14–14）

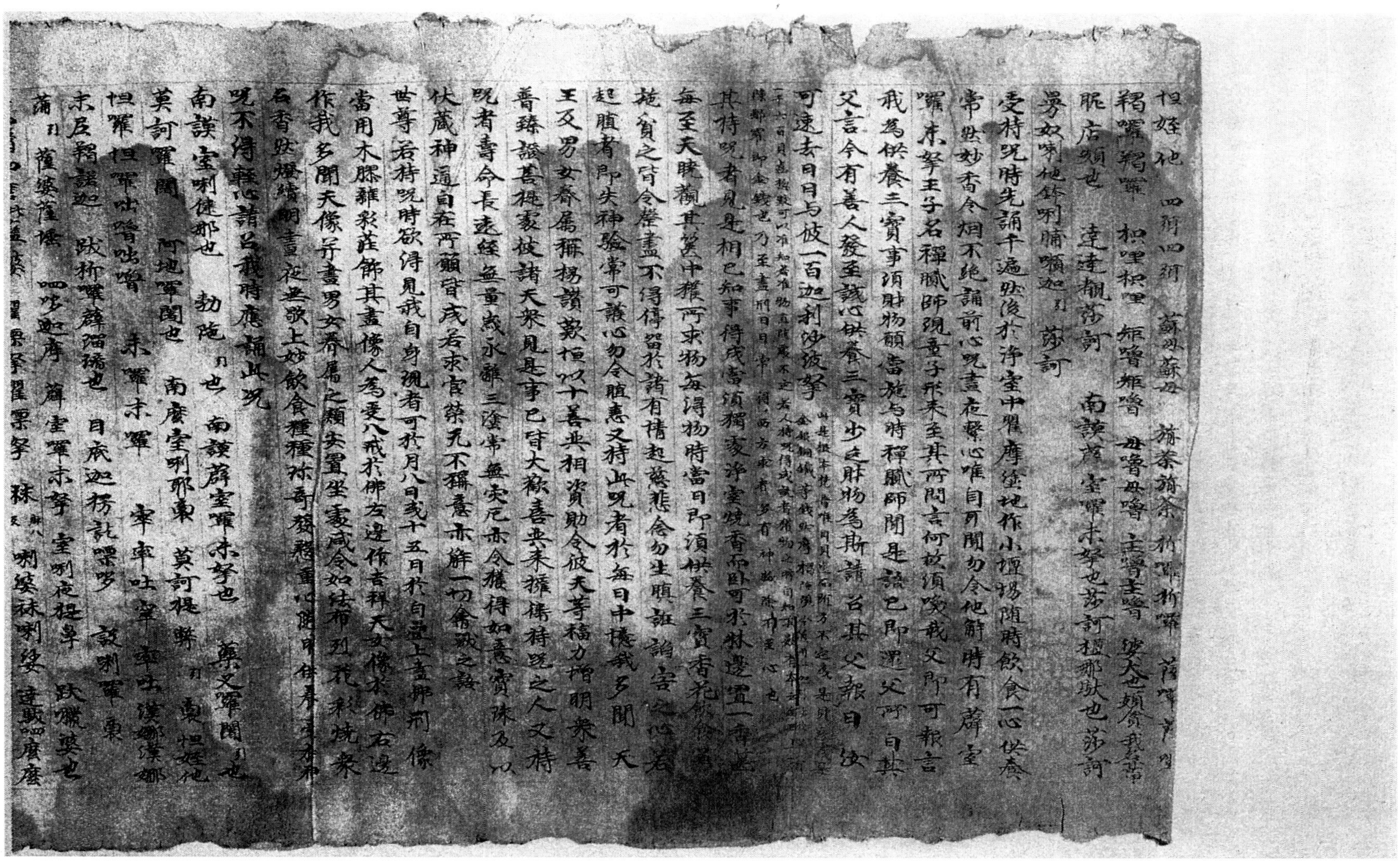

BD04530 號 1　金光明最勝王經卷六　（9–1）

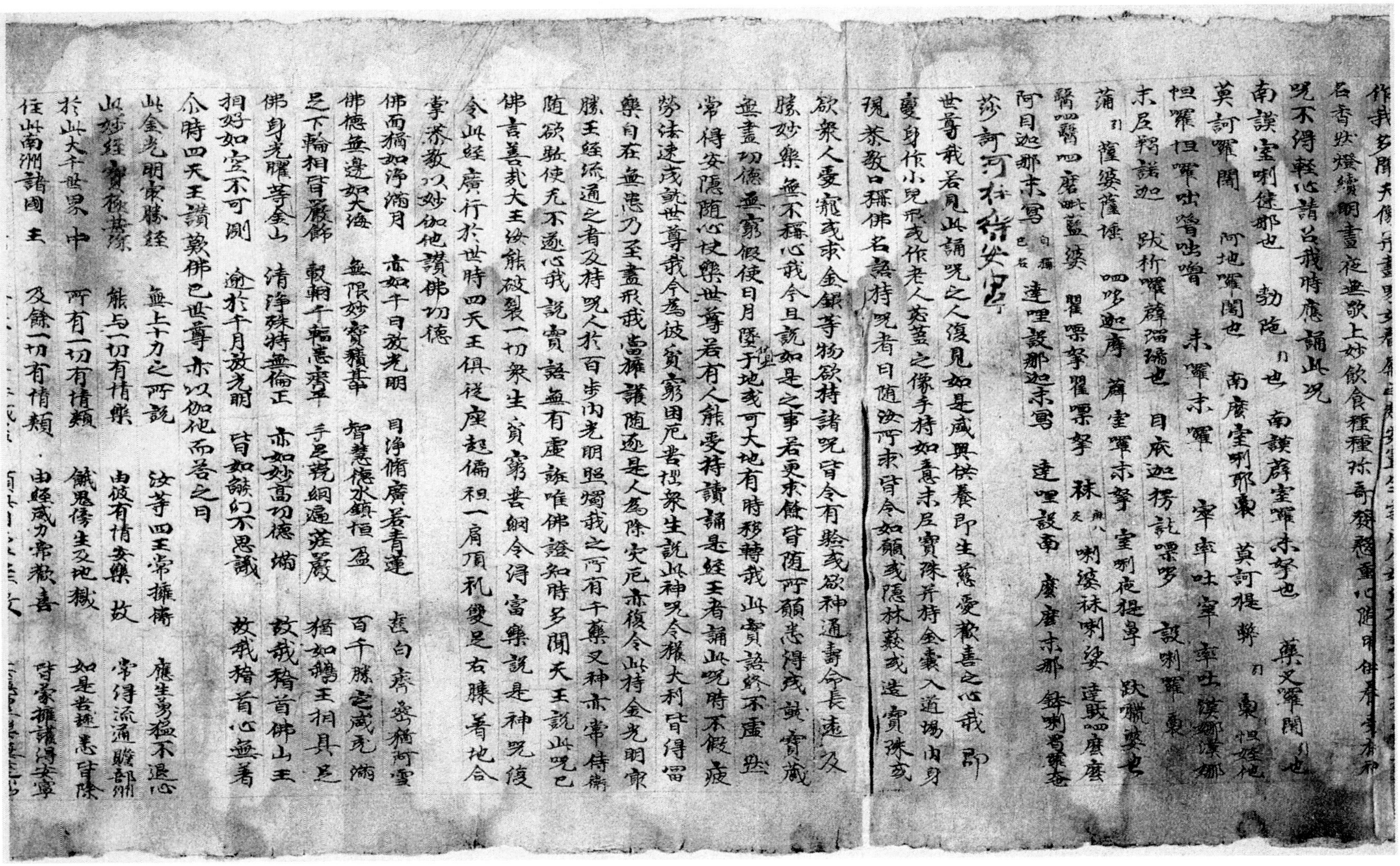

名香然燈續明晝夜無歇上妙飲食種種珍奇發殷重心隨時供養
呪不得輕心請召我時應誦此呪
南謨室唎健那也 勃陀也 南謨薜室囉末拏也 藥叉囉闍也
莫訶囉闍 阿地囉闍也 南麼室唎耶曩 莫訶提鞞也 曩怛姪他
怛囉怛囉 咄嚕咄嚕 末囉末囉 窣窣吐窣窣吐 漢娜漢娜
末尼羯諾迦 跋折囉薜瑠璃也 目底迦楞訖㗚哆 設唎囉曩
蒲 薩婆薩埵 呬哆迦摩 薜室囉末拏 室唎夜提鼻 跋攤婆也
醫呬醫呬 摩訶藍婆 瞿㗚拏瞿㗚拏 莎喇婆莎喇婆 達馱呬麼麼
阿目迦那末寫 達哩設娜迦末寫 達哩設南 麼麼末那 鉢喇曷䞘奄
莎訶
世尊我若見此誦呪之人復見如是盛興供養即生慈愛歡喜之心我即
變身作小兒形或作老人苾芻之像手持如意末尼寶珠并持金囊入道場內身
現恭敬口稱佛名語持呪者曰隨汝所求皆令如願或隱林藪或造寶珠或
欲眾人愛寵或求金銀等物欲持諸呪皆令有驗或欲神通壽命長遠及
勝妙樂無不稱心我今且說如是之事若更求餘皆隨所願悉得成就寶藏
無盡功德無窮假使日月墮於地或可大地有時移轉我此實語終不虛然
常得安隱隨心快樂世尊若有人能受持讀誦是經王者誦此呪時不假疲
勞法速成就世尊我今為彼貧窮困厄苦惱眾生說此神呪令獲大利皆得富
樂自在無患乃至盡形我當擁護隨逐是人為除灾厄亦復令此持金光明最
勝王經流通之者及持呪人於百步內光明照燭我之所有千藥叉神亦常侍衛
隨欲驅使无不遂心我說實語無有虛誑唯佛證知時多聞天王說此呪已
佛言善哉大王汝能破裂一切眾生貧窮苦網令得富樂說是神呪復
令此經廣行於世時四天王俱從座起偏袒一肩頂禮雙足右膝著地合
掌恭敬以妙伽他讚佛功德
佛面猶如淨滿月 亦如千日放光明 目淨脩廣若青蓮 齒白齊密猶珂雪
佛德無邊如大海 無限妙寶積其中 智慧德水鎮恒盈 百千勝定咸充滿
足下輪相皆嚴飾 轂輞千輻悉齊平 手足鞔網遍莊嚴 猶如鵝王相具足
佛身光曜等金山 清淨殊特無倫正 亦如妙高功德滿 故我稽首佛山王
相好如空不可測 逾於千月放光明 皆如焰幻不思議 故我稽首心無著
尒時四天王讚歎佛已世尊亦以伽他而答之曰
此金光明最勝經 無上十力之所說 汝等四王常擁衛 應生勇猛不退心
此妙經寶極甚深 能与一切有情樂 由彼有情安樂故 常得流通贍部洲
於此大千世界中 所有一切有情類 餓鬼傍生及地獄 如是苦趣悉皆除
住此南洲諸國王 及餘一切有情類 由經威力常歡喜 皆蒙擁護得安寧

BD04530 號 1　金光明最勝王經卷六　　（9–2）

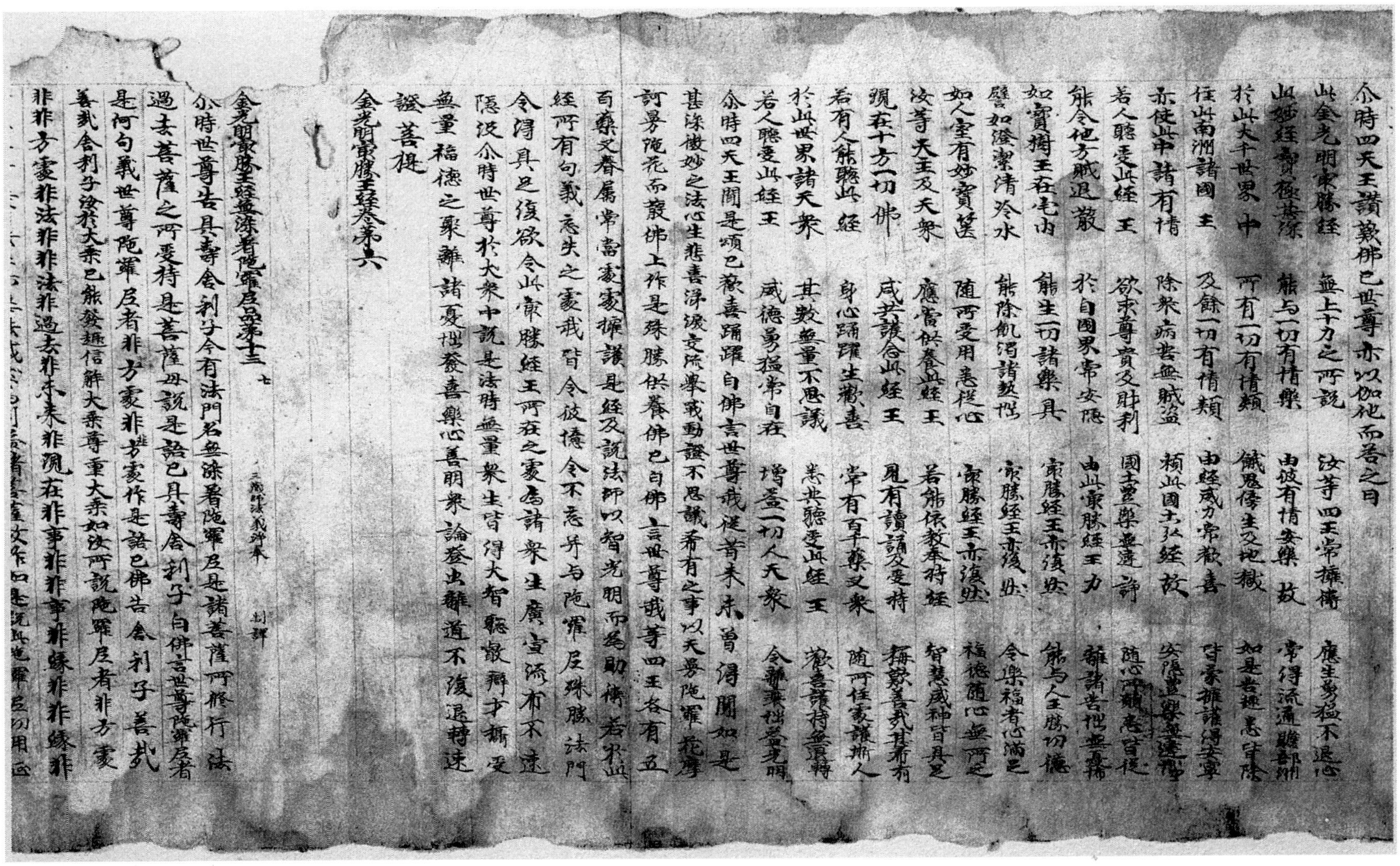

尒時四天王讚歎佛已世尊亦以伽他而答之曰
此金光明最勝經 無上十力之所說 汝等四王常擁衛 應生勇猛不退心
此妙經寶極甚深 能与一切有情樂 由彼有情安樂故 常得流通贍部洲
於此大千世界中 所有一切有情類 餓鬼傍生及地獄 如是苦趣悉皆除
住此南洲諸國王 及餘一切有情類 由經威力常歡喜 皆蒙擁護得安寧
亦使此中諸有情 除眾病苦無賊盜 賴此國土弘經故 安隱豐樂無違惱
若人聽受此經王 欲求尊貴及財利 國土豐樂無違諍 隨心所願悉皆從
能令他方賊退散 於自國界常安隱 由此最勝經王力 離諸苦惱無憂怖
如寶樹王在宅內 能生一切諸樂具 最勝經王亦復然 能与人王勝功德
譬如澄潔清冷水 能除飢渴諸熱惱 最勝經王亦復然 令樂福者心滿足
如人室有妙寶篋 隨所受用悉從心 最勝經王亦復然 福德隨心無所乏
汝等天王及天眾 應當供養此經王 若能依教奉持經 智慧威神皆具足
現在十方一切佛 咸共護念此經王 見有讀誦及受持 稱歎善哉甚希有
若有人能聽此經 身心踊躍生歡喜 常有百千藥叉眾 隨所住處護斯人
於此世界諸天眾 其數無量不思議 悉共聽受此經王 歡喜護持無退轉
若人聽受此經王 威德勇猛常自在 增益一切人天眾 令離衰惱具光明
尒時四天王聞是頌已歡喜踊躍白佛言世尊我從昔來未曾得聞如是
甚深微妙之法心生悲喜涕淚交流舉身戰動證不思議希有之事以天曼陀羅花摩
訶曼陀羅花而散佛上作是殊勝供養佛已白佛言世尊我等四王各有五
百藥叉眷屬常當處處擁護是經及說法師以智光明而為助衛若於此
經所有句義忘失之處我皆令彼憶念不忘并与陀羅尼殊勝法門
令得具足復欲令此最勝經王所在之處為諸眾生廣宣流布不速
隱沒尒時世尊於大眾中說是法時無量眾生皆得大智聰叡辯才攝受
無量福德之聚離諸憂惱發喜樂心善明眾論登出離道不復退轉速
證菩提
金光明最勝王經卷第六

金光明最勝王經無染著陀羅尼品第十三 七　三藏法師義淨奉 制譯
尒時世尊告具壽舍利子今有法門名無染著陀羅尼是諸菩薩所修行法
過去菩薩之所受持是菩薩母說是語已具壽舍利子白佛言世尊陀羅尼者
是何句義世尊陀羅尼者非方處非非方處作是語已佛告舍利子善哉
善哉舍利子汝於大乘已能發趣信解大乘尊重大乘如汝所說陀羅尼者非方處
非非方處非法非非法非過去非未來非現在非事非非事非緣非非緣非

BD04530 號 1　金光明最勝王經卷六　　（9–3）
BD04530 號 2　金光明最勝王經卷七

金光明最勝王經無染著陀羅尼品第十三
尒時世尊告具壽舍利子今有法門名無染著陀羅尼是諸菩薩所修行法
過去菩薩之所受持是菩薩母說是語已具壽舍利子白佛言世尊陀羅尼者
是何句義世尊陀羅尼者非方處非非方處作是語已佛告舍利子善哉
善哉舍利子汝於大乘已能發趣信解大乘尊重大乘如汝所說陀羅尼者非方處
非非方處非法非非法非過去非未來非現在非事非非事非緣非非緣非
行非非行無有法生亦無法滅然為利益諸菩薩故作如是說此陀羅尼功用正
道理趣勢力安立即諸佛功德是諸佛禁戒諸佛所學諸佛密意諸佛生處故名無染
著陀羅尼最妙法門作是語已舍利子白佛言世尊唯願善逝為我說此陀
羅尼法若諸菩薩能安住者於無上菩提不復退轉成就正願得無所依
自性辯才獲希有事安住聖道皆由得此陀羅尼故佛告舍利子善哉善哉
如是如是如汝所說若有菩薩得此陀羅尼者應知是人與佛無異若有供
養尊重承事供給此菩薩者應知即是供養於佛舍利子若有餘人聞此
陀羅尼受持讀誦生信解者亦應如是恭敬供養與佛無異以是因緣獲
无上果尒時世尊即為演說陀羅尼曰
怛姪他 那陀喇你 嗢多喇你 蘇三缽囉底瑟恥哆 蘇那麼
蘇缽喇底瑟恥哆 鼻逝也跋囉 薩底也缽喇底慎若 蘇阿盧訶
慎若那末底 嗢波彈你 阿伐那末你 阿毗師彈你 阿鞞毗耶訶囉
輸婆伐底 蘇尼室唎多 引 薄虎那社 引 阿毗婆歌 引 莎訶
佛告舍利子此無染著陀羅尼句若有菩薩能善安住能正受持者當知是
人若於一劫若百劫若千劫若百千劫所發正願無有窮盡身亦不被刀杖毒
藥水火猛獸之所損害何以故舍利子此無染著陀羅尼是過去諸佛母未來諸
佛母現在諸佛母舍利子若復有人以十阿僧企耶三千大千世界滿中七寶奉施
諸佛及以上妙衣服飲食種種供養經無數劫若復有人於此陀羅尼乃至一
句能受持者所生之福倍多於彼何以故舍利子此無染著陀羅尼甚深法
門是諸佛母故時具壽舍利子及諸大眾聞是法已皆大歡喜咸願受持
金光明最勝王經如意寶珠品第十四
尒時世尊於大眾中告阿難陀曰汝等當知有陀羅尼名如意寶珠遠離一切災厄
亦能遮止諸惡雷電過去如來應正等覺所共宣說我於今時於此經中亦為汝
等大眾宣說能於人天為大利益哀愍世間擁護一切令得安樂時諸大眾及阿
難陀聞佛語已各各至誠瞻仰世尊聽受神呪佛言汝等諦聽於此東方有光明
電王名阿揭多南方有光明電王名設羝嚕西方有光明電王名主多光北方有光明電
王名蘇多末尼若有善男子善女人得聞如是電王名字及知方處者此人即
便遠離一切怖畏之事及諸災橫悉皆消殄若於住處書此四方電王名者於
所住處無雷電怖亦無災厄及諸障惱非時枉死悉皆遠離尒時世尊即說呪曰

亦能遮止諸惡雷電過去如來應正等覺所共宣說我於今時於此經中亦為汝
等大眾宣說能於人天為大利益哀愍世間擁護一切令得安樂時諸大眾及阿
難陀聞佛語已各各至誠瞻仰世尊聽受神呪佛言汝等諦聽於此東方有光明
電王名阿揭多南方有光明電王名設羝嚕西方有光明電王名主多光北方有光明電
王名蘇多末尼若有善男子善女人得聞如是電王名字及知方處者此人即
便遠離一切怖畏之事及諸災橫悉皆消殄若於住處書此四方電王名者於
所住處無雷電怖亦無災厄及諸障惱非時枉死悉皆遠離尒時世尊即說呪曰
怛姪他 你弭你弭你弭 尼民達哩 窒哩盧迦盧羯你
窒哩輸攞波你 曷咯叉曷咯叉 我某甲及此住處一切恐怖所有苦
惱雷電霹靂乃至枉死悉皆遠離莎訶
尒時觀自在菩薩摩訶薩在大眾中即從座起偏袒右肩合掌恭敬白佛言
世尊我今亦於佛前略說如意寶珠神呪於諸人天為大利益哀愍世間
擁護一切令得安樂有大威力所求如願即說呪曰
怛姪他 喝帝 毗喝帝你喝帝 缽喇窒體雞 缽喇底 丁卯 窒窒囇
式提目輸既末囇 缽喇婆莎 蘇活 囉 安荼 半入 囇般荼囉 稅 手聲 帝
般荼囉婆死你 喝囉羯荼 引 囉 劫畢囉 冰揭羅惡綺
達地目企 曷咯叉曷咯叉
我某甲及此住處一切恐怖所有苦惱乃至枉死悉皆遠離願我莫見罪
惡之事常蒙聖觀自在菩薩大悲威光之所護念莎訶
尒時執金剛祕密主菩薩即從座起合掌恭敬白佛言世尊我今亦說陀羅
尼呪名曰無勝於諸人天為大利益哀愍世間擁護一切有大威力所求如願即說呪曰
怛姪他 母你母你 母尼囇末底末底 蘇末底莫訶末底 呵呵呵摩婆以
那悉底帝 引 波跛 跋折攞波你 惡鈿 含大 姪嚩荼 上 莎訶
世尊我此神呪名曰無勝擁護若有男女一心受持書寫讀誦憶念不忘我於
晝夜常護是人於一切恐怖乃至枉死悉皆遠離 尒時索訶世界主梵天王
即從座起合掌恭敬白佛言世尊我亦有陀羅尼微妙法門於諸人天為大
利益哀愍世間擁護一切有大威力所求如願即說呪曰
怛姪他 醯里弭里地里莎訶 跋囉鈿麼布囉
跋囉鈿末泥 跋囉鈿麼揭鞞 補瑟跛僧悉怛囉莎訶
世尊我此神呪名曰梵治悉能擁護持是呪者令離憂惱及諸罪業乃至
枉死悉皆遠離 尒時帝釋天主即從座起合掌恭敬白佛言世尊我亦有
陀羅尼名跋折羅扇你是大明呪能除一切恐怖厄難乃至枉死悉皆遠離拔
苦與樂利益人天即說呪曰
怛姪他 毗你婆喇你 畔陀麼彈洋 麼臟你捌撥尒瞿哩 健陀哩旃荼哩
摩登耆 上 卜羯死 薩囉跋喇鞞 去 四娜末住 麼嗢多喇你
[illegible]

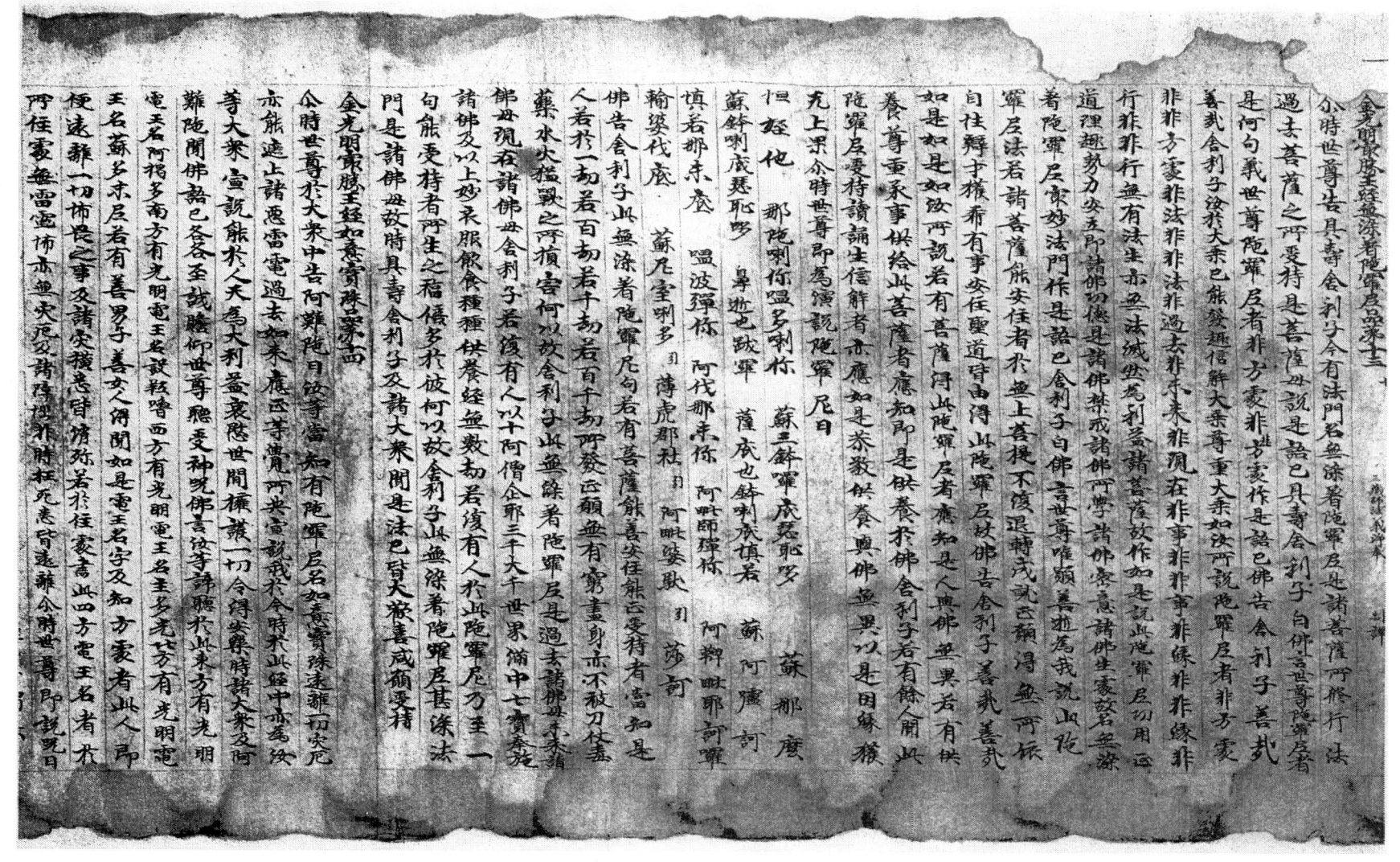

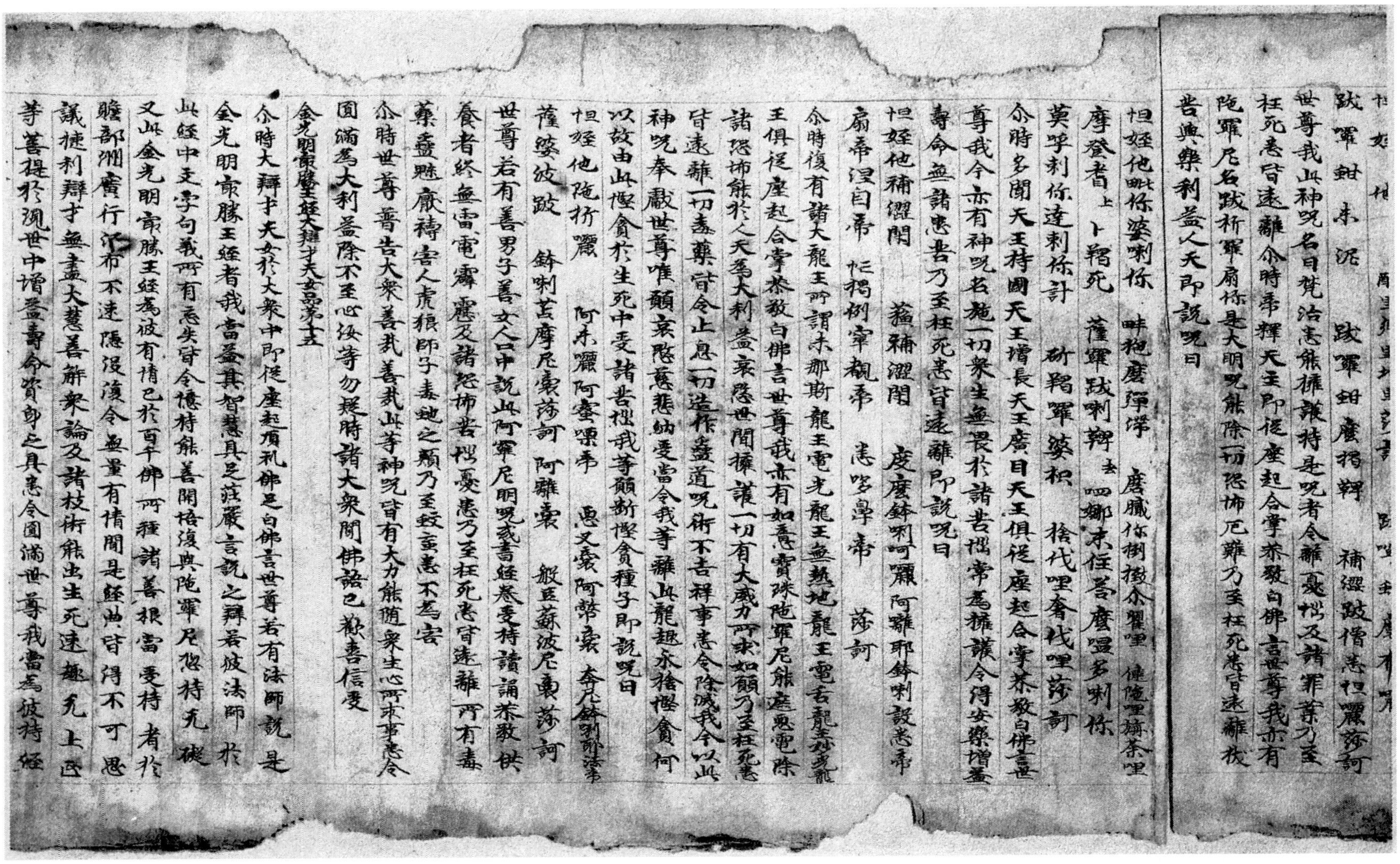
跋囉鉗 末泥 跋囉鉗 慶羯糴 補澀跋 僧悉怛囉 莎訶
世尊我此神呪名曰梵治悉能擁護持是呪者令離憂惱及諸罪業乃至
枉死悉皆遠離尒時帝釋天王即從座起合掌恭敬白佛言世尊我亦有
陀羅尼名跋祈羅扇儞是大明呪能除一切怖厄難乃至枉死悉皆遠離救
苦與樂利益人天即說呪曰
怛姪他 畔祂儞 婆喇儞 畔祂慶彈滯 慶臓儞 樹撥尒 瞿哩 健陀哩 旃荼哩
摩登耆 卜羯死 薩羅跋喇糴 唎 鄔末伍答 慶誓多喇儞
莫呼刺儞 達刺儞計 斫羯羅婆枳 捨代哩 奢代哩 莎訶
尒時多聞天王持國天王增長天王廣目天王俱從座起合掌恭敬白佛言世
尊我今亦有神呪名施一切眾生無畏於諸苦惱常為擁護令得安樂增益
壽命無諸患苦乃至枉死悉皆遠離即說呪曰
怛姪他 補澀閉 蘓補澀閉 度度鉢喇呵囉 阿離耶鉢喇設悉帝
扇帝涅目帝 恅羯例 窣覩帝 悉哆學帝 莎訶
尒時復有諸大龍王所謂末那斯龍王電光龍王無熱地龍王電舌龍王妙光龍
王俱從座起合掌恭敬白佛言世尊我亦有如意寶珠陀羅尼能遮惡電除
諸恐怖能於人天為大利益哀愍世間擁護一切有大威力所求如願乃至枉死悉
皆遠離一切毒藥皆令止息一切造作蠱道呪術不吉祥事悉令除滅我今以此
神呪奉獻世尊唯願哀愍慈悲納受當令我等離此龍趣永捨慳貪何
以故由此慳貪於生死中受諸苦惱我等願斷慳貪種子即說呪曰
怛姪他 陁折囉 阿末囉 阿蜜哩帝 惡叉裒 阿蔽裒 奔尼鉢喇那
薩婆波跛 鉢喇苫摩尼 哀莎訶 阿離裒 般臣蘇波尼 裒莎訶
世尊若有善男子善女人口中說此陀羅尼明呪或書經卷受持讀誦恭敬供
養者終無雷電霹靂及諸恐怖苦惱憂患乃至枉死悉皆遠離所有毒
藥蠱魅厭禱害人虎狼師子毒虵之類乃至蚊虻悉不為害
尒時世尊普告大眾善哉善哉此等神呪皆有大力能隨眾生心所求事悉令
圓滿為大利益除不至心汝等勿疑時諸大眾聞佛語已歡喜信受
金光明最勝王經大辯才天女品第十五
尒時大辯才天女於大眾中即從座起頂禮佛足白佛言世尊若有法師說是
金光明最勝王經者我當益其智慧具足莊嚴言說之辯若彼法師於
此經中文字句義所有忘失皆令憶持能善開悟復與陀羅尼總持無礙
又此金光明最勝王經為彼有情已於百千佛所種諸善根當受持者於
贍部洲廣行流布不速隱沒復令無量有情聞是經典皆得不可思
議捷利辯才無盡大慧善解眾論及諸技術能出生死速趣無上正
等菩提於現世中增益壽命資身之具悉令圓滿世尊我當為彼持經

BD04530 號 2　金光明最勝王經卷七　（9–6）

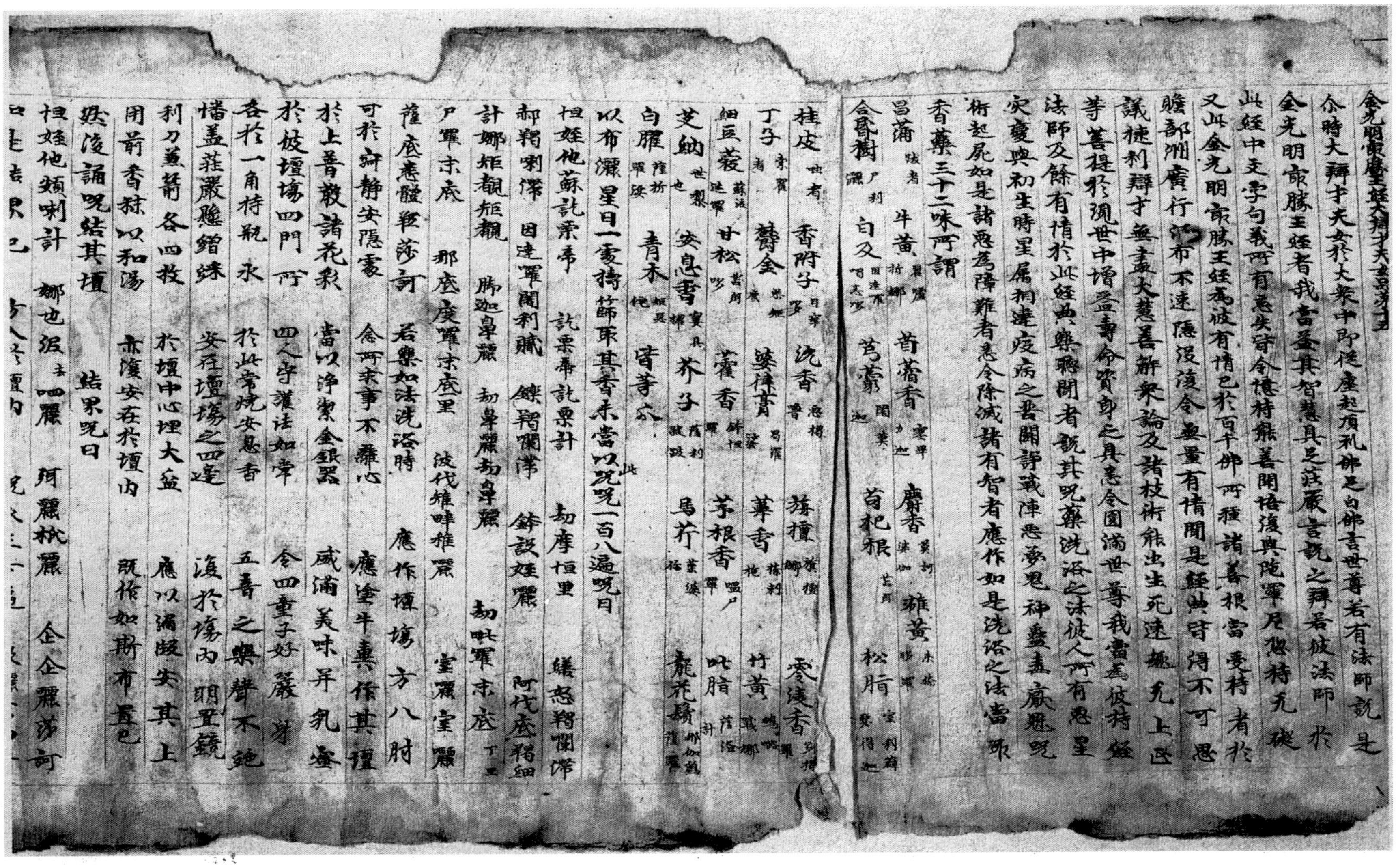
金光明最勝王經大辯才天女品第十五
尒時大辯才天女於大眾中即從座起頂禮佛足白佛言世尊若有法師說是
金光明最勝王經者我當益其智慧具足莊嚴言說之辯若彼法師於
此經中文字句義所有忘失皆令憶持能善開悟復與陀羅尼總持無礙
又此金光明最勝王經為彼有情已於百千佛所種諸善根當受持者於
贍部洲廣行流布不速隱沒復令無量有情聞是經典皆得不可思
議捷利辯才無盡大慧善解眾論及諸技術能出生死速趣無上正
等菩提於現世中增益壽命資身之具悉令圓滿世尊我當為彼持經
法師及餘有情於此經典樂聽聞者說其呪藥洗浴之法彼人所有惡星
災變與初生時星屬相違疫病之苦鬪諍戰陣惡夢鬼神蠱毒厭魅呪
術起屍如是諸惡為障難者悉令除滅諸有智者應作如是洗浴之法當
取香藥三十二味所謂
昌蒲 跋者 牛黃 瞿盧折娜 苜蓿香 塞畢力迦 麝香 莫訶婆伽 雄黃 末捺眵羅
合昏樹 尸利灑 白及 因達囉喝悉哆 芎藭 闍莫迦 枸杞根 苫弭 松脂 室利薜瑟得迦
桂皮 咄者 香附子 目窣哆 沈香 惡揭嚕 栴檀 栴檀娜 零凌香 多揭羅
丁子 索瞿者 鬱金 茶矩麼 婆律膏 揭羅娑 葦香 捺剌柁 竹黃 鵝路戰娜
細豆蔻 蘇泣迷羅 甘松 苫弭哆 藿香 鉢怛羅 茅根香 嗢尸羅 叱脂 薩洛計
艾納 世黎也 安息香 窶具攞 芥子 薩利殺跛 馬芹 葉婆你 龍花鬚 那伽雞薩羅
白膠 薩折羅婆 青木 矩瑟侘 皆等分
以布灑星日一處擣篩取其香末當以此呪呪一百八遍呪曰
怛姪他 蘇訖栗帝 訖栗帝訖栗計 劫摩怛里 繕怒羯囒滯
郝羯喇滯 因達囉闍利膩 鑠羯囒滯 鉢設姪囇 阿伐底羯細
計娜矩覩矩覩 脾迦鼻囇 劫鼻囇劫鼻囇 劫毗羅末底
尸羅末底 那底度囉末底哩 波伐雉 畔雉囇 室囇室囇
薩底悉體羝 莎訶 若樂如法洗浴時 應作壇場方八肘
可於寂靜安隱處 念所求事不離心 應塗牛糞作其壇
於上普散諸花綵 當以淨潔金銀器 盛滿美味并乳蜜
於彼壇場四門所 四人守護法如常 令四童子好嚴身
各於一角持瓶水 於此常燒安息香 五音之樂聲不絕
幡蓋莊嚴懸繒綵 安在壇場之四邊 復於場內置明鏡
利刀兼箭各四枚 於壇中心埋大盆 應以漏版安其上
用前香末以和湯 亦復安在於壇內 既作如斯布置已
然後誦呪結其壇 結界呪曰
怛姪他 頞喇計 娜也泥 呬麗 阿麗 企企麗 莎訶

BD04530 號 2　金光明最勝王經卷七　（9–7）

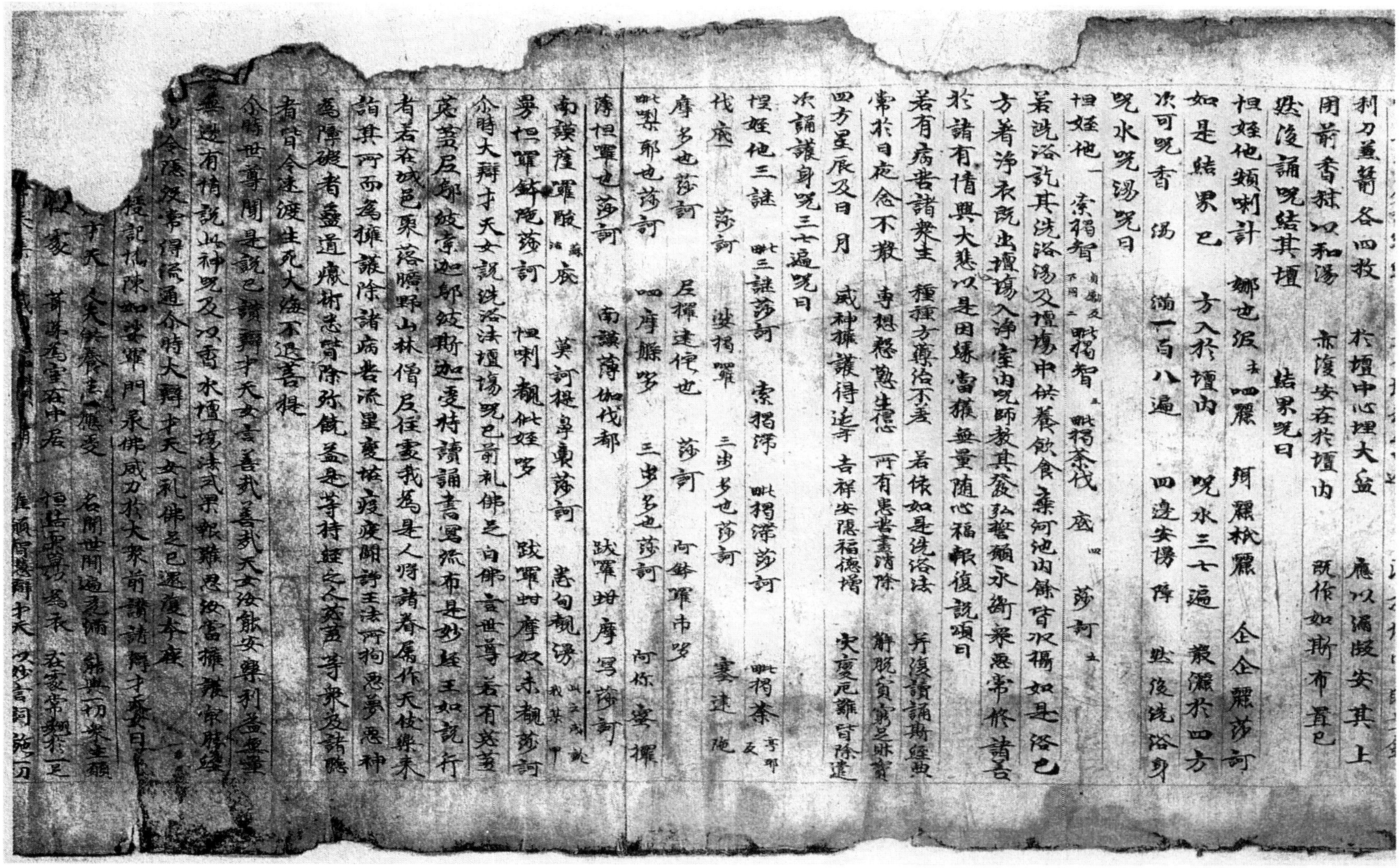

利刀蓋箭各四枚　於壇中心埋大盆　應以漏板安其上
用前香末以和湯　亦復安在於壇內　既作如斯布置已
然後誦呪結其壇　結界呪曰
怛姪他　頞喇計　娜也泥去　呬麗　弭麗枳麗　企企麗莎訶
如是結界已　方入於壇內　呪水三七遍　散灑於四方
次可呪香湯　滿一百八遍　四邊安幔障　然後洗浴身
呪水呪湯呪曰
怛姪他一　索揭智　毗揭智二　毗揭荼伐底三　莎訶四
若洗浴訖　其洗浴湯及壇場中供養飲食　棄河池內　餘皆收攝　如是浴已
方著淨衣　既出壇場　入淨室內　呪師教其發弘誓願　永斷衆惡　常修諸善
於諸有情興大悲心　以是因緣　當獲無量隨心福報　復說頌曰
若有病苦諸衆生　種種方藥治不差　若依如是洗浴法　并復讀誦斯經典
常於日夜念不散　專想慇懃生信心　所有患苦盡消除　解脫貧窮足財寶
四方星辰及日月　威神擁護得延年　吉祥安隱福德增　災變厄難皆除遣
次誦護身呪三七遍呪曰
怛姪他　三謎　毗三謎　莎訶　索揭滯　毗揭滯　莎訶　毗揭荼
伐底　莎訶　娑揭囉　三步多也　莎訶　塞建陁
摩多也　莎訶　尼攞建佗也　莎訶　阿鉢囉市多
毗梨耶也　莎訶　呬摩槃多　三步多也　莎訶　阿你蜜攞
薄怛囉也　莎訶　南謨薄伽伐都　跋囉甜摩寫　莎訶
南謨薩囉酸底　莫訶提鼻裔　莎訶　悉甸覩
曼怛囉鉢陁　莎訶　怛喇覩　毗姪　跋囉甜摩奴末覩　莎訶
爾時大辯才天女說洗浴法壇場呪已　前禮佛足　白佛言　世尊　若有苾芻
苾芻尼　鄔波索迦　鄔波斯迦　受持讀誦書寫流布是妙經王　如說行
者　若在城邑聚落曠野山林僧尼住處　我為是人　將諸眷屬作天伎樂來
詣其所　而為擁護　除諸病苦　流星變怪　疫疾鬪諍　王法所拘　惡夢惡神
為障礙者　蠱道厭術　悉皆除殄　饒益是等持經之人　苾芻等衆及諸聽
者　皆令速渡生死大海　不退菩提
爾時世尊聞是說已　讚辯才天女言　善哉善哉　天女　汝能安樂利益無量
無邊有情　說此神呪及以香水壇場法式　果報難思　汝當擁護最勝經
[illegible]令隱沒　常得流通　爾時大辯才天女禮佛足已　還復本座
爾時法師授記憍陳如婆羅門　承佛威力　於大衆前　讚請辯才天女曰
[illegible]天　人天供養悉應受　名聞世間遍充滿　能與一切衆生願
[illegible]處　苦行為室在中居　恒結草衣以為衣　在處常翹於一足
[illegible]　[illegible]辯才天　以妙言詞施一切

BD04530 號 2　金光明最勝王經卷七　（9–8）

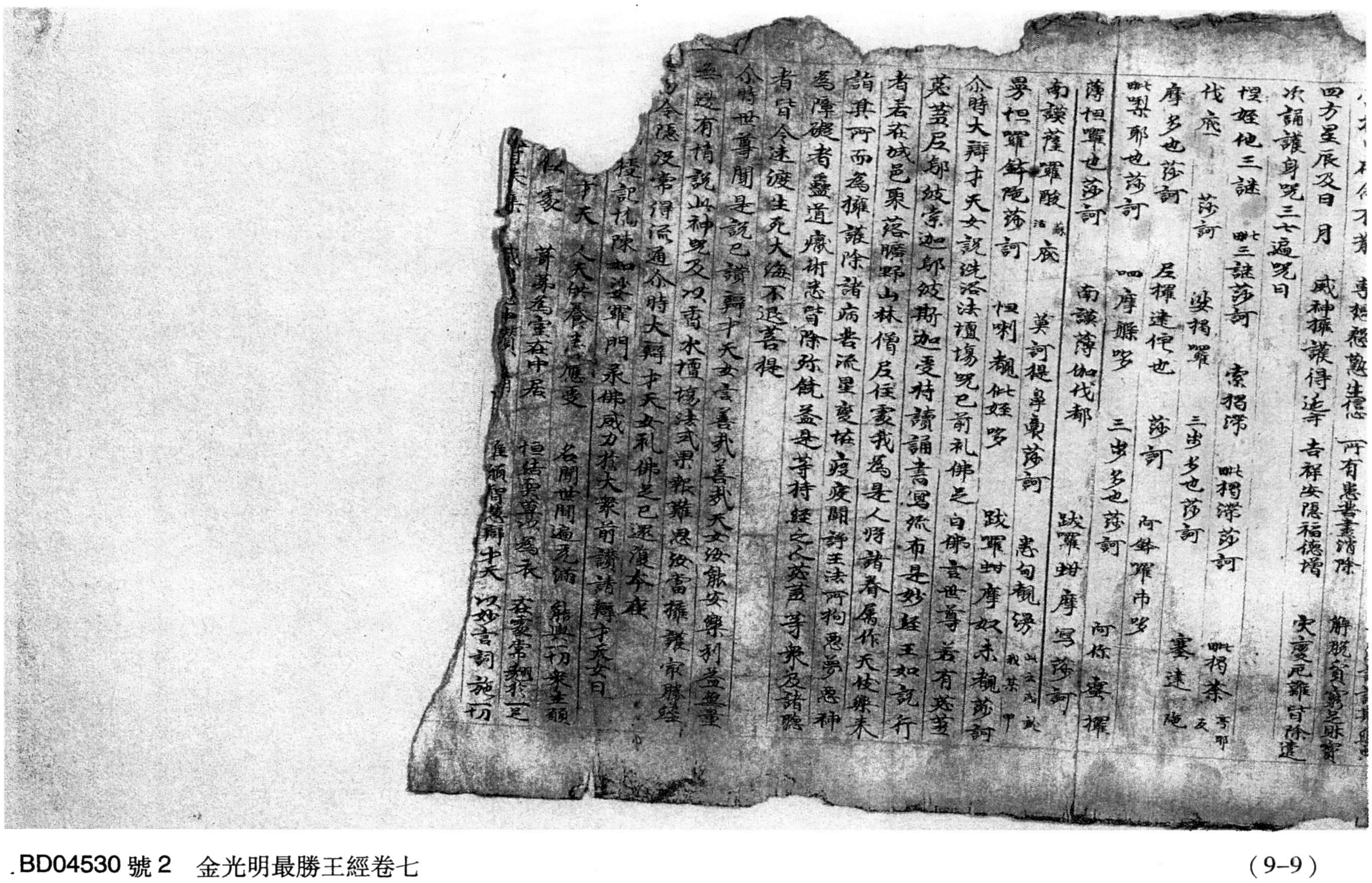

四方星辰及日月　威神擁護得延年　吉祥安隱福德增　災變厄難皆除遣
次誦護身呪三七遍呪曰
怛姪他　三謎　毗三謎　莎訶　索揭滯　毗揭滯　莎訶　毗揭荼
伐底　莎訶　娑揭囉　三步多也　莎訶　塞建陁
摩多也　莎訶　尼攞建佗也　莎訶　阿鉢囉市多
毗梨耶也　莎訶　呬摩槃多　三步多也　莎訶　阿你蜜攞
薄怛囉也　莎訶　南謨薄伽伐都　跋囉甜摩寫　莎訶
南謨薩囉酸底　莫訶提鼻裔　莎訶　悉甸覩
曼怛囉鉢陁　莎訶　怛喇覩　毗姪　跋囉甜摩奴末覩　莎訶
爾時大辯才天女說洗浴法壇場呪已　前禮佛足　白佛言　世尊　若有苾芻
苾芻尼　鄔波索迦　鄔波斯迦　受持讀誦書寫流布是妙經王　如說行
者　若在城邑聚落曠野山林僧尼住處　我為是人　將諸眷屬作天伎樂來
詣其所　而為擁護　除諸病苦　流星變怪　疫疾鬪諍　王法所拘　惡夢惡神
為障礙者　蠱道厭術　悉皆除殄　饒益是等持經之人　苾芻等衆及諸聽
者　皆令速渡生死大海　不退菩提
爾時世尊聞是說已　讚辯才天女言　善哉善哉　天女　汝能安樂利益無量
無邊有情　說此神呪及以香水壇場法式　果報難思　汝當擁護最勝經
[illegible]令隱沒　常得流通　爾時大辯才天女禮佛足已　還復本座
爾時法師授記憍陳如婆羅門　承佛威力　於大衆前　讚請辯才天女曰
[illegible]天　人天供養悉應受　名聞世間遍充滿　能與一切衆生願
[illegible]處　苦行為室在中居　恒結草衣以為衣　在處常翹於一足
[illegible]　[illegible]辯才天　以妙言詞施一切

BD04530 號 2　金光明最勝王經卷七　（9–9）

BD04530 號背　雜寫　　（1–1）

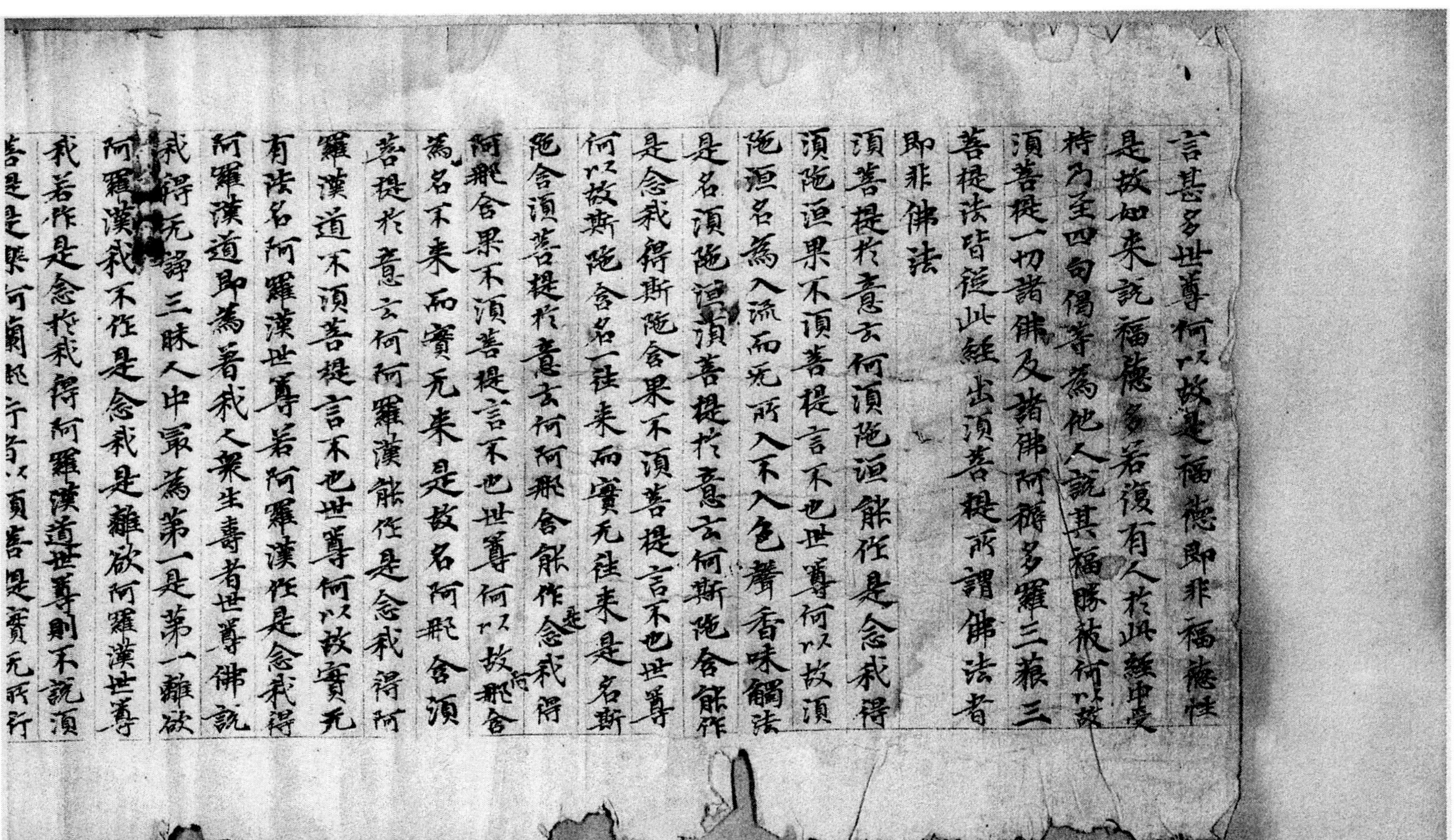
言甚多世尊何以故是福德即非福德性
是故如來說福德多若復有人於此經中受
持乃至四句偈等為他人說其福勝彼何以故
須菩提一切諸佛及諸佛阿耨多羅三藐三
菩提法皆從此經出須菩提所謂佛法者
即非佛法
須菩提於意云何須陁洹能作是念我得
須陁洹果不須菩提言不也世尊何以故須
陁洹名為入流而无所入不入色聲香味觸法
是名須陁洹須菩提於意云何斯陁含能作
是念我得斯陁含果不須菩提言不也世尊
何以故斯陁含名一往來而實无往來是名斯
陁含須菩提於意云何阿那含能作是念我得
阿那含果不須菩提言不也世尊何以故阿那含
名為不來而實无來是故名阿那含須
菩提於意云何阿羅漢能作是念我得阿
羅漢道不須菩提言不也世尊何以故實无
有法名阿羅漢世尊若阿羅漢作是念我得
阿羅漢道即為著我人衆生壽者世尊佛說
我得无諍三昧人中最為第一是第一離欲
阿羅漢我不作是念我是離欲阿羅漢世尊
我若作是念我得阿羅漢道世尊則不說須
菩提是樂阿蘭那行者以須菩提實无所行

BD04531 號　金剛般若波羅蜜經　　（2–1）

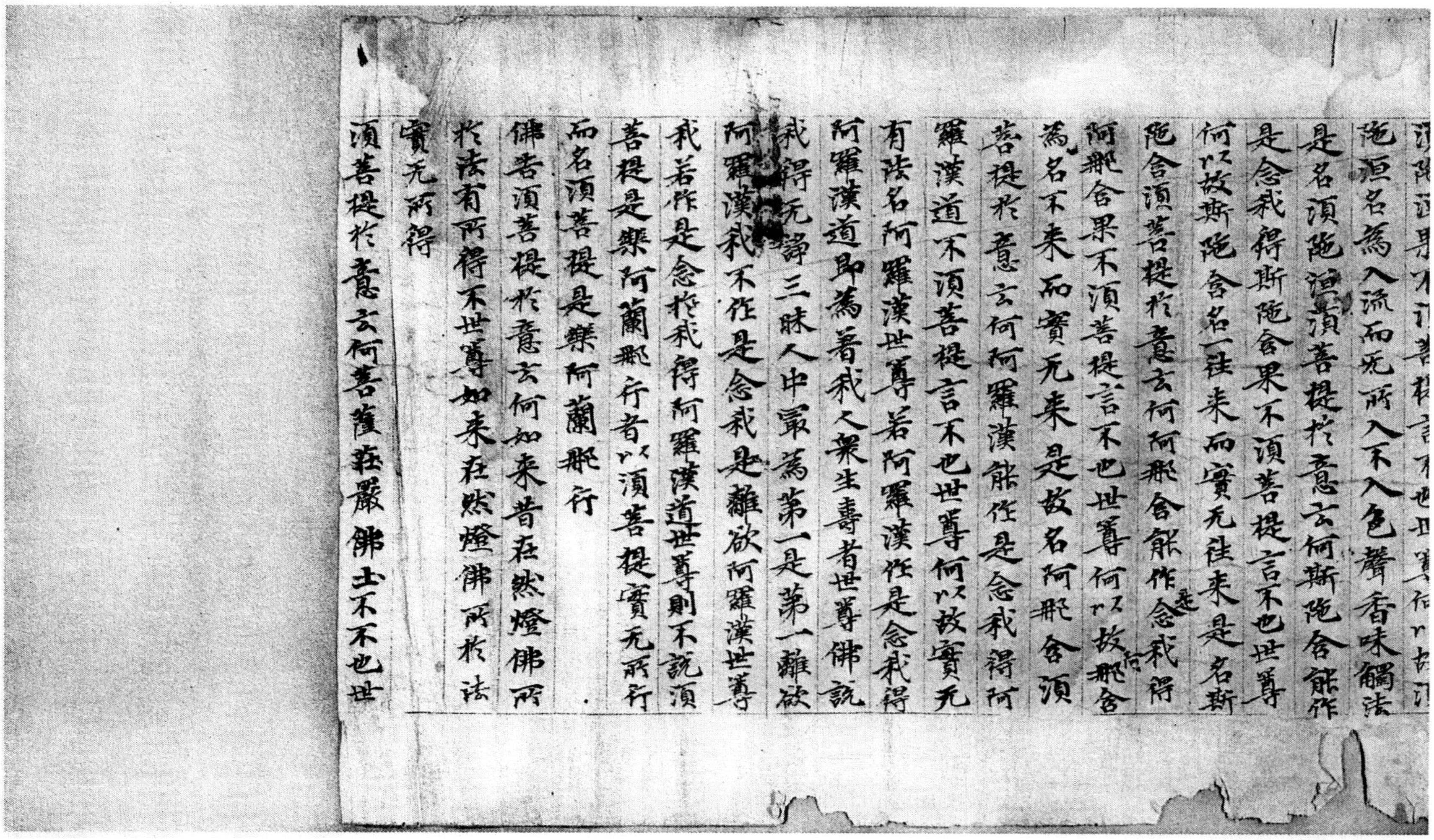
須陁洹果不須菩提言不也世尊何以故須
陁洹名為入流而无所入不入色聲香味觸法
是名須陁洹須菩提於意云何斯陁含能作
是念我得斯陁含果不須菩提言不也世尊
何以故斯陁含名一往来而實无往来是名斯
陁含須菩提於意云何阿那含能作是念我得
阿那含果不須菩提言不也世尊何以故阿那含
名為不来而實无来是故名阿那含須
菩提於意云何阿羅漢能作是念我得阿
羅漢道不須菩提言不也世尊何以故實无
有法名阿羅漢世尊若阿羅漢作是念我得
阿羅漢道即為著我人衆生壽者世尊佛說
我得无諍三昧人中最為第一是第一離欲
阿羅漢我不作是念我是離欲阿羅漢世尊
我若作是念我得阿羅漢道世尊則不說須
菩提是樂阿蘭那行者以須菩提實无所行
而名須菩提是樂阿蘭那行
佛告須菩提於意云何如来昔在然燈佛所
於法有所得不世尊如来在然燈佛所於法
實无所得
須菩提於意云何菩薩莊嚴佛土不不也世

BD04531 號　金剛般若波羅蜜經　（2–2）

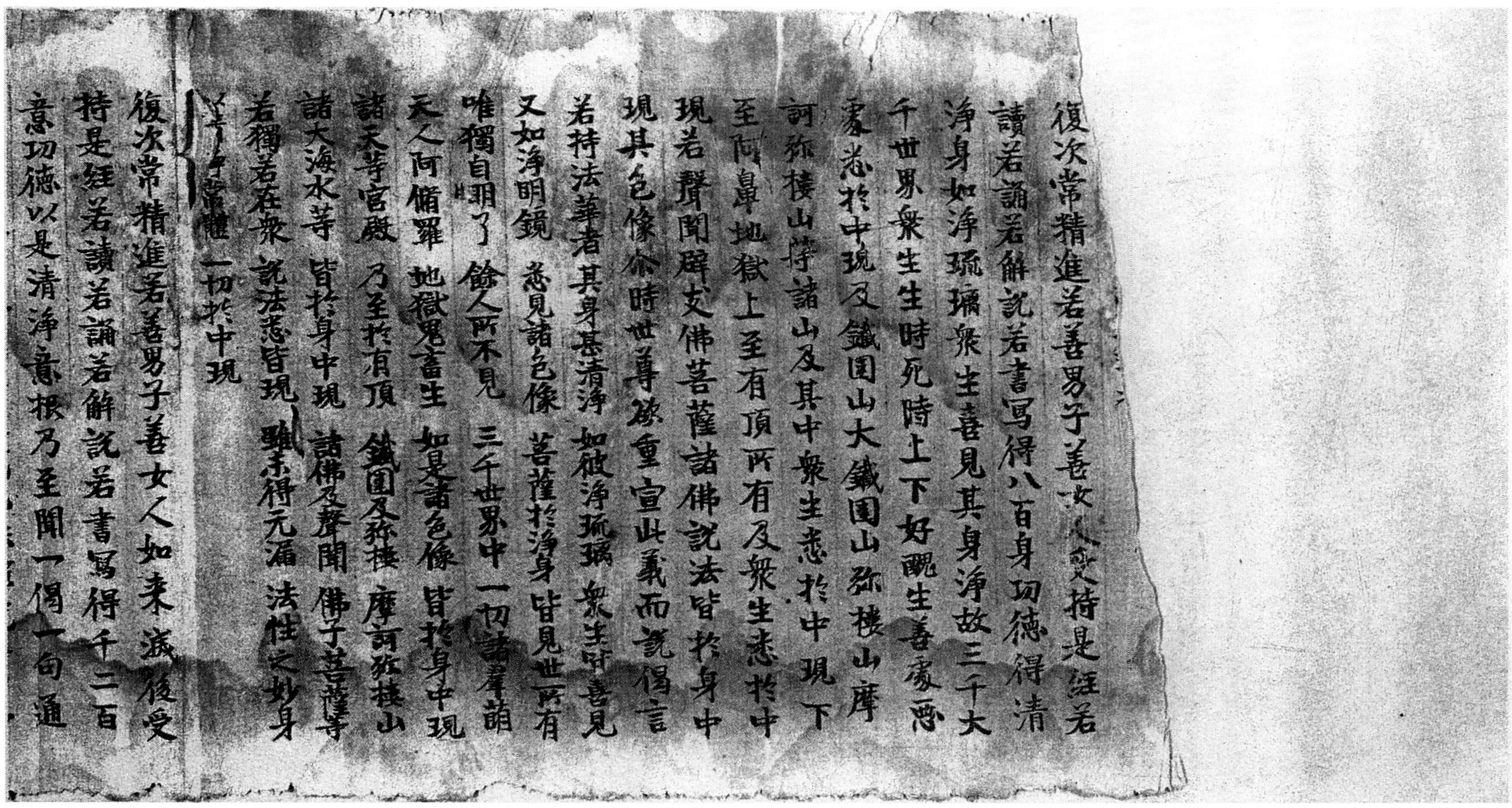
復次常精進若善男子善女人受持是經若
讀若誦若解說若書寫得八百身功德得清
淨身如淨琉璃衆生憙見其身淨故三千大
千世界衆生生時死時上下好醜生善處惡
處悉於中現及鐵圍山大鐵圍山彌樓山摩
訶彌樓山等諸山及其中衆生悉於中現下
至阿鼻地獄上至有頂所有及衆生悉於中
現若聲聞辟支佛菩薩諸佛說法皆於身中
現其色像尒時世尊欲重宣此義而說偈言
若持法華者　其身甚清淨　如彼淨琉璃　衆生皆憙見
又如淨明鏡　悉見諸色像　菩薩於淨身　皆見世所有
唯獨自明了　餘人所不見　三千世界中　一切諸群萌
天人阿脩羅　地獄鬼畜生　如是諸色像　皆於身中現
諸天等宮殿　乃至於有頂　鐵圍及彌樓　摩訶彌樓山
諸大海水等　皆於身中現　諸佛及聲聞　佛子菩薩等
若獨若在衆　說法悉皆現　雖未得无漏　法性之妙身
以清淨常體　一切於中現
復次常精進若善男子善女人如来滅後受
持是經若讀若誦若解說若書寫得千二百
意功德以是清淨意根乃至聞一偈一句通

BD04532 號　妙法蓮華經卷六　（4–1）

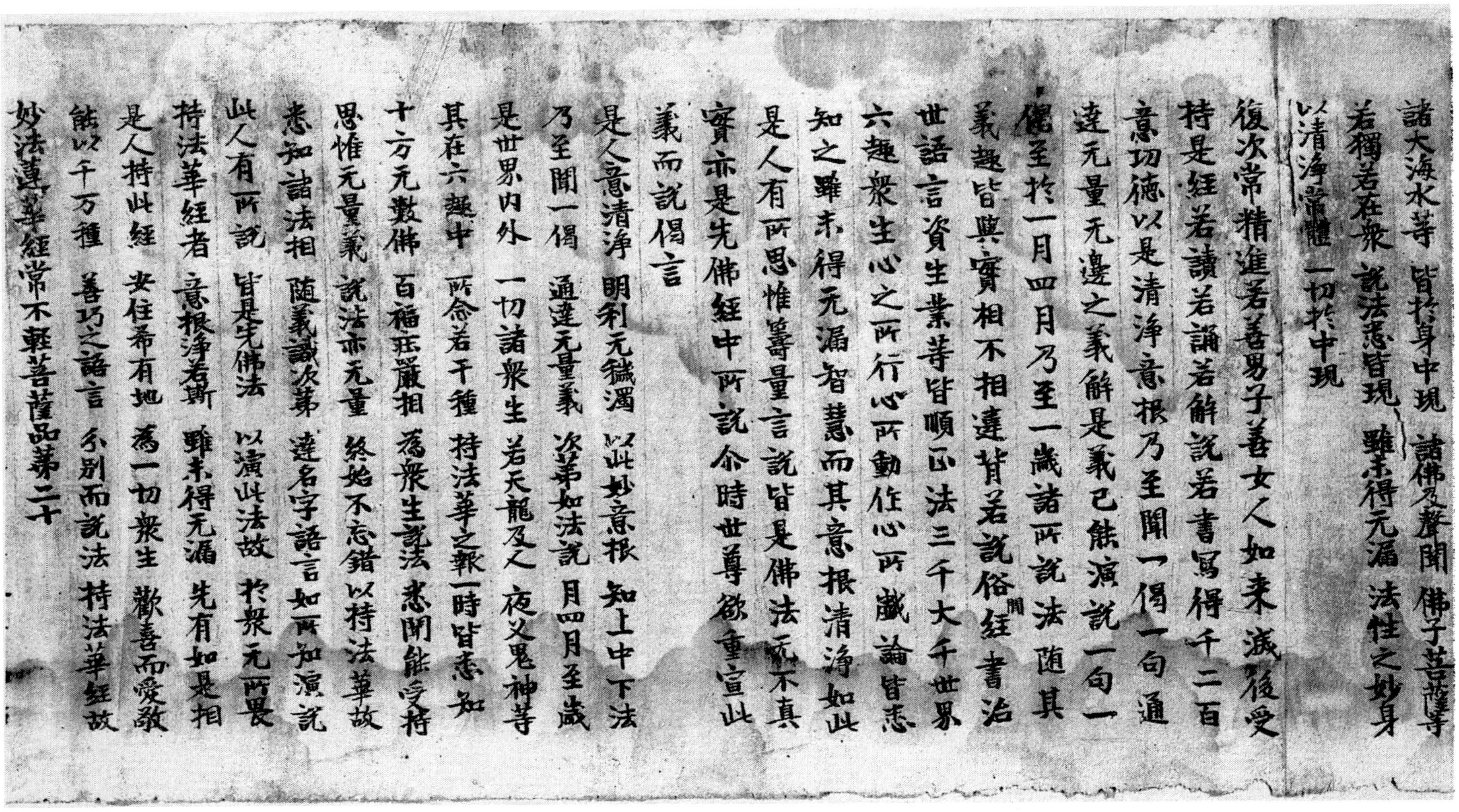
諸大海水等 皆於身中現 諸佛及聲聞 佛子菩薩等
若獨若在衆 說法悉皆現 雖未得无漏 法性之妙身
以清淨常體 一切於中現
復次常精進若善男子善女人如来滅後受
持是經若讀若誦若解說若書寫得千二百
意功徳以是清淨意根乃至聞一偈一句通
達无量无邊之義解是義已能演說一句一
偈至於一月四月乃至一歳諸所說法隨其
義趣皆與實相不相違背若說俗間經書治
世語言資生業等皆順正法三千大千世界
六趣衆生心之所行心所動作心所戲論皆悉
知之雖未得无漏智慧而其意根清淨如此
是人有所思惟籌量言說皆是佛法无不真
實亦是先佛經中所說尒時世尊欲重宣此
義而說偈言
是人意清淨 明利无穢濁 以此妙意根 知上中下法
乃至聞一偈 通達无量義 次第如法說 月四月至歳
是世界内外 一切諸衆生 若天龍及人 夜叉鬼神等
其在六趣中 所念若干種 持法華之報 一時皆悉知
十方无數佛 百福莊嚴相 為衆生說法 悉聞能受持
思惟无量義 說法亦无量 終始不忘錯 以持法華故
悉知諸法相 隨義識次第 達名字語言 如所知演說
此人有所說 皆是先佛法 以演此法故 於衆无所畏
持法華經者 意根淨若斯 雖未得无漏 先有如是相
是人持此經 安住希有地 為一切衆生 歡喜而愛敬
能以千万種 善巧之語言 分別而說法 持法華經故
妙法蓮華經常不輕菩薩品第二十

BD04532 號　妙法蓮華經卷六　（4–2）

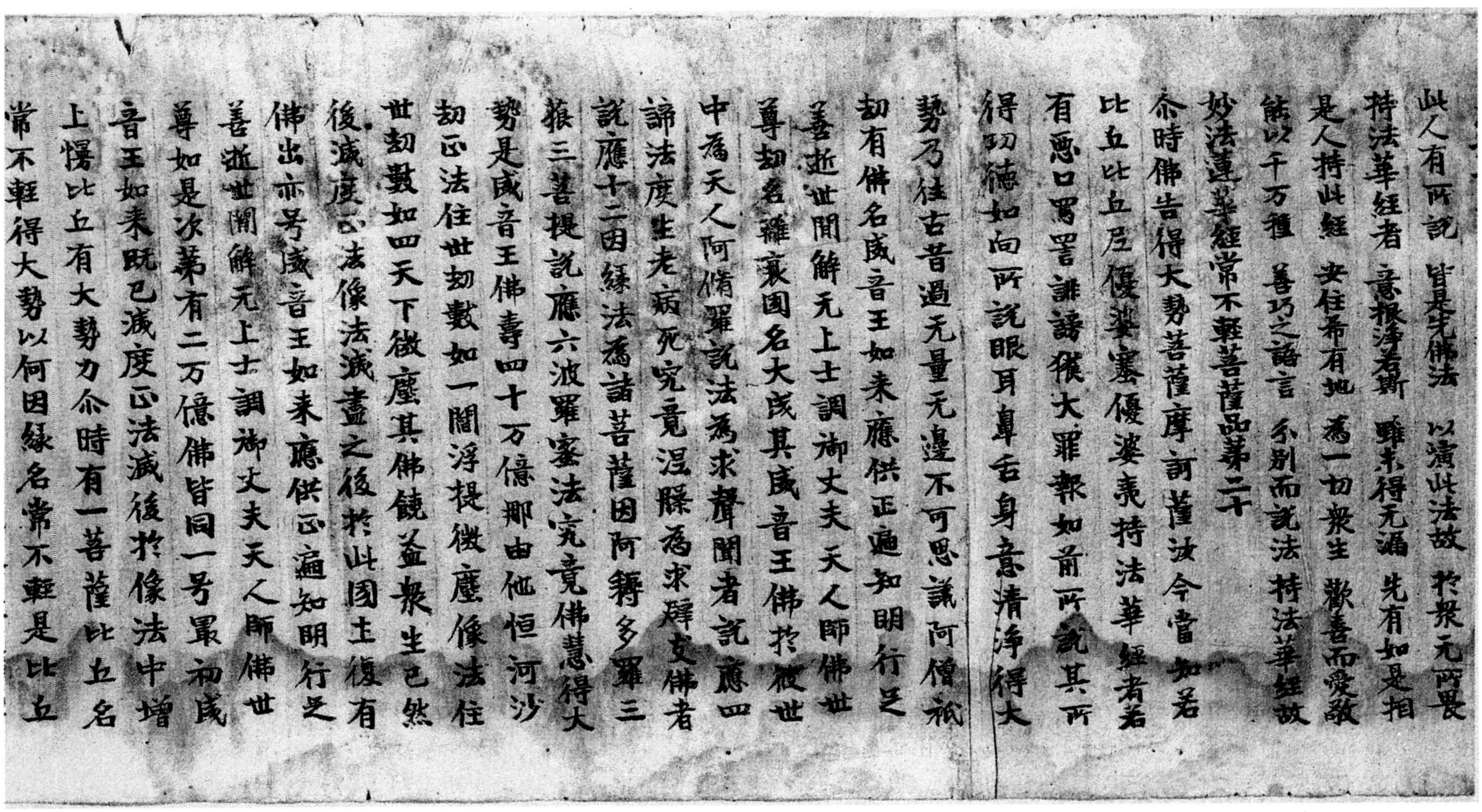
此人有所說 皆是先佛法 以演此法故 於衆无所畏
持法華經者 意根淨若斯 雖未得无漏 先有如是相
是人持此經 安住希有地 為一切衆生 歡喜而愛敬
能以千万種 善巧之語言 分別而說法 持法華經故
妙法蓮華經常不輕菩薩品第二十
尒時佛告得大勢菩薩摩訶薩汝今當知若
比丘比丘尼優婆塞優婆夷持法華經者若
有惡口罵詈誹謗獲大罪報如前所說其所
得功徳如向所說眼耳鼻舌身意清淨得大
勢乃往古昔過无量无邊不可思議阿僧祇
劫有佛名威音王如来應供正遍知明行足
善逝世間解无上士調御丈夫天人師佛世
尊劫名離衰國名大成其威音王佛於彼世
中為天人阿脩羅說法為求聲聞者說應四
諦法度生老病死究竟涅槃為求辟支佛者
說應十二因緣法為諸菩薩因阿耨多羅三
藐三菩提說應六波羅蜜法究竟佛慧得大
勢是威音王佛壽四十万億那由他恒河沙
劫正法住世劫數如一閻浮提微塵像法住
世劫數如四天下微塵其佛饒益衆生已然
後滅度正法像法滅盡之後於此國土復有
佛出亦号威音王如来應供正遍知明行足
善逝世間解无上士調御丈夫天人師佛世
尊如是次第有二万億佛皆同一号最初威
音王如来既已滅度正法滅後於像法中增
上慢比丘有大勢力尒時有一菩薩比丘名
常不輕得大勢以何因緣名常不輕是比丘

BD04532 號　妙法蓮華經卷六　（4–3）

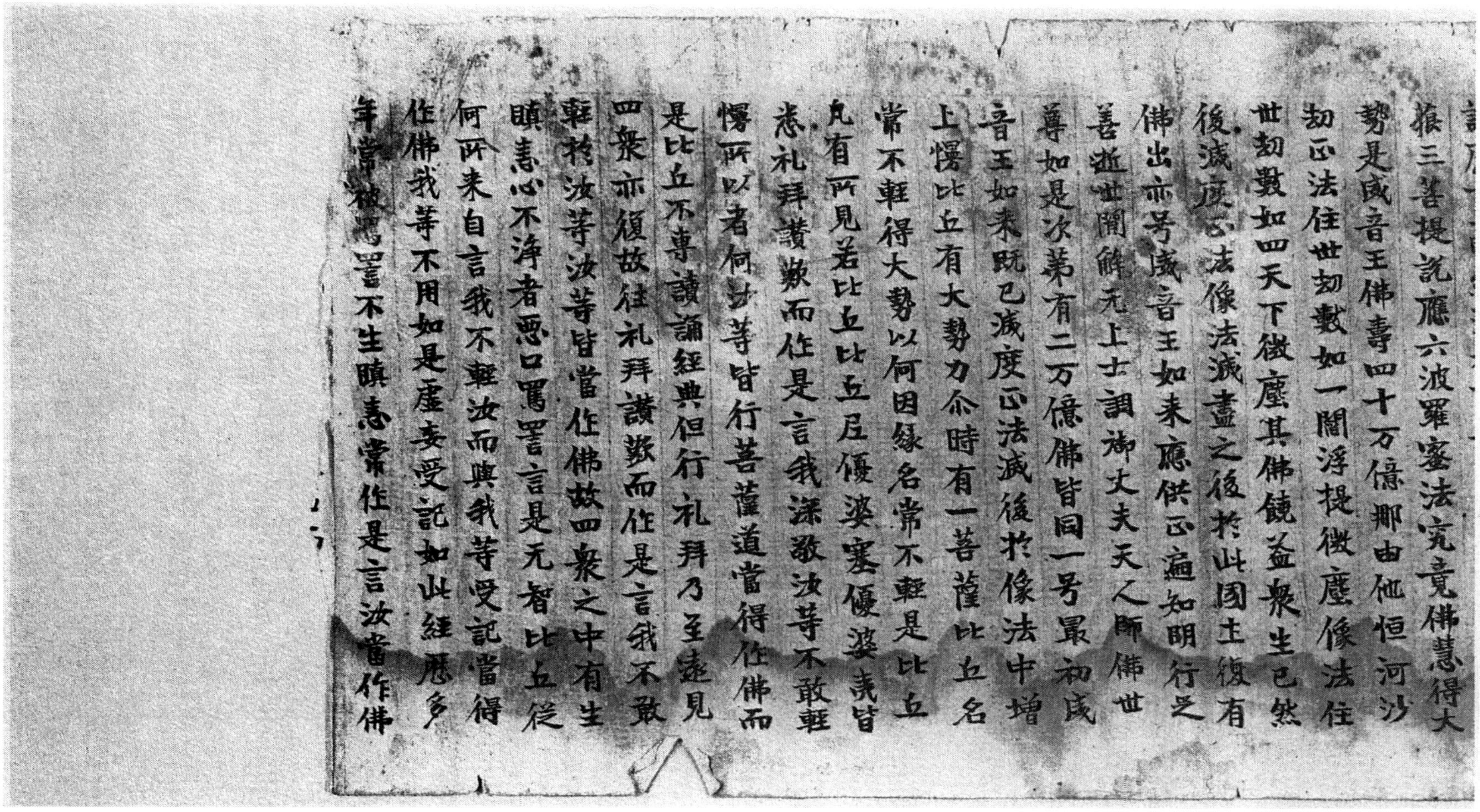

諸
藐三菩提說應六波羅蜜法究竟佛慧得大
勢是威音王佛壽四十万億那由他恒河沙
劫正法住世劫數如一閻浮提微塵像法住
世劫數如四天下微塵其佛饒益衆生已然
後滅度正法像法滅盡之後於此國土復有
佛出亦号威音王如來應供正遍知明行足
善逝世間解无上士調御丈夫天人師佛世
尊如是次第有二万億佛皆同一号最初威
音王如來既已滅度正法滅後於像法中增
上慢比丘有大勢力尒時有一菩薩比丘名
常不輕得大勢以何因緣名常不輕是比丘
凡有所見若比丘比丘尼優婆塞優婆夷皆
悉礼拜讚歎而作是言我深敬汝等不敢輕
慢所以者何汝等皆行菩薩道當得作佛而
是比丘不專讀誦經典但行礼拜乃至遠見
四衆亦復故往礼拜讚歎而作是言我不敢
輕於汝等汝等皆當作佛故四衆之中有生
瞋恚心不淨者惡口罵詈言是无智比丘從
何所來自言我不輕汝而與我等受記當得
作佛我等不用如是虛妄受記如此經歷多
年常被罵詈不生瞋恚常作是言汝當作佛

BD04532 號　妙法蓮華經卷六　　（4–4）

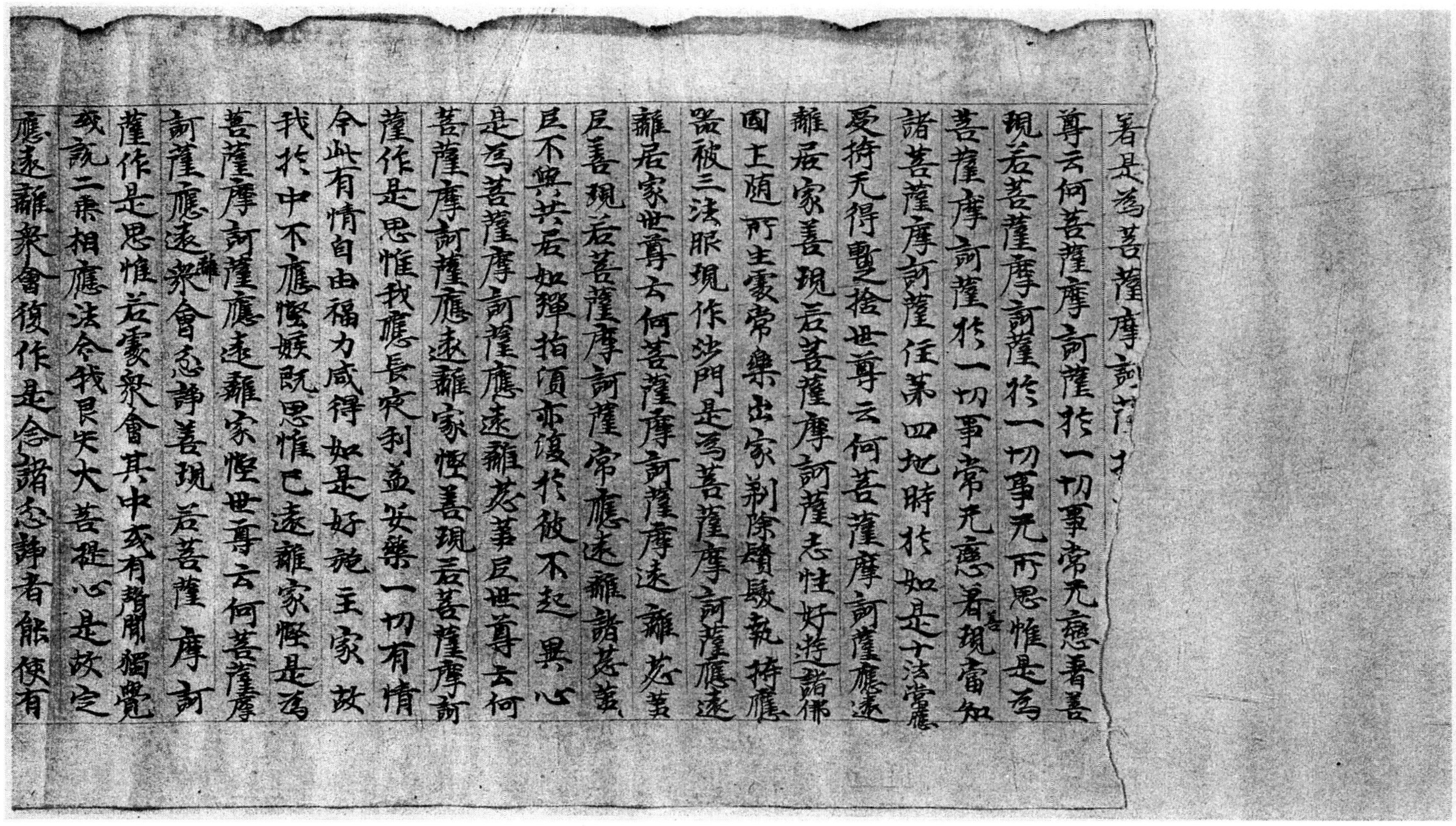

著是為菩薩摩訶薩於
尊云何菩薩摩訶薩於一切事常无戀著善
現若菩薩摩訶薩於一切事无所思惟是為
菩薩摩訶薩於一切事常无戀著善現當知
諸菩薩摩訶薩住第四地時於如是十法常應
受持无得暫捨世尊云何菩薩摩訶薩應遠
離居家善現若菩薩摩訶薩志性好遊諸佛
國土隨所生處常樂出家剃除鬚髮執持應
器被三法服現作沙門是為菩薩摩訶薩應遠
離居家世尊云何菩薩摩訶薩遠離苾芻
尼善現若菩薩摩訶薩常應遠離諸苾芻
尼不與共居如彈指頃亦復於彼不起異心
是為菩薩摩訶薩應遠離苾芻尼世尊云何
菩薩摩訶薩應遠離家慳善現若菩薩摩訶
薩作是思惟我應長夜利益安樂一切有情
今此有情自由福力感得如是好施主家故
我於中不應慳嫉既思惟已遠離家慳是為
菩薩摩訶薩應遠離家慳世尊云何菩薩摩
訶薩應遠離衆會忿諍善現若菩薩摩訶
薩作是思惟若處衆會其中或有聲聞獨覺
或說二乘相應法令我退失大菩提心是故定
應遠離衆會復作是念諸忿諍者能使有

BD04533 號　大般若波羅蜜多經卷四九〇　　（3–1）

我於中不應慳嫉既思惟已遠離家慳是為
菩薩摩訶薩應遠離家慳世尊云何菩薩摩
訶薩應遠衆會忿諍善現若菩薩摩訶
薩作是思惟若處衆會其中或有聲聞獨覺
或說二乘相應法令我退失大菩提心是故定
應遠離衆會復作是念諸忿諍者能使有
情發起瞋害造作種種惡不善業尚遮善趣
況大菩提是故定應離忿諍是為菩薩摩
訶薩應遠離衆會忿諍世尊云何菩薩摩訶
薩應遠離自讚毀他善現若菩薩摩訶薩於
內外法都无所見故應遠離自讚毀他是為
菩薩摩訶薩應遠離自讚毀他世尊云何菩
薩摩訶薩應遠離十惡業道善現若菩薩
摩訶薩作是思惟如是十惡尚當能礙人天善
趣況於聖道及大菩提而不為障故我於彼
定應遠離是為菩薩摩訶薩應遠離十惡業
道世尊云何菩薩摩訶薩應遠離增上慢傲
善現若菩薩摩訶薩都不見有內外諸法可
能發起增上慢傲是故定應遠離如是增上
慢傲是為菩薩摩訶薩應遠離增上慢傲世
尊云何菩薩摩訶薩應遠顛倒善現若菩
薩摩訶薩觀顛倒事都不可得是故定應遠
離顛倒是為菩薩摩訶薩應遠離顛倒世尊
云何菩薩摩訶薩應遠離猶豫善現若菩薩
摩訶薩觀猶豫事都不可得是故定應遠離
猶豫是為菩薩摩訶薩應遠離猶豫世尊
云何菩薩摩訶薩應遠離貪瞋癡善現若菩薩

BD04533號　大般若波羅蜜多經卷四九〇　(3–2)

尊云何菩薩摩訶薩應遠顛倒善現若菩
薩摩訶薩觀顛倒事都不可得是故定應遠
離顛倒是為菩薩摩訶薩應遠離顛倒世尊
云何菩薩摩訶薩應遠離猶豫善現若菩薩
摩訶薩觀猶豫事都不可得是故定應遠離
猶豫是為菩薩摩訶薩應遠離猶豫世尊
云何菩薩摩訶薩應遠離貪瞋癡善現若菩薩
摩訶薩都不見有貪瞋癡事故應遠離如是
三毒是為菩薩摩訶薩應遠離貪瞋癡善現
當知諸菩薩摩訶薩住第五地時於此十法
常應遠離不應習近世尊云何菩薩摩訶薩
應圓滿六波羅蜜多善現若菩薩摩訶薩圓
滿六種波羅蜜多超諸聲聞獨覺等地又住此
六波羅蜜多三乘聖衆能度五種所知海岸
何等為五一者過去二者未來三者現在
四者无為五者不可說是故菩薩定應圓滿
布施等六波羅蜜多是為菩薩摩訶薩應圓
滿六波羅蜜多世尊云何菩薩摩訶薩應遠
離聲聞心善現若菩薩摩訶薩作如是念聲
聞乘心非證无上菩提之道故應遠離所以

BD04533號　大般若波羅蜜多經卷四九〇　(3–3)

大般若波羅蜜多經卷第三百八十二
初分諸功德相品第六十八之四　三藏法師玄奘奉　詔譯
復次善現如有如來應正等覺化住一佛是
佛復能化作無量百千俱胝那庾多衆時彼
化佛教所化衆或令脩行布施波羅蜜多或令
脩行淨戒波羅蜜多或令脩行安忍波羅
蜜多或令脩行精進波羅蜜多或令脩行靜
慮波羅蜜多或令脩行般若波羅蜜多或令
脩行四靜慮或令脩行四無量四無色定或令
脩行四念住或令脩行四正斷四神足五根
五力七等覺支八聖道支或令脩行空解
脫門令脩行無相無願解脫門或令安住
內空或令安住外空內外空空空大空勝義
空有為空無為空畢竟空無際空散空無
變異空本性空自相空共相空一切法空不可
得空無性空自性空無性自性空或令安住
真如或令安住法界法性不虛妄性不變異
性平等性離生性法定法住實際虛空界不
思議界或令安住苦聖諦或令安住集滅道
聖諦或令脩行八解脫或令脩行八勝處九
次第定十遍處或令脩行一切陀羅尼門或

BD04534號　大般若波羅蜜多經卷三八二　（2–1）

脫門令脩行無相無願解脫門或令安住
內空或令安住外空內外空空空大空勝義
空有為空無為空畢竟空無際空散空無
變異空本性空自相空共相空一切法空不可
得空無性空自性空無性自性空或令安住
真如或令安住法界法性不虛妄性不變異
性平等性離生性法定法住實際虛空界不
思議界或令安住苦聖諦或令安住集滅道
聖諦或令脩行八解脫或令脩行八勝處九
次第定十遍處或令脩行一切陀羅尼門或
令脩行一切三摩地門或令脩行極喜地或
令脩行離垢地發光地焰慧地極難勝地現
前地遠行地不動地善慧地法雲地或令脩
行五眼或令脩行六神通或令脩行佛十力
或令脩行四無所畏四無礙解十八佛不共
法或令脩行大慈或令脩行大悲大喜大
捨或令脩行無忘失法或令脩行恒住捨性
或令脩行一切智或令脩行道相智一切相
智或令脩行三十二大士相或令脩行八十
隨好或令證得預流果或令證得一來不還
阿羅漢果獨覺菩提或令證得無上正等正
或令證得諸佛無

BD04534號　大般若波羅蜜多經卷三八二　（2–2）

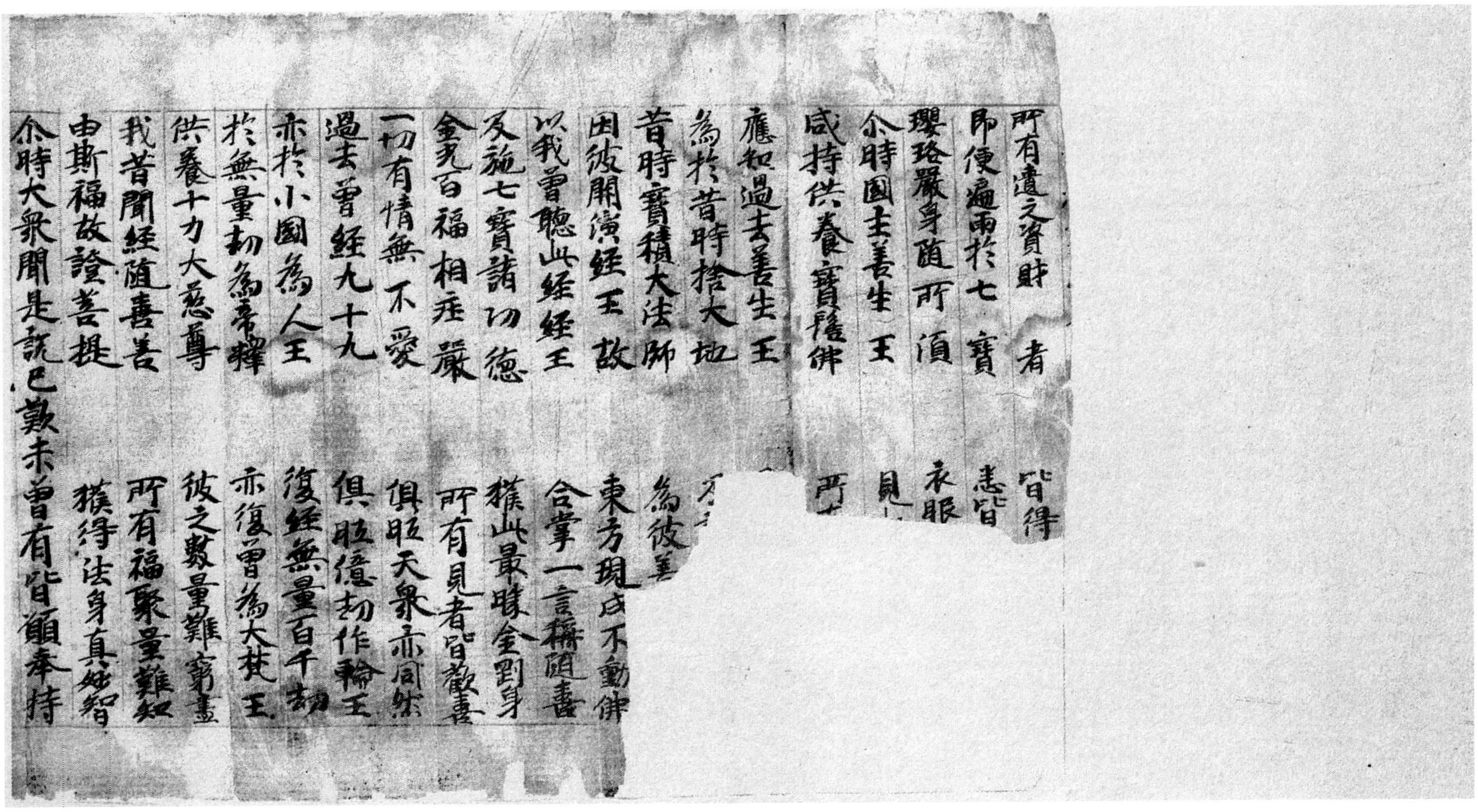

所有遺之資財者 皆得
即便遍雨於七寶 悉皆
瓔珞嚴身隨所須 衣服
尒時國主善生王 見[illegible]
咸持供養寶髻佛 所[illegible]
應知過去善生王 [illegible]
爲於昔時捨大地 不[illegible]
昔時寶積大法師 爲彼[illegible]
因彼開演經王故 東方現成不動佛
以我曾聽此經王 合掌一言稱隨喜
及施七寶諸功德 獲此最勝金剛身
金光百福相莊嚴 所有見者皆歡喜
一切有情無不愛 俱胝天衆亦同然
過去曾經九十九 俱胝億劫作輪王
亦於小國爲人王 復經無量百千劫
於無量劫爲帝釋 亦復曾爲大梵王
供養十力大慈尊 彼之數量難窮盡
我昔聞經隨喜善 所有福聚量難知
由斯福故證菩提 獲得法身真妙智
尒時大衆聞是說已歎未曾有皆願奉持

BD04535號　金光明最勝王經卷九　（19–1）

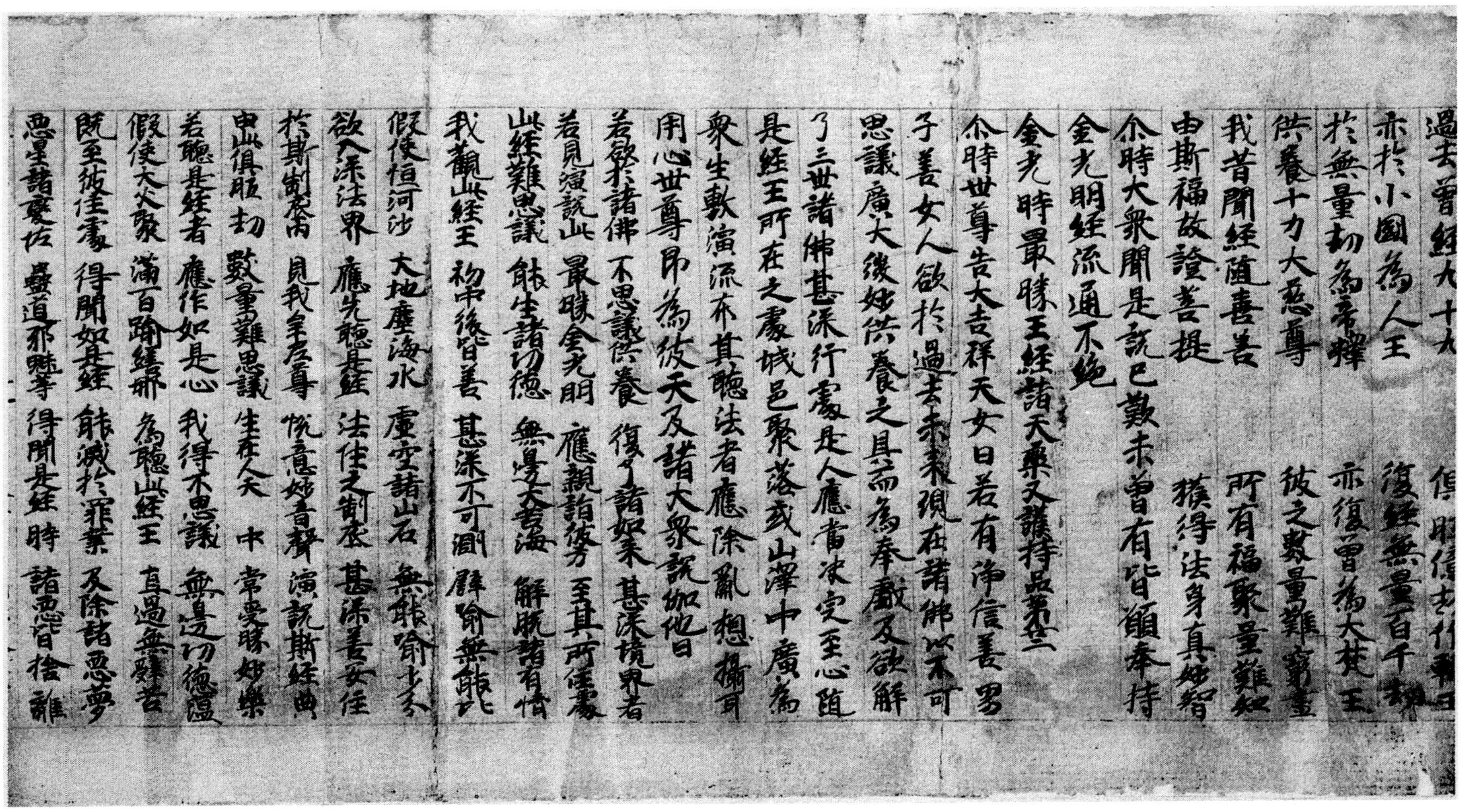

過去曾經九十九 俱胝億劫作輪王
亦於小國爲人王 復經無量百千劫
於無量劫爲帝釋 亦復曾爲大梵王
供養十力大慈尊 彼之數量難窮盡
我昔聞經隨喜善 所有福聚量難知
由斯福故證菩提 獲得法身真妙智
尒時大衆聞是說已歎未曾有皆願奉持
金光明經流通不絕
金光明最勝王經諸天藥叉護持品第廿二
尒時世尊告大吉祥天女曰若有淨信善男
子善女人欲於過去未來現在諸佛以不可
思議廣大微妙供養之具而爲奉獻及欲解
了三世諸佛甚深行處是人應當決定至心隨
是經王所在之處城邑聚落或山澤中廣爲
衆生敷演流布其聽法者應除亂想攝耳
用心世尊即爲彼天及諸大衆說伽他曰
若欲於諸佛 不思議供養 復了諸如來 甚深境界者
若見演說此 最勝金光明 應親詣彼方 至其所住處
此經難思議 能生諸功德 無邊大苦海 解脫諸有情
我觀此經王 初中後皆善 甚深不可測 譬喻無能比
假使恒河沙 大地塵海水 虛空諸山石 無能喻少分
欲入深法界 應先聽是經 法性之制底 甚深善安住
於斯制底內 見我牟尼尊 悅意妙音聲 演說斯經典
由此俱胝劫 數量難思議 生在人天中 常受勝妙樂
若聽是經者 應作如是心 我得不思議 無邊功德蘊
假使大火聚 滿百踰繕那 爲聽此經王 直過無辭苦
既至彼住處 得聞如是經 能滅於罪業 及除諸惡夢
惡星諸變怪 蠱道邪魅等 得聞是經時 諸惡皆捨離

BD04535號　金光明最勝王經卷九　（19–2）

於斯劫内　見我牟尼尊　悅意妙音聲　演說斯經典
由此俱胝劫　數量難思議　生在人天中　常受勝妙樂
若聽是經者　應作如是心　我得不思議　無邊功德蘊
假使大火聚　滿百踰繕那　為聽此經王　直過無辭苦
既至彼住處　得聞如是經　能滅於罪業　及除諸惡夢
惡星諸變怪　蠱道邪魅等　得聞是經時　諸惡皆捨離
應嚴勝高座　淨妙若蓮花　法師處其上　猶如大龍坐
於斯安坐已　說此甚深經　書寫及誦持　并為解其義
法師捨此座　往詣餘方所　於此高座中　神通非一相
或見法師像　猶在高座上　或時見世尊　及以諸菩薩
或作普賢像　或如妙吉祥　或見慈氏尊　身處於高座
或見希奇相　及以諸天像　暫得覩容儀　忽然還不現
成就諸吉祥　所作皆隨意　功德悉圓滿　世尊如是說
最勝有名稱　能滅諸煩惱　他國賊皆除　戰時常得勝
惡夢悉皆無　及消諸毒害　所作三業罪　經力能除滅
於此贍部洲　名稱咸充滿　所有諸怨結　悉皆相捨離
設有怨敵至　聞名便退散　不假動兵戈　兩陣生歡喜
梵王帝釋主　護世四天王　及金剛藥叉　正了知大將
無熱池龍王　及以娑揭羅　緊那羅樂神　蘇羅金翅
大辯才天女　并大吉祥天　斯等上首天　各領諸天眾
常供養諸佛　法寶不思議　恒生歡喜心　於經起恭敬
斯等諸天眾　皆悉共思惟　遍觀修福者　共作如是說
應觀此有情　咸是大福德　善根精進力　當來生我天
為聽甚深經　敬心來至此　供養於法座　尊重正法故
憐愍於眾生　而作大饒益　於此深經典　能為法寶器
入此法門者　能入於法性　於此金光明　至心應聽受
是人曾供養　無量百千佛　由彼諸善根　得聞此經典
如是諸天王　天女大辯才　并彼吉祥天　及以四王眾

BD04535號　金光明最勝王經卷九　（19–3）

為聽甚深經　敬心來至此　供養於法座　尊重正法故
憐愍於眾生　而作大饒益　於此深經典　能為法寶器
入此法門者　能入於法性　於此金光明　至心應聽受
是人曾供養　無量百千佛　由彼諸善根　得聞此經典
如是諸天王　天女大辯才　并彼吉祥天　及以四王眾
無數藥叉眾　勇猛有神通　各於其方　常來相擁護
日月天帝釋　風水火諸神　吠率怒大首　閻羅辯才等
一切諸護世　勇猛具威神　擁護持經者　晝夜常不離
大力藥叉王　那羅延自在　正了知為首　二十八藥叉
餘又藥百千　神通有大力　恒於恐怖處　常來護此人
金剛藥叉王　并五百眷屬　諸大菩薩眾　常來護此人
寶王藥叉主　及以滿賢王　曠野金毗羅　賓度羅黃色
此等藥叉王　各五百眷屬　見聽此經者　皆來共擁護
彩軍揵闥羅　葉王常戰勝　珠頸及青頸　并勃里沙王
大最勝大黑　蘊跋拏雞舍　半支迦羊足　及以大婆伽
小渠并護法　及以獼猴王　針毛及日友　寶髻皆來護
大渠諸猛將　并種徵勝　含羅及雪山　及以娑多山
皆有大神通　雄猛具大力　見持此經者　皆來相擁護
阿那婆答多　及以娑揭羅　目真鄰藏羅　難陀小難陀
於百千龍中　神通具威德　共護持經人　晝夜常不離
婆稚羅睺羅　毗摩質多羅　母旨古跋羅　大肩及歡喜
及餘蘇羅王　并無數天眾　大力有勇健　皆來護是人
訶利底母神　五百藥叉眾　於彼人睡覺　常來相擁護
旃荼旃荼利　藥叉旃稚女　昆帝拘吒齒　吸眾生精氣
如是諸神眾　大力有神通　常擁持經者　晝夜恒不離
上首辯才天　無量諸天女　吉祥天為首　并餘諸眷屬
此大地神女　果實園林神　樹神江河神　制底諸神等
如是諸天神　心生大歡喜　彼皆來擁護　讀誦此經人

BD04535號　金光明最勝王經卷九　（19–4）

旃荼旃荼利　藥叉諸雜女　毘舍拘吒齒　吸眾生精氣
如是諸神眾　大力有神通　常護持經者　晝夜恒不離
上首辯才天　無量諸天女　吉祥天為首　并餘諸眷屬
此大地神女　果實園林神　樹神江河神　制底諸神等
如是諸天神　心生大歡喜　彼皆來擁護　讀誦此經人
見有持經者　增壽命色力　威光及福德　妙相以莊嚴
星宿現災變　困厄當此人　夢見惡徵祥　皆悉令除滅
此大地神女　堅固有威勢　由此經力故　法味常充足
地肥若流下　過百踰繕那　地神令味上　滋潤於大地
此地厚六十　八億踰繕那　乃至金剛際　地味皆令上
由聽此經王　獲大功德蘊　能使諸天眾　悉蒙其利益
復令諸天眾　威力有光明　歡喜常安樂　捨離於衰相
於此南洲內　林果苗稼神　由此經威力　心常得歡喜
苗實皆成就　處處有妙花　果實並滋繁　充滿於大地
所有諸果樹　及以眾園林　悉皆生妙花　香氣常芬馥
眾草諸樹木　咸出微妙花　及生甘美果　隨處皆充遍
於此贍部洲　無量諸龍女　心生大歡喜　皆共入池中
種植鉢頭摩　及以分陀利　青白二蓮花　池中皆遍滿
由此經威力　虛空淨無翳　雲霧皆除遣　宜闇悉光明
日出放千光　無垢焰清淨　由此經王力　流暉遶四天
此經威德力　資助於天子　皆用贍部金　而作於宮殿
日天子初出　見此洲歡喜　常以大光明　周遍皆照耀
於斯大地內　所有蓮花池　日光照及時　無不盡開發
於此贍部洲　田疇諸果藥　悉皆令善熟　充滿於大地
由此經威力　日月所照處　星辰不失度　風雨皆順時
遍此贍部洲　國土咸豐樂　隨有此經處　殊勝倍餘方
若此金光明　經典流布處　有能講誦者　悉得如上福
尒時大吉祥天女及諸天等聞佛所說皆大歡

於此贍部洲　田疇諸果藥　悉皆令善熟　充滿於大地
由此經威力　日月所照處　星辰不失度　風雨皆順時
遍此贍部洲　國土咸豐樂　隨有此經處　殊勝倍餘方
若此金光明　經典流布處　有能講誦者　悉得如上福
尒時大吉祥天女及諸天等聞佛所說皆大歡
喜於此經王及受持者一心擁護令無憂惱
常得安樂

金光明最勝王經授記品第廿三

尒時如來於大眾中廣說法已欲為妙幢菩薩
及其二子銀幢銀光授阿耨多羅三藐三菩
提記時有十千天子最勝光明而為上首俱從
三十三天來至佛所頂禮佛足却坐一面
聽佛說法尒時佛告妙幢菩薩言汝於未來
世過無量無數百千万億那庾多劫已於金光
明世界當成阿耨多羅三藐三菩提号金寶
山王如來應正遍知明行足善逝世間解無
上士調御丈夫天人師佛世尊出現於世時
此如來般涅槃後所有教法亦皆滅盡時彼
長子名曰銀幢即於此界次補佛處世界
尒時轉名淨幢當得作佛名曰金幢光如來應
正遍知明行足善逝世間解無上士調御丈夫
天人師佛世尊時此如來般涅槃後所有教
法亦皆滅盡次子銀光即補佛處還於此
界當得作佛号曰金光明如來應正遍知明
行足善逝世間解无上士調御丈夫天人師
佛世尊是時十千天子聞三大士得授記已復
聞如是最勝王經心生歡喜清淨無垢猶
如虛空尒時如來知是十千天子善根成熟

法亦皆滅盡次子銀光即補佛處還於此
界當得作佛号曰金光明如來應正知明
行足善逝世間解无上士調御丈夫天人師
佛世尊是時十千天子聞三大士得授記已復
聞如是最勝王經心生歡喜清淨無垢猶
如虛空尒時如來知是十千天子善根成熟
即便與授大菩提記汝等天子於當來世
無量無數百千万億那庾多劫於最勝因陁
羅高幢世界得成阿耨多羅三藐三菩提同
一種姓又同一名号曰面目清淨優鉢羅香
山十号具足如是次第十千諸佛出現於世尒
時菩提樹神白佛言世尊是十千天子從三十
三天為聽法故來詣佛所云何如來便與
授記當得成佛世尊我未曾聞是諸天子
具足修習六波羅蜜多難行苦行捨手足
頭目髓腦眷屬妻子象馬車乘奴婢僕使
宮殿園林金銀琉璃硨磲碼碯珊瑚虎珀璧玉
珂貝飲食衣服臥具醫藥如餘無量百千
菩薩以諸供具供養過去無數百千万億那庾
多佛如是菩薩各經無量無邊劫數然後方
得受菩提記世尊是諸天子以何因緣修何勝
行種何善根從彼天來暫時聞法便得授
記唯願世尊為我解說斷除疑網佛告地神
善女天如汝所說皆從勝妙善根因緣勤苦
修已方得授記此諸天子於妙天宮捨五欲
樂故來聽是金光明經既聞法已於是經中心
生慇重如淨琉璃無諸瑕穢復得聞此三大
菩薩授記之事亦由過去久修正行誓願

BD04535號　金光明最勝王經卷九　（19–7）

善女天如汝所說皆從勝妙善根因緣勤苦
修已方得授記此諸天子於妙天宮捨五欲
樂故來聽是金光明經既聞法已於是經中心
生慇重如淨琉璃無諸瑕穢復得聞此三大
菩薩授記之事亦由過去久修正行誓願
因緣是故我今皆與授記於未來世當成阿耨
多羅三藐三菩提時彼樹神聞佛說已歡喜
信受

金光明最勝王經除病品第廿四

佛告菩提樹神善女天諦聽善思念之是十
千天子本願因緣今為汝說善女天過去無
量不可思議阿僧企耶劫尒時有佛出現於
世名曰寶髻如來應正遍知明行足善逝
世間解无上士調御丈夫天人師佛世尊善
女天時彼世尊般涅槃後正法滅已於像法
中有王名曰天自在光常以正法化於人民猶
如父母是王國中有一長者名曰持水善解
醫明妙通八術眾生病苦四大不調咸能救
療善女天尒時持水長者唯有一子名曰流
水顏容端正人所樂觀受性聰敏妙閑諸
論書畫算印無不通達時王國內有无量百
千諸眾生類皆遇疫疾眾苦所逼乃至無有
有歡樂之心善女天尒時長者子流水見是
無量百千眾生受諸病苦起大悲心作如是
念無量眾生為極苦之所逼迫我父長者
雖善醫方妙通八術能療眾病四大增損然
已衰邁老耄虛羸要假扶策方能進步不
復能往城邑聚落救諸病苦今有無量百

BD04535號　金光明最勝王經卷九　（19–8）

無量百千衆生受諸病苦　起大悲心作如是
念　無量衆生為極苦之所逼迫　我父長者
雖善醫方妙通八術　能療衆病四大增損　然
已衰邁老耄虛羸　要假扶策方能進步　不
復能往城邑聚落　救諸病苦　今有無量百
千衆生皆遇重病　無能救者　我今當至大醫父
所　諮問治病醫方秘法　若得解已　當往城邑聚
落之所　救諸衆生種種疾病　令於長夜得受
安樂　時長者子作是念已　即詣父所　稽首禮
足　合掌恭敬　却住一面　即以伽他請其父曰
慈父當哀愍　我欲救衆生　今請諸醫方　幸願為我說
云何身衰壞　諸大有增損　復在何時中　能生諸疾病
云何噉飲食　得受於安樂　能使內身中　火勢不衰損
衆生有四病　風黃熱痰癊　及以揔集病　云何而療治
何時風病起　何時熱病發　何時動痰癊　何時揔集生
時彼長者聞子請已　復以伽他而答之曰
我今依古仙　所有療病法　次第為汝說　善聽救衆生
三月是春時　三月名為夏　三月名秋分　三月謂冬時
此據一年中　三三而別說　二二為一節　便成歲六時
初二是花時　三四名熱際　五六名雨際　七八謂秋時
九十是寒時　後二名氷雪　既知如是別　授藥勿令差
當隨此時中　調息於飲食　入腹令消散　衆病則不生
節氣若變改　四大有推移　此時無藥資　必生於病苦
醫人解四時　復知其六節　明閑身七界　食藥使無差
謂味界血肉　膏骨及髓腦　病入此中時　知其可療不
病有四種別　謂風熱痰癊　及以揔集病　應知發動時
春中痰癊動　夏內風病生　秋時黃熱增　冬節三俱起
[illegible]

節氣若變改　四大有推移　此時無藥資　必生於病苦
醫人解四時　復知其六節　明閑身七界　食藥使無差
謂味界血肉　膏骨及髓腦　病入此中時　知其可療不
病有四種別　謂風熱痰癊　及以揔集病　應知發動時
春中痰癊動　夏內風病生　秋時黃熱增　冬節三俱起
春食澀熱辛　夏膩熱鹹醋　秋時冷甜膩　冬酸澀膩甜
於此四時中　服藥及飲食　若依如是味　衆病無由生
食後病由癊　食消時由熱　消後起由風　准時須識病
既識病源已　隨病而設藥　假令患狀殊　先須療其本
風病服油膩　患熱利為良　癊病應變吐　揔集須三藥
風熱癊俱有　是名為揔集　雖知病起時　應觀其本性
如是觀知已　順時而授藥　飲食藥無差　斯名善醫者
復應知八術　揔攝諸醫方　於此若明閑　可療衆生病
謂針刺傷破　身疾并鬼神　惡毒及孩童　延年增氣力
先觀彼形色　語言及性行　然後問其夢　知風熱癊殊
乾瘦少頭髮　其心無定住　多語夢飛行　斯人是風性
少年生白髮　多汗及多瞋　聰明夢見火　斯人是熱性
心定身平正　慮審頭津膩　夢見水白物　是癊性應知
揔集性俱有　或二或具三　隨有一偏增　應知是其性
既知本性已　准病而授藥　驗其無死相　方名可救人
諸根倒取境　尊醫人起慢　親友生瞋恚　是死相應知
左眼白色變　舌黑鼻梁欹　耳輪與舊殊　下脣垂向下
訶梨勒一種　具足有六味　能除一切病　無忌藥中王
又三果三辛　諸藥中易得　沙糖蜜蘇乳　此能療衆病
自餘諸藥物　隨病可增加　先起慈愍心　莫規於財利
我已為汝說　療疾中要事　以此救衆生　當獲無邊果
善女天　尒時長者子流水　親問其父八術之要　四
大增損時節不同　餌藥方法　既善了知　自

訶梨勒一種具足有六味能除一切病無忌藥中王
又三果三辛 諸藥中易得 沙糖蜜蘇乳 此能療衆病
自餘諸藥物 隨病可增加 先起慈愍心 莫規於財利
我已為說汝 療疾中要事 以此救衆生 當獲無邊果
善女天尒時長者子流水親問其父八術之要四
大增損時節不同餌藥方法既善了知自
忖堪能救療衆病即便遍至城邑聚落所
在之處隨有百千万億病苦衆生皆至其所
善言慰喻作如是語我是醫人我是醫人善知
知方藥令為汝等療治衆病悉令除愈善女
天尒時衆人聞長者子善言慰喻許為治病
時有無量百千衆生遇極重病聞是語已身
心踊躍得未曾有以此因緣所有病苦悉得
蠲除氣力充實平復如本善女天尒時復有
無量百千衆生病苦深重難療治者即共往
詣長者子所重請醫療時長者子即以妙藥
令服皆蒙除差善女天是長者子於此國內百
千万億衆生病苦悉得除差
金光明最勝王經長者子流水品第廿五
尒時佛告菩提樹神善女天尒時長者子流
水於往昔時在天自在光王國內療諸衆生所
有病苦令得平復受安隱樂時諸衆生以病
除故多修福業行惠施以自歡娛即共往
詣長者子所咸生尊敬作如是言善哉善哉
大長者子善能滋長福德之事增益我等
安隱壽命仁今實是大力醫王慈悲菩薩妙
閑醫藥善療衆生無量病苦如是稱歎周遍
城邑善女天時長者子妻名水肩藏有其二

BD04535號　金光明最勝王經卷九　（19–11）

除故多修福業行惠施以自歡娛即共往
詣長者子所咸生尊敬作如是言善哉善哉
大長者子善能滋長福德之事增益我等
安隱壽命仁今實是大力醫王慈悲菩薩妙
閑醫藥善療衆生無量病苦如是稱歎周遍
城邑善女天時長者子妻名水肩藏有其二
子一名水滿二名水藏是時流水將其二子漸次
遊行城邑聚落過空澤中深險之處見
諸禽獸豺狼狐玃鵰鷲之屬食血肉者皆悉
奔飛一向而去時長者子作如是念此諸禽
獸何因緣故一向飛走我當隨後暫往觀之
即便隨去見有大池名曰野生其水將盡於
此池中多有衆魚流水見已生大悲心時有
樹神示現半身作如是語善哉善哉善男子
汝有實義名流水者可愍此魚應與其水有
二因緣名為流水一能流水二能與水汝今應當
隨名而作是時流水問樹神言此魚頭數為
有幾何樹神答曰數滿十千善女天時長
者子聞是數已倍益悲心時此大池為日所
暴餘水無幾是十千魚將入死門旋身婉轉
見是長者心有所希隨逐瞻視目未曾捨時
長者子見是事已馳趣四方欲覓於水竟不
能得復望一邊見有大樹即便昇上折取枝
葉為作蔭涼復更推求是池中水從何處來
尋覓不已見一大河名曰水生時此河邊有
諸漁人為取魚故於河上流懸險之處決棄
其水不令下過於所決處卒難修補便作
是念此崖深峻設百千人時經三月亦未能

BD04535號　金光明最勝王經卷九　（19–12）

[illegible]
業為作蔭涼復更推求是池中水從何處來
尋覓不已見一大河名曰水生時此河邊有
諸漁人為取魚故於河上流懸險之處決棄
其水不令下過於所決處卒難修補便作
是念此崖深峻設百千人時經三月亦未能
斷況我一身而堪濟辦時長者子速還本城
至大王所頭面禮足却住一面合掌恭敬作
如是言我為大王國土人民治種種病悉令安
隱漸次遊行至某空澤見有一池名曰野生
其水欲涸有十千魚為日所暴將死不久
唯願大王慈悲愍念與二十大象暫往負水
濟彼魚命如我與諸病人壽命尒時大王即
勅大臣速疾與此醫王大象時彼大臣奉王
勅已白長者子善哉大士仁今自可至象廄中
隨意選取二十大象利益眾生令得安樂是
時流水及其二子將二十大象又從酒家多
借皮囊往決水處以囊盛水象負至池寫置
池中水即彌滿還復如故善女天時長者子
於池四邊周旋而視時彼眾魚亦復隨逐循
崖而行時長者子復作是念眾魚何故隨
我而行必為飢火之所惱逼復欲從我求索於
食我今當與尒時長者子流水告其子言汝
取一象最大力者速至家中啟父長者家
中所有可食之物乃至父母食噉之分及以
妻子奴婢之分悉皆收取即可持來尒時二
子受父教已乘最大象速往家中至祖父所
說如上事收取家中可食之物置於象上
[illegible]

BD04535 號　金光明最勝王經卷九　（19–13）

中所有可食之物乃至父母食噉之分及以
妻子奴婢之分悉皆收取即可持來尒時二
子受父教已乘最大象速往家中至祖父所
說如上事收取家中可食之物置於象上
疾還父所至彼池邊是時流水見其子來身
心喜躍遂取餅食遍散池中魚得食已悉皆
飽足便作是念我今施食令魚得命願於來
世當施法食充濟無邊復更思惟我先曾
於空閑林處見一苾芻讀大乘經說十二緣生甚
深法要又經中說若有眾生臨命終時得聞
寶髻如來名者即生天上我今當為是十千
魚演說甚深十二緣起亦當稱說寶髻佛名
然贍部洲有二種人一者深信大乘二者
不信毀呰亦當為彼增長信心時長者子作
如是念我入池中可為眾魚說深妙法作是念
已即便入水唱言南謨過去寶髻如來應正
遍知明行足善逝世間解無上士調御丈
夫天人師佛世尊此佛往昔修菩薩行時作
是誓願於十方界所有眾生臨命終時聞我
名者命終之後得生三十三天尒時流水復為
池魚演說如是甚深妙法此有故彼有此生故
彼生所謂無明緣行行緣識識緣名色名色
緣六處六處緣觸觸緣受受緣愛愛緣取
取緣有有緣生生緣老死憂悲苦惱此滅故
彼滅所謂無明滅則行滅行滅則識滅識
滅則名色滅名色滅則六處滅六處滅則觸
滅觸滅則受滅受滅則愛滅愛滅則取滅取滅
則有滅有滅則生滅生滅則老死滅老死滅

BD04535 號　金光明最勝王經卷九　（19–14）

彼滅所謂無明滅則行滅行滅則識滅
滅則名色滅名色滅則六處滅六處滅則觸
滅觸滅則受滅受滅則愛滅愛滅則取滅取滅
則有滅有滅則生滅生滅則老死滅老死滅
滅則憂悲苦惱滅如是純極苦蘊悉皆除滅
說是法已復為宣說十二緣起相應陀羅尼
曰
怛姪他 毗折你毗折你 毗折 你
僧塞枳你 僧塞枳你 僧塞 枳 你
毗尒你 毗尒你 毗尒你 莎 訶
怛姪他 那弭你那你 那 弭 你
毅雞你 毅雞你 毅 雞 你
颯鉢哩設你 颯鉢哩設你 颯鉢哩設你莎訶
怛姪他 薜達你薜達你 薜 達 你
室瑟你你 室里瑟你你 室里瑟 你 你
鄔波地你 鄔波地 你 鄔波地你莎訶
怛姪他 婆毗你婆毗你 婆 毗 你
闍底 你 闌底你 闍 底 你
闍摩你你 闍摩你你 闍摩你你 莎 訶
尒時世尊為諸大衆說長者子昔緣之時諸
人天衆歎未曾有時四大天王各於其處異
口同音作如是說
善哉釋迦尊 說妙法明呪 生福除衆惡 十二支相應
我等亦說呪 擁護如是法 若有生違逆 不善隨順者
頭破作七分 猶如蘭香梢 我等於佛前 共說其呪曰
怛姪他 呬里 謎 揭睇 揵 陁 哩
旃荼里 地 濕 驗伐濕 石代 濕
補囉 布濕矩矩未夜 崎囉未底達地目帑

BD04535號　金光明最勝王經卷九　（19–15）

頭破作七分 猶如蘭香梢 我等於佛前 共說其呪曰
怛姪他 呬里 謎 揭睇 揵 陁 哩
旃荼里 地 濕 驗伐濕 石代 濕
補囉 布濕矩矩未夜 崎囉未底達地目帑
窶嚕婆毋嚕 婆 具荼毋嚕 揵 提
杜嚕杜嚕 毗 濕 翳泥悉泥沓 徒洽下同 娓
達沓娓鄔悉怛 哩 烏率叱羅 代 底
頞剌婆 代 底 鉢杜摩 代 底
俱蘊摩代 底 莎訶
佛告善女天尒時長者子流水及其二子為彼
池魚施水施食并說法已俱共還家是長
者子流水復於後時因有聚會設衆伎樂醉
酒而卧時十千魚同時命過生三十三天起如是
念我等以何善業因緣生此天中便相謂
曰我等先於贍部洲內墮傍生中共受魚身
長者子流水施我等水及以餅食復為我等
說其深法十二緣起及陀羅尼復稱寶髻如
來名号以是因緣能令我等得生此天是故
我今咸應詣彼長者子所報恩供養尒時十
千天子即於天沒至贍部洲大醫王所時長
者子在高樓上安隱而睡時十千天子共以
十千真珠瓔珞置其頭邊復以十千置其足
處復以十千置於右脅復以十千置左脅邊雨
曼陁羅花摩訶曼陁羅花積至于膝光
明普照種種天樂出妙音聲令贍部洲有睡眠者
皆悉覺悟長者子流水亦從睡寤是時十千天
子為供養已即於空中飛騰而去於天自在
光王國內處處皆雨天妙蓮花是諸天子 復

BD04535號　金光明最勝王經卷九　（19–16）

邊雨曼陁羅花摩訶曼陁羅花積至于膝光
明普照種種天樂出妙音聲令瞻部洲有睡眠者
皆悉覺悟長者子流水亦從睡寤是時十千天
子為供養已即於空中飛騰而去於天自在
光王國内處處皆雨天妙蓮花是諸天子復
至本處空澤池中雨衆天花便於此没還天
宮殿隨意自在受五欲樂天自在光王至天
曉已問諸大臣昨夜何緣忽現如是希有瑞
相放大光明大臣答言大王當知有諸天衆於
長者子流水家中雨四十千真珠瓔珞及天
曼陁羅花積至于膝王告臣曰詣長者家
喚取其子大臣受勅即至其家奉宣王命
喚長者子時長者子即至王所王曰何緣作
夜示現如是希有瑞相長者子言如我思忖
定應是彼池内衆魚如經所說命終之後得
生三十三天彼來報恩故現如是希奇之相
王曰何以得知流水答曰王可遣使并我二子
往彼池所驗其虚實彼十千魚為死為活
王聞是語即便遣使及子向彼池邊見其池
中多有曼陁羅花積成大聚諸魚並死見已
馳還為王廣說王聞是已心生歡喜歎未曾
有尒時佛告菩提樹神善女天汝今當知昔
時長者子流水者即我身是持水長者即妙
幢是彼之二子長子水滿即銀幢是次子水藏
即銀光是彼天自在光王者即汝菩提樹神是
十千魚者即十千天子是因我往昔以水濟
魚與食食飽為說甚深十二緣起并此相
應陁羅尼呪又為稱彼寶髻佛名因此善相

BD04535號　金光明最勝王經卷九　（19–17）

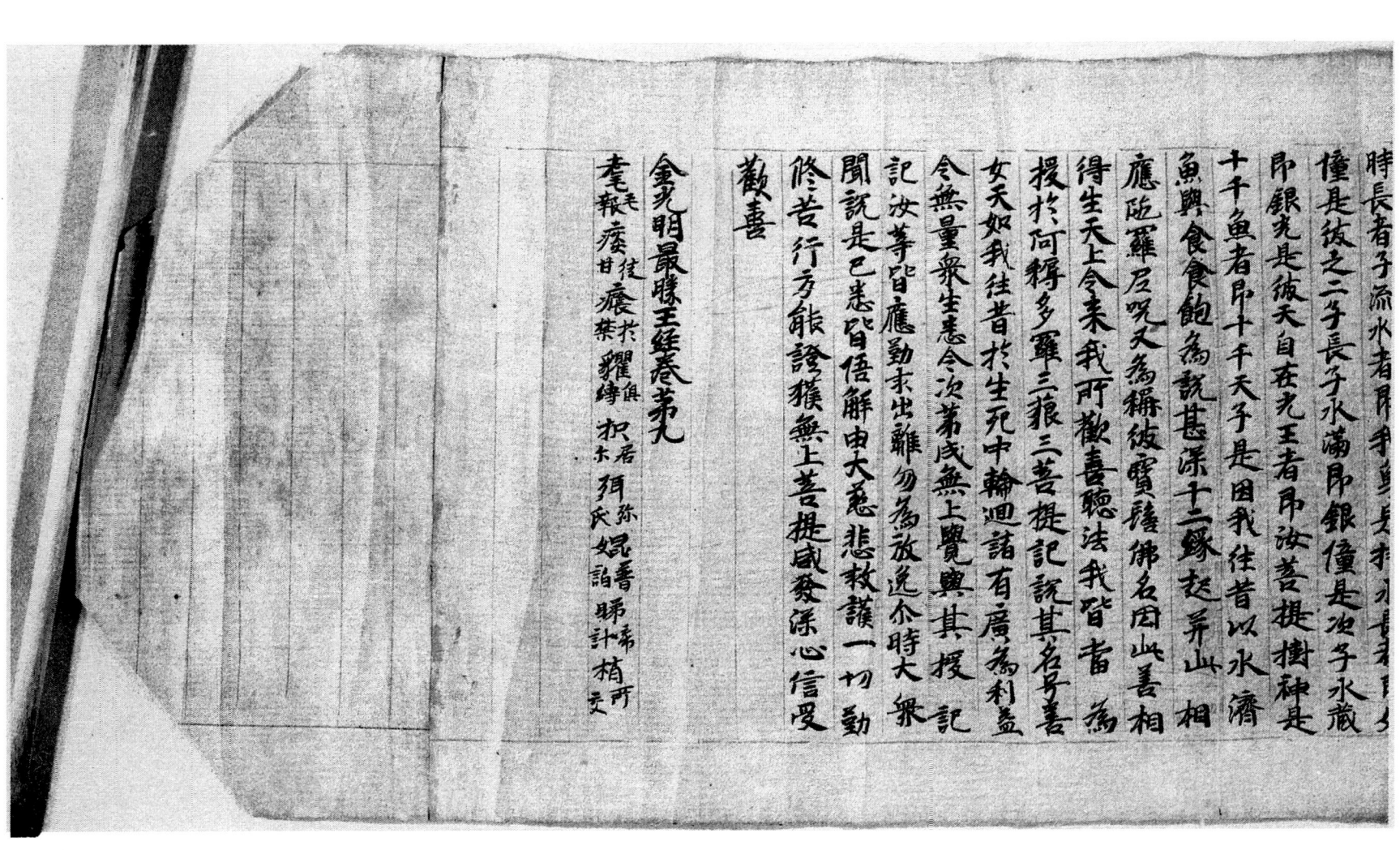

時長者子流水者即我身是持水長者即妙
幢是彼之二子長子水滿即銀幢是次子水藏
即銀光是彼天自在光王者即汝菩提樹神是
十千魚者即十千天子是因我往昔以水濟
魚與食食飽為說甚深十二緣起并此相
應陁羅尼呪又為稱彼寶髻佛名因此善相
得生天上今來我所歡喜聽法我皆當為
授於阿耨多羅三藐三菩提記說其名號善
女天如我往昔於生死中輪迴諸有廣為利益
令無量衆生悉令次第成無上覺與其授記
汝等皆應勤求出離勿為放逸尒時大衆
聞說是已悉皆悟解由大慈悲救護一切勤
修苦行方能證獲無上菩提咸發深心信受
歡喜

金光明最勝王經卷第九

耄毛報 瘦徒甘 癢於禁 矍俱縛 枳居尔 殑弥氏 娓香諂 睇弟計 楯所交

BD04535號　金光明最勝王經卷九　（19–18）

得生天上今來我所歡喜聽法我皆當為
授於阿耨多羅三藐三菩提記說其名号善
女天如我往昔於生死中輪迴諸有廣為利益
令無量衆生悉令次第成無上覺與其授記
記汝等皆應勤求出離勿為放逸尒時大衆
聞說是已悉皆悟解由大慈悲救護一切勤
修苦行方能證獲無上菩提咸發深心信受
歡喜

金光明最勝王經卷第九

耄毛報反 瘵側介反 癡甘 捺 羂俱縛 枳居尒 弭弥氏 娓音詣 睇希計 楯所交

BD04535 號　金光明最勝王經卷九　　(19–19)

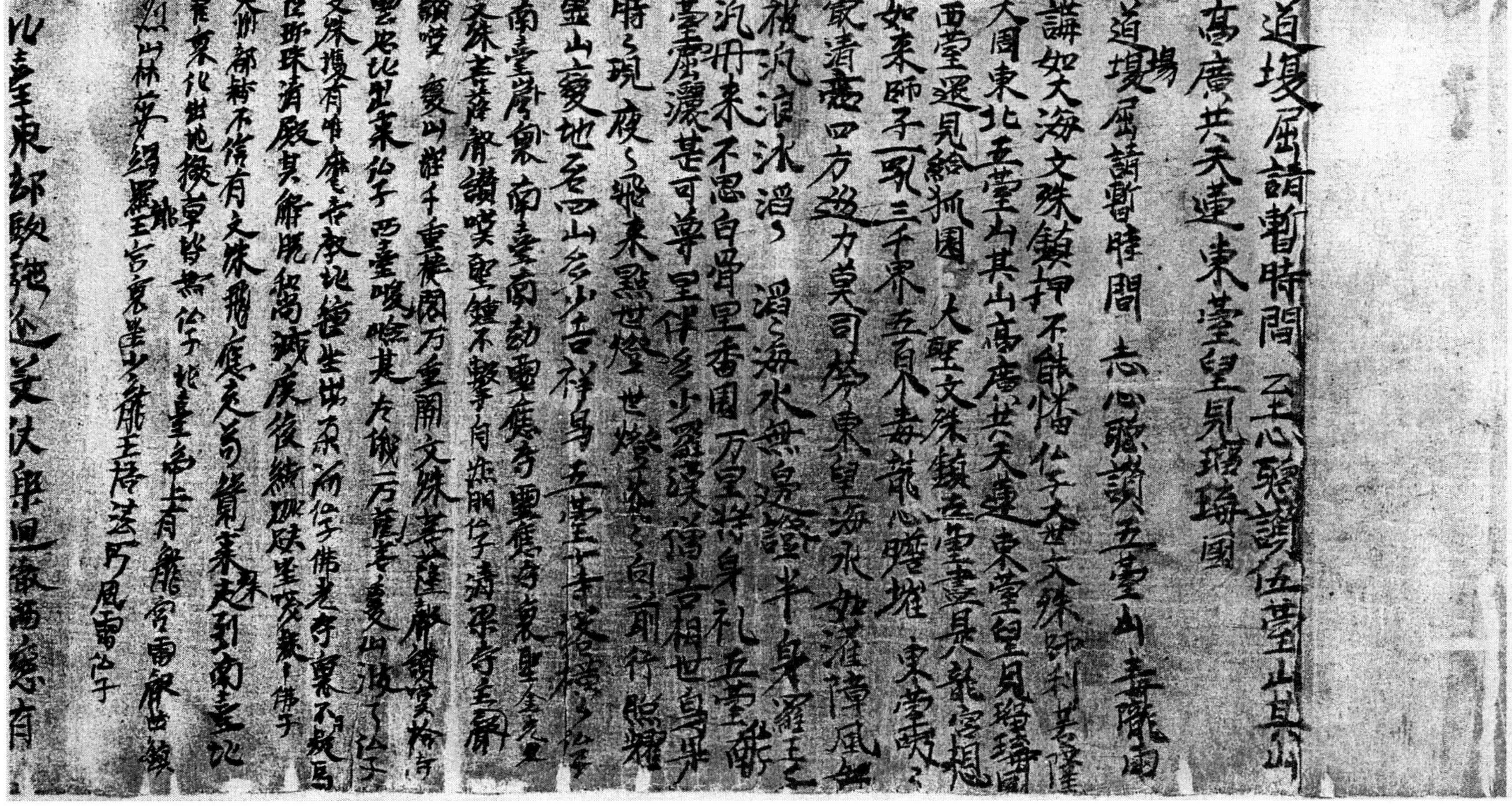

道場屈請暫時間　至心聽讚伍臺山其山
高廣共天連　東臺望見瑠璃國

BD04535 號背　五臺山讚　　(2–1)

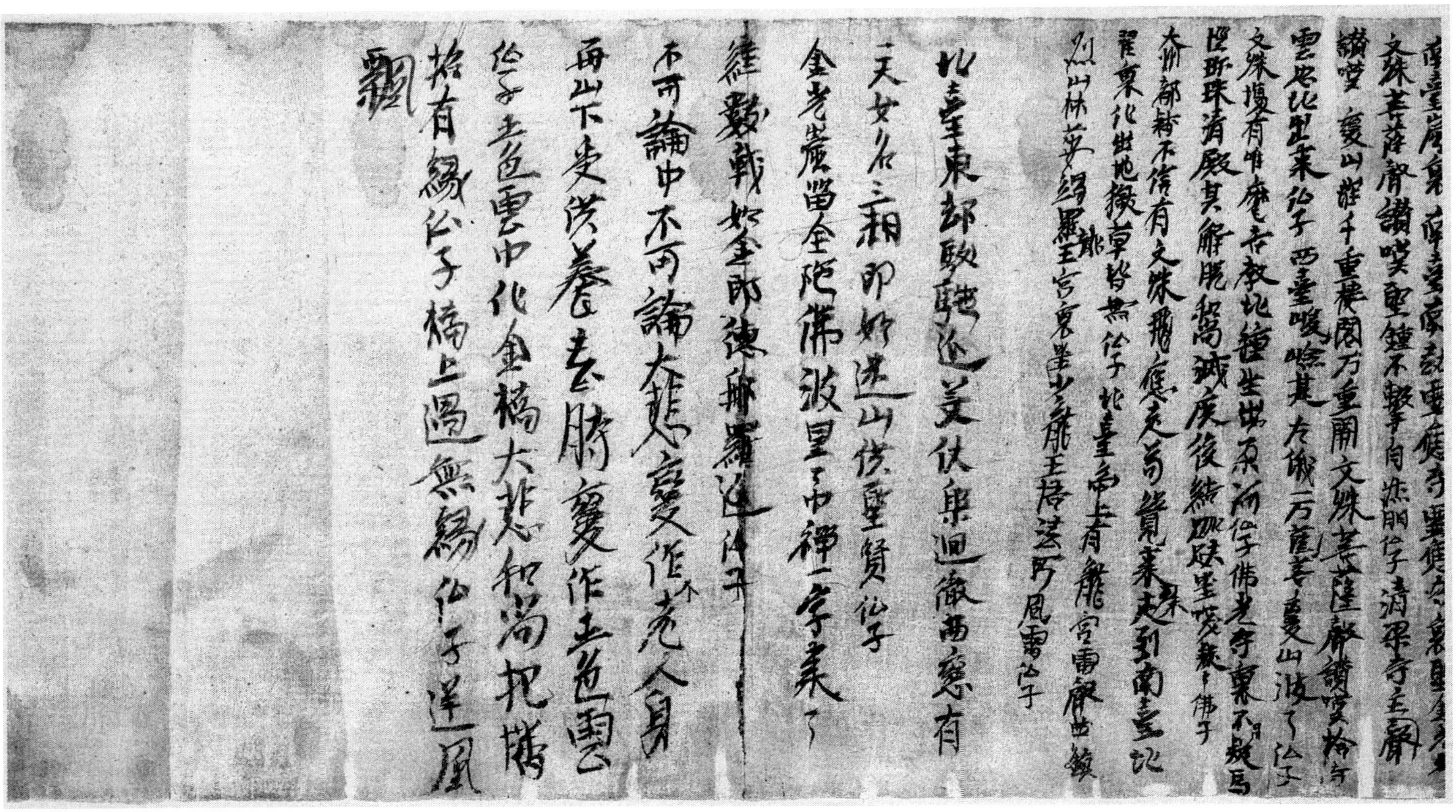

[illegible]
文殊菩薩齊讚嘆 聖鐘不擊自然鳴 佛子 清涼寺主廟
讚嘆 靈山樓千重樓閣万重開 文殊菩薩齊讚嘆 佛子
雲起北臺來 佛子 西臺嵯峨甚嵯峨 一万菩薩變山坡 佛子
文殊鎮有唯應在 教化衆生出泉河 佛子 佛光寺裏不相疑焉
燈瑜珠清殿其解脫 窟滅度後結跏趺坐婆羅 佛子
大州都講不信有 文殊飛錫定前 覺菓起 到南臺記
羅東北出地擬草皆無 佛子 北臺南上有龍宮 雷聲出鐘
烈山林莫鵠羅王宮裏毒龍 龍王悟法 風雷 佛子
北臺東畔駱駝迷 美伏泉迴徹西臺有
一天女名三相 即時迷山後聖賢 佛子
金光叢當金陀佛 波星〻中禪一字來〻
縫數戟於金跡德那羅迷 佛子
不可論中不可論 大悲變作老人身
西山下更從養去 勝變作五色雲
佛子 五色雲中化金橋 大悲和尚把攜
於有緣 佛子 橋上過無緣 佛子 洋迷風
飄

BD04535 號背　五臺山讚　　　　（2–2）

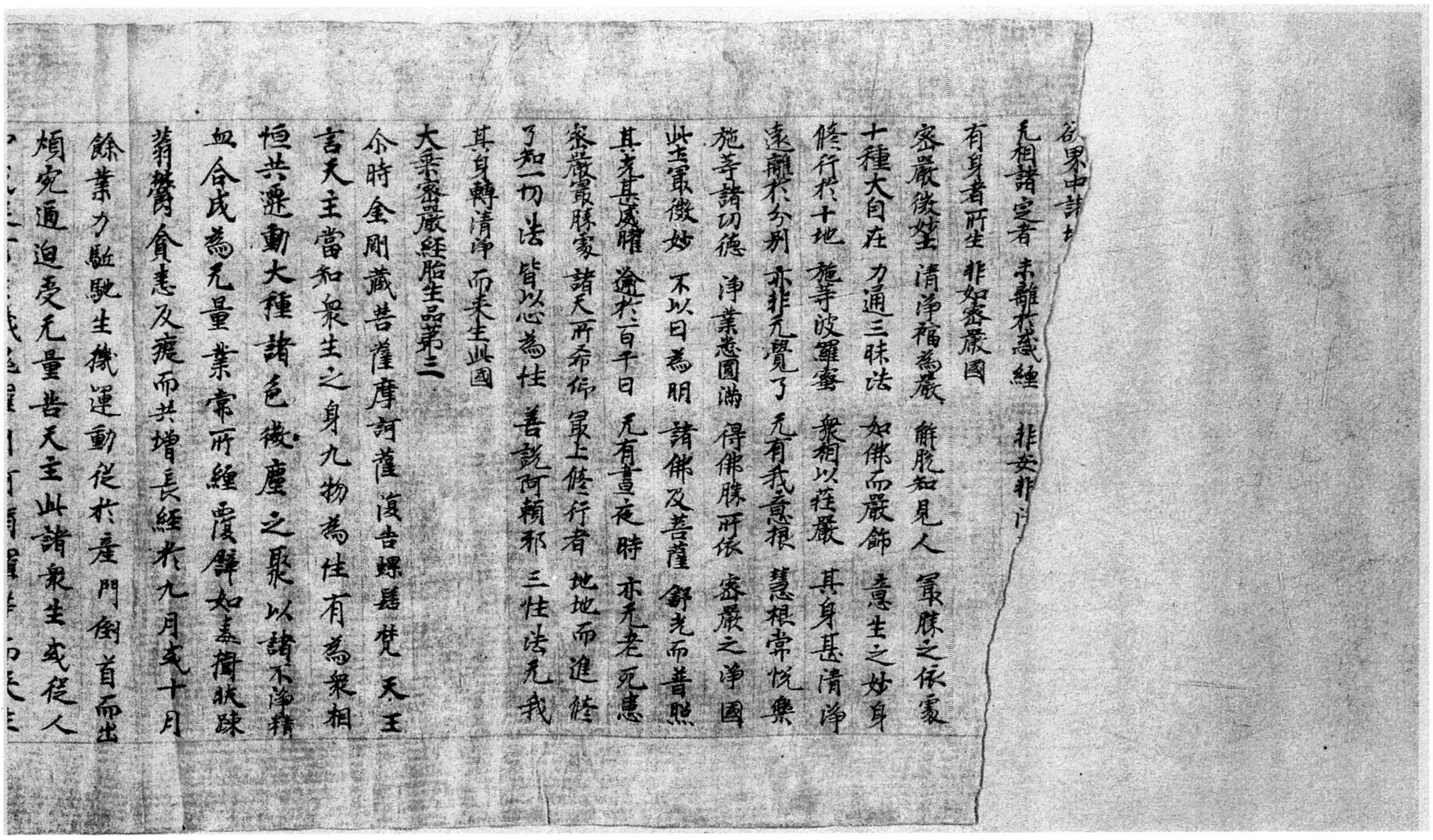

欲界中諸
无相諸定者　未離於藏識　非妄非
有身者所生　非如密嚴國
密嚴微妙土　清淨福爲嚴　解脫知見人　最勝之依處
十種大自在　力通三昧法　如佛而嚴飾　意生之妙身
修行於十地　施等波羅蜜　衆相以莊嚴　其身甚清淨
遠離於分別　亦非无覺了　无有我意根　慧根常悅樂
施等諸功德　淨業悉圓滿　得佛勝所依　密嚴之淨國
此土最微妙　不以日爲明　諸佛及菩薩　舒光而普照
其光甚威曜　逾於百千日　无有晝夜時　亦无老死患
密嚴最勝處　諸天所希慕　最上修行者　地地而進修
了知一切法　皆以心爲性　善說阿賴耶　三性法无我
其身轉清淨　而來生此國
大乘密嚴經胎生品第三
尒時金剛藏菩薩摩訶薩復告螺髻梵天王
言天主當知衆生之身九物爲性有爲衆相
恒共遷動大種諸色微塵之聚以諸不淨精
血合成爲无量業常所纏覆譬如秦獄狀疎
蓊鬱貪恚及癡而共增長經於九月或十月
餘業力驅馳生識運動從於産門倒首而出
煩冤逼迫受无量苦天主此諸衆生或從人

BD04536 號　大乘密嚴經（地婆訶羅本）卷中　　　　（2–1）

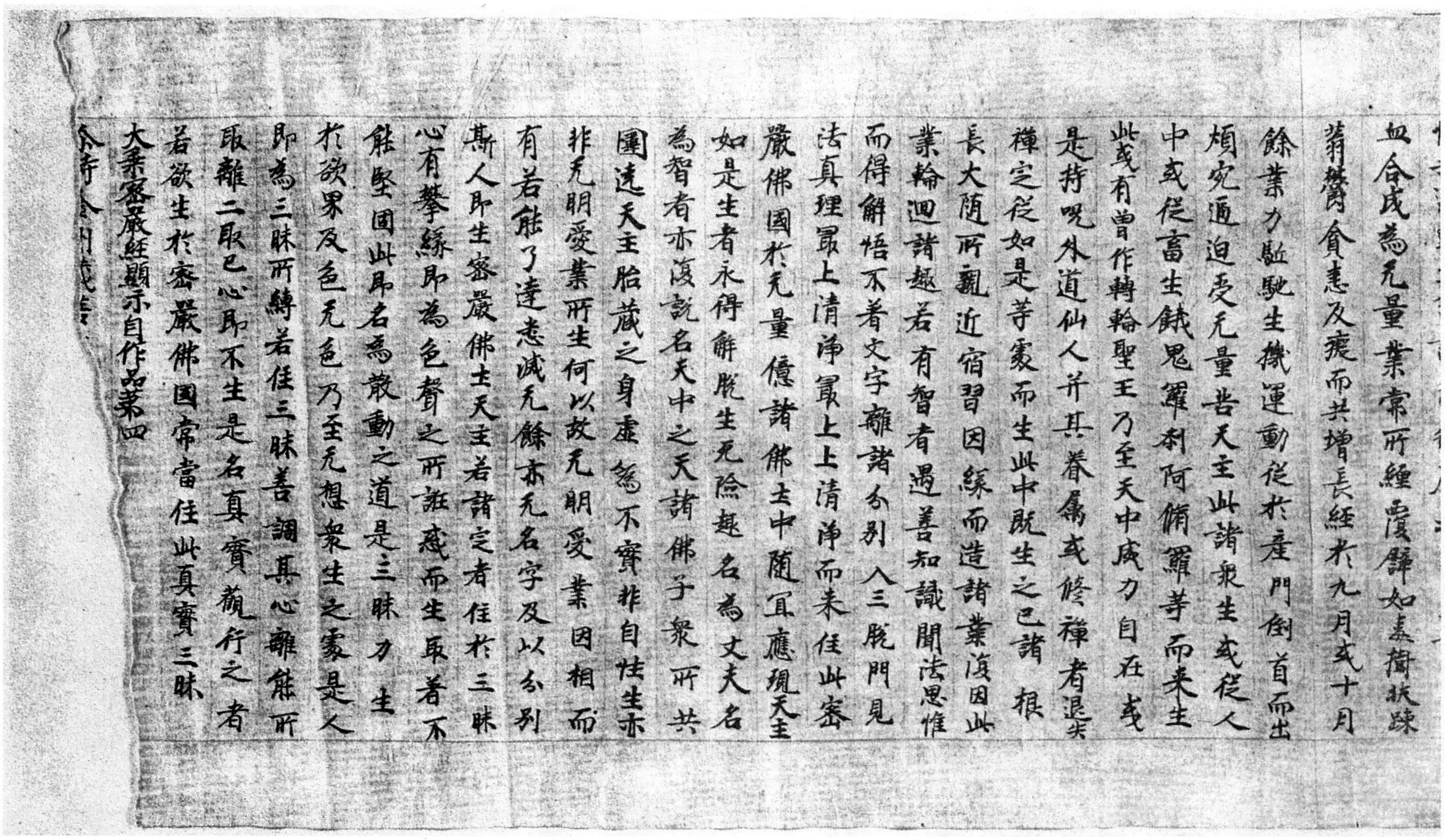
血合成為无量業索所纏覆歸如來衛狀跡
蒴藚貪恚及癡而共增長經於九月或十月
餘業力驅馳生機運動從於產門倒首而出
煩宛逼迫受无量苦天主此諸衆生或從人
中或從畜生餓鬼羅刹阿脩羅等而來生
此或有曾作轉輪聖王乃至天中威力自在或
是持呪外道仙人并其眷屬或修禪者退失
禪定從如是等處而生此中既生之已諸根
長大隨所親近宿習因緣而造諸業復因此
業輪迴諸趣若有智者遇善知識聞法思惟
而得解悟不著文字離諸分別入三脫門見
法真理最上清淨最上上清淨而來住此密
嚴佛國於无量億諸佛土中隨宜應現天主
如是生者永得解脫生死險趣名為丈夫名
為智者亦復說名天中之天諸佛子衆所共
圍遶天主胎藏之身虛僞不實非自性生亦
非无明愛業所生何以故无明愛業因相而
有若能了達悉滅无餘亦无名字及以分別
斯人即生密嚴佛土天主若諸定者住於三昧
心有攀緣即為色聲之所誑惑而生取著不
能堅固此即名為散動之道是三昧力生
於欲界及色无色乃至无想衆生之處是人
即為三昧所縛若住三昧善調其心離能所
取離二取已心即不生是名真實觀行之者
若欲生於密嚴佛國常當住此真實三昧
大乘密嚴經顯示自作品第四
尒時金剛藏[illegible]

BD04536號　大乘密嚴經（地婆訶羅本）卷中　（2–2）

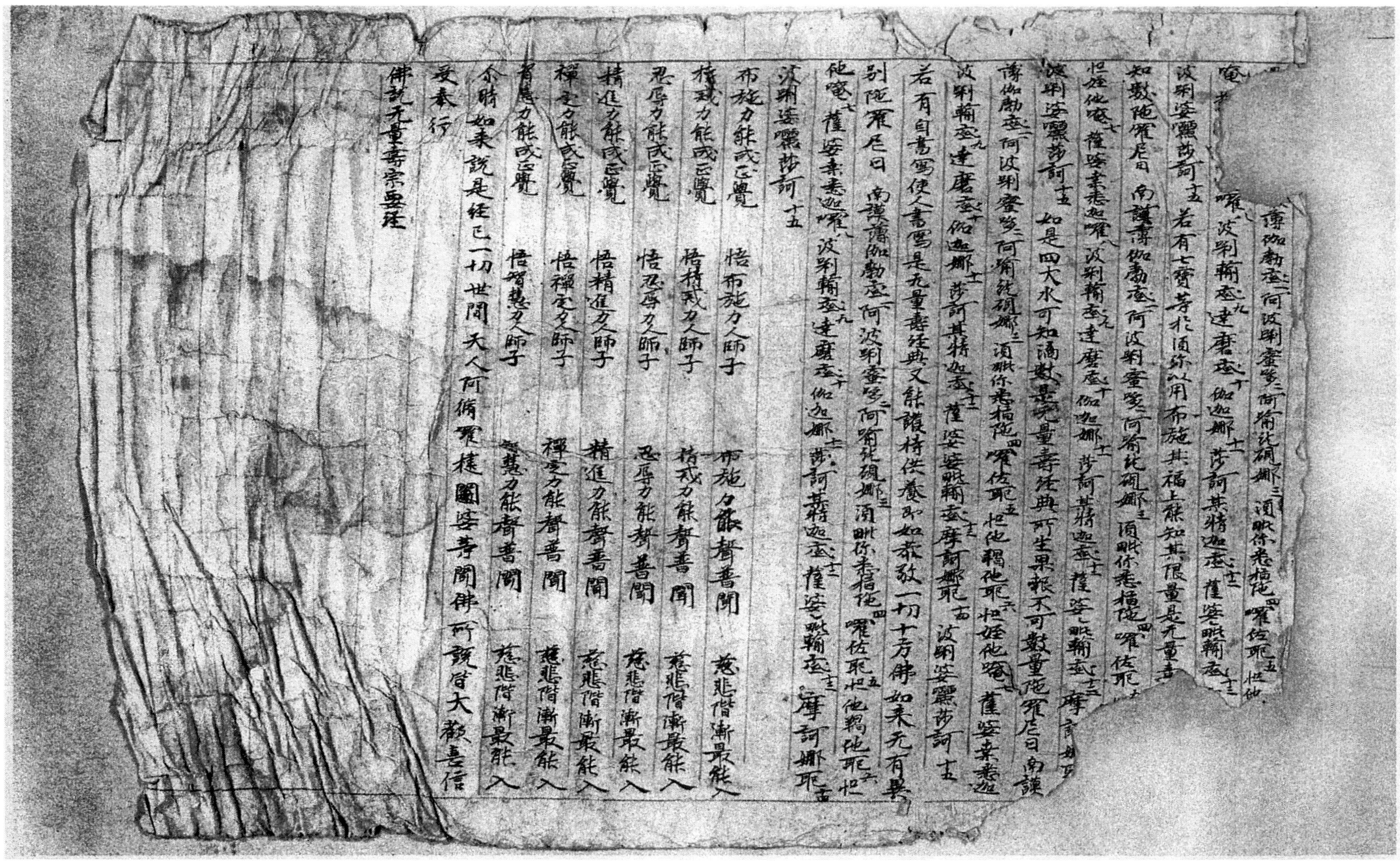
唵[illegible]　薄伽勒底一 阿波唎蜜多二 阿喻紇硯娜三 須毗你悉指陀四 囉佐耶五 怛他[illegible]
[illegible]囉八 波唎輸底九 達磨底十 伽伽娜十一 莎訶其精迦底十二 薩婆毗輸底十三
波唎娑囉莎訶十五 若有七寶等於須弥以用布施其福上能知其限量是无量壽
如數陀羅尼曰 南謨薄伽勒底一 阿波唎蜜多二 阿喻紇硯娜三 須毗你悉指陀四 囉佐耶五[illegible]
怛姪他唵七 薩婆桑悉迦囉八 波唎輸底九 達磨底十 伽伽娜十一 莎訶其精迦底十二 薩婆毗輸底十三 摩[illegible]
波唎娑囉莎訶十五 如是四大水可知滴數是无量壽經典所生果報不可數量陀羅尼曰 南謨
薄伽勒底一 阿波唎蜜多二 阿喻紇硯娜三 須毗你悉指陀四 囉佐耶五 怛他羯他耶六 怛姪他唵七 薩婆桑悉迦
波唎輸底九 達磨底十 伽伽娜十一 莎訶其精迦底十二 薩婆毗輸底十三 摩訶娜耶十四 波唎娑囉莎訶十五
若有自書寫使人書寫是无量壽經典又能護持供養即如恭敬一切十方佛如來无有異
別陀羅尼曰 南謨薄伽勒底一 阿波唎蜜多二 阿喻紇硯娜三 須毗你悉指陀四 囉佐耶五 怛他羯他耶六 怛
他唵七 薩婆桑悉迦囉八 波唎輸底九 達磨底十 伽伽娜十一 莎訶其精迦底十二 薩婆毗輸底十三 摩訶娜耶十四
波唎娑囉莎訶十五
布施力能成正覺　悟布施力人師子　布施力能聲善聞　慈悲階漸最能入
持戒力能成正覺　悟持戒力人師子　持戒力能聲善聞　慈悲階漸最能入
忍辱力能成正覺　悟忍辱力人師子　忍辱力能聲善聞　慈悲階漸最能入
精進力能成正覺　悟精進力人師子　精進力能聲善聞　慈悲階漸最能入
禪定力能成正覺　悟禪定力人師子　禪定力能聲善聞　慈悲階漸最能入
智慧力能成正覺　悟智慧力人師子　智慧力能聲善聞　慈悲階漸最能入
尒時如來說是經已一切世間天人阿脩羅揵闥婆等聞佛所說皆大歡喜信
受奉行
佛說无量壽宗要經

BD04538號　無量壽宗要經　（1–1）

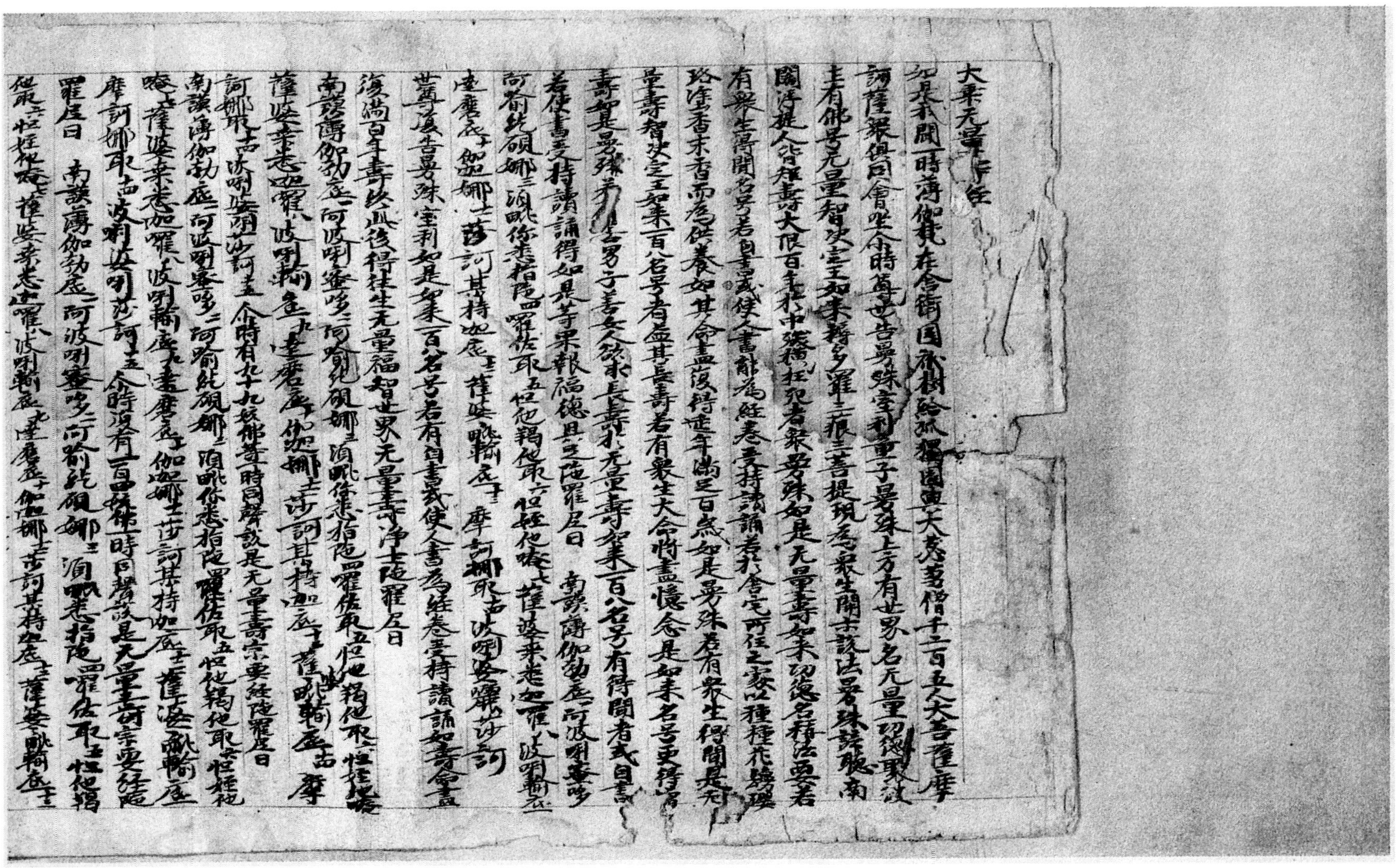
大乘无量壽經
如是我聞一時薄伽梵在舍衛国祇樹給孤獨園與大苾蒭僧千二百五十人大菩薩摩
訶薩衆俱會坐尒時世尊告曼殊室利童子曼殊上方有世界名无量功德聚彼
土有佛号无量智決定王如來应正等菩提現為衆生開示說法曼殊諦聽南
閻浮提人皆稱壽大限百年於中夭橫枉死者衆曼殊如是无量壽如來功德名稱法要若
有衆生得聞名号若自書或使人書爲經卷受持讀誦者於舍宅所住之處以種種花鬘瓔
珞塗香末香而爲供養如其命盡復得延年滿足百歲如是曼殊若有衆生得聞是无
量壽智決定王如來一百八名号者益其長壽若有衆生大命將盡憶念是如來名号更得
壽智是曼殊若有善男子善女人欲求長壽於无量壽智如來一百八名号有得聞者或自書
若使書受持讀誦得如是等果報福德具足陁羅尼曰 南謨薄伽勃底一阿波唎蜜哆
阿喩紇硯娜三 須毗你悉指陁四囉佐耶五怛他羯他耶六怛姪他唵七 薩婆桑悉迦囉八 波唎輸底
達磨底十 伽伽娜十一 莎訶 其持迦底十二 薩婆毗輸底十三 摩訶娜耶十四 波唎婆囉莎訶
世尊復告曼殊室利如是如來一百八名号若有自書或使人書爲經卷受持讀誦如壽命盡
復滿百年壽終之後得往生无量福智世界无量壽淨土陁羅尼曰
南謨薄伽勃底一阿波唎蜜哆二阿喩紇硯娜三 須毗你悉指陁四囉佐耶五怛他羯他耶六怛姪他唵
薩婆桑悉迦囉八 波唎輸底九 達磨底十 伽伽娜十一 莎訶 其持迦底十二 薩婆毗輸底十三 摩
訶娜耶十四 波唎婆囉莎訶十五 尒時有九十九俱胝佛等一時同聲說是无量壽宗要經陁羅尼曰
南謨薄伽勃底一阿波唎蜜哆二阿喩紇硯娜三 須毗你悉指陁四囉佐耶五怛他羯他耶六怛姪他
唵七 薩婆桑悉迦囉八 波唎輸底九 達磨底十 伽伽娜十一 莎訶 其持迦底十二 薩婆毗輸底
摩訶娜耶十四 波唎婆囉莎訶十五 尒時復有一百四俱胝佛一時同聲說是无量壽宗要經陁
羅尼曰 南謨薄伽勃底一阿波唎蜜哆二阿喩紇硯娜三 須毗你悉指陁四囉佐耶五怛他羯
他耶六怛姪他唵七 薩婆桑悉迦囉八 波唎輸底九 達磨底十 伽伽娜十一 莎訶 其持迦底十二 薩婆毗輸底十三

BD04539 號　無量壽宗要經　（6–1）

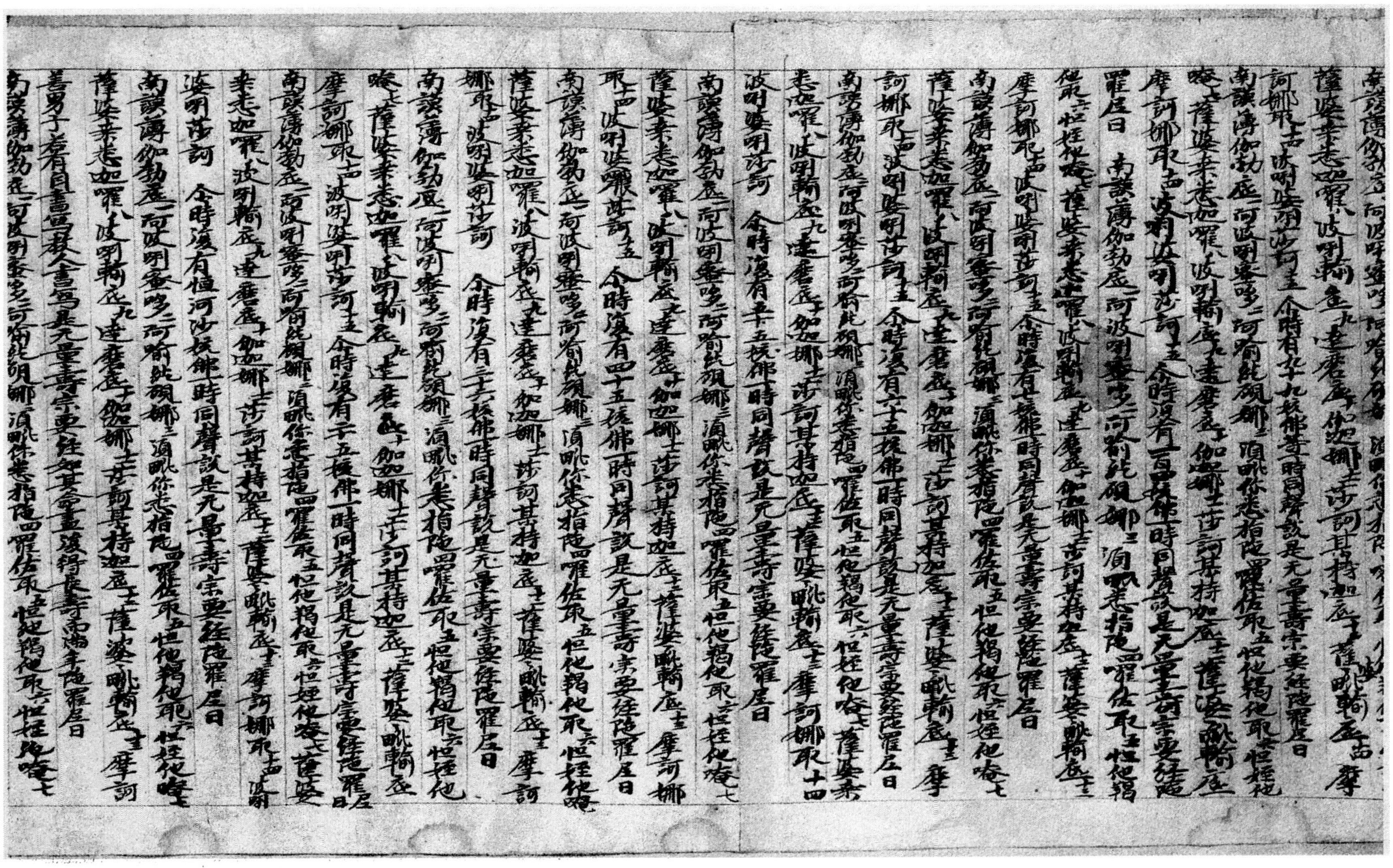
南謨薄伽勃底一阿波唎蜜哆二阿喩紇硯娜三 須毗你悉指陁四囉佐耶五怛他羯他耶六怛姪他唵七
薩婆桑悉迦囉八 波唎輸底九 達磨底十 伽伽娜十一 莎訶 其持迦底十二 薩婆毗輸底十三 摩
訶娜耶十四 波唎婆囉莎訶十五 尒時有九十九俱胝佛等一時同聲說是无量壽宗要經陁羅尼曰
南謨薄伽勃底一阿波唎蜜哆二阿喩紇硯娜三 須毗你悉指陁四囉佐耶五怛他羯他耶六怛姪他
唵七 薩婆桑悉迦囉八 波唎輸底九 達磨底十 伽伽娜十一 莎訶 其持迦底十二 薩婆毗輸底
摩訶娜耶十四 波唎婆囉莎訶十五 尒時復有一百四俱胝佛一時同聲說是无量壽宗要經陁
羅尼曰 南謨薄伽勃底一阿波唎蜜哆二阿喩紇硯娜三 須毗你悉指陁四囉佐耶五怛他羯
他耶六怛姪他唵七 薩婆桑悉迦囉八 波唎輸底九 達磨底十 伽伽娜十一 莎訶 其持迦底十二 薩婆毗輸底十三
摩訶娜耶十四 波唎婆囉莎訶十五 尒時復有七俱胝佛一時同聲說是无量壽宗要經陁羅尼曰
南謨薄伽勃底一阿波唎蜜哆二阿喩紇硯娜三 須毗你悉指陁四囉佐耶五怛他羯他耶六怛姪他唵七
薩婆桑悉迦囉八 波唎輸底九 達磨底十 伽伽娜十一 莎訶 其持迦底十二 薩婆毗輸底十三 摩
訶娜耶十四 波唎婆囉莎訶十五 尒時復有六十五俱胝佛一時同聲說是无量壽宗要經陁羅尼曰
南謨薄伽勃底一阿波唎蜜哆二阿喩紇硯娜三 須毗你悉指陁四囉佐耶五怛他羯他耶六怛姪他唵七 薩婆桑
悉迦囉八 波唎輸底九 達磨底十 伽伽娜十一 莎訶 其持迦底十二 薩婆毗輸底十三 摩訶娜耶十四
波唎婆囉莎訶 尒時復有五十五俱胝佛一時同聲說是无量壽宗要經陁羅尼曰
南謨薄伽勃底一阿波唎蜜哆二阿喩紇硯娜三 須毗你悉指陁四囉佐耶五怛他羯他耶六怛姪他唵七
薩婆桑悉迦囉八 波唎輸底九 達磨底十 伽伽娜十一 莎訶 其持迦底十二 薩婆毗輸底十三 摩訶娜
耶十四 波唎婆囉莎訶十五 尒時復有四十五俱胝佛一時同聲說是无量壽宗要經陁羅尼曰
南謨薄伽勃底一阿波唎蜜哆二阿喩紇硯娜三 須毗你悉指陁四囉佐耶五怛他羯他耶六怛姪他唵
薩婆桑悉迦囉八 波唎輸底九 達磨底十 伽伽娜十一 莎訶 其持迦底十二 薩婆毗輸底十三 摩訶
娜耶十四 波唎婆囉莎訶 尒時復有三十六俱胝佛一時同聲說是无量壽宗要經陁羅尼曰
南謨薄伽勃底一阿波唎蜜哆二阿喩紇硯娜三 須毗你悉指陁四囉佐耶五怛他羯他耶六怛姪他
唵七 薩婆桑悉迦囉八 波唎輸底九 達磨底十 伽伽娜十一 莎訶 其持迦底十二 薩婆毗輸底
摩訶娜耶十四 波唎婆囉莎訶十五 尒時復有二十五俱胝佛一時同聲說是无量壽宗要經陁羅尼曰
南謨薄伽勃底一阿波唎蜜哆二阿喩紇硯娜三 須毗你悉指陁四囉佐耶五怛他羯他耶六怛姪他唵七 薩婆
桑悉迦囉八 波唎輸底九 達磨底十 伽伽娜十一 莎訶 其持迦底十二 薩婆毗輸底十三 摩訶娜耶十四 波唎
婆唎莎訶 尒時復有恒河沙俱胝佛一時同聲說是无量壽宗要經陁羅尼曰
南謨薄伽勃底一阿波唎蜜哆二阿喩紇硯娜三 須毗你悉指陁四囉佐耶五怛他羯他耶六怛姪他唵七
薩婆桑悉迦囉八 波唎輸底九 達磨底十 伽伽娜十一 莎訶 其持迦底十二 薩婆毗輸底十三 摩訶
善男子若有自書或使人書寫是无量壽宗要經受持讀誦如其命盡復得長壽滿百年陁羅尼曰
南謨薄伽勃底一阿波唎蜜哆二阿喩紇硯娜三 須毗你悉指陁四囉佐耶五怛他羯他耶六怛姪他唵七

BD04539 號　無量壽宗要經　（6–2）

婆唎莎訶　今時復有恒河沙數佛一時同聲說是無量壽宗要經陀羅尼曰
南謨薄伽勃底一阿波唎蜜哆二阿喻紇硯娜三須毗你悉指陀四囉佐耶五怛他羯他耶六怛侄他唵七
薩婆桑悉迦囉八波唎輸底九達磨底十伽伽娜十一莎訶其持迦底十二薩婆婆毗輸底十三摩訶
善男子若有自書寫教人書寫是無量壽宗要經如其命盡復得長壽滿百年陀羅尼曰
南謨薄伽勃底一阿波唎蜜哆二阿喻紇硯娜三須毗你悉指陀四囉佐耶五怛他羯他耶六怛侄他唵七
薩婆桑悉迦囉八波唎輸底九達磨底十伽伽娜十一莎訶其持迦底十二薩婆婆毗輸底十三摩訶娜耶十四
波唎婆唎莎訶十五　若有自書寫教人書寫是無量壽宗要經讀誦受持畢竟不墮地獄在在
所生轉宿命智陀羅尼曰　南謨薄伽勃底一阿波唎蜜哆二阿喻紇硯娜三須毗你悉指陀四
囉佐耶五怛他羯他耶六怛侄他唵七薩婆桑悉迦囉八波唎輸底九達磨底十伽伽娜十一莎訶其持
迦底十二薩婆婆毗輸底十三摩訶娜耶十四波唎婆唎莎訶　若有自書寫教人書寫是無量壽宗
要經受持讀誦即同書寫八萬四千一切經典陀羅尼曰　南謨薄伽勃底一阿波唎蜜哆二阿喻紇硯娜
須毗你悉指陀四囉佐耶五怛他羯他耶六怛侄他唵七薩婆桑悉迦囉八波唎輸底九達磨底十伽
伽娜十一莎訶其持迦底十二薩婆婆毗輸底十三摩訶娜耶十四波唎婆唎莎訶十五
若有自書寫教人書寫是無量壽宗要經即是書寫八萬四千部建立塔廟陀羅尼曰
南謨薄伽勃底一阿波唎蜜哆二阿喻紇硯娜三須毗你悉指陀四囉佐耶五怛他羯他耶六怛侄他唵
薩婆桑悉迦囉八波唎輸底九達磨底十伽伽娜十一莎訶其持迦底十二薩婆婆毗輸底十三摩訶
娜耶十四波唎婆唎莎訶十五　若有自書寫教人書寫是無量壽宗要經能消五無間等
一切重罪陀羅尼曰　南謨薄伽勃底一阿波唎蜜哆二阿喻紇硯娜三須毗你悉指陀四囉
佐耶五怛他羯他耶六怛侄他唵七薩婆桑悉迦囉八波唎輸底九達磨底十伽伽娜十一莎訶其
持迦底十二薩婆婆毗輸底十三摩訶娜耶十四波唎婆唎莎訶十五　若有自書寫教人書寫
是無量壽宗要經受持讀誦設有重罪猶如須彌盡能除滅陀羅尼曰　南謨薄伽勃底
阿波唎蜜哆二阿喻紇硯娜三須毗你悉指陀四囉佐耶五怛他羯他耶六怛侄他唵七薩婆桑
悉迦囉八波唎輸底九達磨底十伽伽娜十一莎訶其持迦底十二薩婆婆毗輸底十三摩訶娜耶十四
波唎婆唎莎訶十五　若有自書寫教人書寫是無量壽宗要經受持讀誦若魔之眷屬
夜叉羅剎不得其便終無枉死陀羅尼曰　南謨薄伽勃底一阿波唎蜜哆二阿喻紇硯娜
須毗你悉指陀四囉佐耶五怛他羯他耶六怛侄他唵七薩婆桑悉迦囉八波唎輸底九達磨底十
伽伽娜十一莎訶其持迦底十二薩婆婆毗輸底十三摩訶娜耶十四波唎婆唎莎訶十五
若有自書寫教人書寫是無量壽宗要經受持讀誦臨命終時有九十九姟佛現其人前
爲千佛授手能遊一切佛剎莫於此經生於疑惑陀羅尼曰　南謨薄伽勃底一阿波唎蜜哆二阿喻紇
硯娜三須毗你悉指陀四囉佐耶五怛他羯他耶六怛侄他唵七薩婆桑悉迦囉八波唎輸底九達磨

BD04539號　無量壽宗要經　（6–3）

夜叉羅剎不得其便終無枉死陀羅尼曰　南謨薄伽勃底一阿波唎蜜哆二阿喻紇硯娜
須毗你悉指陀四囉佐耶五怛他羯他耶六怛侄他唵七薩婆桑悉迦囉八波唎輸底九達磨底十
伽伽娜十一莎訶其持迦底十二薩婆婆毗輸底十三摩訶娜耶十四波唎婆唎莎訶十五
若有自書寫教人書寫是無量壽宗要經受持讀誦臨命終時有九十九姟佛現其人前
爲千佛授手能遊一切佛剎莫於此經生於疑惑陀羅尼曰　南謨薄伽勃底一阿波唎蜜哆二阿喻紇
硯娜三須毗你悉指陀四囉佐耶五怛他羯他耶六怛侄他唵七薩婆桑悉迦囉八波唎輸底九達磨
磨伽伽娜十一莎訶其持迦底十二薩婆婆毗輸底十三摩訶娜耶十四波唎婆唎莎訶　若有自書寫教
書寫是無量壽宗要經受持讀誦常得四天大王隨其衛護陀羅尼曰　南謨薄伽勃底一阿
波唎蜜哆二阿喻紇硯娜三須毗你悉指陀四囉佐耶五怛他羯他耶六怛侄他唵七薩婆桑悉迦
囉八波唎輸底九達磨底十伽伽娜十一莎訶其持迦底十二薩婆婆毗輸底十三摩訶娜耶十四波唎婆唎莎
訶十五　若有自書寫教人書寫是無量壽宗要經受持讀誦當得往生西方極樂世界阿彌陀淨
土陀羅尼曰　南謨薄伽勃底一阿波唎蜜哆二阿喻紇硯娜三須毗你悉指陀四囉佐耶五怛他羯他耶六怛侄
他唵七薩婆桑悉迦囉八波唎輸底九達磨底十伽伽娜十一莎訶其持迦底十二薩婆婆毗輸底十三摩
訶娜耶十四波唎婆唎莎訶十五　若有方所自書寫使人書寫是無量壽經典之處則爲是塔皆應
恭敬作禮若是畜生禽鳥獸得聞是經如是等類皆當不久得成一切種智陀羅尼曰
南謨薄伽勃底一阿波唎蜜哆二阿喻紇硯娜三須毗你悉指陀四囉佐耶五怛他羯他耶六怛侄他唵七
薩婆桑悉迦囉八波唎輸底九達磨底十伽伽娜十一莎訶其持迦底十二薩婆婆毗輸底十三摩訶娜
耶十四波唎婆唎莎訶十五　若有於是無量壽經自書寫若使人書畢竟不受女人之身陀羅尼曰
南謨薄伽勃底一阿波唎蜜哆二阿喻紇硯娜三須毗你悉指陀四囉佐耶五怛他羯他耶六怛侄他唵七薩婆
桑悉迦囉八波唎輸底九達磨底十伽伽娜十一莎訶其持迦底十二薩婆婆毗輸底十三摩訶娜耶十四波唎婆
唎莎訶十五　若有能於是經少分布施者於三千大千世界滿中七寶布施陀羅尼曰　南謨薄伽
勃底一阿波唎蜜哆二阿喻紇硯娜三須毗你悉指陀四囉佐耶五怛他羯他耶六怛侄他唵七薩婆桑悉
迦囉八波唎輸底九達磨底十伽伽娜十一莎訶其持迦底十二薩婆婆毗輸底十三摩訶娜耶十四波唎婆唎莎訶十五
若有能供養是經者則是供養一切諸經等無有異陀羅尼曰　南謨薄伽勃底一阿波唎蜜哆二阿
喻紇硯娜三須毗你悉指陀四囉佐耶五怛他羯他耶六怛侄他唵七薩婆桑悉迦囉八波唎輸底九達
磨底十伽伽娜十一莎訶其持迦底十二薩婆婆毗輸底十三摩訶娜耶十四波唎婆唎莎訶十五
如是毗婆尸佛　尸弃佛　毗舍浮佛　俱留孫佛　俱那含牟尼佛　迦葉佛　釋迦牟尼佛
若有人以七寶供養如是七佛其福有限書寫受持是無量壽經典所有功德不可限量陀羅尼曰
南謨薄伽勃底一阿波唎蜜哆二阿喻紇硯娜三須毗你悉指陀四囉佐耶五怛他羯他耶六怛侄他唵
薩婆桑悉迦囉八波唎輸底九達磨底十伽伽娜十一莎訶其持迦底十二薩婆婆毗輸底十三摩訶娜耶

BD04539號　無量壽宗要經　（6–4）

磨底十伽迦娜十一莎訶其持迦底十二薩婆毗輸底十三摩訶娜耶十四波唎婆唎莎訶十五
如是毗婆尸佛 尸弃佛 毗舍浮佛 俱留孫佛 俱那含牟尼佛 迦葉佛 釋迦牟尼佛
若有人以七寶供養如是七佛，其福有限；書寫受持是无量壽經典，所有功德不可限量。陀羅尼曰
南謨薄伽勃底一阿波唎蜜哆二阿喻紇硯娜三須毗你失指陀四囉佐耶五怛他羯他耶六怛姪他唵七
薩婆桑悉迦囉八波唎輸底九達磨底十伽迦娜十一莎訶其持迦底十二薩婆毗輸底十三磨訶娜耶
波唎婆唎莎訶十五 若有七寶等於須弥，以用布施，其福上能知其限量；是无量壽經典，其福不可
知數。陀羅尼曰 南謨薄伽勃底一阿波唎蜜哆二阿喻紇硯娜三須毗你失指陀四囉佐耶五怛他羯他耶六
怛姪他唵七薩婆桑悉迦囉八波唎輸底九達磨底十伽迦娜十一莎訶其持迦底十二薩婆毗輸底十三
摩訶娜耶十四波唎婆唎莎訶十五 如是四大海水可知滴數，是无量壽經典所生果報不可
數量。陀羅尼曰 南謨薄伽勃底一阿波唎蜜哆二阿喻紇硯娜三須毗你失指陀四囉佐耶五怛他
羯他耶六怛姪他唵七薩婆桑悉迦囉八波唎輸底九達磨底十伽迦娜十一莎訶其持迦底十二薩
婆毗輸底十三摩訶娜耶十四波唎婆唎莎訶十五 若有自書寫、使人書寫是无量壽經典，
又能讀誦持供養，即如恭敬供養一切十方佛土如來，无有別異。陀羅尼曰 南謨薄伽勃底一阿
波唎蜜哆二阿喻紇硯娜三須毗你失指陀四囉佐耶五怛他羯他耶六怛姪他唵七薩婆桑悉迦囉
八波唎輸底九達磨底十伽迦娜十一莎訶其持迦底十二薩婆毗輸底十三摩訶娜耶十四波唎婆唎莎訶
布施力能成正覺 悟布施力人師子 布施力能聲普聞 慈悲階漸最能入
持戒力能成正覺 悟持戒力人師子 持戒力能聲普聞 慈悲階漸最能入
忍辱力能成正覺 悟忍辱力人師子 忍辱力能聲普聞 慈悲階漸最能入
精進力能成正覺 悟精進力人師子 精進力能聲普聞 慈悲階漸最能入
禪定力能成正覺 悟禪定力人師子 禪定力能聲普聞 慈悲階漸最能入
智慧力能成正覺 悟智慧力人師子 智慧力能聲普聞 慈悲階漸最能入
爾時如來說是經已，一切世間天人阿脩羅揵闥婆等，聞佛所說，皆
大歡喜，信受奉行
佛說无量壽宗要經

BD04539號　無量壽宗要經　（6–5）

羯他耶六怛姪他唵七薩婆桑悉迦囉八波唎輸底九達磨底十伽迦娜十一莎訶其持迦底十二薩
婆毗輸底十三摩訶娜耶十四波唎婆唎莎訶十五 若有自書寫、使人書寫是无量壽經典，
又能讀誦持供養，即如恭敬供養一切十方佛土如來，无有別異。陀羅尼曰 南謨薄伽勃底一阿
波唎蜜哆二阿喻紇硯娜三須毗你失指陀四囉佐耶五怛他羯他耶六怛姪他唵七薩婆桑悉迦囉
八波唎輸底九達磨底十伽迦娜十一莎訶其持迦底十二薩婆毗輸底十三摩訶娜耶十四波唎婆唎莎訶
布施力能成正覺 悟布施力人師子 布施力能聲普聞 慈悲階漸最能入
持戒力能成正覺 悟持戒力人師子 持戒力能聲普聞 慈悲階漸最能入
忍辱力能成正覺 悟忍辱力人師子 忍辱力能聲普聞 慈悲階漸最能入
精進力能成正覺 悟精進力人師子 精進力能聲普聞 慈悲階漸最能入
禪定力能成正覺 悟禪定力人師子 禪定力能聲普聞 慈悲階漸最能入
智慧力能成正覺 悟智慧力人師子 智慧力能聲普聞 慈悲階漸最能入
爾時如來說是經已，一切世間天人阿脩羅揵闥婆等，聞佛所說，皆
大歡喜，信受奉行
佛說无量壽宗要經

BD04539號　無量壽宗要經　（6–6）

法華經亦復如是於千万億種諸經法中最
為照明又如日天子能除諸闇此經亦復如
是能破一切不善之闇又如諸小王中轉輪
聖王最為第一此經亦復如是於衆經中最
為其尊又如帝釋於三十三天中王此經亦
復如是諸經中王又如大梵天王一切衆生
之父此經亦復如是一切賢聖學无學及發
菩薩心者之父又如一切凡夫人中須陁洹
斯陁含阿那含阿羅漢辟支佛為第一此經
亦復如是一切如來所說若菩薩所說若聲
聞所說諸經法中最為第一有能受持是經
典者亦復如是於一切衆生中亦為第一一
切聲聞辟支佛中菩薩為第一此經亦復如
是於一切諸經法中最為第一如佛為諸法
王此經亦復如是諸經中王宿王華此經能
救一切衆生者此經能令一切衆生離諸苦
惱此經能大饒益一切衆生充滿其願如清
涼池能滿一切諸渴乏者如寒者得火如裸
者得衣如商人得主如子得母如渡得舡如
病得醫如暗得燈如貧得寶如民得王如賈
客得海如炬除暗此法華經亦復如是能令
衆生離一切苦一切病痛能解一切生死之
縛若人得聞此法華經若自書若使人書所

BD04540號　妙法蓮華經卷六　（4–1）

惱此經能大饒益一切衆生充滿其願如清
涼池能滿一切諸渴乏者如寒者得火如裸
者得衣如商人得主如子得母如渡得舡如
病得醫如暗得燈如貧得寶如民得王如賈
客得海如炬除暗此法華經亦復如是能令
衆生離一切苦一切病痛能解一切生死之
縛若人得聞此法華經若自書若使人書所
得功德以佛智慧籌量多少不得其邊若書
是經卷華香瓔珞燒香末香塗香幡蓋衣服
種種之燈蘇燈油燈諸香油燈瞻蔔油燈須
曼那油燈波羅羅油燈婆利師迦油燈那婆摩
利油燈供養所得功德亦復无量宿王華若
有人聞是藥王菩薩本事品者亦得无量无
邊功德若有女人聞是藥王菩薩本事品能
受持者盡是女身後不復受若如來滅後後
五百歲中若有女人聞是經典如說修行於
此命終即往安樂世界阿弥陁佛大菩薩衆
圍繞住處生蓮華中寶座之上不復為貪欲
所惱亦復不為瞋恚愚癡所惱亦復不為憍
慢嫉妬諸垢所惱得菩薩神通无生法忍得
是忍已眼根清淨以是清淨眼根見七百万
二千億那由他恒河沙等諸佛如來是時諸
佛遥共讚言善哉善哉善男子汝能於釋迦
牟尼佛法中受持讀誦思惟是經為他人說
所得福德无量无邊火不能燒水不能漂汝
之功德千佛共說不能令盡汝今已能破諸
魔賊壞生死軍諸餘怨敵皆悉摧滅善男子
百千諸佛以神通力共守護汝於一切世間

BD04540號　妙法蓮華經卷六　（4–2）

佛遥共讃言善哉善哉善男子汝能於釋迦
牟尼佛法中受持讀誦思惟是經為他人說
所得福德无量无邊火不能燒水不能漂汝
之功德千佛共說不能令盡汝今已能破諸
魔賊壞生死軍諸餘怨敵皆悉摧滅善男子
百千諸佛以神通力共守護汝於一切世間
天人之中无如汝者唯除如来其諸聲聞辟
支佛乃至菩薩智慧禪定无有與汝等者宿
王華此菩薩成就如是功德智慧之力若有
人聞是藥王菩薩本事品能隨喜讃善者是
人現世口中常出青蓮華香身毛孔中常出
牛頭栴檀之香所得功德如上所說是故宿王
華以此藥王菩薩本事品囑累於汝我滅度
後後五百歲中廣宣流布於閻浮提无令斷
絶惡魔魔民諸天龍夜叉鳩槃荼等得其便
也宿王華汝當以神通之力守護是經所以者
何此經則為閻浮提人病之良藥若人有病
得聞是經病即消滅不老不死宿王華汝若
見受持是經者應以青蓮華盛滿末香供
散其上散已作是念言此人不久必當取草
坐於道場破諸魔軍當吹法螺擊大法鼓
度脫一切衆生老病死海是故求佛道者見
有受持是經典人應當如是生恭敬心說是
藥王菩薩本事品時八万四千菩薩得解一
切衆生語言陁羅尼多寶如来於寶塔中讃
宿王華菩薩言善哉善哉宿王華汝成就不
可思議功德乃能問釋迦牟尼佛如此之事

BD04540號　妙法蓮華經卷六　（4–3）

後後五百歲中廣宣流布於閻浮提无令斷
絶惡魔魔民諸天龍夜叉鳩槃荼等得其便
也宿王華汝當以神通之力守護是經所以者
何此經則為閻浮提人病之良藥若人有病
得聞是經病即消滅不老不死宿王華汝若
見受持是經者應以青蓮華盛滿末香供
散其上散已作是念言此人不久必當取草
坐於道場破諸魔軍當吹法螺擊大法鼓
度脫一切衆生老病死海是故求佛道者見
有受持是經典人應當如是生恭敬心說是
藥王菩薩本事品時八万四千菩薩得解一
切衆生語言陁羅尼多寶如来於寶塔中讃
宿王華菩薩言善哉善哉宿王華汝成就不
可思議功德乃能問釋迦牟尼佛如此之事
利益无量一切衆生

妙法蓮華經卷第六

BD04540號　妙法蓮華經卷六　（4–4）

若復有人得聞是經信心清淨則生實相當
知是人成就第一希有功德世尊是實相者
則是非相是故如來說名實相世尊我今得
聞如是經典信解受持不足為難若當來世
後五百歲其有衆生得聞是經信解受持是
人則為第一希有何以故此人无我相人相
衆生相壽者相所以者何我相即
相衆生相壽者相即是非相何以故
諸相則名諸佛佛告須菩提如是如是若復
有人得聞是經不驚不怖不畏當知是人甚
為希有何以故須菩提如來說第一波羅蜜
非第一波羅蜜是名第一波羅蜜
須菩提忍辱波羅蜜如來說非忍辱波羅蜜
何以故須菩提如我昔為歌利王割截身體
我於尒時无我相无人相无衆生相无壽者
相何以故我於往昔節節支解時若有我相
人相衆生相壽者相應生瞋恨須菩提又念
過去於五百世作忍辱仙人於尒所世无我
相无人相无衆生相无壽者相是故須菩提
菩薩應離一切相發阿耨多羅三藐三菩提
心不應住色生心不應住聲香味觸法生心

BD04541號　金剛般若波羅蜜經　（10–1）

相何以故我於往昔節節支解時若有我相
人相衆生相壽者相應生瞋恨須菩提又念
過去於五百世作忍辱仙人於尒所世无我
相无人相无衆生相无壽者相是故須菩提
菩薩應離一切相發阿耨多羅三藐三菩提
心不應住色生心不應住聲香味觸法生心
應生无所住心若心有住則為非住是故佛
說菩薩心不應住色布施須菩提菩薩為利
益一切衆生應如是布施如來說一切諸相
即是非相又說一切衆生則非衆生須菩提
如來是真語者實語者如語者不誑語者不
異語者須菩提如來所得法此法无實无虛
須菩提若菩薩心住於法而行布施如人入
闇則无所見若菩薩心不住法而行布施如
人有目日光明照見種種色須菩提當來之
世若有善男子善女人能於此經受持讀誦
則為如來以佛智慧悉知是人悉見是人皆得
成就无量无邊功德
須菩提若有善男子善女人初日分以恒河
沙等身布施中日分復以恒河沙等身布施
後日分亦以恒河沙等身布施如是无量百
千万億劫以身布施若復有人聞此經典信
心不逆其福勝彼何況書寫受持讀誦為人
解說須菩提以要言之是經有不可思議
不可稱量无邊功德如來為發大乘者說為

BD04541號　金剛般若波羅蜜經　（10–2）

後日分亦以恒河沙等身布施如是无量百
千万億劫以身布施若復有人聞此經典信
心不逆其福勝彼何況書寫受持讀誦為人
解說須菩提以要言之是經有不可思議
不可稱量无邊功德如來為發大乘者說為
發最上乘者說若有人能受持讀誦廣為人
說如來悉知是人悉見是人皆得成就不可量
不可稱无有邊不可思議功德如是人等則
為荷擔如來阿耨多羅三藐三菩提何以故
須菩提若樂小法者著我見人見衆生見壽
者見則於此經不能聽受讀誦為人解說須
菩提在在處處若有此經一切世間天人阿
脩羅所應供養當知此處則為是塔皆應
恭敬作禮圍繞以諸華香而散其處
復次須菩提若善男子善女人受持讀誦此
經若為人輕賤是人先世罪業應墮惡道以
今世人輕賤故先世罪業則為消滅當得阿
耨多羅三藐三菩提須菩提我念過去无量
阿僧祇劫於然燈佛前得值八百四千万億
那由他諸佛悉皆供養承事无空過者若復
有人於後末世能受持讀誦此經所得功德
於我所供養諸佛功德百分不及一千万億
分乃至筭數譬喻所不能及須菩提若善男
子善女人於後末世有受持讀誦此經所得
功德我若具說者或有人聞心則狂亂狐疑

BD04541 號　金剛般若波羅蜜經　（10–3）

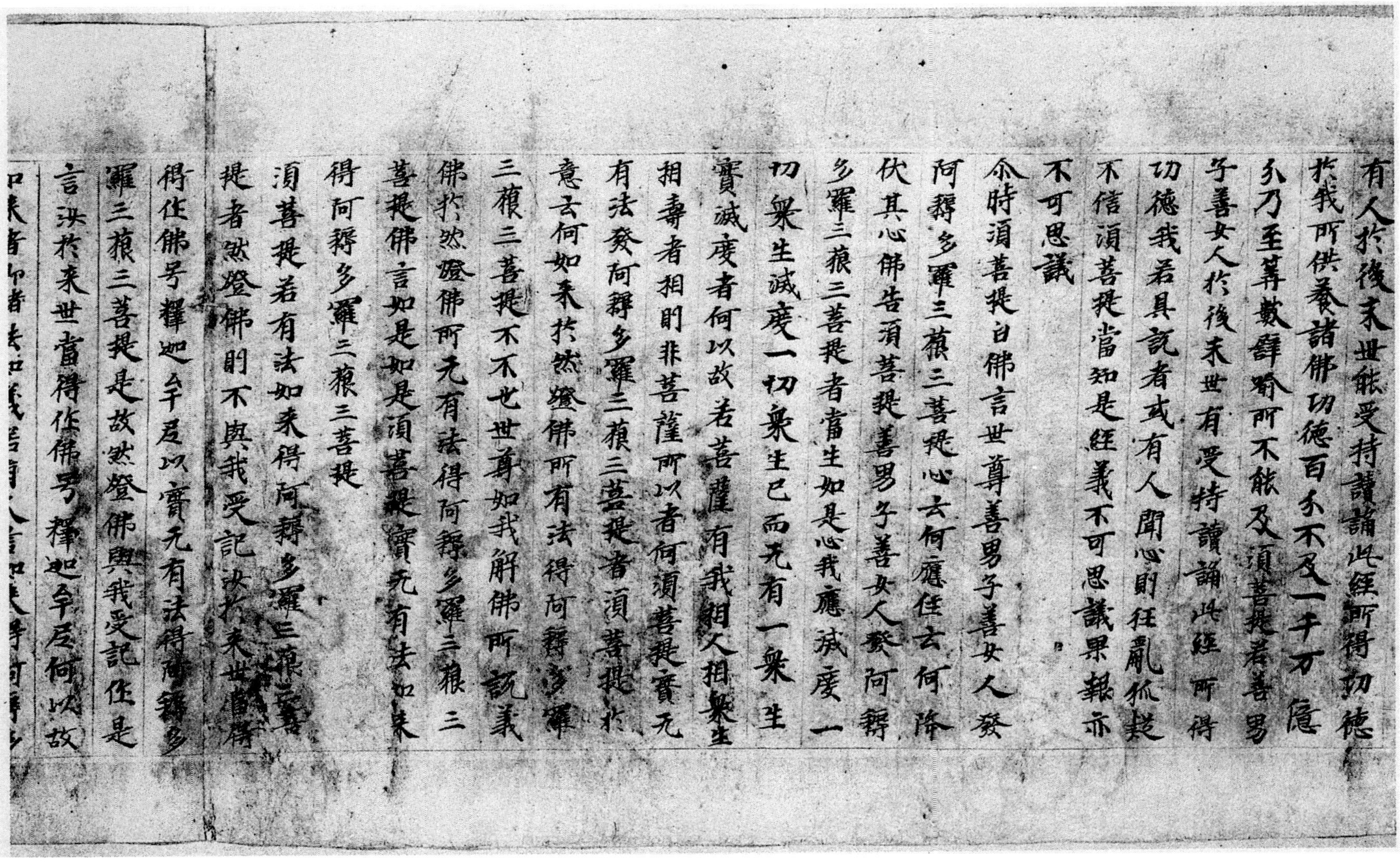
有人於後末世能受持讀誦此經所得功德
於我所供養諸佛功德百分不及一千万億
分乃至筭數譬喻所不能及須菩提若善男
子善女人於後末世有受持讀誦此經所得
功德我若具說者或有人聞心則狂亂狐疑
不信須菩提當知是經義不可思議果報亦
不可思議
尒時須菩提白佛言世尊善男子善女人發
阿耨多羅三藐三菩提心云何應住云何降
伏其心佛告須菩提善男子善女人發阿耨
多羅三藐三菩提者當生如是心我應滅度一
切衆生滅度一切衆生已而无有一衆生
實滅度者何以故若菩薩有我相人相衆生
相壽者相則非菩薩所以者何須菩提實无
有法發阿耨多羅三藐三菩提者須菩提於
意云何如來於然燈佛所有法得阿耨多羅
三藐三菩提不不也世尊如我解佛所說義
佛於然燈佛所无有法得阿耨多羅三藐三
菩提佛言如是如是須菩提實无有法如來
得阿耨多羅三藐三菩提
須菩提若有法如來得阿耨多羅三藐三菩
提者然燈佛則不與我受記汝於來世當得
作佛号釋迦牟尼以實无有法得阿耨多
羅三藐三菩提是故然燈佛與我受記作是
言汝於來世當得作佛号釋迦牟尼何以故

BD04541 號　金剛般若波羅蜜經　（10–4）

須菩提若有法如來得阿耨多羅三藐三菩
提者然燈佛則不與我受記汝於來世當
得作佛号釋迦牟尼以實无有法得阿耨多
羅三藐三菩提是故然燈佛與我受記作是
言汝於來世當得作佛号釋迦牟尼何以故
如來者即諸法如義若有人言如來得阿耨多
羅三藐三菩提須菩提實无有法佛得阿
耨多羅三藐三菩提須菩提如來所得阿耨
多羅三藐三菩提於是中无實无虛是故如
來說一切法皆是佛法須菩提所言一切法
者即非一切法是故名一切法須菩提譬如人
身長大須菩提言世尊如來說人身長大
則非大身是名大身須菩提菩薩亦如是
若作是言我當滅度无量衆生則不名菩薩
何以故須菩提實无有法名為菩薩是故佛
說一切法无我无人无衆生无壽者須菩提
若菩薩作是言我當莊嚴佛土是不名菩
薩何以故如來說莊嚴佛土者即非莊嚴是名
莊嚴須菩提若菩薩通達无我法者如來
說名真是菩薩
須菩提於意云何如來有肉眼不如是世尊
如來有肉眼須菩提於意云何如來有天眼
不如是世尊如來有天眼須菩提於意云何
如來有慧眼不如是世尊如來有慧眼須菩
提於意云何如來有法眼不如是世尊如來
有法眼須菩提於意云何如來有佛眼不如

BD04541 號　金剛般若波羅蜜經　（10–5）

如來有肉眼須菩提於意云何如來有天眼
不如是世尊如來有天眼須菩提於意云何
如來有慧眼不如是世尊如來有慧眼須菩
提於意云何如來有法眼不如是世尊如來
有法眼須菩提於意云何如來有佛眼不如
是世尊如來有佛眼須菩提於意云何恒河
中所有沙佛說是沙不如是世尊如來說是沙
須菩提於意云何如一恒河中所有沙有
如是等恒河是諸恒河所有沙數佛世界如
是寧為多不甚多世尊佛告須菩提尒所國
土中所有衆生若干種心如來悉知何以故
如來說諸心皆為非心是名為心所以者何
須菩提過去心不可得現在心不可得未來
心不可得須菩提於意云何若有人滿三千
大千世界七寶以用布施是人以是因緣得
福多不如是世尊此人以是因緣得福甚多
須菩提若福德有實如來不說得福德多以
福德无故如來說得福德多
須菩提於意云何佛可以具足色身見不不也
世尊如來不應以具足色身見何以故如來
說具足色身即非具足色身是名具足色身
須菩提於意云何如來可以具足諸相見不不
也世尊如來不應以具足諸相見何以故如
來說諸相具足即非具足是名諸相具足須
菩提汝等勿謂如來作是念我當有所說法

BD04541 號　金剛般若波羅蜜經　（10–6）

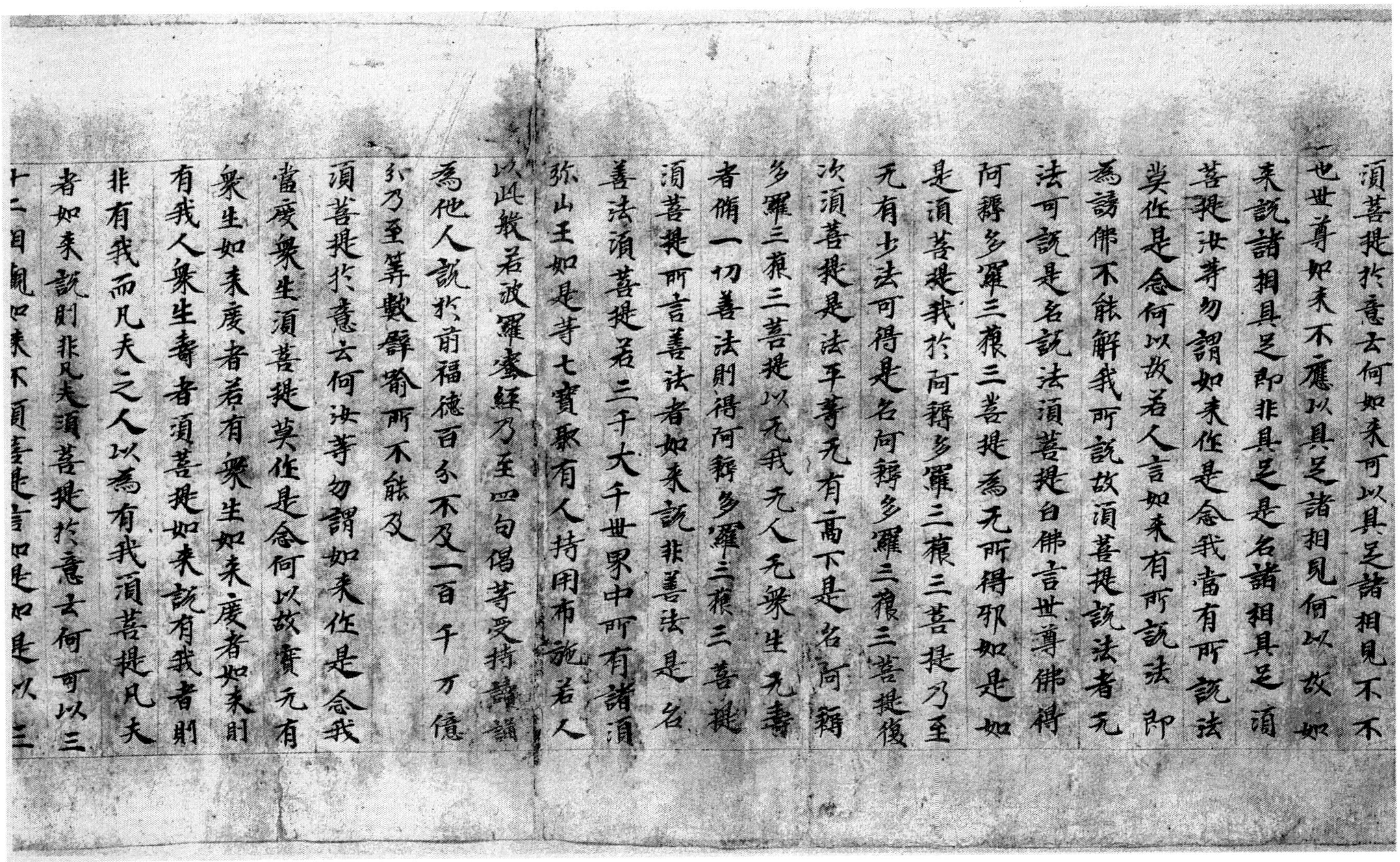

須菩提於意云何如來可以具足諸相見不不
也世尊如來不應以具足諸相見何以故如
來說諸相具足即非具足是名諸相具足須
菩提汝等勿謂如來作是念我當有所說法
莫作是念何以故若人言如來有所說法即
為謗佛不能解我所說故須菩提說法者无
法可說是名說法須菩提白佛言世尊佛得
阿耨多羅三藐三菩提為无所得耶如是如
是須菩提我於阿耨多羅三藐三菩提乃至
无有少法可得是名阿耨多羅三藐三菩提復
次須菩提是法平等无有高下是名阿耨
多羅三藐三菩提以无我无人无衆生无壽
者脩一切善法則得阿耨多羅三藐三菩提
須菩提所言善法者如來說非善法是名
善法須菩提若三千大千世界中所有諸須
弥山王如是等七寶聚有人持用布施若人
以此般若波羅蜜經乃至四句偈等受持讀誦
為他人說於前福德百分不及一百千万億
分乃至筭數譬喻所不能及
須菩提於意云何汝等勿謂如來作是念我
當度衆生須菩提莫作是念何以故實无有
衆生如來度者若有衆生如來度者如來則
有我人衆生壽者須菩提如來說有我者則
非有我而凡夫之人以為有我須菩提凡夫
者如來說則非凡夫須菩提於意云何可以三
十二相觀如來不須菩提言如是如是以三

BD04541號　金剛般若波羅蜜經　（10–7）

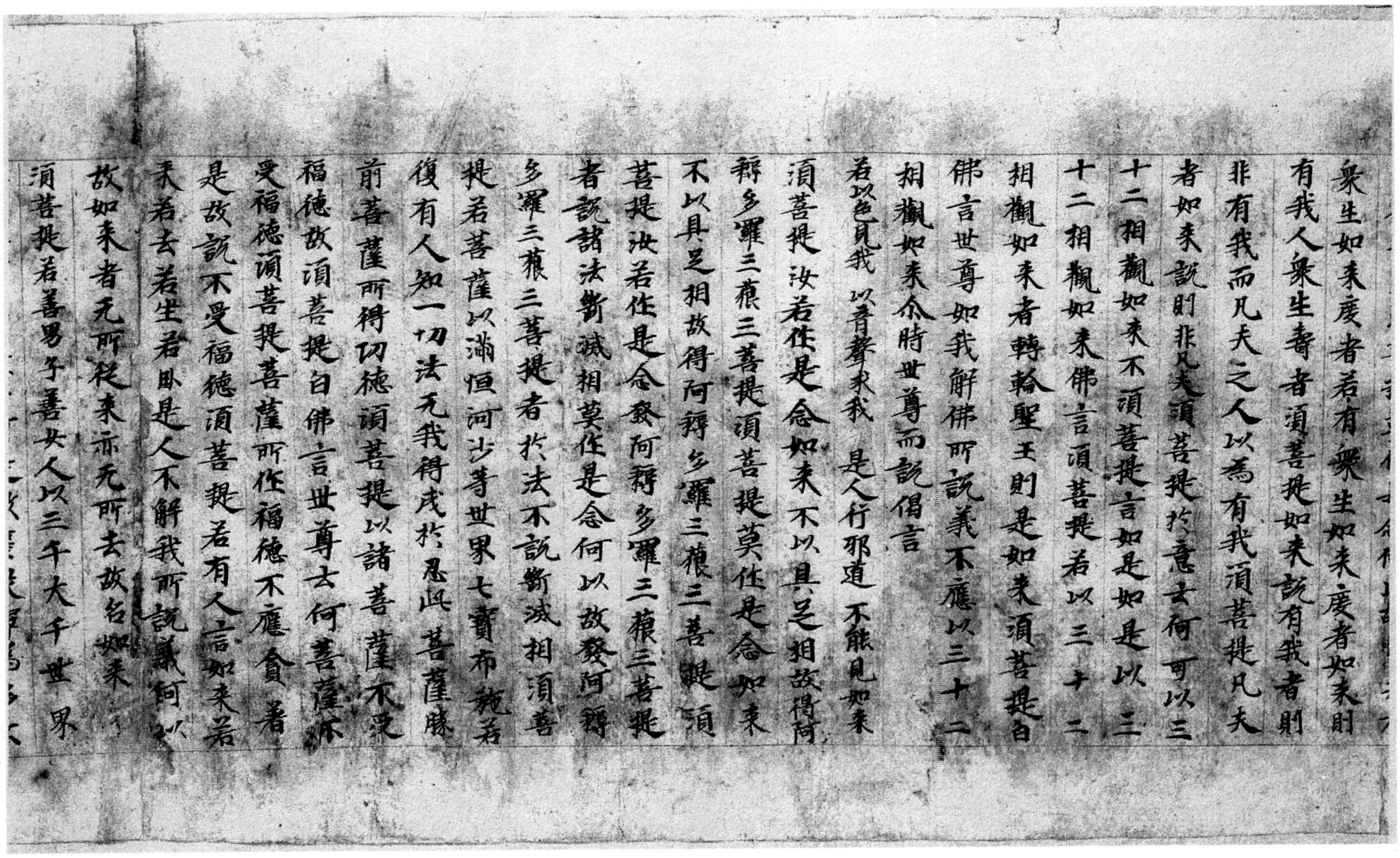

衆生如來度者若有衆生如來度者如來則
有我人衆生壽者須菩提如來說有我者則
非有我而凡夫之人以為有我須菩提凡夫
者如來說則非凡夫須菩提於意云何可以三
十二相觀如來不須菩提言如是如是以三
十二相觀如來佛言須菩提若以三十二
相觀如來者轉輪聖王則是如來須菩提白
佛言世尊如我解佛所說義不應以三十二
相觀如來尒時世尊而說偈言
若以色見我　以音聲求我　是人行邪道　不能見如來
須菩提汝若作是念如來不以具足相故得阿
耨多羅三藐三菩提須菩提莫作是念如來
不以具足相故得阿耨多羅三藐三菩提須
菩提汝若作是念發阿耨多羅三藐三菩提
者說諸法斷滅相莫作是念何以故發阿耨
多羅三藐三菩提者於法不說斷滅相須菩
提若菩薩以滿恒河沙等世界七寶布施若
復有人知一切法无我得成於忍此菩薩勝
前菩薩所得功德須菩提以諸菩薩不受
福德故須菩提白佛言世尊云何菩薩不
受福德須菩提菩薩所作福德不應貪著
是故說不受福德須菩提若有人言如來若
來若去若坐若臥是人不解我所說義何以
故如來者无所從來亦无所去故名如來
須菩提若善男子善女人以三千大千世界

BD04541號　金剛般若波羅蜜經　（10–8）

受福德須菩提菩薩所作福德不應貪著
是故說不受福德須菩提若有人言如來若
來若去若坐若卧是人不解我所說義何以
故如來者无所從來亦无所去故名如來
須菩提若善男子善女人以三千大千世界
碎為微塵於意云何是微塵衆寧為多不
甚多世尊何以故若是微塵衆實有者佛則
不說是微塵衆所以者何佛說微塵衆則非
微塵衆是名微塵衆世尊如來所說三千大千
世界則非世界是名世界何以故若世界實
有者則是一合相如來說一合相則非一合
相是名一合相須菩提一合相者則是不可
說但凡夫之人貪著其事
須菩提若人言佛說我見人見衆生見壽者
見須菩提於意云何是人解我所說義不不
也世尊是人不解如來所說義何以故世尊
說我見人見衆生見壽者見即非我見人見
衆生見壽者見是名我見人見衆生見壽者
見須菩提發阿耨多羅三藐三菩提心者於一
切法應如是知如是見如是信解不生法
相須菩提所言法相者如來說即非法相是
名法相須菩提若有人以滿无量阿僧祇世
界七寶持用布施若有善男子善女人發菩
薩心者持於此經乃至四句偈等受持讀誦
為人演說其福勝彼云何為人演說不取於
相如如不動何以故

BD04541號　金剛般若波羅蜜經　（10–9）

說但凡夫之人貪著其事
須菩提若人言佛說我見人見衆生見壽者
見須菩提於意云何是人解我所說義不不
也世尊是人不解如來所說義何以故世尊
說我見人見衆生見壽者見即非我見人見
衆生見壽者見是名我見人見衆生見壽者
見須菩提發阿耨多羅三藐三菩提心者於一
切法應如是知如是見如是信解不生法
相須菩提所言法相者如來說即非法相是
名法相須菩提若有人以滿无量阿僧祇世
界七寶持用布施若有善男子善女人發菩
薩心者持於此經乃至四句偈等受持讀誦
為人演說其福勝彼云何為人演說不取於
相如如不動何以故
一切有為法如夢幻泡影如露亦如電應作如是觀
佛說是經已長老須菩提及諸比丘比丘尼
優婆塞優婆夷一切世間天人阿脩羅聞佛
所說皆大歡喜信受奉行

BD04541號　金剛般若波羅蜜經　（10–10）

BD04541 號背　藏文　　　　（1–1）

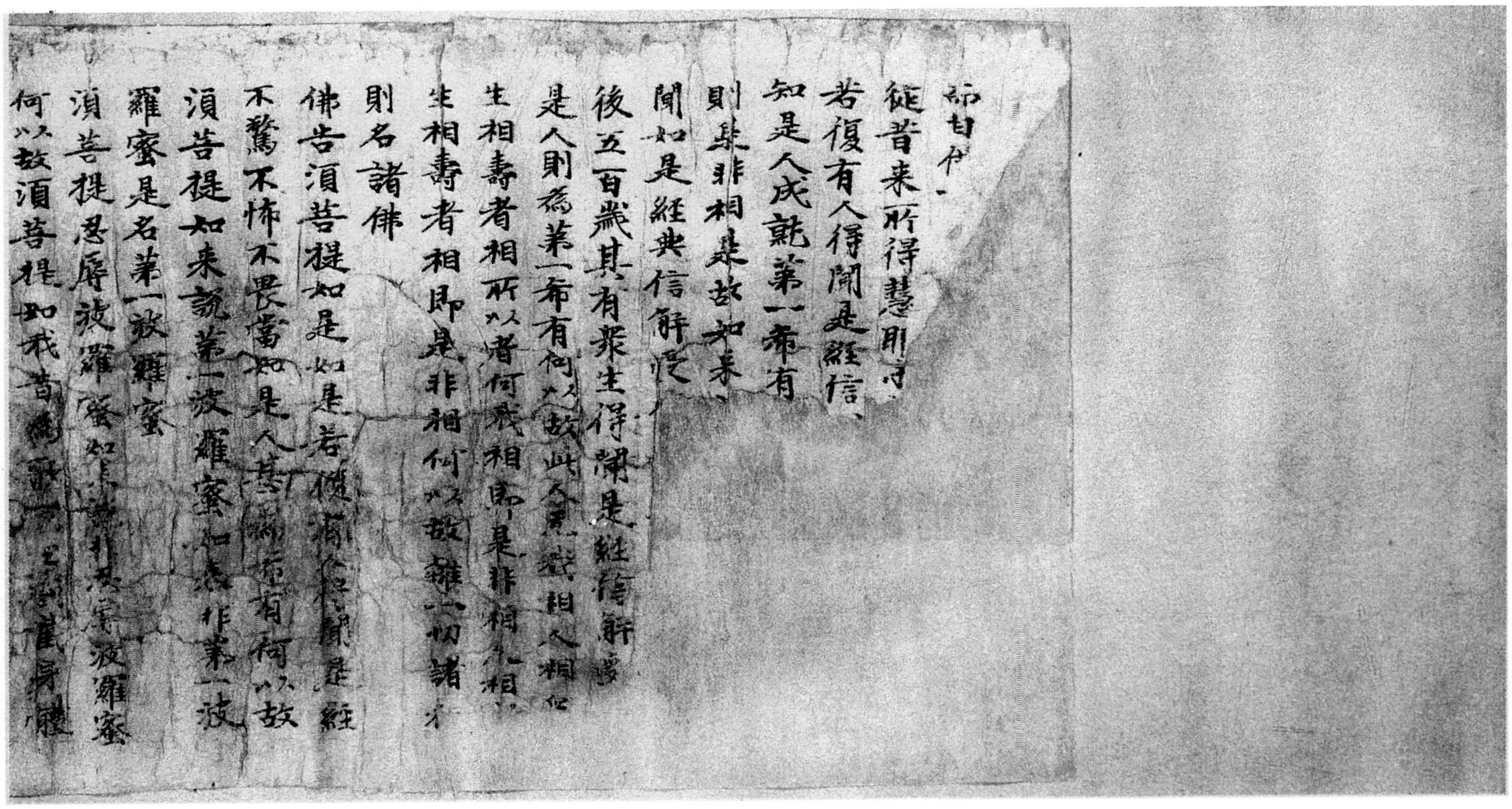

BD04542 號　金剛般若波羅蜜經　　　　（10–1）

不驚不怖不畏當知是人甚為希有何以故
須菩提如来說第一波羅蜜即非第一波
羅蜜是名第一波羅蜜
須菩提忍辱波羅蜜如来說非忍辱波羅蜜
何以故須菩提如我昔為歌利王割截身體
我於尒時无我相人相衆生相壽者相何
以故我於往昔節節支解時若有我相人相
衆生相壽者相應生瞋恨須菩提又念過
去於五百世作忍辱仙人於尒所世无我相无
人相无衆生相无壽者相是故須菩提菩薩
應離一切相發阿耨多羅三藐三菩提心不應
住色生心不應住聲香味觸法生心應生无
所住心若心有住則為非住是故佛說菩薩
心不應住色布施須菩提菩薩為利益一切
衆生應如是布施如来說一切諸相即是非
相又說一切衆生則非衆生
須菩提如来是真語者實語者如語者不
誑語者不異語者須菩提如来所得法此
法无實无虛
須菩提若菩薩心住於法而行布施如人入
闇則无所見若菩薩心不住法而行布施如人
有目日光明照見種種色
須菩提當来之世若有善男子善女人能於此經
受持讀誦則為如来以佛智慧悉知是人悉
見是人皆得成就无量无邊功德
須菩提若有善男子善女人初日分以恒河

BD04542號　金剛般若波羅蜜經　（10–2）

闇則无所見若菩薩心不住法而行布施如人
有目日光明照見種種色
須菩提當来之世若有善男子善女人能於此經
受持讀誦則為如来以佛智慧悉知是人悉
見是人皆得成就无量无邊功德
須菩提若有善男子善女人初日分以恒河
沙等身布施中日分復以恒河沙等身布施
後日分亦以恒河沙等身布施如是无量百
千万億劫以身布施若復有人聞此經典信
心不逆其福勝彼何況書寫受持讀誦為
人解說
須菩提以要言之是經有不可思議不可稱量
无邊功德如来為發大乘者說為發最上乘
者說若有人能受持讀誦廣為人說如来
悉知是人悉見是人皆得成就不可量不可
稱无有邊不可思議功德如是人等則為荷
擔如来阿耨多羅三藐三菩提何以故須菩
提若樂小法者著我見人見衆生見壽者見
則於此經不能聽受讀誦為人解說須菩提
在在處處若有此經一切世間天人阿脩羅
所應供養當知此處則為是塔皆應恭敬
作礼圍遶以諸華香而散其處
復次須菩提善男子善女人受持讀誦此經
若為人輕賤是人先世罪業應墮惡道以今
世人輕賤故先世罪業則為消滅當得阿耨

BD04542號　金剛般若波羅蜜經　（10–3）

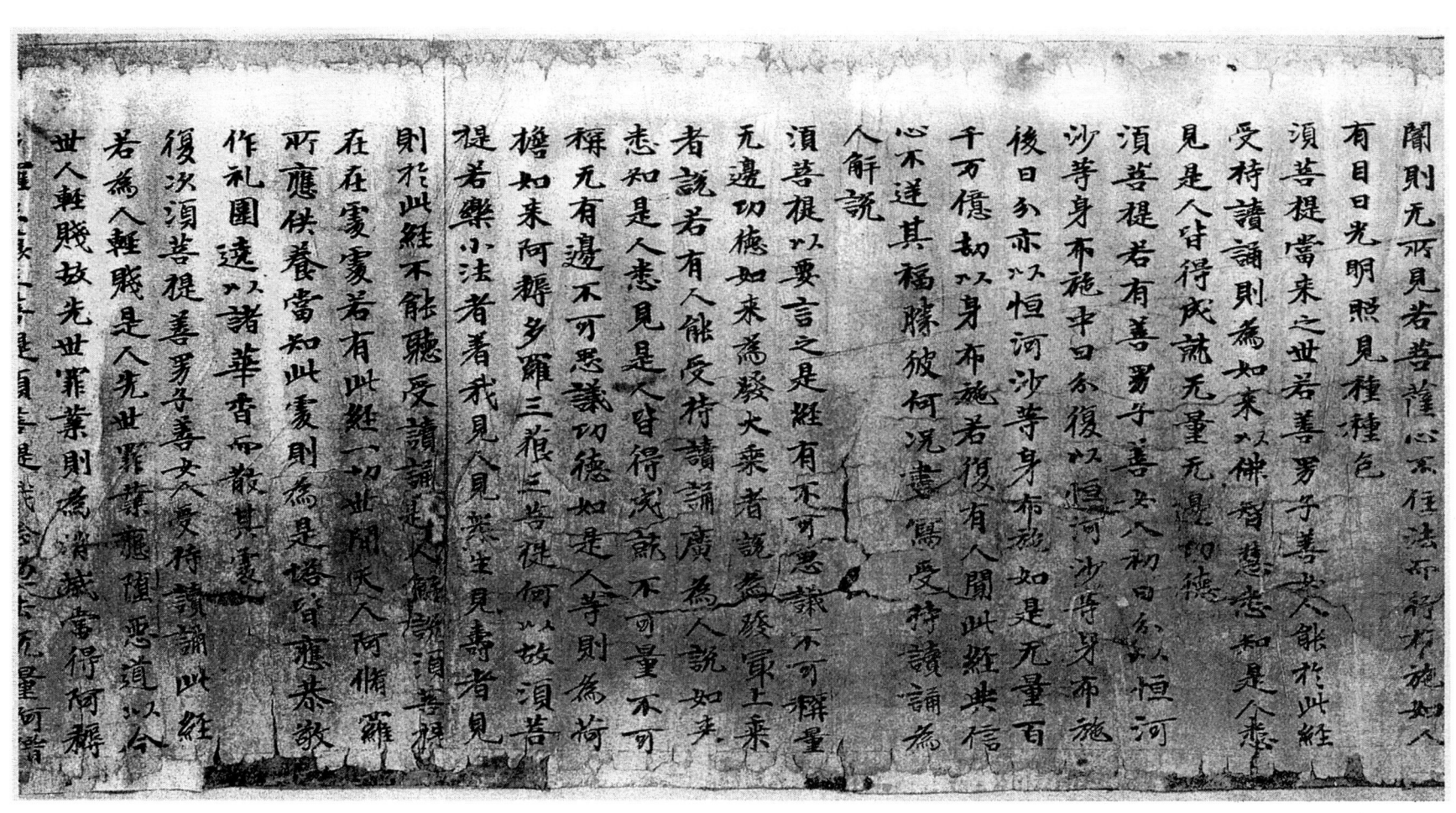

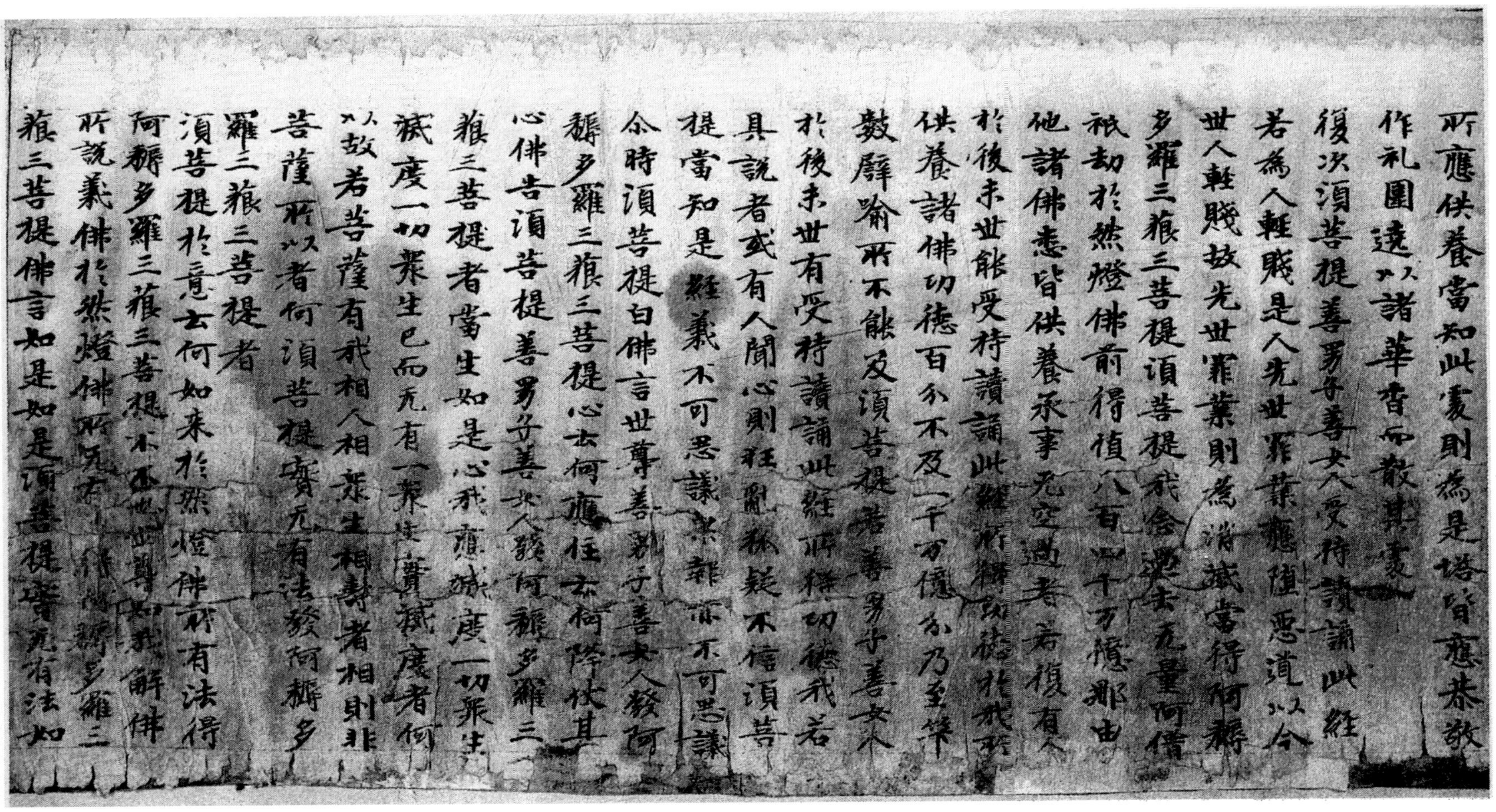
所應供養當知此處則為是塔皆應恭敬
作礼圍遶以諸華香而散其處
復次須菩提善男子善女人受持讀誦此經
若為人輕賤是人先世罪業應墮惡道以今
世人輕賤故先世罪業則為消滅當得阿耨
多羅三藐三菩提須菩提我念過去无量阿僧
祇劫於然燈佛前得值八百四千万億那由
他諸佛悉皆供養承事无空過者若復有人
於後末世能受持讀誦此經所得功德於我所
供養諸佛功德百分不及一千万億分乃至筭
數譬喻所不能及須菩提若善男子善女人
於後末世有受持讀誦此經所得功德我若
具說者或有人聞心則狂亂狐疑不信須菩
提當知是經義不可思議果報亦不可思議
尒時須菩提白佛言世尊善男子善女人發阿
耨多羅三藐三菩提心云何應住云何降伏其
心佛告須菩提善男子善女人發阿耨多羅三
藐三菩提者當生如是心我應滅度一切衆生
滅度一切衆生已而无有一衆生實滅度者何
以故若菩薩有我相人相衆生相壽者相則非
菩薩所以者何須菩提實无有法發阿耨多
羅三藐三菩提者
須菩提於意云何如来於然燈佛所有法得
阿耨多羅三藐三菩提不不也世尊如我解佛
所說義佛於然燈佛所无有法得阿耨多羅三
藐三菩提佛言如是如是須菩提實无有法如

BD04542 號　金剛般若波羅蜜經　（10–4）

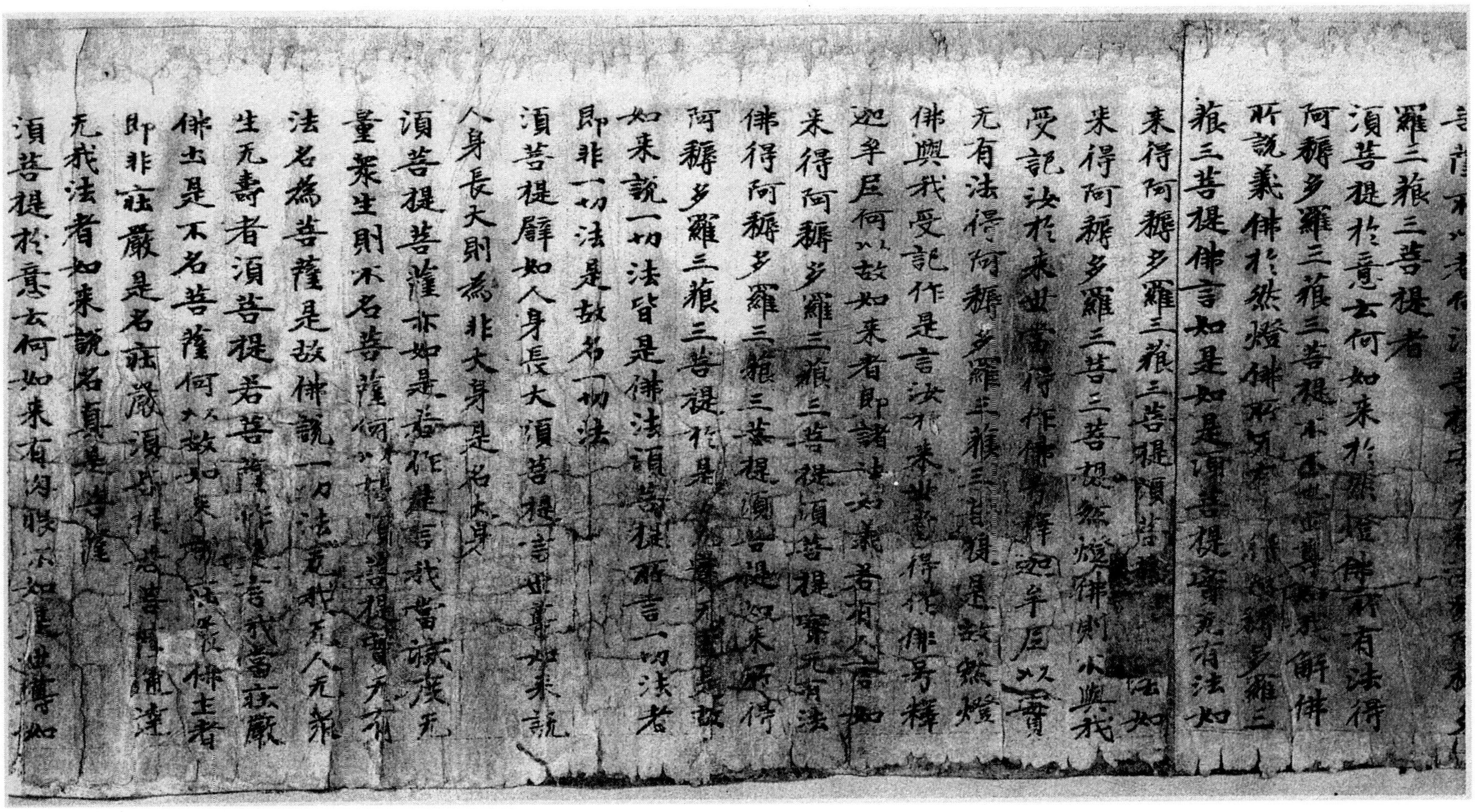
菩薩所以者何須菩提實无有法發阿耨多
羅三藐三菩提者
須菩提於意云何如来於然燈佛所有法得
阿耨多羅三藐三菩提不不也世尊如我解佛
所說義佛於然燈佛所无有法得阿耨多羅三
藐三菩提佛言如是如是須菩提實无有法如
来得阿耨多羅三藐三菩提須菩提若有法如
来得阿耨多羅三藐三菩提者然燈佛則不與我
受記汝於来世當得作佛号釋迦牟尼以實
无有法得阿耨多羅三藐三菩提是故然燈
佛與我受記作是言汝於来世當得作佛号釋
迦牟尼何以故如来者即諸法如義若有人言如
来得阿耨多羅三藐三菩提須菩提實无有法
佛得阿耨多羅三藐三菩提須菩提如来所得
阿耨多羅三藐三菩提於是中无實无虛是故
如来說一切法皆是佛法須菩提所言一切法者
即非一切法是故名一切法
須菩提譬如人身長大須菩提言世尊如来說
人身長大則為非大身是名大身
須菩提菩薩亦如是若作是言我當滅度无
量衆生則不名菩薩何以故須菩提實无有
法名為菩薩是故佛說一切法无我无人无衆
生无壽者須菩提若菩薩作是言我當莊嚴
佛土是不名菩薩何以故如来說莊嚴佛土者
即非莊嚴是名莊嚴須菩提若菩薩通達
无我法者如来說名真是菩薩
須菩提於意云何如来有肉眼不如是世尊如

BD04542 號　金剛般若波羅蜜經　（10–5）

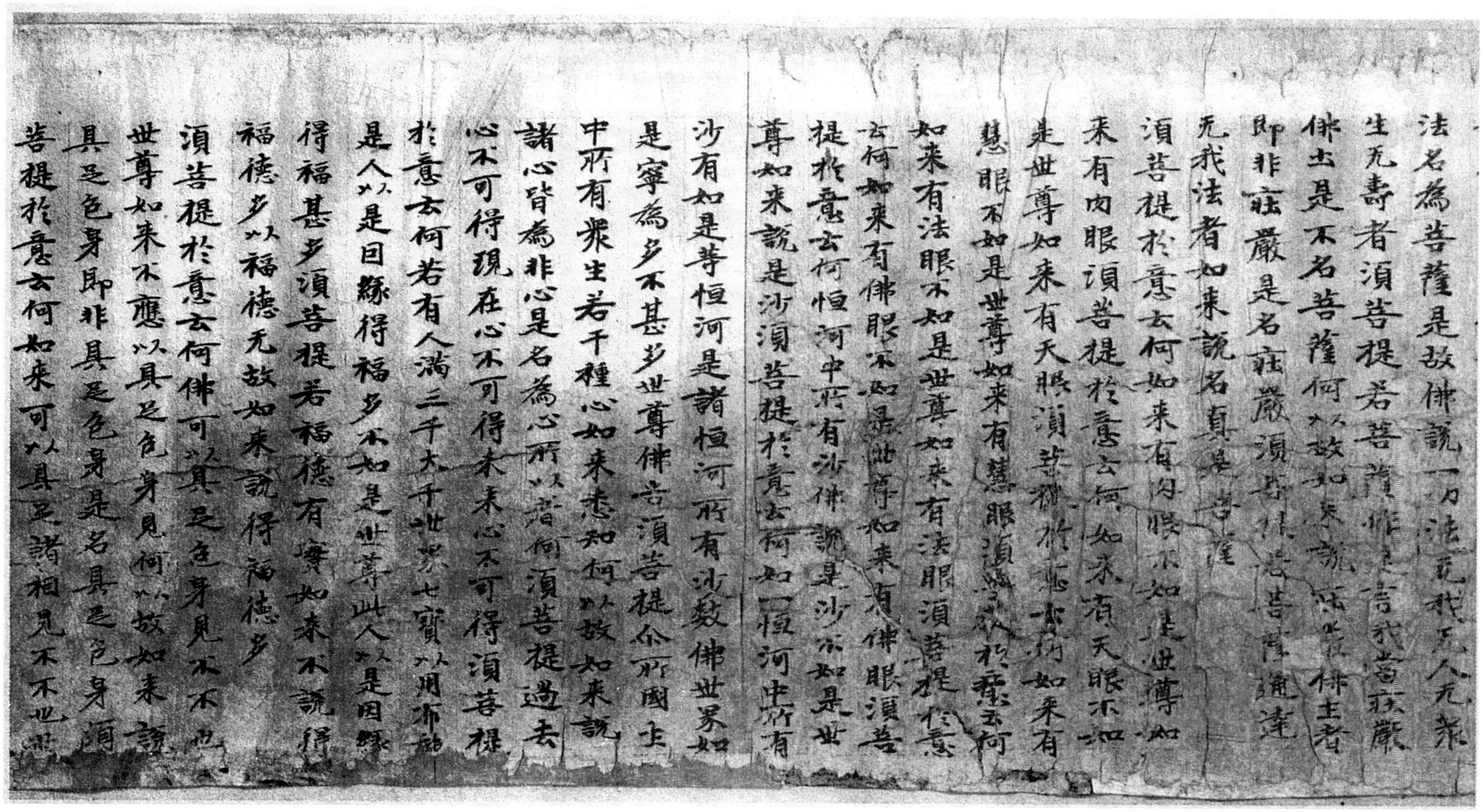

法名為菩薩是故佛說一切法无我无人无衆
生无壽者須菩提若菩薩作是言我當莊嚴
佛土是不名菩薩何以故如來說莊嚴佛土者
即非莊嚴是名莊嚴須菩提若菩薩通達
无我法者如來說名真是菩薩
須菩提於意云何如來有肉眼不如是世尊如
來有肉眼須菩提於意云何如來有天眼不如
是世尊如來有天眼須菩提於意云何如來有
慧眼不如是世尊如來有慧眼須菩提於意云何
如來有法眼不如是世尊如來有法眼須菩提於意
云何如來有佛眼不如是世尊如來有佛眼須菩
提於意云何恒河中所有沙佛說是沙不如是世
尊如來說是沙須菩提於意云何如一恒河中所有
沙有如是等恒河是諸恒河所有沙數佛世界如
是寧為多不甚多世尊佛告須菩提尒所國土
中所有衆生若干種心如來悉知何以故如來說
諸心皆為非心是名為心所以者何須菩提過去
心不可得現在心不可得未來心不可得須菩提
於意云何若有人滿三千大千世界七寶以用布施
是人以是因緣得福多不如是世尊此人以是因緣
得福甚多須菩提若福德有實如來不說得
福德多以福德无故如來說得福德多
須菩提於意云何佛可以具足色身見不不也
世尊如來不應以具足色身見何以故如來說
具足色身即非具足色身是名具足色身須
菩提於意云何如來可以具足諸相見不不也世

BD04542號　金剛般若波羅蜜經　（10–6）

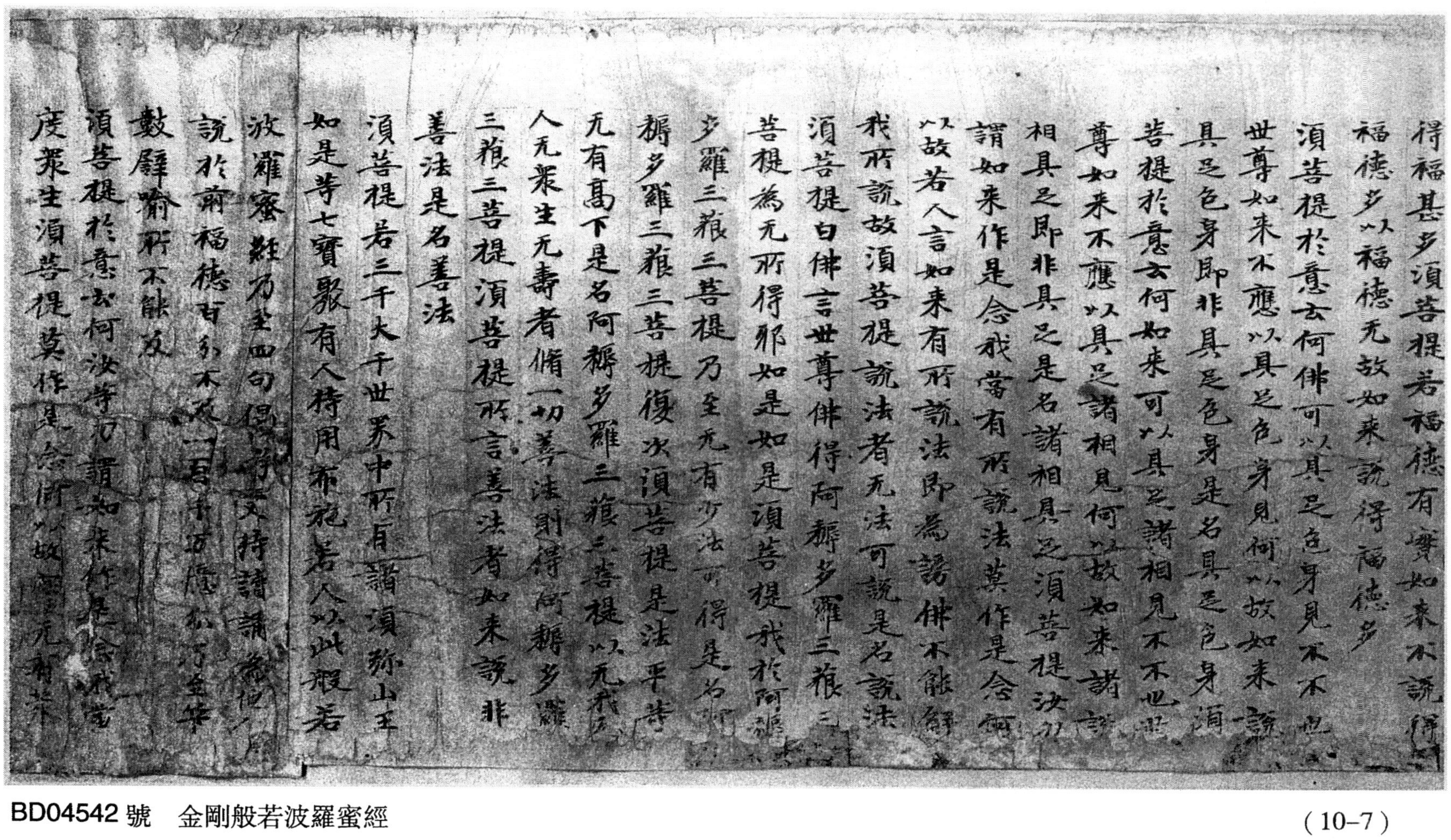

得福甚多須菩提若福德有實如來不說得
福德多以福德无故如來說得福德多
須菩提於意云何佛可以具足色身見不不也
世尊如來不應以具足色身見何以故如來說
具足色身即非具足色身是名具足色身須
菩提於意云何如來可以具足諸相見不不也世
尊如來不應以具足諸相見何以故如來說諸
相具足即非具足是名諸相具足須菩提汝勿
謂如來作是念我當有所說法莫作是念何
以故若人言如來有所說法即為謗佛不能解
我所說故須菩提說法者无法可說是名說法
須菩提白佛言世尊佛得阿耨多羅三藐三
菩提為无所得耶如是如是須菩提我於阿耨
多羅三藐三菩提乃至无有少法可得是名阿
耨多羅三藐三菩提復次須菩提是法平等
无有高下是名阿耨多羅三藐三菩提以无我无
人无衆生无壽者脩一切善法則得阿耨多羅
三藐三菩提須菩提所言善法者如來說非
善法是名善法
須菩提若三千大千世界中所有諸須弥山王
如是等七寶聚有人持用布施若人以此般若
波羅蜜經乃至四句偈等受持讀誦為他人
說於前福德百分不及一百千萬億分乃至筭
數譬喻所不能及
須菩提於意云何汝等勿謂如來作是念我當
度衆生須菩提莫作是念何以故實无有衆

BD04542號　金剛般若波羅蜜經　（10–7）

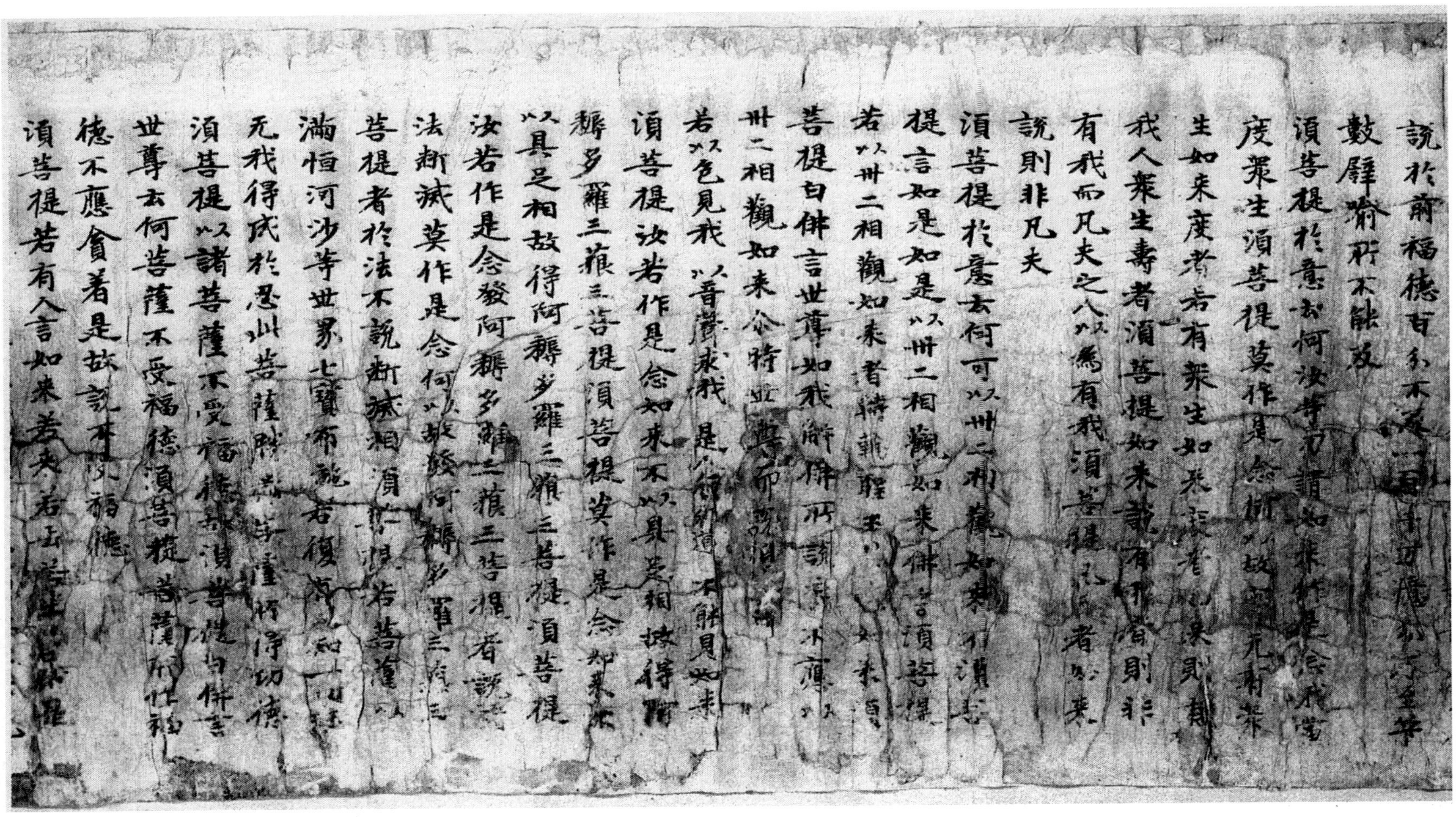
說於前福德百分不及一百千万億分乃至筭
數譬喻所不能及
須菩提於意云何汝等勿謂如來作是念我當
度衆生須菩提莫作是念何以故實无有衆
生如來度者若有衆生如來度者如來則有
我人衆生壽者須菩提如來說有我者則非
有我而凡夫之人以爲有我須菩提凡夫者如來
說則非凡夫
須菩提於意云何可以卅二相觀如來不須菩
提言如是如是以卅二相觀如來佛言須菩提
若以卅二相觀如來者轉輪聖王則是如來須
菩提白佛言世尊如我解佛所說義不應以
卅二相觀如來尒時世尊而說偈言
若以色見我 以音聲求我 是人行邪道 不能見如來
須菩提汝若作是念如來不以具足相故得阿
耨多羅三藐三菩提須菩提莫作是念如來不
以具足相故得阿耨多羅三藐三菩提須菩提
汝若作是念發阿耨多羅三藐三菩提者說諸
法斷滅莫作是念何以故發阿耨多羅三藐三
菩提者於法不說斷滅相須菩提若菩薩以
滿恒河沙等世界七寶布施若復有人知一切法
无我得成於忍此菩薩勝前菩薩所得功德
須菩提以諸菩薩不受福德故須菩提白佛言
世尊云何菩薩不受福德須菩提菩薩所作福
德不應貪著是故說不受福德
須菩提若有人言如來若來若去若坐若臥是

BD04542號　金剛般若波羅蜜經　（10–8）

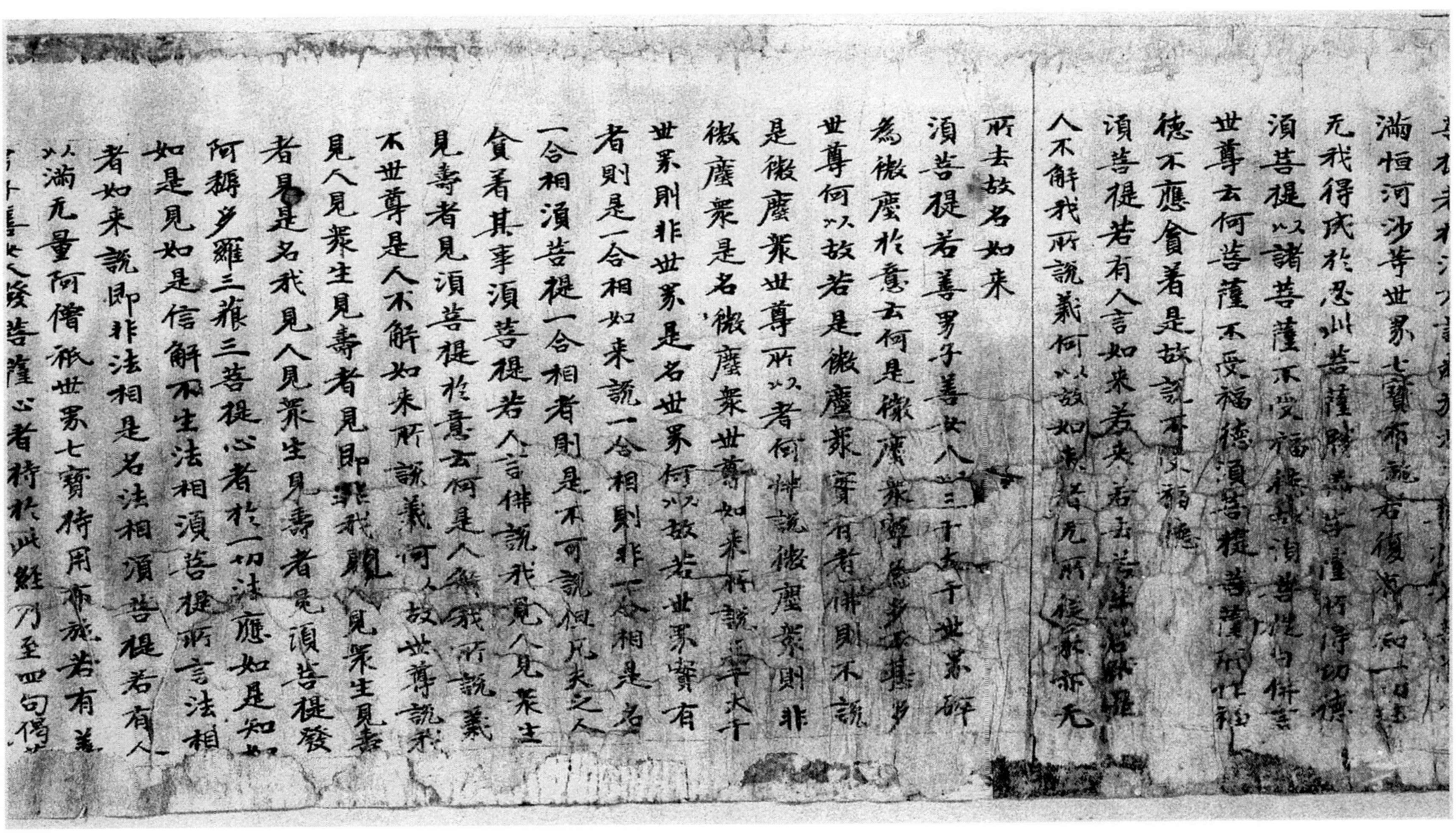
滿恒河沙等世界七寶布施若復有人知一切法
无我得成於忍此菩薩勝前菩薩所得功德
須菩提以諸菩薩不受福德故須菩提白佛言
世尊云何菩薩不受福德須菩提菩薩所作福
德不應貪著是故說不受福德
須菩提若有人言如來若來若去若坐若臥是
人不解我所說義何以故如來者无所從來亦无
所去故名如來
須菩提若善男子善女人以三千大千世界碎
爲微塵於意云何是微塵衆寧爲多不甚多
世尊何以故若是微塵衆實有者佛則不說
是微塵衆所以者何佛說微塵衆則非
微塵衆是名微塵衆世尊如來所說三千大千
世界則非世界是名世界何以故若世界實有
者則是一合相如來說一合相則非一合相是名
一合相須菩提一合相者則是不可說但凡夫之人
貪著其事須菩提若人言佛說我見人見衆生
見壽者見須菩提於意云何是人解我所說義
不世尊是人不解如來所說義何以故世尊說我
見人見衆生見壽者見即非我見人見衆生見壽
者見是名我見人見衆生見壽者見須菩提發
阿耨多羅三藐三菩提心者於一切法應如是知
如是見如是信解不生法相須菩提所言法相
者如來說即非法相是名法相須菩提若有人
以滿无量阿僧祇世界七寶持用布施若有善

BD04542號　金剛般若波羅蜜經　（10–9）

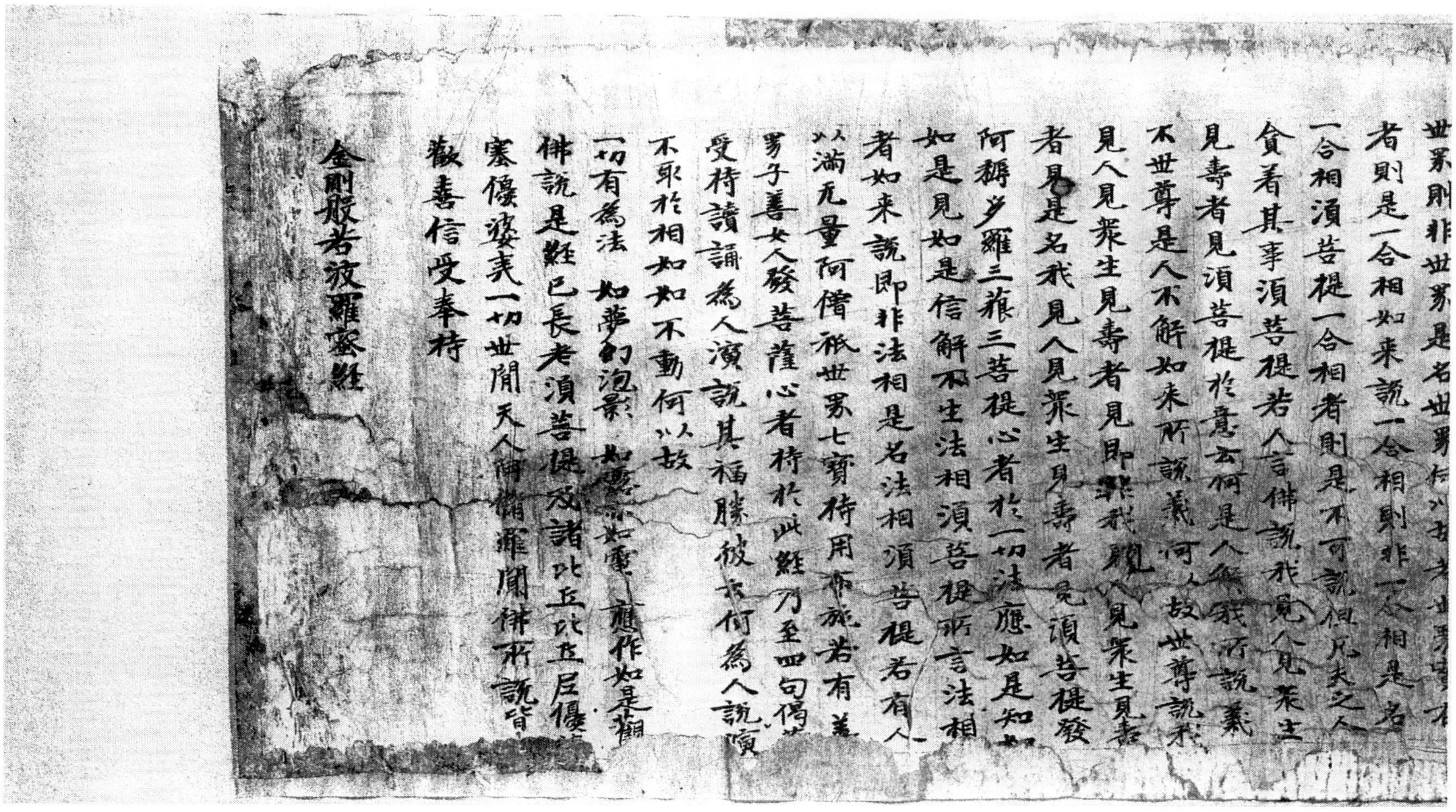

世界則非世界是名世界何以故若世界實有
者則是一合相如来說一合相則非一合相是名
一合相須菩提一合相者則是不可說但凡夫之人
貪著其事須菩提若人言佛說我見人見衆生
見壽者見須菩提於意云何是人解我所說義
不世尊是人不解如来所說義何以故世尊說我
見人見衆生見壽者見即非我見人見衆生見壽
者見是名我見人見衆生見壽者見須菩提發
阿耨多羅三藐三菩提心者於一切法應如是知如
是見如是信解不生法相須菩提所言法相
者如来說即非法相是名法相須菩提若有人
以滿无量阿僧祇世界七寶持用布施若有善
男子善女人發菩薩心者持於此經乃至四句偈
受持讀誦為人演說其福勝彼云何為人演說
不取於相如如不動何以故
一切有為法　如夢幻泡影　如露亦如電　應作如是觀
佛說是經已長老須菩提及諸比丘比丘尼優婆
塞優婆夷一切世間天人阿脩羅聞佛所說皆大
歡喜信受奉持

金剛般若波羅蜜經

BD04542 號　金剛般若波羅蜜經　（10–10）

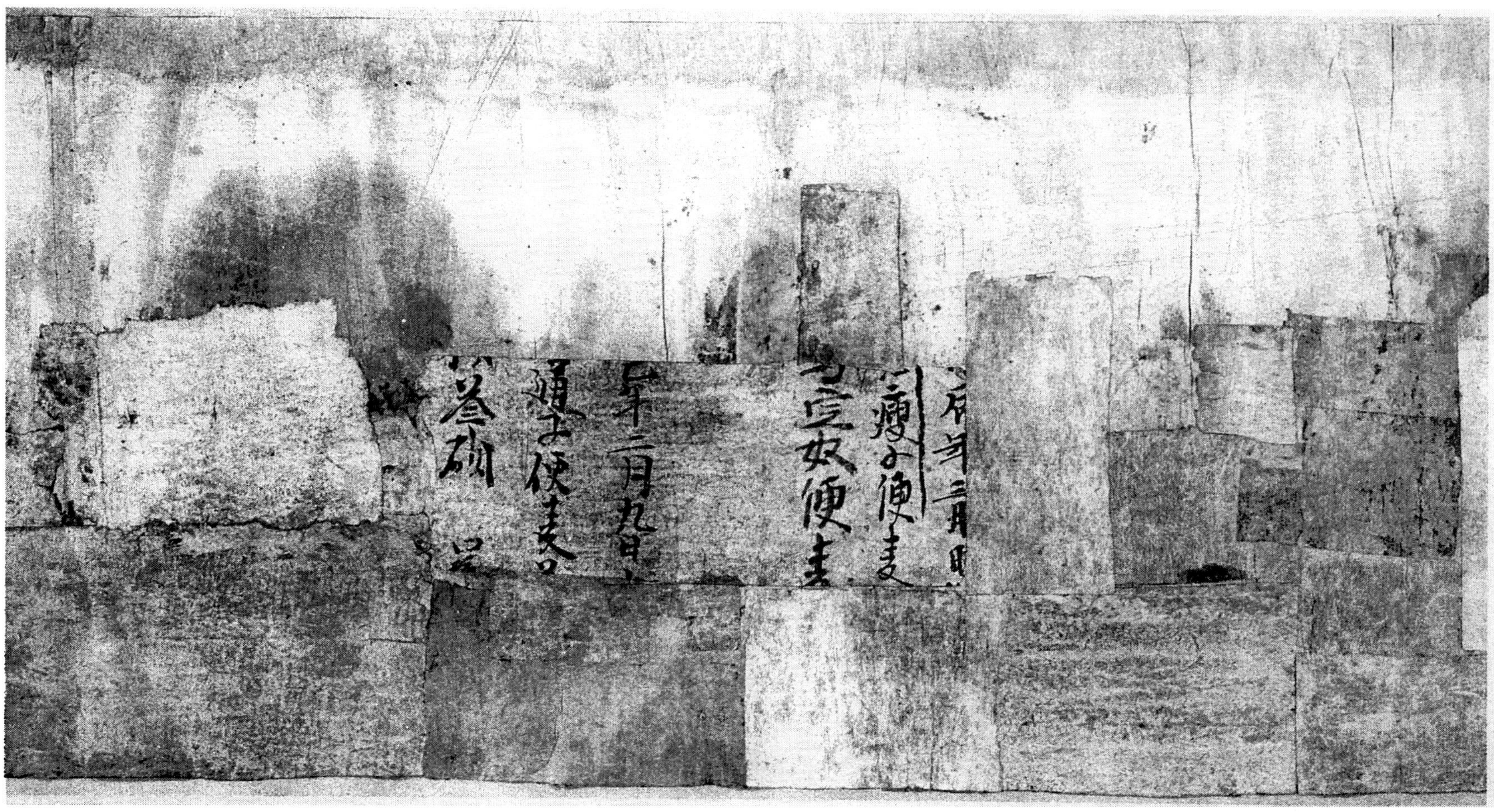

年三月
廣子便麦
定奴便麦
年三月九日
通子便麦
碩

BD04542 號背 1　便麥歷（擬）　（3–1）

BD04542 號背 2　佛畫殘片（擬）　（3–2）

BD04542 號背 2　佛畫殘片（擬）　（3–3）

有法眼須菩提於意云何
是世尊如来有佛眼須菩提於意云何
中所有沙佛說是沙不如是世尊如来說是沙
沙須菩提於意云何如一恒河中所有沙有
如是等恒河是諸恒河所有沙數佛世界如
是寧為多不甚多世尊佛告須菩提尒所
國土中所有衆生若干種心如来悉知何以故如
来說諸心皆為非心是名為心所以者何須
菩提過去心不可得現在心不可得未来心
不可得須菩提於意云何若有人滿三千大
千世界七寶以用布施是人以是因緣得福
多不如是世尊此人以是因緣得福甚多
須菩提若福德有實如来不說得福德多以
福德无故如来說得福德多
須菩提於意云何佛可以具足色身見不不
也世尊如来不應以具足色身見何以故如来
說具足色身即非具足色身是名具足色身
須菩提於意云何如来可以具足諸相見不不
也世尊如来不應以具足諸相見何以故如
来說諸相具足即非具足是名諸相具足
須菩提汝勿謂如来作是念我當有所說法
莫作是念何以故若人言如来有所說法即
為謗佛不能解我所說故須菩提說法者无
法可說是名說法

BD04543 號　金剛般若波羅蜜經　（5–1）

須菩提於意云何如来可以具足諸相見不不
也世尊如来不應以具足諸相見何以故如
来說諸相具足即非具足是名諸相具足
須菩提汝勿謂如来作是念我當有所說法
莫作是念何以故若人言如来有所說法即
為謗佛不能解我所說故須菩提說法者无
法可說是名說法
須菩提白佛言世尊佛得阿耨多羅三藐三
菩提為无所得耶如是如是須菩提我於阿
耨多羅三藐三菩提乃至无有少法可得是
名阿耨多羅三藐三菩提復次須菩提是法
平等无有高下是名阿耨多羅三藐三菩提
以无我无人无衆生无壽者脩一切善法則
得阿耨多羅三藐三菩提須菩提所言善法
者如来說非善法是名善法
須菩提若三千大千世界中所有諸須彌山
王如是等七寶聚有人持用布施若人以此
般若波羅蜜經乃至四句偈等受持讀誦為
他人說於前福德百分不及一百千万億分
乃至筭數譬喻所不能及
須菩提於意云何汝等勿謂如来作是念我
當度衆生須菩提莫作是念何以故實无有
衆生如来度者若有衆生如来度者如来則
有我人衆生壽者須菩提如来說有我者則
非有我而凡夫之人以為有我須菩提凡夫
者如来說則非凡夫
須菩提於意云何可以卅二相觀如来不須
菩提言如是如是以卅二相觀如来佛言須
菩提若以卅二相觀如来者轉輪聖王則是
如来須菩提白佛言世尊如我解佛所說義

BD04543 號　金剛般若波羅蜜經　（5–2）

有我人衆生壽者須菩提如来說有我者則
非有我而凡夫之人以為有我須菩提凡夫
者如来說則非凡夫
須菩提於意云何可以卅二相觀如来不須
菩提言如是如是以卅二相觀如来佛言須
菩提若以卅二相觀如来者轉輪聖王則是
如来須菩提白佛言世尊如我解佛所說義
不應以卅二相觀如来尒時世尊而說偈言
若以色見我　以音聲求我　是人行邪道　不能見如来
須菩提汝若作是念如来不以具足相故得阿
耨多羅三藐三菩提須菩提莫作是念如来
不以具足相故得阿耨多羅三藐三菩提須
菩提汝若作是念發阿耨多羅三藐三菩
提者說諸法斷滅莫作是念何以故發阿
耨多羅三藐三菩提者於法不說斷滅相須菩
提若菩薩以滿恒河沙等世界七寶布施若
復有人知一切法无我得成於忍此菩薩勝
前菩薩所得功德須菩提以諸菩薩不受福
德故須菩提白佛言世尊云何菩薩不受福
德須菩提菩薩所作福德不應貪着是故說
不受福德
須菩提若有人言如来若来若去若坐若卧
是人不解我所說義何以故如来者无所從
来亦无所去故名如来
須菩提若善男子善女人以三千大千世界
碎為微塵於意云何是微塵衆寧為多不
甚多世尊何以故若是微塵衆實有者佛則
不說是微塵衆所以者何佛說微塵衆則非
微塵衆是名微塵衆世尊如来所說三千大
千世界則非世界是名世界何以故若世界實

BD04543號　金剛般若波羅蜜經　（5–3）

是人不解我所說義何以故如来者无所從
来亦无所去故名如来
須菩提若善男子善女人以三千大千世界
碎為微塵於意云何是微塵衆寧為多不
甚多世尊何以故若是微塵衆實有者佛則
不說是微塵衆所以者何佛說微塵衆則非
微塵衆是名微塵衆世尊如来所說三千大
千世界則非世界是名世界何以故若世界實
有者則是一合相如来說一合相則非一合相
是名一合相須菩提一合相者則是不可說
但凡夫之人貪着其事須菩提若人言佛說
我見人見衆生見壽者見須菩提於意云何
是人解我所說義不世尊是人不解如来所
說義何以故世尊說我見人見衆生見壽者
見即非我見人見衆生見壽者見是名我
見人見衆生見壽者見須菩提發阿耨多羅
三藐三菩提心者於一切法應如是知如是見
如是信解不生法相須菩提所言法相者如来
說即非法相是名法相須菩提若有人以滿
无量阿僧祇世界七寶持用布施若有善男
子善女人發菩薩心者持於此經乃至四句
偈等受持讀誦為人演說其福勝彼云何
為人演說不取於相如如不動何以故
一切有為法　如夢幻泡影　如露亦如電　應作如是觀
佛說是經已長老須菩提及諸比丘比丘尼
優婆塞優婆夷一切世間天人阿脩羅聞
佛所說皆大歡喜信受奉持
金剛般若波羅蜜經

BD04543號　金剛般若波羅蜜經　（5–4）

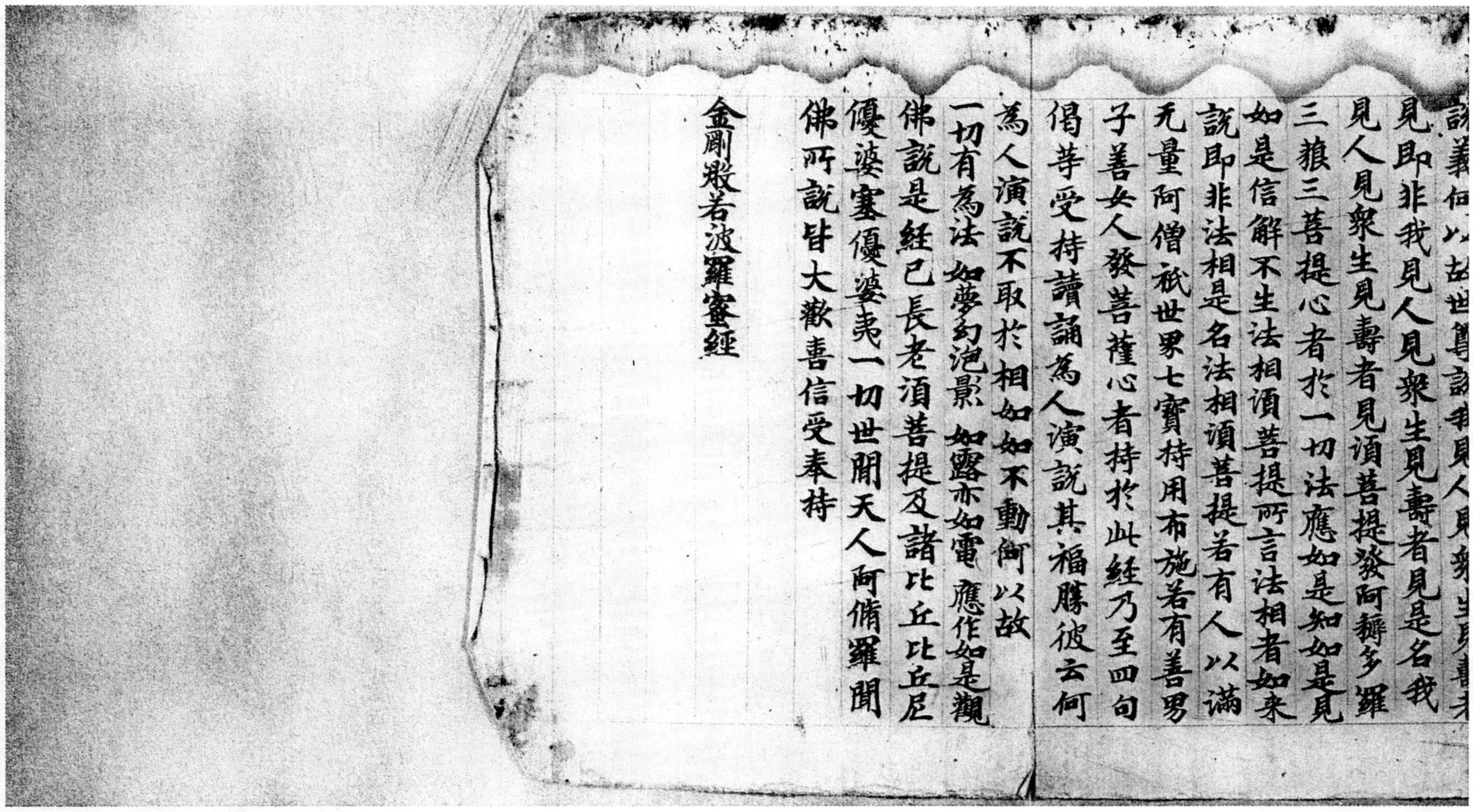

說義何以故世尊說我見人見衆生見壽者
見即非我見人見衆生見壽者見是名我
見人見衆生見壽者見須菩提發阿耨多羅
三藐三菩提心者於一切法應如是知如是見
如是信解不生法相須菩提所言法相者如来
說即非法相是名法相須菩提若有人以滿
无量阿僧祇世界七寶持用布施若有善男
子善女人發菩薩心者持於此經乃至四句
偈等受持讀誦為人演說其福勝彼云何
為人演說不取於相如如不動何以故
一切有為法 如夢幻泡影 如露亦如電 應作如是觀
佛說是經已長老須菩提及諸比丘比丘尼
優婆塞優婆夷一切世間天人阿脩羅聞
佛所說皆大歡喜信受奉持
金剛般若波羅蜜經

BD04543 號　金剛般若波羅蜜經　（5–5）

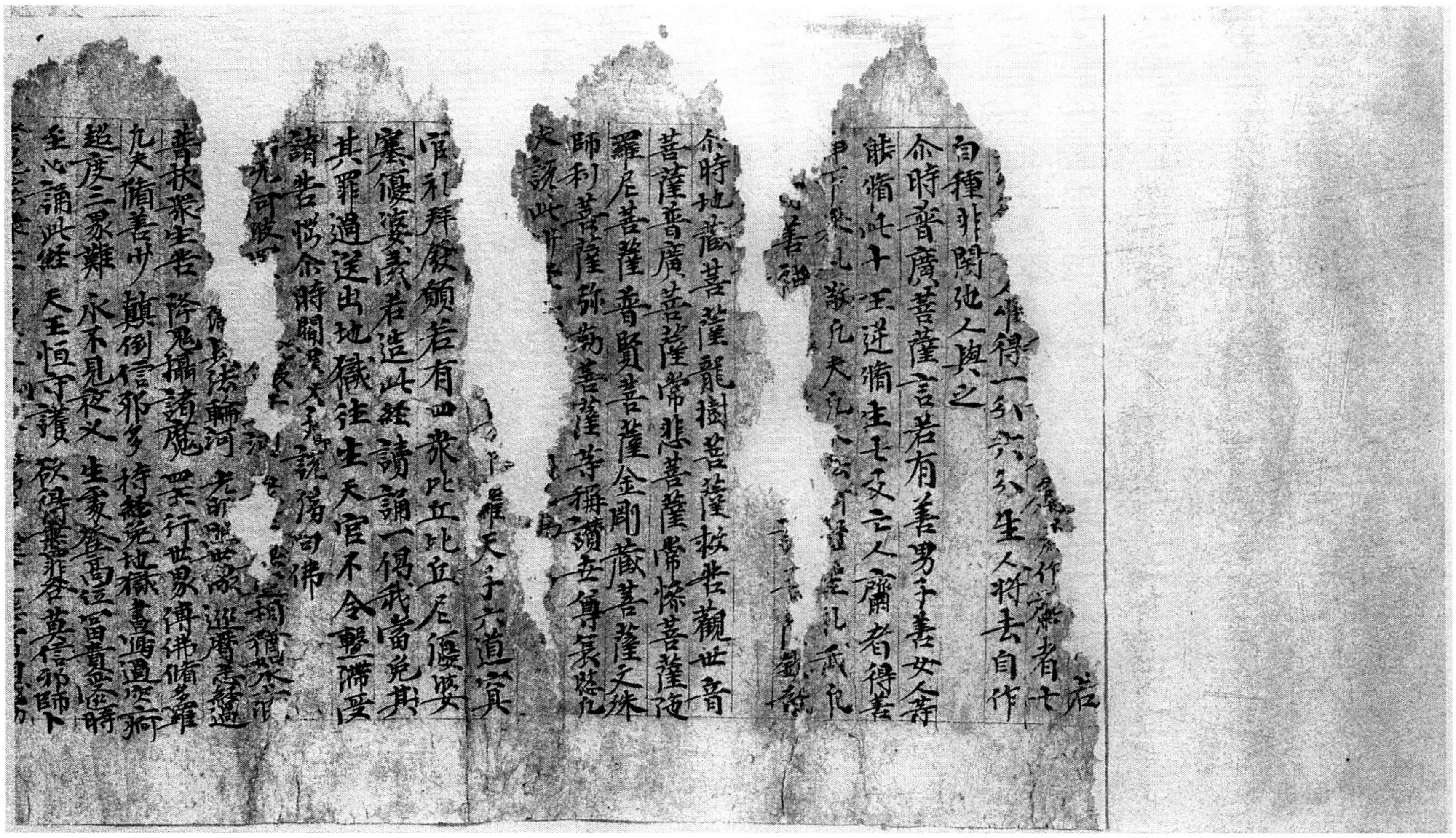

[illegible]作齋者七
人唯得一分六分生人將去自作
自種非關他人與之
尒時普廣菩薩言若有善男子善女人奉
能脩此十王逆脩生七及亡人齋者得善
[illegible]
善神[illegible]
尒時地藏菩薩龍樹菩薩救苦觀世音
菩薩普廣菩薩常悲菩薩常慘菩薩陀
羅尼菩薩普賢菩薩金剛藏菩薩文殊
師利菩薩彌勒菩薩等稱讚世尊哀慜凡
夫說此[illegible]
[illegible]羅天子六道冥
官礼拜發願若有四衆比丘比丘尼優婆
塞優婆夷若造此經讀誦一偈我當免其
其罪過送出地獄往生天宮不令繫滯受
諸苦惱尒時閻羅天子說偈白佛
[illegible]
[illegible]法輪河 光明照世界 巡曆悉經過
普救衆生苦 降鬼攝諸魔 四王行世界 傳佛脩多羅
凡夫脩善少 顛倒信邪多 持經免地獄 書寫過災痾
超度三界難 永不見夜叉 生處登高位 富貴壽延時
至心誦此經 天王恒守護 欲得無罪咎 莫信邪師卜

BD04544 號 1　十王經　（7–1）

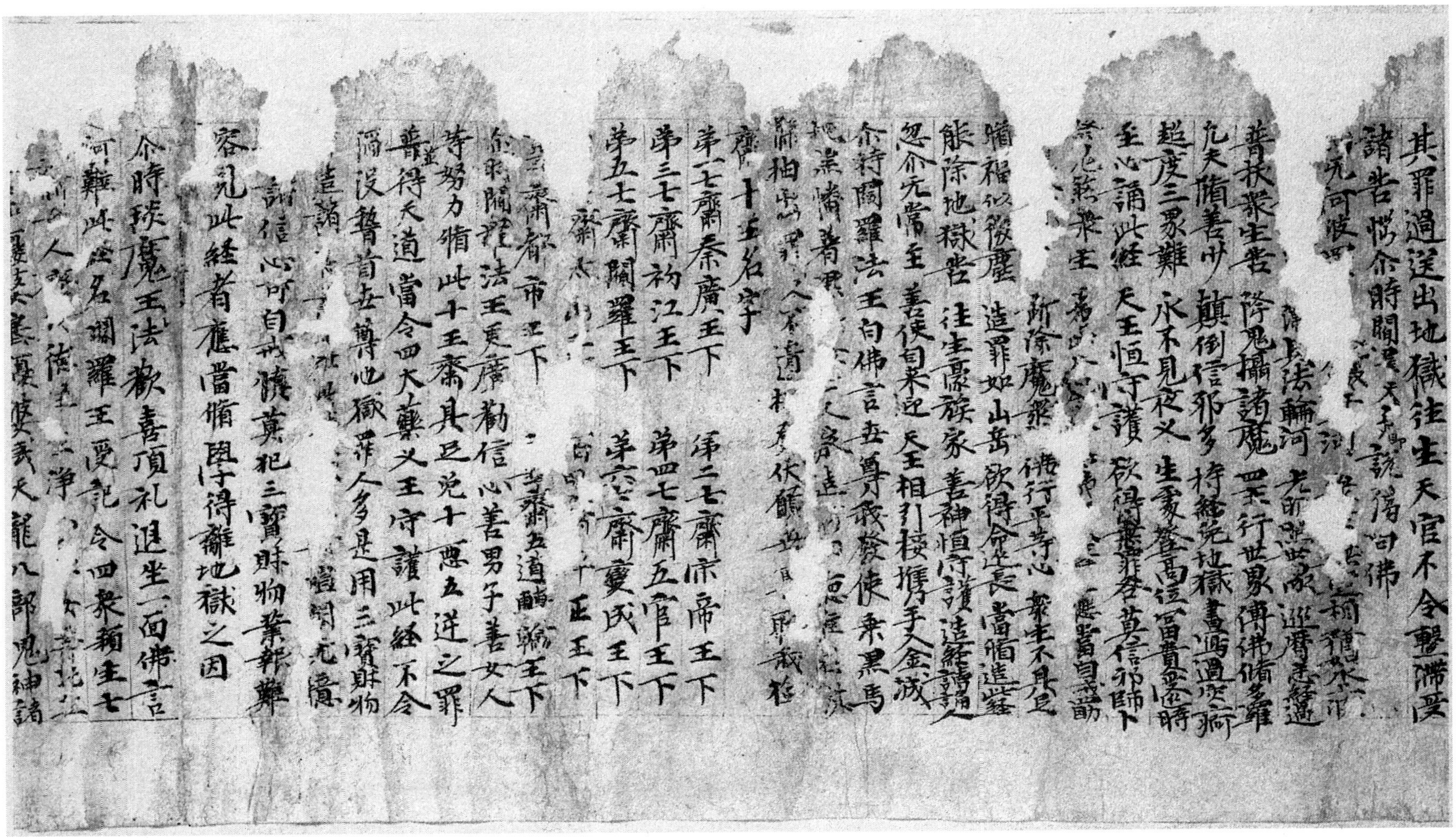

其罪過送出地獄往生天官不令繫滯受
諸苦惱介時閻羅天子說偈白佛
[illegible]
普扶衆生苦　降鬼攝諸魔　四天行世界　傳佛修多羅
[illegible]
凡夫脩善少　顛倒信邪多　持經免地獄　書寫過災痾
超度三界難　永不見夜叉　生處登高位　富貴壽延時
至心誦此經　天王恒守護　欲得無罪苦　莫信邪師卜
[illegible]
斷除魔衆　佛行平等心　衆生不具足
修福似微塵　造罪如山岳　欲得命延長　當修造此經
能除地獄苦　往生豪族家　善神恒守護　造經讀誦人
忽介无常至　善使自來迎　天王相引接　擕手入金城
介時閻羅法王白佛言世尊我發使乘黑馬
[illegible]
[illegible]
齋十王名字
第一七齋秦廣王下　第二七齋宋帝王下
第三七齋初江王下　第四七齋五官王下
第五七齋閻羅王下　第六七齋變成王下
[illegible]　[illegible]正王下
[illegible]齋都市王下　[illegible]齋五道轉輪王下
[illegible]法王更廣勸信心善男子善女人
等努力脩此十王齋具足免十惡五逆之罪
並得天道當令四大藥叉王守護此經不令
陷沒[illegible]五尊地獄罪人多是用三寶財物
遣諸[illegible]
[illegible]信心可自誡[illegible]莫犯三寶財物業報難
容見此經者應當修學得離地獄之因
介時琰魔王法歡喜頂礼退坐一面佛言
阿難此經名閻羅王受記令四衆預生七
[illegible]
[illegible]優婆塞優婆夷天龍八部鬼神諸

BD04544 號 1　十王經　（7–2）

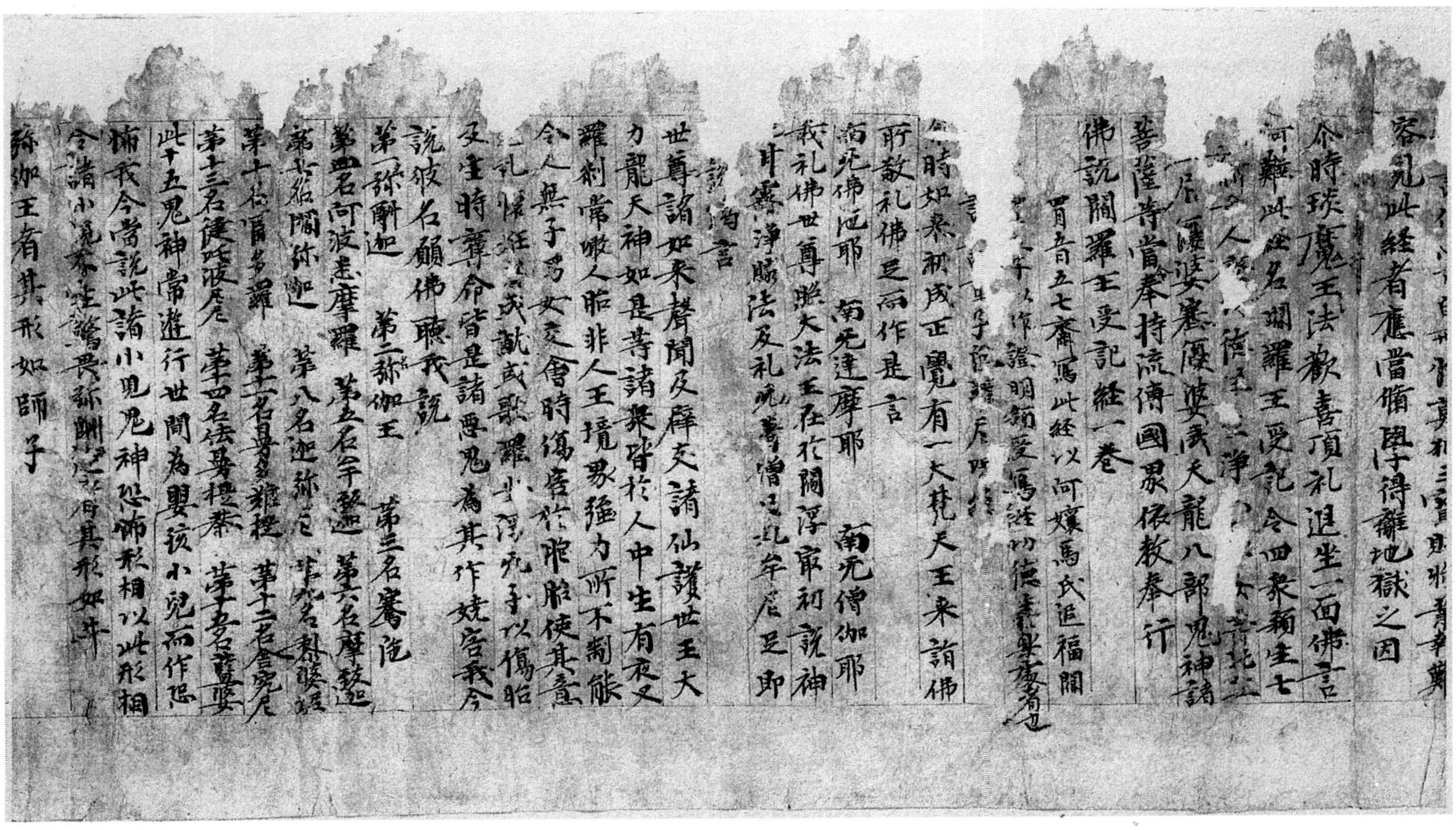

[illegible]三寶財物業報難
容見此經者應當修學得離地獄之因
介時琰魔王法歡喜頂礼退坐一面佛言
阿難此經名閻羅王受記令四衆預生七
[illegible]
一切優婆塞優婆夷天龍八部鬼神諸
菩薩等當奉持流傳國界依教奉行
佛說閻羅王受記經一卷
[illegible]五七齋寫此經以阿孃馬氏追福[illegible]
[illegible]
介時如來初成正覺有一大梵天王来詣佛
所敬礼佛足而作是言
南无佛陀耶　南无達摩耶　南无僧伽耶
我礼佛世尊　[illegible]大法王　在於閻浮[illegible]　初說神
甘露淨勝法　及礼[illegible]僧[illegible]足即
[illegible]言
世尊諸如來聲聞及辟支諸仙讚世王大
力龍天神如是等諸衆皆於人中生有夜叉
羅剎常噉人胎非人王境界强力所不制能
令人無子男女交會時傷害於胞胎使其意
[illegible]以傷胎
及生時奪命皆是諸惡鬼為其作燒害我今
說彼名願佛聽我說
第一彌酬迦　第二彌伽王　第三名騫陀
第四名阿波悉摩羅　第五名牟致迦　第六名摩致迦
第七名閻彌迦　第八名迦彌尼　第九名[illegible]
第十名富多羅　第十一名[illegible]　第十二名舍究尼
第十三名揵吒波尼　第十四名[illegible]　第十五名[illegible]
此十五鬼神常遊行世間為嬰孩小兒而作恐
怖我今當說此諸小兒鬼神恐怖形相以此形相
令諸小兒驚怖[illegible]其形如牛
彌酬迦王者其形如師子

BD04544 號 1　十王經　（7–3）
BD04544 號 2　護諸童子陀羅尼經

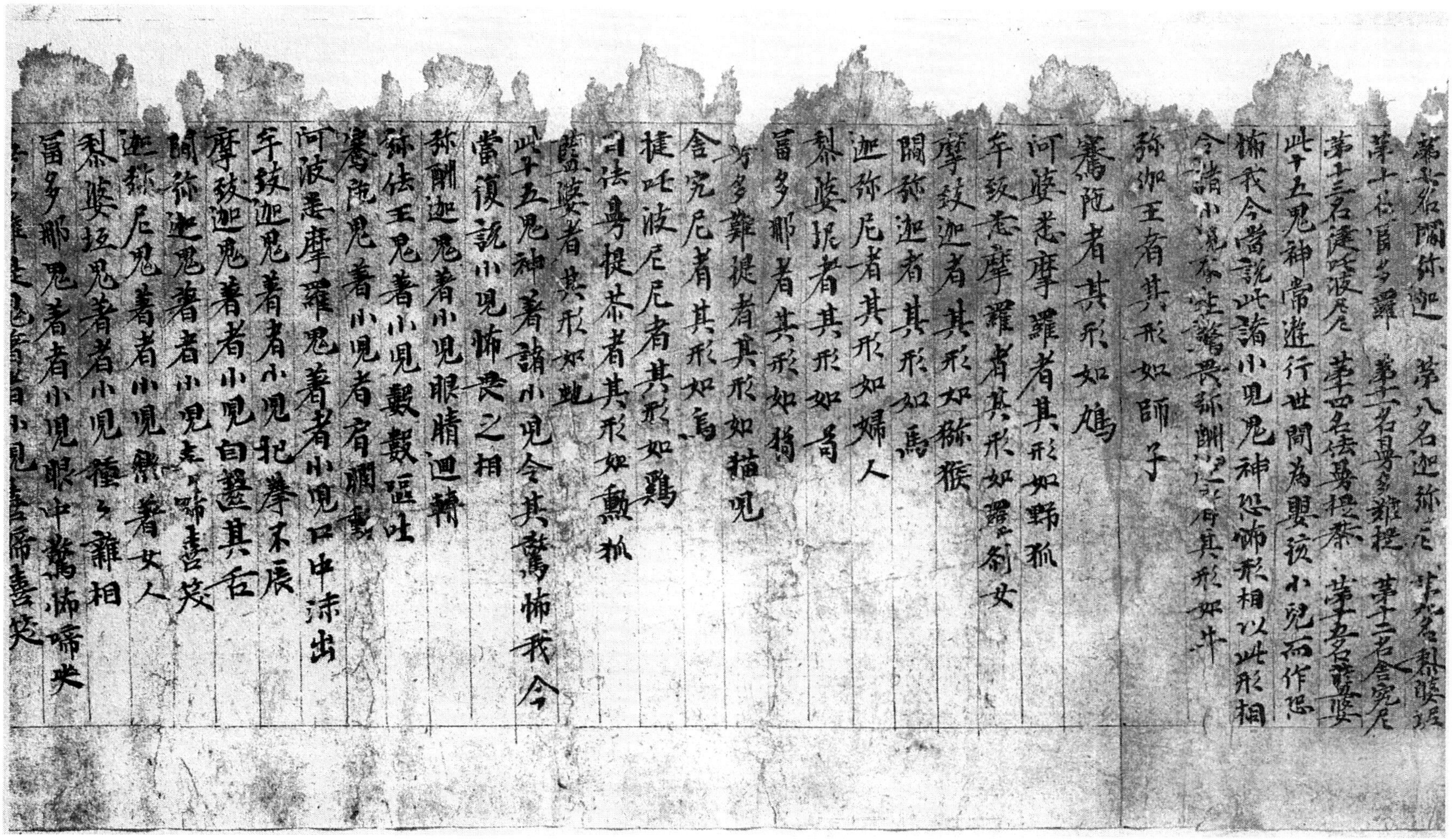
第七名閻彌迦　第八名迦彌尼　第九名梨婆坻
第十名富多羅　第十一名曼多難提　第十二名舍究尼
第十三名揵吒波尼　第十四名目佉曼提茶　第十五名藍婆
此十五鬼神常遊行世間為嬰孩小兒而作恐
怖我今當說此諸小兒鬼神恐怖形相以此形相
令諸小兒不[illegible]驚畏彌酬迦者其形如牛
彌伽王者其形如師子
騫陀者其形如鳩
阿波悉摩羅者其形如野狐
牟致悉摩羅者其形如羅剎女
摩致迦者其形如獼猴
閻彌迦者其形如馬
迦彌尼者其形如婦人
梨婆坻者其形如狗
富多那者其形如猪
曼多難提者其形如猫兒
舍究尼者其形如鳥
揵吒波尼者其形如雞
目佉曼提茶者其形如薰狐
藍婆者其形如蛇
此十五鬼神著諸小兒令其驚怖我今
當復說小兒怖畏之相
彌酬迦鬼著小兒眼睛迴轉
彌伽王鬼著小兒數數嘔吐
騫陀鬼著小兒者肩膊動
阿波悉摩羅鬼著者小兒口中沫出
牟致迦鬼著者小兒把拳不展
摩致迦鬼著者小兒自齧其舌
閻彌迦鬼著者小兒[illegible]啼喜笑
迦彌尼鬼著者小兒樂著女人
梨婆坻鬼著者小兒種種雜相
富多那鬼著者小兒眼中驚怖啼哭
曼多難提鬼著者小兒喜啼喜笑

BD04544 號 2　護諸童子陀羅尼經　（7–4）

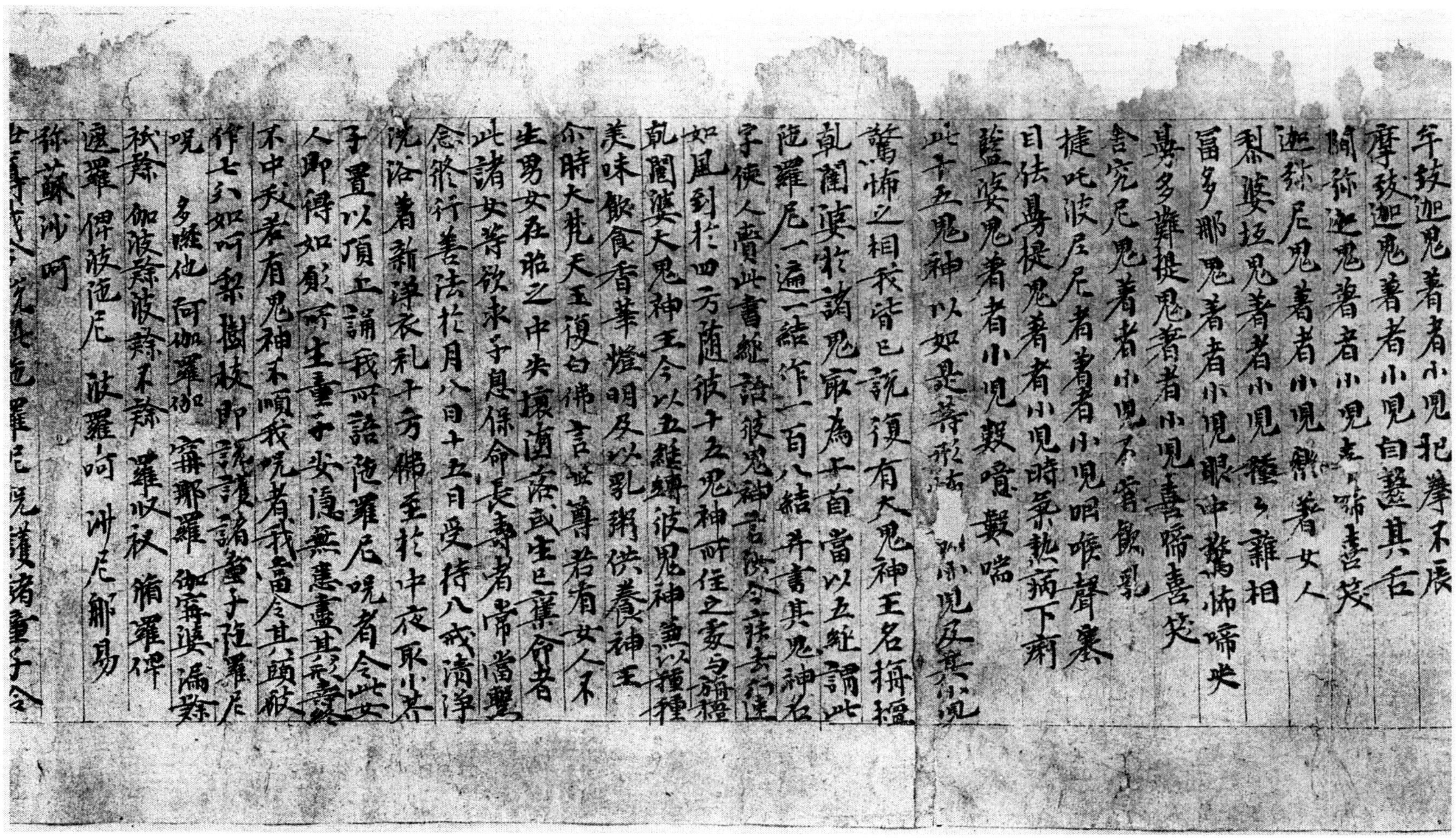
牟致迦鬼著者小兒把拳不展
摩致迦鬼著者小兒自齧其舌
閻彌迦鬼著者小兒[illegible]啼喜笑
迦彌尼鬼著者小兒樂著女人
梨婆坻鬼著者小兒種種雜相
富多那鬼著者小兒眼中驚怖啼哭
曼多難提鬼著者小兒喜啼喜笑
舍究尼鬼著者小兒不肯飲乳
揵吒波尼鬼著者小兒咽喉聲塞
目佉曼提鬼著者小兒時氣熱病下痢
藍婆鬼著者小兒數噫數噦
此十五鬼神以如是等形狀恐怖小兒及其小兒
驚怖之相我皆已說復有大鬼神王名栴檀
乾闥婆於諸鬼眾為上首當以五色縷誦此
陀羅尼一遍一結作一百八結并書其鬼神名
字使人賫此書經語彼鬼神[illegible]
如風到於四方隨彼十五鬼神所住之處[illegible]
乾闥婆大鬼神王今以五色縷縛彼鬼神並以種種
美味飲食香華燈明及以乳粥供養神王
尒時大梵天王復白佛言世尊若有女人不
生男女在胎之中失壞墮落或生已夭命者
此諸女等欲求子息保命長壽者常當[illegible]
念修行善法於月八日十五日受持八戒清淨
洗浴著新淨衣礼十方佛至於中夜取小芥
子置以頂上誦我所語陀羅尼呪者令此女
人即得如願所生童子安隱無患盡其形壽
不中夭若有鬼神不順我呪者我當令其頭破
作七分如阿梨樹枝即說護諸童子陀羅尼
呪　多侄他　阿伽羅伽　寐那羅　伽寐娑滿跢
祇跢　伽波跢波跢不跢　羅收祇　脯羅俾
遮羅　俾波陀尼　波羅呵　洲尼鄃易
彌蘇沙呵
[illegible]陀羅尼呪護諸童子令

BD04544 號 2　護諸童子陀羅尼經　（7–5）

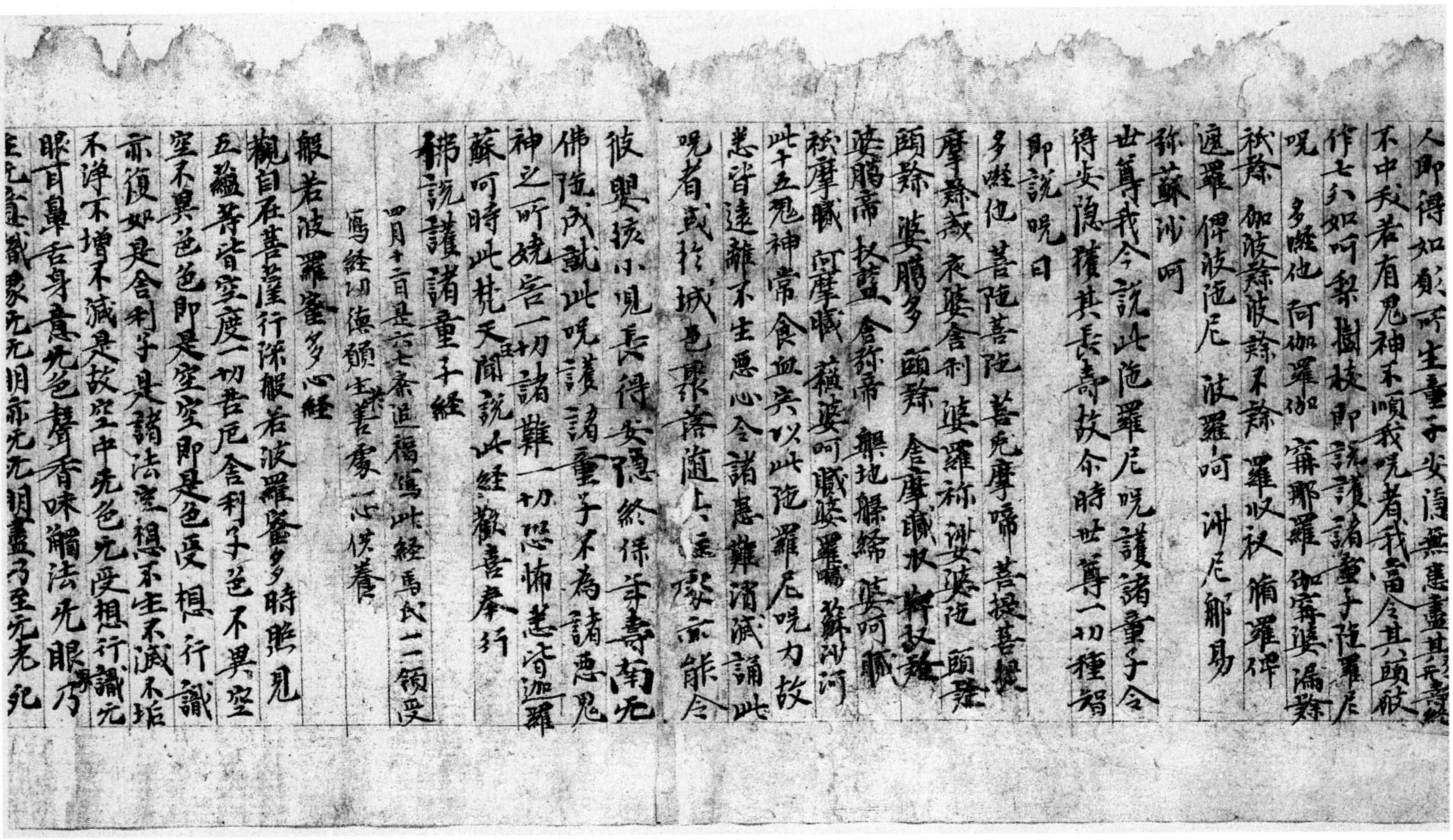

人即得如願所生童子安隱無患盡其天壽
不中夭若有鬼神不順我呪者我當令其頭破
作七分如阿梨樹枝即說護諸童子陀羅尼
呪 多姪他 阿伽羅伽 寧耶羅 伽寧婆 漏祇
祇祇 伽波祇波祇不祇 羅收收 脩羅俾
遮羅 俾波陀尼 波羅呵 洲尼那易
彌蘇沙呵
世尊我今說此陀羅尼呪護諸童子令
得安隱獲其長壽故尒時世尊一切種智
即說呪曰
多姪他 菩陀菩陀 菩究摩啼 菩提菩提
摩祇哉 夜婆舍利 婆羅祢 沙婆陀 頭盬
頭祇 婆膩多 頭祇 舍摩膩收 好丈羅
婆膩帝 收盬 舍祢帝 槃地槃絺 婆呵膩
祇摩膩 呵摩膩 積婆呵膩婆羅嚙 蘇沙呵
此十五鬼神常食血宍以此陀羅尼呪力故
悉皆遠離不生惡心令諸患難消滅誦此
呪者或於城邑聚落道上[illegible]亦能令
彼嬰孩小兒長得安隱終保年壽南无
佛陀戍訶此呪護諸童子不為諸惡鬼
神之所嬈害一切諸難一切恐怖悉皆遮羅
蘇呵時此梵天王聞說此經歡喜奉行
佛說護諸童子經
四月十三日是六七齋追福寫此經馬氏一心領受
寫經功德願生於善處一心供養
般若波羅蜜多心經
觀自在菩薩行深般若波羅蜜多時照見
五蘊皆空度一切苦厄舍利子色不異空
空不異色色即是空空即是色受想行識
亦復如是舍利子是諸法空相不生不滅不垢
不淨不增不減是故空中无色无受想行識无
眼耳鼻舌身意无色聲香味觸法无眼界乃
至无意識界无无明亦无无明盡乃至无老死

BD04544 號 2　護諸童子陀羅尼經　（7–6）

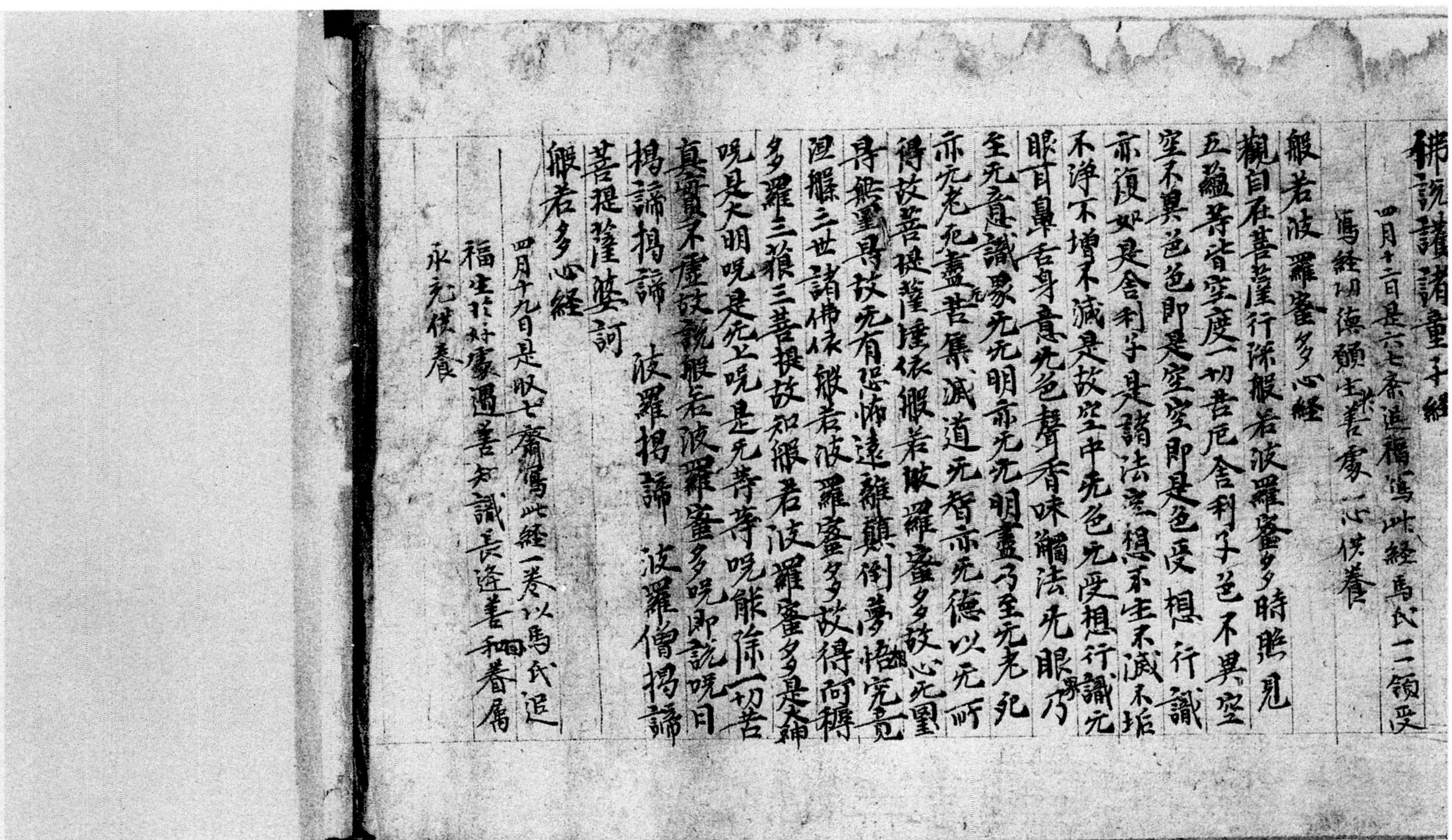

佛說護諸童子經
四月十三日是六七齋追福寫此經馬氏一心領受
寫經功德願生於善處一心供養
般若波羅蜜多心經
觀自在菩薩行深般若波羅蜜多時照見
五蘊皆空度一切苦厄舍利子色不異空
空不異色色即是空空即是色受想行識
亦復如是舍利子是諸法空相不生不滅不垢
不淨不增不減是故空中无色无受想行識无
眼耳鼻舌身意无色聲香味觸法无眼界乃
至无意識界无无明亦无无明盡乃至无老死
亦无老死盡无苦集滅道无智亦无得以无所
得故菩提薩埵依般若波羅蜜多故心无罣
㝵无罣㝵故无有恐怖遠離顛倒夢想究竟
涅槃三世諸佛依般若波羅蜜多故得阿耨
多羅三藐三菩提故知般若波羅蜜多是大神
呪是大明呪是无上呪是无等等呪能除一切苦
真實不虛故說般若波羅蜜多呪即說呪曰
揭諦揭諦　波羅揭諦　波羅僧揭諦
菩提薩婆訶
般若多心經
四月十九日是收七齋寫此經一卷以馬氏追
福生於好處遇善知識長逢善和眷屬
永充供養

BD04544 號 3　般若波羅蜜多心經　（7–7）

衆

南謨北方天鼓音王佛　南謨上方廣衆德佛
南謨下方明德佛　南謨寶藏佛
南謨普光佛　南謨普明佛
南謨香積王佛　南謨蓮花勝佛
南謨平等見佛　南謨寶髻佛
南謨寶上佛　南謨寶光佛
南謨无垢光明佛　南謨[...]莊嚴思惟佛
南謨[...]稱相王佛　南謨花嚴光佛
南謨[...]明王佛　南謨善光无垢稱王佛
南謨觀察无畏自在王佛　南謨无畏名稱佛
南謨[...]藏王佛
南謨觀自在菩薩摩訶薩　南謨地藏菩薩摩訶薩
南謨虛空藏菩薩摩訶薩　南謨妙吉祥菩薩摩訶薩
南謨金剛手菩薩摩訶薩　南謨普賢菩薩摩訶薩
[...]菩薩摩訶薩　南謨大勢至菩薩摩訶薩
[慈]氏菩薩摩訶薩　南謨善惠菩薩摩訶薩
羅　尼　曰
南謨曷喇怛娜怛喇夜也　怛姪他

BD04545號　金光明最勝王經卷五　（14–1）

[...]菩薩摩訶薩　南謨[...]菩薩摩訶薩
[...]菩薩摩訶薩　南謨大勢至菩薩摩訶薩
[慈]氏菩薩摩訶薩　南謨善惠菩薩摩訶薩
羅　尼　曰
南謨曷喇怛娜怛喇夜也　怛姪他
君睇君睇　矩折囇矩折囇
壹窒哩蜜窒哩　莎訶
佛告善住菩薩此陁羅尼是三世佛母若
[...]善女人持此呪者能生无量无
[...]皆是供養恭敬尊重讚嘆无數
[...]諸佛皆與此人授阿耨多羅三藐三
菩提記善住若有人能持此呪者隨其所欲
衣服飲食財寶多聞聰慧无病長壽獲福甚
多隨所願求无不遂意善住持是呪者乃至
未證无上菩提常與金城山菩薩慈氏菩薩大
自在菩薩妙吉祥菩薩[...]伽羅
而共居止為諸菩薩之所攝護善住
當知持此呪時作如是法先應誦持滿一万八
遍為前方便次於闇室莊嚴道場黑月一日清
淨洗浴著鮮潔衣燒香散花種種供養并
諸飲食入道場中先當稱礼如前所說諸佛
菩薩至心慇重悔先罪已右膝著地可誦前
呪滿一千八遍端坐思惟念其所願日未出時
於道場中食淨黑食日唯一食至十五日方
出道場能令此人福德威力不可思議隨所願
求无不圓滿若不遂意重入道場既稱心已
常持莫忘

金光明最勝王經重顯空性品第九

尒時世尊說此呪已為欲利益菩薩摩訶薩之

BD04545號　金光明最勝王經卷五　（14–2）

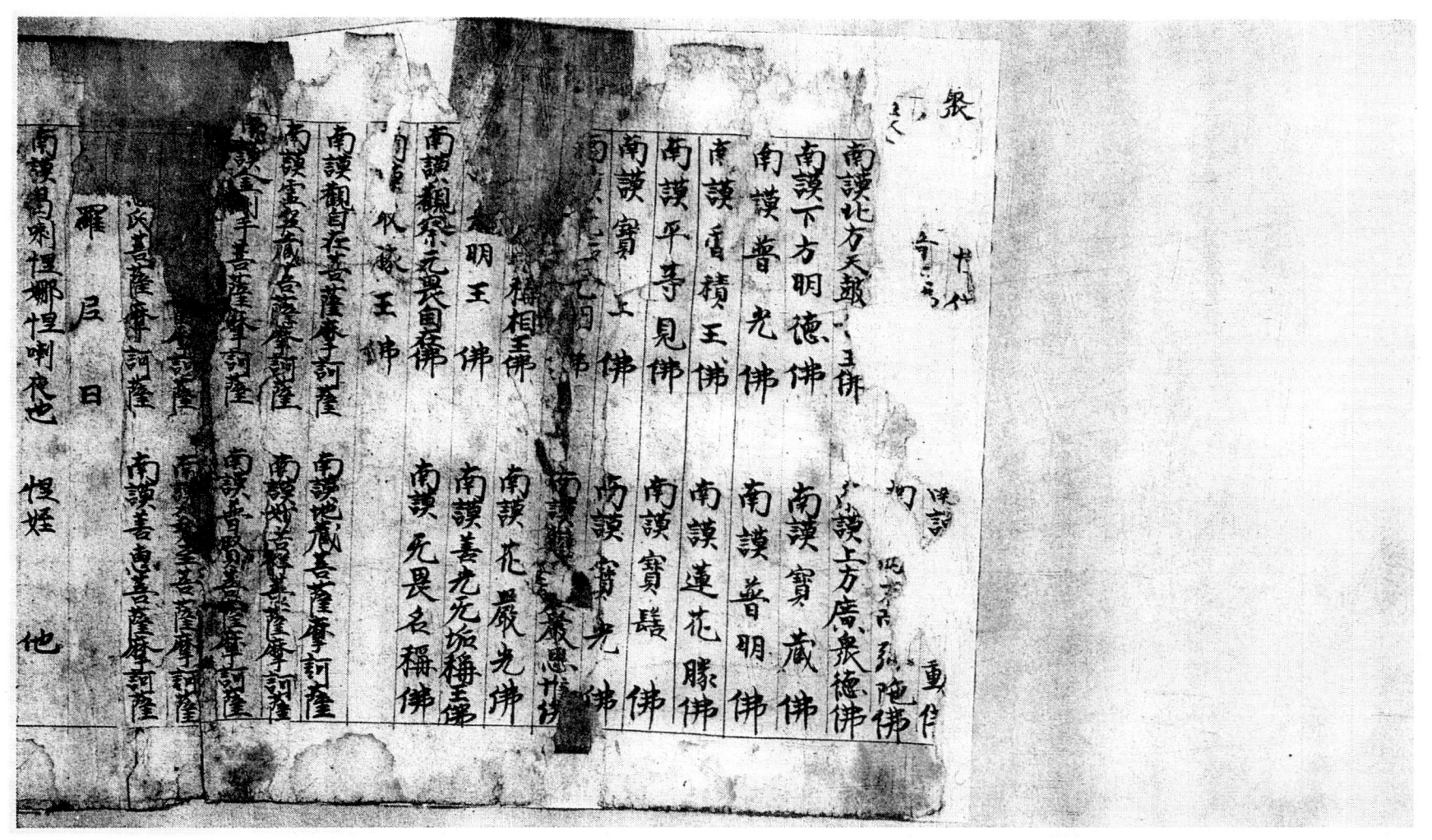

出道場能令此人福德威力不可思議隨所願
求无不圓滿若不遂意重入道場既稱心已
常持莫忘
金光明最勝王經重顯空性品第九
尒時世尊說此呪已為欲利益菩薩摩訶薩
……悟解甚深真實第一義故重
明空性而說頌曰
我已於餘甚深經　廣說真空微妙法
今復於此經王內　略說空法不思議
於諸廣大甚深法　有情无智不能解
故我於斯重敷演　令於空法得開悟
大悲哀愍有情故　以善方便勝因緣
……中　演說令彼明空義
當知此身如空聚　六賊依止不相知
六塵諸賊別依根　各不相知亦如是
眼根常觀於色處　耳根聽聲不斷絕
鼻根恒嗅於香境　舌根鎮嘗於美味
身根受於輕耎觸　意根了法不知猒
此等六根隨事起　各於自境生分別
……非真實　依止根處妄貪求
……聚中　六識依根亦如是
……求隨處轉　託根緣境了諸事
常愛色聲香味觸　於法尋思无暫停
隨緣遍行於六根　如鳥飛空无障导
藉此諸根作依處　方能了別於外境
此身无知无作者　體不堅固託緣成
皆從虛妄分別生　譬如機關由業轉
地水火風共成身　隨彼因緣招異果
同在一處相違害　如四毒蛇居一篋

BD04545 號　金光明最勝王經卷五　（14–3）

隨緣遍行於六根　如鳥飛空无障导
藉此諸根作依處　方能了別於外境
此身无知无作者　體不堅固託緣成
皆從虛妄分別生　譬如機關由業轉
地水火風共成身　隨彼因緣招異果
同在一處相違害　如四毒蛇居一篋
此四大蛇性各異　雖居一處有昇沈
或上或下遍於身　斯等終歸於滅法
於此四種毒蛇中　地水二蛇多沈下
風火二蛇性輕舉　由此乖違衆病生
心識依止於此身　造作種種善惡業
當往人天三惡趣　隨其業力受身形
遭諸疾病身死後　大小便利悉盈流
膿爛蟲蛆不可樂　棄在屍林如朽木
汝等當觀法如是　云何執有我衆生
一切諸法悉无常　悉從无明緣力起
彼諸大種咸虛妄　本非實有體无生
故說大種性皆空　知此浮虛非實有
无明自性本是无　藉衆緣力和合有
於一切時失正慧　故我說彼為无明
行識為緣有名色　六處及觸受隨生
愛取有緣生老死　憂悲苦惱恒隨逐
衆苦惡業常纏迫　生死輪迴无息時
本來非有體是空　由不如理生分別
我斷一切諸煩惱　常以正智現前行
了五蘊宅悉皆空　求證菩提真實處
我開甘露大城門　示現甘露微妙器
既得甘露真實味　常以甘露施群生
我擊最勝大法鼓　我吹最勝大法蠡

BD04545 號　金光明最勝王經卷五　（14–4）

我斷一切諸煩惱　常以正智現前行
了五蘊宅悉皆空　求證菩提真實處
我開甘露大城門　示現甘露微妙器
既得甘露真實味　常以甘露施群生
我擊最勝大法鼓　我吹最勝大法蠡
我然最勝大明燈　我降最勝大法雨
降伏煩惱諸怨結　建立无上大法幢
於生死海濟群迷　我當關閉三惡趣
煩惱熾火燒眾生　无有救護无依止
洒濵甘露充足彼　身心熱惱普皆除
由是我於无量劫　恭敬供養諸如來
堅持禁戒趣菩提　求證法身安樂處
施他眼耳及手足　妻子僮僕心无恡
財寶七珎莊嚴具　隨來求者咸供給
忍等諸度皆遍脩　十地圓滿成正覺
故我得稱一切智　无有眾生度量者
假使三千大千界　盡此土地生長物
所有叢林諸樹木　稻麻竹葦及枝條
此等諸物皆伐取　並悉細末作微塵
隨處積集量難知　乃至充滿虛空界
一切十方諸剎土　所有三千大千界
地土皆悉末為塵　此微塵量不可數
假使一切眾生智　以此智慧與一人
如是智者量无邊　容可知彼微塵數
牟尼世尊一念智　令彼智人共度量
於多俱胝劫數中　不能算知其少分
時諸大眾聞佛說此甚深空性有无量眾生
悉能了達四大五蘊體性俱空六根六境妄生
繫縛願捨輪迴正修出離深心慶喜如說奉行

牟尼世尊一念智　令彼智人共度量
於多俱胝劫數中　不能算知其少分
時諸大眾聞佛說此甚深空性有无量眾生
悉能了達四大五蘊體性俱空六根六境妄生
繫縛願捨輪迴正修出離深心慶喜如說奉行
金光明最勝王經依空滿願品第十
尒時如意寶光耀天女於大眾中聞說深法
歡喜踊躍從座而起偏袒右肩右膝著地合
掌恭敬白佛言世尊唯願為說於甚深理
脩行之法而說頌曰
我問照世界　兩足最勝尊　菩薩正行法　唯願慈聽許
佛言善女天　若有疑惑者　隨汝意所問　吾當分別說
是時天女請世尊曰
云何諸菩薩　行菩提正行　離生死涅槃　饒益自他故
佛告善女天依於法界行菩提法脩平等行
云何依於法界行菩提法脩平等行謂於五
蘊能現法界法界即是五蘊五蘊不可說非五
蘊亦不可說何以故若法界是五蘊即是斷
見若離五蘊即是常見離於二相不著二邊
不可見過所見无名无相是則名為說於法
界善女天云何五蘊能現法界如是五蘊不從
因緣生何以故若從因緣生者為已生故
生為未生故生若已生生者何用因緣若未
生生者不可得生何以故未生之法即是非
有无名无相非校量譬喻之所能及非是因
緣之所生故善女天譬如鼓聲依木依皮
及桴手等故得出聲如是鼓聲過去亦空未
來亦空現在亦空何以故是鼓音聲不從木
生不從皮生及桴手生不於三世生是則不生

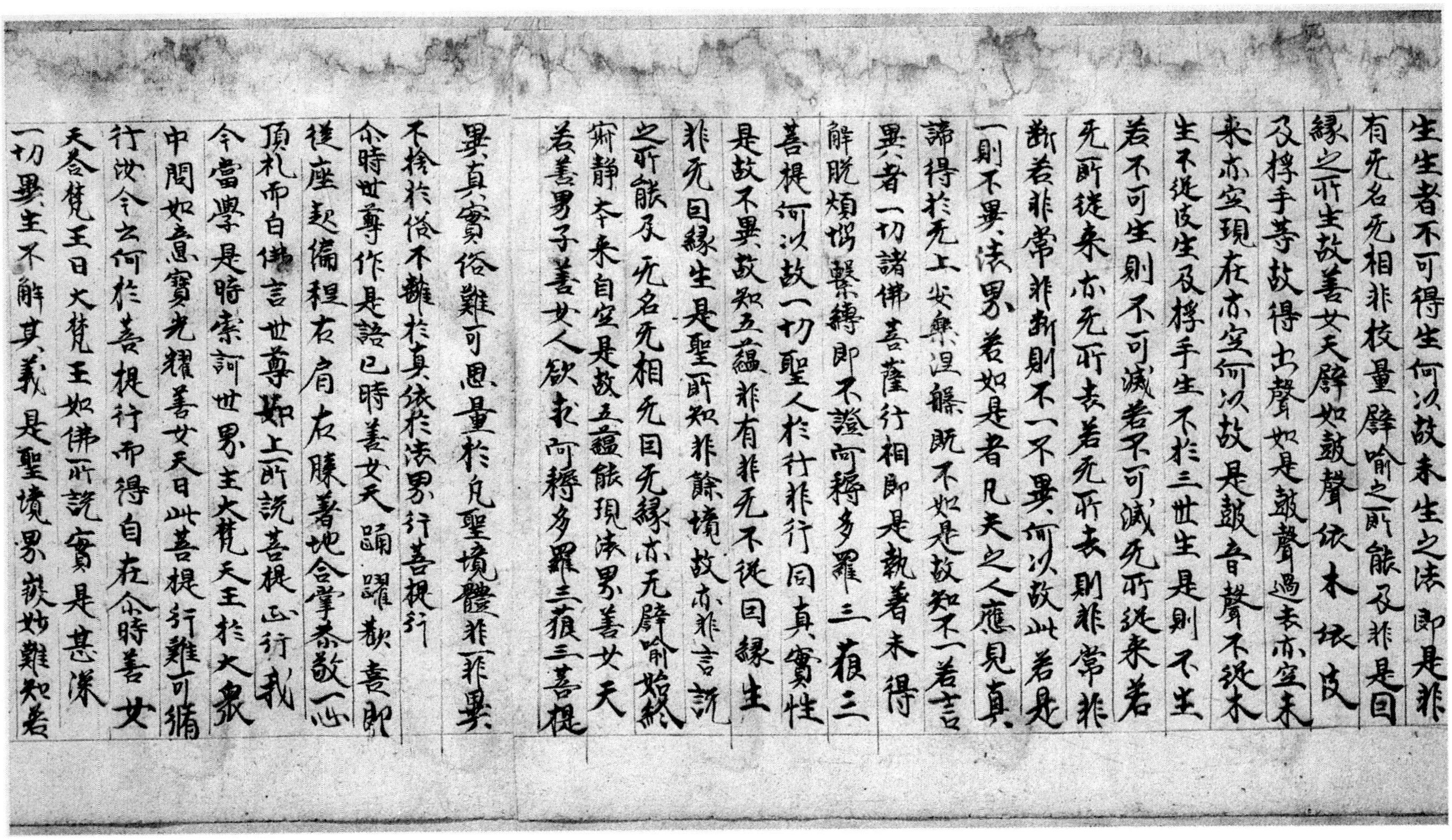

生生者不可得生何以故未生之法即是非
有无名无相非校量譬喻之所能及非是因
緣之所生故善女天譬如鼓聲依木依皮
及桴手等故得出聲如是鼓聲過去亦空未
來亦空現在亦空何以故是鼓音聲不從木
生不從皮生及桴手生不於三世生是則不生
若不可生則不可滅若不可滅无所從來若
无所從來亦无所去若无所去則非常非
斷若非常非斷則不一不異何以故此若是
一則不異法界若如是者凡夫之人應見真
諦得於无上安樂涅槃既不如是故知不一若言
異者一切諸佛菩薩行相即是執著未得
解脫煩惱繫縛即不證阿耨多羅三藐三
菩提何以故一切聖人於行非行同真實性
是故不異故知五蘊非有非无不從因緣生
非无因緣生是聖所知非餘境故亦非言說
之所能及无名无相无因无緣亦无譬喻始終
寂靜本來自空是故五蘊能現法界善女天
若善男子善女人欲求阿耨多羅三藐三菩提
異真俗難可思量於凡聖境體非一非異
不捨於俗不離於真依於法界行菩提行
尒時世尊作是語已時善女天踊躍歡喜即
從座起偏袒右肩右膝著地合掌恭敬一心
頂禮而白佛言世尊如上所說菩提正行我
今當學是時索訶世界主大梵天王於大衆
中問如意寶光耀善女天曰此菩提行難可脩
行汝今云何於菩提行而得自在尒時善女
天答梵王曰大梵王如佛所說實是甚深
一切異生不解其義是聖境界微妙難知若

BD04545號　金光明最勝王經卷五　（14–7）

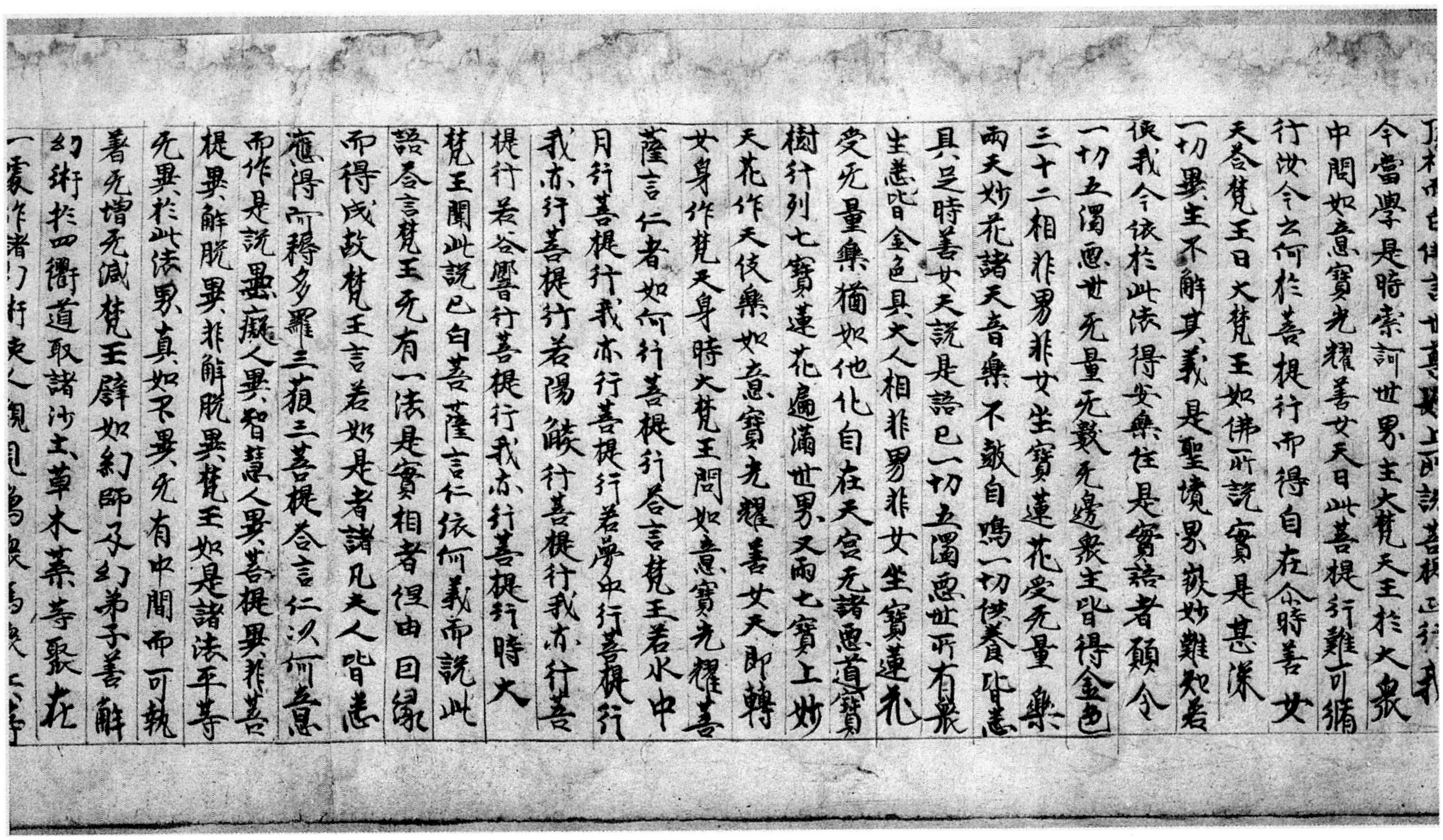

頂礼而白佛言世尊如上所說菩提正行我
今當學是時索訶世界主大梵天王於大衆
中問如意寶光耀善女天曰此菩提行難可脩
行汝今云何於菩提行而得自在尒時善女
天答梵王曰大梵王如佛所說實是甚深
一切異生不解其義是聖境界微妙難知若
使我今依於此法得安樂住是實語者願令
一切五濁惡世无量无數无邊衆生皆得金色
三十二相非男非女坐寶蓮花受无量樂
雨天妙花諸天音樂不鼓自鳴一切供養皆悉
具足時善女天說是語已一切五濁惡世所有衆
生悉皆金色具大人相非男非女坐寶蓮花
受无量樂猶如他化自在天宮无諸惡道寶
樹行列七寶蓮花遍滿世界又雨七寶上妙
天花作天伎樂如意寶光耀善女天即轉
女身作梵天身時大梵王問如意寶光耀菩
薩言仁者如何行菩提行答言梵王若水中
月行菩提行我亦行菩提行若夢中行菩提行
我亦行菩提行若陽焰行菩提行我亦行菩
提行若谷響行菩提行我亦行菩提行時大
梵王聞此說已白菩薩言仁依何義而說此
語答言梵王无有一法是實相者但由因緣
而得成故梵王言若如是者諸凡夫人皆悉
應得阿耨多羅三藐三菩提答言仁以何意
而作是說愚癡人異智慧人異菩提異非菩
提異解脫異非解脫異梵王如是諸法平等
无異於此法界真如不異无有中間而可執
著无增无減梵王譬如幻師及幻弟子善解
幻術於四衢道取諸沙土草木葉等聚在
一處作諸幻術使人覩見象衆馬衆

BD04545號　金光明最勝王經卷五　（14–8）

而作是說愚癡人異智慧人異菩提異非菩
提異解脫異非解脫異梵王如是諸法平等
无異於此法界真如不異无有中間而可執
著无增无減梵王譬如幻師及幻弟子善解
幻術於四衢道取諸沙土草木葉等聚在
一處作諸幻術使人覩見象衆馬衆車兵等
衆七寶之聚種種倉庫若有衆生愚癡无智
不能思惟不知幻本若見若聞作是思惟
我所見聞象馬等衆此是實有餘皆虛妄
於後更不審察思惟有智之人則不如是了
於幻本若見若聞作如是念如我所見象馬
等衆非是真實唯有幻事惑人眼目妄謂
象等及諸倉庫有名无實如我見聞不執為實
後時思惟知其虛妄是故智者了一切法皆无
實體但隨世俗如見如聞表宣其事思惟諦
理則不如是復由假說顯實義故梵王愚癡
異生未得出世聖慧之眼未知一切諸法真
如不可說故是諸凡愚若見若聞行非行法
如是思惟便生執著謂以為實於第一義不
能了知諸法真如是不可說是諸聖人若見
若聞行非行法隨其力能不生執著以為實
有了知一切无實行法无實非行法但妄思
惟行非行相唯有名字无有實體是諸聖
人隨世俗說為欲令他知真實義如是梵王
是諸聖人以聖智見了法真如不可說故行非
行法亦復如是令他證知故說種種世俗
名言時大梵王問如意寶光耀菩薩言有
幾衆生能解如是甚深正法答言梵王有衆
幻人心心數法能解如是甚深正法梵王曰此幻

是諸聖人以聖智見了法真如不可說故行非
行法亦復如是令他證知故說種種世俗
名言時大梵王問如意寶光耀菩薩言有
幾衆生能解如是甚深正法答言梵王有衆
幻人心心數法能解如是甚深正法梵王曰此幻
化人體是非有此之心數從何而生答曰若
知法界不有不无如是衆生能解深義
尒時梵王白佛言世尊是如意寶光耀菩
薩不可思議通達如是甚深之義佛言如是
如是梵王如汝所言此如意寶光耀已教汝
等發心修學无生法忍是時大梵天主與諸
梵衆從座而起偏袒右肩合掌恭敬頂礼
如意寶光耀菩薩足作如是言希有希有我等
今日幸遇大士得聞正法
尒時世尊告梵王言是如意寶光耀於未來
世當得作佛号寶餤吉祥藏如來應正遍知
明行圓滿善逝世間解无上士調御丈夫天
人師佛世尊說是品時有三千億菩薩於
阿耨多羅三藐三菩提得不退轉八千億天
子无量无數國王臣民遠塵離垢得法眼淨
尒時會中有五十億苾芻行菩薩行欲退
菩提心聞如意寶光耀菩薩說是法時皆
得堅固不可思議滿足上願更復發起菩提
心之各自脫衣供養菩薩重發无上勝進之
心作如是願願令我等功德善根悉皆不退
迴向阿耨多羅三藐三菩提梵王是諸苾芻依
此功德如說修行過九十大劫當得解悟出離
生死尒時世尊即為授記汝諸苾芻過三十
阿僧祇劫當得作佛劫名難勝光王國名无

心作如是願願令我等功德善根悉皆不退
迴向阿耨多羅三藐三菩提梵王是諸菩薩以
此功德如說修行過九十大劫當得解悟出離
生死尒時世尊即為授記汝諸菩薩過三十
阿僧祇劫當得作佛劫名難勝光王國名无
垢光同時皆得阿耨多羅三藐三菩提皆同
一号名願莊嚴聞飾王十号具足梵王是金光
明微妙經典若正聞持有大威力假使有人
於百千大劫行六波羅蜜无有方便若有
善男子善女人書寫如是金光明經半月半
月專心讀誦是功德聚於前功德百分不及
一乃至筭數譬喻所不能及梵王是故我今
令汝修學憶念受持為他廣說何以故我於
往昔行菩薩道時猶如勇士入於戰陣不惜
身命流通如是微妙經王受持讀誦為他解說
梵王譬如轉輪聖王若王在世七寶不滅王
若命終所有七寶自然滅盡梵王是金光明
微妙經王若現在世无上法寶悉皆不滅若
无是經隨處隱沒是故應當於此經王專心
聽聞受持讀誦為他解說勸令書寫行精進
波羅蜜不惜身命不憚疲勞功德中勝我諸
弟子應當如是精勤修學
尒時大梵天王與无量梵眾帝釋四王及諸藥
叉俱從座起偏袒右肩右膝著地合掌恭敬
而白佛言世尊我等皆願守護流通是金光
明微妙經典及說法師若有諸難我當除遣
令具眾善色力充足辯才无礙身意泰然
時會聽者皆受安樂所在國土若有飢饉怨賊
非人為惱害者我等天眾皆為擁護使其人民

BD04545號　金光明最勝王經卷五　（14–11）

叉俱從座起偏袒右肩右膝著地合掌恭敬
而白佛言世尊我等皆願守護流通是金光
明微妙經典及說法師若有諸難我當除遣
令具眾善色力充足辯才无礙身意泰然
時會聽者皆受安樂所在國土若有飢饉怨賊
非人為惱害者我等天眾皆為擁護使其人民
安隱豐樂无諸枉橫皆是我等天眾之力
若有供養是經典者我等亦當恭敬供養
如佛不異
尒時佛告大梵天王及諸梵眾乃至四王諸藥
叉等善哉善哉汝等得聞甚深妙經復能於
此微妙經王發心擁護及持經者當獲无邊
殊勝之福速成无上正等菩提時梵王等聞佛
語已歡喜頂受
金光明最勝王經四天王觀察人天品第十一
尒時多聞天王持國天王增長天王廣目天王
俱從座起偏袒右肩右膝著地合掌向佛礼
佛足已白言世尊是金光明最勝王經一切諸
佛常念觀察一切菩薩之所恭敬一切天龍
常所供養及諸天眾常生歡喜一切護世
稱揚讚歎聲聞獨覺皆共受持悉能明照
諸天宮殿能與一切眾生殊勝安樂止息地
獄餓鬼傍生諸趣苦惱一切怖畏悉能除殄
所有怨敵尋即退散飢饉惡時皆令豐稔
疾疫病苦皆令蠲愈一切災變百千苦惱
咸悉消滅世尊是金光明最勝王經能為如
是安隱利樂饒益我等唯願世尊於大眾中
廣為宣說我等四王并諸眷屬聞此甘露无
上法味氣力充實增益威光精進勇猛神

BD04545號　金光明最勝王經卷五　（14–12）

所有怨敵尋即退散飢饉惡時皆令豐稔
疾疫病苦皆令蠲愈一切災變百千苦惱
咸悉消滅世尊是金光明最勝王經能為如
是安隱利樂饒益我等唯願世尊於大眾中
廣為宣說我等四王并諸眷屬聞此甘露无
上法味氣力充實增益威光精進勇猛神
通倍勝世尊我等四王修行正法常說正法
以法化世我等令彼天龍藥叉健闥婆阿蘇
羅揭路荼俱槃荼緊那羅莫呼羅伽及諸
人王常以正法而化於世遮去諸惡所有鬼神
吸人精氣无慈悲者悉令遠去世尊我等四
王與二十八部藥叉大將并與无量百千藥叉以
天淨眼過於世人觀察擁護此贍洲世尊以此
因緣我等諸王名護世者又復於此洲中若
有國王被他怨賊常來侵擾及多飢饉疾疫
流行无量百千災厄之事世尊我等四王於
此金光明最勝王經恭敬供養若有苾芻法
師受持讀誦我等四王共往覺悟勸請其
人時彼法師由我神通覺悟力故往彼國
界廣宣流布是金光明微妙經典由經力故
令彼无量百千衰惱災厄之事悉皆除遣世
尊若諸人王於其國土內有持是經苾芻法師至
彼國時當知此經亦至其國世尊時彼國王應
往法師處聽其所說聞已歡喜於彼法師恭
敬供養深心擁護令无憂惱演說此經利
益一切世尊以是經故我等四王皆共一心
護是人王及國人民令離災患常得安隱世尊
若有苾芻苾芻尼鄔波索迦鄔波斯迦持是
經者時彼人王隨其所須供給供養令无乏少
我等四王令彼國主及以國人悉皆安隱遠

BD04545號　金光明最勝王經卷五　（14–13）

人時彼法師由我神通覺悟力故往彼國
界廣宣流布是金光明微妙經典由經力故
令彼无量百千衰惱災厄之事悉皆除遣世
尊若諸人王於其國土內有持是經苾芻法師至
彼國時當知此經亦至其國世尊時彼國王應
往法師處聽其所說聞已歡喜於彼法師恭
敬供養深心擁護令无憂惱演說此經利
益一切世尊以是經故我等四王皆共一心
護是人王及國人民令離災患常得安隱世尊
若有苾芻苾芻尼鄔波索迦鄔波斯迦持是
經者時彼人王隨其所須供給供養令无乏少
我等四王令彼國主及以國人悉皆安隱遠
離災患世尊若有受持讀誦是經典者人
王於此供養恭敬尊重讚歎我等當令彼
王於諸王中恭敬尊重最為第一諸餘國王
共所稱歎大眾聞已歡喜受持

金光明最勝王經卷第五

BD04545號　金光明最勝王經卷五　（14–14）

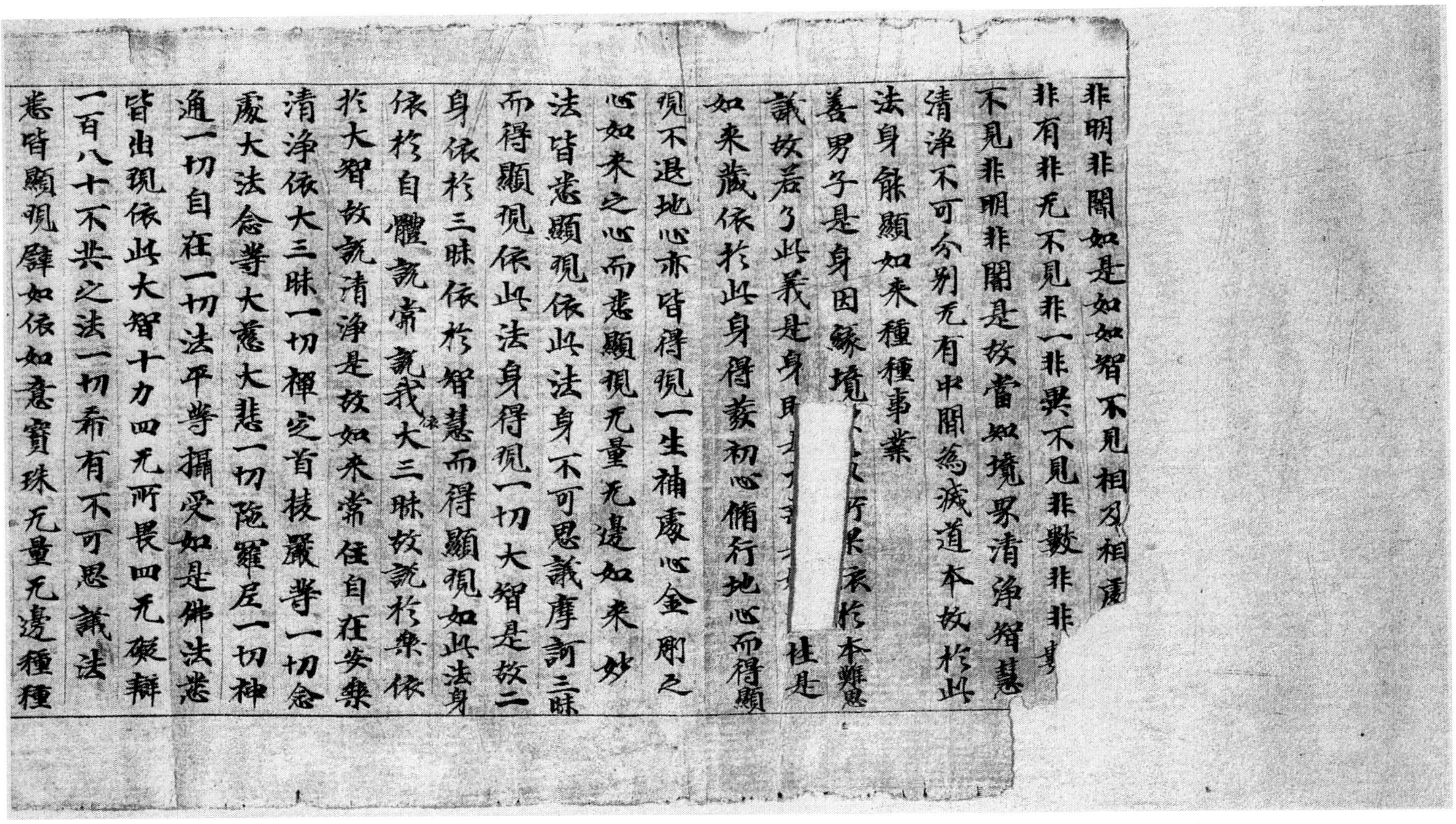

非明非闇如是如如智不見相及相處
非有非无不見非一非異不見非數非非數
不見非明非闇是故當如境界清淨智慧
清淨不可分別无有中間為滅道本故於此
法身能顯如來種種事業
善男子是身因緣境界處所果依於本難思
議故若了此義是身即是大乘是如來性是
如來藏依於此身得發初心脩行地心而得顯
現不退地心亦皆得現一生補處心金剛之
心如來之心而悉顯現无量无邊如來妙
法皆悉顯現依此法身不可思議摩訶三昧
而得顯現依此法身得現一切大智是故二
身依於三昧依於智慧而得顯現如此法身
依於自體說常說我依大三昧故說於樂依
於大智故說清淨是故如來常住自在安樂
清淨依大三昧一切禪定首楞嚴等一切念
處大法念等大慈大悲一切陀羅尼一切神
通一切自在一切法平等攝受如是佛法悉
皆出現依此大智十力四无所畏四无礙辯
一百八十不共之法一切希有不可思議法
悉皆顯現譬如依如意寶珠无量无邊種種

BD04546號　金光明最勝王經卷二　（7–1）

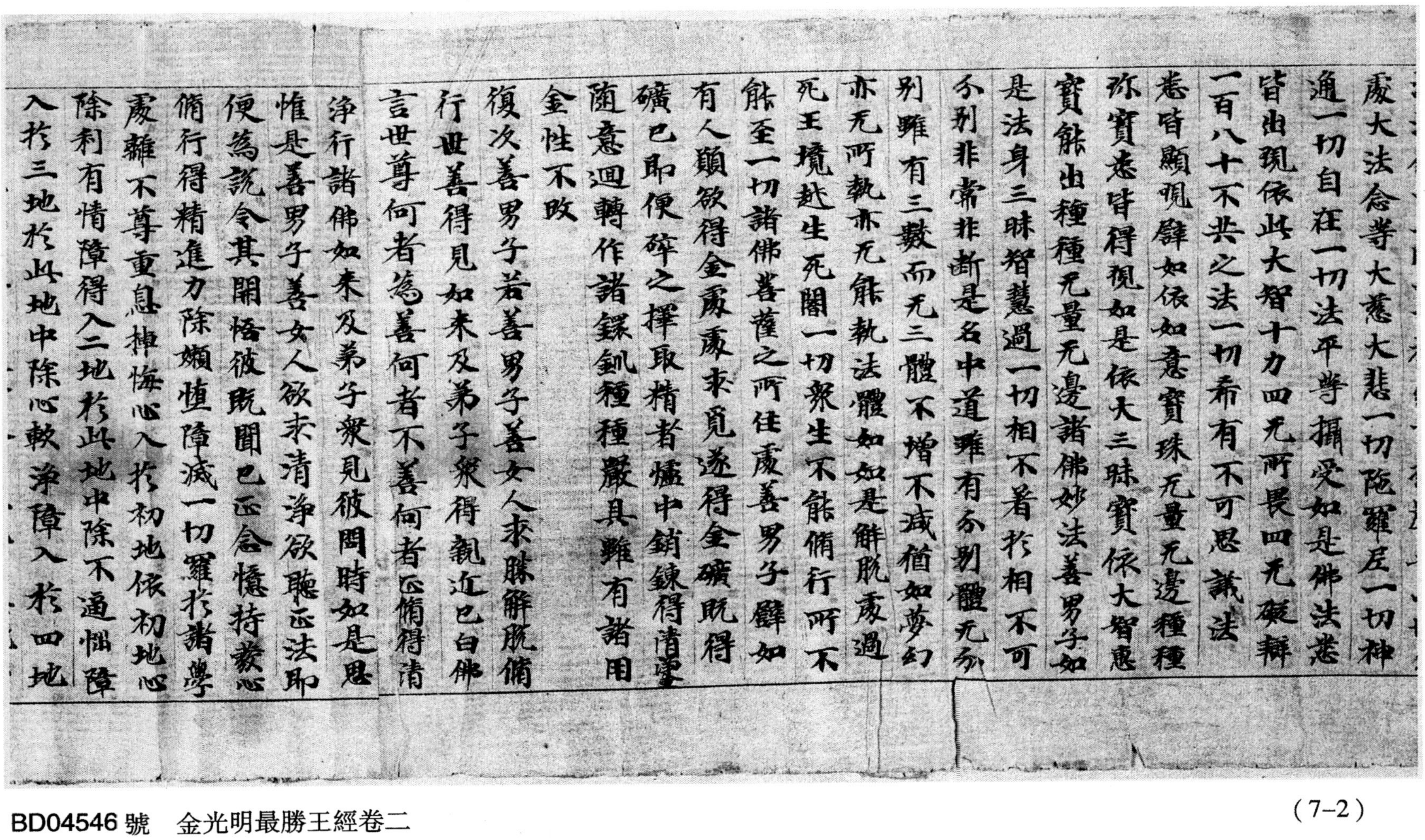

處大法念等大慈大悲一切陀羅尼一切神
通一切自在一切法平等攝受如是佛法悉
皆出現依此大智十力四无所畏四无礙辯
一百八十不共之法一切希有不可思議法
悉皆顯現譬如依如意寶珠无量无邊種種
珍寶悉皆得現如是依大三昧寶依大智慧
寶能出種種无量无邊諸佛妙法善男子如
是法身三昧智慧過一切相不著於相不可
分別非常非斷是名中道雖有分別體无分
別雖有三數而无三體不增不減猶如夢幻
亦无所執亦无能執法體如如是解脫處過
死王境越生死闇一切衆生不能脩行所不
能至一切諸佛菩薩之所住處善男子譬如
有人願欲得金處處求覓遂得金礦既得
礦已即便碎之擇取精者爐中銷鍊得清淨金
隨意迴轉作諸鐶釧種種嚴具雖有諸用
金性不改
復次善男子若善男子善女人求勝解脫脩
行世善得見如來及弟子衆得親近已白佛
言世尊何者為善何者不善何者正脩得清
淨行諸佛如來及弟子衆見彼問時如是思
惟是善男子善女人欲求清淨欲聽正法即
便為說令其開悟彼既聞已正念憶持發心
脩行得精進力除懶惰障滅一切罪於諸學
處離不尊重息掉悔心入於初地依初地心
除利有情障得入二地於此地中除不逼惱障
入於三地於此地中除心軟障入於四地

BD04546號　金光明最勝王經卷二　（7–2）

便為說令其開悟彼聞已正念慎持發心
脩行得精進力除懶惰障滅一切罪於諸學
處離不尊重息悔心入於初地依初地心
除利有情障得入二地於此地中除不逼惱障
入於三地於此地中除心軟淨障入於四地
於此地中除善方便障入於五地於此地中
除見真俗障入於六地於此地中除見行相
障入於七地於此地中除不見滅相障入
於八地於此地中除不見生相障入於九地
於此地中除六通障入於十地於此地中除
所知障除根本心入如來地如來地者由三
淨故名極清淨云何為三一者煩惱淨二者
苦淨三者相淨譬如真金鎔銷冶鍊既燒打
已无復塵垢為顯金性本清淨故金體清
淨非謂无金譬如濁水澄渟清淨无復滓穢
為顯水性本清淨故非謂无水如是法身與
煩惱雜苦集除已无復餘習為顯佛性本清淨
故非謂无體譬如虛空烟雲塵霧之所障蔽
若除屏已是空界淨非謂无空如是法身一
切衆苦悉皆盡故說為清淨非謂无體譬如
有人於睡夢中見大河水漂泛其身運手動
足截流而渡得至彼岸由彼身心不懈退故
從夢覺已不見有水彼此岸別非謂无心生
死妄想既滅盡已是覺清淨非謂无覺如是
法界一切妄想不復生故說為清淨非是諸
佛无其實體
復次善男子是法身者惑障清淨能現應身

BD04546 號　金光明最勝王經卷二　（7–3）

從夢覺已不見有水彼此岸別非謂无心生
死妄想既滅盡已是覺清淨非謂无覺如是
法界一切妄想不復生故說為清淨非是諸
佛无其實體
復次善男子是法身者惑障清淨能現應身
業障清淨能現化身智障清淨能現法身譬
如依空出電依電出光如是依法身故能現
應身依應身故能現化身由性淨能現法
身智慧清淨能現應身三昧清淨能現化
身此三清淨是法如如不異如如一味如如解脫
如如究竟如如是故諸佛體无有異善男
子若有善男子善女人說於如來是我大師
若作如是決定信者此人即應深心解了如
來之身无有別異善男子以是義故於諸境
界不正思惟悉皆除斷即知彼法无有二相
亦无分別聖所脩行如如於彼无有二相正
脩行故如是如是一切諸障悉皆除滅如如
一切障滅如是如是法如如如如智得最清
淨如如法界正智清淨如是如是一切自在
具足攝受皆得成就一切諸障悉除滅一
切諸障得清淨故是名真如正智真實之相
如是見者是名聖見是則名為真實見佛何
以故如實得見法真如故是故諸佛悉能普
見一切如來何以故聲聞獨覺已出三界求
真實境不能知見如是聖人所不知見一切
凡夫皆生疑惑顛倒分別不能得度如兔浮
海必不能過所以者何力微劣故凡夫之人

BD04546 號　金光明最勝王經卷二　（7–4）

如是見者是名聖見是則名爲真實見佛
以故如實得見法真如故是故諸佛悉能善
見一切如來何以故聲聞獨覺已出三界求
真實境不能智見如是聖人所不知見一切
凡夫皆生疑惑顛倒分別不能得度如兎浮
海必不能過所以者何力微劣故凡夫之人
亦復如是不能通達法如如故然諸如來无
分別心於一切法得大自在具足清淨深智
慧故是自境界不共他故是故諸佛如來於
无量无邊阿僧祇劫不惜身命難行苦行方
得此身寂上无皆不可思議過言說境是妙
寂靜離諸怖畏
善男子如是知見法真如者无生老死壽命
无限无有睡眠亦无飢渴心常在定无有散
動若於如來起諍論心是則不能見於如來
諸佛所說皆能利益有聽聞者无不解脫
諸惡禽獸惡人惡鬼不相逢值由聞法故果報
无盡然諸如來无无記事一切境界无欲知
心生死涅槃无有異想如來所說无不決定
諸佛如來四威儀中无非智攝一切諸法无
有不爲慈悲所攝无有不爲利益安樂諸衆
生者善男子若有善男子善女人於此金光
明經聽聞信解不墮地獄餓鬼傍生阿蘇羅
道常處人天不生下賤恒得親近諸佛如來
聽受正法常生諸佛清淨國土所以者何由
得聞此甚深法故是善男子善女人則爲如
來已知已記當得不退阿耨多羅三藐三菩
提若善男子善女人於此甚深微妙之法一

BD04546號　金光明最勝王經卷二　（7–5）

明經聽聞信解不墮地獄餓鬼傍生阿蘇羅
道常處人天不生下賤恒得親近諸佛如來
聽受正法常生諸佛清淨國土所以者何由
得聞此甚深法故是善男子善女人則爲如
來已知已記當得不退阿耨多羅三藐三菩
提若善男子善女人於此甚深微妙之法一
經耳者當知是人不謗如來不毀正法不輕
聖衆一切衆生未種善根令得種故已種善
根令增長成熟故一切世界所有衆生皆勸
脩行六波羅蜜多
尒時虛空藏菩薩梵釋四王諸天衆等即從
座起偏袒右肩合掌恭敬頂礼佛足白佛言
世尊若所在處講說如是金光明王微妙經
典於其國土有四種利益何者爲四一者國
王軍衆強盛无諸怨敵離於疾病壽命延長
吉祥安樂正法興顯二者中宮妃后王子諸
臣和悅无諍離於諂佞王所愛重三者沙門
婆羅門及諸國人脩行正法无病安樂无枉
死者於諸福田悉皆脩立四者於三時中四
大調適常爲諸天增加守護慈悲平等无傷
害心令諸衆生歸敬三寶皆願脩習菩提之
行是爲四種利益之事世尊我等亦常爲弘
經故隨逐如是持經之人所在住處爲作利
益佛言善哉善哉善男子如如是如是汝等應
當勤心流布此妙經王則令正法久住於世
金光明最勝王經夢見懺悔品第四
尒時妙幢菩薩親於佛前聞妙法已歡喜踊

BD04546號　金光明最勝王經卷二　（7–6）

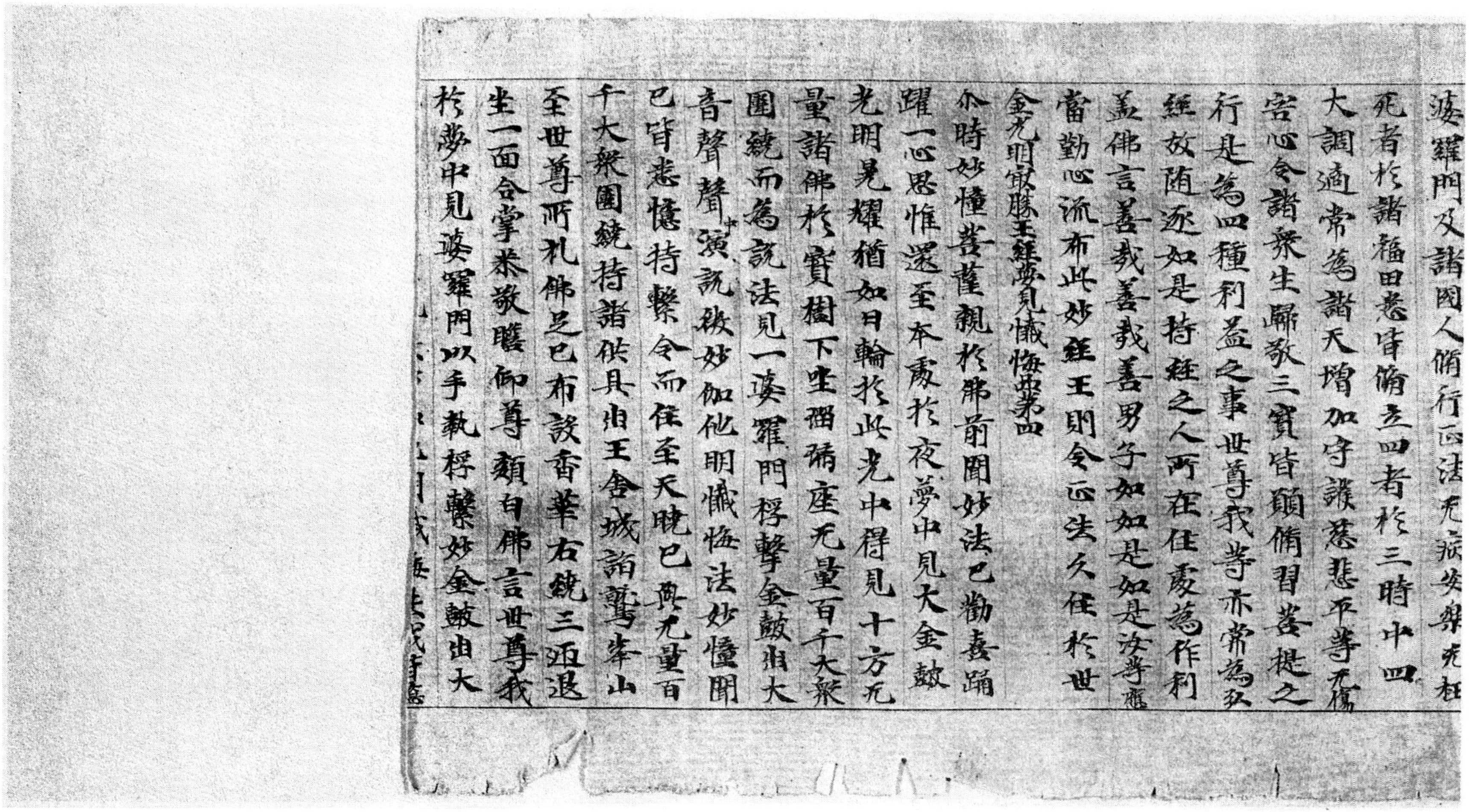

婆羅門及諸國人脩行正法无病安樂无枉
死者於諸福田悉皆脩立四者於三時中四
大調適常為諸天增加守護慈悲平等无傷
害心令諸衆生歸敬三寶皆願脩習菩提之
行是為四種利益之事世尊我等亦常為弘
經故隨逐如是持經之人所在住處為作利
益佛言善哉善哉善男子如如是如是汝等應
當勤心流布此妙經王則令正法久住於世
金光明最勝王經夢見懺悔品第四
尒時妙幢菩薩親於佛前聞妙法已歡喜踊
躍一心思惟還至本處於夜夢中見大金鼓
光明晃耀猶如日輪於此光中得見十方无
量諸佛於寶樹下坐瑠璃座无量百千大衆
圍繞而為說法見一婆羅門桴擊金鼓出大
音聲聲中演說微妙伽他明懺悔法妙幢聞
已皆悉憶持繫念而住至天曉已與无量百
千大衆圍繞持諸供具出王舍城詣鷲峯山
至世尊所礼佛足已布設香華右繞三匝退
坐一面合掌恭敬瞻仰尊顏白佛言世尊我
於夢中見婆羅門以手執桴擊妙金鼓出大

BD04546 號　金光明最勝王經卷二　（7–7）

BD04546 號背　社司轉帖（擬）　（3–1）

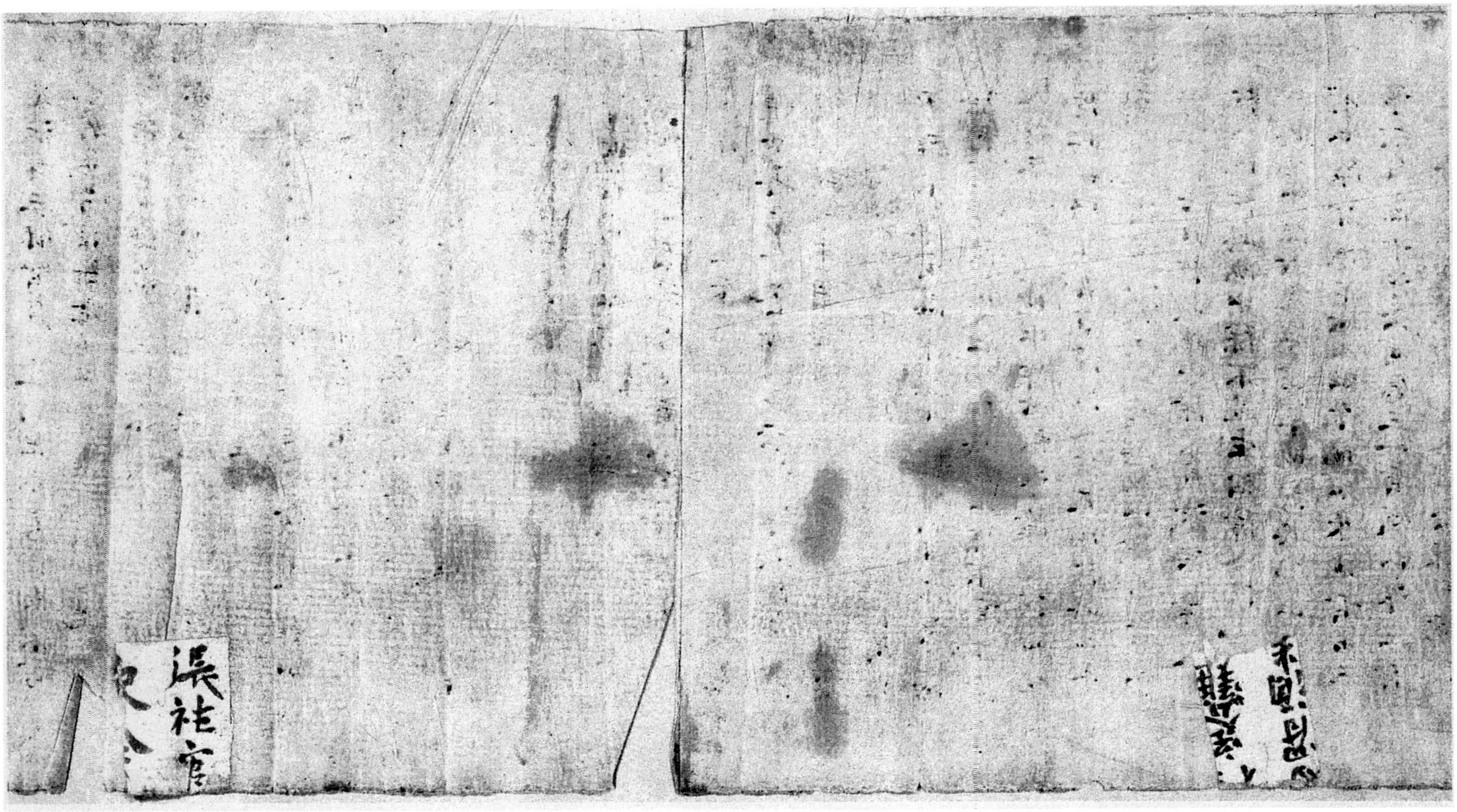

BD04546 號背　社司轉帖（擬）　（3–2）

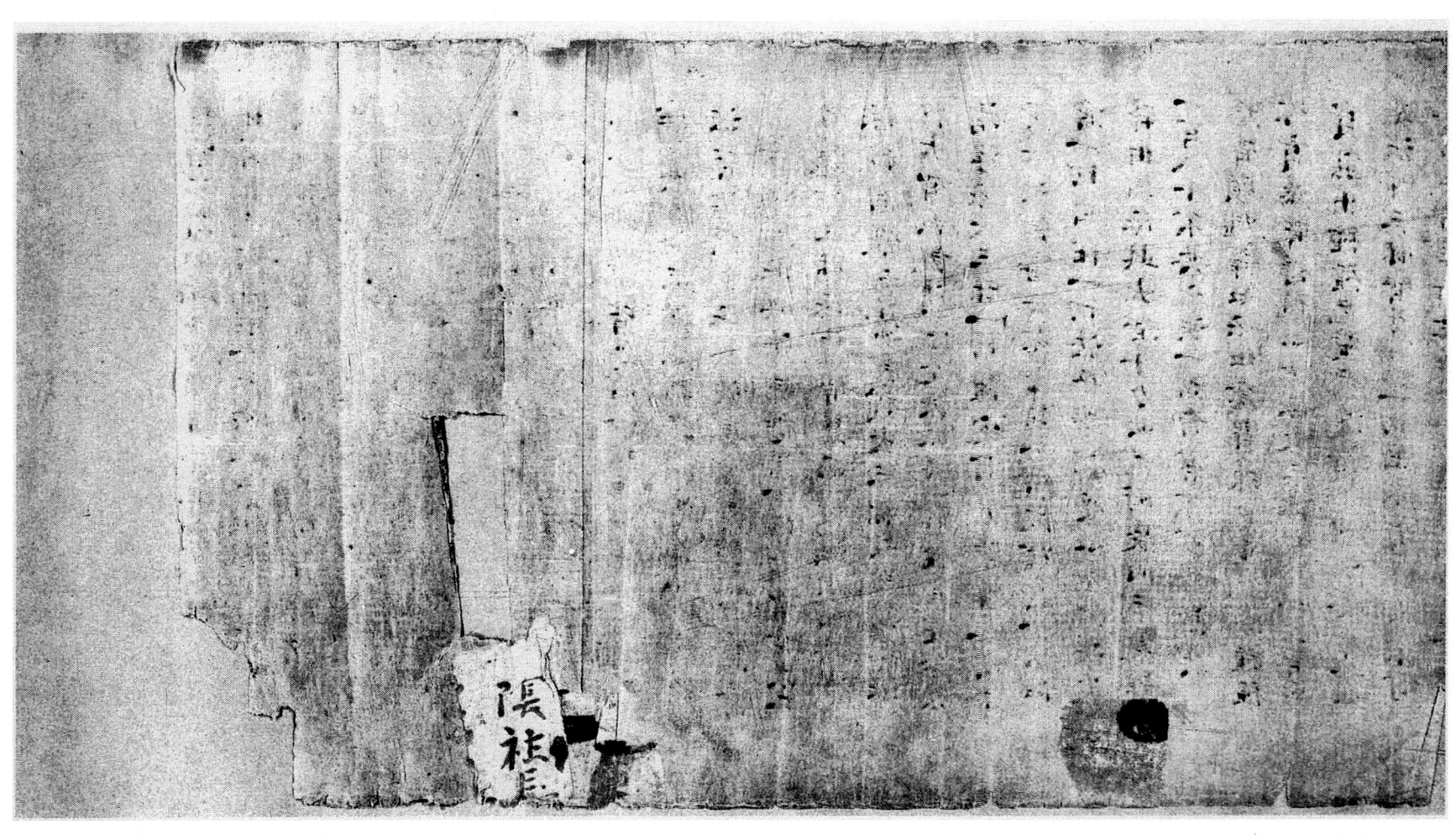

BD04546 號背　社司轉帖（擬）　（3–3）

得入无上道　逮成就佛身
妙法蓮華經分別功德品第十七
尒時大會聞佛說壽命劫數長遠如是无量
无邊阿僧祇衆生得大饒益於時世尊告弥
勒菩薩摩訶薩阿逸多我說是如來壽命長
遠時六百八十万億那由他恒河沙衆生得
无生法忍復千倍菩薩摩訶薩得聞持陁羅
尼門復有一世界微塵數菩薩摩訶薩得樂
說无礙辯才復有一世界微塵數菩薩摩訶
薩得百万億无量旋陁羅尼復有三千大千
世界微塵數菩薩摩訶薩能轉不退法輪復
有二千中國土微塵數菩薩摩訶薩能轉清
淨法輪復有小千國土微塵數菩薩摩訶薩
八生當得阿耨多羅三藐三菩提復有四四
天下微塵數菩薩摩訶薩四生當得阿耨多
羅三藐三菩提復有三四天下微塵數菩薩
摩訶薩三生當得阿耨多羅三藐三菩提復
有二四天下微塵數菩薩摩訶薩二生當得

BD04547號　妙法蓮華經卷五　（7-1）

天下微塵數菩薩摩訶薩四生當得阿耨多
羅三藐三菩提復有三四天下微塵數菩薩
摩訶薩三生當得阿耨多羅三藐三菩提復
有二四天下微塵數菩薩摩訶薩二生當得
阿耨多羅三藐三菩提復有一四天下微塵
數菩薩摩訶薩一生當得阿耨多羅三藐三
菩提復有八世界微塵數衆生皆發阿耨多
羅三藐三菩提心佛說是諸菩薩摩訶薩得
大法利時於虛空中雨曼陁羅華摩訶曼陁
羅華以散无量百千万億寶樹下師子座上
諸佛并散七寶塔中師子座上釋迦牟尼佛
及久滅度多寶如來亦散一切諸大菩薩及
四部衆又雨細末栴檀沉水香等於虛空中
天鼓自鳴妙聲深遠又雨千種天衣垂諸瓔
珞真珠瓔珞摩尼珠瓔珞如意珠瓔珞遍於
九方衆寶香爐燒无價香自然周至供養大
會一一佛上有諸菩薩執持幡蓋次第而上
至于梵天是諸菩薩以妙音聲歌无量頌讚
歎諸佛尒時弥勒菩薩從座而起偏袒右肩
合掌向佛而說偈言
佛說希有法　昔所未曾聞　世尊有大力　壽命不可量
无數諸佛子　聞世尊分別　說得法利者　歡喜充遍身
或住不退地　或得陁羅尼　或无礙樂說　万億旋總持
或有大千界　微塵數菩薩　各各皆能轉　不退之法輪
或有中千界　微塵數菩薩　各各皆能轉　清淨之法輪
復有小千界　微塵數菩薩　餘各八生在　當得成佛道

BD04547號　妙法蓮華經卷五　（7-2）

佛說希有法 昔所未曾聞 世尊有大力 壽命不可量
无數諸佛子 聞世尊分別 說得法利者 歡喜充遍身
或住不退地 或得陀羅尼 或无礙樂說 万億旋總持
或有大千界 微塵數菩薩 各各皆能轉 不退之法輪
復有中千界 微塵數菩薩 各各皆能轉 清淨之法輪
復有小千界 微塵數菩薩 餘各八生在 當得成佛道
復有四三二 如是四天下 微塵諸菩薩 隨數生成佛
或一四天下 微塵數菩薩 餘有一生在 當成一切智
如是等衆生 聞佛壽長遠 得无量无漏 清淨之果報
復有八世界 微塵數衆生 聞佛說壽命 皆發无上心
世尊說无量 不可思議法 多有所饒益 如虛空无邊
雨天曼陀羅 摩訶曼陀羅 釋梵如恒沙 无數佛土來
雨栴檀沉香 繽紛而亂墜 如鳥飛空下 供散於諸佛
天鼓虛空中 自然出妙聲 天衣千万種 旋轉而來下
衆寶妙香爐 燒无價之香 自然悉周遍 供養諸世尊
其大菩薩衆 執七寶幡蓋 高妙万億種 次第至梵天
一一諸佛前 寶幢懸勝幡 亦以千万偈 歌詠諸如來
如是種種事 昔所未曾有 聞佛壽无量 一切皆歡喜
佛名聞十方 廣饒益衆生 一切具善根 以助无上心
尒時佛告弥勒菩薩摩訶薩阿逸多其有衆
生聞佛壽命長遠如是乃至能生一念信解
所得功德无有限量若有善男子善女人爲
阿耨多羅三藐三菩提於八十万億那由他
劫行五波羅蜜檀波羅蜜尸羅波羅蜜羼提
波羅蜜毗梨耶波羅蜜禪波羅蜜除般若波
羅蜜以是功德比前功德百分千分百千万

BD04547號 妙法蓮華經卷五 （7–3）

阿耨多羅三藐三菩提於八十万億那由他
劫行五波羅蜜檀波羅蜜尸羅波羅蜜羼提
波羅蜜毗梨耶波羅蜜禪波羅蜜除般若波
羅蜜以是功德比前功德百分千分百千万
億分不及其一乃至筭數譬喻所不能知若
善男子有如是功德於阿耨多羅三藐三菩
提退者无有是處尒時世尊欲重宣此義而
說偈言
若人求佛慧 於八十万億 那由他劫數 行五波羅蜜
於是諸劫中 布施供養佛 及緣覺弟子 并諸菩薩衆
珍異之飲食 上服與卧具 栴檀立精舍 以園林莊嚴
如是等布施 種種皆微妙 盡此諸劫數 以迴向佛道
若復持禁戒 清淨无缺漏 求於无上道 諸佛之所歎
若復行忍辱 住於調柔地 設衆惡來加 其心不傾動
諸有得法者 懷於增上慢 爲此所輕惱 如是亦能忍
若復勤精進 志念常堅固 於无量億劫 一心不懈息
又於无數劫 住於空閑處 若坐若經行 除睡常攝心
以是因緣故 能生諸禪定 八十億万劫 安住心不亂
持此一心福 願求无上道 我得一切智 盡諸禪定際
是人於百千 万億劫數中 行此諸功德 如上之所說
有善男子等 聞我說壽命 乃至一念信 其福過於彼
若人悉无有 一切諸疑悔 深心須臾信 其福爲如此
其有諸菩薩 无量劫行道 聞我說壽命 是則能信受
如是諸人等 頂受此經典 願我於未來 長壽度衆生
如今日世尊 諸釋中之王 道場師子吼 說法无所畏
我等未來世 一切所尊敬 坐於道場時 說壽亦如是

BD04547號 妙法蓮華經卷五 （7–4）

若人慧无有　一切諸疑悔　深心須臾信　其福為如此
其有諸菩薩　无量劫行道　聞我說壽命　是則能信受
如是諸人等　頂受此經典　願我於未來　長壽度衆生
如今日世尊　諸釋中之王　道場師子吼　說法无所畏
我等未來世　一切所尊敬　坐於道場時　說壽亦如是
若有深心者　清淨而質直　多聞能總持　隨義解佛語
如是諸人等　於此无有疑
又阿逸多，若有聞佛壽命長遠，解其義趣，是
人所得功德无有限量，能起如來无上之慧，
何況廣聞是經，若教人聞，若自持，若教人持，
若自書，若教人書，若以華香、瓔珞、幢幡、繒蓋、
香油、蘇燈供養經卷，是人功德无量无邊，能
生一切種智。阿逸多，若善男子、善女人聞我
說壽命長遠，深心信解，則為見佛常在耆闍
崛山，共大菩薩、諸聲聞衆圍繞說法。又見此
娑婆世界，其地瑠璃，坦然平正，閻浮檀金以
界八道，寶樹行列，諸臺樓觀皆悉寶成，其菩
薩衆咸處其中。若有能如是觀者，當知是為
深信解相。又復如來滅後，若聞是經而不毀
呰，起隨喜心，當知已為深信解相，何況讀誦
受持之者，斯人則為頂戴如來。阿逸多，是善
男子、善女人不須為我復起塔寺及作僧坊
以四事供養衆僧。所以者何？是善男子、善女
人受持讀誦是經典者，為已起塔，造立僧坊，
供養衆僧，則為以佛舍利起七寶塔，高廣漸
小至于梵天，懸諸幡蓋及衆寶鈴，華、香、瓔珞、
末香、塗香、燒香、衆鼓、伎樂、簫、笛、箜篌，種種儛

BD04547 號　妙法蓮華經卷五　（7–5）

以四事供養衆僧。所以者何？是善男子、善女
人受持讀誦是經典者，為已起塔，造立僧坊，
供養衆僧，則為以佛舍利起七寶塔，高廣漸
小至于梵天，懸諸幡蓋及衆寶鈴，華、香、瓔珞、
末香、塗香、燒香、衆鼓、伎樂、簫、笛、箜篌，種種儛
戲，以妙音聲歌唄讚頌，則為於无量千万億
劫作是供養已。阿逸多，若我滅後，聞是經典，
有能受持，若自書，若教人書，則為起立僧坊，
以赤栴檀作諸殿堂三十有二，高八多羅樹，
高廣嚴好，百千比丘於其中止，園林、流池、經
行、禪窟、衣服、飲食、牀褥、湯藥、一切樂具充滿
其中。如是僧坊、堂閣若干百千万億，其數无
量，以此現前供養於我及比丘僧。是故我說：
如來滅後，若有受持讀誦，為他人說，若自書，
若教人書，供養經卷，不須復起塔寺及造僧
坊，供養衆僧，況復有人能持是經，兼行布施、
持戒、忍辱、精進、一心、智慧，其德最勝，无量无
邊。譬如虛空，東西南北、四維上下无量无邊，
是人功德亦復如是，无量无邊，疾至一切種
智。若人讀誦受持是經，為他人說，若自書，若
教人書，復能起塔及造僧坊，供養讚歎聲聞
衆僧，亦以百千万億讚歎之法讚歎菩薩功
德，又為他人種種因緣隨義解說此法華經，
復能清淨持戒，與柔和者而共同止，忍辱无
瞋，志念堅固，常貴坐禪，得諸深定，精進勇猛，
攝諸善法，利根智慧，善答問難。阿逸多，若我

BD04547 號　妙法蓮華經卷五　（7–6）

坊供養衆僧況復有人能持是經兼行布施
持戒忍辱精進一心智慧其德最勝无量无
邊譬如虛空東西南北四維上下无量无邊
是人功德亦復如是无量无邊疾至一切種
智若人讀誦受持是經為他人說若自書若
教人書復能起塔及造僧坊供養讚歎聲聞
衆僧亦以百千万億讚歎之法讚歎菩薩功
德又為他人種種因緣隨義解說此法華經
復能清淨持戒與柔和者而共同止忍辱无
瞋志念堅固常貴坐禪得諸深定精進勇猛
攝諸善法利根智慧善荅問難阿逸多若我
滅後諸善男子善女人受持讀誦是經典者
復有如是諸善功德知是人已趣道場近
阿耨多羅三藐三菩提坐道樹下阿逸多是
善男子若坐若立若行處此中便應起塔一
切天人皆應供養如佛之塔尒時世尊欲重
宣此義而說偈言
若我滅度後　能奉持此經　斯人福无量　如上之所說
是則為具足　一切諸供養　以舍利起塔　七寶而莊嚴
表剎甚高廣　漸小至梵天　寶鈴千万億　風動出妙音

長壽而滿 乎陀羅尼曰 南謨薄伽勃底一 阿波唎蜜哆二 阿喻紇硯娜三
須毗你悉指陀四 囉佐耶五 怛他羯他耶六 怛姪他唵七 薩婆桑悉迦囉八
波唎輸底九 達磨底十 伽迦娜十一 莎訶某持迦底十二 薩婆婆毗輸底十三
摩訶娜耶 波唎婆嚩莎訶十五 若有自書寫教人書寫是无量壽宗
要經讀誦受持畢竟不墮地獄在在所生得宿命智陀羅尼曰
南謨薄伽勃底一 阿波唎蜜哆二 阿喻紇硯娜三 須毗你悉指陀四 囉佐耶五
怛他羯他耶六 怛姪他唵七 薩婆桑悉迦囉八 波唎輸底九 達磨底十 伽迦娜十一
莎訶某持迦底十二 薩婆婆毗輸底十三 摩訶娜耶十四 婆唎婆嚩莎訶十五
若有自書寫教人書寫是无量壽宗要經受持讀誦如同書寫八万四千
一切經典陀羅尼曰 南謨薄伽勃底一 阿波唎蜜哆二 阿喻紇硯娜三 須毗你
悉指陀四 囉佐耶五 怛他羯他耶六 怛姪他唵七 薩婆桑悉迦囉八 波唎輸底九
達磨底十 伽迦娜十一 莎訶某持迦底十二 薩婆婆毗輸底十三 摩訶娜耶十四
波唎婆嚩莎訶十五 若有自書寫教人書寫是无量壽宗要經即是書寫
八万四千部建立塔廟陀羅尼曰 南謨薄伽勃底一 阿波唎蜜哆二 阿喻紇硯娜三
須毗你悉指陀四 囉佐耶五 怛他羯他耶六 怛姪他唵七 薩婆桑悉迦羅八 波唎輸底
九 達磨底十 伽迦娜十一 莎訶某持迦底十二 薩婆婆毗輸底十三 摩訶娜耶十四
波唎婆嚩莎訶十五 若有自書寫教人書是无量壽宗要經能消五无間等
一切重罪陀羅尼曰 南謨薄伽勃底一 阿波唎蜜哆二 阿喻紇硯娜三 須毗你悉指
陀四 囉佐耶五 怛他羯他耶六 怛姪他唵七 薩婆桑悉迦囉八 波唎輸底九 達磨底十
伽迦娜十一 莎訶某持迦底十二 薩婆婆毗輸底十三 摩訶娜耶十四 波唎婆嚩莎訶十五

九達磨底十伽迦娜十一莎訶某持迦底十二薩婆婆毗輸底十三摩訶娜耶十四
波唎婆嚟莎訶十五若有自書寫教人書是无量壽宗要經能消五无間等
一切重罪陀羅尼曰 南謨薄伽勃底一阿波唎蜜哆二阿喻紇硯娜三須毗你悉指
陀四囉佐耶五怛他羯他耶六怛姪他唵七薩婆桑悉迦囉八波唎輸底九達磨底十
伽迦娜十一莎訶某持迦底十二薩婆婆毗輸底十三摩訶娜耶十四波唎婆嚟莎訶十五
若有自書寫教人書寫是无量壽宗要經受持讀誦設有重罪猶如須弥
盡能除滅陀羅尼曰 南謨薄伽勃底一阿波唎蜜哆二阿喻紇硯娜三須毗你悉指
陀四囉佐耶五怛他羯他耶六怛姪他唵七薩婆桑悉迦囉八波唎輸底九達磨底十
伽迦娜十一莎訶某持迦底十二薩婆婆毗輸底十三摩訶娜耶十四波唎婆嚟莎訶十五
若有自書寫教人書寫是无量壽宗要經受持讀誦若魔王魔眷屬夜叉
羅刹不得其便終无枉死陀羅尼曰 南謨薄伽勃底一阿波唎蜜哆二阿喻紇硯娜
三須毗你悉指陀四囉佐耶五怛他羯他耶六怛姪他唵七薩婆桑悉迦囉八波唎輸底九
達磨底十伽迦娜十一莎訶某持迦底十二薩婆婆毗輸底十三摩訶娜耶十四波唎婆嚟莎訶
若有自書寫教人書寫是无量壽宗要經受持讀誦命終時有九十九殑
佛現其人前千佛授手能遊一切佛剎莫於此經生於疑惑陀羅尼曰
南謨薄伽勃底一阿波唎蜜哆二阿喻紇硯娜三須毗你悉指陀四囉佐耶五
怛他羯他耶六怛姪他唵七薩婆桑悉迦囉八波唎輸底九達磨底十伽迦娜十一
莎訶某持迦底十二莎婆婆毗輸底十三摩訶娜耶十四波唎婆嚟莎訶十五
若有自書寫教人書寫是无量壽宗要經受持讀誦常得四天王隨其衛護
陀羅尼曰 南謨薄伽勃底一阿波唎蜜哆二阿喻紇硯娜三須毗你悉指陀四
囉佐耶五怛他羯他耶六怛姪他唵七薩婆桑悉迦囉八波唎輸底九
達磨底十伽迦娜十一莎訶某持迦底十二薩婆婆毗輸底十三摩訶娜耶十四波唎婆嚟莎訶
若有自書寫教人書寫是无量壽宗要經受持讀誦當得往生西方極樂世
界阿弥陀淨土陀羅尼曰 南謨薄伽勃底一阿波唎蜜哆二阿喻紇硯娜三
須毗你悉指陀四囉佐耶五怛他羯他耶六怛姪他唵七 薩婆桑悉迦囉八
波唎輸底九達磨底十伽迦娜十一莎訶某持迦底十二薩婆婆毗輸底十三
摩訶娜耶十四波唎婆嚟莎訶十五 若有方所自書寫使人書寫是无量壽
經典之處則為是塔皆應恭敬作礼若是畜生或為鳥獸得聞是經如是
等類皆當不久得成一切種智陀羅尼曰 南謨薄伽勃底一阿波唎蜜哆二

波唎輸底九 達磨底十 伽迦娜十一 莎訶其持迦底十二 薩婆娑毗輸底十三
摩訶娜耶十四 波唎婆囉莎訶十五 若有方所自書寫使人書寫是无量壽
經典之處則爲是塔皆應恭敬作礼若是畜生或爲鳥獸得聞是經如是
等類皆當不久得成一切種智陁羅尼曰 南謨薄伽勃底一 阿波唎蜜哆二
阿喻紇硯娜三 須毗你尨栺陁四 囉佐耶五 怛他羯他耶六 怛姪他唵七 薩婆桒悉迦囉八
波唎輸底九 達磨底十 伽迦娜十一 莎訶其持迦底十二 薩婆娑毗輸底十三
摩訶娜耶十四 波唎婆囉莎訶十五 若有於是无量壽經自書寫若使人書
畢竟不受女人之身陁羅尼曰 南謨薄伽勃底一 阿波唎蜜哆二 阿喻紇硯娜三
須毗你尨栺陁四 囉佐耶五 怛他羯他耶六 怛姪他唵七 薩婆桒悉迦囉八 波唎輸底九
達磨底十 伽迦娜十一 莎訶其持迦底十二 薩婆娑毗輸底十三 摩訶娜耶十四
波唎婆囉莎訶十五 若有能於是經少多能惠施者替於三千大千世界
滿中七寶布施陁羅尼曰 南謨薄伽勃底一 阿波唎蜜哆二 阿喻紇硯娜三
須毗你尨栺陁四 囉佐耶五 怛他羯他耶六 怛姪他唵七 薩婆桒悉迦囉八
波唎輸底九 達磨底十 伽迦娜十一 莎訶其持迦底十二 薩婆娑毗輸底十三
摩訶娜耶十四 波唎婆囉莎訶十五 若有能供養是經者則是供養一切諸經等
无有異陁羅尼曰 南謨薄伽勃底一 阿波唎蜜哆二 阿喻紇硯娜三 須毗你尨栺陁四
囉佐耶五 怛他羯他耶六 怛姪他唵七 薩婆桒悉迦囉八 波唎輸底九 達磨底十 伽迦娜十一
莎訶其持迦底十二 薩婆娑毗輸底十三 摩訶娜耶十四 波唎婆囉莎訶十五
如是毗婆尸佛尸弃佛毗舍浮佛俱留孫佛俱那含牟尼佛迦葉佛釋迦牟
尼佛若有人以七寶供養如是七佛其福有限書寫受持是无量壽經典
所有功德不可限量陁羅尼曰 南謨薄伽勃底一 阿波唎蜜哆二 阿喻紇硯娜三
須毗你尨栺陁四 囉佐耶五 怛他羯他耶六 怛姪他唵七 薩婆桒悉迦囉八 波唎輸底九
達磨底十 伽迦娜十一 莎訶其持迦底十二 薩婆娑毗輸底十三 摩訶娜耶十四 波唎婆
囉莎訶十五 若有七寶等於須弥以用布施其福上能知其限量是无量壽
經典其福不可知數陁羅尼曰 南謨薄伽勃底一 阿波唎蜜哆二 阿喻紇硯娜三
須毗你尨栺陁四 囉佐耶五 怛他羯他耶六 怛姪他唵七 薩婆桒悉迦囉八 波唎輸底九
達磨底十 伽迦娜十一 莎訶其持迦底十二 薩婆娑毗輸底十三 摩訶娜耶十四 波唎婆囉莎訶
如是四大海水可知滴數是无量壽經典所生果報不可數量陁羅尼曰
南謨薄伽勃底一 阿波唎蜜哆二 阿喻紇硯娜三 須毗你尨栺陁四 囉佐耶 怛他羯他耶六
怛姪他唵七 薩婆桒悉迦囉八 波唎輸底九 達磨底十 伽迦娜十一 莎訶其持迦底十二

經典其福不可知數陁羅尼曰　南謨薄伽勃底一阿波唎蜜哆二阿喻紇硯那三
須毗你悲指陁四囉佐耶五怛他羯他耶六怛姪他唵七薩婆桑悉迦囉八波唎輸底九
達磨底十伽迦那十一莎訶其持迦底十二薩婆婆毗輸底十三摩訶娜耶十四波唎婆𠼝莎訶
如是四大海水可知滴數是无量壽經典所生果報不可數量陁羅尼曰
南謨薄伽勃底一阿波唎蜜哆二阿喻紇硯那三須毗你悲指陁四囉佐耶　怛他羯他耶六
怛姪他唵七薩婆桑悉迦囉八波唎輸底九達磨底十伽迦那十一莎訶其持迦底十二
薩婆婆毗輸底十三摩訶娜耶十四波唎婆𠼝莎訶十五　若有自書使人書寫是无量
壽經典又能護持供養即如來恭敬供養一切十方佛土如來无有别異陁羅尼曰
南謨薄伽勃底一阿波唎蜜哆二阿喻紇硯那三須毗你悲指陁四囉佐耶五怛他羯他耶
六怛姪他唵七薩婆桑悉迦囉八波唎輸底九達磨底十伽迦那十一莎訶其持迦底十二
薩婆婆毗輸底十三摩訶娜耶十四波唎婆𠼝莎訶十五
布施力能成正覺　悟布施力人師子　布施力能聲普聞　慈悲階漸最能入
持戒力能成正覺　悟持戒力人師子　持戒力能聲普聞　慈悲階漸最能入
忍辱力能成正覺　悟忍辱力人師子　忍辱力能聲普聞　慈悲階漸最能入
精進力能成正覺　悟精進力人師子　精進力能聲普聞　慈悲階漸最能入
禪定力能成正覺　悟禪定力人師子　禪定力能聲普聞　慈悲階漸最能入
智慧力能成正覺　悟智慧力人師子　智慧力能聲普聞　慈悲階漸最能入
介時如來說是經已一切世間天人阿脩羅揵闥婆等聞佛所說
皆大歡喜信受奉行

佛說无量壽宗要経

張良友

莎訶其持迦底十二薩婆婆毗輸底十三摩訶娜耶十四波唎婆𠼝莎訶十五
介時復有七殑佛一時同聲說是无量壽宗要經陁羅尼曰
南謨薄伽勃底一阿波唎蜜哆二阿喻紇硯那三須毗你悲指陁四囉佐耶五怛他羯他耶六
怛姪他唵七莎婆桑悉迦囉八波唎輸底九達磨底十伽迦那十一莎訶其持迦底十二
薩婆婆毗輸底十三摩訶娜耶十四波唎婆𠼝莎訶十五
介時復有六十五殑佛一時同聲說是无量壽宗要經陁羅尼曰
南謨薄伽勃底一阿波唎蜜哆二阿喻紇硯那三須毗你悲指陁四囉佐耶五怛他羯他耶六
怛姪他唵七薩婆桑悉迦囉八波唎輸底九達磨底十伽迦那十一莎訶其

BD04548 號 1　無量壽宗要經
BD04548 號 2　無量壽宗要經

尒時[illegible]

南謨薄伽勃底一 阿波唎蜜多二 阿喻紇硯娜三 須毗你悉指陀四 囉佐耶五 怛他揭他耶六

怛姪他唵七 薩婆桑悉迦囉八 波唎輸底九 達磨底十 伽迦娜十一 莎訶其持迦底十二

薩婆婆毗輸底十三 摩訶娜耶十四 波唎婆羅莎訶十五

尒時復有六十五殑佛一時同聲說是无量壽宗要經陀羅尼曰

南謨薄伽勃底一 阿波唎蜜多二 阿喻紇硯娜三 須毗你悉指陀四 囉佐耶五 怛他揭他耶六

怛姪他唵七 薩婆桑悉迦囉八 波唎輸底九 達磨底十 伽迦娜十一 莎訶其

持迦底十二 薩婆婆毗輸底十三 摩訶娜耶十四 波唎婆羅莎訶十五

尒時復有五十五殑佛一時同聲說是无量壽宗要經陀羅尼曰

南謨薄伽勃底一 阿波唎蜜多二 阿喻紇硯娜三 須毗你悉指陀四 囉佐耶五

怛他揭他耶六 怛姪他唵七 薩婆桑悉迦囉八 波唎輸底九 達磨底十 伽迦娜十一

莎訶其持迦底十二 薩婆婆毗輸底十三 摩訶娜耶十四 波唎婆羅莎訶十五

尒時復有四十五殑佛一時同聲說是无量壽宗要經陀羅尼曰

南謨薄伽勃底一 阿波唎蜜多二 阿喻紇硯娜三 須毗你悉指陀四 囉佐耶五

怛他揭他耶六 怛姪他唵七 薩婆桑悉迦囉八 波唎輸底九 達磨底十 伽迦娜十一

莎訶其持迦底十二 薩婆婆毗輸底十三 摩訶娜耶十四 波唎婆羅莎訶十五

尒時復有三十六殑佛一時同聲說是无量壽宗要經陀羅尼曰

南謨薄伽勃底一 阿波唎蜜多二 阿喻紇硯娜三 須毗你悉指陀四 囉佐耶五

怛他揭他耶六 怛姪他唵七 薩婆桑悉迦囉八 波唎輸底九 達磨底十 伽迦娜十一

莎訶其持迦底十二 薩婆婆毗輸底十三 摩訶娜耶十四 波唎婆羅莎訶十五

尒時復有二十五殑佛一時同聲說是无量壽宗要經陀羅尼曰

南謨薄伽勃底一 阿波唎蜜多二 阿喻紇硯娜三 須毗你悉指陀四 囉佐耶五

怛他揭他耶六 怛姪他唵七 薩婆桑悉迦囉八 波唎輸底九 達磨底十 伽迦娜十一

莎訶其持迦底十二 薩婆婆毗輸底十三 摩訶娜耶十四 波唎婆羅莎訶十五

尒時復有恒河沙佛一時同聲說是无量壽宗要經陀羅尼曰

南謨薄伽勃底一 阿波唎蜜多二 阿喻紇硯娜三 須毗你悉指陀四 囉佐耶五

怛他揭他耶六 怛姪他唵七 薩婆桑悉迦囉八 波唎輸底九 達磨底十 伽迦娜十一

莎訶其持迦底十二 薩婆婆毗輸底十三 摩訶娜耶十四 波唎婆羅莎訶十五

善男子若有自書寫教人書寫是无量壽宗要經如其命盡復得長壽

而滿年陀羅尼曰 南謨薄伽勃底一 阿波唎蜜多二 阿喻紇硯娜三 須毗你悉指陀四

囉佐耶五 怛他揭他耶六 怛姪他唵七 薩婆桑悉迦囉八 波唎輸底九 達磨底十

BD04548號2　無量壽宗要經　（9–5）

南謨薄伽勃底一阿波唎蜜多二阿喻紇硯娜三須毗你悉指陀四　囉佐耶五
怛他羯他耶六怛姪他唵七薩婆桑悉迦囉八波唎輸底九達磨底十伽迦娜十一
莎訶其揲迦底十二　薩婆婆毗輸底十三　摩訶娜耶十四　波唎婆蘇莎訶十五
善男子若有自書寫教人書寫是无量壽宗要經如其命盡復得長壽
而滿年陁羅尼曰　南謨薄伽勃底一阿波唎蜜多二阿喻紇硯娜三須毗你悉指陀四
囉佐耶五怛他羯他耶六怛姪他唵七薩婆桑悉迦囉八波唎輸底九達磨底十
伽迦娜十一莎訶其揲迦底十二薩婆婆毗輸底十三摩訶娜耶十四波唎婆蘇莎訶十五
若有自書教人書寫是无量壽宗要經讀誦受持畢竟不墮地獄在在所
生得宿命智陁羅尼曰　南謨薄伽勃底一阿波唎蜜多二阿喻紇硯娜三須毗你悉指陀四
囉佐耶五怛他羯他耶六怛姪他唵七薩婆桑悉迦囉八波唎輸底九達磨底十
伽迦娜十一莎訶其揲迦底十二薩婆婆毗輸底十三摩訶娜耶十四波唎婆蘇莎訶十五
若有自書教人書寫是无量壽宗要經受持讀誦如同書寫八万四千一切經典
陁羅尼曰　南謨薄伽勃底一阿波唎蜜多二阿喻紇硯娜三須毗你悉指陀四囉佐耶五
怛他羯他耶六怛姪他唵七薩婆桑悉迦囉八波唎輸底九達磨底十伽迦娜十一
莎訶其揲迦底十二薩婆婆毗迦底十三摩訶娜耶十四波唎婆蘇莎訶十五
若有自書寫教人書寫是无量壽宗要經即是書寫八万四千部建立塔廟
陁羅尼曰　南謨薄伽勃底一阿波唎蜜多二阿喻紇硯娜三須毗你悉指陀四囉佐耶
怛他羯他耶六怛姪他唵七薩婆桑悉迦囉八波唎輸底九達磨底十伽迦娜十一
莎訶其揲迦底十二薩婆婆毗輸底十三摩訶娜耶十四波唎婆蘇莎訶十五
若有自書寫教人書寫是无量壽宗要經能消五无間等一切罪陁羅尼曰
南謨薄伽勃底一阿波唎蜜多二阿喻紇硯娜三須毗你悉指陀四囉佐耶五怛他羯
他耶六怛姪他唵七薩婆桑悉迦囉八波唎輸底九達磨底十伽迦娜十一
莎訶其揲迦底十二薩婆婆毗輸底十三摩訶娜耶十四波唎婆蘇莎訶十五
若有自書寫教人書寫是无量壽宗要經受持讀誦設有重罪猶如須弥盡
能除滅陁羅尼曰　南謨薄伽勃底一阿波唎蜜多二阿喻紇硯娜三須毗你悉指陀四
囉佐耶五怛他羯他耶六怛姪他唵七薩婆桑悉迦囉八波唎輸底九達磨底十
伽迦娜十一莎訶其揲迦底十二薩婆婆毗輸底十三摩訶娜耶十四波唎婆蘇莎訶十五
若有自書寫教人書寫是无量壽宗要經受持讀誦若魔魔子之眷屬夜叉羅
刹不得其便終无枉死陁羅尼曰　南謨薄伽勃底一阿波唎蜜多二阿喻紇硯娜三
須毗你悉指陀四囉佐耶五怛他羯他耶六怛姪他唵七薩婆桑悉迦囉八波唎輸底九達磨底十
伽迦娜十一莎訶其揲迦底十二薩婆婆毗輸底十三摩訶娜耶十四波唎婆蘇莎訶十五

囉佐耶五　怛他羯他耶六　怛姪他唵七　薩婆桑悉迦囉八　波唎輸底九　達磨底十
伽迦娜十一　莎訶其特迦底十二　薩婆婆毗輸底十三　摩訶娜耶十四　波唎婆囉莎訶十五
若有自書寫教人書寫是无量壽宗要經受持讀誦若魔鬼王之眷屬夜叉羅
剎不得其便終无枉死陁羅尼曰　南謨薄伽勃底一　阿波唎蜜多二　阿喻紇硯娜三
須毗你悉指陁四　囉佐耶五　怛他羯他耶六　怛姪他唵七　薩婆桑悉迦囉八　波唎輸底九　達磨底十
伽迦娜十一　莎訶其特迦底十二　薩婆婆毗輸底十三　摩訶娜耶十四　波唎婆囉莎訶十五
若有自書教人書寫是无量壽宗要經受持讀誦當命終時有九十九俱胝佛
現其人前爲千佛授手能遊一切佛剎莫於此經生於疑惑陁羅尼曰
南謨薄伽勃底一　阿波唎蜜多二　阿喻紇硯娜三　須毗你悉指陁四　囉佐耶五　怛他羯他耶六
怛姪他唵七　薩婆桑悉迦囉八　波唎輸底九　達磨底十　伽迦娜十一　莎訶其特迦底十二
薩婆婆毗輸底十三　摩訶娜耶十四　波唎婆囉莎訶十五
若有自書寫教人書寫是无量壽宗要經受持讀誦常得四天王隨其衛護陁羅尼曰
南謨薄伽勃底一　阿波唎蜜多二　阿喻紇硯娜三　須毗你悉指陁四　囉佐耶五　怛他羯他耶六
怛姪他唵七　薩婆桑悉迦囉八　波唎輸底九　達磨底十　伽迦娜十一　莎訶其特迦底十二
薩婆婆毗輸底十三　摩訶娜耶十四　波唎婆毗輸底十五
若有自書寫教人書寫是无量壽宗要經受持讀誦當得往生西方極樂世界阿彌
陁淨土陁羅尼曰　南謨薄伽勃底一　阿波唎蜜多二　阿喻紇硯娜三　須毗你悉指陁四
囉佐耶五　怛他羯他耶六　怛姪他唵七　薩婆桑悉迦囉八　波唎輸底九　達磨底十
伽迦娜十一　莎訶其特迦底十二　薩婆婆毗輸底十三　摩訶娜耶十四　波唎婆囉莎訶十五
若有方所自書寫使人書寫是无量壽經典之處則爲是塔皆應恭敬作禮
若是畜生或爲鳥獸得聞是經如是等類皆當不久得成一切種智陁羅尼曰
南謨薄伽勃底一　阿波唎蜜多二　阿喻紇硯娜三　須毗你悉指陁四　囉佐耶五
怛他羯他耶六　怛姪他唵七　薩婆桑悉迦囉八　波唎輸底九　達磨底十　伽迦娜十一
莎訶其特迦底十二　薩婆婆毗輸底十三　摩訶娜耶十四　波唎婆囉莎訶十五
若有於是无量壽經自書寫若使人書畢竟不受女人之身陁羅尼曰
南謨薄伽勃底一　阿波唎蜜多二　阿喻紇硯娜三　須毗你悉指陁四　囉佐耶五
怛他羯他耶六　怛姪他唵七　薩婆桑悉迦囉八　波唎輸底九　達磨底十　伽迦娜十一
莎訶其特迦底十二　薩婆婆毗輸底十三　摩訶娜耶十四　波唎婆囉莎訶十五
若有能於是經少分能惠施者等於三千大千世界滿中七寶布施陁羅尼曰
南謨薄伽勃底一　阿波唎蜜多二　阿喻紇硯娜三　須毗你悉指陁四　囉佐耶五
怛他羯他耶六　怛姪他唵七　薩婆桑悉迦囉八　波唎輸底九　達磨底十　伽迦娜十一

若有於是无量壽經自書寫若使人書畢竟不受女人之身陀羅尼曰
南謨薄伽勃底一阿波唎蜜哆二阿喻紇硯娜三須毗你悉指陁四囉佐耶五
怛他羯他耶六怛姪他唵七薩婆桑悉迦囉八波唎輸底九達磨底十伽迦娜十一
莎訶其持迦底十二薩婆婆毗輸底十三摩訶娜耶十四波唎婆嚟莎訶十五
若有能於是經少分施者等於三千大千世界滿中七寶布施陁羅尼曰
南謨薄伽勃底一阿波唎蜜哆二阿喻紇硯娜三須毗你悉指陁四囉佐耶五
怛他羯他耶六怛姪他唵七薩婆桑悉迦囉八波唎輸底九達磨底十伽迦娜十一
莎訶其持迦底十二薩婆婆毗輸底十三摩訶娜耶十四波唎婆嚟莎訶十五
若有能供養是經者則是供養一切諸經等无有異陁羅尼曰　南謨薄伽勃底一
阿波唎蜜哆二阿喻紇硯娜三須毗你悉指陁四囉佐耶五怛他羯他耶六怛姪他唵七薩婆桑悉迦囉
八波唎輸底九達磨底十伽迦娜十一莎訶其持迦底十二薩婆婆毗輸底十三摩訶娜耶十四波唎婆嚟莎訶十五
如是毗婆尸佛尸棄佛毗舍浮佛俱留孫佛俱那含牟尼佛迦葉佛釋迦牟尼佛
若有人以七寶供養如是七佛其福有限書寫受持是无量壽經典所有功德不可
限量陁羅尼曰　南謨薄伽勃底一阿婆唎蜜哆二阿喻紇硯娜三須毗你悉指陁四
囉佐耶五怛他羯他耶六怛姪他唵七薩婆桑悉迦囉八波唎輸底九達磨底十伽迦娜十一
莎訶其持迦底十二薩婆婆毗輸底十三摩訶娜耶十四波唎婆嚟莎訶十五
若有七寶等於須彌以用布施其福上能知其限量是无量壽經典其福不可知數
陁羅尼曰　南謨薄伽勃底一阿波唎蜜哆二阿喻紇硯娜三須毗你悉指陁四囉佐耶五
怛他羯他耶六怛姪他唵七薩婆桑悉迦囉八波唎輸底九達磨底十伽迦娜十一
莎訶其持迦底十二薩婆婆毗輸底十三摩訶娜耶十四波唎婆嚟莎訶十五
如是四大海水可知滴數是无量壽經典所生果報不可數量陁羅尼曰
南謨薄伽勃底一阿波唎蜜哆二阿喻紇硯娜三須毗你悉指陁四囉佐耶五怛他羯他耶六
怛姪他唵七薩婆桑悉迦囉八波唎輸底九達磨底十伽迦娜十一莎訶其持迦
底十二薩婆婆毗輸底十三摩訶娜耶十四波唎婆嚟莎訶十五
若有自書使人書寫是无量壽經典又能讃持供養即如恭敬供養一切十方佛土
如來无有別異陁羅尼曰　南謨薄伽勃底一阿波唎蜜哆二阿喻紇硯娜三須毗你悉指
陁四囉佐耶五怛他羯他耶六怛姪他唵七薩婆桑悉迦囉八波唎輸底九達磨底十
伽迦娜十一莎訶其持迦底十二薩婆婆毗輸底十三摩訶娜耶十四波唎婆嚟莎訶十五
布施力能成正覺　悟布施力入師子　布施力能聲普聞　慈悲階漸最能入
持戒力能成正覺　悟持戒力入師子　持戒力能聲普聞　慈悲階漸最能入
忍辱力能成正覺　悟忍辱力入師子　忍辱力能聲普聞　慈悲階漸最能入

怛他羯他耶六 怛姪他唵七 薩婆桑悉迦羅八 波唎輸底九 達磨底十 伽迦娜十一
莎訶其特迦底十二 薩婆婆毗輸底十三 摩訶娜耶十四 波唎婆羅莎訶十五
如是四大海水可知滴數 是无量壽經典 所生果報不可數量 陀羅尼曰
南謨薄伽勃底一 阿波唎蜜哆二 阿喻紇硯娜三 須毗你悉指陀四 囉佐耶五 怛他揭他耶六
怛姪他唵七 薩婆桑悉迦羅八 波唎輸底九 達磨底十 伽迦娜十一 莎訶其特迦
底十二 薩婆婆毗輸底十三 摩訶娜耶十四 波唎婆羅莎訶十五
若有自書使人書寫是无量壽經典 又能護持供養 即如來敬供養一切十方佛土
如來无有别異 陀羅尼曰 南謨薄伽勃底一 阿波唎蜜哆二 阿喻紇硯娜三 須毗你悉指
陀四 囉佐耶五 怛他羯他耶六 怛姪他唵七 薩婆桑悉迦囉八 波唎輸底九 達磨底十
伽迦娜十一 莎訶其特迦底十二 薩婆婆毗輸底十三 摩訶娜耶十四 波唎婆羅莎訶十五
布施力能成正覺 悟布施力人師子 布施力能聲普聞 慈悲階漸最能入
持戒力能成正覺 悟持戒力人師子 持戒力能聲普聞 慈悲階漸最能入
忍辱力能成正覺 悟忍辱力人師子 忍辱力能聲普聞 慈悲階漸最能入
精進力能成正覺 悟精進力人師子 精進力能聲普聞 慈悲階漸最能入
禪定力能成正覺 悟禪定力人師子 禪定力能聲普聞 慈悲階漸最能入
智慧力能成正覺 悟智慧力人師子 智慧力能聲普聞 慈悲階漸最能入
尒時如來說是經已 一切世間天人阿脩羅揵闥婆等 聞佛所說 皆大歡
喜信受奉行

佛說无量壽宗要經

張良友寫

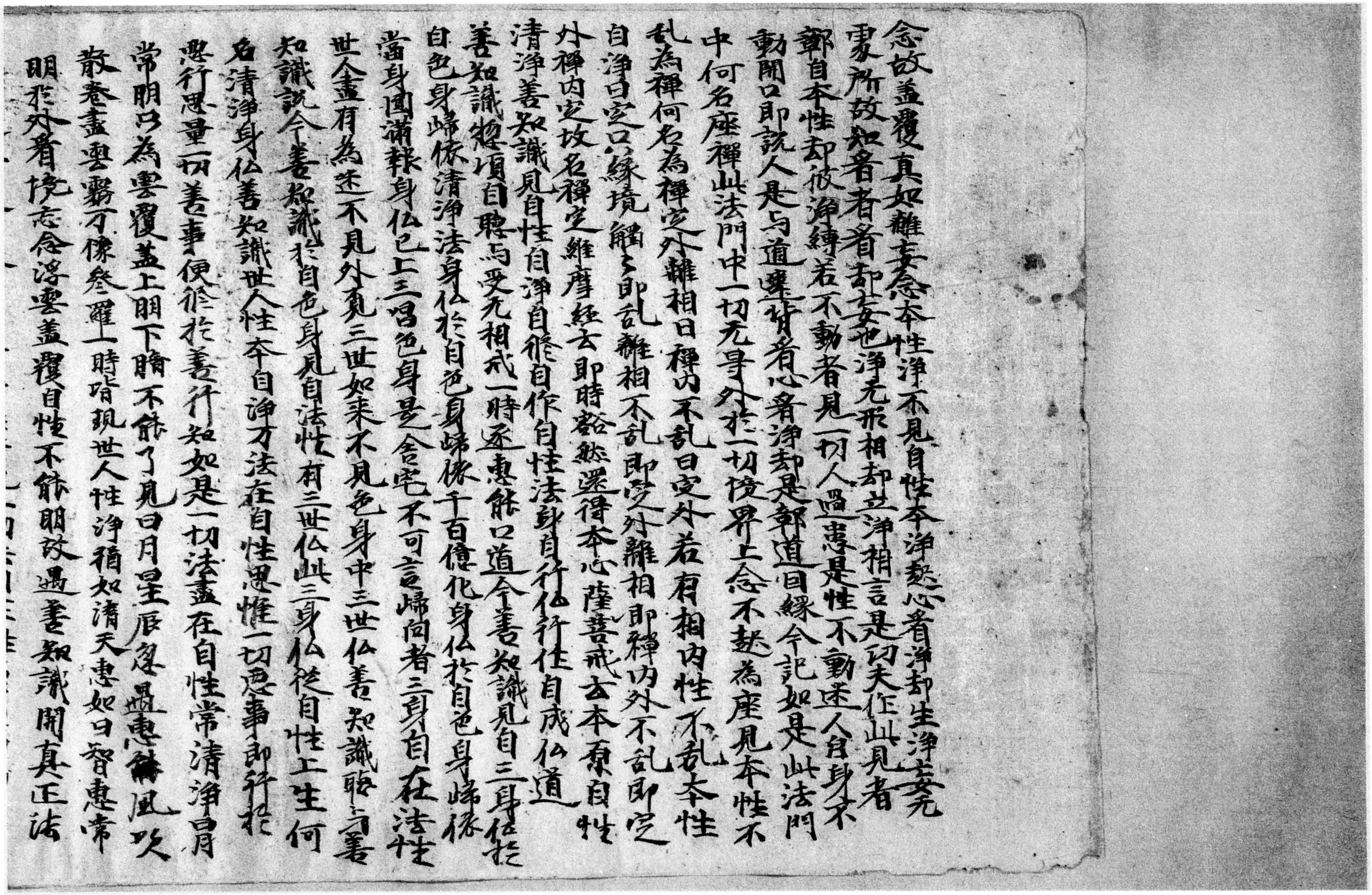
念故蓋覆真如離妄念本性淨不見自性本淨起心看淨却生淨妄妄无
處所故知看者看却是妄也淨无形相却立淨相言是功夫作此見者
鄣自本性却被淨縛若不動者見一切人過患是性不動迷人自身不
動開口即說人是与道違背看心看淨却是鄣道因緣今記如是此法門
中何名座禪此法門中一切无㝵外於一切境界上念不起為座見本性不
亂為禪何名為禪定外離相曰禪內不亂曰定外若有相內性不亂本性
自淨曰定只緣境觸觸即亂離相不亂即定外離相即禪內外不亂即定
外禪內定故名禪定維摩經云即時豁然還得本心菩薩戒云本原自性
清淨善知識見自性自淨自修自作自性法身自行仏行自作自成仏道
善知識總須自聽与受无相戒一時逐惠能口道令善知識見自三身仏於
自色身歸依清淨法身仏於自色身歸依千百億化身仏於自色身歸依
當身圓滿報身仏已上三唱色身是舍宅不可言歸向者三身自在法性
世人盡有為迷不見外覓三世如來不見色身中三世仏善知識聽与善
知識說令善知識於自色身見自法性有三世仏此三身仏從自性上生何
名清淨身仏善知識世人性本自淨万法在自性思惟一切惡事即行於
惡行思量一切善事便修於善行知如是一切法盡在自性自性常清淨日月
常明只為雲覆蓋上明下暗不能了見日月星辰忽遇惠風吹
散卷盡雲霧万像參羅一時皆現世人性淨猶如清天惠如日智惠常
明於外著境妄念浮雲蓋覆自性不能明故遇善知識開真正法

BD04548號背1　南宗頓教最上大乘摩訶般若波羅蜜經六祖惠能大師於韶州大梵寺施法壇經　（9–1）

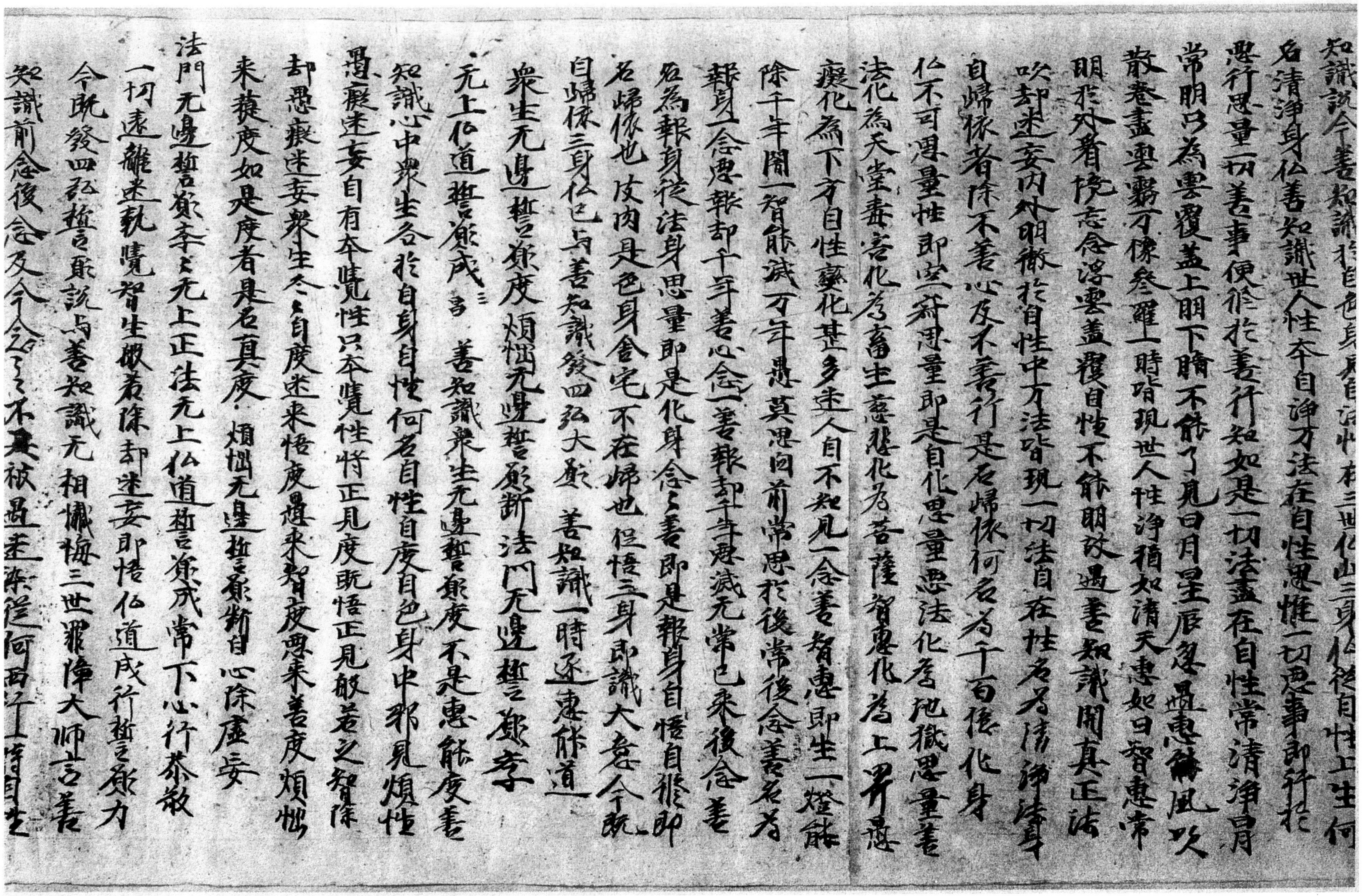

知識說令善知識於自色身見自法性有三世佛此三身佛從自性上生何
名清淨身佛善知識世人性本自淨万法在自性思惟一切惡事即行於
惡行思量一切善事便修於善行知如是一切法盡在自性自性常清淨日月
常明只為雲覆蓋上明下暗不能了見日月星辰忽遇惠風吹
散卷盡雲霧万像參羅一時皆現世人性淨猶如清天惠如日智惠常
明於外著境妄念浮雲蓋覆自性不能明故遇善知識開真正法
吹却迷妄內外明徹於自性中万法皆現一切法自在性名為清淨法身
自歸依者除不善心及不善行是名歸依何名為千百億化身
佛不可思量性即空寂思量即是自化思量惡法化為地獄思量善
法化為天堂毒害化為畜生慈悲化為菩薩智惠化為上界愚
癡化為下方自性變化甚多迷人自不知見一念善智惠即生一燈能
除千年闇一智能滅万年愚莫思向前常思於後常後念善名為
報身一念惡報却千年善心一念善報却千年惡滅无常已來後念善
名為報身從法身思量即是化身念念善即是報身自悟自修即
名歸依也皮肉是色身色身是舍宅不在歸也但悟三身即識大意今既
自歸依三身佛已與善知識發四弘大願善知識一時逐惠能道
眾生无邊誓願度煩惱无邊誓願斷法門无邊誓願學
无上佛道誓願成（三唱） 善知識眾生无邊誓願度不是惠能度善
知識心中眾生各於自身自性自度何名自性自度自色身中邪見煩惱
愚癡迷妄自有本覺性只本覺性將正見度既悟正見般若之智除
却愚癡迷妄眾生各各自度迷來悟度愚來智度惡來善度煩惱
來菩提度如是度者是名真度 煩惱无邊誓願斷自心除虛妄
法門无邊誓願學學无上正法无上佛道誓願成常下心行恭敬
一切遠離迷執覺智生般若除却迷妄即悟佛道成行誓願力
今既發四弘誓願訖與善知識說无相懺悔三世罪障大師言善
知識前念後念及今念念念不被愚迷染從前惡行一時自性

BD04548號背1　南宗頓教最上大乘摩訶般若波羅蜜經六祖惠能大師於韶州大梵寺施法壇經　（9–2）

法門无邊誓願學ミ无上正法ミ无上仏道誓願成常下心行恭敬
一切遠離迷執覺智生般若除却迷妄即悟仏道成行誓願力
今既發四弘誓願說与善知識无相懺悔三世罪障大師言善
知識前念後念及今念ミミ不被愚迷染從前惡行一時自性
若除即是懺悔前念後念及念ミミ不被愚癡染除却從前矯誑心
永斷名為自性懺前念後念及念ミミ不被疽疫染除却從前疾
妬心自性若除即是懺（已上三唱）善知識何名懺悔者終身不作悔者知於前
非惡業恒不離心諸仏前口說无益我此法門中永斷不作名為懺
悔今既懺悔已与善知識受无相三歸依戒大師言善知識歸依
覺兩足尊歸依正離欲尊歸依淨衆中尊從今已後稱仏為師
更不歸依邪迷外道願自三寶慈悲證明善知識
惠能勸善知識歸依三寶仏者覺也法者正也僧者淨也自心
歸依邪迷不生少欲知足離財離色名兩足尊自心歸依正念ミ
无邪故即无愛著以无愛著名離欲尊自心歸依淨一切塵勞妄
念雖在自性ミ不染著名衆中尊凡夫解脫從日至日受三歸依
戒若言歸仏仏在何處若不見仏即无所歸既无所歸言却是妄善
知識各自觀察莫錯用意經中只言自歸依仏不言歸依他仏自性
不歸依无所處今既自歸依三寶總各各至心与善知識說摩訶
般若波羅蜜善知識雖念不解惠能与說各各聽摩訶般若波羅蜜者
西國梵語唐言大智惠彼岸到此法須行不在口ミ念ミ不行如如
化修行者法身与仏等也何名摩訶ミミ者是大心量廣大由如虛空
莫定心禪即落无記空能含日月星辰大地山河一切草木惡人善
人惡法善法天堂地獄盡在空中世人性空亦復如是性含万法是大
万法盡是自性見一切人非人惡之与善惡法善法盡皆不捨不可
染著由虛空名之為大此是摩訶行迷人口念智者心又有迷人
空心不思名之為大此亦不是心量大不行是小莫口空說不脩此行

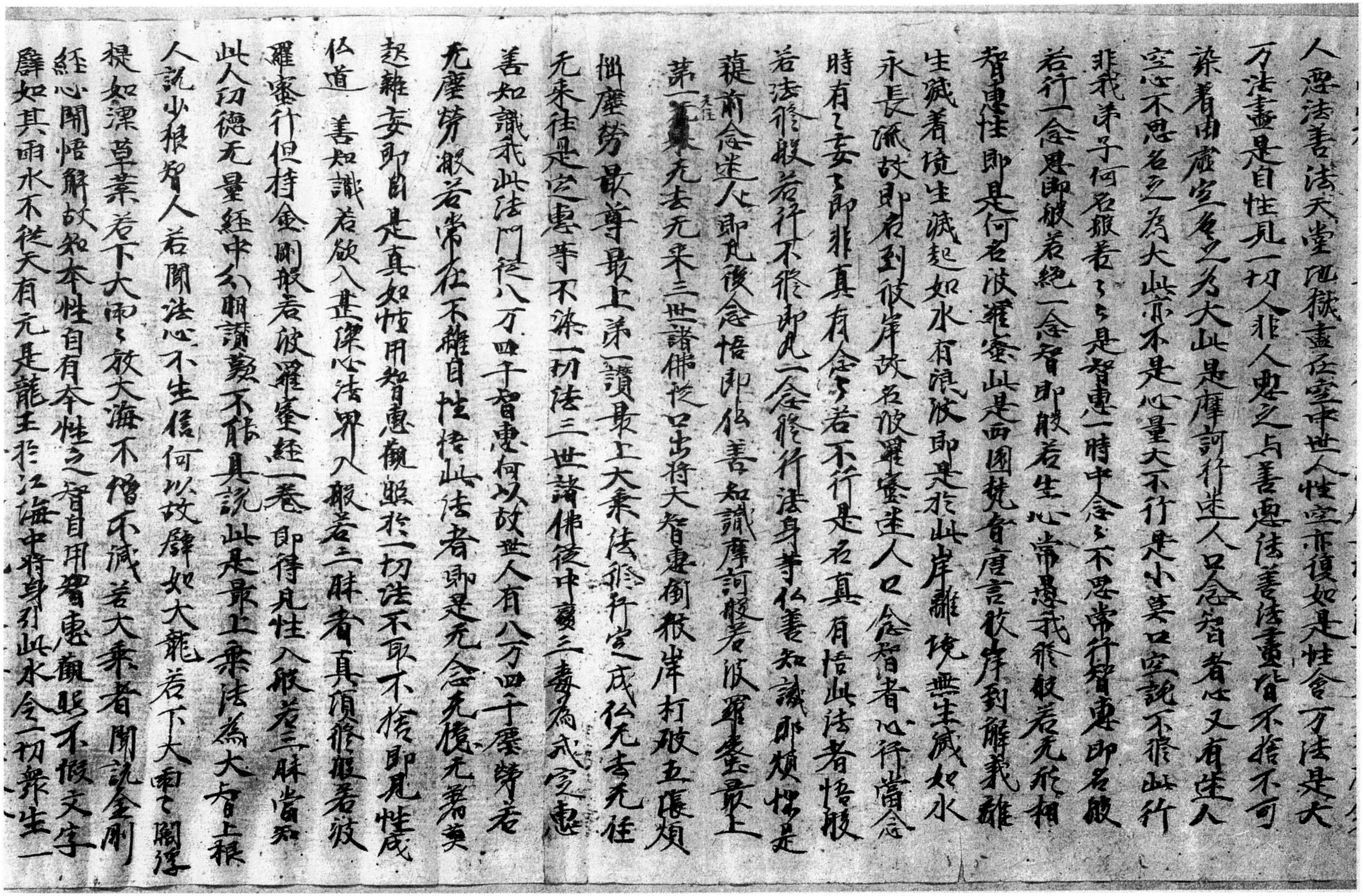

BD04548號背1　南宗頓教最上大乘摩訶般若波羅蜜經六祖惠能大師於韶州大梵寺施法壇經　（9–4）

羅蜜行但持金剛般若波羅蜜經一卷即得見性入般若三昧當知
此人功德无量經中分明讚歎不能具說此是最上乘法為大智上根
人說少根智人若聞法心不生信何以故譬如大龍若下大雨〻閻浮
提如漂草葉若下大雨〻放大海不增不減若大乘者聞說金剛
經心開悟解故知本性自有本性之智自用智惠觀照不假文字
譬如其雨水不從天有元是龍王於江海中將身引此水令一切眾生一
切草木一切有情无情悉皆蒙潤諸水眾流却入大海〻納眾水合為
一體眾生本性般若之智亦復如是少根之人聞說頓教猶如大地草木
根性自少者若被大雨一沃悉皆自倒不能增長少根之人亦復如是
有般之智与大智之人亦无差別因何聞法即不悟緣邪見障重煩惱
根深猶如大雲蓋覆於日不得風吹日無能現般若智亦无大小
為一切眾生自有迷心外脩覓佛未悟自性即是少根人聞其頓教不
信外脩但於自心令自本性常起正見一切邪見煩惱塵勞眾生當
時盡悟猶如大海納於眾流小水大水合為一體即是見性內外不住
来去自由能除執心通達无㝵心脩此行即与般若波羅蜜經
本无差別一切經書及文字小大二乘十二部經皆因人置因智惠性故〻然
能建立我若無智人一切万法本亦不有故知万法本從人興一切經書
因人說有緣在人中有愚有智愚為小故智為大人問迷人於智者
智人与愚人說法令使愚者悟解心開迷人若悟心開与大智人无
別故知不悟即佛是眾生一念若悟即眾生是佛故知一切万法盡在
自身中何不從於自心頓見真如本性菩薩戒經云我本源自性淸淨
淨識心見性自成佛道　即時豁然還得本心善知識我於忍
和尚處聞一言下大悟頓見真如本性是頓以教法流行後代令學
道者頓悟菩提各自觀心令自本性頓悟若能自悟者須覓大
善知識亦道見性何名大善知識解最上大乘法直示正路是
大善知識是大因緣所為化道令得見佛一切善法皆因大善知
識能發起故三世諸佛十二部經在人性中本自具有不能自悟

道者頓悟各自觀心令自本性頓悟若能自悟者須覓大
善知識示道見性何名大善知識解最上大乘法直示正路是
大善知識是大因緣所為化道令得見佛一切善法皆因大善知
識能發起故三世諸佛十二部經在人性中本自具有不能自悟
須得善知識示道見性若自悟者不假外求善知識若取外求
善知識望得解脫无有是處識自心內善知識即得解脫若自
心邪迷妄念顛倒外善知識即有教授汝若不得自悟當起般
若觀照剎那間妄念俱滅即是自真正善知識一悟即至佛地自
性心地以智慧觀照內外明徹識自本心若識本心即是解脫
既得解脫即是般若三昧悟般若三昧即是无念何名无念无
念法者見一切法遍一切處不著一切處常淨自性使六賊從六
門走出於六塵中不離不染來去自由即是般若三昧自在解脫名
无念行莫百物不思當令念絕即是法縛即名邊見悟无念法
者萬法盡通悟无念法者見諸佛境界悟无念頓法者至佛位地
善知識後代得吾法者常見吾法身不離汝左右善知識將此頓
教法門同見同行發願受持如是佛教終身受持而不退者
者欲入聖位然須傳受從上已來默然而付於法發大誓願
不退菩提即須分付若覓无益若愚人不解謗此法門百劫中
同見解无有志願在在處處勿妄宣傳損彼前人究竟
无益若愚人不解謗此法門百劫千生斷佛種性大師言善
知識聽吾說无相頌令汝迷者罪滅亦名滅罪頌曰
愚人修福不修道　謂言修福如是道　施布供養福无邊　心中三業元來在
若將修福欲滅罪　後世得福罪元在　若解向心除罪緣　各自性中真懺悔
若悟大乘真懺悔　除邪行正即无罪　學道之人能自觀　即與悟人同一例
大師今傳此頓教　願學之人同一體　若欲當來覓本身　三毒惡緣心裏洗
努力修道莫悠悠　若愚大乘頓教法　虔誠合掌志心求
大師說法了韋使君官僚僧眾道俗讚言无盡昔所未聞使君禮拜白言和尚說

BD04548號背 1　南宗頓教最上大乘摩訶般若波羅蜜經六祖惠能大師於韶州大梵寺施法壇經　（9–6）

若将修福欲滅罪　後世得福罪元在　若解向心除罪縁　各自性中真懺悔
若悟大乘真懺悔　除邪行正即无罪　学道之人能自観　即与悟人同一例
大师令傳此頓教　願学之人同一體　若欲當来覔本身　三毒悪縁心裏洗
努力修道莫悠々　若遇大乘頓教法　虔誠合掌志心求
大师説法了　韦使君官僚僧衆道俗讃言无盡　昔所未聞　使君礼拜自言　和尚説
法實不思議　弟子當有少疑　欲三使君聞法可不如是　西國第一师宗旨大师
達摩祖师　西國第一师達摩祖师宗旨　大师言是　弟子見説達摩大师代梁
武帝問達摩　朕一生已来造寺布施供養　有功德否　達摩答言　並無功德
武帝惆悵　遂遣達摩出境　未審此言　請和尚説　六祖言　實无功德　使君勿
疑　達摩大师言　武帝著邪道　不識正法　使君問　何以無功德　和尚言　造
寺布施供養　只是修福　不可將福以為功德　功德在法身　非在於福田　自法
性有功德　平直是佛性　外行恭敬　若輕一切人　吾我不斷　即自无功德　自性
无功德　法身无功德　念念行平等真心　德即不輕　常行於敬　自修身即
功　自修心即德　功德自心作　福与功德别　武帝不識正理　非祖大师有過　使
君礼拜　又問　弟子見僧俗常念阿弥陁佛　願生西方　請和尚説　得生彼否
望為破疑　大师言　使君聴　惠能与説　世尊在舍衛城説西方引化　經
文分明去此不遠　只為下根説遠　説近只縁上智　人自兩種　法无不一　迷
悟有殊　見有遅疾　迷人念佛生彼　悟者自淨其心　所以佛言　隨其心淨則
佛土淨　使君東方但淨心无罪　西方心不淨有愆　迷人願生東方　西者所
在處並皆一種　心地但无不淨　西方去此不遠　心起不淨之心　念佛往生難到
除悪即行十万　无八邪即過八千　但行真心　到如禪指　使君但行十善
何須更願往生　不斷十悪之心　何佛即来迎請　若悟无生頓法　見西方
只在刹那　不悟頓教大乘　念佛往生路遠　如何得達　六祖言　惠能
与使君移西方刹那間　目前便見　使君願見否　使君礼拜　若此
得見　何須往生　願和尚慈悲　為現西方　大善　大师言　一時見西方　无
疑即散　大衆愕然　莫知何事　大师曰　大衆作意聴　世人自色身是城
眼耳鼻舌身即是城門　外有六門　内有意門　心即是地　性即是
……性去身壞　佛是自性作　莫

BD04548 號背 1　南宗頓教最上大乘摩訶般若波羅蜜經六祖惠能大師於韶州大梵寺施法壇經　（9–7）

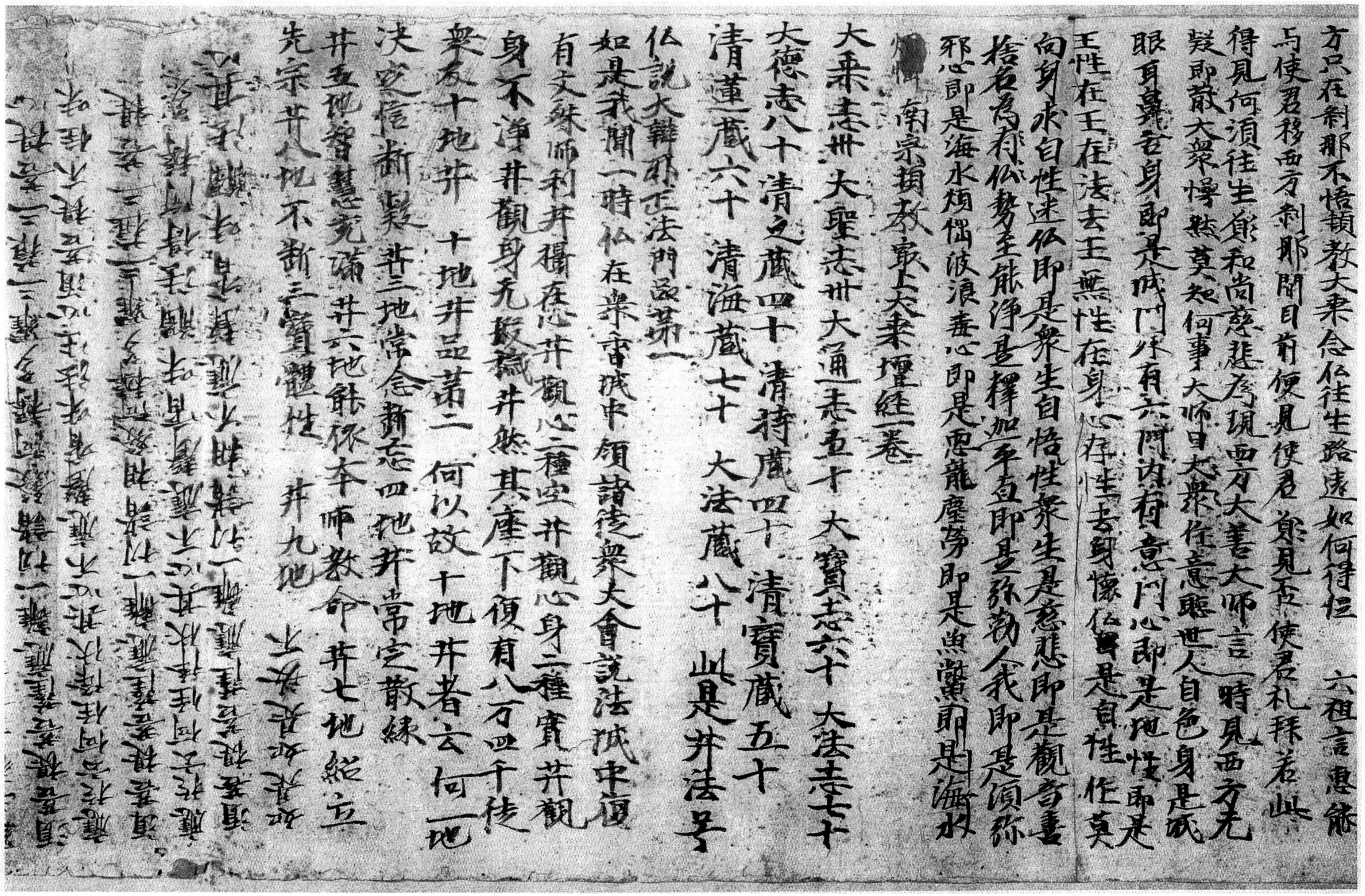

BD04548 號背 1　南宗頓教最上大乘摩訶般若波羅蜜經六祖惠能大師於韶州大梵寺施法壇經　（9–8）

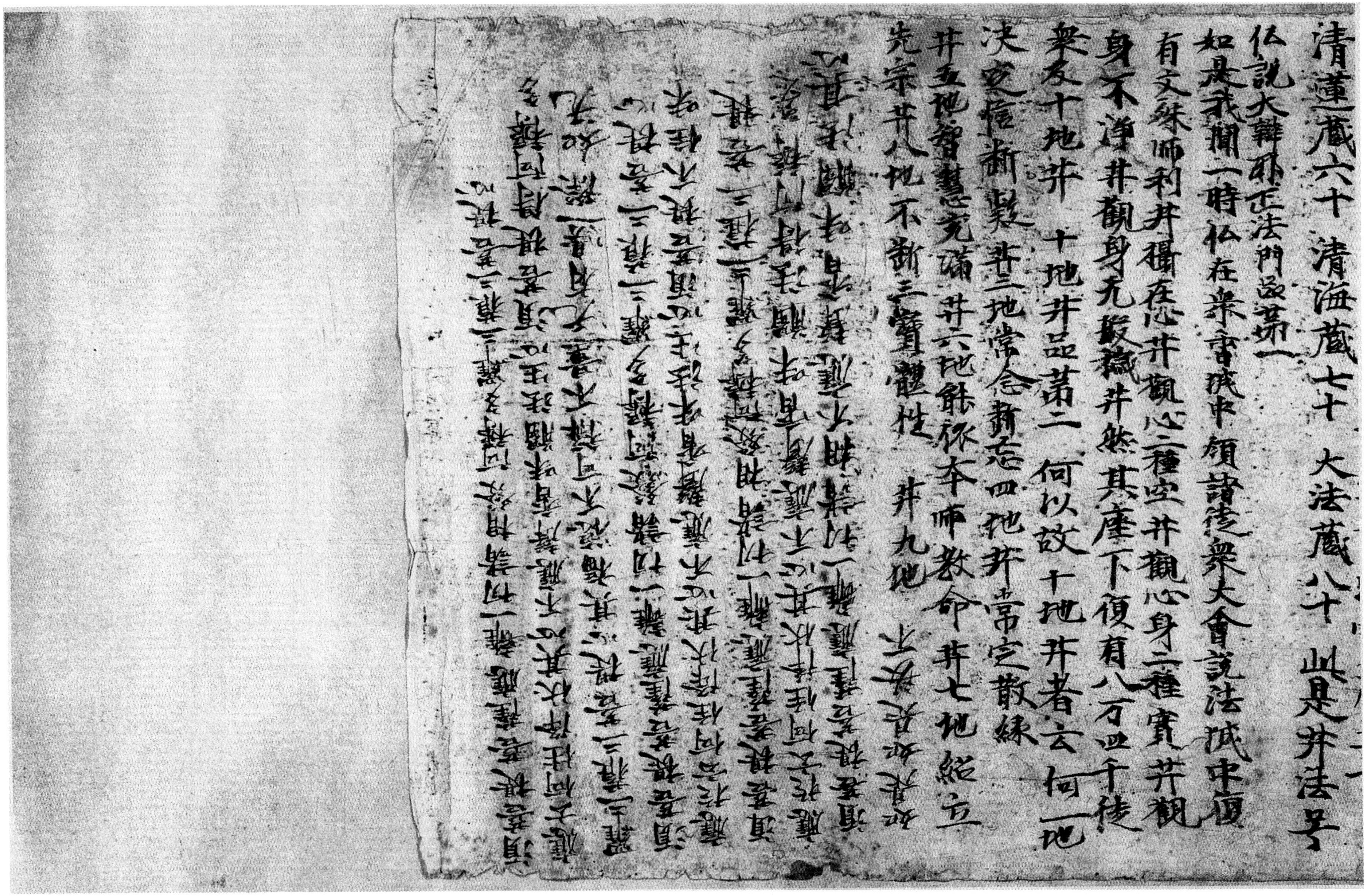

（9–9）

BD04548 號背 1　南宗頓教最上大乘摩訶般若波羅蜜經六祖惠能大師於韶州大梵寺施法壇經

BD04548 號背 2　大辯邪正經

眷屬万天
大自在天子與其眷屬三万天
主梵天王尸棄大梵光明大梵
二千天子俱有八龍王難陀龍王
娑伽羅龍王和脩吉龍王德叉迦龍王
婆達多龍王摩那斯龍王優鉢羅龍王等
各與若干百千眷屬俱有四緊那羅王法緊
那羅王妙法緊那羅王大法緊那羅王
持法緊那羅王各與若干百千眷屬俱有
四乾闥婆王樂乾闥婆王樂音乾闥婆王美
乾闥婆王美音乾闥婆王各與若干百千眷屬
俱有四阿脩羅王婆稚阿脩羅王佉羅騫大
阿脩羅王毗摩質多羅阿脩羅王羅睺阿脩
羅王各與若干百千眷屬俱有四迦樓羅王大
威德迦樓羅王大身迦樓羅王大滿迦樓羅
王如意迦樓羅王各與若干百千眷屬俱韋
提希子阿闍世王與若干百千眷屬俱各礼
佛足退坐一面
尒時世尊四衆圍遶供養恭敬尊重讚歎爲
諸菩薩說大乘經名無量義教菩薩法佛所
護念佛說此經已結加趺坐入於无量義處

BD04549號　妙法蓮華經卷一　（25–1）

提希子阿闍世王與若干百千眷屬俱各礼
佛足退坐一面
尒時世尊四衆圍遶供養恭敬尊重讚歎爲
諸菩薩說大乘經名無量義教菩薩法佛所
護念佛說此經已結加趺坐入於无量義處
三昧身心不動是時天雨曼陀羅華摩訶曼
陀羅華曼殊沙華摩訶曼殊沙華而散佛上
及諸大衆普佛世界六種震動尒時會中比
丘比丘尼優婆塞優婆夷天龍夜叉乾闥婆
阿脩羅迦樓羅緊那羅摩睺羅伽人非人及
諸小王轉輪聖王是諸大衆得未曾有歡喜
合掌一心觀佛尒時佛放眉間白毫相光照
東方万八千世界靡不周遍下至阿鼻地獄
上至阿迦尼吒天於此世界盡見彼土六趣
衆生又見彼土現在諸佛及聞諸佛所說經
法并見彼諸比丘比丘尼優婆塞優婆夷諸
脩行得道者復見諸菩薩摩訶薩種種因緣
種種信解種種相貌行菩薩道復見諸佛般
涅槃者復見諸佛般涅槃後以佛舍利起七
寶塔尒時弥勒菩薩作是念今者世尊現神變
相以何因緣而有此瑞今佛世尊入于三昧是
不可思議現希有事當以問誰誰能答
者復作此念是文殊師利法王之子已曾親
近供養過去无量諸佛必應見此希有之相

BD04549號　妙法蓮華經卷一　（25–2）

相以何因緣而有此瑞今佛世尊入于三昧是
不可思議現希有事當以問誰誰能荅
者復作此念是文殊師利法王之子已曾親
近供養過去无量諸佛必應見此希有之相
我今當問尒時比丘比丘尼優婆塞優婆夷及
諸天龍鬼神等咸作此念是佛光明神通
之相今當問誰尒時彌勒菩薩欲自決疑又
觀四衆比丘比丘尼優婆塞優婆夷及諸天龍
鬼神等衆會之心而問文殊師利言以何因緣而
有此瑞神通之相放大光明照于東方万八千土
悉見彼佛國界莊嚴於是彌勒菩薩欲重宣此
義以偈問曰
文殊師利　導師何故　眉間白豪　大光普照
雨曼陁羅　曼殊沙華　栴檀香風　悅可衆心
以是因緣　地皆嚴淨　而此世界　六種震動
時四部衆　咸皆歡喜　身意快然　得未曾有
眉間光明　照于東方　万八千土　皆如金色
從阿鼻獄　上至有頂　諸世界中　六道衆生
生死所趣　善惡業緣　受報好醜　於此悉見
又覩諸佛　聖主師子　演說經典　微妙第一
其聲清淨　出柔軟音　教諸菩薩　无數億萬
梵音深妙　令人樂聞　各於世界　講說正法
種種因緣　以无量喻　照明佛法　開悟衆生
若人遭苦　猒老病死　為說涅槃　盡諸苦際
若人有福　曾供養佛　志求勝法　為說緣覺

又覩諸佛　聖主師子　演說經典　微妙第一
其聲清淨　出柔軟音　教諸菩薩　无數億萬
梵音深妙　令人樂聞　各於世界　講說正法
種種因緣　以无量喻　照明佛法　開悟衆生
若人遭苦　猒老病死　為說涅槃　盡諸苦際
若人有福　曾供養佛　志求勝法　為說緣覺
若有佛子　脩種種行　求无上慧　為說淨道
文殊師利　我住於此　見聞若斯　及千億事
如是衆多　今當略說　我見彼土　恒沙菩薩
種種因緣　而求佛道　或有行施　金銀珊瑚
真珠摩尼　車𤦲馬瑙　金剛諸珍　奴婢車乘
寶餝輦轝　歡喜布施　迴向佛道　願得是乘
三界第一　諸佛所歎　或有菩薩　駟馬寶車
欄楯華蓋　軒餝布施　復見菩薩　身肉手足
及妻子施　求无上道　又見菩薩　頭目身體
欣樂施與　求佛智慧　文殊師利　我見諸王
往詣佛所　問无上道　便捨樂土　宮殿臣妾
剃除鬚髮　而被法服　或見菩薩　而作比丘
獨處閑靜　樂誦經典　又見菩薩　勇猛精進
入於深山　思惟佛道　又見離欲　常處空閑
深脩禪定　得五神通　又見菩薩　安禪合掌
以千万偈　讚諸法王　復見菩薩　智深志固
能問諸佛　聞悉受持　又見佛子　定慧具足
以無量喻　為衆講法　欣樂說法　化諸菩薩
破魔兵衆　而擊法鼓　又見菩薩　寂然宴默

深修禪定 得五神通 又見菩薩 安禪合掌
以千万偈 讚諸法王 復見菩薩 智深志固
能問諸佛 聞悉受持 又見佛子 定慧具足
以無量喻 為眾講法 欣樂說法 化諸菩薩
破魔兵眾 而擊法鼓 又見菩薩 寂然宴默
天龍恭敬 不以為喜 又見菩薩 處林放光
濟地獄苦 令入佛道 又見佛子 未嘗睡眠
經行林中 勤求佛道 又見具戒 威儀无缺
淨如寶珠 以求佛道 又見佛子 住忍辱力
增上慢人 惡罵捶打 皆悉能忍 以求佛道
又見菩薩 離諸戲笑 及癡眷屬 親近智者
一心除亂 攝念山林 億千万歲 以求佛道
或見菩薩 餚饍飲食 百種湯藥 施佛及僧
名衣上服 價直千万 或无價衣 施佛及僧
千万億種 栴檀寶舍 眾妙臥具 施佛及僧
清淨園林 華果茂盛 流泉浴池 施佛及僧
如是等施 種種微妙 歡喜无猒 求无上道
或有菩薩 說寂滅法 種種教詔 无數眾生
或見菩薩 觀諸法性 无有二相 猶如虛空
又見佛子 心无所著 以此妙慧 求无上道
文殊師利 又見菩薩 佛滅度後 供養舍利
又見佛子 造諸塔廟 无數恒沙 嚴飾國界
寶塔高妙 五千由旬 縱廣正等 二千由旬
一一塔廟 各千幢幡 珠交露幔 寶鈴和鳴
諸天龍神 人及非人 香華伎樂 常以供養

BD04549號　妙法蓮華經卷一　（25–5）

文殊師利 又見菩薩 佛滅度後 供養舍利
又見佛子 造諸塔廟 无數恒沙 嚴飾國界
寶塔高妙 五千由旬 縱廣正等 二千由旬
一一塔廟 各千幢幡 珠交露幔 寶鈴和鳴
諸天龍神 人及非人 香華伎樂 常以供養
文殊師利 諸佛子等 為供舍利 嚴飾塔廟
國界自然 殊特妙好 如天樹王 其華開敷
佛放一光 我及眾會 見此國界 種種殊妙
諸佛神力 智慧希有 放一淨光 照无量國
我等見此 得未曾有 佛子文殊 願決眾疑
四眾欣仰 瞻仁及我 世尊何故 放斯光明
佛子時答 決疑令喜 何所饒益 演斯光明
佛坐道場 所得妙法 為欲說此 為當授記
示諸佛土 眾寶嚴淨 及見諸佛 此非小緣
文殊當知 四眾龍神 瞻察仁者 為說何等
尒時文殊師利語彌勒菩薩摩訶薩及諸大
士善男子等如我惟忖今佛世尊欲說大法
雨大法雨吹大法螺擊大法鼓演大法義諸善
男子我於過去諸佛曾見此瑞放斯光已即
說大法是故當知今佛現光亦復如是欲令
眾生咸得聞知一切世間難信之法故現斯
瑞諸善男子如過去無量无邊不可思議阿僧
祇劫尒時有佛号日月燈明如來應供正
遍知明行足善逝世間解无上士調御丈
夫天人師佛世尊演說正法初善中善後善

BD04549號　妙法蓮華經卷一　（25–6）

說大法是故當知今佛現光亦復如是欲令
衆生咸得聞知一切世間難信之法故現斯
瑞諸善男子如過去無量无邊不可思議阿僧
祇劫尒時有佛号日月燈明如来應供正
遍知明行足善逝世間解无上士調御丈
夫天人師佛世尊演說正法初善中善後善
其義深遠其語巧妙純一无雜具足清白梵
行之相爲求聲聞者說應四諦法度生老病
死究竟涅槃爲求辟支佛者說應十二因緣
法爲諸菩薩說應六波羅蜜令得阿耨多羅
三藐三菩提成一切種智次復有佛亦名日
月燈明次復有佛亦名日月燈明如是二万
佛皆同一字号日月燈明又同一姓姓頗羅
墮弥勒當知初佛後佛皆同一字名日月燈
明十号具足所可說法初中後善其最後佛
未出家時有八王子一名有意二名善意三
名无量意四名寶意五名增意六名除疑意
七名響意八名法意是八王子威德自在各領
四天下是諸王子聞父出家得阿耨多羅三藐
三菩提悉捨王位亦随出家發大乘意常脩梵
行皆爲法師已於千万佛所殖諸善本是
時日月燈明佛說大乘經名无量義教菩薩
法佛所護念說是經已即於大衆中結加趺
坐入於无量義處三昧身心不動是時天雨曼
陁羅華摩訶曼陁羅華曼殊沙華摩訶曼

行皆爲法師已於千万佛所殖諸善本是
時日月燈明佛說大乘經名无量義教菩薩
法佛所護念說是經已即於大衆中結加趺
坐入於无量義處三昧身心不動是時天雨曼
陁羅華摩訶曼陁羅華曼殊沙華摩訶曼
殊沙華而散佛上及諸大衆普佛世界六種
震動尒時會中比丘比丘尼優婆塞優婆夷
天龍夜叉乾闥婆阿脩羅迦樓羅緊那羅摩
睺羅伽人非人及諸小王轉輪聖王等是諸大
衆得未曾有歡喜合掌一心觀佛尒時如来
放眉間白毫相光照東方万八千佛土靡
不周遍如今所見是諸佛土弥勒當知尒時
會中有二十億菩薩樂欲聽法是諸菩薩
見此光明普照佛土得未曾有欲知此光所
爲因緣時有菩薩名曰妙光有八百弟子是
時日月燈明佛從三昧起因妙光菩薩說
大乘經名妙法蓮華教菩薩法佛所護念六
十小劫不起于座時會聽者亦坐一處六十小
劫身心不動聽佛所說謂如食頃是時衆中无
有一人若身若心而生懈惓日月燈明佛於六
十小劫說是經已即於梵魔沙門婆羅門及
天人阿脩羅衆中而宣此言如来於今
日中夜當入无餘涅槃時有菩薩名曰德藏
日月燈明佛即授其記告諸比丘是德藏菩

十小劫說是經已即於梵魔沙門婆羅門及
天人阿脩羅衆中而宣此言如來於今
日中夜當入无餘涅槃時有菩薩名曰德藏
日月燈明佛即授其記告諸比丘是德藏菩
薩次當作佛号曰淨身多陀阿伽度阿羅訶
三藐三佛陀佛授記已便於中夜入無餘涅槃
佛滅度後妙光菩薩持妙法蓮華經滿八十
小劫為人演說日月燈明佛八子皆師妙光妙
光教化令其堅固阿耨多羅三藐三菩提是諸
王子供養无量百千万億佛已皆成佛道其最
後成佛者名曰然燈八百弟子中有一人号曰
求名貪著利養雖復讀誦衆經而不通利
多所忘失故号求名是人亦以種諸善根因
緣故得值无量百千万億諸佛供養恭敬尊
重讚歎彌勒當知尒時妙光菩薩豈異人乎我
身是也求名菩薩汝身是也今見此瑞與本
無異是故惟忖今日如來當說大乘經名妙法
蓮華教菩薩法佛所護念尒時文殊師利
於大衆中欲重宣此義而說偈言
我念過去世 无量无數劫 有佛人中尊 号日月燈明
世尊演說法 度无量衆生 无數億菩薩 令入佛智慧
佛未出家時 所生八王子 見大聖出家 亦隨脩梵行
時佛說大乘 經名无量義 於諸大衆中 而為廣分別
佛說此經已 即於法座上 跏趺坐三昧 名无量義處
天雨曼陀華 天鼓自然鳴 諸天龍鬼神 供養人中尊

我念過去世 无量无數劫 有佛人中尊 号日月燈明
世尊演說法 度无量衆生 无數億菩薩 令入佛智慧
佛未出家時 所生八王子 見大聖出家 亦隨脩梵行
時佛說大乘 經名无量義 於諸大衆中 而為廣分別
佛說此經已 即於法座上 跏趺坐三昧 名无量義處
天雨曼陀華 天鼓自然鳴 諸天龍鬼神 供養人中尊
一切諸佛土 即時大震動 佛放眉間光 現諸希有事
此光照東方 万八千佛土 示一切衆生 生死業報處
有見諸佛土 以衆寶莊嚴 瑠璃頗梨色 斯由佛光照
及見諸天人 龍神夜叉衆 乾闥緊那羅 各供養其佛
又見諸如來 自然成佛道 身色如金山 端嚴甚微妙
如淨瑠璃中 內現真金像 世尊在大衆 敷演深法義
一一諸佛土 聲聞衆无數 因佛光所照 悉見彼大衆
或有諸比丘 在於山林中 精進持淨戒 猶如護明珠
又見諸菩薩 行施忍辱等 其數如恒沙 斯由佛光照
又見諸菩薩 深入諸禪定 身心寂不動 以求无上道
又見諸菩薩 知法寂滅相 各於其國土 說法求佛道
尒時四部衆 見日月燈佛 現大神通力 其心皆歡喜
各各自相問 是事何因緣 天人所奉尊 適從三昧起
讚妙光菩薩 汝為世間眼 一切所歸信 能奉持法藏
如我所說法 唯汝能證知 世尊既讚歎 令妙光歡喜
說是法華經 滿六十小劫 不起於此座 所說上妙法
是妙光法師 悉皆能受持 佛說是法華 令衆歡喜已
尋即於是日 告於天人衆 諸法實相義 已為汝等說
我今於中夜 當入於涅槃

如我所說法　唯汝能證知　世尊既讚歎　令妙光歡喜
說是法華經　滿六十小劫　不起於此座　所說上妙法
是妙光法師　悉皆能受持　佛說是法華　令衆歡喜已
尋即於是日　告於天人衆　諸法實相義　已為汝等說
我今於中夜　當入於涅槃
汝一心精進　當離於放逸　諸佛甚難值　億劫時一遇
世尊諸子等　聞佛入涅槃　各各懷悲惱　佛滅一何速
聖主法之王　安慰无量衆　我若滅度時　汝等勿憂怖
是德藏菩薩　於无漏實相　心已得通達　其次當作佛
号曰為淨身　亦度无量衆
佛此夜滅度　如薪盡火滅　分布諸舍利　而起无量塔
比丘比丘尼　其數如恒沙　倍復加精進　以求无上道
是妙光法師　奉持佛法藏　八十小劫中　廣宣法華經
是諸八王子　妙光所開化　堅固无上道　當見无數佛
供養諸佛已　隨順行大道　相繼得成佛　轉次而授記
最後天中天　号曰然燈佛　諸仙之導師　度脫无量衆
是妙光法師　時有一弟子　心常懷懈怠　貪著於名利
求名利无猒　多遊族姓家　棄捨所習誦　廢忘不通利
以是因緣故　号之為求名　亦行衆善業　得見无數佛
供養於諸佛　隨順行大道　具六波羅蜜　今見釋師子
其後當作佛　号名曰弥勒　廣度諸衆生　其數无有量
彼佛滅度後　懈怠者汝是　妙光法師者　今則我身是
我見燈明佛　本光瑞如此　以是知今佛　欲說法華經
今相如本瑞　是諸佛方便　今佛放光明　助發實相義
諸人今當知　合掌一心待　佛當雨法雨　充足求道者

其後當作佛　号名曰弥勒　廣度諸衆生　其數无有量
彼佛滅度後　懈怠者汝是　妙光法師者　今則我身是
我見燈明佛　本光瑞如此　以是知今佛　欲說法華經
今相如本瑞　是諸佛方便　今佛放光明　助發實相義
諸人今當知　合掌一心待　佛當雨法雨　充足求道者
諸求三乘人　若有疑悔者　佛當為除斷　令盡无有餘

妙法蓮華經方便品第二

尒時世尊從三昧安庠而起告舍利弗諸佛
智慧甚深无量其智慧門難解難入一切
聲聞辟支佛所不能知所以者何佛曾親近
百千万億无數諸佛无量道法勇猛精進
名稱普聞成就甚深未曾有法隨宜所說
意趣難解舍利弗吾從成佛已來種種因
緣種種譬喻廣演言教无數方便引導衆
生令離諸著所以者何如來方便知見波羅
蜜皆以具足舍利弗如來知見廣大深遠无量无
礙力无所畏禪定解脫三昧深入无際成就
一切未曾有法舍利弗如來能種種分別
巧說諸法言辭柔軟悅可衆心舍利弗取要言
之无量无邊未曾有法佛悉成就止舍利弗
不須復說所以者何佛所成就第一希有難
解之法唯佛與佛乃能究盡諸法實相所謂
諸法如是相如是性如是體如是力如是作如
是因如是緣如是果如是報如是本末究竟
等尒時世尊欲重宣此義而說偈言

解之法唯佛與佛乃能究盡諸法實相所謂
諸法如是相如是性如是體如是力如是作如
是因如是緣如是果如是報如是本末究竟
等尒時世尊欲重宣此義而說偈言
世雄不可量　諸天及世人　一切衆生類　无能知佛者
佛力无所畏　解脫諸三昧　及佛諸餘法　无能測量者
本從无數佛　具足行諸道　甚深微妙法　難見難可了
於无量億劫　行此諸道已　道場得成果　我已悉知見
如是大果報　種種性相義　我及十方佛　乃能知是事
是法不可示　言辞相寂滅　諸餘衆生類　无有能得解
除諸菩薩衆　信力堅固者　諸佛弟子衆　曾供養諸佛
一切漏已盡　住是最後身　如是諸人等　其力所不堪
假使滿世間　皆如舍利弗　盡思共度量　不能測佛智
正使滿十方　皆如舍利弗　及餘諸弟子　亦滿十方刹
盡思共度量　亦復不能知　辟支佛利智　无漏最後身
亦滿十方界　其數如竹林　斯等共一心　於億无量劫
欲思佛實智　莫能知少分　新發意菩薩　供養无數佛
了達諸義趣　又能善說法　如稻麻竹葦　充滿十方刹
一心以妙智　於恒河沙劫　咸皆共思量　不能知佛智
不退諸菩薩　其數如恒沙　一心共思求　亦復不能知
又告舍利弗　无漏不思議　甚深微妙法　我今已具得
唯我知是相　十方佛亦然　舍利弗當知　諸佛語无異
於佛所說法　當生大信力　世尊法久後　要當說真實
告諸聲聞衆　及求緣覺乘　我令脫苦縛　逮得涅槃者

BD04549 號　妙法蓮華經卷一

又告舍利弗
唯我知是相　十方佛亦然　舍利弗當知　諸佛語无異
於佛所說法　當生大信力　世尊法久後　要當說真實
告諸聲聞衆　及求緣覺乘　我令脫苦縛　逮得涅槃者
佛以方便力　示以三乘教　衆生處處著　引之令得出
尒時大衆中有諸聲聞漏盡阿羅漢阿若憍
陳如等千二百人及發聲聞辟支佛心比丘比
丘尼優婆塞優婆夷各作是念今者世尊何
故慇懃稱歎方便而作是言佛所得法甚
深難解有所言說意趣難知一切聲聞辟
支佛所不能及佛說一解脫義我等亦得此
法到於涅槃而今不知是義所趣尒時舍利弗
知四衆心疑自亦未了而白佛言世尊何因何
緣慇懃稱歎諸佛第一方便甚深微妙難
解之法我自昔來未曾從佛聞如是說今者
四衆咸皆有疑唯願世尊敷演斯事世尊何
故慇懃稱歎甚深微妙難解之法尒時舍利
弗欲重宣此義而說偈言
慧日大聖尊　久乃說是法　自說得如是　力无畏三昧
禪定解脫等　不可思議法　道場所得法　无能發問者
我意難可測　亦无能問者　无問而自說　稱歎所行道
智慧甚微妙　諸佛之所得　无漏諸羅漢　及求涅槃者
今皆墮疑網　佛何故說是　其求緣覺者　比丘比丘尼
諸天龍鬼神　及乾闥婆等　相視懷猶豫　瞻仰兩足尊
是事為云何　願佛為解說　於諸聲聞衆　佛說我第一

BD04549 號　妙法蓮華經卷一

我意難可測 亦无能問者 无問而自說 稱歎所行道
智慧甚微妙 諸佛之所得 无漏諸羅漢 及求涅槃者
今皆墮疑網 佛何故說是 其求緣覺者 比丘比丘尼
諸天龍鬼神 及乾闥婆等 相視懷猶豫 瞻仰兩足尊
是事為云何 願佛為解說 於諸聲聞眾 佛說我第一
我今自於智 疑惑不能了 為是究竟法 為是所行道
佛口所生子 合掌瞻仰待 願出微妙音 時為如實說
諸天龍神等 其數如恒沙 求佛諸菩薩 大數有八万
又諸万億國 轉輪聖王至 合掌以敬心 欲聞具足道
尒時佛告舍利弗止止不須復說若說是事一
切世間諸天及人皆當驚疑舍利弗重白佛言
世尊惟願說之惟願說之所以者何是會无數
百千万億阿僧祇眾生曾見諸佛諸根猛
利智慧明了聞佛所說則能敬信尒時舍
利弗欲重宣此義而說偈言
法王无上尊 惟說願勿慮 是會无量眾 有能敬信者
佛復止舍利弗若說是事一切世間天人阿
脩羅皆當驚疑增上慢比丘將墜於大坑尒
時世尊重說偈言
止止不須說 我法妙難思 諸增上慢者 聞必不敬信
尒時舍利弗重白佛言世尊惟願說之惟願
說之今此會中如我等比百千万億世世已曾
從佛受化如此人等必能敬信長夜安隱多所
饒益尒時舍利弗欲重宣此義而說偈言
无上兩足尊 願說第一法 我為佛長子 惟垂分別說

BD04549號　妙法蓮華經卷一　（25–15）

尒時舍利弗重白佛言世尊惟願說之惟願
說之今此會中如我等比百千万億世世已曾
從佛受化如此人等必能敬信長夜安隱多所
饒益尒時舍利弗欲重宣此義而說偈言
无上兩足尊 願說第一法 我為佛長子 惟垂分別說
是會无量眾 能敬信此法 佛已曾世世 教化如是等
皆一心合掌 欲聽受佛語 我等千二百 及餘求佛者
願為此眾故 惟垂分別說 是等聞此法 則生大歡喜
尒時世尊告舍利弗汝已慇勤三請豈得不
說汝今諦聽善思念之吾當為汝分別解說
說此語時會中有比丘比丘尼優婆塞優婆夷五
千人等即從座起禮佛而退所以者何此輩
罪根深重及增上慢未得謂得未證謂證有
如此失是以不住世尊默然而不制止尒時佛
告舍利弗我今此眾无復枝葉純有貞實
舍利弗如是增上慢人退亦佳矣汝今善聽
當為汝說舍利弗言唯然世尊願樂欲聞
佛告舍利弗如是妙法諸佛如來時乃說
之如優曇鉢華時一現耳舍利弗汝等當
信佛之所說言不虛妄舍利弗諸佛隨宜說法
意趣難解所以者何我以无數方便種種因
緣譬喻言詞演說諸法是法非思量分別之
所能解唯有諸佛乃能知之所以者何諸
佛世尊唯以一大事因緣故出現於世舍利弗
云何名諸佛世尊唯以一大事因緣故出現於

BD04549號　妙法蓮華經卷一　（25–16）

意趣難解所以者何我以无數方便種種因
緣辟喻言詞演說諸法是法非思量分別之
所能解唯有諸佛乃能知之所以者何諸
佛世尊唯以一大事因緣故出現於世舍利弗
云何名諸佛世尊唯以一大事因緣故出現
於世諸佛世尊欲令衆生開佛知見使得清淨
故出現於世欲示衆生佛之知見故出現於世
欲令衆生悟佛知見故出現於世欲令衆生
入佛知見道故出現於世舍利弗是為諸
佛唯以一大事因緣故出現於世
佛告舍利弗諸佛如來但教化菩薩諸有所
作常為一事唯以佛之知見示悟衆生舍利弗
如來但以一佛乘故為衆生說法无有餘乘
若二若三舍利弗一切十方諸佛法亦如是
舍利弗過去諸佛以无量无數方便種種因
緣辟喻言詞而為衆生演說諸法是法皆為
一佛乘故是諸衆生從諸佛聞法究竟皆
得一切種智舍利弗未來諸佛當出於世亦
以无量无數方便種種因緣辟喻言詞而為
衆生演說諸法是法皆為一佛乘故是諸衆
生從佛聞法究竟皆得一切種智舍利弗現
在十方无量百千万億佛土中諸佛世尊多
所饒益安樂衆生是諸佛亦以无量无數方
便種種因緣辟喻言詞而為衆生演說諸法
是法皆為一佛乘故是諸衆生從佛聞法究

BD04549號　妙法蓮華經卷一　（25–17）

生從佛聞法究竟皆得一切種智舍利弗現
在十方无量百千万億佛土中諸佛世尊多
所饒益安樂衆生是諸佛亦以无量无數方
便種種因緣辟喻言詞而為衆生演說諸法
是法皆為一佛乘故是諸衆生從佛聞法究
竟皆得一切種智舍利弗是諸佛但教化菩
薩欲以佛之知見示衆生故欲以佛之知見
悟衆生故欲令衆生入佛知見道故舍利弗
我今亦復如是知諸衆生有種種欲深心所
著隨其本性以種種因緣辟喻言詞方便力故
而為說法舍利弗如此皆為得一佛乘一切種
智故舍利弗十方世界中尚无二乘何況有
三
舍利弗諸佛出於五濁惡世所謂劫濁煩惱濁
衆生濁見濁命濁如是舍利弗劫濁亂時衆
生垢重慳貪嫉妬成就諸不善根故諸佛以方
便力於一佛乘分別說三舍利弗若我弟子
自謂阿羅漢辟支佛者不聞不知諸佛如來
但教化菩薩事此非佛弟子非阿羅漢非
辟支佛又舍利弗是諸比丘比丘尼自謂已得
阿羅漢是最後身究竟涅槃便不復志求阿耨
多羅三藐三菩提當知此輩皆是增上慢人
所以者何若有比丘實得阿羅漢若不信此
法无有是處除佛滅度後現前无佛所以者
何佛滅度後如是等經受持讀誦解義者

BD04549號　妙法蓮華經卷一　（25–18）

辟支佛。又舍利弗，是諸比丘比丘尼自謂已得
阿羅漢，是最後身究竟涅槃，便不復志求阿耨
多羅三藐三菩提，當知此輩皆是增上慢人。
所以者何？若有比丘實得阿羅漢，若不信此
法，无有是處，除佛滅度後現前无佛。所以者
何？佛滅度後，如是等經受持讀誦解義
者是人難得。若遇餘佛，於此法中便得決
了。舍利弗，汝等當一心信解受持佛語。諸佛
如來言无虛妄，无有餘乘，唯一佛乘。尒時世
尊欲重宣此義而說偈言：

比丘比丘尼　有懷增上慢　優婆塞我慢　優婆夷不信
如是四衆等　其數有五千　不自見其過　於戒有缺漏
護惜其瑕疵　是小智已出　衆中之糟糠　佛威德故去
斯人尠福德　不堪受是法　此衆无枝葉　唯有諸貞實
舍利弗善聽　諸佛所得法　无量方便力　而為衆生說
衆生心所念　種種所行道　若干諸欲性　先世善惡業
佛悉知是已　以諸緣譬喻　言詞方便力　令一切歡喜
或說脩多羅　伽陁及本事　本生未曾有　亦說於因緣
譬喻并祇夜　優波提舍經　鈍根樂小法　貪著於生死
於諸无量佛　不行深妙道　衆苦所惱亂　為是說涅槃
我設是方便　令得入佛慧　未曾說汝等　當得成佛道
所以未曾說　說時未至故　今正是其時　決定說大乘
我此九部法　隨順衆生說　入大乘為本　以故說是經
有佛子心淨　柔軟亦利根　无量諸佛所　而行深妙道
為此諸佛子　說是大乘經

BD04549號　妙法蓮華經卷一　（25–19）

於諸无量佛　不行深妙道　衆苦所惱亂　為是說涅槃
我設是方便　令得入佛慧　未曾說汝等　當得成佛道
所以未曾說　說時未至故　今正是其時　決定說大乘
我此九部法　隨順衆生說　入大乘為本　以故說是經
有佛子心淨　柔軟亦利根　无量諸佛所　而行深妙道
為此諸佛子　說是大乘經
我記如是人　來世成佛道　以深心念佛　脩持淨戒故
此等聞得佛　大喜充遍身　佛知彼心行　故為說大乘
聲聞若菩薩　聞我所說法　乃至於一偈　皆成佛无疑
十方佛土中　唯有一乘法　无二亦无三　除佛方便說
但以假名字　引導於衆生　說佛智慧故　諸佛出於世
唯此一事實　餘二則非真　終不以小乘　濟度於衆生
佛自住大乘　如其所得法　定慧力莊嚴　以此度衆生
自證无上道　大乘平等法　若以小乘化　乃至於一人
我則墮慳貪　此事為不可　若人信歸佛　如來不欺誑
亦无貪嫉意　斷諸法中惡　故佛於十方　而獨无所畏
我以相嚴身　光明照世間　无量衆所尊　為說實相印
舍利弗當知　我本立誓願　欲令一切衆　如我等无異
如我昔所願　今者已滿足　化一切衆生　皆令入佛道
若我遇衆生　盡教以佛道　无智者錯亂　迷惑不受教
我知此衆生　未曾脩善本　堅著於五欲　癡愛故生惱
以諸欲因緣　墜墮三惡道　輪迴六趣中　備受諸苦毒
受胎之微形　世世常增長　薄德少福人　衆苦所逼迫
入邪見稠林　若有若无等　依止此諸見　具足六十二
深著虛妄法　堅受不可捨　我慢自矜高　諂曲心不實

BD04549號　妙法蓮華經卷一　（25–20）

以諸欲因緣 墜墮三惡道 輪迴六趣中 備受諸苦毒
受胎之微形 世世常增長 薄德少福人 衆苦所逼迫
入邪見稠林 若有若无等 依止此諸見 具足六十二
深著虛妄法 堅受不可捨 我慢自矜高 諂曲心不實
於千萬億劫 不聞佛名字 亦不聞正法 如是人難度
是故舍利弗 我為設方便 說諸盡苦道 示之以涅槃
我雖說涅槃 是亦非真滅 諸法從本來 常自寂滅相
佛子行道已 來世得作佛
我有方便力 開示三乘法 一切諸世尊 皆說一乘道
今此諸大衆 皆應除疑惑 諸佛語无異 唯一无二乘
過去无數劫 无量滅度佛 百千万億種 其數不可量
如是諸世尊 種種緣譬喻 无數方便力 演說諸法相
是諸世尊等 皆說一乘法 化无量衆生 令入於佛道
又諸大聖主 知一切世間 天人群生類 深心之所欲
更以異方便 助顯第一義 若有衆生類 值諸過去佛
若聞法布施 或持戒忍辱 精進禪智等 種種脩福德
如是諸人等 皆已成佛道 諸佛滅度已 若人善軟心
如是諸衆生 皆已成佛道 諸佛滅度已 供養舍利者
起万億種塔 金銀及頗梨 車璖與馬瑙 玫瑰瑠璃珠
清淨廣嚴飾 莊校於諸塔 或有起石廟 栴檀及沉水
木櫁并餘材 甎瓦泥土等 若於曠野中 積土成佛廟
乃至童子戲 聚沙為佛塔 如是諸人等 皆已成佛道
若人為佛故 建立諸形像 刻彫成衆相 皆已成佛道
或以七寶成 鍮石赤白銅 白鑞及鈆錫 鐵木及與泥

BD04549號　妙法蓮華經卷一　（25–21）

木櫁并餘材 甎瓦泥土等 若於曠野中 積土成佛廟
乃至童子戲 聚沙為佛塔 如是諸人等 皆已成佛道
若人為佛故 建立諸形像 刻彫成衆相 皆已成佛道
或以七寶成 鍮石赤白銅 白鑞及鈆錫 鐵木及與泥
或以膠漆布 嚴飾作佛像 如是諸人等 皆已成佛道
綵畫作佛像 百福莊嚴相 自作若使人 皆已成佛道
乃至童子戲 若草木及筆 或以指爪甲 而畫作佛像
如是諸人等 漸漸積功德 具足大悲心 皆已成佛道
但化諸菩薩 度脫无量衆 若人於塔廟 寶像及畫像
以華香幡蓋 敬心而供養 若使人作樂 擊鼓吹角貝
簫笛琴箜篌 琵琶鐃銅鈸 如是衆妙音 盡持以供養
或以歡喜心 歌唄頌佛德 乃至一小音 皆已成佛道
若人散亂心 乃至以一華 供養於畫像 漸見无數佛
或有人礼拜 或復但合掌 乃至舉一手 或復小低頭
以此供養像 漸見无量佛 自成无上道 廣度无數衆
入无餘涅槃 如薪盡火滅
若人散亂心 入於塔廟中 一稱南无佛 皆已成佛道
於諸過去佛 現在或滅後 若有聞是法 皆已成佛道
未來諸世尊 其數无有量 是諸如來等 亦方便說法
一切諸如來 以无量方便 度脫諸衆生 入佛无漏智
若有聞法者 无一不成佛 諸佛本誓願 我所行佛道
普欲令衆生 亦同得此道 未來世諸佛 雖說百千億
无數諸法門 其實為一乘 諸佛兩足尊 知法常无性
佛種從緣起 是故說一乘 是法住法位 世間相常住

BD04549號　妙法蓮華經卷一　（25–22）

未来諸世尊　其數无有量　是諸如来等　亦方便說法
一切諸如来　以无量方便　度脫諸衆生　入佛无漏智
若有聞法者　无一不成佛　諸佛本誓願　我所行佛道
普欲令衆生　亦同得此道　未来世諸佛　雖說百千億
无數諸法門　其實為一乘　諸佛兩足尊　知法常无性
佛種從緣起　是故說一乘　是法住法位　世間相常住
於道場知已　導師方便說　天人所供養　現在十方佛
其數如恒沙　出現於世間　安隱衆生故　亦說如是法
知第一寂滅　以方便力故　雖示種種道　其實為佛乘
知衆生諸行　深心之所念　過去所習業　欲性精進力
及諸根利鈍　以種種因緣　譬喻亦言辭　隨應方便說
我今亦如是　安隱衆生故　以種種法門　宣示於佛道
我以智慧力　知衆生性欲　方便說諸法　皆令得歡喜
舍利弗當知　我以佛眼觀　見六道衆生　貧窮无福慧
入生死險道　相續苦不斷　深著於五欲　如犛牛愛尾
以貪愛自蔽　盲瞑无所見　不求大勢佛　及與斷苦法
深入諸邪見　以苦欲捨苦　為是衆生故　而起大悲心
我始坐道場　觀樹亦經行　於三七日中　思惟如是事
我所得智慧　微妙最第一　衆生諸根鈍　著樂癡所盲
如斯之等類　云何而可度
尒時諸梵王　及諸天帝釋　護世四天王　及大自在天
并餘諸天衆　眷屬百千万　恭敬合掌礼　請我轉法輪
我即自思惟　若但讚佛乘　衆生沒在苦　不能信是法
破法不信故　墜於三惡道　我寧不說法　疾入於涅槃
尋念過去佛　所行方便力　我今所得道　亦應說三乘
作是思惟時　十方佛皆現　梵音慰喻我　善哉釋迦文

BD04549 號　妙法蓮華經卷一　（25-23）

并餘諸天衆　眷屬百千万　恭敬合掌礼　請我轉法輪
我即自思惟　若但讚佛乘　衆生沒在苦　不能信是法
破法不信故　墜於三惡道　我寧不說法　疾入於涅槃
尋念過去佛　所行方便力　我今所得道　亦應說三乘
作是思惟時　十方佛皆現　梵音慰喻我　善哉釋迦文
第一之導師　得是无上法　隨諸一切佛　而用方便力
我等亦皆得　最妙第一法　為諸衆生類　分別說三乘
少智樂小法　不自信作佛　是故以方便　分別說諸果
雖復說三乘　但為教菩薩
舍利弗當知　我聞聖師子　深淨微妙音　稱南无諸佛
復作如是念　我出濁惡世　如諸佛所說　我亦隨順行
思惟是事已　即趣波羅柰　諸法寂滅相　不可以言宣
以方便力故　為五比丘說　是名轉法輪　便有涅槃音
及以阿羅漢　法僧差別名　從久遠劫来　讚示涅槃法
生死苦永盡　我常如是說
舍利弗當知　我見佛子等　志求佛道者　无量千万億
咸以恭敬心　皆来至佛所　曾從諸佛聞　方便所說法
我即作是念　如来所以出　為說佛慧故　今正是其時
舍利弗當知　鈍根小智人　著相憍慢者　不能信是法
今我喜无畏　於諸菩薩中　正直捨方便　但說无上道
菩薩聞是法　疑網皆已除　千二百羅漢　悉亦當作佛
如三世諸佛　說法之儀式　我今亦如是　說无分別法
諸佛興出世　懸遠值遇難　正使出于世　說是法復難
无量无數劫　聞是法亦難　能聽是法者　斯人亦復難
譬如優曇華　一切皆愛樂　天人所希有　時時乃一出

BD04549 號　妙法蓮華經卷一　（25-24）

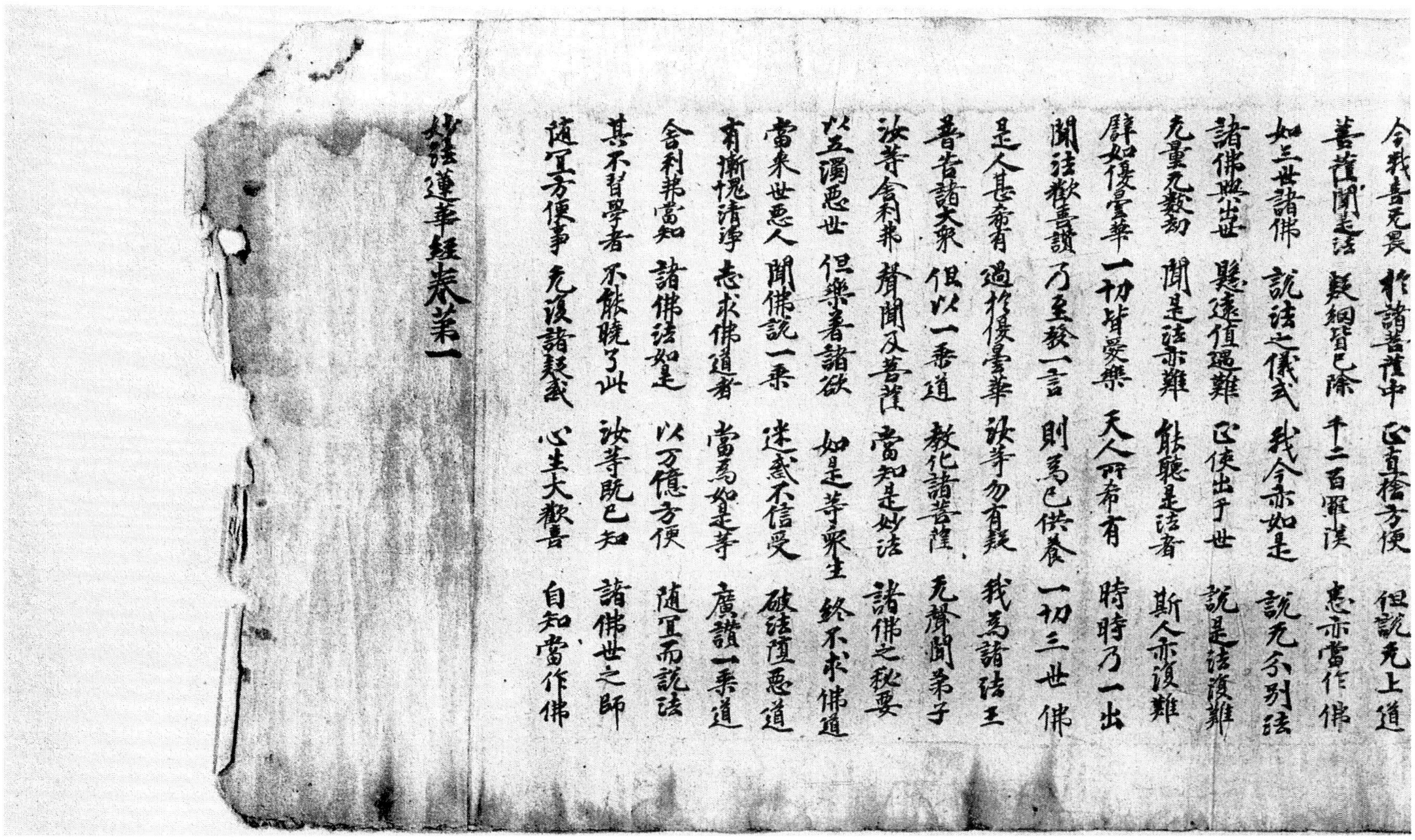

今我喜无畏　於諸菩薩中　正直捨方便　但說无上道
菩薩聞是法　疑網皆已除　千二百羅漢　悉亦當作佛
如三世諸佛　說法之儀式　我今亦如是　說无分別法
諸佛興出世　懸遠值遇難　正使出于世　說是法復難
无量无數劫　聞是法亦難　能聽是法者　斯人亦復難
譬如優曇華　一切皆愛樂　天人所希有　時時乃一出
聞法歡喜讚　乃至發一言　則為已供養　一切三世佛
是人甚希有　過於優曇華　汝等勿有疑　我為諸法王
普告諸大眾　但以一乘道　教化諸菩薩　无聲聞弟子
汝等舍利弗　聲聞及菩薩　當知是妙法　諸佛之秘要
以五濁惡世　但樂著諸欲　如是等眾生　終不求佛道
當來世惡人　聞佛說一乘　迷惑不信受　破法墮惡道
有慚愧清淨　志求佛道者　當為如是等　廣讚一乘道
舍利弗當知　諸佛法如是　以万億方便　隨宜而說法
其不習學者　不能曉了此　汝等既已知　諸佛世之師
隨宜方便事　无復諸疑惑　心生大歡喜　自知當作佛

妙法蓮華經卷第一

BD04549號　妙法蓮華經卷一　（25–25）

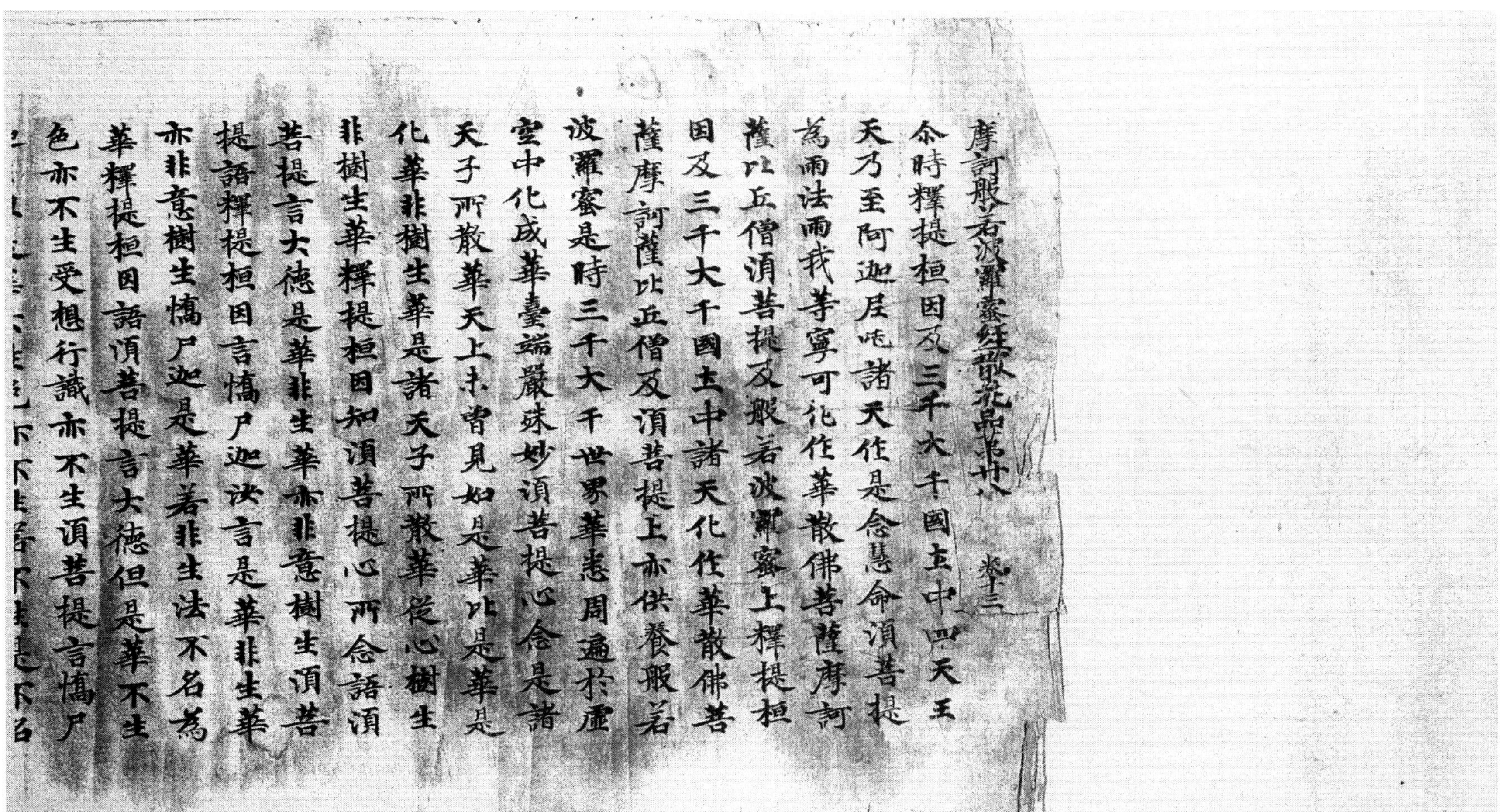

摩訶般若波羅蜜經散花品第廿八　卷十三
爾時釋提桓因及三千大千國土中四天王
天乃至阿迦尼吒諸天作是念慧命須菩提
為雨法雨我等寧可化作華散佛菩薩摩訶
薩比丘僧須菩提及般若波羅蜜上釋提桓
因及三千大千國土中諸天化作華散佛菩
薩摩訶薩比丘僧及須菩提上亦供養般若
波羅蜜是時三千大千世界華悉周遍於虛
空中化成華臺端嚴殊妙須菩提心念是諸
天子所散華天上未曾見如是華比是華是
化華非樹生華是諸天子所散華從心樹生
非樹生華釋提桓因知須菩提心所念語須
菩提言大德是華非生華亦非意樹生須菩
提語釋提桓因言憍尸迦汝言是華非生華
亦非意樹生憍尸迦是華若非生法不名為
華釋提桓因語須菩提言大德但是華不生
色亦不生受想行識亦不生須菩提言憍尸

BD04550號　摩訶般若波羅蜜經（四十卷本）卷一三　（2–1）

波羅蜜是時三千大千世界華悉周遍於虛
空中化成華臺端嚴姝妙須菩提心念是諸
天子所散華天上未曾見如是華比是華是
化華非樹生華是諸天子所散華從心樹生
非樹生華釋提桓因知須菩提心所念語須
菩提言大德是華非生華亦非意樹生須菩
提語釋提桓因言憍尸迦汝言是華非生華
亦非意樹生憍尸迦是華若非生法不名為
華釋提桓因語須菩提言大德但是華不生
色亦不生受想行識亦不生須菩提言憍尸
迦非但是華不生色亦不生若不生是不名
色受想行識亦不生若不生是不名識六入
六識六觸六觸因緣生諸受亦如是檀波羅
蜜不生若不生是不名檀波羅蜜乃至般若
波羅蜜不生若不生是不名般若波羅蜜內
空不生若不生是不名內空乃至无法有法
空不生若不生是不名无法有法空四念處
不生若不生是不名四念處乃至十八不共
法不生若不生是不名十八不共法乃至一

BD04550號　摩訶般若波羅蜜經（四十卷本）卷一三　（2–2）

来說一切諸相即
非衆生須菩提如来是真語者實語者
者不誑語者不異語者須菩提如来所得法
此法无實无虛須菩提若菩薩心住於法而
行布施如人入闇則无所見若菩薩心不住法
而行布施如人有目日光明照見種種色
須菩提當来之世若有善男子善女人能於
此經受持讀誦則為如来以佛智慧悉知是
人悉見是人皆得成就无量无邊功德
須菩提若有善男子善女人初日分以恒河
沙等身布施中日分復以恒河沙等身布施
後日分亦以恒河沙等身布施如来无量百
千万億劫以身布施若復有人聞此經典信
心不逆其福勝彼何況書寫受持讀誦為人
解說須菩提以要言之是經有不可思議不
可稱量无邊功德如来為發大乘者說為發

BD04551號　金剛般若波羅蜜經　（8–1）

後日分亦以恒河沙等身布施如是无量百
千万億劫以身布施若復有人聞此經典信
心不逆其福勝彼何況書寫受持讀誦為人
解説須菩提以要言之是經有不可思議不
可稱量无邊功德如来為發大乘者説為發
㝡上乘者説若有人能受持讀誦廣為人説
如来悉知是人悉見是人皆成就不可量不
可稱无有邊不可思議功徳如是人等則為
荷擔如来阿耨多羅三藐三菩提何以故須
菩提若樂小法者著我見人見衆生見壽者
見則於此經不能聽受讀誦為人解説須菩
提在在處處若有此經一切世間天人阿脩
羅所應供養當知此處則為是塔皆應供敬
作礼圍繞以諸華香而散其處
復次須菩提善男子善女人受持讀誦此經
若為人輕賤是人先世罪業應墮惡道以今
世人輕賤故先世罪業則為消滅當得阿耨
多羅三藐三菩提須菩提我念過去无量阿
僧祇劫於燃燈佛前得值八百四千万億那
由他諸佛悉皆供養承事无空過者若復有
人於後末世能受持讀誦此經所得功徳於
我所供養諸佛功徳百分不及一千万億分
乃至筭數譬喩所不能及須菩提若善男子
善女人於後末世有受持讀誦此經所得功徳

BD04551號　金剛般若波羅蜜經　（8–2）

由他諸佛悉皆供養承事无空過者若復有
人於後末世能受持讀誦此經所得功徳於
我所供養諸佛功徳百分不及一千万億分
乃至筭數譬喩所不能及須菩提若善男子
善女人於後末世有受持讀誦此經所得功徳
我若具説者或有人聞心則狂亂狐疑不信
須菩提當知是經義不可思議果報亦不可
思議
尒時須菩提白佛言世尊善男子善女人發
阿耨多羅三藐三菩提心云何應住云何降
伏其心佛告須菩提善男子善女人發阿耨
多羅三藐三菩提者當生如是心我應滅度
一切衆生滅度一切衆生已而无有一切衆生
實滅度者何以故若菩薩有我相人相衆生
相壽者相則非菩薩所以者何須菩提實无
有法發阿耨多羅三藐三菩提者須菩提於
意云何如来於燃燈佛所有法得阿耨多羅
三藐三菩提不世尊如我解佛所説義佛
於燃燈佛所无有法得阿耨多羅三藐三菩
提佛言如是如是須菩提實无有法如来得
阿耨多羅三藐三菩提須菩提若有法如来
得阿耨多羅三藐三菩提者燃燈佛則不與
我授記汝於来世當得作佛号釋迦牟尼以
實无有法得阿耨多羅三藐三菩提是故燃
燈佛與我受記作是言汝於来世當得作佛

BD04551號　金剛般若波羅蜜經　（8–3）

得阿耨多羅三藐三菩提燃燈佛則不與
我授記汝於來世當得作佛号釋迦牟尼以
實无有法得阿耨多羅三藐三菩提是故燃
燈佛與我受記作是言汝於來世當得作佛
号釋迦牟尼何以故如來者即諸法如義若
有人言如來得阿耨多羅三藐三菩提須菩提
實无有法佛得阿耨多羅三藐三菩提須菩
提如來所得阿耨多羅三藐三菩提於是中
无實无虛是故如來說一切法皆是佛法須
菩提所言一切法者即非一切法是名一切
法須菩提譬如人身長大須菩提言世尊
如來說人身長大則為非大身是名大身
須菩提菩薩亦如是若作是言我當滅度无
量衆生則不名菩薩何以故須菩提无有法
名為菩薩是故佛說一切法无我无人无衆
生无壽者須菩提若菩薩作是言我當莊嚴
佛土是不名菩薩何以故如來說莊嚴佛土
者即非莊嚴是名莊嚴須菩提若菩薩通達
无我法者如來說名真是菩薩
須菩提於意云何如來有肉眼不如是世尊
如來有肉眼須菩提於意云何如來有天眼
不如是世尊如來有天眼須菩提於意云何
如來有慧眼不如是世尊如來有慧眼須菩
提於意云何如來有法眼不如是世尊如來有
法眼須菩提於意云何如來有佛眼不如是

BD04551號　金剛般若波羅蜜經　（8–4）

須菩提於意云何如來有肉眼不如是世尊
如來有肉眼須菩提於意云何如來有天眼
不如是世尊如來有天眼須菩提於意云何
如來有慧眼不如是世尊如來有慧眼須菩
提於意云何如來有法眼不如是世尊如來有
法眼須菩提於意云何如來有佛眼不如是
世尊如來有佛眼須菩提於意云何恒河中
所有沙佛說是沙不如是世尊如來說是沙
須菩提於意云何如一恒河中所有沙有如
是等恒河是諸恒河所有沙數佛世界如
是寧為多不甚多世尊佛告須菩提尒所國
土中所有衆生若干種心如來悉知何以故如
來說諸心皆為非心是名為心所以者何須
菩提過去心不可得現在心不可得未來心
不可得須菩提於意云何若有人滿三千大
千世界七寶以用布施是人以是因緣得福多
不如是世尊此人以是因緣得福甚多
須菩提若福德有實如來不說得福德多以
福德无故如來說得福德多
須菩提於意云何佛可以具足色身見不不
也世尊如來不應以色身見何以故如來說具
足色身即非具足色身是名具足色身須菩
提於意云何如來可以具足諸相見不不也
世尊如來不應以具足諸相見何以故如來
說諸相具足即非具足是名諸相具足

BD04551號　金剛般若波羅蜜經　（8–5）

足色身即非具足色身是名具足色身須菩
提於意云何如来可以具足諸相見不不也
世尊如来不應以具足諸相見何以故如来
說諸相具足即非具足是名諸相具足
須菩提汝勿謂如来作是念我當有所說法莫
作是念何以故若人言如来有所說法即為
謗佛不能解我所說故須菩提說法者无法
可說是名說法
須菩提白佛言世尊佛得阿耨多羅三藐三
菩提為无所得耶如是如是須菩提我於阿耨
多羅三藐三菩提乃至无有少法可得是名阿
耨多羅三藐三菩提復次須菩提是法平等
无有高下是名阿耨多羅三藐三菩提以无
我无人无衆生无壽者脩一切善法則得阿
耨多羅三藐三菩提須菩提所言善法者如
来說即非善法是名善法須菩提若三千大
千世界中所有諸須弥山王如是等七寶聚
有人持用布施若人以此般若波羅蜜經乃
至四句偈等受持為他人說於前福德百分不
及一百千万億分乃至筭數譬喻所不能及
須菩提於意云何汝等勿謂如来作是念我
當度衆生須菩提莫作是念何以故實无有
衆生如来度者若有衆生如来度者如来則
有我人衆生壽者須菩提如来說有我者則

BD04551 號　金剛般若波羅蜜經　（8–6）

須菩提於意云何汝等勿謂如来作是念我
當度衆生須菩提莫作是念何以故實无有
衆生如来度者若有衆生如来度者如来則
有我人衆生壽者須菩提如来說有我者則
非有我而凡夫之人以為有我須菩提凡夫
者如来說則非凡夫須菩提於意云何可以
卅二相觀如来不須菩提言如是如是以卅二
相觀如来佛言須菩提若以卅二相觀如来
者轉輪聖王則是如来須菩提白佛言世尊
如我解佛所說義不應以卅二相觀如来尒
時世尊而說偈言
若以色見我　以音聲求我　是人行邪道　不能見如来
須菩提汝若作是念如来不以具足相故得
阿耨多羅三藐三菩提須菩提汝莫作是念
如来不以具足相故得阿耨多羅三藐三菩提
須菩提汝若作是念發阿耨多羅三藐三菩
提者說諸法斷滅莫作是念何以故發阿耨
多羅三藐三菩提者於法不說斷滅故須菩
提若菩薩以滿恒河沙等世界七寶布施若
復有人知一切法无我得成於忍此菩薩勝
前菩薩所得功德須菩提以諸菩薩不受福
德故須菩提白佛言世尊云何菩薩不受福
德須菩提菩薩所作福德不應貪著是故
說不受福德須菩提若有人言如来若来若
去若坐若卧是人不解我所說義何以故如

BD04551 號　金剛般若波羅蜜經　（8–7）

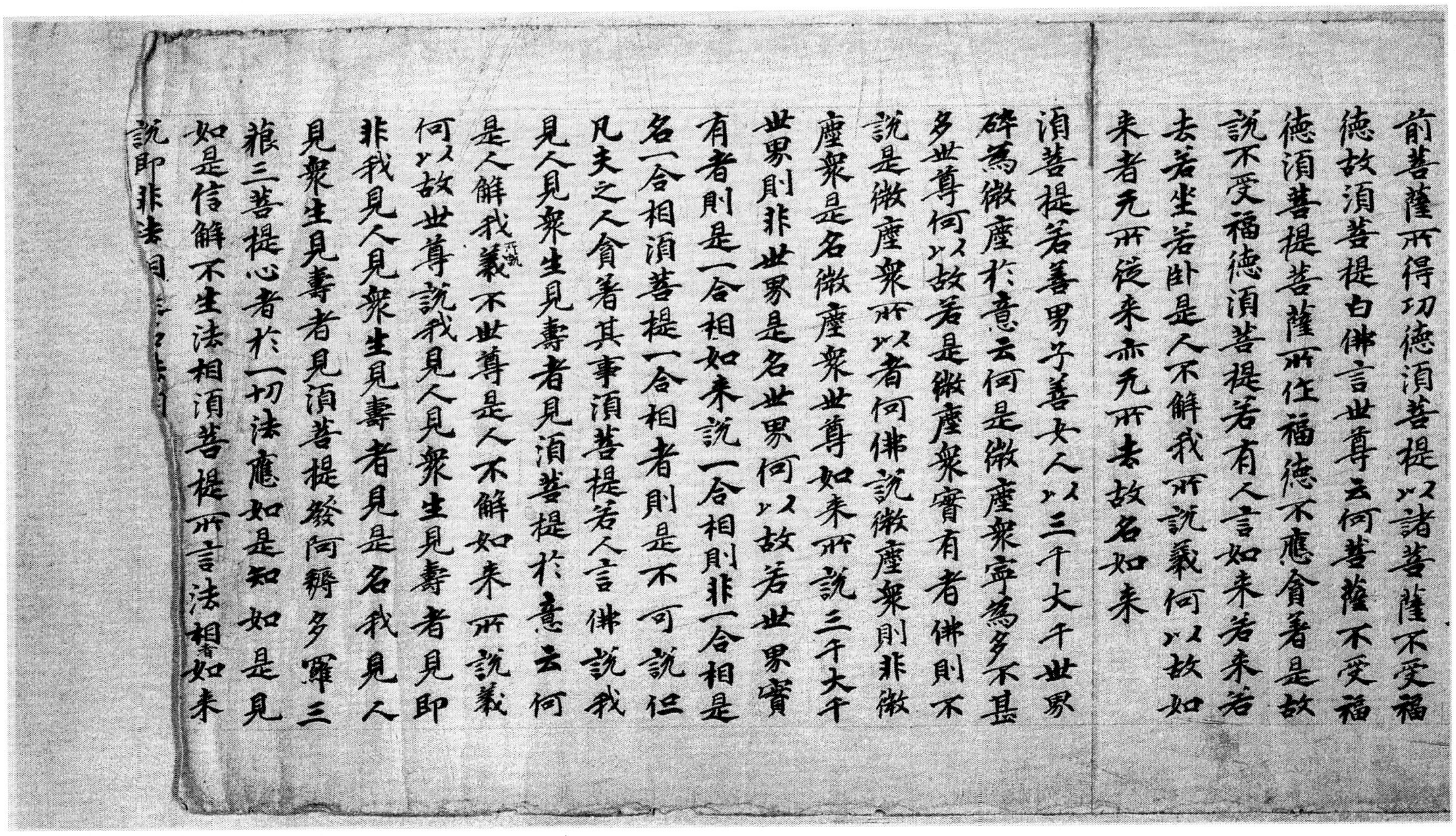
前菩薩所得功德須菩提以諸菩薩不受福
德故須菩提白佛言世尊云何菩薩不受福
德須菩提菩薩所作福德不應貪著是故
說不受福德須菩提若有人言如来若来若
去若坐若卧是人不解我所說義何以故如
来者无所從来亦无所去故名如来
須菩提若善男子善女人以三千大千世界
碎為微塵於意云何是微塵衆寧為多不甚
多世尊何以故若是微塵衆實有者佛則不
說是微塵衆所以者何佛說微塵衆則非微
塵衆是名微塵衆世尊如来所說三千大千
世界則非世界是名世界何以故若世界實
有者則是一合相如来說一合相則非一合相是
名一合相須菩提一合相者則是不可說但
凡夫之人貪著其事須菩提若人言佛說我
見人見衆生見壽者見須菩提於意云何
是人解我所說義不世尊是人不解如来所說義
何以故世尊說我見人見衆生見壽者見即
非我見人見衆生見壽者見是名我見人
見衆生見壽者見須菩提發阿耨多羅三
藐三菩提心者於一切法應如是知如是見
如是信解不生法相須菩提所言法相者如来
說即非法相是名法相

BD04551號　金剛般若波羅蜜經　（8–8）

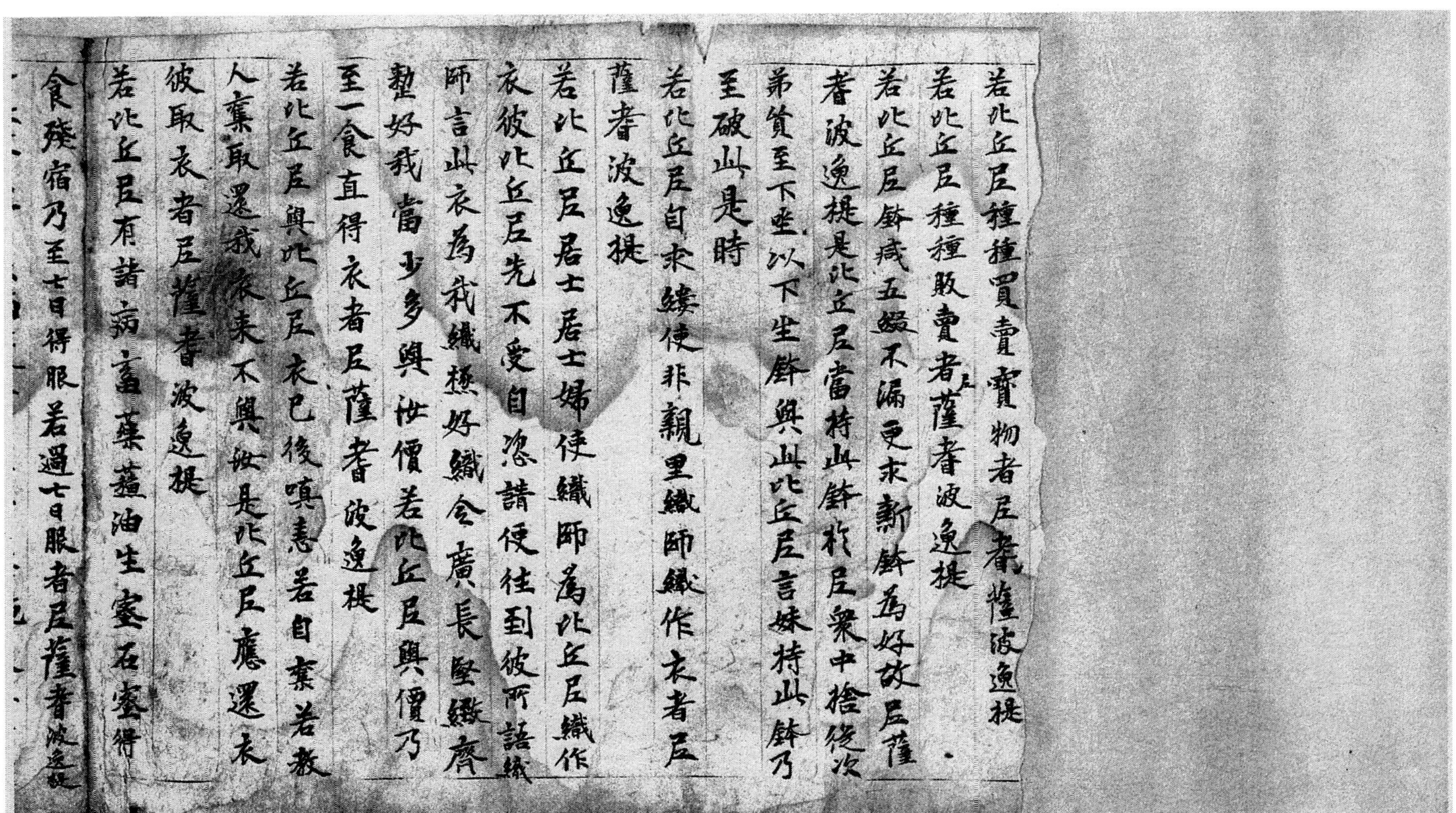
若比丘尼種種買賣寶物者尼薩耆波逸提
若比丘尼種種販賣者尼薩耆波逸提
若比丘尼鉢減五綴不漏更求新鉢為好故尼薩
耆波逸提是比丘尼當持此鉢於尼衆中捨從次
第貿至下坐以下坐鉢與此比丘尼言妹持此鉢乃
至破此是時
若比丘尼自求縷使非親里織師織作衣者尼
薩耆波逸提
若比丘尼居士居士婦使織師為比丘尼織作
衣彼比丘尼先不受自恣請便往到彼所語織
師言此衣為我織極好織令廣長堅緻齊
整好我當少多與汝價若比丘尼與價乃
至一食直得衣者尼薩耆波逸提
若比丘尼與比丘尼衣已後瞋恚若自奪若教
人奪取還我衣来不與汝是比丘尼應還衣
彼取衣者尼薩耆波逸提
若比丘尼有諸病畜藥蘇油生蜜石蜜得
食殘宿乃至七日得服若過七日服者尼薩耆波逸提

BD04552號　四分比丘尼戒本　（15–1）

若比丘尼與比丘尼衣已後瞋恚若自棄若教
人棄取還我衣來不與汝是比丘尼應還衣
彼取衣者尼薩耆波逸提
若比丘尼有諸病畜藥蘇油生蜜石蜜得
食殘宿乃至七日得服若過七日服者尼薩耆波逸提
若比丘尼十日未滿夏三月若有急施衣比丘尼
知是急施衣應受受已乃至衣時應畜若過
畜者尼薩耆波逸提
若比丘尼知物向僧自求入已者尼薩耆波逸提
若比丘尼欲索是更索彼者尼薩耆波逸提
若比丘尼知檀越所為僧施異迴作餘用者尼薩
耆波逸提
若比丘尼所為施物異自求為僧迴作餘用者
尼薩耆波逸提
若比丘尼檀越所施物異迴作餘用者尼薩耆波逸提
若比丘尼檀越所為施物異自求為僧迴作餘用
者尼薩耆波逸提
若比丘尼畜長鉢者尼薩耆波逸提
若比丘尼多畜好色器者尼薩耆波逸提
若比丘尼許他比丘尼病衣後不與者尼薩耆波逸提
若比丘尼以非時衣受作時衣者尼薩耆波逸提
若比丘尼與比丘尼貿易衣後瞋恚還自棄取若
使人棄妹還我衣來我不與汝汝衣屬汝我
衣還我者尼薩耆波逸提
若比丘尼乞重衣齊價直四張疊過者尼薩耆波逸提
若比丘尼欲乞輕衣極重價直兩張半疊過者尼

若比丘尼與比丘尼貿易衣後瞋恚還自棄取若
使人棄妹還我衣來我不與汝汝衣屬汝我
衣還我者尼薩耆波逸提
若比丘尼乞重衣齊價直四張疊過者尼薩耆波逸提
若比丘尼欲乞輕衣極重價直兩張半疊過者尼
薩耆波逸提
諸姊大是中清淨我已說三十尼薩耆波逸提法
今問諸大姊是中清淨不(如是至三)諸大姊是中清淨
嘿然故是事如是持諸大姊是一百七十八波逸提
法半月半月說戒經中來
若比丘尼故妄語者波逸提
若比丘尼毀呰語者波逸提
若比丘尼兩舌語者波逸提
若比丘尼與男子同室宿者波逸提
若比丘尼共未受大戒女人同一室宿若過三宿
波逸提
若比丘尼與未受具戒人共誦法者波逸提
若比丘尼知他有麁惡罪向未受大戒人說除僧
羯磨波逸提
若比丘尼向未受大戒人說過人法言我知是我
見是實者波逸提
若比丘尼與男子說法過五六語除有知女人
波逸提
若比丘尼自掘地若教人掘波逸提
若比丘尼壞鬼神村波逸提
若比丘尼妄作異語惱他者波逸提

若比丘尼與男子說法過五六語除有智女人
波逸提
若比丘尼自掘地若教人掘波逸提
若比丘尼壞鬼神村波逸提
若比丘尼妄作異語惱他者波逸提
若比丘尼嫌罵他者波逸提
若比丘尼取僧繩床若木床若卧具坐褥露地自敷
若教人敷捨去不自舉不教人舉波逸提
若比丘尼於僧房中取僧卧具自敷若教人
敷在中若坐若卧從彼處捨去不自舉不教
人舉者波逸提
若比丘尼知比丘尼先住處後來於中間敷卧
具止宿念言彼若嫌迮者自當避我去作如
是因緣非餘非威儀波逸提
若比丘尼嗔他比丘尼不喜衆僧房中自牽出若
教人牽出者波逸提
若比丘尼若在重閣上脫脚繩床若木床若坐
若卧波逸提
若比丘尼知水有虫自用澆泥若草若教人澆
者波逸提
若比丘尼作大房戶扉窗牖及餘莊飾具指授
覆苫齊二三節若過者波逸提
若比丘尼施一食處无病比丘尼應一食若過
受者波逸提
若比丘尼別衆食除餘時波逸提餘時者病時作
衣時施衣時道行時船上時大會時沙門施
食時此是時

BD04552 號　四分比丘尼戒本　（15–4）

覆苫齊二三節若過者波逸提
若比丘尼施一食處无病比丘尼應一食若過
受者波逸提
若比丘尼別衆食除餘時波逸提餘時者病時作
衣時施衣時道行時船上時大會時沙門施
食時此是時
若比丘尼至檀越家慇懃請與餅麨飯比丘尼
欲須者當二三鉢應受持至寺內分與餘比丘
尼食若比丘尼无病過三鉢受持至寺中不分
與餘比丘尼食者波逸提
若比丘尼非時噉食者波逸提
若比丘尼殘宿食噉者波逸提
若比丘尼不受食及藥著口中除水楊枝波逸提
若比丘尼先受請已若前食後食行詣餘家
不囑餘比丘尼除餘時波逸提餘時者病時作衣
時施衣時此是時
若比丘尼食家中有寶強安坐者波逸提
若比丘尼食家中有寶在屏處坐者波逸提
若比丘尼獨與男子露地一處共坐者波逸提
若比丘尼語比丘尼如是大姊共汝至聚落當
與汝食彼比丘尼竟不教與是比丘尼食如是
言大姊去我與汝一處共坐共語不樂我獨坐獨
語樂以是因緣非餘方便遣去波逸提
若比丘尼請比丘尼四月與藥无病比丘尼應受若
過受除常請更請分請盡形請波逸提
若比丘尼有因緣至軍中若二宿三宿過者波逸提
若比丘尼軍中住若二宿三宿或時觀軍陣鬪戰

BD04552 號　四分比丘尼戒本　（15–5）

語樂以是因緣非餘方便遣去波逸提
若比丘尼請比丘尼四月與藥无病比丘尼應受若
過受除常請更請分請盡形請波逸提
若比丘尼有因緣至軍中若二宿三宿過者波逸提
若比丘尼軍中住若二宿三宿或時觀軍陣鬪戰
若觀遊軍象馬力勢者波逸提
若比丘尼飲酒者波逸提
若比丘尼水中戲者波逸提
若比丘尼以指相擊攊者波逸提
若比丘尼不受諫者波逸提
若比丘尼恐怖他比丘者波逸提
若比丘尼半月洗浴无病比丘尼應受若過受
除餘時波逸提餘時者熱時病時作時風雨時
遠行來時此是時
若比丘尼无病為炙身故露地然火若教人
然除餘時波逸提
若比丘尼藏他比丘尼若鉢若衣若坐具針筒
自藏教人藏下至戲笑者波逸提
若比丘尼淨施比丘比丘尼式叉摩那沙弥沙弥尼
衣後不問主取著者波逸提
若比丘尼得新衣應作三種壞色青黑木蘭
若比丘尼故斷畜生命者波逸提
若比丘尼知水有蟲飲者波逸提
若比丘尼故惱他比丘尼乃至少時不樂波逸提
若比丘尼比丘尼有麁惡罪覆藏者波逸提
若比丘尼知僧諍事如法懺悔已後更發舉者波逸提

BD04552號　四分比丘尼戒本　（15–6）

若比丘尼得新衣應作三種壞色青黑木蘭
若比丘尼故斷畜生命者波逸提
若比丘尼知水有蟲飲者波逸提
若比丘尼故惱他比丘尼乃至少時不樂波逸提
若比丘尼比丘尼有麁惡罪覆藏者波逸提
若比丘尼知僧諍事如法懺悔已後更發舉者波逸提
若比丘尼知是賊伴共期一道行乃至一聚落波逸提
若比丘尼作如是語我知佛所說法行婬欲非障
是道法彼比丘尼諫此比丘尼言大姊莫作是語
莫謗世尊謗世尊者不善世尊不作是語世尊
无數方便說婬欲是障道法犯婬者是障道法
彼比丘尼諫此比丘尼時堅持不捨彼比丘尼乃至三
諫令捨是事乃至三諫時捨者善不捨者波逸提
若比丘尼知如是語人未作法如是耶見而不捨
若畜同一羯磨同一止宿波逸提
若比丘尼知沙弥尼作如是語我知佛所說法行婬欲
非障道法彼比丘尼諫此沙弥尼言汝莫作是語莫誹
謗世尊誹謗世尊不善世尊不作是語沙弥尼世
尊无數方便說婬欲是障道法犯婬欲者是障
道法彼比丘尼諫此沙弥尼時堅持不捨彼比丘尼
應乃至三呵諫捨此事故乃至三諫時若捨者善
不捨者彼比丘尼應語是沙弥尼言汝自今已去
非佛弟子不得隨餘比丘尼行如諸沙弥尼得與比
丘尼二三宿汝今无是事汝去滅去不須此中住若比
丘尼知如是被擯沙弥尼若畜共同止宿者波逸提
若比丘尼如法諫時作如是語我今不學是戒乃至
有智慧持律者當難問波逸提若為求解應

BD04552號　四分比丘尼戒本　（15–7）

非佛弟子不得隨餘比丘尼行如諸沙弥尼得與比
丘尼二三宿汝今无是事汝去滅去不須此中住若比
丘尼知如是被擯沙弥尼若畜共同止宿者波逸提
若比丘尼如法諫時作如是語我今不學是戒乃至
問有智慧持律者當難問波逸提若為求解應
當難問
若比丘尼說戒時如是語大姊用是雜碎戒為說
是戒時令人惱愧懷疑輕毀戒故波逸提
若比丘尼說戒時作如是語大姊我今始知是戒半
月半月說戒經中來餘比丘尼知是比丘尼若二若三
說戒中坐何況多彼比丘尼无知无解若犯罪應
應如法治更重增无知法大姊汝无利得不善汝
說戒時不用心念不一心兩耳聽法彼无知故波逸提
若比丘尼共同羯磨已後作如是說諸比丘尼
隨親厚以眾僧物與者波逸提
若比丘尼僧斷事時不與欲而起去者波逸提
若比丘尼與欲竟後更呵責者波逸提
若比丘尼比丘尼共鬪諍後聽此語已欲向彼說
者波逸提
若比丘尼嗔恚故不喜打彼比丘者波逸提
若比丘尼嗔恚故不喜以手搏比丘者波逸提
若比丘尼嗔恚故不喜以无根僧伽婆尸沙法謗
者波逸提
若比丘尼剎利水澆頭王王未出未藏寶若入宮
過門閫者波逸提
若比丘尼若寶及寶莊飾具自捉若教人捉

BD04552 號　四分比丘尼戒本　（15–8）

若比丘尼嗔恚故不喜以手搏比丘者波逸提
若比丘尼嗔恚故不喜以无根僧伽婆尸沙法謗
者波逸提
若比丘尼剎利水澆頭王王未出未藏寶若入宮
過門閫者波逸提
若比丘尼若寶及寶莊飾具自捉若教人捉
除僧伽藍中及寄宿若僧伽藍中若
寄宿處若寶若以寶莊飾具自捉若教人
捉若識者當取如是因緣非餘者波逸提
若比丘尼非時入聚落不囑比丘尼者波逸提
若比丘尼作繩床若木床足應高如來八指
除入梐孔上若截竟過者波逸提
若比丘尼持兜羅綿貯作繩床木床若臥具
坐具波逸提
若比丘尼噉蒜者波逸提
若比丘尼剃三處毛者波逸提
若比丘尼以水作淨應齊兩指各一節若過
過者波逸提
若比丘尼以胡膠作男根者波逸提
若比丘尼共相拍者波逸提
若比丘尼比丘无病時供給水以扇者波逸提
若比丘尼乞生穀者波逸提
若比丘尼在生草上大小便者波逸提
若比丘尼夜便大小便器中晝不看墻外棄
者波逸提
若比丘尼往觀看伎樂者波逸提

BD04552 號　四分比丘尼戒本　（15–9）

若比丘尼[illegible]者波逸提
若比丘尼夜便大小便器中晝不看墻外弃
者波逸提
若比丘尼往觀看伎樂者波逸提
若比丘尼入村内與男子在屏處共立共語者
波逸提
若比丘尼與男子共入屏障處者波逸提
若比丘尼入村内巷陌中遣伴遠去在屏處
與男子共立耳語者波逸提
若比丘尼入白衣家内坐不語主人捨去者波逸提
若比丘尼入白衣家内不語主人輙坐床者波逸提
若比丘尼入白衣家内不語主人轉自敷坐宿者波逸提
若比丘尼與男子共宿入闇室中者波逸提
若比丘尼不審諦受師語便向人說者波逸提
若比丘尼有小因緣事便呪詛墮三惡道不生佛
法中若汝有如是事墮三惡道不生佛法中若
汝有如是事亦墮三惡道不生佛法中波逸提
若比丘尼共鬪諍不善憶持諍事搥胷啼哭
者波逸提
若比丘尼无病二人共床卧者波逸提
若比丘尼共一褥同一被卧除時者波逸提
若比丘尼知先住後至知先後至先住爲惱故在
前誦經問義教授者波逸提
若比丘尼同活比丘尼病不瞻視者波逸提
若比丘尼安居初聽餘比丘在房中安床後瞋恚
駈出者波逸提

BD04552號　四分比丘尼戒本　（15–10）

前誦經問義教授者波逸提
若比丘尼同活比丘尼病不瞻視者波逸提
若比丘尼安居初聽餘比丘在房中安床後瞋恚
駈出者波逸提
若比丘尼夏安居訖不去者波逸提
若比丘尼春夏冬一切時人間遊行除餘因緣波逸提
若比丘尼邊界有疑恐怖處人間遊行者波逸提
若比丘尼於界内有疑恐怖處在人間遊行波逸提
若比丘尼親近居士居士兒共住作不隨順行餘比丘
尼諫此比丘尼言妹汝莫親近居士居士兒共住
作不隨順行大姊可別住若別住於佛法中有
增益安樂住彼比丘尼諫此比丘尼堅持不捨彼比丘
尼應三諫捨此事故乃至三諫捨此事者善
若不捨者波逸提
若比丘尼往觀王宮文飾畫堂園林浴池者波逸提
若比丘尼露身在河水泉水流水池水中浴者波逸提
若比丘尼作浴衣應量作應量作者長佛六磔
手廣二磔手半若過者波逸提
若比丘尼縫僧伽梨過五日波逸提
若比丘尼過五日不看僧伽梨波逸提
若比丘尼與衆僧衣作留難者波逸提
若比丘尼不問主便著他衣者波逸提
若比丘尼持沙門衣施與外道白衣者波逸提
若比丘尼作如是意衆僧如法分衣遮令不
分恐弟子不得者波逸提
若比丘尼作如是意令衆僧令不得出迦絺

BD04552號　四分比丘尼戒本　（15–11）

若比丘尼不問主便着他衣者波逸提
若比丘尼持沙門衣施與外道白衣者波逸提
若比丘尼作如是意衆僧如法分衣遮令不
分恐弟子不得者波逸提
若比丘尼作如是意令衆僧不得出迦絺
那衣後當欲出令五事久得放捨者波逸提
若比丘尼作如是意遮比丘尼僧不出迦絺那衣
欲令久得五事放捨者波逸提
若比丘尼餘比丘尼語言爲我滅此諍事而不
與作方便令滅者波逸提
若比丘尼自手持食與白衣及外道食者波逸提
若比丘尼爲白衣作使者波逸提
若比丘尼自手紡縷者波逸提
若比丘尼入白衣舍内在小林大林上若坐若
卧者波逸提
若比丘尼至白衣舍語主人敷座止宿明日不
辭主人而去者波逸提
若比丘尼自誦習世俗呪術者波逸提
若比丘尼教人誦習世俗呪術者波逸提
若比丘尼知女人任身度與受具戒者波逸提
若比丘尼知婦女乳兒與受具戒者波逸提
若比丘尼年不滿二十與受具足戒者波逸提
若比丘尼年十八童女不與二歲學戒年滿二十
便與受具足戒者波逸提
若比丘尼年十八童女與二歲學戒不與六法
滿二十便與受具足戒者波逸提
若比丘尼年十八童女與二歲戒與滿六法二十衆僧

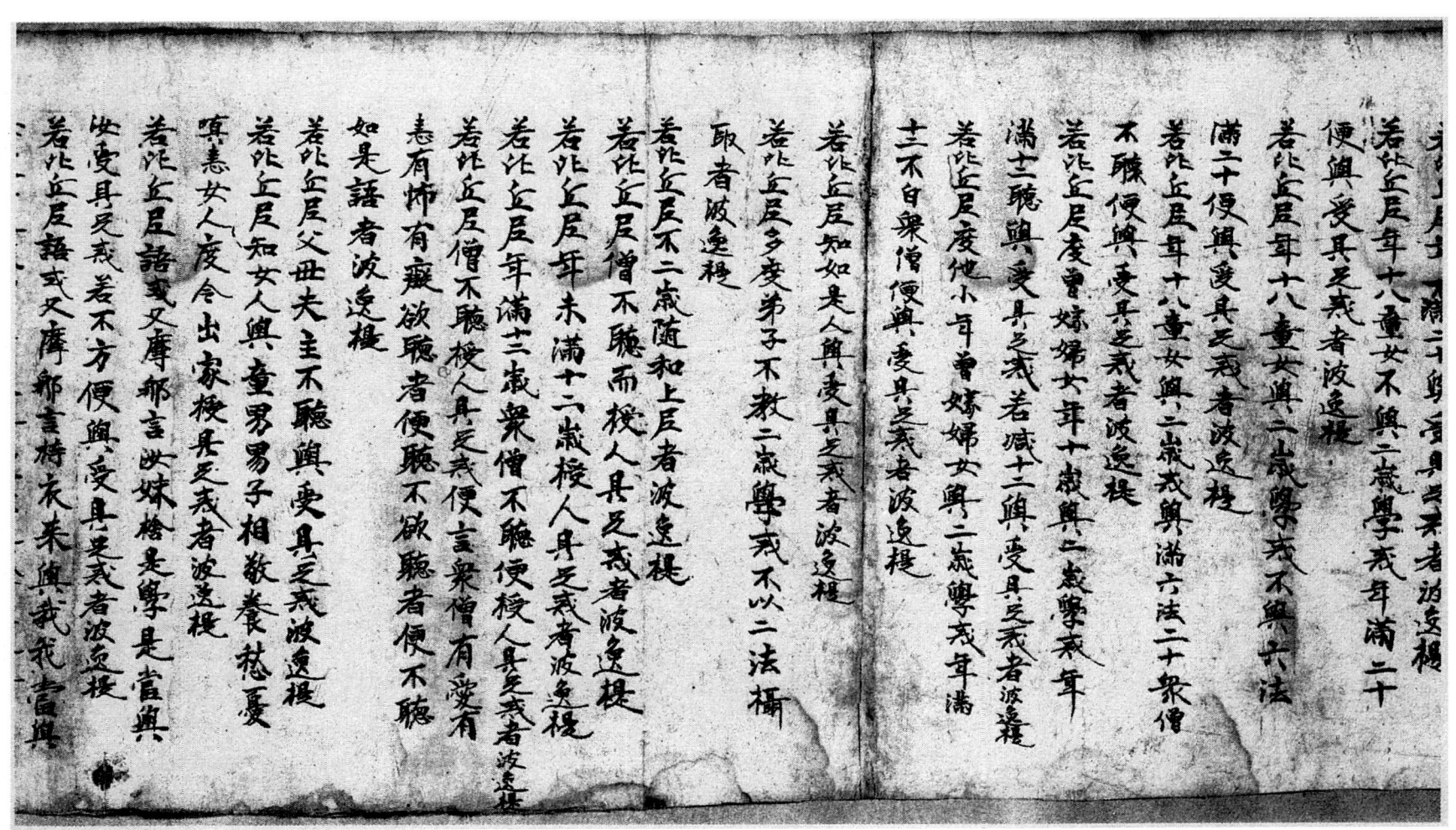

若比丘尼年不滿二十與受具足戒者波逸提
若比丘尼年十八童女不與二歲學戒年滿二十
便與受具足戒者波逸提
若比丘尼年十八童女與二歲學戒不與六法
滿二十便與受具足戒者波逸提
若比丘尼年十八童女與二歲戒與滿六法二十衆僧
不聽便與受具足戒者波逸提
若比丘尼度曾嫁婦女年十歲與二歲學戒年
滿十二聽與受具足戒若減十二與受具足戒者波逸提
若比丘尼度他小年曾嫁婦女與二歲學戒年滿
十二不白衆僧便與受具足戒者波逸提
若比丘尼知如是人與受具足戒者波逸提
若比丘尼多度弟子不教二歲學戒不以二法攝
取者波逸提
若比丘尼不二歲隨和上尼者波逸提
若比丘尼僧不聽而授人具足戒者波逸提
若比丘尼年未滿十二歲授人具足戒者波逸提
若比丘尼年滿十二歲衆僧不聽便授人具足戒者波逸提
若比丘尼僧不聽授人具足戒便言衆僧有愛有
恚有怖有癡欲聽者便聽不欲聽者便不聽
如是語者波逸提
若比丘尼父母夫主不聽與受具足戒波逸提
若比丘尼知女人與童男男子相敬愛愁憂
嗔恚女人度令出家授具足戒者波逸提
若比丘尼語式叉摩那言汝妹捨是學是當與
汝受具足戒若不方便與受具足戒者波逸提
若比丘尼語式叉摩那言持衣來與我我當與

如是語者波逸提
若比丘尼父母夫主不聽與受具足戒波逸提
若比丘尼知女人與童男男子相敬愛愁憂
嗔恚女人度令出家授具足戒者波逸提
若比丘尼語式叉摩那言汝妹捨是學是當與
汝受具足戒若不方便與受具足戒者波逸提
若比丘尼語式叉摩那言持衣來與我我當與
汝受具足戒而不方便與受具足戒者波逸提
若比丘尼不滿一歲授人具足戒者波逸提
若比丘尼與人授具足戒已經宿方往比丘僧中
與受具足戒者波逸提
若比丘尼不病不往受教授者波逸提
若比丘尼半月應往比丘僧中求教授若不求者波逸提
若比丘尼僧夏安居竟應往比丘僧中説三事
自恣見聞疑若不往者波逸提
若比丘尼在无比丘處夏安居者波逸提
若比丘尼有比丘僧伽藍不白而入者波逸提
若比丘尼罵比丘者波逸提
若比丘尼喜鬪諍不善憶持諍事後嗔恚不
喜罵比丘尼衆者波逸提
若比丘尼身生癰及種種瘡不白衆及餘
人輒使男子破若裹者波逸提
若比丘尼先受請若足食已後噉乾飯魚及
肉者波逸提
若比丘尼於家生嫉妬心者波逸提
若比丘尼以香塗摩身者波逸提
若比丘尼以胡麻滓塗摩身者波逸提

BD04552號　四分比丘尼戒本　（15–14）

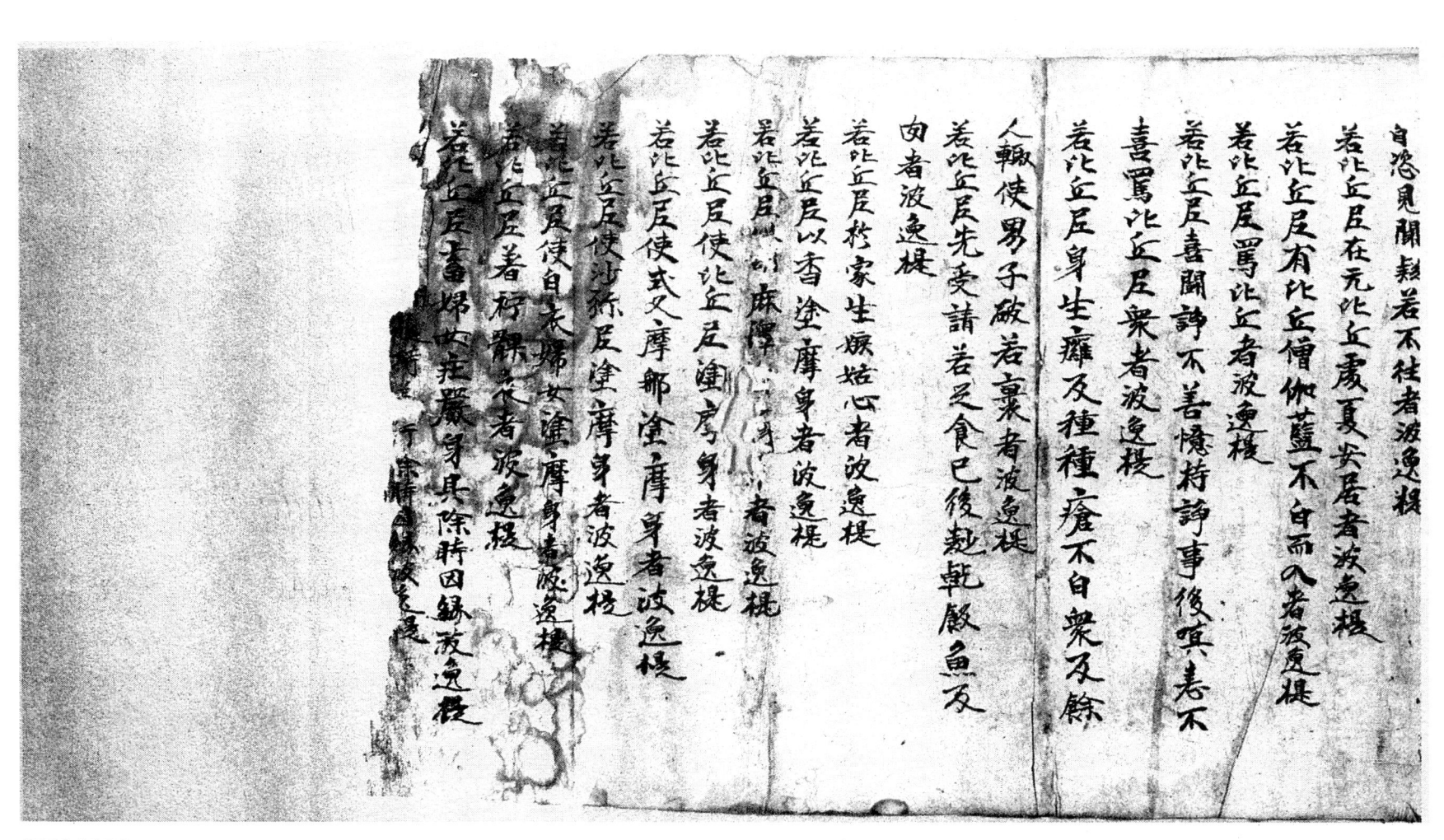

自恣見聞疑若不往者波逸提
若比丘尼在无比丘處夏安居者波逸提
若比丘尼有比丘僧伽藍不白而入者波逸提
若比丘尼罵比丘者波逸提
若比丘尼喜鬪諍不善憶持諍事後嗔恚不
喜罵比丘尼衆者波逸提
若比丘尼身生癰及種種瘡不白衆及餘
人輒使男子破若裹者波逸提
若比丘尼先受請若足食已後噉乾飯魚及
肉者波逸提
若比丘尼於家生嫉妬心者波逸提
若比丘尼以香塗摩身者波逸提
若比丘尼以胡麻滓塗摩身者波逸提
若比丘尼使比丘尼塗摩身者波逸提
若比丘尼使式叉摩那塗摩身者波逸提
若比丘尼使沙彌尼塗摩身者波逸提
若比丘尼使白衣婦女塗摩身者波逸提
若比丘尼著貯跨衣者波逸提
若比丘尼畜婦女莊嚴身具除時因緣波逸提
[illegible]

BD04552號　四分比丘尼戒本　（15–15）

若我具足說 種
今此富樓那 於昔千
為求无上慧 而於諸佛
所說无所畏 能令眾歡喜 未曾有疲
已度大神通 具四无礙智 知眾根利鈍 常說清淨法
演暢如是義 教諸千億眾 令住大乘法 而自淨佛土
未來亦供養 无量无數佛 護助宣正法 亦自淨佛土
常以諸方便 說法无所畏 度不可計眾 成就一切智
供養諸如來 護持法寶藏 其後當作佛 号名曰法明
其國名善淨 七寶所合成 劫名為寶明 菩薩眾甚多
其數无量億 皆度大神通 威德力具足 充滿其國土
聲聞亦无數 三明八解脫 得四无礙智 以是等為僧
其國諸眾生 婬欲皆已斷 純一變化生 具相莊嚴身
法喜禪悅食 更无餘食想 无有諸女人 亦无諸惡道
富樓那比丘 功德悉成滿 當得斯淨土 賢聖眾甚多
如是无量事 我今但略說
尒時千二百阿羅漢心自在者作是念我等
歡喜得未曾有若世尊各見授記如餘大弟
子者不亦快乎佛知此等心之所念告摩訶

BD04553號　妙法蓮華經卷四　（6–1）

富樓那比丘 功德悉成
如是无量事 我今但略說
尒時千二百阿羅漢心自在者作是念我等
歡喜得未曾有若世尊各見授記如餘大弟
子者不亦快乎佛知此等心之所念告摩訶
迦葉是千二百阿羅漢我今當現前次第與
受阿耨多羅三藐三菩提記於此眾中我大
弟子憍陳如比丘當供養六万二千億佛然
後得成為佛号曰普明如來應供正遍知明
行足善逝世間解无上士調御丈夫天人師
佛世尊其五百阿羅漢優樓頻螺迦葉伽耶
迦葉那提迦葉迦留陀夷優陀夷阿㝹樓䭾
離婆多劫賓那薄拘羅周陀莎伽陀等皆當
得阿耨多羅三藐三菩提盡同一号名曰普
明尒時世尊欲重宣此義而說偈言
憍陳如比丘 當見无量佛 過阿僧祇劫 乃成等正覺
常放大光明 具足諸神通 名聞遍十方 一切之所敬
常說无上道 故号為普明 其國土清淨 菩薩皆勇猛
咸昇妙樓閣 遊諸十方國 以无上供具 奉獻於諸佛
作是供養已 心懷大歡喜 須臾還本國 有如是神力
佛壽六万劫 正法住倍壽 像法復倍是 法滅天人憂
其五百比丘 次第當作佛 同号曰普明 轉次而授記
我滅度之後 某甲當作佛 其所化世間 亦如我今日
國土之嚴淨 及諸神通力 菩薩聲聞眾 正法及像法
壽命劫多少 皆如上所說 迦葉汝已知 五百自在者
餘諸聲聞眾 亦當復如是 其不在此會 汝當為宣說

BD04553號　妙法蓮華經卷四　（6–2）

我滅度之後　其中當作佛　其所化世間　亦如我今日
國土之嚴淨　及諸神通力　菩薩聲聞衆　正法及像法
壽命劫多少　皆如上所說　迦葉汝已知　五百自在者
餘諸聲聞衆　亦當復如是　其不在此會　汝當為宣說
尒時五百阿羅漢於佛前得受記已歡喜踊
躍即從座起到於佛前頭面礼足悔過自責
世尊我等常作是念自謂已得究竟滅度今
乃知之如无智者所以者何我等應得如來
智慧而便自以小智為足世尊譬如有人至
親友家醉酒而卧是時親友官事當行以无
價寶珠繫其衣裏與之而去其人醉卧都不
覺知起已遊行到於他國為衣食故勤力求
索甚大艱難若少有所得便以為足於後親
友會遇見之而作是言咄哉丈夫何為衣食
乃至如是我昔欲令汝得安樂五欲自恣於
某年日月以无價寶珠繫汝衣裏今故現在
而汝不知勤苦憂惱以求自活甚為癡也汝
今可以此寶貿易所須常可如意无所乏短
佛亦如是為菩薩時教化我等令發一切智
心而尋廢忘不知不覺既得阿羅漢道自謂
滅度資生艱難得少為足一切智願猶在不
失今者世尊覺悟我等作如是言諸比丘汝
等所得非究竟滅我久令汝等種佛善根以
方便故示涅槃相而汝謂為實得滅度世尊
我今乃知實是菩薩得受阿耨多羅三藐三
菩提記以是因緣甚大歡喜得未曾有尒時

滅度資生艱難得少為足一切智願猶在不
失今者世尊覺悟我等作如是言諸比丘汝
等所得非究竟滅我久令汝等種佛善根以
方便故示涅槃相而汝謂為實得滅度世尊
我今乃知實是菩薩得受阿耨多羅三藐三
菩提記以是因緣甚大歡喜得未曾有尒時
阿若憍陳如等欲重宣此義而說偈言
我等聞无上　安隱授記聲　歡喜未曾有　礼无量智佛
今於世尊前　自悔諸過咎　於无量佛寶　得少涅槃分
如无智愚人　便自以為足　譬如貧窮人　往至親友家
其家甚大富　具設諸餚饍　以无價寶珠　繫著內衣裏
嘿與而捨去　時卧不覺知　是人既已起　遊行詣他國
求衣食自濟　資生甚艱難　得少便為足　更不願好者
不覺內衣裏　有无價寶珠　與珠之親友　後見此貧人
苦切責之已　示以所繫珠　貧人見此珠　其心大歡喜
富有諸財物　五欲而自恣　我等亦如是　世尊於長夜
常愍見教化　令種无上願　我等无智故　不覺亦不知
得少涅槃分　自足不求餘　今佛覺悟我　言非實滅度
得佛无上慧　尒乃為真滅　我今從佛聞　授記莊嚴事
及轉次受決　身心遍歡喜

妙法蓮華經授學无學人記品第九

尒時阿難羅睺羅而作是念我等每自思惟
設得受記不亦快乎即從座起到於佛前頭
面礼足俱白佛言世尊我等於此亦應有分
唯有如來我等所歸又我等為一切世間天
人阿脩羅所見知識阿難常為侍者護持法

尒時阿難羅睺羅而作是念我等每自思惟
設得受記不亦快乎即從座起到於佛前頭
面礼足俱白佛言世尊我等於此亦應有分
唯有如來我等所歸又我等為一切世間天
人阿脩羅所見知識阿難常為侍者護持法
藏羅睺羅是佛之子若佛見授阿耨多羅三
藐三菩提記者我願既滿衆望亦足尒時學
无學聲聞弟子二千人皆從座起偏袒右肩
到於佛前一心合掌瞻仰世尊如阿難羅睺
羅所願住立一面尒時佛告阿難汝於來世
當得作佛号山海慧自在通王如來應供正
遍知明行足善逝世間解无上士調御丈夫
天人師佛世尊當供養六十二億諸佛護持
法藏然後得阿耨多羅三藐三菩提教化二
十千万億恒河沙諸菩薩等令成阿耨多羅
三藐三菩提國名常立勝幡其土清淨瑠璃
為地劫名妙音遍滿其佛壽命无量千万億
阿僧祇劫若人於千万億无量阿僧祇劫中
算數校計不能得知正法住世倍於壽命像
法住世復倍正法阿難是山海慧自在通王
佛為十方无量千万億恒河沙等諸佛如來
所共讚歎稱其功德尒時世尊欲重宣此義
而說偈言
我今僧中說　阿難持法者　當供養諸佛　然後成正覺
号曰山海慧　自在通王佛　其國土清淨　名常立勝幡
教化諸菩薩　其數如恒沙　佛有大威德　名聞滿十方

BD04553號　妙法蓮華經卷四　（6–5）

為地劫名妙音遍滿其佛壽命无量千万億
阿僧祇劫若人於千万億无量阿僧祇劫中
算數校計不能得知正法住世倍於壽命像
法住世復倍正法阿難是山海慧自在通王
佛為十方无量千万億恒河沙等諸佛如來
所共讚歎稱其功德尒時世尊欲重宣此義
而說偈言
我今僧中說　阿難持法者　當供養諸佛　然後成正覺
号曰山海慧　自在通王佛　其國土清淨　名常立勝幡
教化諸菩薩　其數如恒沙　佛有大威德　名聞滿十方
壽命无有量　以愍衆生故　正法倍壽命　像法復倍是
如恒河沙等　无數諸衆生　於此佛法中　種佛道因緣
尒時會中新發意菩薩八千人咸作是念我
等尚不聞諸大菩薩得如是記有何因緣而
諸聲聞得如是決尒時世尊知諸菩薩心之
所念而告之曰諸善男子我與阿難等於空
王佛所同時發阿耨多羅三藐三菩提心阿
難常樂多聞我常勤精進是故我已得成阿
耨多羅三藐三菩提而阿難護持我法亦護

BD04553號　妙法蓮華經卷四　（6–6）

无量大而爲諸不出有三何等爲三一者煩惱
二者是業三者是果報此三種法能障聖道
及以人天勝妙好事是故經中目爲三障所以
諸佛菩薩教作方便懺悔除滅此三滅者則
六根十惡乃至八万四千諸塵勞門皆悉清淨
是故弟子今日運此增上勝心懺悔三障欲滅
此三罪者當用何等心何令此罪滅除先當興
七種心以爲方便然後此罪乃可得滅何等爲
七一者慚愧二者恐怖三者厭離四者發菩提
心五者怨親平等六者念報佛恩七者觀罪
性空　弟一慚愧者自惟我與釋迦如來同爲
凡夫而今世尊成道以來已經尒所塵沙劫數
而我等相與耽染六塵流浪生死永无出期此
實天下可慚可愧可羞可恥
弟二恐怖者既是凡夫身口意業常與罪相
應以是因緣命終之後應墮地獄畜生餓鬼
受无量苦如此實爲可驚可恐可怖可懼
弟三厭離者相與當觀生死之中唯有无常

BD04554號　佛名經（十六卷本）卷一　（7-1）

而我等相與耽染六塵流浪生死永无出期此
實天下可慚可愧可羞可恥
弟二恐怖者既是凡夫身口意業常與罪相
應以是因緣命終之後應墮地獄畜生餓鬼
受无量苦如此實爲可驚可恐可怖可懼
弟三厭離者相與當觀生死之中唯有无常
苦空无我不淨虛假如水上泡速起速滅往來
流轉猶若車輪生老病死八苦交煎无時暫
息衆等相與但觀自身從頭至足其中但有
卅六物髮毛爪齒眵淚涕唾生熟二藏大腸
小腸脾腎心肺肝膽脾胃肪膏腦膜筋脉骨
髓大小便利九孔常流是故經言此身苦所
集一切皆不淨何有智慧者而當樂此身生
死既有如此種種惡法甚可患厭
弟四發菩提心者經言當樂佛身佛身者即法
身也從无量功德智慧生從六波羅蜜生從慈
悲喜捨生從卅七助菩提法生從如是等種種
功德智慧生如來身欲得此身者當發菩提
心求一切種智常樂我淨薩婆若果淨佛國土
成就衆生於身命財无所悋惜
弟五怨親平等者於一切衆生起慈悲心无
彼我想何以故尒若見怨異親即是分別以
分別故起諸相著相著因緣生諸煩惱煩惱因
緣造諸惡業惡業因緣故得苦果
弟六念報佛恩者如來往昔无量劫中捨頭

BD04554號　佛名經（十六卷本）卷一　（7-2）

苐五怨親平等者於一切衆生起慈悲心无
彼我想何以故尒若見怨異親即是分別以
分別故起諸相著相著因緣生諸煩惱煩惱因
緣造諸惡業惡業因緣故得苦果
苐六念報佛恩者如來往昔无量劫中捨頭
目髓腦支節手足國城妻子象馬七珍爲我
等故脩諸苦行此恩此德實難酬報是故經
言若以頂戴兩肩荷負於恒沙劫亦不能報
我等欲報如來恩者當於此世界勇猛精進捍
勞忍苦不惜身命建立三寶弘通大乘廣化
衆生同入正道　苐七觀罪性空者无有實
相從因緣生顛倒而有既從因緣而生則可從
因緣而滅從因緣而生者狎近惡友造作无端
從因緣而滅者即是今日洗心懺悔是故經言
此罪相不在內不在外不在中閒故知此罪從
本是空生如是等七種心已緣想十方諸佛
賢聖竪拳合掌披陳至到慙愧改革舒歷
肝洗蕩腸胃如此懺悔亦何罪而不滅亦何
障而不消若復心尒悠悠緩縱情慮徒自
勞形於事何益且復人命无常喻如轉燭一
息不還便同灰壤三塗苦報即身應受不可
以錢財寶貨囑託求脫窈窈冥冥恩赦无期
獨嬰此苦无代受者莫言我今生中无有此罪
所以不能懇到懺悔經中道言凡夫之人舉
足動步无非是罪又復過去生中皆悉成就

BD04554號　佛名經（十六卷本）卷一　（7–3）

息不還便同灰壤三塗苦報即身應受不可
以錢財寶貨囑託求脫窈窈冥冥恩赦无期
獨嬰此苦无代受者莫言我今生中无有此罪
所以不能懇到懺悔經中道言凡夫之人舉
足動步无非是罪又復過去生中皆悉成就
无量惡業追逐行者如影隨形若不懺悔
惡日深故苞藏瑕疵佛教不許說悔先罪
淨名所尚故知長淪苦海寔由隱覆是故弟
子今日發露懺悔不敢覆藏所言三障者
一曰煩惱二名爲業三是果報此三種法更相
藉因煩惱故所以起惡業惡業因緣故得苦
果是故弟子今日至心苐一先應懺悔煩
惱障又此煩惱諸佛菩薩入理聖人種種呵責
亦說此煩惱以爲怨家何以故能斷衆生慧
命根故亦說此煩惱以之爲賊能劫衆生
諸善法故亦說此煩惱以爲瀑河能漂衆
生入於生死大苦海故亦說此煩惱以爲羈鎖
能繫衆生於生死獄不能得出故所以六道
牽連四生不絕惡業无窮苦果不息當知
皆是煩惱過患是故弟子今日運此上善
心歸依佛
南无西方普光佛　南无南方寶相佛
南无西方普光佛　南无北方相德佛
南无東南方網明佛　南无西南方上智佛
南无西北方華德佛　南无東北方明智佛

BD04554號　佛名經（十六卷本）卷一　（7–4）

南无西方普光佛　南无南方寶相佛
南无西方善光佛　南无北方相德佛
南无東南方網明佛　南无西南方上智佛
南无西北方華德佛　南无東北方明智佛
南无下方明德佛　南无上方香積佛
如是十方盡虛空界一切三寶弟子從无始
以來至于今日或在人天六道受報有此心識
常懷愚惑煩滿𠒇衿或因三毒根造一切罪
或因三漏造一切罪或因三苦造一切罪或因三
愛造一切罪或因三苦造一切罪或緣三假造
一切罪或貪三有造一切罪如是等无量无
邊惱乱一切六道四生今日慙愧皆悉懺悔
又復弟子无始以來至于今日或因四識住造
一切罪或因四流造一切罪或因四取造一切罪
或因四報造一切罪或因四緣造一切罪或因
大大造一切罪或因四縛造一切罪或因四食
造一切罪或因四生造一切罪如是等罪无量
无邊惱乱六道一切衆生今日慙愧皆悉懺悔
又復弟子无始以來至於今日或因五住地煩
惱造一切罪或因五受根造一切罪或因五蓋造
一切罪或因五慳造一切罪或因五見造一切罪
或因五塵造一切罪如是等煩惱无量无邊惱
乱六道一切四生今日發露皆悉懺悔
又復弟子无始以來至於今或因六情根造一
切罪或因六識造一切罪或因六想造一切罪或

BD04554號　佛名經（十六卷本）卷一　（7–5）

一切罪或因五慳造一切罪或因五見造一切罪
或因五塵造一切罪如是等煩惱无量无邊惱
乱六道一切四生今日發露皆悉懺悔
又復弟子无始以來至於今或因六情根造一
切罪或因六識造一切罪或因六想造一切罪或
因六受造一切罪或因六行造一切罪或因六
愛造一切罪或因六疑造一切罪如是等煩
惱无量无邊惱乱六道一切四生今日慙愧
發露皆悉懺悔　又復弟子无始以來至
於今日或因七漏造一切罪或因七使造一切罪
或因八苦造一切罪惱乱六道一切四生今日發露
皆悉懺悔　又復无始以來至於今日或因
九惱造一切罪或因九結造一切罪或因九上緣
造一切罪或因十煩惱造一切罪或因十纏造一
切罪或因十一遍使造一切罪或因十二入造一切罪
或因十六知見造一切罪或因十八界造一切罪或
因廿二根造一切罪或因廿五我造一切罪或因
六十二見造一切罪或因見諦思惟九十八使
百八煩惱晝夜熾然開諸漏門造一切罪惱
乱賢聖及以四生遍滿三界弥亘六道无處
可藏无處可避今日至到向十方佛尊法
聖衆慙愧發露皆悉懺悔
願弟子承是懺悔三毒等一切煩惱生生世世
三慧明三達朗三苦滅三願滿
願弟子承是懺悔四識等一切煩惱所生功德

BD04554號　佛名經（十六卷本）卷一　（7–6）

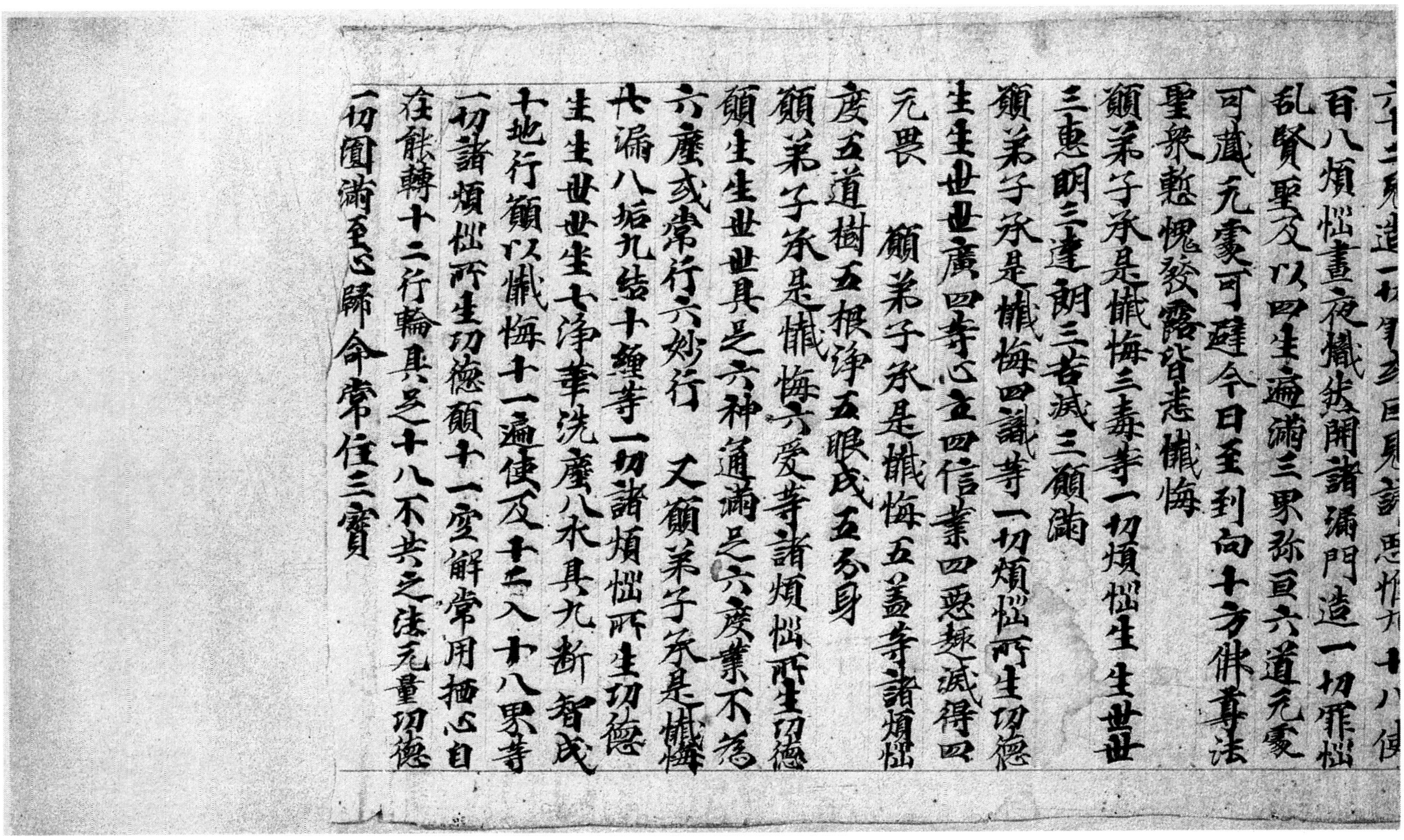

六十二見造一切□□□見諸惡怖□十八使
百八煩惱晝夜熾然開諸漏門造一切罪惱
乱賢聖及以四生遍滿三界弥亘六道无處
可藏无處可避今日至到向十方佛尊法
聖衆慚愧發露皆悉懺悔
願弟子承是懺悔三毒等一切煩惱生生世世
三惠明三達朗三苦滅三願滿
願弟子承是懺悔四識等一切煩惱所生功德
生生世世廣四等心立四信業四惡趣滅得四
无畏　願弟子承是懺悔五蓋等諸煩惱
度五道樹五根淨五眼成五分身
願弟子承是懺悔六愛等諸煩惱所生功德
願生生世世具足六神通滿足六度業不為
六塵惑常行六妙行　又願弟子承是懺悔
七漏八垢九結十纏等一切諸煩惱所生功德
生生世世生七淨華洗塵八水具九斷智成
十地行願以懺悔十一遍使及十二入十八界等
一切諸煩惱所生功德願十一空解常用栖心自
在能轉十二行輪具足十八不共之法无量功德
一切圓滿至心歸命常住三寶

BD04554 號　佛名經（十六卷本）卷一　　（7–7）

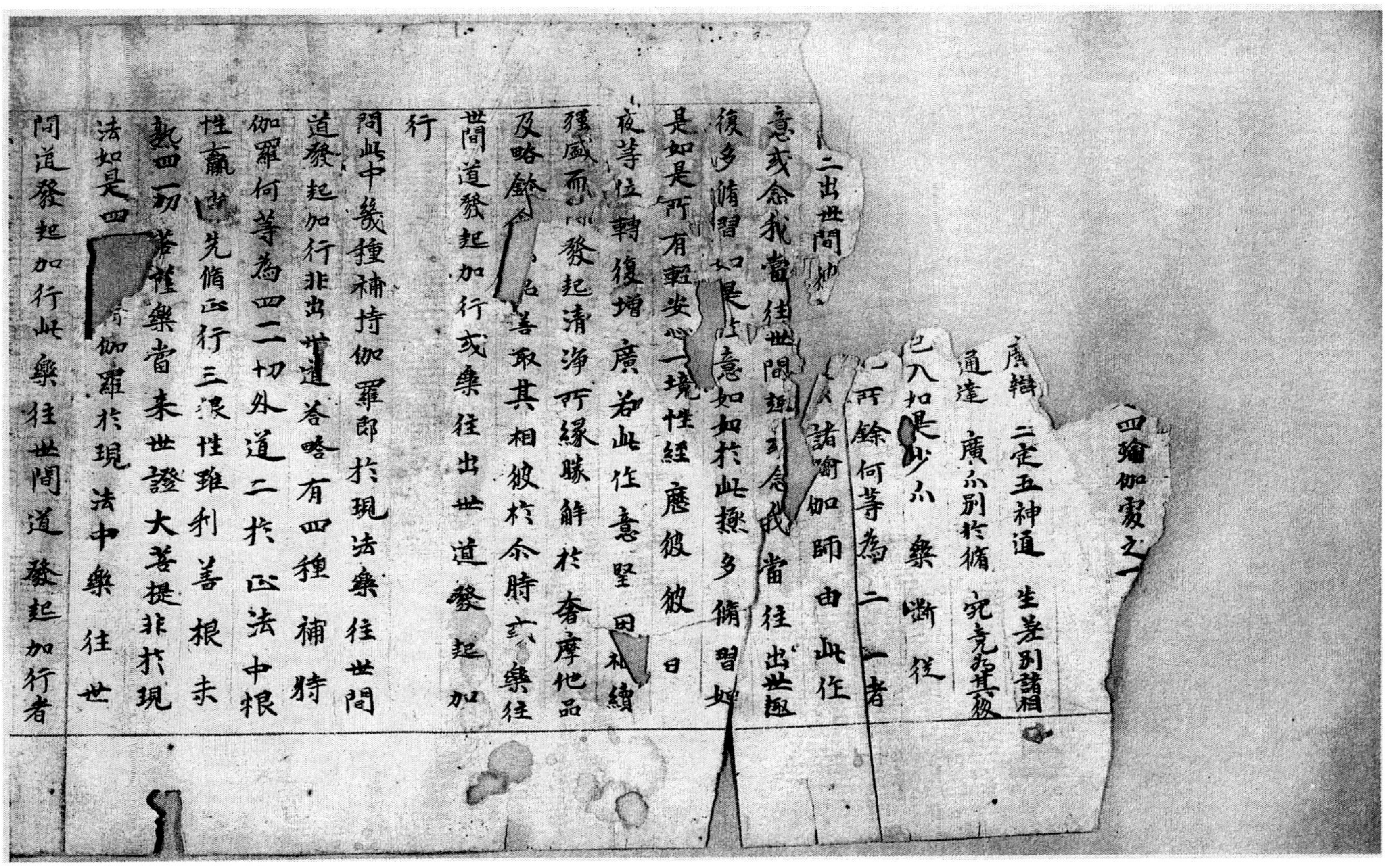

□四瑜伽處之一
廣辯　二定五神通　生差別諸相
通達　廣分別於循　究竟若其□
已八如是少分　樂斷　往
所餘何等為二　一者
二出世間如□□諸瑜伽師由此作
意或念我當往世間趣□念成當往出世趣
復多脩習如是作意如如於此數多脩習如
是如是所有輕安心一境性經應彼彼日
夜等位轉復增廣若此作意堅固相續
強盛而□發起清淨所緣勝解於奢摩他品
及略餘□□善取其相彼於尒時或樂往
世間道發起加行或樂往出世道發起加
行
問此中幾種補特伽羅即於現法樂往世間
道發起加行非出世道答略有四種補特
伽羅何等為四一一切外道二於正法中根
性鈍□先脩正行三根性雖利善根未
熟四一切菩薩樂當來世證大菩提非於現
法如是四□伽羅於現法中樂往世
間道發起加行此樂往世間道發起加行者

BD04555 號　瑜伽師地論卷三三　　（13–1）

伽羅何等為四二一切外道二於正法中根
性羸劣先脩正行三根性雖利善根未
熟四一切菩薩樂當來世證大菩提非於現
法如是四[illegible]伽羅於現法中樂往世
間道發起加行此樂往世間道發起加行者
復有二種一者具縛謂諸異生二不具縛謂
諸有學此復云何謂先於欲界觀為麁
性於初靜慮若定若生觀為靜性 發
起加行離欲界欲如是乃至發起加行離无
所有處欲當知亦尒又依靜慮等能引无想
定等及發五神通等又即依此若生若相皆
當廣說
為離欲界欲勤脩觀行諸瑜伽師由七作意
方能獲得離欲界欲何等為七種作意謂
了相作意勝解作意遠離作意攝樂作意
觀察作意加行究竟作意加行究竟果作
意云何名為了相作意謂若作意能正覺
了欲界麁相初靜慮靜相云何覺了欲界
麁相謂正尋思欲界六事何等為六一義二
事三相四品五時六理云何尋思諸欲麁義
謂正尋思如是諸欲有多過患有多損惱
有多疾癘有多災害於諸欲中多過患義廣
說乃至多災害義是名麁義云何尋思諸欲
麁事謂正尋思於諸欲中有內貪欲相諸欲
中有外貪欲云何尋思諸欲自相謂正尋思
此為煩惱此為事欲此復三種謂順樂受

BD04555號　瑜伽師地論卷三三　（13–2）

有多疾癘有多災害於諸欲中多過患義廣
說乃至多災害義是名麁義云何尋思諸欲
麁事謂正尋思於諸欲中有內貪欲相諸欲
中有外貪欲云何尋思諸欲自相謂正尋思
此為煩惱此為事欲此復三種謂順樂受
處順苦受處順不苦不樂受處順樂受處
是貪欲依處是憍心到依處順苦受處是瞋
恚依處是忿恨依處順不苦不樂受處是愚
癡依處是覆惱誑諂无慚无愧依處是見到依
處即正尋思如是諸欲擬惡諸受之所隨逐
擬惡煩惱之所隨逐是名尋思諸欲自相云
何尋思諸欲共相謂正尋思此一切欲生苦老
苦廣說乃至求不得苦等所隨逐等所隨縛
諸受欲者於圓滿欲驅迫而轉亦未解脫生
等法故雖彼諸欲勝妙圓滿而暫時有是名
尋思諸欲共相云何尋思諸欲麁品謂正尋
思如是諸欲皆墮黑品猶如骨鎖如凝血
由如草炬火如一分炭火如大毒蛇如夢
所見如假借得諸莊嚴具如樹端果退求諸
欲諸有情類於諸欲中受退求所作苦受防
護所作苦受親愛失壞所作苦受无厭足所
作苦受不自在所作苦受惡行所作苦 如是
一切如前應知如世尊說習近諸欲有五過患
謂彼諸欲滌少滋味多諸苦惱多諸過患又
彼諸欲於習近時能令无厭能令无足能令无
滿又彼諸欲常為諸佛及佛弟子賢善正行正

BD04555號　瑜伽師地論卷三三　（13–3）

住若受不自在所住若受惡行所住若如是
一切如前應知如世尊說習近諸欲有五過患
謂彼諸欲微少滋味多諸苦惱多諸過患又
彼諸欲於習近時能令无猒能令无足能令无
滿又彼諸欲常為諸佛及佛弟子賢善正行正
至善士以无量門呵責毀呰又彼諸欲於習
近時能令諸結積集增長又彼諸欲於習近
時我說无有惡不善業而不作者如是諸欲
令无猒足多所共有是非法行惡行之因增
長欲愛智者所離速趣消滅依託衆緣是諸
放逸危亡之地无常虛偽妄失之法猶如幻化
誑惑愚夫若現法欲若後法欲若天上欲若
人中欲一切皆是魔之所行魔之所往於是
處所能生无量依意所起惡不善法所謂貪
瞋及憤諍等於聖弟子正脩學時能為障礙
由如是等差別因緣如是諸欲多分隨在黑
品所攝是名尋思諸欲麁品云何尋思諸欲
麁時謂正尋思如是諸欲去來今世於常常
時於恒恒時多諸過患多諸稹惱多諸疫癘
多諸災害是名尋思諸欲麁時云何尋思諸
欲麁理謂正尋思如是諸欲由大資糧由大追
求由大劬勞及由種種无量差別工巧業處
方能招集生起增長又彼諸欲雖善生起雖
善增長一切多為外攝受事謂父母妻子奴婢
作使親友眷屬或為對治自內有麁重四
大糜飯長養常須覆蔽澡浴按摩壞斷離

方能招集生起增長又彼諸欲雖善生起雖
善增長一切多為外攝受事謂父母妻子奴婢
作使親友眷屬或為對治自內有麁重四
大糜飯長養常須覆蔽澡浴按摩壞斷離
散消滅法身隨所生起種種苦惱食能對治
諸飢渴苦衣能對治諸寒熱苦及能覆蔽可
慚羞處臥具能治諸勞睡苦及能對治經
行住苦病緣醫藥能治病苦是故諸欲唯能
對治隨所生起種種苦惱不應染著而受用
之唯應正念譬如重病所逼切人為除病故
服難穢藥又彼諸欲有至教量證有麁相又
彼諸欲如是如是所有麁相我亦於內現智
見轉又彼諸欲有比度量知有麁相又彼諸
欲從无始來本性麁穢成就法性難思法性
不應思議不應分別是名尋思諸欲麁理如
是名為由六種事覺了欲界諸欲麁相復能
覺了初靜慮中所有靜相謂欲界中一切麁性
於初靜慮皆无所有由離欲界諸麁性故初
靜慮中說有靜性是名覺了初靜慮中所有
靜相即由如是定地作意於欲界中了為麁
相於初靜慮了為靜相是故名為了相作意
即此作意當言猶為聞思間雜彼既如是如
理尋思了知諸欲是其麁相知初靜慮是其
靜相從此已後超過聞思唯用脩行於所緣
相發起勝解脩奢摩他毗鉢舍那既脩習已
如所尋思麁相靜相數起勝解是名勝解

即此作意當言猶為聞思間雜彼既如是如
理尋思了知諸欲是其麁相知初靜慮是其
靜相從此已後超過聞思唯用脩行於所緣
相發起勝解脩奢摩他毗鉢舍那既脩習已
如所尋思麁相靜相數起勝解如是名為勝
解作意即此勝解善脩善習善多脩習為因
緣故㝡初生起斷煩惱道即所生起斷煩惱
道俱行作意此中說名遠離作意由能㝡初
斷於欲界先所應斷諸煩惱故及能除遣彼
煩惱品麁重性故從是已後愛樂於斷受樂
遠離於諸斷中見勝功德觸證少分遠離喜
樂於時時間欣樂作意而深慶悅於時時間
猒離作意而深猒患為欲除遣惛沉睡眠
掉舉等故如是名為攝樂作意彼由如是樂
斷樂脩正脩加行善品住持欲界所繫諸煩惱
纏若行若住不復現行便作是念我今為有
於諸欲中貪欲煩惱不覺知耶為无有耶為
審觀察如是事故隨於一種可愛淨相作意
思惟猶未永斷諸隨眠故思惟如是淨妙相
時便復發起隨習近心趣習近心臨習近心
不能住舍不能猒毀制伏遣退彼作是念我
於諸欲猶未解脫其心猶未正得解脫我當
為諸行制伏如水被持未為法性之所制伏
我今復應為欲永斷餘隨眠故正勤安住樂
斷樂脩如是名為觀察作意從此倍更發斷
樂脩脩奢摩他毗鉢舍那鄣重觀察脩習對

於諸欲猶未解脫其心猶未正得解脫我當
為諸行制伏如水被持未為法性之所制伏
我今復應為欲永斷餘隨眠故正勤安住樂
斷樂脩如是名為觀察作意從此倍更發斷
樂脩脩奢摩他毗鉢舍那鄣重觀察脩習對
治時時觀察先所已斷由是因緣從欲界繫
一切煩惱心得離繫此由暫時伏斷方便非
是畢竟永害種子當於尒時初靜慮地前加
行道已得究竟一切煩惱對治作意已得生
起是名加行究竟作意從此无間由是因緣
證入根本初靜慮定即此根本初靜慮定俱
行作意名加行究竟果作意又於遠離攝樂
作意現在轉時能遍悅身離生喜樂於時時
間微薄現前加行究竟作意轉時即彼喜樂
轉復增廣於時時間深重現前加行究竟果
作意轉時離生喜樂遍諸身分无不充滿无
有間隟彼於尒時遠離諸欲遠離一切惡
不善法有尋有伺離生喜樂於初靜慮
圓滿五支具足安住名住欲界對治脩果
名隨證得離欲界欲又了相作意於所應
斷能正了知於所應得正了知為斷應
斷為得應得心生希願勝解作意為斷
得正發加行遠離作意能捨所有上品煩
惱攝樂作意能捨所有中品煩惱觀察作
意能於所得離增上慢安住其心加行究
竟作意能捨所有下品煩惱加行究竟果

竟

斷為得應得心生希願勝解作意為斷惡
得正發加行遠離作意能捨所有上品煩
惱攝樂作意能捨所有中品煩惱觀察作
意能於所得離增上慢安住其心加行究
竟作意能捨所有下品煩惱加行究竟果
作意能正領受彼諸作意善修習果又若
了相作意若勝解作意總名隨順作意厭
壞對治俱行若遠離作意若加行究竟作
意總名對治作意斷對治俱行若攝樂
作意名對治作意及順清淨作意若
觀察作意名順觀察作意如是其餘四種
作意當知攝入六作意中謂隨順作意
對治作意順清淨作意順觀察作意
如初靜慮定有七種作意如是第二第
三第四靜慮定及空無邊處識無邊處
無所有處非想非非想處定當知各有七
種作意若於有尋有伺初靜慮地覺了麤
相於無尋無伺第二靜慮地覺了靜相為欲
證入第二靜慮應知是名了相作意謂已
證入初靜慮定已得初靜慮者於諸尋伺
觀為麤性能正了知若在定地於緣最初
率爾而起忽務行境麤意言性是名為尋
即於彼緣隨彼而起隨彼而行徐歷伺境
細意言性是名為伺又正了知如是尋伺
是心法性心生時生共有相應同一緣轉
又正了知如是尋伺依內而生外處所攝

即於彼緣隨彼而起隨彼而行徐歷伺境
細意言性是名為伺又正了知如是尋伺
是心法性心生時生共有相應同一緣轉
又正了知如是尋伺依內而生外處所攝
又正了知如是一切過去未來現在所攝從
因而生從緣而生或增或減不久安住暫時
而有率尒現前令心躁擾令心散動不靜行
轉求上地時苦住隨逐是故皆是黑品所攝
隨逐諸欲離生喜樂少分勝利隨所在地自
性能令有如是相於常常時於恒恒時有尋
有伺心行所緣躁擾而轉不得寂靜以如是
等種種行相於諸尋伺覺了麤相又正了
知第二靜慮無尋無伺如是一切所說麤相
皆無所有是故宣說第二靜慮有其靜相
彼諸麤相皆遠離故為欲證入第二靜慮
隨其所應其餘作意如前應知如是乃至
為欲證入非想非非想處定於地地中隨其
所應當知皆有七種作意又彼麤相遍在
一切下地皆有下從欲界展轉上至無所
有處當知麤相略有二種謂諸下地苦住
增上望上所住不寂靜故及諸壽量時分
知從望上壽量轉減少故此二麤相由前
六事如其所應當正尋思隨彼彼地樂離欲
時如其所應於次上地尋思靜相漸次乃至
證得加行究竟果作意

增上定上所住不寂靜故及諸壽量時分
知從定上壽量轉滅少故此二處相由前
六事如其所應當正尋思隨彼彼地樂離欲
時如其所應於次上地尋思靜相漸次乃至
證得加行究竟果作意
復次此中離欲者欲有二種一者煩惱欲二
者事欲離有二種一者相應離二者境界離
離惡不善法者煩惱欲因所生種種惡不
善法即身惡行語惡行等持杖持刀闘訟諍
競諂誑詐為起妄語等由斷彼故說名為
為離惡不善法有尋有伺者由於尋伺未
見過失自地猶有對治欲界諸善尋伺是故
說名有尋有伺所言離者謂已獲得加行
究竟作意故所言生者由此為因由此為
緣无間所生故名離生言喜樂者謂已獲得
所希求義及於喜中未見過失一切麁重
已除遣故及已獲得廣大輕安身心調暢有
堪能故說名喜樂所言初者謂從欲界最初
上進創首獲得依順次數說名為初言靜慮
者於一所緣繫念寂靜正審思慮故名靜慮
言具足者謂已獲得加行究竟果作意
故言安住者謂於後時由所脩習多成辦故
得隨所樂得无艱難得无梗澀於靜慮
定其心晝夜能正隨順趣向臨入隨所
欲樂乃至七日七夜能正安住故名安住
復次於有尋有伺三摩地相心能棄捨於

畫

故言安住者謂於後時由所脩習多成辦故
得隨所樂得无艱難得无梗澀於靜慮
定其心晝夜能正隨順趣向臨入隨所
欲樂乃至七日七夜能正安住故名安住
復次於有尋有伺三摩地相心能棄捨於
无尋无伺三摩地相繫念安住於諸忩務
所行境界能正遠離於不忩務所行境界
安住其心一味寂靜轉是故說言尋
伺寂靜故由等淨故又彼即於无尋无伺三
摩他中脩習故超過尋伺有間缺位能正
獲得无間缺位是故說言心一趣故无尋
无伺者一切尋伺悉皆斷故所言定者
謂已獲得加究竟作意故所言生者由此
為因由此為緣无間所生故名定生言喜樂
者謂已獲得所希求義又於喜中未見過
失有喜一切尋伺初靜慮地諸煩惱
品所有麁重皆遠離故能對治彼廣大
輕安身心調柔有堪能樂所隨逐故名有
喜樂依順次數此為第二如是一切如
前應知復次彼於喜相深見過失是故說
言於喜離欲又於尒時遠離二種亂心寂
靜能於離喜第三靜慮攝持其心第二靜
慮已離尋伺今於此中復離於喜是
故說言安住於捨如是二法能擾亂心障
无間捨初靜慮中有尋伺故令无間捨不
自在轉第二靜慮由有喜故令无間捨不

畫

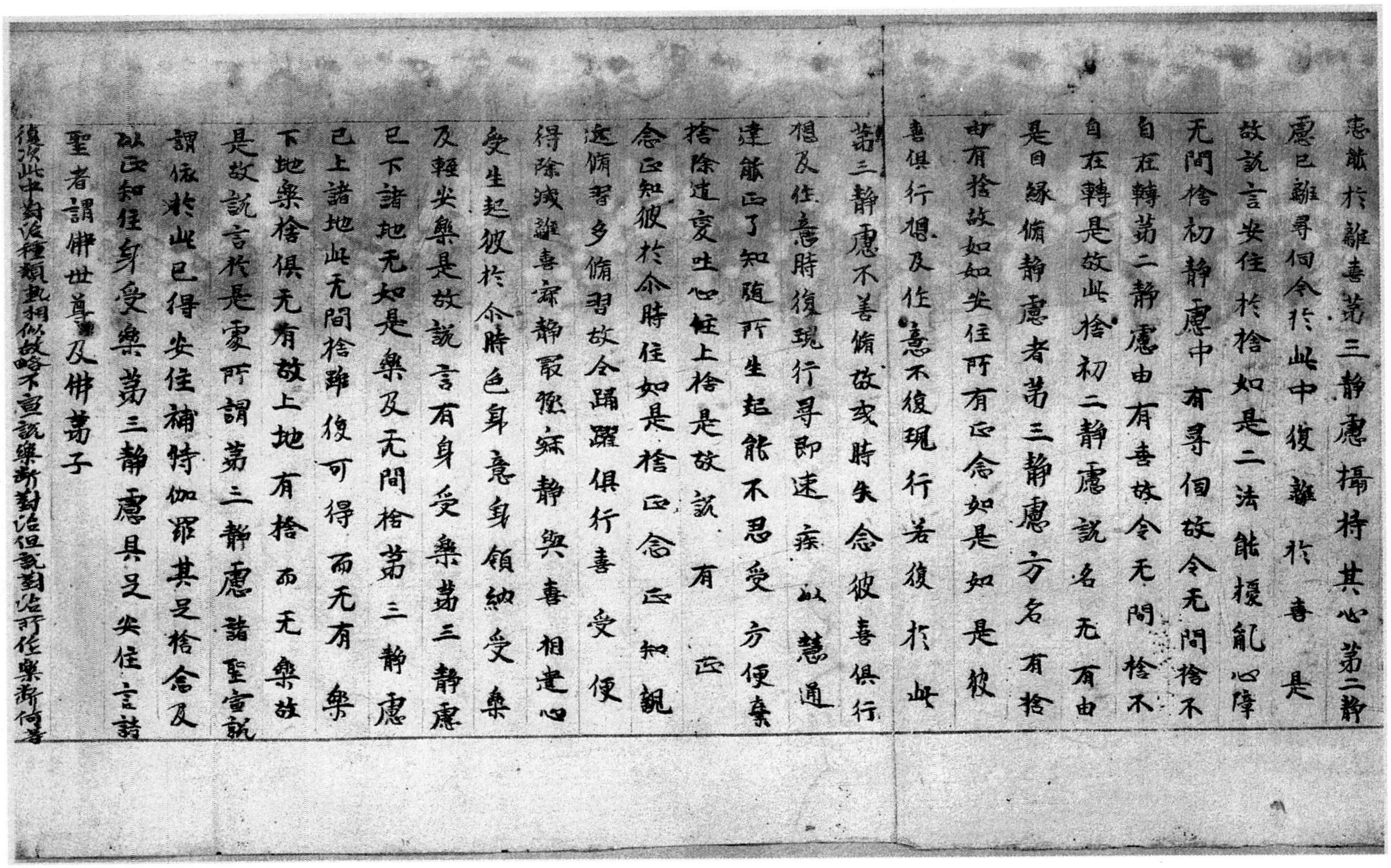

悉能於離喜第三靜慮攝持其心第二靜
慮已離尋伺令於此中復離於喜是
故說言安住於捨如是二法能擾亂心障
无間捨初靜慮中有尋伺故令无間捨不
自在轉第二靜慮由有喜故令无間捨不
自在轉是故此捨初二靜慮說名无有由
是因緣修靜慮者第三靜慮方名有捨
由有捨故如如安住所有正念如是如是彼
喜俱行想及作意不復現行若復於此
第三靜慮不善修故或時失念彼喜俱行
想及作意時復現行尋即速疾以慧通
達能正了知隨所生起能不忍受方便棄
捨除遣變吐心住上捨是故說有正
念正知彼於爾時住如是捨正念正知親
近修習多修習故令踊躍俱行喜受便
得除滅離喜寂靜最極寂靜與喜相違心
受生起彼於爾時色身意身領納受樂
及輕安樂是故說言有身受樂第三靜慮
已下諸地无如是樂及无間捨第三靜慮
已上諸地此无間捨雖復可得而无有樂
下地樂捨俱无有故上地有捨而无樂故
是故說言於是處所謂第三靜慮諸聖宣說
謂依於此已得安住補特伽羅其足捨念及
以正知住身受樂第三靜慮具足安住言諸
聖者謂佛世尊及佛弟子
復次此中對治種類執相似故略不宣說樂斷對治但說對治所依樂斷何等

BD04555號　瑜伽師地論卷三三　（13–12）

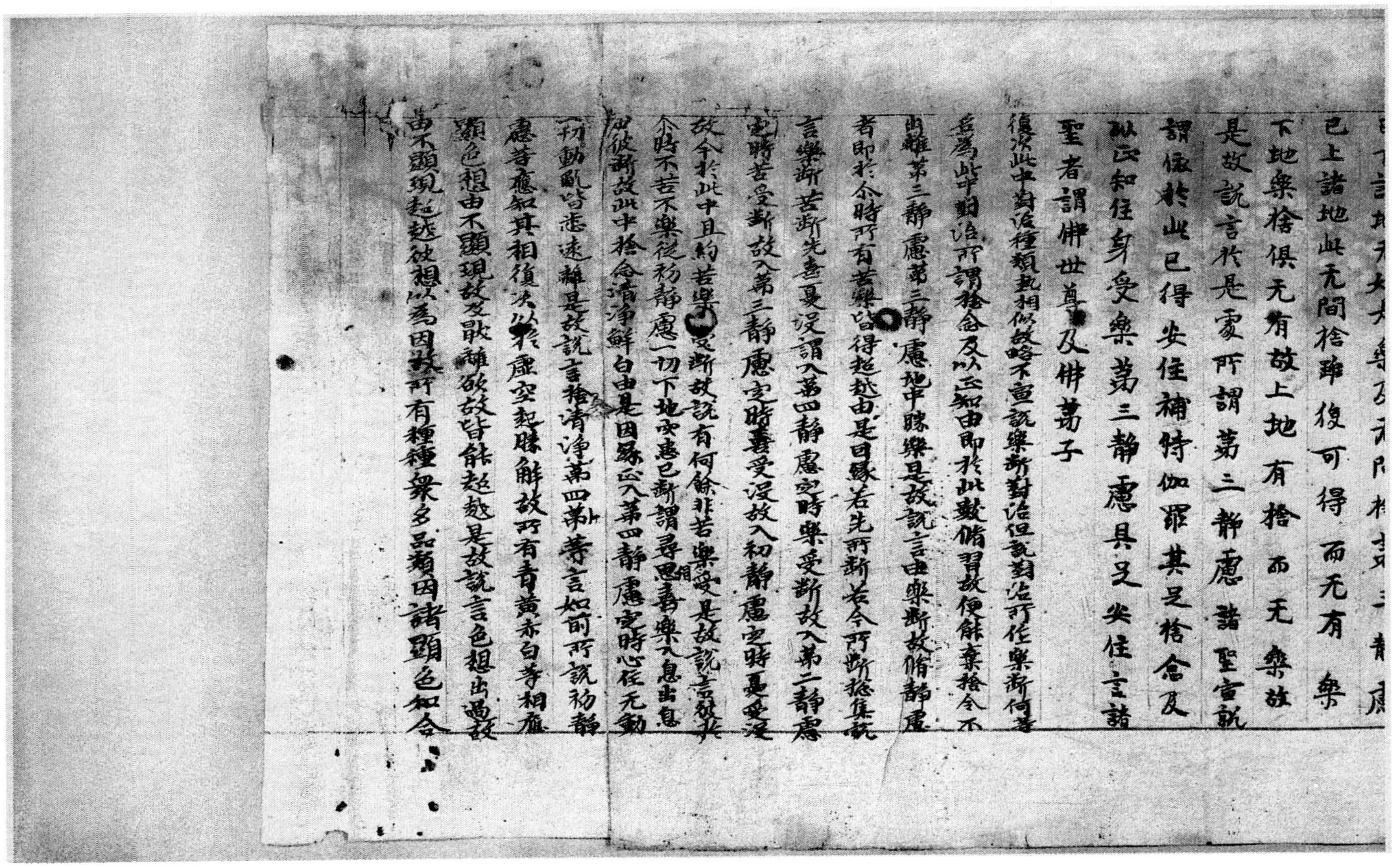

已下諸地无如是樂及无間捨第三靜慮
已上諸地此无間捨雖復可得而无有樂
下地樂捨俱无有故上地有捨而无樂故
是故說言於是處所謂第三靜慮諸聖宣說
謂依於此已得安住補特伽羅其足捨念及
以正知住身受樂第三靜慮具足安住言諸
聖者謂佛世尊及佛弟子
復次此中對治種類執相似故略不宣說樂斷對治但說對治所依樂斷何等
名為此中對治所謂捨念及以正知由即於此數修習故便能棄捨令不
尚雜第三靜慮第四靜慮地中勝樂是故說言由樂斷故修靜慮
者即於爾時所有苦樂皆得超越由是因緣若先所斷若今所斷總集說
言樂斷苦斷先喜憂沒謂入第四靜慮定時樂受斷故入第二靜慮
定時苦受斷故入第三靜慮定時喜受沒故入初靜慮定時憂受沒
故今於此中且約苦樂受斷故說有何餘非苦樂受是故說言不苦
爾時不苦不樂從初靜慮一切下地災患已斷謂尋伺喜樂入息出息
由彼斷故此中捨念清淨鮮白由是因緣正入第四靜慮定時心住无動
一切動亂皆悉遠離是故說言捨念清淨第四靜慮等言如前所說初靜
慮等應知其相復次從於虛空起勝解故所有青黃赤白等相應
顯色想由不顯現故及厭離欲故皆能超越是故說言色想出過故
由不顯現超越彼想以為因故所有種種眾多品類因諸顯色和合

BD04555號　瑜伽師地論卷三三　（13–13）

者彼佛分身諸佛在於十方世界說法盡還
集一處然後我身乃出現耳大樂說我分身
諸佛在於十方世界說法者今應當集大樂
說白佛言世尊我等亦願欲見世尊分身諸
佛礼拜供養尒時佛放白豪一光即見東方
五百万億那由他恒河沙等國土諸佛彼諸
國土皆以頗梨為地寶樹寶衣以為莊嚴无
數千万億菩薩充滿其中遍張寶幔寶網羅
上彼國諸佛以大妙音而說諸法及見无量
万億菩薩遍滿諸國為衆說法南西北方四
維上下白豪相光所照之處亦復如是尒時
十方諸佛各告衆菩薩言善男子我今應往
娑婆世界釋迦牟尼佛所并供養多寶如來
寶塔時娑婆世界即變清淨瑠璃為地寶樹
莊嚴黃金為繩以界八道无諸聚落村營城
邑大海江河山川林藪燒大寶香曼陁羅華
遍布其地以寶網幔羅覆其上懸諸寶鈴唯
留此會衆移諸天人置於他土是時諸佛各
將一大菩薩以為侍者至娑婆世界各到寶
樹下一一寶樹高五百由旬枝葉華菓次第

BD04556 號　妙法蓮華經卷四　（16–1）

莊嚴黃金為繩以界八道无諸聚落村營城
邑大海江河山川林藪燒大寶香曼陁羅華
遍布其地以寶網幔羅覆其上懸諸寶鈴唯
留此會衆移諸天人置於他土是時諸佛各
將一大菩薩以為侍者至娑婆世界各到寶
樹下一一寶樹高五百由旬枝葉華菓次第
莊嚴諸寶樹下皆有師子之座高五由旬亦
以大寶而校飾之尒時諸佛各於此座結跏
趺坐如是展轉遍滿三千大千世界而於釋
迦牟尼佛一方所分之身猶故未盡時釋迦
牟尼佛欲容受所分身諸佛故八方各更變
二百万億那由他國皆令清淨无有地獄餓
鬼畜生及阿脩羅又移諸天人置於他土所
化之國亦以瑠璃為地寶樹莊嚴樹高五百
由旬枝葉華菓次第嚴飾樹下皆有寶師子
座高五由旬種種諸寶以為莊校亦无大海
江河及目真隣陁山摩訶目真隣陁山鐵圍
山大鐵圍山須弥山等諸山王通為一佛國
土寶地平正寶交露幔遍覆其上懸諸幡蓋
燒大寶香諸天寶華遍布其地釋迦牟尼佛
為諸佛當來坐故復於八方各變二百万億
那由他國皆令清淨无有地獄餓鬼畜生及
阿脩羅又移諸天人置於他土所化之國亦
以瑠璃為地寶樹莊嚴樹高五百由旬枝葉
華菓次第莊嚴樹下皆有寶師子座高五由
旬亦以大寶而校飾之亦无大海江河及目

BD04556 號　妙法蓮華經卷四　（16–2）

那由他國皆令清淨无有地獄餓鬼畜生及
阿脩羅又移諸天人置於他土所化之國亦
以瑠璃為地寶樹莊嚴樹高五百由旬枝葉
華菓次第莊嚴樹下皆有寶師子座高五由
旬亦以大寶而挍飾之亦无大海江河及目
真隣陁山摩訶目真隣陁山鐵圍山大鐵圍
山須弥山等諸山王通為一佛國土寶地平
正寶交露幔遍覆其上懸諸幡蓋燒大寶香
諸天寶華遍布其地尒時東方釋迦牟尼所
分之身百千万億那由他恒河沙等國土中
諸佛各各說法來集於此如是次第十方諸
佛皆悉來集坐於八方尒時一一方四百万
億那由他國土諸佛如來遍滿其中是時諸
佛各在寶樹下坐師子座皆遣侍者問訊釋
迦牟尼佛各齎寶華滿掬而告之言善男子
汝往詣耆闍崛山釋迦牟尼佛所如我辭曰
少病少惱氣力安樂及菩薩聲聞衆悉安隱
不以此寶華散佛供養而作是言彼某甲佛
與欲開此寶塔諸佛遣使亦復如是尒時釋
迦牟尼佛見所分身佛悉已來集各各坐於
師子之座皆聞諸佛與欲同開寶塔即從座
起住虛空中一切四衆起立合掌一心觀佛
於是釋迦牟尼佛以右指開七寶塔戶出大
音聲如却關鑰開大城門即時一切衆會皆
見多寶如來於寶塔中坐師子座全身不散

迦牟尼佛見所分身佛悉已來集各各坐於
師子之座皆聞諸佛與欲同開寶塔即從座
起住虛空中一切四衆起立合掌一心觀佛
於是釋迦牟尼佛以右指開七寶塔戶出大
音聲如却關鑰開大城門即時一切衆會皆
見多寶如來於寶塔中坐師子座全身不散
如入禪定又聞其言善哉善哉釋迦牟尼佛
快說是法華經我為聽是經故而來至此尒
時四衆等見過去无量千万億劫滅度佛說
如是言歎未曾有以天寶華聚散多寶佛及
釋迦牟尼佛上尒時多寶佛於寶塔中分半
座與釋迦牟尼佛而作是言釋迦牟尼佛可
就此座即時釋迦牟尼佛入其塔中坐其半
座結加趺坐尒時大衆見二如來在七寶塔
中師子座上結加趺坐各作是念佛座高遠
唯願如來以神通力令我等輩俱處虛空即
時釋迦牟尼佛以神通力接諸大衆皆在虛
空以大音聲普告四衆誰能於此娑婆國土
廣說妙法華經今正是時如來不久當入涅
槃佛欲以此妙法華經付囑有在尒時世尊
欲重宣此義而說偈言
聖主世尊　雖久滅度　在寶塔中　尚為法來
諸人云何　不勤為法　此佛滅度　无央數劫
處處聽法　以難遇故　彼佛本願　我滅度後
在在所往　常為聽法　又我分身　无量諸佛
如恒沙等　來欲聽法　及見滅度　多寶如來

聖主世尊　雖久滅度　在寶塔中　尚為法來
諸人云何　不勤為法　此佛滅度　无鞅數劫
處處聽法　以難遇故　彼佛本願　我滅度後
在在所往　常為聽法　又我分身　无量諸佛
如恒沙等　來欲聽法　及見滅度　多寶如來
各捨妙土　及弟子衆　天人龍神　諸供養事
令法久住　故來至此　為坐諸佛　以神通力
移无量衆　令國清淨　諸佛各各　詣寶樹下
如清涼池　蓮華莊嚴　其寶樹下　諸師子座
佛坐其上　光明嚴飾　如夜闇中　燃大炬火
身出妙香　遍十方國　衆生蒙薰　喜不自勝
譬如大風　吹小樹枝　以是方便　令法久住
告諸大衆　我滅度後　誰能護持　讀說斯經
今於佛前　自說誓言　其多寶佛　雖久滅度
以大誓願　而師子吼　多寶如來　及與我身
所集化佛　當知此意　諸佛子等　誰能護法
當發大願　令得久住　其有能護　此經法者
則為供養　我及多寶　此多寶佛　處於寶塔
常遊十方　為是經故　亦復供養　諸來化佛
莊嚴光飾　諸世界者　若說此經　則為見我
多寶如來　及諸化佛　諸善男子　各諦思惟
此為難事　宜發大願　諸餘經典　數如恒沙
雖說此等　未足為難　若接須彌　擲置他方
无數佛土　亦未為難　若以足指　動大千界
遠擲他國　亦未為難　若立有頂　為衆演說
无量餘經　亦未為難　若佛滅後　於惡世中

此為難事　宜發大願　諸餘經典　數如恒沙
雖說此等　未足為難　若接須彌　擲置他方
无數佛土　亦未為難　若以足指　動大千界
遠擲他國　亦未為難　若立有頂　為衆演說
无量餘經　亦未為難　若佛滅後　於惡世中
能說此經　是則為難　假使有人　手把虛空
而以遊行　亦未為難　於我滅後　若自書持
若使人書　是則為難　若以大地　置足甲上
昇於梵天　亦未為難　佛滅度後　於惡世中
暫讀此經　是則為難　假使劫燒　擔負乾草
入中不燒　亦未為難　我滅度後　若持此經
為一人說　是則為難　若持八万　四千法藏
十二部經　為人演說　令諸聽者　得六神通
雖能如是　亦未為難　於我滅後　聽受此經
問其義趣　是則為難　若人說法　令千万億
无量无數　恒沙衆生　得阿羅漢　具六神通
雖有是益　亦未為難　於我滅後　若能奉持
如斯經典　是則為難　我為佛道　於无量土
從始至今　廣說諸經　而於其中　此經第一
若有能持　則持佛身　諸善男子　於我滅後
誰能護持　讀誦此經　今於佛前　自說誓言
此經難持　若暫持者　我則歡喜　諸佛亦然
如是之人　諸佛所歎　是則勇猛　是則精進
是名持戒　行頭陀者　則為疾得　无上佛道
能於來世　讀持此經　是真佛子　住淳善地
佛滅度後　能解其義　是諸天人　世間之眼

此經難持　若暫持者　我則歡喜　諸佛亦然
如是之人　諸佛所歎　是則勇猛　是則精進
是名持戒　行頭陁者　則為疾得　无上佛道
能於來世　讀持此經　是真佛子　住淳善地
佛滅度後　能解其義　是諸天人　世間之眼
於恐畏世　能須臾說　一切天人　皆應供養

妙法蓮華經提婆達多品第十二

尒時佛告諸菩薩及天人四衆吾於過去无量劫中求法華經无有懈惓於多劫中常作國王發願求於无上菩提心不退轉為欲滿足六波羅蜜勤行布施心无悋惜象馬七珎國城妻子奴婢僕從頭目髓腦身肉手足不惜軀命時世人民壽命无量為於法故捐捨國位委政太子擊鼓宣令四方求法誰能為我說大乘者吾當終身供給走使時有仙人來白王言我有大乘名妙法華若不違我當為宣說王聞仙言歡喜踊躍即隨仙人供給所須採菓汲水拾薪設食乃至以身而為床座身心无惓于時奉事經於千歲為於法故精勤給侍令无所乏尒時世尊欲重宣此義而說偈言

我念過去劫　為求大法故　雖作世國王　不貪五欲樂
椎鍾告四方　誰有大法者　若為我解說　身當為奴僕
時有阿私仙　來白於大王　我有微妙法　世間所希有
若能脩行者　吾當為汝說　時王聞仙言　心生大喜悅
即便隨仙人　供給於所須　採薪及菓蓏　隨時恭敬與

BD04556號　妙法蓮華經卷四　（16–7）

而說偈言

我念過去劫　為求大法故　雖作世國王　不貪五欲樂
椎鍾告四方　誰有大法者　若為我解說　身當為奴僕
時有阿私仙　來白於大王　我有微妙法　世間所希有
若能脩行者　吾當為汝說　時王聞仙言　心生大喜悅
即便隨仙人　供給於所須　採薪及菓蓏　隨時恭敬與
情存妙法故　身心无懈惓　普為諸衆生　勤求於大法
亦不為己身　及以五欲樂　故為大國王　勤求獲此法
遂致得成佛　今故為汝說

佛告諸比丘尒時王者則我身是時仙人者今提婆達多是由提婆達多善知識故令我具足六波羅蜜慈悲喜捨三十二相八十種好紫磨金色十力四无所畏四攝法十八不共神通道力成等正覺廣度衆生皆因提婆達多善知識故告諸四衆提婆達多却後過无量劫當得成佛号曰天王如來應供正遍知明行足善逝世間解无上士調御丈夫天人師佛世尊世界名天道時天王佛住世二十中劫廣為衆生說於妙法恒河沙衆生得阿羅漢果无量衆生發緣覺心恒河沙衆生發无上道心得无生忍至不退轉時天王佛般涅槃後正法住世二十中劫全身舍利起七寶塔高六十由旬縱廣四十由旬諸天人民悉以雜華末香燒香塗香衣服瓔珞幢幡寶蓋伎樂歌頌礼拜供養七寶妙塔无量衆生得阿羅漢果无量衆生悟辟支佛不可思議

BD04556號　妙法蓮華經卷四　（16–8）

般涅槃後正法住世二十中劫全身舍利起
七寶塔高六十由旬縱廣四十由旬諸天人
民悉以雜華末香燒香塗香衣服瓔珞幢幡
寶蓋伎樂歌頌礼拜供養七寶妙塔无量衆
生得阿羅漢果无量衆生悟辟支佛不可思議
衆生發菩提心至不退轉佛告諸比丘未來
世中若有善男子善女人聞妙法華經提婆
達多品淨心信敬不生疑惑者不墮地獄餓
鬼畜生生十方佛前所生之處常聞此經若
生人天中受勝妙樂若在佛前蓮華化生於
時下方多寶世尊所從菩薩名曰智積白多
寶佛當還本土釋迦牟尼佛告智積曰善男
子且待須臾此有菩薩名文殊師利可與相
見論說妙法可還本土尒時文殊師利坐千
葉蓮華大如車輪俱來菩薩亦坐寶華從於
大海娑竭龍宮自然踊出住虛空中詣靈鷲
山從蓮華下至於佛所頭面敬礼二世尊足
脩敬已畢往智積所共相慰問却坐一面智
積菩薩問文殊師利仁往龍宮所化衆生其
數幾何文殊師利言其數无量不可稱計非
口所宣非心所測且待須臾自當有證所言知
未竟无數菩薩坐寶蓮華從海踊出詣靈鷲
山住在虛空此諸菩薩皆是文殊師利之所
化度具菩薩行皆共論說六波羅蜜本聲聞
人在虛空中說聲聞行今皆脩行大乘空義
文殊師利謂智積曰於海教化其事如是尒

口所宣非心所測且待須臾自當有證所言知
未竟无數菩薩坐寶蓮華從海踊出詣靈鷲
山住在虛空此諸菩薩皆是文殊師利之所
化度具菩薩行皆共論說六波羅蜜本聲聞
人在虛空中說聲聞行今皆脩行大乘空義
文殊師利謂智積曰於海教化其事如是尒
時智積菩薩以偈讚曰
大智德勇健　化度无量衆　今此諸大會　及我皆已見
演暢實相義　開闡一乘法　廣度諸群生　令速成菩提
文殊師利言我於海中唯常宣說妙法華經
智積問文殊師利言此經甚深微妙諸經中
寶世所希有頗有衆生勤加精進脩行此經
速得佛不文殊師利言有娑竭羅龍王女年
始八歲智慧利根善知衆生諸根行業得陁
羅尼諸佛所說甚深秘藏悉能受持深入禪
定了達諸法於刹那頃發菩提心得不退轉
辯才无礙慈念衆生猶如赤子功德具足心
念口演微妙廣大慈悲仁讓志意和雅能至
菩提智積菩薩言我見釋迦如來於无量劫
難行苦行積功累德求菩薩道未曾止息觀
三千大千世界乃至无有如芥子許非是菩
薩捨身命處為衆生故然後乃得成菩提道
不信此女於須臾頃便成正覺言論未訖時
龍王女忽現於前頭面礼敬却住一面以偈
讚曰
深達罪福相　遍照於十方　微妙淨法身　具相三十二

薩捨身命處為衆生故然後乃得成菩提道
不信此女於須臾頃便成正覺言論未訖時
龍王女忽現於前頭面礼敬却住一面以偈
讃曰
深達罪福相　遍照於十方　微妙淨法身　具相三十二
以八十種好　用莊嚴法身　天人所戴仰　龍神咸恭敬
一切衆生類　无不宗奉者　又聞成菩提　唯佛當證知
我闡大乘教　度脫苦衆生
時舍利弗語龍女言汝謂不久得无上道是
事難信所以者何女身垢穢非是法器云何
能得无上菩提佛道懸曠經无量劫勤苦積
行具脩諸度然後乃成又女人身猶有五障
一者不得作梵天王二者帝釋三者魔王四
者轉輪聖王五者佛身云何女身速得成佛
尒時龍女有一寶珠價直三千大千世界持
以上佛佛即受之龍女謂智積菩薩尊者舍
利弗言我獻寶珠世尊納受是事疾不荅言
甚疾女言以汝神力觀我成佛復速於此當
時衆會皆見龍女忽然之間變成男子具菩
薩行即往南方无垢世界坐寶蓮華成等正
覺三十二相八十種好普為十方一切衆生
演說妙法尒時娑婆世界菩薩聲聞天龍八
部人與非人皆遥見彼龍女成佛普為時會
人天說法心大歡喜悉遥敬礼无量衆生聞
法解悟得不退轉无量衆生得受道記无垢

BD04556號　妙法蓮華經卷四　（16–11）

覺三十二相八十種好普為十方一切衆生
演說妙法尒時娑婆世界菩薩聲聞天龍八
部人與非人皆遥見彼龍女成佛普為時會
人天說法心大歡喜悉遥敬礼无量衆生聞
法解悟得不退轉无量衆生得受道記无垢
世界六反震動娑婆世界三千衆生住不退
地三千衆生發菩提心而得受記智積菩薩
及舍利弗一切衆會嘿然信受
妙法蓮華經持品第十三
尒時藥王菩薩摩訶薩及大樂說菩薩摩訶
薩與二万菩薩眷屬俱皆於佛前作是誓言
唯願世尊不以為慮我等於佛滅後當奉持
讀誦說此經典後惡世衆生善根轉少多增
上慢貪利供養增不善根遠離解脫雖難可
教化我等當起大忍力讀誦此經持說書寫
種種供養不惜身命尒時衆中五百阿羅漢
得受記者白佛言世尊我等亦自誓願於異
國土廣說此經復有學无學八千人得受記
者從座而起合掌向佛作是誓言世尊我等
亦當於他國土廣說此經所以者何是娑婆
國中人多弊惡懷增上慢功德淺薄瞋濁諂
曲心不實故尒時佛姨母摩訶波闍波提比
丘尼與學无學比丘尼六千人俱從座而起
一心合掌瞻仰尊顏目不暫捨於時世尊告
憍曇弥何故憂色而視如來汝心將无謂我
不說汝名受阿耨多羅三藐三菩提記耶憍

BD04556號　妙法蓮華經卷四　（16–12）

國中人多弊惡懷增上慢功德淺薄瞋濁諂
曲心不實故尒時佛姨母摩訶波闍波提比
丘尼與學无學比丘尼六千人俱從座而起
一心合掌瞻仰尊顏目不暫捨於時世尊告
憍曇弥何故憂色而視如來汝心將无謂我
不說汝名授阿耨多羅三藐三菩提記耶憍
曇弥我先揔說一切聲聞皆已授記今汝欲
知記者將來之世當於六万八千億諸佛法
中為大法師及六千學无學比丘尼俱為法
師汝如是漸漸具菩薩道當得作佛号一切
衆生憙見如來應供正遍知明行足善逝世
間解无上士調御丈夫天人師佛世尊憍曇
弥是一切衆生憙見佛及六千菩薩轉次授
記得阿耨多羅三藐三菩提尒時羅睺羅母
耶輸陁羅比丘尼作是念世尊於授記中獨
不說我名佛告耶輸陁羅汝於來世百千万億
諸佛法中脩菩薩行為大法師漸具佛道於
善國中當得作佛号具足千万光相如來應
供正遍知明行足善逝世間解无上士調御
丈夫天人師佛世尊佛壽无量阿僧祇劫尒
時摩訶波闍波提比丘尼及耶輸陁羅比丘
尼并其眷屬皆大歡喜得未曾有即於佛前
而說偈言
世尊導師　安隱天人　我等聞記　心安具足
諸比丘尼說是偈已白佛言世尊我等亦能
於他方國土廣宣此經尒時世尊視八十万
億那由他諸菩薩摩訶薩是諸菩薩皆是阿

時摩訶波闍波提比丘尼及耶輸陁羅比丘
尼并其眷屬皆大歡喜得未曾有即於佛前
而說偈言
世尊導師　安隱天人　我等聞記　心安具足
諸比丘尼說是偈已白佛言世尊我等亦能
於他方國土廣宣此經尒時世尊視八十万
億那由他諸菩薩摩訶薩是諸菩薩皆是阿
惟越致轉不退法輪得諸陁羅尼即從座起
至於佛前一心合掌而作是念若世尊告勑
我等持說此經者當如佛教廣宣斯法復作
是念佛今嘿然不見告勑我當云何時諸菩
薩敬順佛意并欲自滿本願便於佛前作師
子吼而發誓言世尊我等於如來滅後周旋
往反十方世界能令衆生書寫此經受持讀
誦解說其義如法脩行正憶念皆是佛之威
力唯願世尊在於他方遙見守護即時諸菩
薩俱同發聲而說偈言
唯願不為慮　於佛滅度後　恐怖惡世中　我等當廣說
有諸无智人　惡口罵詈等　及加刀杖者　我等皆當忍
惡世中比丘　耶智心諂曲　未得謂為得　我慢心充滿
或有阿練若　納衣在空閑　自謂行真道　輕賤人間者
貪著利養故　與白衣說法　為世所恭敬　如六通羅漢
是人懷惡心　常念世俗事　假名阿練若　好出我等過
而作如是言　此諸比丘等　為貪利養故　說外道論議
自作此經典　誑惑世間人　為求名聞故　分別於是經
常在大衆中　欲毀我等故　向國王大臣　婆羅門居士
及餘比丘衆　誹謗說我惡　謂是邪見人　說外道論議

薩俱同發聲而說偈言
唯願不為慮 於佛滅度後 恐怖惡世中 我等當廣說
有諸无智人 惡口罵詈等 及加刀杖者 我等皆當忍
惡世中比丘 邪智心諂曲 未得謂為得 我慢心充滿
或有阿練若 納衣在空閑 自謂行真道 輕賤人間者
貪著利養故 與白衣說法 為世所恭敬 如六通羅漢
是人懷惡心 常念世俗事 假名阿練若 好出我等過
而作如是言 此諸比丘等 為貪利養故 說外道論議
自作此經典 誑惑世間人 為求名聞故 分別於是經
常在大衆中 欲毀我等故 向國王大臣 婆羅門居士
及餘比丘衆 誹謗說我惡 謂是邪見人 說外道論議
我等敬佛故 悉忍是諸惡 為斯所輕言 汝等皆是佛
如此輕慢言 皆當忍受之 濁劫惡世中 多有諸恐怖
惡鬼入其身 罵詈毀辱我 我等敬信佛 當著忍辱鎧
為說是經故 忍此諸難事 我不愛身命 但惜无上道
我等於來世 護持佛所囑 世尊自當知 濁世惡比丘
不知佛方便 隨宜所說法 惡口而顰蹙 數數見擯出
遠離於塔寺 如是等衆惡 念佛告勑故 皆當忍是事
諸聚落城邑 其有求法者 我皆到其所 說佛所囑法
我是世尊使 處衆无所畏 我當善說法 願佛安隱住
我於世尊前 諸來十方佛 發如是誓言 佛自知我心

妙法蓮華經卷第四

BD04556號 妙法蓮華經卷四 （16–15）

我等敬佛故 悉忍是諸惡 為斯所輕言 汝等皆是佛
如此輕慢言 皆當忍受之 濁劫惡世中 多有諸恐怖
惡鬼入其身 罵詈毀辱我 我等敬信佛 當著忍辱鎧
為說是經故 忍此諸難事 我不愛身命 但惜无上道
我等於來世 護持佛所囑 世尊自當知 濁世惡比丘
不知佛方便 隨宜所說法 惡口而顰蹙 數數見擯出
遠離於塔寺 如是等衆惡 念佛告勑故 皆當忍是事
諸聚落城邑 其有求法者 我皆到其所 說佛所囑法
我是世尊使 處衆无所畏 我當善說法 願佛安隱住
我於世尊前 諸來十方佛 發如是誓言 佛自知我心

妙法蓮華經卷第四

BD04556號 妙法蓮華經卷四 （16–16）

說出家功德之利時維摩詰来謂我言唯羅
睺羅不應說出家功德之利所以者何無利無
功德是為出家有為法者可說有利有功德
夫出家者為無為法無為法中無利無功德
羅睺羅夫出家者無彼無此亦無中間離六十
二見處於涅槃智者所受聖所行處降伏衆
魔度五道淨五眼得五力立五根不惱於彼
離衆雜惡摧諸外道超越假名出淤泥無
繫著無我所無所受無擾亂內懷喜護彼意
隨禪定離衆過若能如是是真出家於是維
摩詰語諸長者子汝等於正法中宜共出家
所以者何佛世難值諸長者子言居士我聞
佛言父母不聽不得出家維摩詰言然汝等
便發阿耨多羅三藐三菩提心是即出家是
即具足尒時諸長者子皆發阿耨多羅三藐
三菩提心故我不任詣彼問疾
佛告阿難汝行詣維摩詰問疾阿難白佛言

BD04557 號　維摩詰所說經卷上　（4–1）

佛言父母不聽不得出家維摩詰言然汝等
便發阿耨多羅三藐三菩提心是即出家是
即具足尒時諸長者子皆發阿耨多羅三藐
三菩提心故我不任詣彼問疾
佛告阿難汝行詣維摩詰問疾阿難白佛言
世尊我不堪任詣彼問疾所以者何憶念昔
時世尊身小有疾當用牛乳我即持鉢詣大
婆羅門家門下立時維摩詰来謂我言唯阿
難何為晨朝持鉢住此我言居士世尊身小有
疾當用牛乳故来至此維摩詰言止止阿難
莫作是語如来身者金剛之體諸惡已斷衆
善普會當有何疾當有何惱默往阿難勿謗
如来莫使異人聞此麁言無令大威德諸天
及他方淨土諸来菩薩得聞斯語阿難轉輪
聖王以少福故尚得無病豈況如来无量福
會普勝者哉行矣阿難勿使我等受斯恥
也外道梵志若聞此語當作是念何名為師自
疾不能救而能救諸疾人可密速去勿使人
聞當知阿難諸如来身即是法身非思欲
身佛為世尊過於三界佛身無漏諸漏已盡
佛身無為不墮諸數如此之身當有何疾時
我世尊實懷慚愧得無近佛而謬聽耶即聞
空中聲曰阿難如居士言但為佛出五濁惡世
現行斯法度脫衆生行矣阿難取乳勿慚
世尊維摩詰智慧辯才為若此也是故不任
詣彼問疾如是五百大弟子各各向佛說其

BD04557 號　維摩詰所說經卷上　（4–2）

佛身無為不墮諸數如此之身當有何疾時
我世尊實懷慙愧得無近佛而謬聽耶即聞
空中聲曰阿難如居士言但為佛出五濁惡世
現行斯法度脫衆生行矣阿難取乳勿慙
世尊維摩詰智慧辯才為若此也是故不任
詣彼問疾如是五百大弟子各各向佛說其
本緣稱述維摩詰所言皆曰不任詣彼問疾
菩薩品第四
於是佛告彌勒菩薩汝行詣維摩詰問疾彌
勒白佛言世尊我不堪任詣彼問疾所以者
何憶念我昔為兜率天王及其眷屬說不退
轉地之行時維摩詰來謂我言彌勒世尊授
仁者記一生當得阿耨多羅三藐三菩提為
用何生得受記乎過去耶未來耶現在耶若
過去生過去生已滅若未來生未來生未至
若現在生現在生無住如佛所說比丘汝今即
時亦生亦老亦滅若以無生得受記者無生
即是正位於正位中亦無受記亦無得阿耨
多羅三藐三菩提云何彌勒受一生記乎為
從如生得受記耶為從如滅得受記耶若以
如生得受記者如無有生若以如滅得受記
者如無有滅一切衆生皆如也一切法亦如
也衆賢聖亦如也至於彌勒亦如也若彌勒
得受記者一切衆生亦應受記所以者何夫

BD04557號　維摩詰所說經卷上　（4–3）

時亦生亦老亦滅若以無生得受記者無生
即是正位於正位中亦無受記亦無得阿耨
多羅三藐三菩提云何彌勒受一生記乎為
從如生得受記耶為從如滅得受記耶若以
如生得受記者如無有生若以如滅得受記
者如無有滅一切衆生皆如也一切法亦如
也衆賢聖亦如也至於彌勒亦如也若彌勒
得受記者一切衆生亦應受記所以者何夫

BD04557號　維摩詰所說經卷上　（4–4）

菩提南西北方四維上下虛空可思量不不也
世尊須菩提菩薩无住相布施福德亦復
如是不可思量須菩提菩薩但應如所教住
須菩提於意云何可以身相見如來不不也
世尊不可以身相得見如來何以故如來所
說身相即非身相佛告須菩提凡所有相皆
是虛妄若見諸相非相則見如來
須菩提白佛言世尊頗有衆生得聞如是言
說章句生實信不佛告須菩提莫作是說如
來滅後後五百歲有持戒脩福者於此章句
能生信心以此爲實當知是人不於一佛二佛
三四五佛而種善根已於无量千万佛所種
諸善根聞是章句乃至一念生淨信者
須菩提如來悉知悉見是諸衆生得如是
无量福德何以故是諸衆生无復我相人相
衆生相壽者相无法相亦无非法相何以故
是諸衆生若心取相則爲著我人衆生壽者
若取法相即著我人衆生壽者何以故若取

BD04558 號 1　金剛般若波羅蜜經　（14–1）

諸善根聞是章句乃至一念生淨信者
須菩提如來悉知悉見是諸衆生得如是
无量福德何以故是諸衆生无復我相人相
衆生相壽者相无法相亦无非法相何以故
是諸衆生若心取相則爲著我人衆生壽者
若取法相即著我人衆生壽者何以故若取
非法相即著我人衆生壽者是故不應取法
不應取非法以是義故如來常說汝等比丘知
我說法如筏喻者法尚應捨何况非法須
菩提於意云何如來得阿耨多羅三藐三
菩提耶如來有所說法耶須菩提言如我解
佛所說義无有定法名阿耨多羅三藐三菩
提亦无有定法如來可說何以故如來所說
法皆不可取不可說非法非非法所以者何一
切賢聖皆以无爲法而有差別
須菩提於意云何若人滿三千大千世界七
寶以用布施是人所得福德寧爲多不須菩
提言甚多世尊何以故是福德即非福德性
是故如來說福德多若復有人於此經中受
持乃至四句偈等爲他人說其福勝彼何以
故須菩提一切諸佛及諸佛阿耨多羅三藐
三菩提法皆從此經出須菩提所謂佛法
者即非佛法
須菩提於意云何須陁洹能作是念我得須
陁洹果不須菩提言不也世尊何以故須陁洹
名爲入流而无所入不入色聲香味觸法是
名須陁洹須菩提於意云何斯陁含能作

BD04558 號 1　金剛般若波羅蜜經　（14–2）

者即非佛法
須菩提於意云何須陁洹能作是念我得須
陁洹果不須菩提言不也世尊何以故須陁洹
名為入流而无所入不入色聲香味觸法是
名須陁洹須菩提於意云何斯陁含能作
是念我得斯陁含果不須菩提言不也世尊
何以故斯陁含名一往来而實无往来是名
斯陁含須菩提於意云何阿那含能作是念
我得阿那含果不須菩提言不也世尊何以
故阿那含名為不来而實无来是故名阿那
含須菩提於意云何阿羅漢能作是念我得
阿羅漢道不須菩提言不也世尊何以故實
无有法名阿羅漢世尊若阿羅漢作是念我
得阿羅漢道即為著我人衆生壽者世尊
佛說我得无諍三昧人中最為第一是第一
離欲阿羅漢我不作是念我是離欲阿羅漢
世尊我若作是念我得阿羅漢道世尊則不
說須菩提是樂阿蘭那行者以須菩提實无
所行而名須菩提是樂阿蘭那行
佛告須菩提於意云何如来昔在然燈佛所
於法有所得不不也世尊如来在然燈佛所於法
實无所得須菩提於意云何菩薩莊嚴佛土
不不也世尊何以故莊嚴佛土者則非莊嚴
是名莊嚴是故須菩提諸菩薩摩訶薩應
如是生清淨心不應住色生心不應住聲香味
觸法生心應无所住而生其心須菩提譬如

BD04558號1　金剛般若波羅蜜經　（14–3）

實无所得須菩提於意云何菩薩莊嚴佛土
不不也世尊何以故莊嚴佛土者則非莊嚴
是名莊嚴是故須菩提諸菩薩摩訶薩應
如是生清淨心不應住色生心不應住聲香味
觸法生心應无所住而生其心須菩提譬如
有人身如須弥山王於意云何是身為大
不須菩提言甚大世尊何以故佛說非身
是名大身
須菩提如恒河中所有沙數如是沙等恒河
於意云何是諸恒河沙寧為多不須菩提言
甚多世尊但諸恒河尚多无數何況其沙須
菩提我今實言告汝若有善男子善女人以
七寶滿尒所恒河沙數三千大千世界以用
布施得福多不須菩提言甚多世尊佛告須
菩提若善男子善女人於此經中乃至受持
四句偈等為他人說而此福德勝前福德復
次須菩提隨說是經乃至四句偈等當知此
處一切世間天人阿脩羅皆應供養如佛塔
廟何況有人盡能受持讀誦須菩提當知
是人成就最上第一希有之法若是經典
所在之處則為有佛若尊重弟子
尒時須菩提白佛言世尊當何名此經我等
云何奉持佛告須菩提是經名為金剛般若
波羅蜜經以是名字汝當奉持所以者何須
菩提佛說般若波羅蜜則非般若波羅蜜
須菩提於意云何如来有所說法不須菩提
白佛言世尊如来无所說須菩提於意云何

BD04558號1　金剛般若波羅蜜經　（14–4）

云何奉持佛告湏菩提是經名為金剛般若
波羅蜜經以是名字汝當奉持所以者何湏
菩提佛説般若波羅蜜則非般若波羅蜜
湏菩提於意云何如来有所説法不湏菩提
白佛言世尊如来无所説湏菩提於意云何
三千大千世界所有微塵是為多不湏菩提
言甚多世尊湏菩提諸微塵如来説非微
塵是名微塵如来説世界非世界是名世界湏
菩提於意云何可以卅二相見如来不不也世
尊何以故如来所説卅二相即是非相是名
卅二相湏菩提若有善男子善女人以恒河
沙等身命布施若復有人於此經中乃至受
持四句偈等為他人説其福甚多
尒時湏菩提聞説是經深解義趣涕淚悲泣
而白佛言希有世尊佛説如是甚深經典我
從昔来所得慧眼未曾得聞如是之經世尊
若復有人得聞是經信心清淨則生實相當
知是人成就苐一希有功德世尊是實相者
則是非相是故如来説名實相世尊我今得
聞如是經典信解受持不足為難若當来世
後五百歳其有衆生得聞是經信解受持是
人則為苐一希有何以故此人无我相人相衆
生相壽者相所以者何我相即是非相人相
衆生相壽者相即是非相何以故離一切
諸相則名諸佛佛告湏菩提如是如是若復
有人得聞是經不驚不怖不畏當知是人甚
為希有何以故湏菩提如来説苐一波羅蜜

BD04558 號 1　金剛般若波羅蜜經　（14–5）

生相壽者相所以者何我相即是非相人相
衆生相壽者相即是非相何以故離一切
諸相則名諸佛佛告湏菩提如是如是若復
有人得聞是經不驚不怖不畏當知是人甚
為希有何以故湏菩提如来説苐一波羅蜜
非苐一波羅蜜是名苐一波羅蜜
湏菩提忍辱波羅蜜如来説非忍辱波羅蜜
何以故湏菩提如我昔為歌利王割截身體
我於尒時无我相无人相无衆生相无壽者
相何以故我於往昔節節支解時若有我相
人相衆生相壽者相應生瞋恨湏菩提又念
過去於五百世作忍辱仙人於尒所世无我相
无人相无衆生相无壽者相是故湏菩提菩
薩應離一切相發阿耨多羅三藐三菩提心
不應住色生心不應住聲香味觸法生心應
生无所住心若心有住則為非住是故佛説
菩薩心不應住色布施湏菩提菩薩為利
益一切衆生應如是布施如来説一切諸相
即是非相又説一切衆生則非衆生湏菩提
如来是真語者實語者如語者不誑語者不
異語者湏菩提如来所得法此法无實无虛
湏菩提若菩薩心住於法而行布施如人入闇
則无所見若菩薩心不住法而行布施如人
有目日光明照見種種色湏菩提當来之世
若有善男子善女人能於此經受持讀誦
則為如来以佛智慧悉知是人悉見是人皆
得成就无量无邊功德

BD04558 號 1　金剛般若波羅蜜經　（14–6）

則无所見若菩薩心不住法而行布施如人
有目日光明照見種種色須菩提當來之世
若有善男子善女人能於此經受持讀誦
則為如來以佛智慧悉知是人悉見是人皆
得成就无量无邊功德
須菩提若有善男子善女人初日分以恒河
沙等身布施中日分復以恒河沙等身布施
後日分亦以恒河沙等身布施如是无量百千
万億劫以身布施若復有人聞此經典信
心不逆其福勝彼何況書寫受持讀誦為人
解說須菩提以要言之是經有不可思議不
可稱量无邊功德如來為發大乘者說為發
最上乘者說若有人能受持讀誦廣為人說
如來悉知是人悉見是人皆得成就不可量不
可稱无有邊不可思議功德如是人等則為
荷擔如來阿耨多羅三藐三菩提何以故須
菩提若樂小法者著我見人見眾生見壽
者見則於此經不能聽受讀誦為人解說須菩
提在在處處若有此經一切世間天人阿脩羅
所應供養當知此處則為是塔皆應恭
敬作礼圍遶以諸花香而散其處
復次須菩提善男子善女人受持讀誦此經
若為人輕賤是人先世罪業應墮惡道以今
世人輕賤故先世罪業則為消滅當得阿耨
多羅三藐三菩提須菩提我念過去无量阿
僧祇劫於然燈佛前得值八百四千万億那由

BD04558號1　金剛般若波羅蜜經　　（14–7）

復次須菩提善男子善女人受持讀誦此經
若為人輕賤是人先世罪業應墮惡道以今
世人輕賤故先世罪業則為消滅當得阿耨
多羅三藐三菩提須菩提我念過去无量阿
僧祇劫於然燈佛前得值八百四千万億那由
他諸佛悉皆供養承事无空過者若復有人
於後末世能受持讀誦此經所得功德於我
所供養諸佛功德百分不及一千万億分乃
至筭數譬喻所不能及須菩提若善男子善
女人於後末世有受持讀誦此經所得功德
我若具說者或有人聞心則狂乱狐疑不信
須菩提當知是經義不可思議果報亦
不可思議
尒時須菩提白佛言世尊善男子善女人發
阿耨多羅三藐三菩提心云何應住云何降伏
其心佛告須菩提善男子善女人發阿耨多
羅三藐三菩提者當生如是心我應滅度
一切眾生滅度一切眾生已而无有一眾生實
滅度者何以故若菩薩有我相人相眾生相壽
者相則非菩薩所以者何須菩提實无有法
發阿耨多羅三藐三菩提者須菩提於意云
何如來於然燈佛所有法得阿耨多羅三
藐三菩提不不也世尊如我解佛所說義佛
於然燈佛所實无有法得阿耨多羅三藐三
菩提佛言如是如是須菩提實无有法如來
得阿耨多羅三藐三菩提須菩提若有法如

BD04558號1　金剛般若波羅蜜經　　（14–8）

何如来於然燈佛所有法得阿耨多羅三
藐三菩提不不也世尊如我解佛所說義佛
於然燈佛所實无有法得阿耨多羅三藐三
菩提佛言如是如是須菩提實无有法如来
得阿耨多羅三藐三菩提須菩提若有法如
来得阿耨多羅三藐三菩提者然燈佛則不
與我受記汝於来世當得作佛号釋迦牟尼
以實无有法得阿耨多羅三藐三菩提是故
然燈佛與我受記作是言汝於来世當得作
佛号釋迦牟尼何以故如来者即諸法如義
若有人言如来得阿耨多羅三藐三菩提須
菩提實无有法佛得阿耨多羅三藐三菩
提須菩提如来所得阿耨多羅三藐三菩提
於是中无實无虛是故如来說一切法皆是
佛法須菩提所言一切法者即非一切法是
故名一切法須菩提譬如人身長大須菩提
言世尊如来說人身長大則為非大身是名
大身須菩提菩薩亦如是若作是言我當滅
度无量衆生則不名菩薩何以故須菩提實
无有法名為菩薩是故佛說一切法无我无
人无衆生无壽者須菩提若菩薩作是言我
當莊嚴佛土是不名菩薩何以故如来說莊
嚴佛土者即非莊嚴是名莊嚴須菩提若菩
薩通達无我法者如来說名真是菩薩
須菩提於意云何如来有肉眼不如是世尊
如来有肉眼須菩提於意云何如来有天眼

BD04558 號 1　金剛般若波羅蜜經　（14–9）

人无衆生无壽者須菩提若菩薩作是言我
當莊嚴佛土是不名菩薩何以故如来說莊
嚴佛土者即非莊嚴是名莊嚴須菩提若菩
薩通達无我法者如来說名真是菩薩
須菩提於意云何如来有肉眼不如是世尊
如来有肉眼須菩提於意云何如来有天眼
不如是世尊如来有天眼須菩提於意云何
如来有慧眼不如是世尊如来有慧眼須菩
提於意云何如来有法眼不如是世尊如来
有法眼須菩提於意云何如来有佛眼不如
是世尊如来有佛眼須菩提於意云何恒河
中所有沙佛說是沙不如是世尊如来說是
沙須菩提於意云何如一恒河中所有沙有
如是等恒河是諸恒河所有沙數佛世界如
是寧為多不甚多世尊佛告須菩提尒所國
土中所有衆生若干種心如来悉知何以故
如来說諸心皆為非心是名為心所以者何
須菩提過去心不可得現在心不可得未来
心不可得須菩提於意云何若有人滿三千
大千世界七寶以用布施是人以是因緣得
福多不如是世尊此人以是因緣得福甚多
須菩提若福德有實如来不說福德多以
福德无故如来說得福德多
須菩提於意云何佛可以具足色身見不不
也世尊如来不應以具足色身見何以故如来
說具足色身即非具足色身是名具足色身

BD04558 號 1　金剛般若波羅蜜經　（14–10）

福德无故如来說得福德多
須菩提於意云何佛可以具足色身見不不
也世尊如来不應以具足色身見何以故如来
說具足色身即非具足色身是名具足色身
須菩提於意云何如来可以具足諸相見不不
也世尊如来不應以具足諸相見何以故如来
說諸相具足即非具足是名諸相具足須菩
提汝勿謂如来作是念我當有所說法莫
作是念何以故若人言如来有所說法即為謗
佛不能解我所說故須菩提說法者无法可
說是名說法須菩提白佛言世尊佛得阿
耨多羅三藐三菩提為无所得耶如是如是
須菩提我於阿耨多羅三藐三菩提乃至无
有少法可得是名阿耨多羅三藐三菩提復
次須菩提是法平等无有高下是名阿耨多
羅三藐三菩提以无我无人无衆生无壽者
脩一切善法則得阿耨多羅三藐三菩提須菩
提所言善法者如来說非善法是名善法須
菩提若三千大千世界中所有諸須弥山
王如是等七寶聚有人持用布施若人以此
般若波羅蜜經乃至四句偈等受持讀誦為
他人說於前福德百分不及一百千万億分
乃至筭數譬喻所不能及
須菩提於意云何汝等勿謂如来作是念我
當度衆生須菩提莫作是念何以故實无有
衆生如来度者若有衆生如来度者如来則
有我人衆生壽者須菩提如来說有我者則

BD04558號1　金剛般若波羅蜜經　（14–11）

乃至筭數譬喻所不能及
須菩提於意云何汝等勿謂如来作是念我
當度衆生須菩提莫作是念何以故實无有
衆生如来度者若有衆生如来度者如来則
有我人衆生壽者須菩提如来說有我者則
非有我而凡夫之人以為有我須菩提凡夫者
如来說則非凡夫
須菩提於意云何可以卅二相觀如来不須
菩提言如是如是以卅二相觀如来佛言須
菩提若以卅二相觀如来者轉輪聖王則是如
来須菩提白佛言世尊如我解佛所說義不
應以卅二相觀如来尒時世尊而說偈言
若以色見我　以音聲求我　是人行耶道　不能見如来
須菩提汝若作是念如来不以具足相故得
阿耨多羅三藐三菩提須菩提莫作是念
如来不以具足相故得阿耨多羅三藐三菩提
須菩提汝若作是念發阿耨多羅三藐三菩
提心者說諸法斷滅莫作念何以故發阿耨
多羅三藐三菩提心者於法不說斷滅相須
菩提若菩薩以滿恒河沙等世界七寶布
施若復有人知一切法无我得成於忍此菩
薩勝前菩薩所得功德須菩提以諸菩薩不
受福德故須菩提白佛言世尊云何菩薩不受
福德須菩提菩薩所作福德不應貪著是故
說不受福德須菩提若有人言如来若来
若去若坐若卧是人不解我所說義何以故
如来者无所從来亦无所去故名如来

BD04558號1　金剛般若波羅蜜經　（14–12）

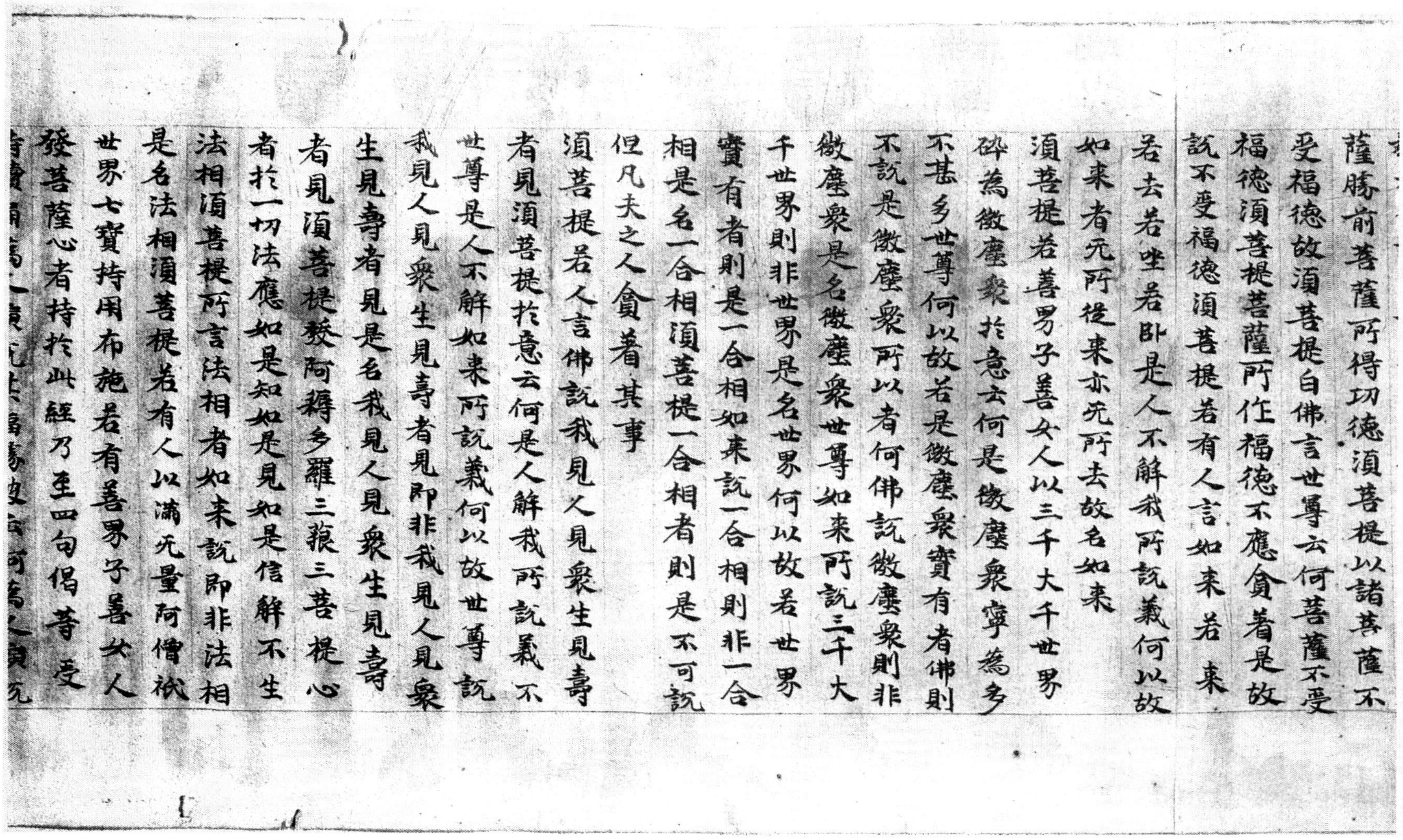

薩勝前菩薩所得功德須菩提以諸菩薩不
受福德故須菩提白佛言世尊云何菩薩不受
福德須菩提菩薩所作福德不應貪著是故
說不受福德須菩提若有人言如來若來
若去若坐若臥是人不解我所說義何以故
如來者无所從來亦无所去故名如來
須菩提若善男子善女人以三千大千世界
碎為微塵於意云何是微塵衆寧為多
不甚多世尊何以故若是微塵衆實有者佛則
不說是微塵衆所以者何佛說微塵衆則非
微塵衆是名微塵衆世尊如來所說三千大
千世界則非世界是名世界何以故若世界
實有者則是一合相如來說一合相則非一合
相是名一合相須菩提一合相者則是不可說
但凡夫之人貪著其事
須菩提若人言佛說我見人見衆生見壽
者見須菩提於意云何是人解我所說義不
世尊是人不解如來所說義何以故世尊說
我見人見衆生見壽者見即非我見人見衆
生見壽者見是名我見人見衆生見壽
者見須菩提發阿耨多羅三藐三菩提心
者於一切法應如是知如是見如是信解不生
法相須菩提所言法相者如來說即非法相
是名法相須菩提若有人以滿无量阿僧祇
世界七寶持用布施若有善男子善女人
發菩薩心者持於此經乃至四句偈等受

BD04558號1　金剛般若波羅蜜經　（14–13）

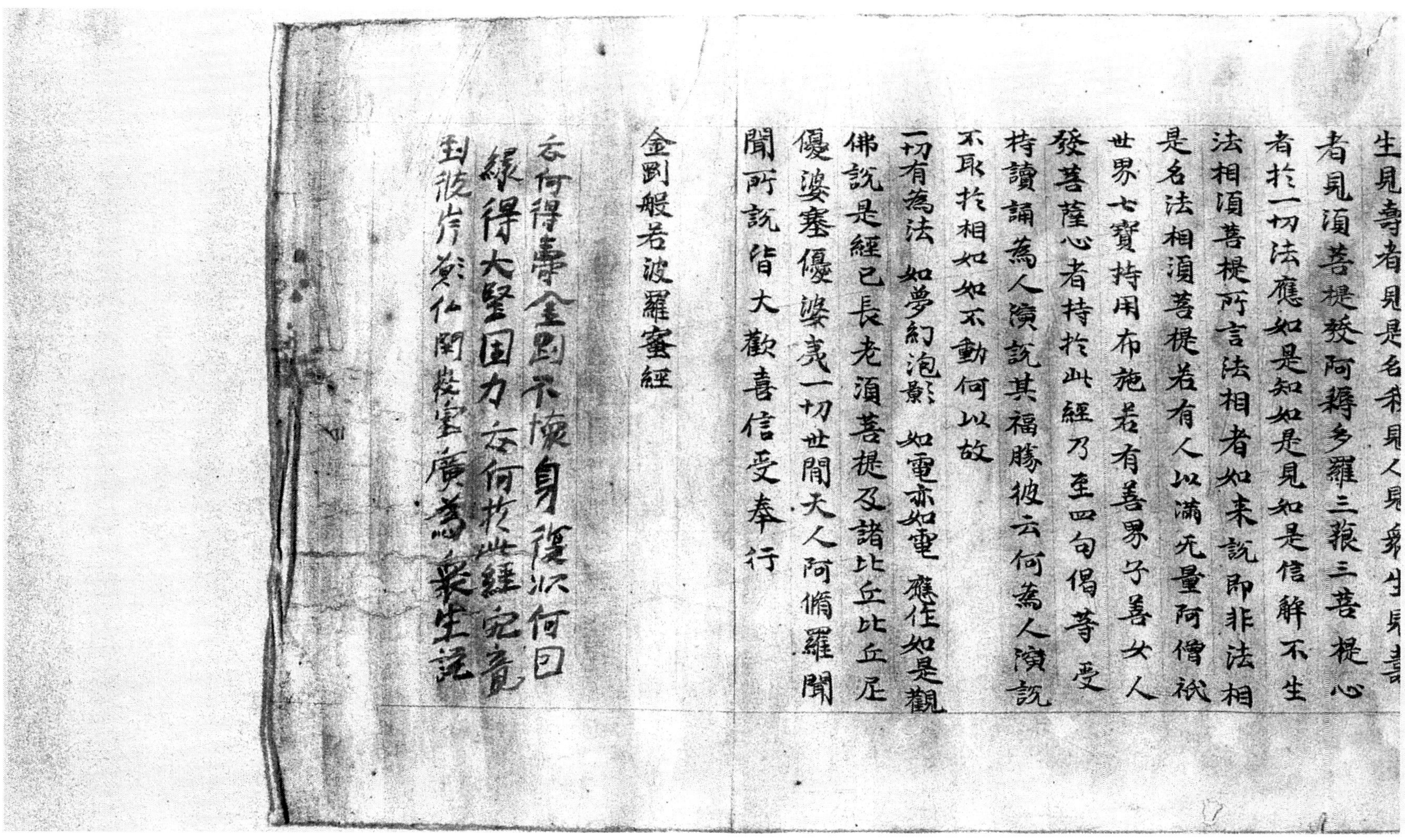

生見壽者見是名我見人見衆生見壽
者見須菩提發阿耨多羅三藐三菩提心
者於一切法應如是知如是見如是信解不生
法相須菩提所言法相者如來說即非法相
是名法相須菩提若有人以滿无量阿僧祇
世界七寶持用布施若有善男子善女人
發菩薩心者持於此經乃至四句偈等受
持讀誦為人演說其福勝彼云何為人演說
不取於相如如不動何以故
一切有為法　如夢幻泡影　如電亦如電　應作如是觀
佛說是經已長老須菩提及諸比丘比丘尼
優婆塞優婆夷一切世間天人阿脩羅聞
聞所說皆大歡喜信受奉行

金剛般若波羅蜜經

云何得長壽金剛不壞身復以何因
緣得大堅固力云何於此經究竟
到彼岸願佛開微密廣為衆生說

BD04558號1　金剛般若波羅蜜經　（14–14）
BD04558號2　開經文（擬）

金剛般若波羅蜜經　　如理實見分第五

如是我聞一時佛在舍衛國祇樹給孤獨園
與大比丘衆千二百五十人俱尒時世尊食時
著衣持鉢入舍衛大城乞食於其城中次第
乞已還至本處飯食訖收衣鉢洗足已敷座
而坐時長老須菩提在大衆中即從座起偏
袒右肩右膝著地合掌恭敬而白佛言希有
世尊如來善護念諸菩薩善付囑諸菩薩世
尊善男子善女人發阿耨多羅三藐三菩提
心應云何住云何降伏其心佛言善哉善哉
須菩提如汝所說如來善護念諸菩薩善付
囑諸菩薩汝今諦聽當為汝說善男子善女
人發阿耨多羅三藐三菩提心應如是住如
是降伏其心唯然世尊願樂欲聞
佛告須菩提諸菩薩摩訶薩應如是如是
降伏其心所有一切衆生之類若卵生若胎
生若濕生若化生若有色若无色若有想若

BD04559 號　金剛般若波羅蜜經　（3–1）

心應云何住云何降伏其心佛言善哉善哉
須菩提如汝所說如來善護念諸菩薩善付
囑諸菩薩汝今諦聽當為汝說善男子善女
人發阿耨多羅三藐三菩提心應如是住如
是降伏其心唯然世尊願樂欲聞
佛告須菩提諸菩薩摩訶薩應如是如是
降伏其心所有一切衆生之類若卵生若胎
生若濕生若化生若有色若无色若有想若
无想若非有想若非无想我皆令入无餘涅
槃而滅度之如是滅度无量无數无邊衆生
實无衆生得滅度者何以故須菩提若菩薩
有我相人相衆生相壽者相即非菩薩
復次須菩提菩薩於法應无所住行於布施
所謂不住色布施不住聲香味觸法布施須
菩提菩薩應如是布施不住於相何以故若
菩薩不住相布施其福德不可思量須菩
提於意云何東方虛空可思量不不也世尊
須菩提南西北方四維上下虛空可思量不
不也世尊須菩提菩薩无住相布施福德亦
復如是不可思量須菩提菩薩但應如所教
住須菩提於意云何可以身相見如來不不
也世尊不可以身相得見如來何以故如來所
說身相即非身相佛告須菩提凡所有相皆
是虛妄若見諸相非相則見如來
須菩提白佛言世尊頗有衆生得聞如是言
說章句生實信不佛告須菩提莫作是說如
來滅後後五百歲有持戒修福者於此章句

BD04559 號　金剛般若波羅蜜經　（3–2）

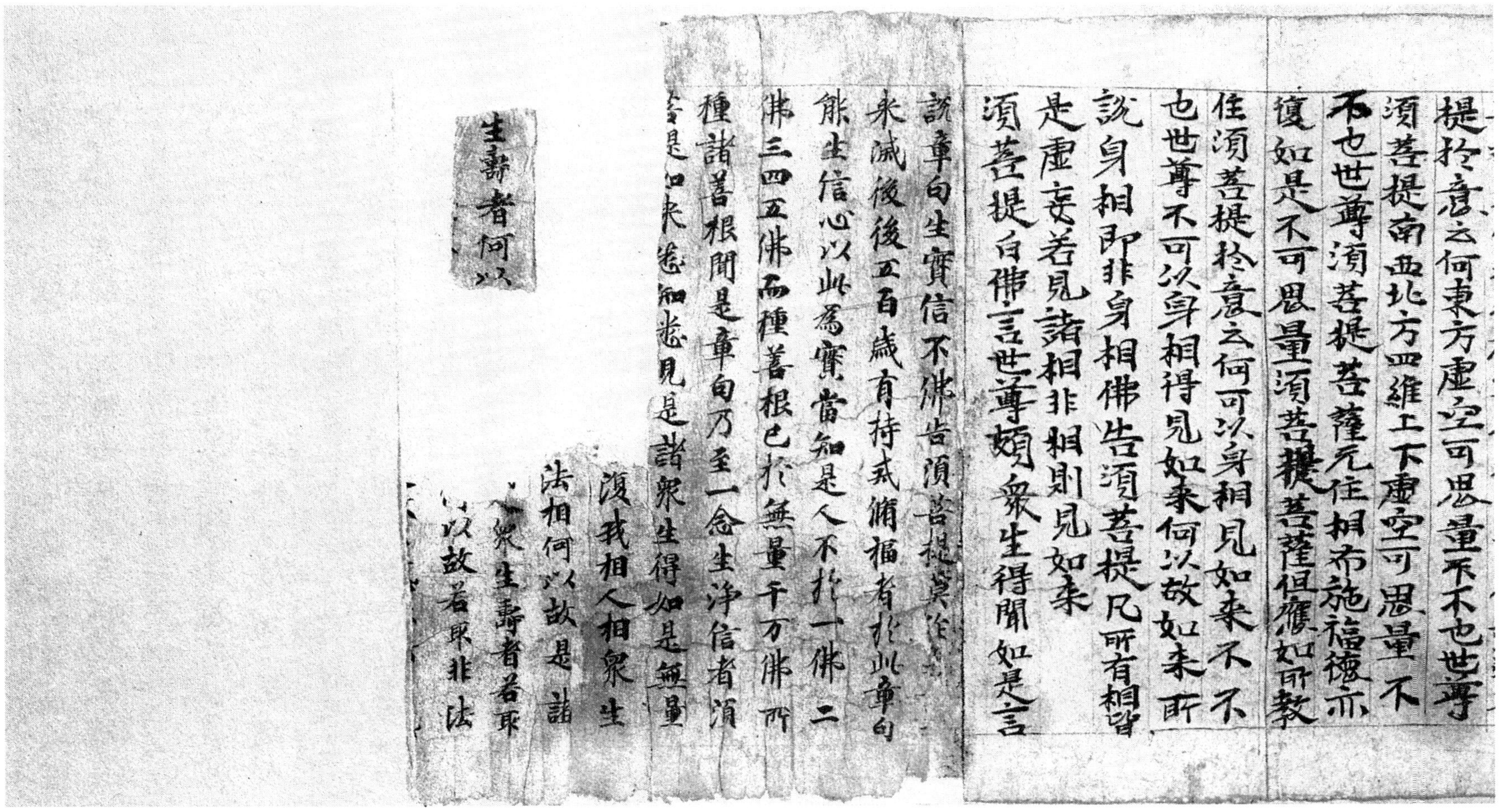

提於意云何東方虛空可思量不不也世尊
須菩提南西北方四維上下虛空可思量不
不也世尊須菩提菩薩无住相布施福德亦
復如是不可思量須菩提菩薩但應如所教
住須菩提於意云何可以身相見如來不不
也世尊不可以身相得見如來何以故如來所
說身相即非身相佛告須菩提凡所有相皆
是虛妄若見諸相非相則見如來
須菩提白佛言世尊頗有眾生得聞如是言
說章句生實信不佛告須菩提莫作
來滅後後五百歲有持戒脩福者於此章句
能生信心以此為實當知是人不於一佛二
佛三四五佛而種善根已於無量千万佛所
種諸善根聞是章句乃至一念生淨信者須
菩提如來悉知悉見是諸眾生得如是無量
復我相人相眾生
法相何以故是諸
眾生壽者若取
以故若取非法
生壽者何以

BD04559 號　金剛般若波羅蜜經　（3–3）

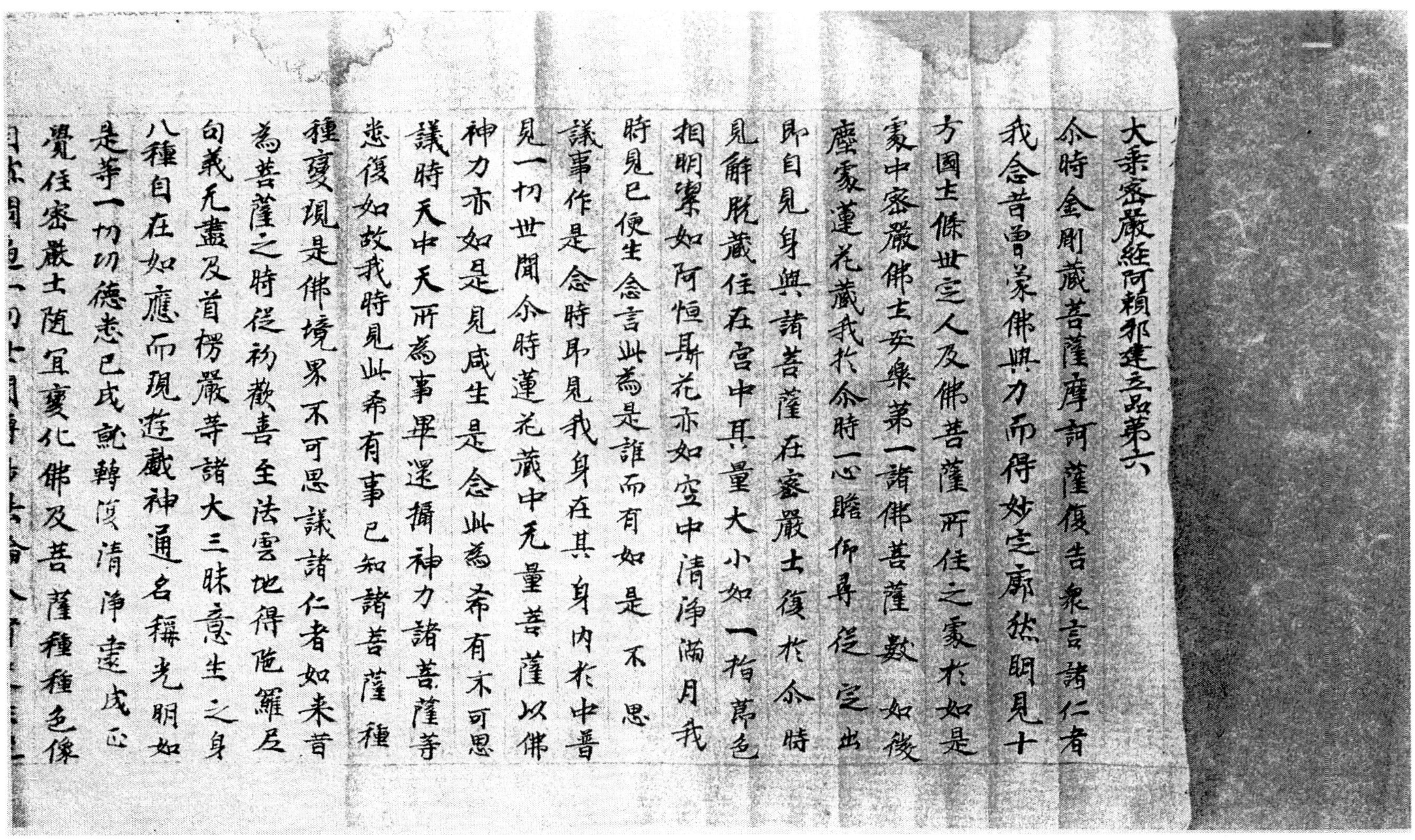

大乘密嚴經阿賴耶建立品第六
尒時金剛藏菩薩摩訶薩復告眾言諸仁者
我念昔曾蒙佛興力而得妙定廓然明見十
方國土儵世定人及佛菩薩所住之處於如是
處中密嚴佛土安樂第一諸佛菩薩數如微
塵處蓮花藏我於尒時一心瞻仰尋從定出
即自見身與諸菩薩在密嚴土復於尒時
見解脫藏住在宮中其量大小如一指節色
相明潔如阿恒斯花亦如空中清淨滿月我
時見已便生念言此為是誰而有如是不思
議事作是念時即見我身在其身內於中普
見一切世間尒時蓮花藏中无量菩薩以佛
神力亦如是見咸生是念此為希有不可思
議時天中天所為事畢還攝神力諸菩薩等
悉復如故我時見此希有事已知諸菩薩種
種變現是佛境界不可思議諸仁者如來昔
為菩薩之時從初歡喜至法雲地得陁羅尼
句義无盡及首楞嚴等諸大三昧意生之身
八種自在如應而現遊戲神通名稱光明如
是等一切功德悉已成就轉復清淨遠成正
覺住密嚴土隨宜變化佛及菩薩種種色像

BD04560 號　大乘密嚴經（地婆訶羅本）卷中　（2–1）

種變現是佛境界不可思議諸仁者如来昔
為菩薩之時從初歡喜至法雲地得陁羅尼
句義无盡及首楞嚴等諸大三昧意生之身
八種自在如應而現遊戲神通名稱光明如
是等一切功德悉已成就轉復清淨遠成正
覺住密嚴土隨宜變化佛及菩薩種種色像
自然周遍一切世間轉妙法輪令諸衆生速
滅癡闇修行善法或有菩薩見佛身相尸利
婆瑳等具足莊嚴自然光明猶如盛火與諸
菩薩住如蓮花清淨之宮常遊妙定以為安
樂或見大樹緊那羅王現百千億種種變化
如月光明遍諸國土或見无量佛子智慧善
巧衆相莊嚴頂飾寶冠身佩瓔珞住兜率陁
等諸天之宮或見普賢有大威力得一切智
无礙辯才身相光明獨无倫比所居宮殿如
淨滿月雖住密嚴正定之海而現衆色像靡
不周遍一切賢聖所共稱譽无量天仙乾闥
婆等國王王子并其眷屬圍遶侍衛或復見
有觀行之師諸佛子衆所共圍遶住禪寂靜
猶如[illegible]離惛沉懈怠等過悉曾侍奉无
量諸佛或復有見為大導師降神誕生出家
苦行一心正定乃至涅槃於虛空中行住坐卧
現諸神變令閻浮提至色究竟諸天人等
生唯佛所知佛之

BD04560號　大乘密嚴經（地婆訶羅本）卷中　（2–2）

大乘无量壽經
如是我聞一時薄伽梵在舍衛国祇樹給孤獨園與大苾蒭僧千二百五十人
大菩薩摩訶薩衆俱同會坐尒時世尊告曼殊室利童子曼殊上方有
世界名无量功德聚彼土有佛号无量智決定王如来阿耨多羅三藐三菩
提現為衆生開示說法曼殊諦聽南閻浮提人皆短壽大限百千於中殀
狂橫死者衆曼殊如是无量壽如来功德名稱法要若有衆生得聞名号
若自書或使人書能為經卷受持讀誦若於舍宅所住之處以種種花鬘瓔
珞塗香末香而為供養如其命盡復得延年滿足百歲如是曼殊若有
衆生得聞是无量壽智決定王如来一百八名号者益其長壽若有衆生大
命將盡憶念是如来名号更得增壽如是曼殊若有善男子善女人欲求
長壽於是无量壽如来一百八号有得聞者或自書若使人書受持讀誦得
如是等果報福德具足陁羅尼曰　南謨薄伽勃底一　阿波唎蜜哆二　阿喻紇硯娜
須毗你悉指陁四　囉佐耶五　怛他羯他耶六　怛姪他唵七　薩婆桑悉迦囉八　波唎輪底九　達磨
底十　伽迦娜十一　莎訶某特迦底十二　薩婆娑毗輪底十三　摩訶娜耶十四　波利娑唎莎訶十五
世尊復告曼殊室利如是如来一百八名号若有自書或使人書為經卷受持
讀誦如壽命盡復滿百年壽終此身後得往生无量福智世界无量壽淨土
陁羅尼曰　南謨薄伽勃底一　阿波利蜜哆二　阿喻紇硯娜三　須毗你悉指陁四　囉佐耶五　怛
他羯他耶六　怛姪他唵七　薩婆桑悉迦囉八　波利輪底九　達磨底十　伽迦娜十一　莎訶某特迦
底十二　薩婆娑毗輪底十三　摩訶娜耶十四　波利娑利莎訶十五

BD04561號　無量壽宗要經　（6–1）

底十 伽迦娜十一 莎訶某特迦底十二 薩婆娑毗輸底十三 摩訶娜耶十四 波唎婆唎莎訶十五
世尊復告曼殊室利如是如來一百八名号若有自書或使人書為經卷受持
讀誦如壽命盡復滿百年壽終此身後得往生无量福智世界无量壽淨土
陁羅尼曰 南謨薄伽勃底一 阿波唎蜜多二 阿喻紇硯娜三 須毗你悉指陁四 羅佐耶五 怛
他羯他耶六 怛姪他唵七 薩婆桒悉迦羅八 波唎輸底九 達摩底十 伽迦娜十一 莎訶某特迦
底十二 薩婆娑毗輸底十三 摩訶娜耶十四 波唎婆唎莎訶十五
尒時有九十九姟佛等一時同聲說是无量壽宗要經陁羅尼曰 南謨薄伽勃底
阿波唎蜜多二 阿喻紇硯娜三 須毗你悉指陁四 羅佐耶五 怛他羯他耶六 怛姪他唵七 薩婆桒悉迦羅
波唎輸底九 達摩底十 伽迦娜十一 莎訶某特迦底十二 薩婆娑毗輸底十三 摩訶娜耶
波唎婆唎莎訶十五
尒時復有一百四姟佛一時同聲說是无量壽宗要經陁羅尼曰 南謨薄伽勃
底一 阿波唎蜜多二 阿喻紇硯娜三 須毗你悉指陁四 羅佐耶五 怛他羯他耶六 怛姪他唵七 薩婆
桒悉迦羅八 波唎輸底九 達摩底十 伽迦娜十一 莎訶某特迦底十二 薩婆娑毗輸底十三
摩訶娜耶十四 波唎婆唎莎訶十五
尒時復有七姟佛一時同聲說是无量壽宗要經陁羅尼曰 南謨薄伽勃底一
阿波唎蜜多二 阿喻紇硯娜三 須毗你悉指陁四 羅佐耶五 怛他羯他耶六 怛他姪他唵七 薩
婆桒悉迦羅八 波唎輸底九 達摩底十 伽迦娜十一 莎訶某特迦底十二 摩婆娑毗輸底十三
摩訶娜耶十四 波唎婆唎莎訶十五
尒時復有六十五姟佛一時同聲說是无量壽宗要經陁羅尼曰 南謨薄伽勃
底一 阿波唎蜜多二 阿喻紇硯娜三 須毗你悉指陁四 羅佐耶五 怛他羯他耶六 怛姪他唵七 薩
婆桒悉迦羅八 波唎輸底九 達摩底十 伽迦娜十一 莎訶某特迦底十二 薩婆娑毗輸底十三
摩訶娜耶十四 波唎婆唎莎訶十五
尒時復有五十五姟佛一時同聲說是无量壽宗要經陁羅尼曰 南謨薄伽勃底
阿波唎蜜多二 阿喻紇硯娜三 須毗你悉指陁四 羅佐耶五 怛他羯他耶六 怛姪他唵七 薩
婆桒悉迦羅八 波唎輸底九 達磨底十 伽迦娜十一 莎訶某特迦底十二 薩婆娑毗輸底十三
摩訶娜耶十四 波唎婆唎莎訶十五
尒時復有四十五姟佛一時同聲說是无量壽宗要經陁羅尼曰 南謨薄伽勃
底一 阿波唎蜜多二 阿喻紇硯娜三 須毗你悉指陁四 羅佐耶五 怛他羯他耶六 怛姪他唵七
薩訶桒悉迦羅八 波唎輸底九 達摩底十 伽迦娜十一 莎訶某特迦底十二 薩婆娑毗
輸底十三 摩訶娜耶十四 波唎婆唎莎訶十五
无量壽宗要經陁羅尼曰 南謨

BD04561 號 無量壽宗要經 （6–2）

婆桒悉迦羅八 波唎輸底九 達底磨十 伽迦娜十一 莎訶某特迦底十二 薩婆娑毗輸底
摩訶娜耶十四 波唎婆唎莎訶十五
尒時復有四十五姟佛一時同聲說是无量壽宗要經陁羅尼曰 南謨薄伽勃
底一 阿波唎蜜多二 阿喻紇硯娜三 須毗你悉指陁四 羅佐耶五 怛他羯他耶六 怛姪他唵七
薩訶桒悉迦羅八 波唎輸底九 達摩底十 伽迦娜十一 莎訶某特迦底十二 薩婆娑毗
輸底十三 摩訶娜耶十四 波唎婆唎莎訶十五
尒時復有三十六姟佛一時同聲說是无量壽宗要經陁羅尼曰 南謨
薄伽勃底一 阿波唎蜜多二 阿紇喻硯娜三 須毗你悉指陁四 羅佐耶五 怛他羯他
耶六 怛姪他唵七 薩婆桒悉迦羅八 波唎輸底九 達摩底十 伽迦娜十一 莎訶某特迦底
薩婆娑毗輸底十三 摩訶娜耶十四 波唎婆唎莎訶十五
尒時復有二十五姟佛一時同聲說是无量壽宗要經陁羅尼曰 南謨薄
伽勃底一 阿波唎蜜多二 阿喻紇硯娜三 須毗你悉指陁四 羅佐耶五 怛他羯他耶六 怛
姪他唵七 薩婆桒悉迦羅八 鉢唎輸底九 達摩底十 伽迦娜十一 莎訶某特迦底十二 薩
婆娑毗輸底十三 摩訶娜耶十四 波唎婆唎莎訶十五
尒時復有恒河沙姟佛一時同聲說是无量壽宗要經陁羅尼曰 南謨薄
伽勃底一 阿波唎蜜多二 阿喻紇硯娜三 須毗你悉指陁四 羅佐耶五 怛他羯他耶六 怛
姪他唵七 薩婆桒悉迦羅八 鉢唎輸底九 達摩底十 伽迦娜十一 莎訶某特迦底十二 薩
婆娑毗輸底十三 摩訶娜耶十四 波唎婆唎莎訶十五
善男子若有自書寫教人書寫是无壽宗要經知其命盡復得長壽
而滿年陁羅尼曰 南謨薄伽勃底一 阿波唎蜜多二 阿喻紇硯娜三 須毗你悉
指陁四 羅佐耶五 怛他羯他耶六 怛姪他唵七 薩婆桒悉迦羅八 波唎輸底九 達底磨十
伽迦娜十一 莎訶某特迦底十二 薩婆娑毗輸底十三 摩訶娜耶十四 波唎婆唎莎訶十五
若有自書寫教人書寫是无量壽宗要經讀誦受持畢竟不墮地獄
在所生得宿命智陁羅尼曰 南謨薄伽勃底一 阿波唎蜜多二 阿喻紇硯娜三 須
毗你悉指陁四 羅佐耶五 怛他羯他耶六 怛姪他唵七 薩婆桒悉迦羅八 波唎輸底九 達磨
底十 伽迦娜十一 莎訶某特迦底十二 薩婆娑毗輸底十三 摩訶娜耶十四 波唎婆唎莎訶十五
若有自書寫教人書寫是无量壽宗要經受持讀誦如同書寫八万四千一切
經典陁羅尼曰 南謨薄伽勃底一 阿波唎蜜多二 阿喻紇硯娜三 須毗你悉指陁四
羅佐耶五 怛他羯他耶六 怛姪他唵七 薩婆桒悉迦羅八 波唎輸底九 達磨底十 伽迦娜十一 莎
訶某特迦底十二 薩婆娑毗輸底十三 摩訶娜耶十四 波唎婆唎莎訶十五
若有自書寫教人書寫是无量壽宗要經即是書寫八万四千部建立塔廟陁

BD04561 號 無量壽宗要經 （6–3）

底九 伽迦娜十一 莎訶其特迦底十二 薩婆婆毗輸底十三 摩訶娜耶十四 波唎婆唎莎訶十五
若有自書寫教人書寫是无量壽宗要經受持讀誦如同書寫八万四千一切
經典陁羅尼曰 南謨薄伽勃底一 阿波唎蜜哆二 阿喻紇硯娜三 須毗你悉指陁四
囉佐耶五 怛他羯他耶六 怛姪他唵七 薩婆桒悉迦羅八 波唎輸底九 達磨底十 伽迦娜十一 莎
訶其特迦底十二 薩婆婆毗輸底十三 摩訶娜耶十四 波唎婆唎莎訶十五
若有自書寫是无量壽宗要經即是書寫八万四千部建立塔廟陁
羅尼曰 南謨薄伽勃底一 阿波唎蜜哆二 阿喻紇硯娜三 須毗你悉指陁四 囉佐耶五 怛他
羯他耶六 怛姪他唵七 薩婆桒悉迦羅八 波唎輸底九 達底摩十 伽迦娜十一 莎訶其特迦底十二
薩婆婆毗輸底十三 摩訶娜耶十四 波唎婆唎莎訶十五
若有自書寫教人寫書是无量壽宗要經能消五无間等一切重罪陁羅尼
曰 南謨薄伽勃底一 阿波唎蜜哆二 阿喻紇硯娜三 須毗你悉指陁四 囉佐耶五 怛他羯
他耶六 怛姪他唵七 薩婆桒悉迦羅八 波唎輸底九 達磨底十 伽迦娜十一 莎訶其特迦底十二 薩
婆婆毗輸底十三 摩訶娜耶十四 波唎婆唎莎訶十五
若有自書寫教人書寫是无量壽宗要經受持讀誦設有重罪猶如須弥
盡能除滅陁羅尼曰 南謨薄伽勃底一 阿波唎蜜哆二 阿喻紇硯娜三 須毗你悉指陁四
囉佐耶五 怛他羯他耶六 怛姪他唵七 薩婆桒悉迦羅八 波唎輸底九 達磨底十 伽迦娜十一
莎訶其特迦底十二 薩婆婆桒輸底十三 摩訶娜耶十四 須唎婆唎莎訶十五
若有自書寫教人書寫是无量壽宗要經受持讀誦若魔子之眷屬夜叉羅
剎不得其便終无枉死陁羅尼曰 南謨薄伽勃底一 阿波唎蜜哆二 阿喻紇硯娜三
須毗你悉指陁四 囉佐耶五 怛他羯他耶六 怛姪他唵七 薩婆桒悉迦羅八 波唎輸底九 達磨底十
伽迦娜十一 莎訶其特迦底十二 薩婆婆毗輸底十三 摩訶娜耶十四 波唎婆利莎訶十五
若有自書寫是量无壽宗要經受持讀誦當命終時有九十九姟佛
現其人前豪千佛授手能遊一切佛剎莫於此經生於疑惑陁羅尼曰 南謨薄
伽勃底一 阿波唎蜜哆 阿喻紇硯娜三 須毗你悉陁四 囉佐耶五 怛他羯他耶六 怛姪
他唵七 薩婆桒悉迦羅八 波唎輸底九 達磨底十 伽迦娜十一 莎訶其特迦底十二 薩婆婆
毗輸底十三 摩訶娜耶十四 波唎婆唎莎訶十五
若有自書寫教人書寫是无量壽宗要經受持讀誦常得四天大王隨其
衛護陁羅尼曰 南謨薄伽勃底一 阿波唎蜜哆二 阿喻紇硯娜三 須毗你悉指陁四 囉佐
耶五 怛他羯他耶六 怛姪他唵七 薩婆桒悉迦羅八 波唎輸底九 達磨底十 伽迦娜十一 莎訶
其特迦底十二 薩婆婆毗輸底十三 摩訶娜耶十四 波唎婆唎莎訶十五
若有自書寫教人書寫是无量壽宗要經受持讀誦當得往生西方極樂世界

BD04561 號　無量壽宗要經　（6–4）

若有自書寫教人書寫是无量壽宗要經受持讀誦常得四天大王隨其
衛護陁羅尼曰 南謨薄伽勃底一 阿波唎蜜哆二 阿喻紇硯娜三 須毗你悉指陁四 囉佐
耶五 怛他羯他耶六 怛姪他唵七 薩婆桒悉迦羅八 波唎輸底九 達磨底十 伽迦娜十一 莎訶
其特迦底十二 薩婆婆毗輸底十三 摩訶娜耶十四 波唎婆唎莎訶十五
若有自書寫教人書寫是无量壽宗要經受持讀誦當得往生西方極樂世界
阿弥陁淨土陁羅尼曰 南謨薄伽勃底一 阿波唎蜜哆二 阿喻紇硯娜三 須毗你悉指陁四
囉佐耶五 怛他羯他耶六 怛姪他唵七 薩婆桒悉迦羅八 波唎輸底九 達磨底十 伽迦娜十一 薩
訶其特迦底十二 薩婆婆毗輸底十三 摩訶娜耶十四 波唎婆唎莎訶十五
若有方所自書寫使人書寫是无量壽經典之處則爲是塔皆應恭敬作礼
若是畜生或爲鳥獸得是經如其等類皆當不久得成一切種智陁羅尼曰
南謨薄伽勃底一 阿波唎蜜哆二 阿喻紇硯娜三 須毗你悉指陁四 囉佐耶五 怛他羯他耶六 怛姪
他唵七 薩婆桒悉迦羅八 波唎輸底九 達磨底十 伽迦娜十一 莎訶其特迦底十二 薩婆婆毗
輸底十三 摩訶娜耶十四 波唎婆唎莎訶十五
若有於是无量壽經自書寫若使人書畢竟不受女人之身陁羅尼曰
南謨薄伽勃底一 阿波唎蜜哆二 阿喻紇硯娜三 須毗你悉指陁四 囉佐耶五 怛他羯他耶六
怛姪他唵七 薩婆桒悉迦羅八 波唎輸底九 達磨底十 伽迦娜十一 薩訶其特迦底十二 薩婆
婆毗輸底十三 摩訶娜耶十四 波唎婆唎莎訶十五
若有能於是經少分能惠施者等於三千大千世界滿中七寶布施陁羅
尼曰 南謨薄伽勃底一 阿波唎蜜哆二 阿喻紇硯娜三 須毗你悉指陁四 囉佐耶五 怛他
羯他耶六 怛姪他唵七 薩婆桒悉迦羅八 波唎輸底九 達磨底十 伽迦娜十一 莎訶其
特迦底十二 薩婆婆毗輸底十三 摩訶娜耶十四 波唎婆唎莎訶十五
若有能供養是經者則是供養一切諸經等无有異陁羅尼曰 南謨薄伽
勃底一 阿波唎蜜哆二 阿喻紇硯娜三 須毗你悉指陁四 囉佐耶五 怛他羯他耶六 怛姪他
唵七 薩婆桒悉迦羅八 波唎輸底九 達磨底十 伽迦娜十一 莎訶其特迦底十二 薩
婆婆毗輸底十三 摩訶娜耶十四 波唎婆唎莎訶十五
如是毗婆尸佛 毗舍浮佛 俱留孫佛 俱那含牟尼佛 迦葉佛 釋迦牟尼佛
若有人以七寶供養如是七佛其福有限書寫受持是无量壽經典所生功德
不可限量陁羅尼曰 南薄謨勃底一 阿波唎蜜哆二 阿喻紇硯娜三 須毗你悉指
陁四 囉佐耶五 怛他羯他耶六 怛姪他唵七 薩婆桒悉迦羅八 波唎輸底九 達磨底十 伽
迦娜十一 莎訶其特迦底十二 薩婆婆毗輸底十三 摩訶娜耶十四 波唎婆唎莎訶十五

BD04561 號　無量壽宗要經　（6–5）

娑婆毗輸底十三 摩訶娜耶十四 波唎婆唎莎訶十五

如是毗婆尸佛 毗舍浮佛 俱留孫佛 俱那含牟尼佛 迦葉佛 釋迦牟尼佛

若有人以七寶供養如是七佛其福有限書寫受持是无量壽經典所生功德

不可限量陁羅尼曰 南謨薄伽勃底一 阿波唎蜜多二 阿喻紇硯娜三 須毗你悉指

陁四 囉佐耶五 怛他羯他耶六 怛姪他唵七 薩婆桒悉迦囉八 波唎輸底九 達磨底十 伽

迦娜十一 莎訶某特迦底十二 薩婆婆毗輸底十三 摩訶娜耶十四 波唎婆唎莎訶十五

若有七寶等於須弥以用布施其福上能知其限量是无量壽經典其福不可

知數陁羅尼曰 南謨薄伽勃底一 阿波唎蜜多二 阿喻紇硯娜三 須毗你悉指陁四

囉佐耶五 怛他羯他耶六 怛姪他唵七 薩婆桒悉迦囉八 波唎輸底九 達磨底十 伽迦娜十一 莎

訶某特迦底十二 薩婆婆毗輸底十三 摩訶娜耶十四 波唎婆唎莎訶十五

如是四大海水可知滴數是无量壽經典所生果報不可限量陁羅尼曰 南謨薄

伽勃底一 阿波唎蜜多二 阿喻紇硯三 須毗你悉指陁四 囉佐耶五 怛他羯他耶六 怛姪他唵七

薩婆桒悉迦囉八 波唎輸底九 達磨底十 伽迦娜十一 莎訶某特迦底十二 薩婆婆毗輸底

摩訶娜耶十四 波唎婆唎莎訶十五

若有自書使人書寫是无量經典又能護持供養即如恭敬供養一切十方佛

土如來无有別異陁羅尼曰 南謨薄伽勃底一 阿波唎蜜多二 阿喻紇硯娜三 須毗悉指

陁四 囉佐耶五 怛他羯他耶六 怛姪他唵七 薩婆桒悉迦囉八 波唎輸底九 達磨底十 伽迦

娜十一 莎訶某特迦底十二 薩婆婆毗輸底十三 摩訶娜耶十四 波唎婆唎莎訶十五

布施力能成正覺 悟布施力人師子 布施力能聲普聞 慈悲階漸最能入

持戒力能成正覺 悟持戒力人師子 持戒力能聲普聞 慈悲階漸最能入

忍辱力能成正覺 悟忍辱力人師子 忍辱力能聲普聞 慈悲階漸最能入

精進力能成正覺 悟精進力人師子 精進力能聲普聞 慈悲階漸最能入

禪定力能成正覺 悟禪定力人師子 禪定力能聲普聞 慈悲階漸最能入

智慧力能成正覺 悟智慧力人師子 智慧力能聲普聞 慈悲階漸最能入

尒時如來說是經已一切世間天人阿脩羅揵闥婆等聞佛所說皆大

歡喜信受奉行

佛說无量壽宗要經

BD04561號　無量壽宗要經　（6–6）

此二明獻蓋現瑞表淨土之相也文三初獻蓋次合蓋後歸信也
初獻蓋表大慈蔭物淨土化生即大慈之事也　肇曰普[illegible]
法身大士也常与淨名俱詣如來共弘道教而今獨与里人詣佛
者將生問疾之由啓発典之門也　佛之威神令諸寶蓋合成一
蓋遍覆三千大千世界　此二合蓋文二初合蓋表內慈無緣饒益
彼我　二外現淨土表應物差別淨穢不同此初也彼我未足寶積等
蓋殊而慈扃執云性一諸佛所以蓋合而慈覆三千　什曰現此神變其
旨有二一者現神變無量顯智惠必深二者寶積獻其[illegible]之果
來世所成必若此之妙明因小而果大　而此世界廣長之相悉
於中現又此三千大千世界　諸須彌山雪山目真隣陀山摩訶目真
隣陀山香山寶山金山黑山鐵圍山大鐵圍山大海江河川流泉
源及日月星辰天宮龍宮諸尊神宮悉現於寶蓋中
二外現差別前合蓋既表法身平等慈覆不殊此差別亦表應身
隨緣國土不一文二初現此界二現十方此中文三初十山表隨居衆生
住處二海表水族居處三日月等表空居住處於此三類等以慈
覆故俱現蓋中　肇曰蓋亦不廣而弥八極土亦不狹而現蓋中
又十方諸佛諸佛說法亦現於寶蓋中　二現十方　吳本云十方
諸佛佛國嚴淨及十方佛所在說法皆現寶蓋中此即現相明宗
旨可見矣　肇曰將顯佛土殊好不同故通現十方也諸長者子皆
久發道心而未脩淨土欲悅其來供之情啓淨土之志故因其蓋而
現焉
　尒時一切大衆覩佛神力歎未曾有合掌礼佛瞻仰
尊顏目不暫捨　此三覩瑞三業歸信也　什曰信樂發中現相於外也
長者子寶積即於佛前以偈頌曰　此下三明聞經者稱揚佛德
[illegible]

BD04562號　淨名經集解關中疏卷上

又十方諸佛諸佛說法亦現於寶蓋中　二現十方異本云十方
諸佛佛國嚴淨及十方佛所在說法皆現寶蓋中此即現相明宗
音可見矣肇曰將顯佛土殊好不同故通現十方也諸長者子皆
久發道心而未脩淨土欲悅其來供之情啟淨土之志故因其蓋而
現焉　尒時一切大眾覩佛神力歎未曾有合掌礼佛瞻仰
尊顏目不暫捨　此三覩瑞三業歸信也什曰信樂發中現相於外也
長者子寶積即於佛前以偈頌曰　此下三明問經者稱揚佛德
使物歸信為啟問之由肇曰形敬不足以寫心故復讚之詠之卅六
行偈述歎文四初歎大乘勝應二歎小乘方應三歎現瑞表發四歎
佛三密功德前文又三初兩行總歎內德二兩行明神通三五行歎
說法此初也　目淨脩廣如青蓮　此初四句此句歎形肇曰五
情百體目最為長瞻顏而作故先歎目也天竺有青蓮花其葉
脩而廣青白分明天人目相故以為諭也　心淨已度諸禪定
此句歎心肇曰形長者目主德者心歎目則攝眾相歎心則攝万德故作
者標二為頌首禪定之海深廣無際自非如來清淨其心無能度者
久積淨業稱无量　道眾以集故稽首　此句歎果言与眾同遊
此句歎因肇曰於無數劫積三淨業故名稱無量　道眾以集故稽首
此句歎果言与眾同遊八正至寂滅涅槃故致礼也肇曰寂謂無為寂
滅之道也　既見大聖以神變普現十方無量土其中諸佛演說法於
是一切悉見聞　此二歎神通也以見蓋中國土淨穢不同為下致問之
由也肇曰既見合蓋之神變已不可測方於中現十方國土及諸佛演
法於是忍界一切眾會悉遙見聞為希有也　法王法力超群生常
以法財施一切　此三歎說法文三此初標法施也肇曰俗王以俗力勝
民故能澤及一國法王以法力超眾故能導濟無疆也　能善分別
諸法相於第一義而不動　此二兩行歎法王義肇曰第一義為諸法
一相義雖分別殊相而不乖一相此美法王莫易之道動為乖矣已於
諸法得自在是故稽首此法王　肇曰世王自在於民法王自在於法
法無定相隨應而辯為好異者辯異而不乖同為好同者辯同而不
乖異同異殊辯而俱適法相故得自在　說法不有亦不無　此二
釋歎所說大乘二空法也此初明因緣有故即有非有為法空也
不同小乘指有證空此即不已於空故名法執也肇曰欲言其有有不

BD04562號　淨名經集解關中疏卷上　（4–2）

一相義雖分別殊相而不乖一相此受法王莫易之道動為乖矣已於
諸法得自在是故稽首此法王　肇曰世王自在於民法王自在於法
法無定相隨應而辯為好異者辯異而不乖同為好同者辯同而不
乖異同異殊辯而俱適法相故得自在　說法不有亦不無　此三
釋歎所說大乘二空法也此初明因緣有故即有非有為法空也
不同小乘結有入空此即不亡於空故名法輪也肇曰欲言其有有不
自生欲言其無緣會則形會形非謂無非自非謂有且有有故有無無
何有有然則自有則不有自無則不無此法王之正說也　以因緣故
諸法生　此句釋也肇曰有亦不由緣無亦不由緣以法非有無故由因緣
生論曰法從緣故不有緣起故不無也　無我無造無受者　此下偈
明我本不有即無無我入不二門不同二乘詰我住無我也
又我造受三計我之別名此明由業受形皆有常我主其異形我肇
曰諸法皆從緣生耳無別有真宰主之者故無我也夫以有我故能造
善惡受禍福法既無我故無造無受者　善惡之業亦不亡　此句釋也肇
日若無造無受者則不應有為善獲福而為惡致殃然眾生心識相傳
美惡由起報應之道連鏁相襲其猶聲和響順形直影端此自然之
理無差毫分復何假常我而主之哉　始在佛樹力降魔得甘露滅
覺道成　此二八偈歎菩說小能摧現劣身益物也文四初兩行明得
道二兩行明轉法輪三兩行明得益四兩行怨親平等此初先明降魔
證滅謂如來應跡王宮割愛踰城厭識邪道棲邪坐樹誓取菩提魔
宮振動先摧色貪次伏怨敵外魔既散方證涅槃甘露擇滅結習內
魔於茲永盡佛樹者菩提樹也始言初也　已無心意無受行而
悉摧伏諸外道　此釋伏外也一解云昔六行修禪及苦行等菩薩
無心受彼邪法但為示同調伏耳又肇曰心者何也惑有以生受者何
也苦樂是行至人宜體寂虛空其懷雖萬法普照而心未嘗有苦樂
是經而不為受物我永寂豈心受之可得此無心於伏而物無不伏受者
受苦也　三轉法輪於大千其輪本來常清淨　此二明詣鹿
野苑轉法輪也道成即化物故次說法文二此先明轉法也三轉者示
相轉勸修轉引證轉也　謂初示四諦法相也次勸修行此四諦也
復言我已獲證令信受也大千者佛一化境也肇曰法輪常淨猶虛
空也雖復古今不同時移俗易聖聖相傳其道不改　天人得道此
[illegible]

也善並是六至人空寂虛空其懷雖万法普照而心未嘗有其乘
是經而不為受物我永寂豈心受之可得此無心於伏而物無不伏受者
受害也　三轉法輪於大千其輪本來常清淨　此二明諸度
野苑轉法輪也道成即化物故次說法文二此先明轉法也三轉者示
相轉勸修轉引證轉也　謂初示四諦法相也次勸修行此四諦也
復言我已證令信受也大千者佛一化境也肇曰法輪常淨猶虛
空也雖復古今不同時移俗易聖聖相傳其道不改　天人得道此
為證三寶於是現世間　此二明初成肇曰初轉法輪時俱輪
等五人八万諸天得道此常清淨之明證覺道既成佛寶法輪既
轉法寶五人出家得道僧寶於是言其始也五人者憍陳如摩訶
男阿濕卑婆提婆敷也　以斯妙法濟群生一受不退常寂然度
老病死大醫王當禮海法德无邊　此三明得益明對見修或
得涅槃益也肇曰九十六種道上者亦能斷結生無色界天但其
道不真要還墮三途佛以四諦妙法濟三乘衆生無有既受而
還墮生死者故曰一受不退永畢無為故常寂然也又生老病死患之重
者濟以法藥故為醫王之長也此明法輪瀰曠難測法海流潤無涯德無邊
也　毀譽不動如須彌　此四歎平等文三此初八風不動也肇曰利衰毀譽
稱譏苦樂八法之風不動如來猶四風之吹須彌也　於善不善等以慈
此二違順不動肇曰截手不戚捧足不忻善惡自彼慈覆不二又順法違
法及不違順心平等也　心行平等於虛空孰聞人寶不敬承　三結釋
也肇曰在天為天寶在人為人寶寶於人天者豈天人之所能及物莫
不敬承也　今奉世尊此微蓋於中現我三千界諸天龍神所居宮
乾闥婆等及夜叉悉現世間諸所有十力哀現是化變衆覩希有皆
歎佛今我稽首三界尊　此下四行頌上獻蓋等三奉微蓋等獻蓋
也於中現等合蓋也衆覩等衆歎也肇曰微微小也所奉至微所見至
廣此是如來哀愍之所現十力者是如來別稱耳　大聖法王衆所歸
淨心觀佛靡不欣各見世尊在其前斯則神力不共法　此下第四歎

BD04562號　淨名經集解關中疏卷上　（4–4）

BD04562號背1　尚書註疏雜抄（擬）
BD04562號背2　某田畝歷雜寫（擬）
BD04562號背3　藏文

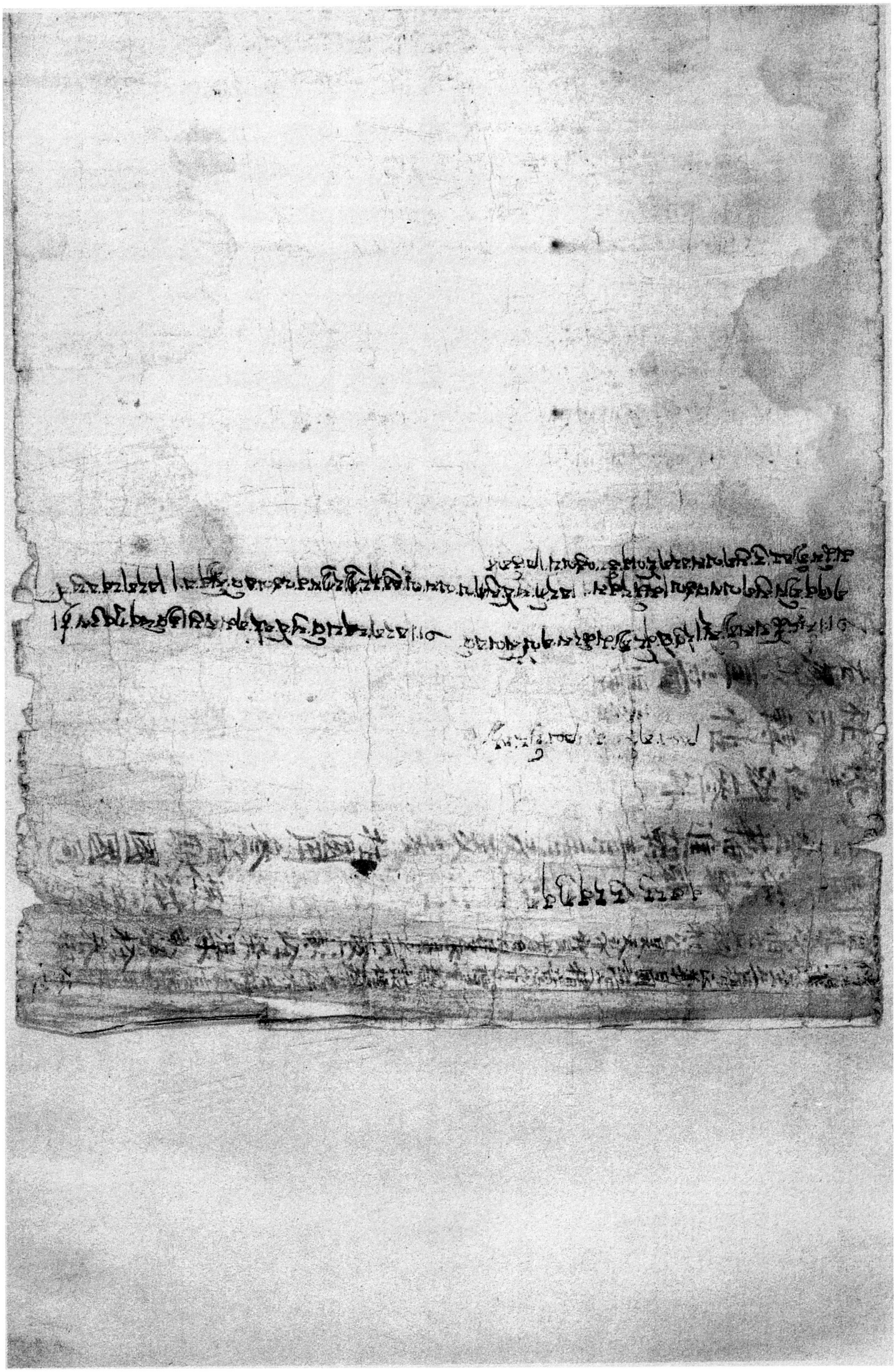

（2–1）

（2-2）

量諸法若入四諦則有
五諦
尒時佛讚迦葉菩薩善哉善哉善男子汝今
所問則能利益安隱快樂无量衆生善男子
如我說諸法悉已攝在四聖諦中迦葉菩薩復
作是言如是等法若在四諦如來何故唱言
不說佛言善男子雖復入中猶不名說何以
故善男子知聖諦者有二種智一者中二者上
中者聲聞緣覺智上者諸佛菩薩智善男子
知諸陰苦名爲中智分別諸陰有无量相悉
是諸苦非諸聲聞緣覺所知是名上智善男
子如是等義我於彼經竟不說之善男子知
諸入者名之爲門亦名爲苦是名中智分別
種種有无量相悉是諸苦非諸聲聞緣覺
所知是名上智如是等義我於彼經亦不說之
善男子知諸界者名之爲分亦名爲性亦名
爲苦是名中智分別諸界有无量相悉是
苦非諸聲聞緣覺所知是名上智善男子知
是等義我於彼經亦不說之善男子知色壞

BD04563號　大般涅槃經（北本）卷一三　　（3–1）

諸入者名之爲門亦名爲苦是名中智分別
種種有无量相悉是諸苦非諸聲聞緣覺
所知是名上智如是等義我於彼經亦不說之
善男子知諸界者名之爲分亦名爲性亦名
爲苦是名中智分別諸界有无量相悉是
苦非諸聲聞緣覺所知是名上智善男子知
是等義我於彼經亦不說之善男子知色壞
相是名中智分別諸色有无量相悉是諸苦
非諸聲聞緣覺所知是名上智如是等義
我於彼經亦不說之善男子知受覺相是名
中智分別諸受有无量覺相非諸聲聞緣覺
所知是名上智善男子如是等義我於彼經亦
不說之善男子知想取相是名中智分別是
想有无量取相非諸聲聞緣覺所知是名上
智如是等義我於彼經亦不說之善男子知
行作相是名中智分別是行无量作相非諸
聲聞緣覺所知是名上智善男子如是等義
我於彼經亦不說之善男子知識分別相是
名中智分別是識无量知相非諸聲聞緣覺
所知是名上智善男子如是等義我於彼經
亦不說之善男子知愛因緣能生五陰是名
中智一人起愛无量无邊聲聞緣覺所不能
知能知一切衆生所起如是等愛是名上智
如是等義我於彼經亦不說之善男子知滅
煩惱是名中智分別煩惱不可稱計滅亦如
是不可稱計非諸聲聞緣覺所知是名上智
如是等義我於彼經亦不說之善男子知是
道相能離煩惱是名中智分別道用无量无

BD04563號　大般涅槃經（北本）卷一三　　（3–2）

知能知一切衆生所起如是等愛是名上智
如是等義我於彼經亦不說之善男子知滅
煩惱是名中智分別煩惱不可稱計滅亦如
是不可稱計非諸聲聞緣覺所知是名上智
如是等義我於彼經亦不說之善男子知是
道相能離煩惱是名中智分別道相无量无
邊所離煩惱亦无量无邊非諸聲聞緣覺所
知是名上智如是等義我於彼經亦不說之
善男子知世諦者是名中知分別世諦无量
无邊不可稱計非諸聲聞緣覺所知是名上
智如是等義我於彼經亦不說之善男子一
切行无常諸法无我涅槃寂滅是第一義是
名中智知第一義无量无邊不可稱計非諸
聲聞緣覺所知是名上智如是等義我於
彼經亦不說之尒時文殊師利菩薩摩訶薩
白佛言世尊所說世諦第一義諦其義云
何世尊第一義中有世諦不世諦之中有第一
義不如其有者即是一諦如其无者將非如來
虛妄說耶善男子世諦者即第一義諦世尊
若尒者則无二諦佛言善男子有善方便隨
順衆生說有二諦善男子若隨言說則有二
種一者世法二者出世法善男子如出世人
之所知者名第一義諦世人知者名為世諦
善男子五陰和合稱言某甲凡夫衆生隨其
所稱是名世諦解陰无有某甲名字離陰亦
无某甲名字出世之人其如性相而能知之

BD04563 號　大般涅槃經（北本）卷一三　（3–3）

大乘无量壽經
如是我聞一時薄伽梵在舍衛國祇樹給孤獨園與大苾蒭僧千二百五十人大
菩薩摩訶薩衆俱會坐尒時世尊告曼殊室利童子曼殊上方有世
界名无量功德聚彼土有佛号无量智決定王如來阿羅訶三藐三菩提
現為衆生開示說法曼殊師利南閻浮提人皆短受大限百年於中殀枉横死者衆
曼殊如是无壽量如來功德名稱法要若有衆生得聞名号若自書或使人書
能為經卷受持讀誦若於舍宅所住之處以種種花鬘瓔珞塗香末香而為供養
如其命盡復得延年滿足百歲如是曼殊若有衆生得聞是无量壽智決定王如
來一百八名号者益其長壽若有衆生大命將盡憶念是如來名号更得增壽
如是曼殊若有善男子善女人欲求長壽於是无量壽如來一百八名号有得聞者
或自書若使人書受持讀誦得如是等福報福德具足陁羅尼曰　南謨薄伽勃底
阿波唎蜜多　阿喻紇硯娜　須毗你失指陁　囉佐耶　怛他羯他耶　怛姪他唵　薩婆桑悉迦囉
波唎輸馱　達磨底　伽迦娜　莎訶某特伽底　薩婆婆毗輸底　摩訶娜耶　波唎婆唎
莎訶　主　世尊復告曼殊室利如是如來百一八名号若有自書或使人書為經卷
受持讀誦如壽命盡復滿百年壽終之後得往生无量福智世界无量壽淨土
陁羅尼曰　南謨薄伽勃底　阿波唎蜜多　阿喻紇硯娜　須毗你失指陁　囉佐耶　怛他羯他耶
怛姪他唵　薩婆桑悉迦囉　波唎輸馱　達磨底　伽迦娜　莎訶某特伽底　薩婆婆毗輸底　摩
訶娜耶　波唎婆唎莎訶　主　尒時有九十九殑伽一時同聲說是无量壽宗要經陁羅尼
曰　南謨薄伽勃底　阿波唎蜜多　阿喻紇硯娜　須毗你失指陁　囉佐耶　怛他羯他耶　怛姪他唵
薩婆桑悉迦囉　波唎輸馱　達磨底　伽迦娜　莎訶某特伽底　薩婆婆毗輸底　摩訶娜耶
波唎婆唎莎訶　主　尒時復有一百四殑伽一時同聲說是无量壽宗要經陁羅尼
曰　南謨薄伽勃底　阿波唎蜜多　阿喻紇硯娜　須毗你失指陁　囉佐耶　怛他羯他耶　怛姪他唵
薩婆桑悉迦囉　波唎輸馱　達磨底　伽迦娜　莎訶某特伽底　薩婆婆毗輸底　摩訶娜耶
波唎婆唎莎訶　主　尒時復有七殑伽一時同聲說是无量壽宗要經陁羅尼曰　南

BD04564 號　無量壽宗要經　（5–1）

訶娜耶 波唎婆唎莎訶 亦時有九十九姟佛一時同聲說是无量壽宗要經陀羅尼
日 南謨薄伽勃底 阿波唎蜜多 阿喻紇硯娜 須毗你悉指陀 囉佐耶 怛他羯他耶 怛姪他唵
薩婆桑悉迦囉 波唎輸底 達磨底 伽伽娜 莎訶某特迦底 薩婆婆毗輸底 摩訶娜耶
波唎婆唎莎訶 亦時復有一百四姟佛一時同聲說是无量壽宗要經陀羅尼
日 南謨薄伽勃底 阿波唎蜜多 阿喻紇硯娜 須毗你悉指陀 囉佐耶 怛他羯他耶 怛姪他唵
薩婆桑悉迦囉 波唎輸底 達磨底 伽伽娜 莎訶某特迦底 薩婆婆毗輸底 摩訶娜耶
波唎婆唎莎訶 亦時復有七姟佛一時同聲說是无量壽宗要經陀羅尼日 南
謨薄伽勃底 阿波唎蜜多 阿喻紇硯娜 須毗你悉指陀 囉佐耶 怛他羯他耶 怛姪他唵
薩婆桑悉迦囉 波唎輸底 達磨底 伽伽娜 莎訶某特迦底 薩婆婆毗輸底 摩訶娜耶
波唎婆唎莎訶 亦時復有六十五姟佛一時同聲說是无量壽宗要經 陀羅尼日
南謨薄伽勃底 阿波唎蜜多 阿喻紇硯娜 須毗你悉指陀 囉佐耶 怛他羯他耶 怛姪
他唵 薩婆桑悉迦囉 波唎輸底 達磨底 伽伽娜 莎訶某特迦 薩婆婆毗輸底 摩
訶娜耶 波唎婆唎莎訶 亦時復有五十五姟佛一時同聲說是无量壽宗要經陀
羅尼日 南謨薄伽勃底 阿波唎蜜多 阿喻紇硯娜 須毗你悉指陀 囉佐耶 怛他羯他耶 怛姪他
唵 薩婆桑悉迦囉 波唎輸底 達磨底 伽伽娜 莎訶某特迦底 薩婆婆毗輸底 摩
訶娜耶 波唎婆唎莎訶 亦時復有四十五姟佛一時同聲說是无量壽宗要經陀羅
尼日 南謨薄伽勃底 阿波唎蜜多 阿喻紇硯娜 須毗你悉指陀 囉佐耶 怛他羯他耶 怛姪他
唵 薩婆桑悉迦囉 波唎輸底 達磨底 伽伽娜 莎訶某特迦底 薩婆婆毗輸底 摩
訶娜耶 波唎婆唎莎訶 亦時復有三十六姟佛一時同聲說是无量壽宗要經陀羅
尼日 南謨薄伽勃底 阿波唎蜜多 阿喻紇硯娜 須毗你悉指陀 囉佐耶 怛他羯他耶 怛姪他唵
薩婆桑悉迦囉 波唎輸底 達磨底 伽伽娜 莎訶某特迦底 薩婆婆毗輸底 摩訶娜
耶 波唎婆唎莎訶 亦時復有二十五姟佛一時同聲說是无量壽宗要經陀羅尼日
南謨薄伽勃底 阿波唎蜜多 阿喻紇硯娜 須毗你悉指陀 囉佐耶 怛他羯他耶 怛姪他唵
薩婆桑悉迦囉 波唎輸底 達磨底 伽伽娜 莎訶某特迦底 薩婆婆毗輸底 摩訶
娜耶 波唎婆唎莎訶 亦時復有恒河沙姟佛一時同聲說是无量壽宗要經陀
羅尼日 南謨薄伽勃底 阿波唎蜜多 阿喻紇硯娜 須毗你悉指陀 囉佐耶 怛他羯他耶
怛姪他唵 薩婆桑悉迦囉 波唎輸底 達磨底 伽伽娜 莎訶某特迦底 薩婆婆毗輸底
摩訶娜耶 波唎婆唎莎訶
善男若有自書寫教人書寫是无量壽宗要經如其命盡復得長壽而滿年陀羅
尼日 南謨薄伽勃底 阿波唎蜜多 阿喻紇硯娜 須毗你悉指陀 囉佐耶 怛他羯他耶 怛姪他唵

BD04564號　無量壽宗要經　（5–2）

娜耶 波唎婆唎莎訶 亦時復有恒河沙姟佛一時同聲說是无量壽宗要經陀
羅尼日 南謨薄伽勃底 阿波唎蜜多 阿喻紇硯娜 須毗你悉指陀 囉佐耶 怛他羯他耶
怛姪他唵 薩婆桑悉迦囉 波唎輸底 達磨底 伽伽娜 莎訶某特迦底 薩婆婆毗輸底
摩訶娜耶 波唎婆唎莎訶
善男若有自書寫教人書寫是无量壽宗要經如其命盡復得長壽而滿年陀羅
尼日 南謨薄伽勃底 阿波唎蜜多 阿喻紇硯娜 須毗你悉指陀 囉佐耶 怛他羯他耶 怛姪他唵
薩婆桑悉迦囉 波唎輸底 達磨底 伽伽娜 莎訶某特迦底 薩婆婆毗輸底 摩訶娜耶 波
唎婆唎莎訶 若有自書寫教人書寫是无量壽宗要經讀誦受持畢竟不墮地
獄在在所生得宿命智陀羅尼日 南謨薄伽勃底 阿波唎蜜多 阿喻紇硯娜 須毗你悉
指陀 囉佐耶 怛他羯他耶 怛姪他唵 薩婆桑悉迦囉 波唎輸底 達磨底 伽伽娜
莎訶某特迦底 薩婆婆毗輸底 摩訶娜耶 波唎婆唎莎訶 若有自書寫教人書
寫是无量壽宗要經受持讀誦如同書寫八万四千一切經典陀羅尼日 南謨薄
伽勃底 阿波唎蜜多 阿喻紇硯娜 須毗你悉指陀 囉佐耶 怛他羯他耶 怛姪他唵 薩婆桑
悉迦囉 波唎輸底 達磨底 伽伽娜 莎訶某特迦底 薩婆婆毗輸底 摩訶娜耶
波唎婆唎莎訶 若有自書寫教人書寫是无量壽宗要經即是書寫八万四千
部建立塔廟陀羅尼日 南謨薄伽勃底 阿波唎蜜多 阿喻紇硯娜 須毗你悉指陀
囉佐耶 怛他羯他耶 怛姪他唵 薩婆桑悉迦囉 波唎輸底 達磨底 伽伽娜 莎訶某
特迦底 薩婆婆毗輸底 摩訶娜耶 波唎婆唎莎訶 若有自書寫教人書寫
是无量壽宗要經能消五无間等一切重罪陀羅尼日 南謨薄伽勃底 阿波唎
蜜多 阿喻紇硯娜 須毗你悉指陀 囉佐耶 怛他羯他耶 怛姪他唵 薩婆桑悉迦囉 波
唎輸底 達磨底 伽伽娜 莎訶某特迦底 薩婆婆毗輸底 摩訶娜耶 波唎婆唎
莎訶 若有自書寫教人書寫是无量壽宗要經受持讀誦設有罪重猶如
須彌盡能除滅陀羅尼日 南謨薄伽勃底 阿波唎蜜多 阿喻紇硯娜 須毗你悉
指陀 囉佐耶 怛他羯他耶 怛姪他唵 薩婆桑悉迦囉 波唎輸底 達磨底 伽伽
娜 莎訶某特迦底 薩婆婆毗輸底 摩訶娜耶 波唎婆唎莎訶 若有自書寫
教人書寫是无量壽宗要經受持讀誦當命終時有九十九姟佛現其人
前衆千佛授手能遊一切佛剎莫於此經生於疑惑陀羅尼日 南謨薄伽勃底
阿波唎蜜多 阿喻紇硯娜 須毗你悉指陀 囉佐耶 怛他羯他耶 怛姪他唵 薩婆桑悉迦囉
波唎輸底 達磨底 伽伽娜 莎訶某特迦底 薩婆婆毗輸底 摩訶娜耶 波唎婆唎莎訶
若有自書寫教人書寫是无量壽宗要經受持讀誦若魔子之眷屬夜叉羅剎
[illegible]陀羅尼日 南謨薄伽勃底 阿波唎蜜多 阿喻紇硯娜 須毗你悉

BD04564號　無量壽宗要經　（5–3）

指陁 囉佐耶 怛他羯他耶 怛姪他唵 薩婆桑悉迦羅 波唎輸底 達磨底 伽迦
娜 莎訶某特迦底 薩婆婆毗輸底 摩訶娜耶 波唎婆唎莎訶 十五 若有自書寫
教人書寫是无量壽宗要經受持讀誦當命終時有九十九殑伽佛現其人
前菽千佛授手能遊一切佛刹莫於此經生於疑惑陁羅尼日 南謨薄伽勃底
阿波唎蜜多 阿喻紇硯娜 須毗你悉指陁 囉佐耶 怛他羯他耶 怛姪他唵 薩婆桑悉迦羅
波唎輸底 達磨底 伽迦娜 莎訶某特迦底 薩婆婆毗輸底 摩訶娜耶 波唎婆唎莎訶 十五
若有自書寫教人書寫是无量壽宗要經受持讀誦若魔子之眷屬夜叉羅剎
不得其便終无枉死陁羅尼日 南謨薄伽勃底 阿波唎蜜多 阿喻紇硯娜 須毗你悉
指陁 囉佐耶 怛他羯他耶 怛姪他唵 薩婆桑悉迦羅 波唎輸底 達磨底 伽迦娜
莎訶某特迦底 薩婆婆毗輸底 摩訶娜耶 波唎婆唎莎訶 十五 若有自書寫教人書寫
是无量壽宗要經受持讀誦常四天大王隨其衛護陁羅尼日 南謨薄伽勃底 阿波唎
蜜多 阿喻紇硯娜 須毗你悉指陁 囉佐耶 怛他羯他耶 怛姪他唵 薩婆桑悉迦羅 波唎輸底
達磨底 伽迦娜 莎訶某特迦底 薩婆婆毗輸底 摩訶娜耶 波唎婆唎莎訶 十五
若有自書寫教人書寫是无量壽宗要經受持讀誦當得往生西方極樂世界
阿彌陁淨土陁羅尼日 南謨薄伽勃底 阿波唎蜜多 阿喻紇硯娜 須毗你悉指陁 囉佐耶 怛
他羯他耶 怛姪他唵 薩婆桑悉迦羅 波唎輸底 達磨底 伽迦娜 莎訶某特迦底 薩婆
婆毗輸底 摩訶娜耶 波唎婆唎莎訶 十五 若有方所自書寫使人書寫是无量壽經典
之處則為是塔皆應恭敬作礼若是畜生飛鳥獸得是經如是等類皆當不久
得成一切種智陁羅尼日 南謨薄伽勃底 阿波唎蜜多 阿喻紇硯娜 須毗你悉指陁 囉佐耶 怛
他羯他耶 怛姪他唵 薩婆桑悉迦羅 波唎輸底 達磨底 伽迦娜 莎訶某特迦底 薩婆婆
毗輸底 摩訶娜耶 波唎婆唎莎訶 十五 若有於是无量壽經自書寫若使人書畢
竟不受女人之身陁羅尼日 南謨薄伽勃底 阿波唎蜜多 阿喻紇硯娜 須毗你悉指陁
囉佐耶 怛他羯他耶 怛姪他唵 薩婆桑悉迦羅 波唎輸底 達磨底 伽迦娜 莎訶某特
迦底 薩婆婆毗輸底 摩訶娜耶 波唎婆唎莎訶 十五 若有能於是經少分能惠施者等
三千大千世界滿中七寶布施陁羅尼日 南謨薄伽勃底 阿波唎蜜多 阿喻紇硯娜 須毗
你悉指陁 囉佐耶 怛他羯他耶 怛姪他唵 薩婆桑悉迦羅 波唎輸底 達磨底 伽迦娜 莎訶
某特迦底 薩婆婆毗輸底 摩訶娜耶 波唎婆唎莎訶 十五 若有能供養是經者則是供
養一切諸經等无有異陁羅尼日 南謨薄伽勃底 阿波唎蜜多 阿喻紇硯娜 須毗你悉指
陁 囉佐耶 怛他羯他耶 怛姪他唵 薩婆桑悉迦羅 波唎輸底 達磨底 伽迦娜 莎訶某特迦底 薩
婆婆毗輸底 摩訶娜耶 波唎婆唎莎訶 十五
[illegible]毗舍浮佛 俱留孫佛 俱那含牟尼佛 迦葉佛 釋迦牟尼佛

BD04564 號　無量壽宗要經　（5–4）

[illegible]悉指陁 囉佐耶 怛他羯他耶 怛姪他唵 薩婆桑悉迦羅 [illegible]
某特迦底 薩婆婆毗輸底 摩訶娜耶 波唎婆唎莎訶 十五 若有能供養是經者則是供
養一切諸經等无有異陁羅尼日 南謨薄伽勃底 阿波唎蜜多 阿喻紇硯娜 須毗你悉指
陁 囉佐耶 怛他羯他耶 怛姪他唵 薩婆桑悉迦羅 波唎輸底 達磨底 伽迦娜 莎訶某特迦底 薩
婆婆毗輸底 摩訶娜耶 波唎婆唎莎訶 十五
如是毗婆尸佛 尸棄佛 毗舍浮佛 俱留孫佛 俱那含牟尼佛 迦葉佛 釋迦牟尼佛
若有七寶供養如是七佛其福上能知其限量有限書寫受持是无量壽經典所有功
德不可限量陁羅尼日 南謨薄伽勃底 阿波唎蜜多 阿喻紇硯娜 須毗你悉指陁 囉佐耶 怛他羯
他耶 怛姪他唵 薩婆桑悉迦羅 波唎輸底 達磨底 伽迦娜 莎訶某特迦底 薩婆婆毗輸底
摩訶娜耶 波唎婆唎莎訶 十五 若有七寶等於須彌以用布施其福上能知其限量是无
量壽經典其福不可知數陁羅尼日 南謨薄伽勃底 阿波唎蜜多 阿喻紇硯娜 須毗你悉指陁 囉
佐耶 怛他羯他耶 怛姪他唵 薩婆桑悉迦羅 波唎輸底 達磨底 伽迦娜 莎訶某特迦底 薩婆
婆毗輸底 摩訶娜耶 波唎婆唎莎訶 十五
如是四大海水可知滴數是无量壽經典所生果報不可數量陁羅尼日 南謨薄伽勃底
阿波唎蜜多 阿喻紇硯娜 須毗你悉指陁 囉佐耶 怛他羯他耶 怛姪他唵 薩婆桑悉迦羅 波唎輸底
達磨底 伽迦娜 莎訶某特迦底 薩婆婆毗輸底 摩訶娜耶 波唎婆唎莎訶 十五
若有自書寫使人書寫是无量壽經典又能護持供養即如恭敬供養一切十方佛
土如來无有別異陁羅尼日 南謨薄伽勃底 阿波唎蜜多 阿喻紇硯娜 須毗你悉指陁
囉佐耶 怛他羯他耶 怛姪他唵 薩婆桑悉迦羅 波唎輸底 達磨底 伽迦娜 莎訶某特迦
底 薩婆婆毗輸底 摩訶娜耶 波唎婆唎莎訶 十五
布施力能成正覺　悟布施力人師子　布施力能聲普聞　慈悲階漸最能入
持戒力能成正覺　悟持戒力人師子　持戒力能聲普聞　慈悲階漸最能入
忍辱力能成正覺　悟忍辱力人師子　忍辱力能聲普聞　慈悲階漸最能入
精進力能成正覺　悟精進力人師子　精進力能聲普聞　慈悲階漸最能入
禪定力能成正覺　悟禪定力人師子　禪定力能聲普聞　慈悲階漸最能入
智慧力能成正覺　悟智慧力人師子　智慧力能聲普聞　慈悲階漸最能入
佘時如來說是經已一切世間天人阿脩羅揵闥婆等聞佛所
說皆大歡喜信受奉行
佛說无量壽宗要經
[illegible]

BD04564 號　無量壽宗要經　（5–5）

沙門婆羅門乃至於識處一切入處正受清
淨鮮白者見本見患見滅見滅道跡以見本
見患見滅見道跡故是則實亡存於心寂
滅而不亂善見善入是故世尊答僧耆多童
女所問偈
實義存於心 寂滅而不亂 降伏諸勇猛 可愛端正色
一心獨靜思 勝貧妙禪樂 是則為遠離 世間之伴黨
世間諸伴黨 無習近我者
如是姉妹我解世尊以如是義故說如是偈
優婆夷言善哉尊者說真實義雅顧尊者受
我請食時尊者摩訶迦旃延默然受請時迦
梨迦優婆夷知尊者摩訶迦旃延受請已即
辦種種淨美飲食恭敬尊重自手奉食時優
婆夷知尊者摩訶迦旃延食已洗鉢澡漱訖
敷一卑坐於尊者摩訶迦旃延前恭敬聽
法尊者摩訶迦旃延為迦梨迦優婆夷種種
說法示教照喜示教照喜已從坐起而去
如是我聞一時佛在舍衛國祇樹給孤獨園
尒時尊者摩訶迦旃延在舍衛國祇樹給孤
獨園尊者摩訶迦旃延語諸比丘佛世尊如
來應等正覺所知所見說於法於若處昇於

BD04565號　雜阿含經卷二〇　（2–1）

世間諸伴黨 無習近我者
如是姉妹我解世尊以如是義故說如是偈
優婆夷言善哉尊者說真實義雅顧尊者受
我請食時尊者摩訶迦旃延默然受請時迦
梨迦優婆夷知尊者摩訶迦旃延受請已即
辦種種淨美飲食恭敬尊重自手奉食時優
婆夷知尊者摩訶迦旃延食已洗鉢澡漱訖
敷一卑坐於尊者摩訶迦旃延前恭敬聽
法尊者摩訶迦旃延為迦梨迦優婆夷種種
說法示教照喜示教照喜已從坐起而去
如是我聞一時佛在舍衛國祇樹給孤獨園
尒時尊者摩訶迦旃延在舍衛國祇樹給孤
獨園尊者摩訶迦旃延語諸比丘佛世尊如
來應等正覺所知所見說於法於若處昇於
勝處說一乘道淨諸衆生離諸惱苦憂悲悉
滅得真如法何等為六謂聖弟子念如來應
等正覺所行法淨如來應等正覺明行足善
逝世間解無上士調御丈夫天人師佛世尊
聖弟子念如來應所行法故離貪欲覺離瞋
恚覺離害覺如是聖弟子出染著心何等為
染著心謂五欲功德於此五欲功德離貪恚

BD04565號　雜阿含經卷二〇　（2–2）

又願
生切德生生世世生
願以懺悔十一遍徒及十二入十八界
德願十一空解常用攝心自在能轉十二行輪
之法无量功德一切圓滿至心歸命常住三寶
佛說罪業報應教化地獄經
如是我聞一時佛在王舍城耆闍崛山中與菩薩摩訶及
聲聞眷屬俱亦與比丘比丘尼優婆塞優婆夷及諸天龍鬼
神等皆悉集會
尒時信相菩薩白佛言今有地獄餓鬼畜生奴婢貧富貴
賤種類若干唯願世尊具演說之有眾生聞佛說法如嬰
兒得母如病得醫如裸者得衣如闇得燈世尊說法利益眾
生亦復如是
尒時世尊觀時已至知諸菩薩勸請慇懃即放眉間
白毫相光照於世界地獄休息苦痛安寧尒時一切受罪
眾生尋佛光明來詣佛所繞佛七匝心作禮敬勸請世尊
敷演道化令此眾生得蒙解脫
尒時信相菩薩為諸眾生而作發起白佛言世尊有眾
生為諸獄卒剉碓斬身從足斬之乃至其頂斬之以訖巧
風吹活而復斬之何罪所致佛言此人前世坐不信三尊不孝
……兒魁膾斬害眾生故獲斯罪

BD04566號　佛名經（十六卷本）卷一四　（2–1）

神等皆悉集會
尒時信相菩薩白佛言今有地獄餓鬼畜生奴婢貧富貴
賤種類若干唯願世尊具演說之有眾生聞佛說法如嬰
兒得母如病得醫如裸者得衣如闇得燈世尊說法利益眾
生亦復如是
尒時世尊觀時已至知諸菩薩勸請慇懃即放眉間
白毫相光照於世界地獄休息苦痛安寧尒時一切受罪
眾生尋佛光明來詣佛所繞佛七匝心作禮敬勸請世尊
敷演道化令此眾生得蒙解脫
尒時信相菩薩為諸眾生而作發起白佛言世尊有眾
生為諸獄卒剉碓斬身從足斬之乃至其頂斬之以訖巧
風吹活而復斬之何罪所致佛言此人前世坐不信三尊不孝
父母屠兒魁膾斬害眾生故獲斯罪
南无栴檀香佛　南无可觀佛
南无无量智佛　南无千日威德佛
南无捨重擔佛　南无稱清淨佛
南无提縣闍佛　南无自在王佛
南无无邊智佛　南无廣光佛
南无信甘露佛　南无妙眼佛
南无解脫行佛　南无妙見佛

BD04566號　佛名經（十六卷本）卷一四　（2–2）

□皆空永斷一切煩惱
一切智智亦能超勝一切
□素洛等復次善現若諸如來應
三十二大士相八十隨好所莊嚴身
非非有者則諸如來應正等覺所放光
能超勝一切世間天人阿素洛等善
現八□□如來應正等覺三十二大士相八十隨
好所莊嚴色□□實有是非有性故諸如來
應正等覺威光妙德超勝一切世間天人阿
素洛等復次善現若諸如來應等覺所放
光明是實有非非有者則諸如來應正等覺
所放光明不能普照十方各如殑伽沙界亦
不能超勝一切世間天人阿素洛等善現以
諸如來應正等覺所放光明非實有是非有
性故諸如來應正等覺所放光明皆能普照
十方各如殑伽沙界亦能超勝一切世間天
人阿素洛等復次善現若諸如來應正等覺
所具六十美妙支音是實有非非有者則諸
如來應正等覺所具六十美妙支音不能遍
告十方无量无數世界所化有情亦不能超

BD04567號　大般若波羅蜜多經卷四一八　（3–1）

性故諸如來應正等覺所放光明皆能普照
十方各如殑伽沙界亦能超勝一切世間天
人阿素洛等復次善現若諸如來應正等覺
所具六十美妙支音是實有非非有者則諸
如來應正等覺所具六十美妙支音不能遍
告十方无量无數世界所化有情亦不能超
勝一切世間天人阿素洛等善現以諸如來
應正等覺所具六十美妙支音非實有是非
有性故諸如來應正等覺所具六十美妙支
音皆能遍告十方无量无數世界所化有情
亦能超勝一切世間天人阿素洛等復次善
現若諸如來應正等覺所轉法輪是實有非
非有者則諸如來應正等覺所轉法輪非極
清淨亦非一切世間沙門婆羅門等所不能
轉亦不能超勝一切世間天人阿素洛等善
現以諸如來應正等覺所轉法輪非實有是
非有性故諸如來應正等覺所轉法輪最極
清淨一切世間沙門婆羅門等皆无有能如
法轉者亦能超勝一切世間天人阿素洛等
復次善現若諸如來應正等覺所化有情是
實有非非有者則諸如來應正等覺所轉法
輪不能令彼所有情類於无餘依妙涅槃界
而般涅槃亦不能超勝一切世間天人阿素
洛等善現以諸如來應正等覺所化有情非
實有是非有性故諸如來應正等覺所轉法
輪皆能令彼諸有情類於无餘依妙涅槃界
而般涅槃亦能超勝一切世間天人阿素洛
等善現由如是等種種因緣故說大乘是尊

BD04567號　大般若波羅蜜多經卷四一八　（3–2）

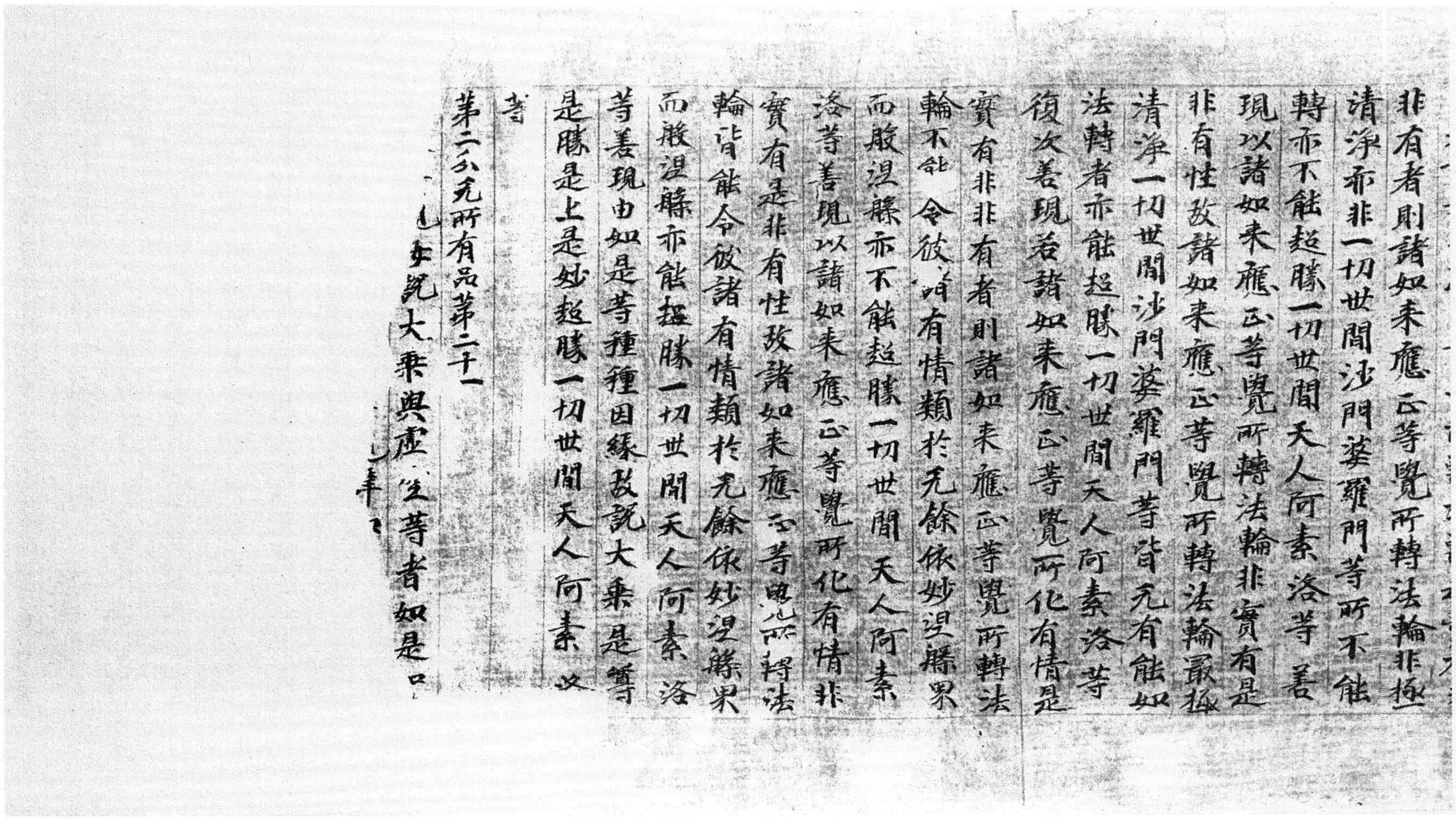
非有者則諸如來應正等覺所轉法輪非極
清淨亦非一切世間沙門婆羅門等所不能
轉亦不能超勝一切世間天人阿素洛等善
現以諸如來應正等覺所轉法輪非實有是
非有性故諸如來應正等覺所轉法輪最極
清淨一切世間沙門婆羅門等皆无有能如
法轉者亦能超勝一切世間天人阿素洛等
復次善現若諸如來應正等覺所化有情是
實有非非有者則諸如來應正等覺所轉法
輪不能令彼所有情類於无餘依妙涅槃界
而般涅槃亦不能超勝一切世間天人阿素
洛等善現以諸如來應正等覺所化有情非
實有是非有性故諸如來應正等覺所轉法
輪皆能令彼諸有情類於无餘依妙涅槃界
而般涅槃亦能超勝一切世間天人阿素洛
等善現由如是等種種因緣故說大乘是等
是勝是上是妙超勝一切世間天人阿素洛
等
第二分无所有品第二十一
……說大乘與虛空等者如是……

BD04567 號　大般若波羅蜜多經卷四一八　（3–3）

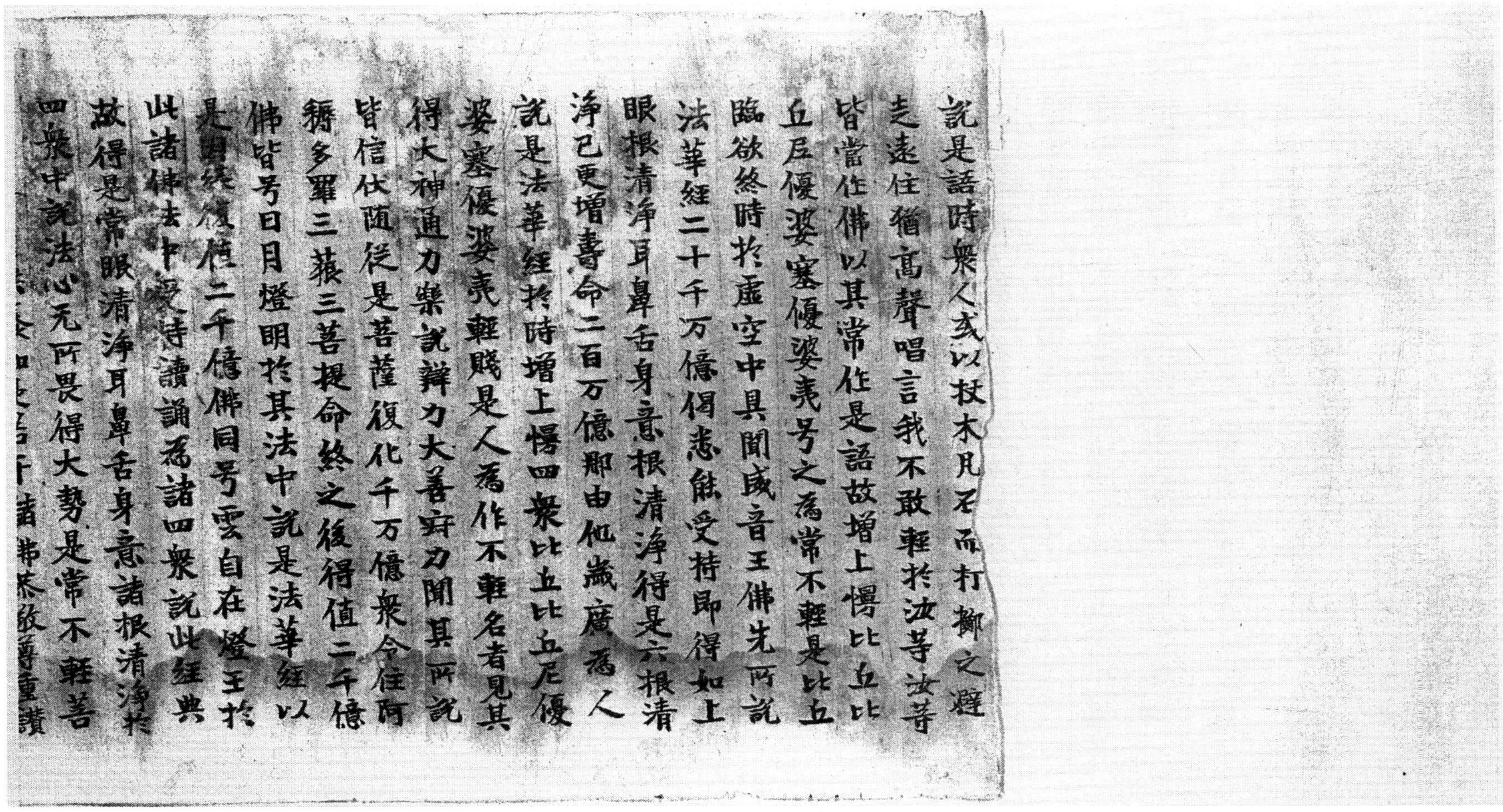
說是語時衆人或以杖木瓦石而打擲之避
走遠住猶高聲唱言我不敢輕於汝等汝等
皆當作佛以其常作是語故增上慢比丘比
丘尼優婆塞優婆夷号之為常不輕是比丘
臨欲終時於虛空中具聞威音王佛先所說
法華經二十千万億偈悉能受持即得如上
眼根清淨耳鼻舌身意根清淨得是六根清
淨已更增壽命二百万億那由他歲廣為人
說是法華經於時增上慢四衆比丘比丘尼優
婆塞優婆夷輕賤是人為作不輕名者見其
得大神通力樂說辯力大善寂力聞其所說
皆信伏隨從是菩薩復化千万億衆令住阿
耨多羅三藐三菩提命終之後得值二千億
佛皆号日月燈明於其法中說是法華經以
是因緣復值二千億佛同号雲自在燈王於
此諸佛法中受持讀誦為諸四衆說此經典
故得是常眼清淨耳鼻舌身意諸根清淨於
四衆中說法心无所畏得大勢是常不輕菩
……如是若干諸佛恭敬尊重讚

BD04568 號　妙法蓮華經卷六　（4–1）

耨多羅三藐三菩提命終之後得值二千億
佛皆号日月燈明於其法中說是法華經以
是因緣復值二千億佛同号雲自在燈王於
此諸佛法中受持讀誦為諸四衆說此經典
故得是常眼清淨耳鼻舌身意諸根清淨於
四衆中說法心无所畏得大勢是常不輕菩
薩摩訶薩供養如是若干諸佛恭敬尊重讚
歎種諸善根於後復值千万億佛亦於諸佛
法中說是經典功德成就當得作佛得大勢
於汝意云何尒時常不輕菩薩豈異人乎則
我身是若我於宿世不受持讀誦此經為他人
說者不能疾得阿耨多羅三藐三菩提我於
先佛所受持讀誦此經為人說故疾得阿耨
多羅三藐三菩提得大勢彼時四衆比丘比
丘尼優婆塞優婆夷以瞋恚意輕賤我故二
百億劫常不值佛不聞法不見僧千劫於阿
鼻地獄受大苦惱畢是罪已復遇常不輕菩
薩教化阿耨多羅三藐三菩提得大勢於汝
意云何尒時四衆常輕是菩薩者豈異人乎
今此會中跋陀婆羅等五百菩薩師子月等
五百比丘尼思佛等五百優婆塞皆於阿耨
多羅三藐三菩提不退轉者是得大勢當知
是法華經大饒益諸菩薩摩訶薩能令至於
阿耨多羅三藐三菩提是故諸菩薩摩訶薩
於如來滅後常應受持讀誦解說書寫是
經尒時世尊欲重宣此義而說偈言
過去有佛　号威音王　神智无量　將導一切
天人龍神　所共供養　是佛滅後　法欲盡時

BD04568號　妙法蓮華經卷六　（4–2）

是法華經大饒益諸菩薩摩訶薩能令至於
阿耨多羅三藐三菩提是故諸菩薩摩訶薩
於如來滅後常應受持讀誦解說書寫是
經尒時世尊欲重宣此義而說偈言
過去有佛　号威音王　神智无量　將導一切
天人龍神　所共供養　是佛滅後　法欲盡時
有一菩薩　名常不輕　時諸四衆　計着於法
不輕菩薩　往到其所　而語之言　我不輕汝
汝等行道　皆當作佛　諸人聞已　輕毀罵詈
不輕菩薩　能忍受之　其罪畢已　臨命終時
得聞此經　六根清淨　神通力故　增益壽命
復為諸人　廣說是經　諸着法衆　皆蒙菩薩
教化成就　令住佛道　不輕命終　值无數佛
說是經故　得无量福　漸具功德　疾成佛道
彼時不輕　則我身是　時四部衆　着法之者
聞不輕言　汝當作佛　以是因緣　值无數佛
此會菩薩　五百之衆　并及四部　清信士女
今於我前　聽法者是　我於前世　勸是諸人
聽受斯經　第一之法　開示教人　令住涅槃
世世受持　如是經典　億億万劫　至不可議
時乃得聞　是法華經　億億万劫　至不可議
諸佛世尊　時說是經　是故行者　於佛滅後
聞如是經　勿生疑惑　應當一心　廣說此經
世世值佛　疾成佛道

妙法蓮華經如來神力品第二十一

尒時千世界微塵等菩薩摩訶薩從地踊出
者皆於佛前一心合掌瞻仰尊顏而白佛言
世尊我等於佛滅後世尊分身所在國土滅

BD04568號　妙法蓮華經卷六　（4–3）

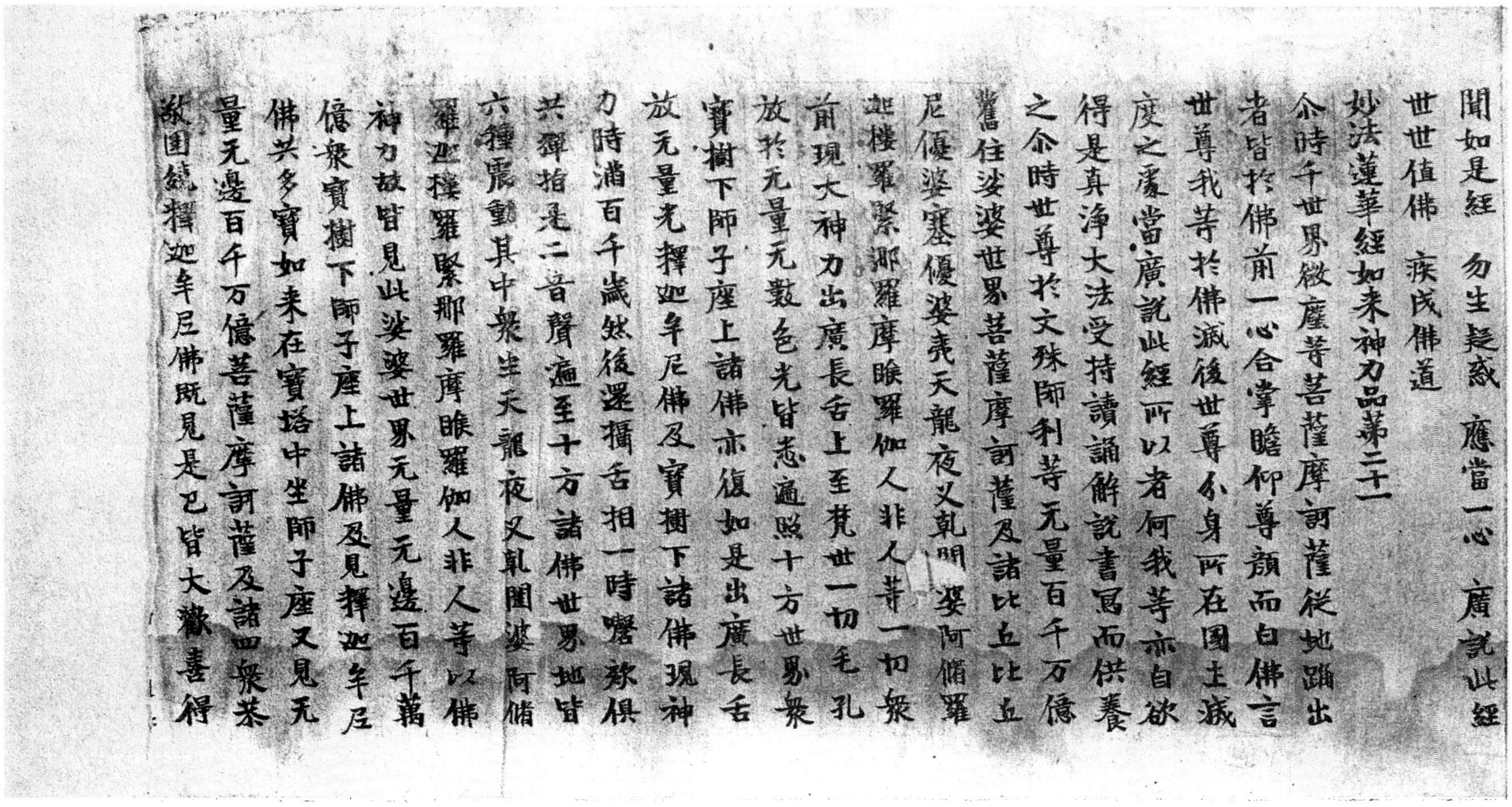

聞如是經　勿生疑惑　應當一心　廣說此經
世世値佛　疾成佛道
妙法蓮華經如來神力品第二十一
尒時千世界微塵等菩薩摩訶薩從地踊出
者皆於佛前一心合掌瞻仰尊顏而白佛言
世尊我等於佛滅後世尊分身所在國土滅
度之處當廣說此經所以者何我等亦自欲
得是真淨大法受持讀誦解說書寫而供養
之尒時世尊於文殊師利等无量百千万億
舊住娑婆世界菩薩摩訶薩及諸比丘比丘
尼優婆塞優婆夷天龍夜叉乾闥婆阿脩羅
迦樓羅緊那羅摩睺羅伽人非人等一切衆
前現大神力出廣長舌上至梵世一切毛孔
放於无量无數色光皆悉遍照十方世界衆
寶樹下師子座上諸佛亦復如是出廣長舌
放无量光釋迦牟尼佛及寶樹下諸佛現神
力時滿百千歲然後還攝舌相一時謦欬俱
共彈指是二音聲遍至十方諸佛世界地皆
六種震動其中衆生天龍夜叉乾闥婆阿脩
羅迦樓羅緊那羅摩睺羅伽人非人等以佛
神力故皆見此娑婆世界无量无邊百千萬
億衆寶樹下師子座上諸佛及見釋迦牟尼
佛共多寶如來在寶塔中坐師子座又見无
量无邊百千万億菩薩摩訶薩及諸四衆恭
敬圍繞釋迦牟尼佛既見是已皆大歡喜得

BD04568 號　妙法蓮華經卷六　（4–4）

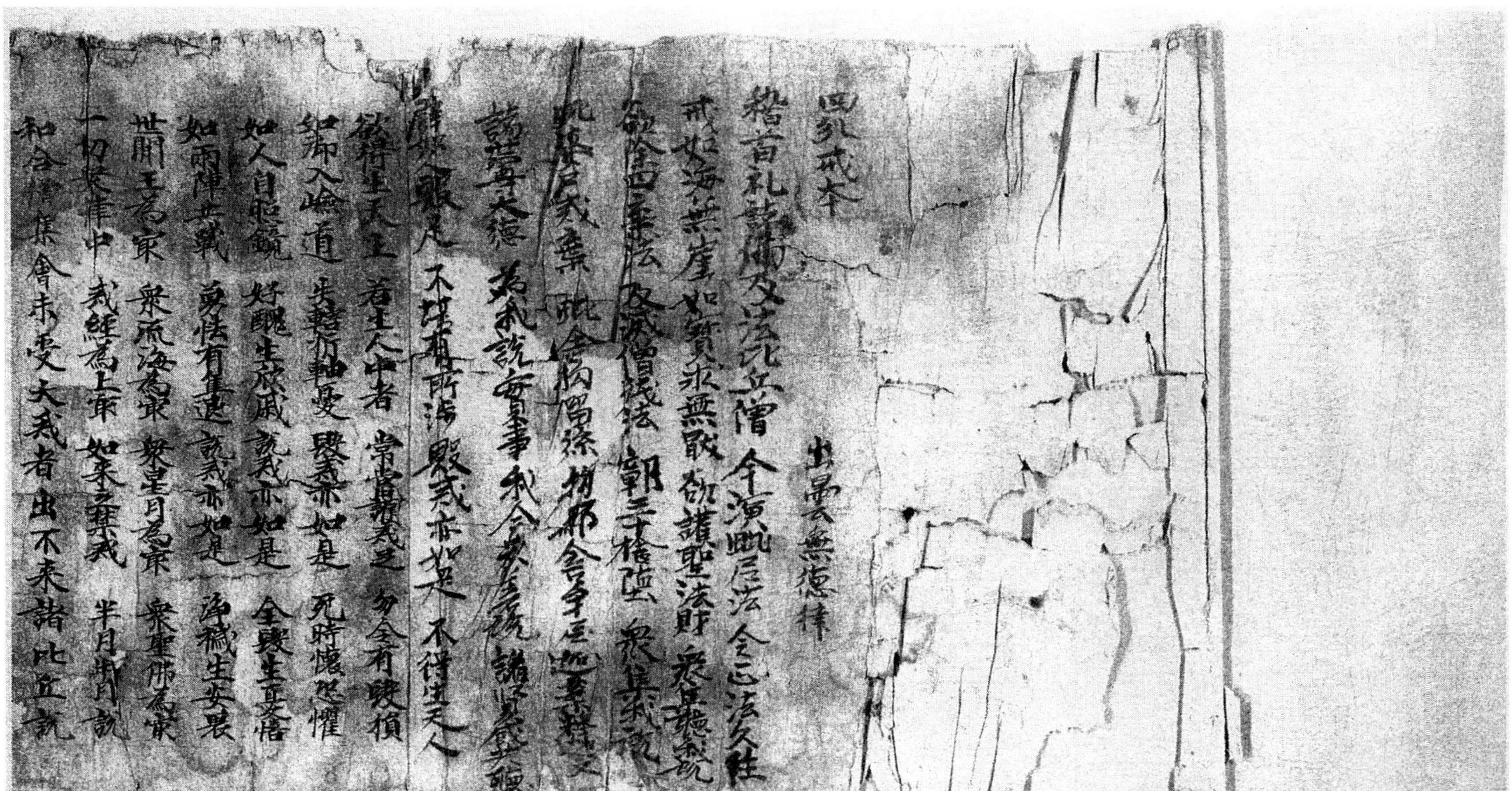

四分戒本　　出曇無德律
稽首禮諸佛　及法比丘僧　今演毗尼法　令正法久住
戒如海無涯　如寶求無厭　欲護聖法財　衆集聽我說
欲除四棄法　及滅僧殘法　鄣三十捨墮　衆集聽我說
毗婆尸式棄　毗舍拘留孫　拘那含牟尼　迦葉釋迦文
諸世尊大德　為我說是事　我今欲善說　諸賢咸共聽
譬如人毀足　不堪有所涉　毀戒亦如是　不得生天人
欲得生天上　若生人中者　常當護戒足　勿令有毀損
如御入險道　失轄折軸憂　毀戒亦如是　死時懷恐懼
如人自照鏡　好醜生欣戚　說戒亦如是　全毀生憂喜
如兩陣共戰　勇怯有進退　說戒亦如是　淨穢生安畏
世間王為最　衆流海為最　衆星月為最　衆聖佛為最
一切衆律中　戒經為上最　如來立禁戒　半月半月說
和合僧集會未受大戒者出不來諸比丘說

BD04569 號　四分律比丘戒本　（21–1）

如龜入嶮道　失轄折軸憂　毀戒亦如是　死時懷恐懼
如人自照鏡　好醜生欣戚　說戒亦如是　全毀生憂喜
如兩陣共戰　勇怯有進退　說戒亦如是　淨穢生安畏
世間王為最　眾流海為最　眾星月為最　眾聖佛為最
一切眾律中　戒經為上最　如來立禁戒　半月半月說
和合僧集會未受大戒者出不來諸比丘說
欲及清淨
誰遣比丘尼來請教誡　僧今和合何所作為
大德僧聽今十五日眾僧說戒若僧時到僧
忍聽和合說戒白如是
諸大德我今欲說波羅提木叉戒汝等諦聽
善思念之若自知有犯者即應自懺悔不犯
者嘿然嘿然故知諸大德清淨若有他問者亦
如是答如是比丘在於眾中乃至三問憶念
有罪不懺悔者得故妄語罪故妄語者佛說
障道法若彼比丘憶念有罪欲求清淨者應
懺悔懺悔得安樂諸大德我已說戒經序今
問諸大德是中清淨不　三稱
諸大德是中清淨嘿然故是事如是持
諸大德是四波羅夷法半月半月說戒經中來
若比丘共比丘同戒若不還戒戒羸不自悔犯
不淨行乃至共畜生是比丘波羅夷不共住
若比丘若在村落若閑靜處不與盜心取隨不
與取法若為王王大臣所捉若殺若縛若驅出
國汝是賊汝癡汝無所知是比丘波羅夷不共住
若比丘故自手斷人命持刀與人歎譽死快勸

BD04569號　四分律比丘戒本

（21–2）

若比丘共比丘同戒若不還戒戒羸不自悔犯
不淨行乃至共畜生是比丘波羅夷不共住
若比丘若在村落若閑靜處不與盜心取隨不
與取法若為王王大臣所捉若殺若縛若驅出
國汝是賊汝癡汝無所知是比丘波羅夷不共住
若比丘故自手斷人命持刀與人歎譽死快勸
死咄男子用此惡活為寧死不生作如是心
思惟種種方便歎譽死快勸死是比丘波羅夷
不共住
若比丘實無所知自稱言我得上人法我已入
聖智勝法我知是我見是彼於異時若問若
不問欲自清淨故作是說我實不知不見言知
言見虛誑妄語除增上慢是比丘波羅夷不共
住
諸大德我已說四波羅夷法若比丘犯一一波羅
夷法不得與諸比丘共住如前後亦如是是比
丘得波羅夷罪不應共住
今問諸大德是中清淨不　三稱
諸大德是中清淨嘿然故是事如是持
諸大德是十三僧伽婆尸沙法半月半月說戒經
中來
若比丘故弄陰出精除夢中僧伽婆尸沙
若比丘婬欲意與女人身相觸若捉手若捉髮
若觸一一身分者僧伽婆尸沙
若比丘婬欲意與女人麤惡婬欲語隨麤惡婬

BD04569號　四分律比丘戒本

（21–3）

若比丘故弄陰出精除夢中僧伽婆尸沙
若比丘婬欲意與女人身相觸若捉手若捉髮
若觸一一身分者僧伽婆尸沙
若比丘婬欲意與女人麁惡婬欲語隨麁惡婬
欲語　僧伽婆尸沙
若比丘婬欲意於女人前自歎身言大妹我
修梵行持戒精進修善法可持是婬欲法供
養我如是供養第一㝡僧伽婆尸沙
若比丘往來彼此媒嫁持男意語女持女意
語男若為成婦事若為私通事乃至須臾頃
僧伽婆尸沙
若比丘自求作屋无主自為己當應量作是中
量者長佛十二磔手內廣七磔手當將餘比
丘指授處所彼比丘當指示處所无難處无妨
處若比丘有難處妨處自求作屋无主自為己不
將餘比丘指授處所若過量作者僧伽婆尸沙　往
若比丘欲作大房有主為己作當將餘比丘指
授處所彼比丘應指授處所无難處无妨處若
比丘有難處妨處作大房有主為己作不將餘比
丘指授處所　僧伽婆尸沙
若比丘瞋恚所覆故非波羅夷比丘以无根波羅
夷法謗欲壞彼清淨行彼於異時若問若不問
知此事无根說我瞋恚故作是語若比丘作是語
者僧伽婆尸沙
若比丘以瞋恚故於異分事中取片非波羅夷比

BD04569號　四分律比丘戒本　（21–4）

若比丘瞋恚所覆故非波羅夷比丘以无根波羅
夷法謗欲壞彼清淨行彼於異時若問若不問
知此事无根說我瞋恚故作是語若比丘作是語
者僧伽婆尸沙
若比丘以瞋恚故於異分事中取片非波羅夷比
丘以无根波羅夷法謗欲壞彼清淨行彼於異時
若問若不問知是異分事中取片是比丘自言我
瞋恚故作是語者僧伽婆尸沙
若比丘欲壞和合僧方便受壞和合僧法堅持
不捨彼比丘應諫是比丘言大德莫壞和合僧
莫方便壞和合僧莫受壞僧法堅持不捨大
德應與僧和合與僧和合歡喜不諍同一師學
如水乳合於佛法中有增益安樂住是比
丘如是諫時堅持不捨彼比丘應三諫捨此事
故乃至三諫捨者善不捨者僧伽婆尸沙
若比丘有餘伴黨若一若二若三乃至无數彼比丘
語是比丘言大德莫諫此比丘此比丘是法語
比丘律語比丘此比丘所說我等喜樂此比丘
所說我等忍可彼比丘言大德莫作是說
言此比丘是法語律語比丘此比丘所說我
等喜樂此比丘所說我等忍可然此比丘非
法語比丘非律語比丘大德莫欲破壞和合僧
汝等當樂欲和合僧大德與僧和合歡喜
不諍同一師學如水乳合於佛法中有增益安
樂住是比丘如是諫時堅持不捨彼比丘應三

BD04569號　四分律比丘戒本　（21–5）

所說我等忍可彼比丘言大德莫作是說
言此比丘是法語律語比丘此比丘所說我
等喜樂此比丘所說我等忍可然此比丘非
法語比丘非律語比丘大德莫欲破壞和合僧
汝等當樂欲和合僧大德與僧和合歡喜
不諍同一師學如水乳合於佛法中有增益安
樂住是比丘如是諫時堅持不捨彼比丘應三
諫捨此事故乃至三諫捨者善不捨者僧伽婆尸沙
若比丘依聚落若城邑住汙他家行惡行汙
他家亦見亦聞行惡行亦見亦聞諸比丘當
語是比丘言大德汙他家行惡行汙他家亦
見亦聞行惡行亦見亦聞大德汝汙他家行
惡行今可遠此聚落去不須住此是比丘語彼比
丘作如是語大德諸比丘有愛有恚有怖有
癡有如是同罪比丘有驅者有不驅者諸
比丘報言大德莫作是語有愛有恚有怖
有癡有如是同罪比丘有驅者有不驅者而
諸比丘不愛不恚不怖不癡大德汙他家行
惡行汙他家亦見亦聞行惡行亦見亦聞是
比丘如是諫時堅持不捨彼比丘應三諫捨此
事故乃至三諫捨者善不捨者僧伽婆尸沙
若比丘惡性不受人語於戒法中諸比丘如法
諫已自身不受諫語言諸大德莫向我說若
好若惡我亦不向諸大德說若好若惡諸大德且
止莫語諫我彼比丘諫是比丘言大德莫自身不
受諫大德自身當受諫語大德如法諫諸

BD04569號　四分律比丘戒本　（21–6）

事故乃至三諫捨者善不捨者僧伽婆尸沙
若比丘惡性不受人語於戒法中諸比丘如法
諫已自身不受諫語言諸大德莫向我說若
好若惡我亦不向諸大德說若好若惡諸大德且
止莫語諫我彼比丘諫是比丘言大德莫自身不
受諫大德自身當受諫語大德如法諫諸
比丘諸比丘亦如法諫大德如是佛弟子眾得
增益展轉相諫展轉相教展轉懺悔是比丘
如是諫時堅持不捨彼比丘應三諫捨此事故
乃至三諫捨者善不捨者僧伽婆尸沙
諸大德我已說十三僧伽婆尸沙法九初犯四
乃至三諫若比丘犯一一法知而覆藏應强與
波利婆沙行波利婆沙竟僧上與六夜
摩那埵行摩那埵已餘有出罪法應二十僧
中出是比丘罪若少一人不滿二十眾出是比丘
罪是比丘罪不得除諸比丘亦可呵此是時今
問諸大德是中清淨不　三說
諸大德是中清淨嘿然故是事如是持
諸大德是二不定法半月半月說戒經中來
若比丘共女人獨在屏處覆處障處可作婬
處坐說非法語有住信優婆私於三法中一
一法說若波羅夷若僧伽婆尸沙若波逸提
是坐比丘自言我犯是罪於三法中應一一
治若波羅夷若僧伽婆尸沙若波逸提如
住信優婆私所說應如法治是比丘是名不定
法若比丘共女人在露現處不可作婬處坐作

BD04569號　四分律比丘戒本　（21–7）

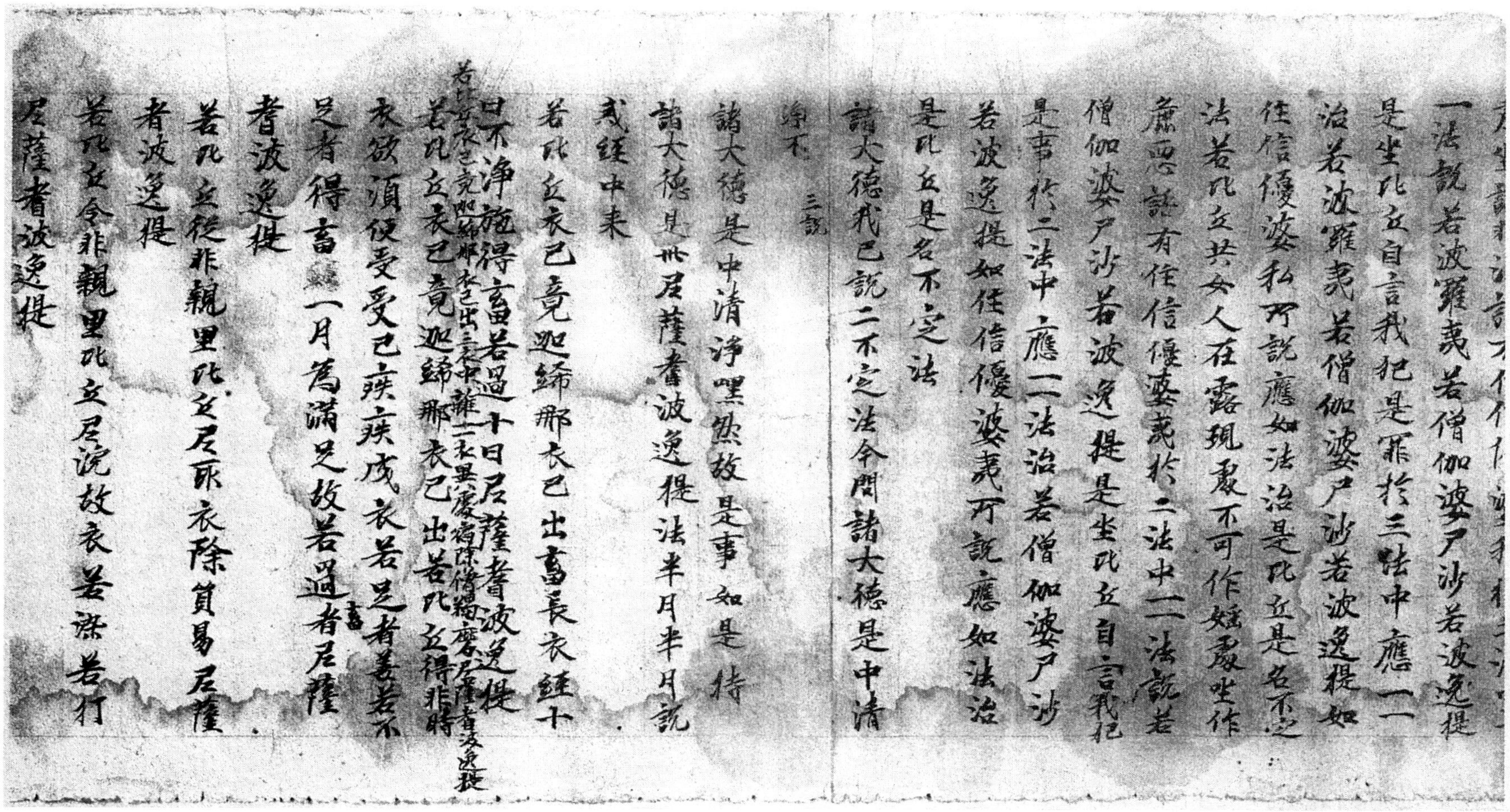

一法說若波羅夷若僧伽婆尸沙若波逸提
是坐比丘自言我犯是罪於三法中應一一
治若波羅夷若僧伽婆尸沙若波逸提如
住信優婆私所說應如法治是比丘是名不定
法若比丘共女人在露現處不可作婬處坐作
麁惡語有住信優婆夷於二法中一一法說若
僧伽婆尸沙若波逸提是坐比丘自言我犯
是事於二法中應一一法治若僧伽婆尸沙
若波逸提如住信優婆夷所說應如法治
是比丘是名不定法
諸大德我已說二不定法今問諸大德是中清
淨不　三說
諸大德是中清淨嘿然故是事如是持
諸大德是卅尼薩耆波逸提法半月半月說
戒經中來
若比丘衣已竟迦絺那衣已出畜長衣經十
日不淨施得畜若過十日尼薩耆波逸提
若比丘衣已竟迦絺那衣已出三衣中離一一衣異處宿除僧羯磨尼薩耆波逸提
若比丘衣已竟迦絺那衣已出若比丘得非時
衣欲須便受受已疾疾成衣若足者善若不
足者得畜一月為滿足故若過畜者尼薩
耆波逸提
若比丘從非親里比丘尼取衣除貿易尼薩
耆波逸提
若比丘令非親里比丘尼浣故衣若染若打
尼薩耆波逸提

BD04569 號　四分律比丘戒本　（21–8）

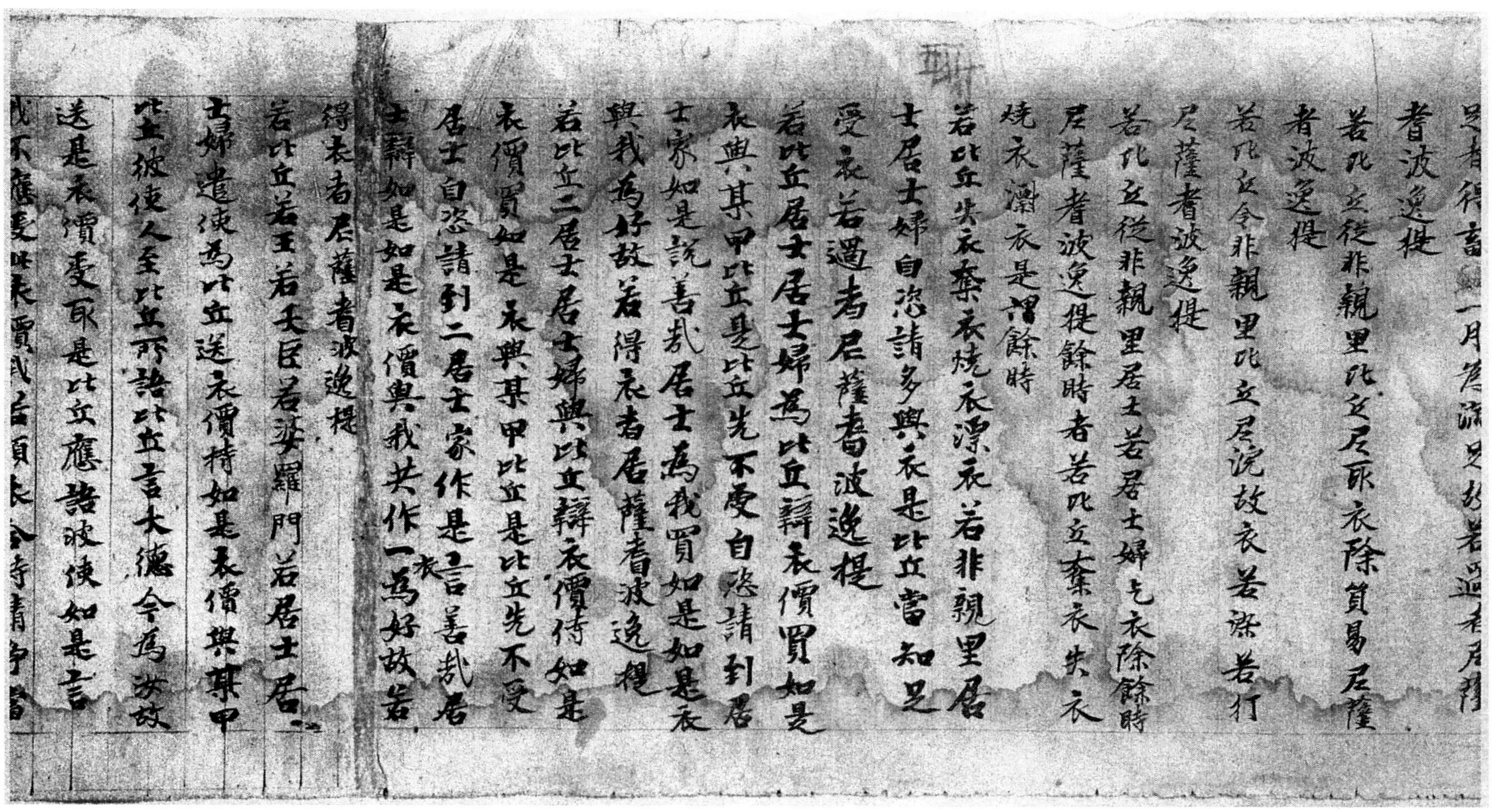

足者得畜一月為滿足故若過者尼薩
耆波逸提
若比丘從非親里比丘尼取衣除貿易尼薩
耆波逸提
若比丘令非親里比丘尼浣故衣若染若打
尼薩耆波逸提
若比丘從非親里居士若居士婦乞衣除餘時
尼薩耆波逸提餘時者若比丘奪衣失衣
燒衣漂衣是謂餘時
若比丘失衣奪衣燒衣漂衣若非親里居
士居士婦自恣請多與衣是比丘當知足
受衣若過者尼薩耆波逸提
若比丘居士居士婦為比丘辦衣價買如是
衣與某甲比丘是比丘先不受自恣請到居
士家如是說善哉居士為我買如是如是衣
與我為好故若得衣者尼薩耆波逸提
若比丘二居士居士婦與比丘辦衣價持如是
衣價買如是衣與某甲比丘是比丘先不受
居士自恣請到二居士家作是言善哉居
士辦如是如是衣價與我共作一衣為好故若
得衣者尼薩耆波逸提
若比丘若王若王臣若婆羅門若居士居士
婦遣使為比丘送衣價持如是衣價與某甲
比丘彼使人至比丘所語比丘言大德今為汝故
送是衣價受取是比丘應語彼使如是言
我不應受此衣價我若須衣合時清淨當

BD04569 號　四分律比丘戒本　（21–9）

若比丘若王若大臣若婆羅門若居士居
士婦遣使爲比丘送衣價持如是衣價與某甲
比丘彼使人至比丘所語比丘言大德今爲汝故
送是衣價受取是比丘應語彼使如是言
我不應受此衣價我若須衣合時清淨當
受彼使語比丘言大德有執事人不須衣比
丘應語言有若僧伽藍民若優婆塞此是
比丘執事人常爲諸比丘執事時彼使往至
執事人所與衣價已還至比丘所如是言大德
所示某甲執事人我已與衣價大德知時往彼
當得衣須衣比丘當往執事人所若二反三
反爲作憶念若得應語言我須衣若二反
三反爲作憶念若得衣者善若不得衣四反
五反六反在前嘿然立若四反五反六反在
前嘿然住得衣者善若不得衣過是求得
衣者尼薩耆波逸提若不得衣從所得衣
價處若自往若遣使往語言汝先遣使持
衣價與某甲比丘是比丘竟不得汝還取莫
使失此是時 十
若比丘雜野蠶綿作新卧具尼薩耆波逸提
若比丘以新黑具羺羊毛作新卧具尼薩耆波
逸提 若比丘作新卧具應用二分純黑
羊毛三分白四分尨若比丘不用二分黑三分白四分
尨作新卧具者尼薩耆波逸提

若比丘雜野蠶綿作新卧具尼薩耆波逸提
若比丘以新黑具羺羊毛作新卧具尼薩耆波
逸提 若比丘作新卧具應用二分純黑
羊毛三分白四分尨若比丘不用二分黑三分白四分
尨作新卧具者尼薩耆波逸提
若比丘作新卧具持至六年若減六年不捨故更
作新者除僧羯磨尼薩耆波逸提
若比丘作新坐具當取故者縱廣一搩手帖著新
者上壞色故若作新坐具不取故者縱廣一
搩手帖著新者上用壞色故尼薩耆波逸提
若比丘道路行得羊毛若無人持得自持乃至三由
旬若無人持自持過三由旬尼薩耆波逸提
若比丘使非親里比丘尼浣染擘羊毛者尼薩耆
波逸提 若比丘自手捉錢若金銀若教人捉若
置地受者尼薩耆波逸提
若比丘種種賣買者尼薩耆波逸提
若比丘種種販賣者尼薩耆波逸提 廿
若比丘畜長鉢不淨施得齊十日過者尼
薩耆波逸提 若比丘畜鉢減五綴不漏更
求新鉢爲好故尼薩耆波逸提彼比丘應往
僧中捨展轉取最下鉢與之令持乃至破應持
此是時 若比丘自乞縷綫使非親里織師織
作衣者尼薩耆波逸提 若比丘居士居士婦
使織師爲比丘織作衣彼比丘先不受自恣請便
往織師所語言此衣爲我作與我極好織令廣
大堅緻我當少多與汝價是比丘與價乃至一食

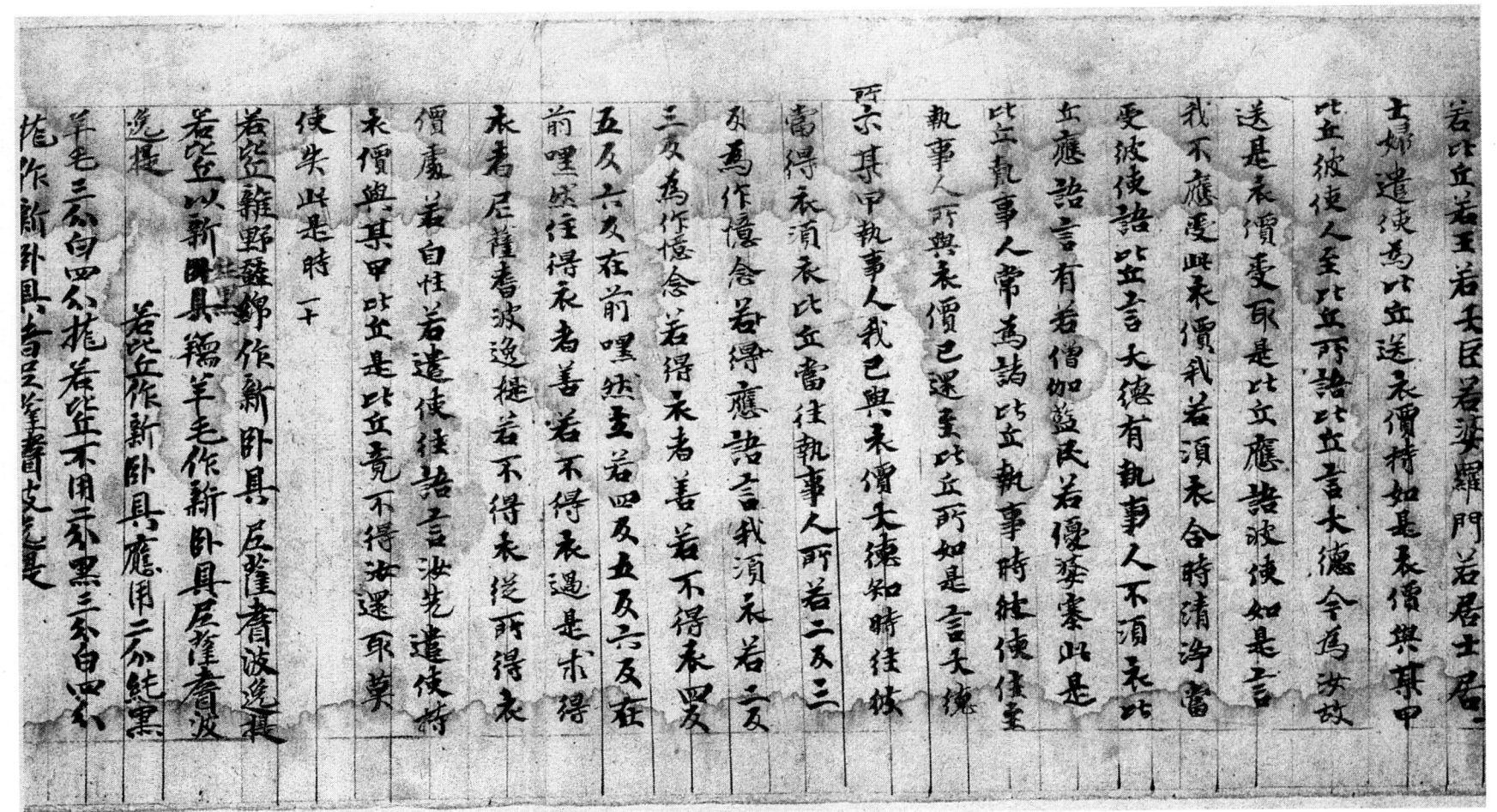

毀是時
作衣者尼薩耆波逸提　若比丘自乞縷線使非親里織師織
使織師為比丘織作衣彼比丘先不受自恣請便
往織師所語言此衣為我作與我極好織令廣
大堅緻我當少多與汝價是比丘與價乃至一食
直若得衣者尼薩耆波逸提　若比丘先與比
丘衣後瞋恚若自奪若教人奪還我衣
來不與汝若比丘還衣彼取衣者尼薩耆波逸提
若比丘有病殘藥蘇油生蘇蜜石蜜齊七日得服若
過七日服者尼薩耆波逸提
若比丘春殘一月在當求雨浴衣半月應用浴
若比丘過一月前求雨浴衣過半月前用浴
尼薩耆波逸提
若比丘十日未竟夏三月諸比丘得急施
衣比丘知是急施衣當受受已乃至衣時應
畜若過畜者尼薩耆波逸提
若比丘夏三月竟後迦提一月滿在阿蘭若
有疑恐懼處住比丘在如是處住三衣中
欲留一一衣置舍內諸比丘有因緣離衣宿
乃至六夜若過者尼薩耆波逸提
若比丘知是僧物自求入已者尼薩耆波逸提 卅
諸大德我已說三十尼薩耆波逸提法今
問諸大德是中清淨不
諸大德是中清淨默然故是事如是持

BD04569號　四分律比丘戒本　（21–12）

乃至六夜若過者尼薩耆波逸提
若比丘知是僧物自求入已者尼薩耆波逸提 卅
諸大德我已說三十尼薩耆波逸提法今
問諸大德是中清淨不
諸大德是中清淨默然故是事如是持
諸大德是九十波逸提法半月半月說
戒經中來
若比丘知而妄語者波逸提
若比丘種類毀呰語者波逸提
若比丘兩舌語者波逸提
若比丘與婦女同室宿者波逸提
若比丘與未受大戒人共宿過二宿至三宿者
波逸提
若比丘與未受大戒人同誦者波逸提
若比丘知他比丘有麁惡罪向未受大戒人說
除僧羯磨波逸提
若比丘向未受大戒人說過人法言我見是我
知是實者波逸提
若比丘與女人說法過五六語除有知男子波
逸提
若比丘自手掘地若教人掘者波逸提 一十
若比丘壞鬼神村波逸提
若比丘妄作異語惱他者波逸提
若比丘嫌罵知事者波逸提
若比丘取僧繩床木床若臥具坐蓐露地敷

BD04569號　四分律比丘戒本　（21–13）

若比丘與女人說法過五六語除有知男子波
逸提
若比丘自手掘地若教人掘者波逸提 十
若比丘壞鬼神村波逸提
若比丘妄作異語惱他者波逸提
若比丘嫌罵知事者波逸提
若比丘取僧繩床木床若卧具坐蓐露地敷
若教人敷捨去不自舉不教人舉波逸提
若比丘於僧房中敷僧卧具若自敷若教人敷
若坐若卧去時不自舉不教人舉者波逸提
若比丘知先比丘住處後來強於中間敷卧具
止宿念言彼若嫌迮者自當避我去作如是因緣
非餘非威儀波逸提
若比丘瞋他比丘不喜僧房中若自牽出教他
牽出波逸提
若比丘若僧房若重閣上脱脚繩床若木床若
坐若卧波逸提
若比丘知水有虫若澆泥若澆草若教人澆者
波逸提
若比丘作大房舍戶扉窓牖及餘莊飾具指授
覆苫齊二三節若過者波逸提 二十
若比丘僧不差教誡比丘尼者波逸提
若比丘爲僧差教授比丘尼乃至日暮者波
逸提
若比丘語諸比丘作如是語比丘爲飲食故教授
比丘尼者波逸提
若比丘與非親里比丘尼衣除貿易波逸提

BD04569號　四分律比丘戒本　（21–14）

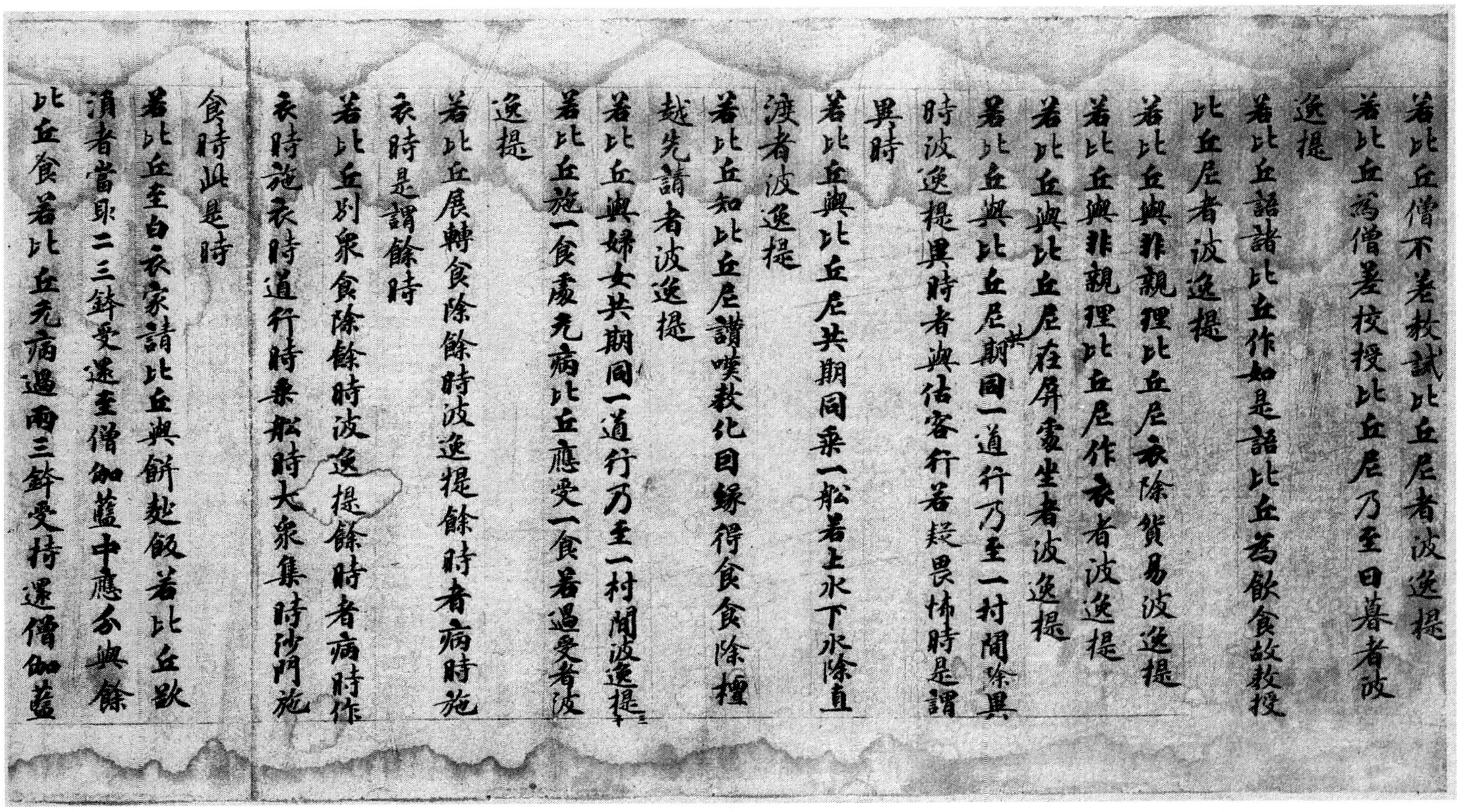

若比丘僧不差教誡比丘尼者波逸提
若比丘爲僧差教授比丘尼乃至日暮者波
逸提
若比丘語諸比丘作如是語比丘爲飲食故教授
比丘尼者波逸提
若比丘與非親里比丘尼衣除貿易波逸提
若比丘與非親里比丘尼作衣者波逸提
若比丘與比丘尼在屏處坐者波逸提
若比丘與比丘尼共期同一道行乃至一村間除異
時波逸提異時者與估客行若疑畏怖時是謂
異時
若比丘與比丘尼共期同乘一船若上水下水除直
渡者波逸提
若比丘知比丘尼讚嘆教化因緣得食食除檀
越先請者波逸提
若比丘與婦女共期同一道行乃至一村間波逸提 三十
若比丘施一食處無病比丘應受一食若過受者波
逸提
若比丘展轉食除餘時波逸提餘時者病時施
衣時是謂餘時
若比丘別衆食除餘時波逸提餘時者病時作
衣時施衣時道行時乘船時大衆集時沙門施
食時此是時
若比丘至白衣家請比丘與餅麨飯若比丘欲
須者當取二三鉢受還至僧伽藍中應分與餘
比丘食若比丘無病過兩三鉢受持還僧伽藍

BD04569號　四分律比丘戒本　（21–15）

衣時施衣時道行時乘船時大衆集時沙門施
食時此是時
若比丘至白衣家請比丘與餅麨飯若比丘欲
須者當取二三鉢受還至僧伽藍中應分與餘
比丘食若比丘无病過兩三鉢受持還僧伽藍
中不分與餘比丘食者波逸提
若比丘足食竟或時受請不作餘食法而食
者波逸提
若比丘知他比丘足食已若受請不作餘食法慇
懃請與食長老取是食以是因緣非餘欲使他
犯者波逸提
若比丘非時受食食者波逸提
若比丘殘宿食而食者波逸提
若比丘不受食食若藥著口中除水及楊枝波
逸提
若比丘得好美飲食乳酪魚及肉若比丘如此美
飲食无病自爲已索者波逸提 卌
若比丘外道男外道女自手與食者波逸提
若比丘先受請已前食後食行詣餘家不囑授餘
比丘除餘時波逸提餘時者病時作衣時施衣時
是謂餘時
若比丘在食家中有寶強安坐者波逸提
若比丘食家中有寶在屏處坐者波逸提
若比丘獨與女人露地坐者波逸提
若比丘語餘比丘如是語大德共至聚落當與
汝食彼比丘竟不教與是比丘食語言汝去我與

[illegible]
若比丘在食家中有寶強安坐者波逸提
若比丘食家中有寶在屏處坐者波逸提
若比丘獨與女人露地坐者波逸提
若比丘語餘比丘如是語大德共至聚落當與
汝食彼比丘竟不教與是比丘食語言汝去我與
汝一處若坐若語不樂我獨坐獨語樂以此因緣
非餘方便遣去波逸提
若比丘四月與藥无病比丘應受若過受除常
請更請分請盡形壽請波逸提
若比丘往觀軍陣除時因緣波逸提
若比丘有因緣聽至軍中二宿三宿過者波逸
提
若比丘二宿三宿軍中住或時觀軍陣鬪戰若
觀遊軍象馬力勢者波逸提 五十
若比丘飲酒者波逸提
若比丘水中嬉戲者波逸提
若比丘以指相擊攊者波逸提
若比丘不受諫者波逸提
若比丘恐怖他比丘者波逸提
若比丘半月洗浴无病比丘應受不得過除
餘時波逸提餘時者熱時病時風時雨時道
行時此是時
若比丘无病自爲炙身故在露地然火若教人
然除時因緣波逸提
若比丘藏他比丘衣鉢坐具針筒若自藏教人
藏下至戲笑者波逸提

餘時波逸提餘時者熱時病時風時雨時道
行時此是時
若比丘无病自為炙身故在露地然火若教人
然除時因緣波逸提
若比丘藏他比丘衣鉢坐具針筒若自藏教人
藏下至戲笑者波逸提
若比丘與比丘比丘尼式叉摩那沙弥沙弥
尼衣後不語主還取著者波逸提
若比丘得新衣應三種壞色一一色中隨意壞
若青黑若木蘭若比丘不以三種壞色若青若
黑若木蘭著餘新衣者波逸提卒
若比丘故煞畜生命者波逸提 若比丘知水有虫飲用者波逸提
若比丘故惱他比丘令須臾間不樂者波逸提
若比丘知他比丘犯麁罪覆藏者波逸提
若比丘年滿廿應受大戒若比丘知年不滿
廿与受大戒此人不得戒彼比丘可呵癡故波
逸提
若比丘知諍事起如法懺悔已後更發起者
波逸提
若比丘知是賊伴結要共同道行乃至一村間
波逸提
若比丘作如是語我知佛所說法行婬欲非鄣
道法彼比丘諫此比丘言大德莫作是語莫
謗世尊謗世尊者不善世尊不作是語世尊无
數方便說犯婬欲者是鄣道法彼比丘諫此比
丘時堅持不捨彼比丘乃至三諫捨此事故善
三諫捨者善不捨者波逸提

BD04569號　四分律比丘戒本　（21–18）

道法彼比丘諫此比丘言大德莫作是語莫
謗世尊謗世尊者不善世尊不作是語世尊无
數方便說犯婬欲者是鄣道法彼比丘諫此比
丘時堅持不捨彼比丘乃至三諫捨此事故善
三諫捨者善不捨者波逸提
若比丘知如是語人未作法如是邪見而不捨供
給所須共同羯磨止宿言語者波逸提
若比丘知沙弥作如是語我從佛聞法行婬欲
非鄣道法彼比丘諫此沙弥如是言汝莫誹謗
世尊謗世尊者不善世尊不作是語沙弥世尊
无數方便說行婬欲是鄣道法彼比丘諫此沙
弥時堅持不捨彼比丘應乃至三諫令捨此事
故乃至三諫而捨者善不捨者彼比丘應語彼
沙弥言汝自今已去不得言佛是我世尊不得
隨逐餘比丘如諸沙弥得与比丘二三宿汝今
无是事汝出去滅去不應住此若比丘知是
衆中被殯沙弥而誘將畜養共止宿者波逸
提卒
若比丘餘比丘如法諫時作如是語我今不學此
戒我當難問餘智恵持律比丘者波逸提若
為知為學故應難問
若比丘說戒時作如是語大德何用說此雜碎
戒為說是戒時令人惱愧懷疑輕呵戒故波逸提
若比丘說戒時作如是語我今始知此法是戒經所
載半月半月說戒經中來餘比丘知是比丘若二
若三說戒中坐何況多彼比丘无知无解若犯

BD04569號　四分律比丘戒本　（21–19）

戒我當難問餘智惠持律比丘者波逸提若
爲知爲學故應難問
若比丘說戒時作如是語大德何用說此雜碎
戒爲說是戒時令人惱愧懷疑輕呵戒故波逸提
若比丘說戒時作如是語我今始知此法是戒經所
載半月半月說戒經中來餘比丘知是比丘若二
若三說戒中坐何况多彼比丘无知无解若犯罪
應如法治更重增无知罪語言長老汝无利不善
得汝說戒時不用心念不一心兩耳聽法彼无知故
波逸提
若比丘共同羯磨已後作如是語諸比丘隨親厚以
衆僧物与者波逸提
若比丘衆僧斷事未竟不与欲而起去者波逸提
若比丘与欲已後悔者波逸提
若比丘共比丘鬪諍已聽此語向彼說者波逸提
若比丘瞋恚故不喜打比丘者波逸提
若比丘瞋恚故以手搏比丘者波逸提
若比丘瞋恚故以无根僧伽婆尸沙謗法者波逸
提今
若比丘刹利水澆頭王種王未出未藏寶而入
若過宮門閫者波逸提
若比丘若寶及寶莊餝具若自捉教人捉除僧
伽藍中及寄宿處波逸提若比丘在僧伽藍中
若寄宿處若捉寶及寶莊餝具若自捉教人捉
當作是意若有主識者當取作如是因緣非餘
若比丘非時入聚落不囑餘比丘者波逸提
若比丘作繩床木床足應高如來八指除入梐

BD04569 號　四分律比丘戒本　　　　(21–20)

若比丘共同羯磨已後作如是語諸比丘隨親厚以
衆僧物与者波逸提
若比丘衆僧斷事未竟不与欲而起去者波逸提
若比丘与欲已後悔者波逸提
若比丘共比丘鬪諍已聽此語向彼說者波逸提
若比丘瞋恚故不喜打比丘者波逸提
若比丘瞋恚故以手搏比丘者波逸提
若比丘瞋恚故以无根僧伽婆尸沙謗法者波逸
提今
若比丘刹利水澆頭王種王未出未藏寶而入
若過宮門閫者波逸提
若比丘若寶及寶莊餝具若自捉教人捉除僧
伽藍中及寄宿處波逸提若比丘在僧伽藍中
若寄宿處若捉寶及寶莊餝具若自捉教人捉
當作是意若有主識者當取作如是因緣非餘
若比丘非時入聚落不囑餘比丘者波逸提
若比丘作繩床木床足應高如來八指除入梐
孔上截竟若過者波逸提
若比丘治兜羅綿貯作繩床木床大小褥成
者波逸提
若比丘用骨牙角作鍼筒刳刮成者波

BD04569 號　四分律比丘戒本　　　　(21–21)

BD04569 號背　雜寫　（1–1）

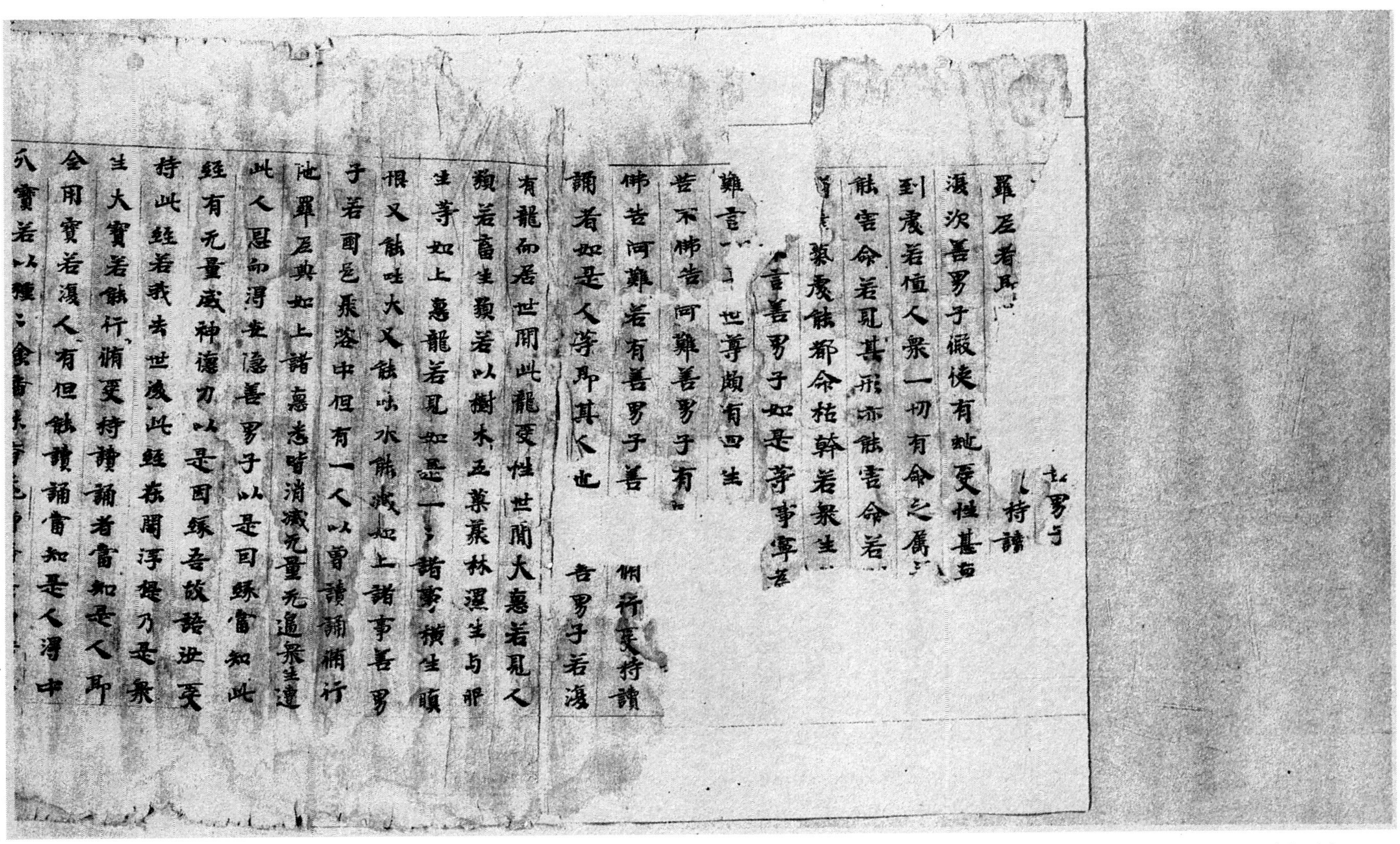

羅尼者且[illegible]
復次善男子假使有此受性甚[illegible]
到處若值人衆一切有命之屬[illegible]
能害命若見其形亦能害命若[illegible]
[illegible]藥處能都命枯幹若衆生[illegible]
言善男子如是等事寧[illegible]
難言[illegible]世尊猶有四生
告不佛告阿難善男子有
佛告阿難若有善男子善
誦者如是人等即其人也
[illegible]男子[illegible]持讀
[illegible]所受持讀
善男子若復
有龍而若世間此龍受性世間大惡若見人
類若畜生類若以樹木五菓叢林還生与那
生等如上惡龍若見如是一一諸事橫生瞋
根又能吐火又能吐水能滅如上諸事善男
子若國邑聚落中但有一人以曾讀誦脩行
陁羅尼典如上諸惡悉皆消滅无量无邊衆生遭
此人恩而得生處善男子以是因緣當知此
經有无量威神德力以是因緣吾故語汝受
持此經若我去世後此經在閻浮提乃是衆
生大寶若能行脩受持讀誦者當知是人即
金用寶若復人有但能讀誦當知是人得中
[illegible]寶若以種種飲食[illegible]

BD04570 號　大方等陀羅尼經卷二　（2–1）

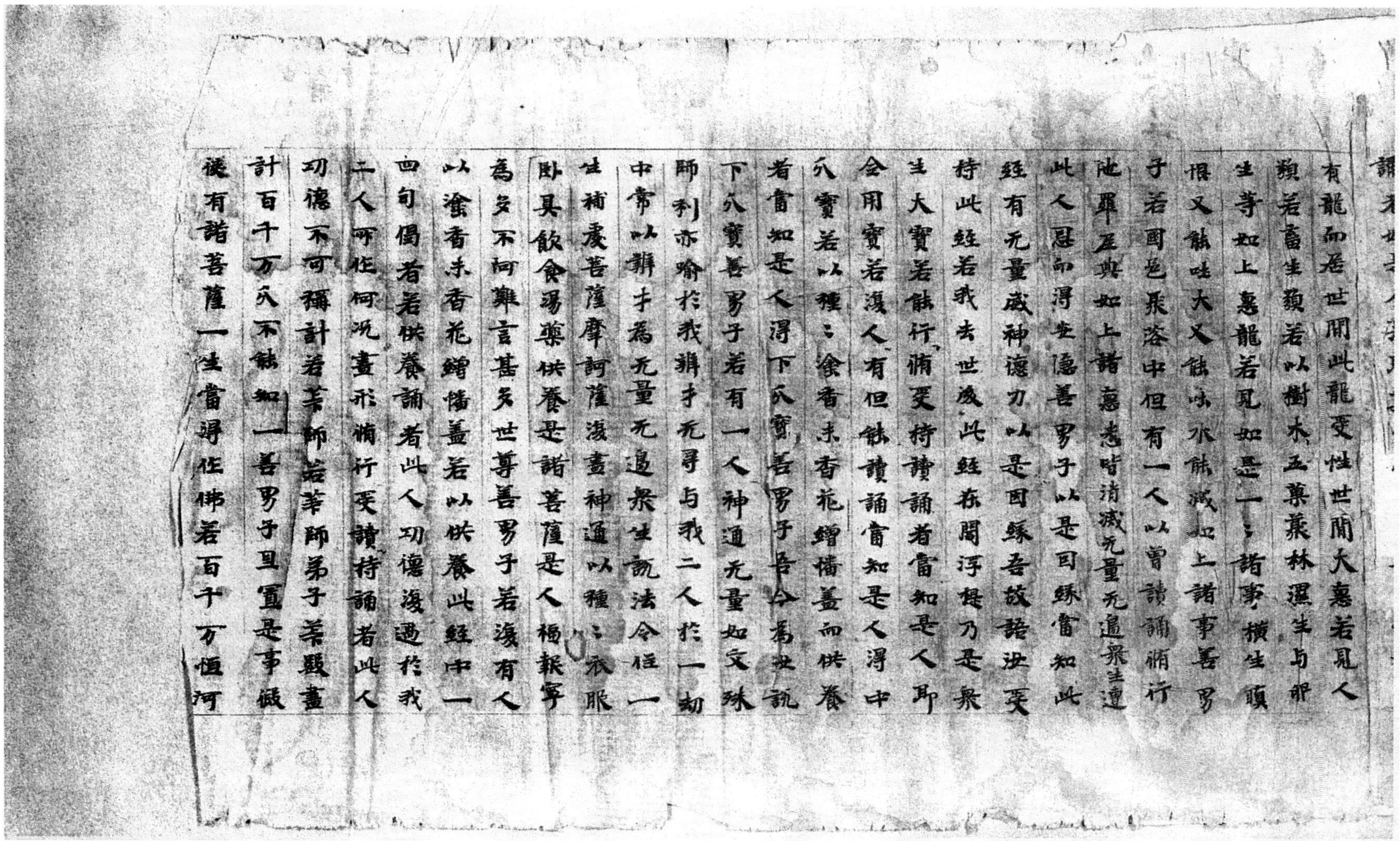

誦
有龍而居世間此龍变性世間大惡若見人
類若畜生類若以樹木五藁叢林濕生与那
生等如上惡龍若見如是一一諸事横生瞋
恨又能吐火又能吐水能滅如上諸事善男
子若國邑聚落中但有一人以曾讀誦修行
陀羅尼典如上諸惡悉皆消滅无量无邊衆生遭
此人恩而得生德善男子以是因緣當知此
經有无量威神德力以是因緣吾故語汝受
持此經若我去世後此經流閻浮提乃是衆
生大寶若能行修受持讀誦者當知是人即
金用寶若復人有但能讀誦當知是人得中
凡寶若以種種塗香末香花繒幡蓋而供養
者當知是人得下凡寶善男子吾今為汝說
下凡寶善男子若有一人神通无量如文殊
師利亦喻於我辯才无尋与我二人於一劫
中常以辯才為无量无邊衆生說法令住一
生補處菩薩摩訶薩復盡神通以種種衣服
卧具飲食湯藥供養是諸菩薩是人福報寧
為多不阿難言甚多世尊善男子若復有人
以塗香末香花繒幡蓋若以供養此經中一
四句偈者若供養誦者此人功德復過於我
二人所住何況盡形修行受讀持誦者此人
功德不可稱計若菩師若菩師弟子菩聚盡
計百千万凡不能知一善男子且置是事饭
後有諸菩薩一生當得作佛若百千万恒河

BD04570號　大方等陀羅尼經卷二　（2–2）

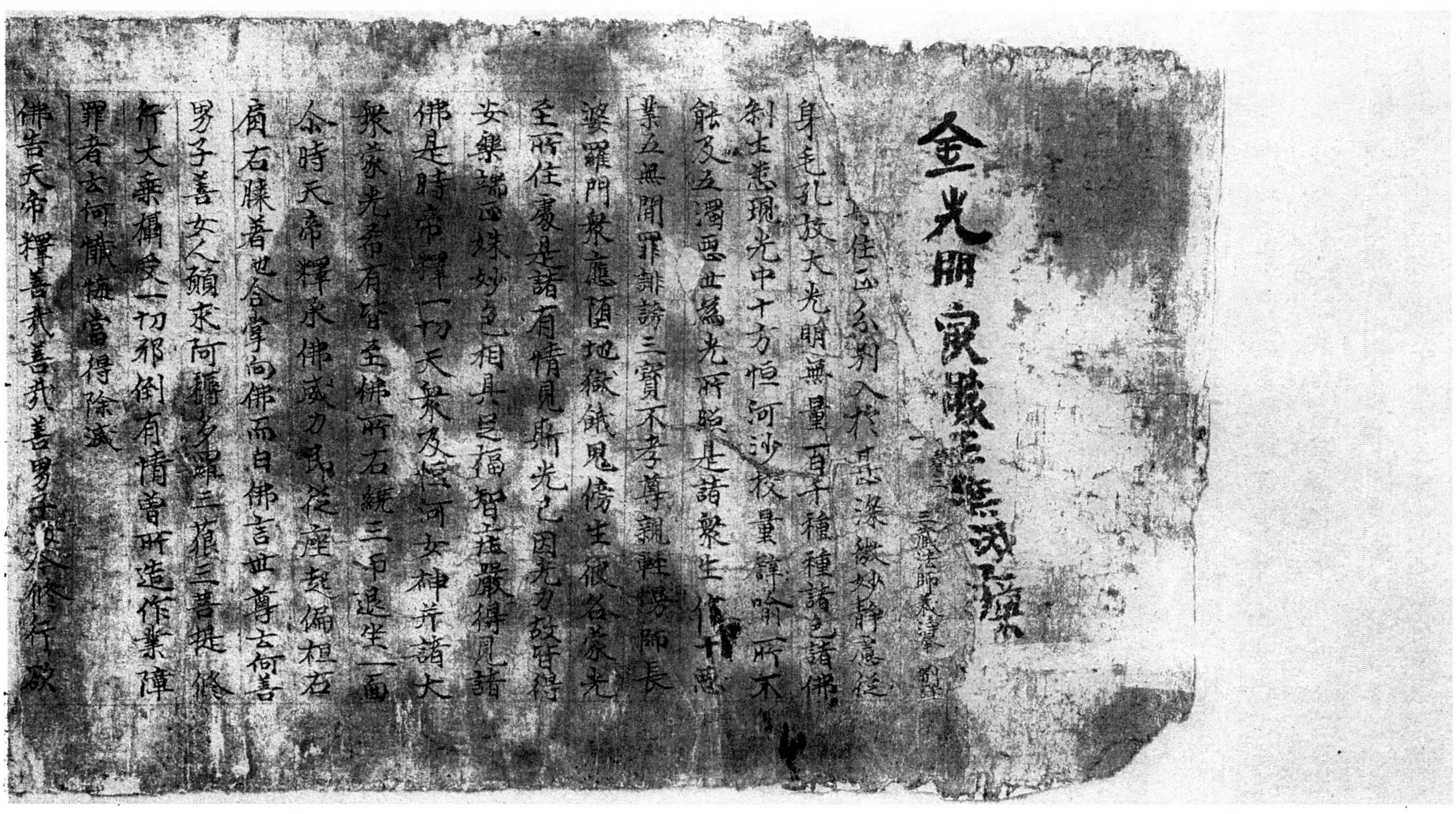

金光明最勝王經滅業障品　卷三
三藏法師義淨奉制譯
尊住正分別入於甚深微妙靜慮從
身毛孔放大光明無量百千種種諸色諸佛
刹土悉現光中十方恒河沙校量譬喻所不
能及五濁惡世為光所照是諸衆生作十惡
業五無間罪誹謗三寶不孝尊親輕慢師長
婆羅門衆應墮地獄餓鬼傍生彼各蒙光
至所住處是諸有情見斯光已因光力故皆得
安樂端正殊妙色相具足福智莊嚴得見諸
佛是時帝釋一切天衆及恒河女神并諸大
衆蒙光希有皆至佛所右繞三帀退坐一面
尒時天帝釋承佛威力從座起偏袒右
肩右膝著地合掌向佛而白佛言世尊云何善
男子善女人願求阿耨多羅三藐三菩提修
行大乘攝受一切邪倒有情曾所造作業障
罪者云何懺悔當得除滅
佛告天帝釋善哉善哉善男子汝今修行欲

BD04571號　金光明最勝王經卷三　（2–1）

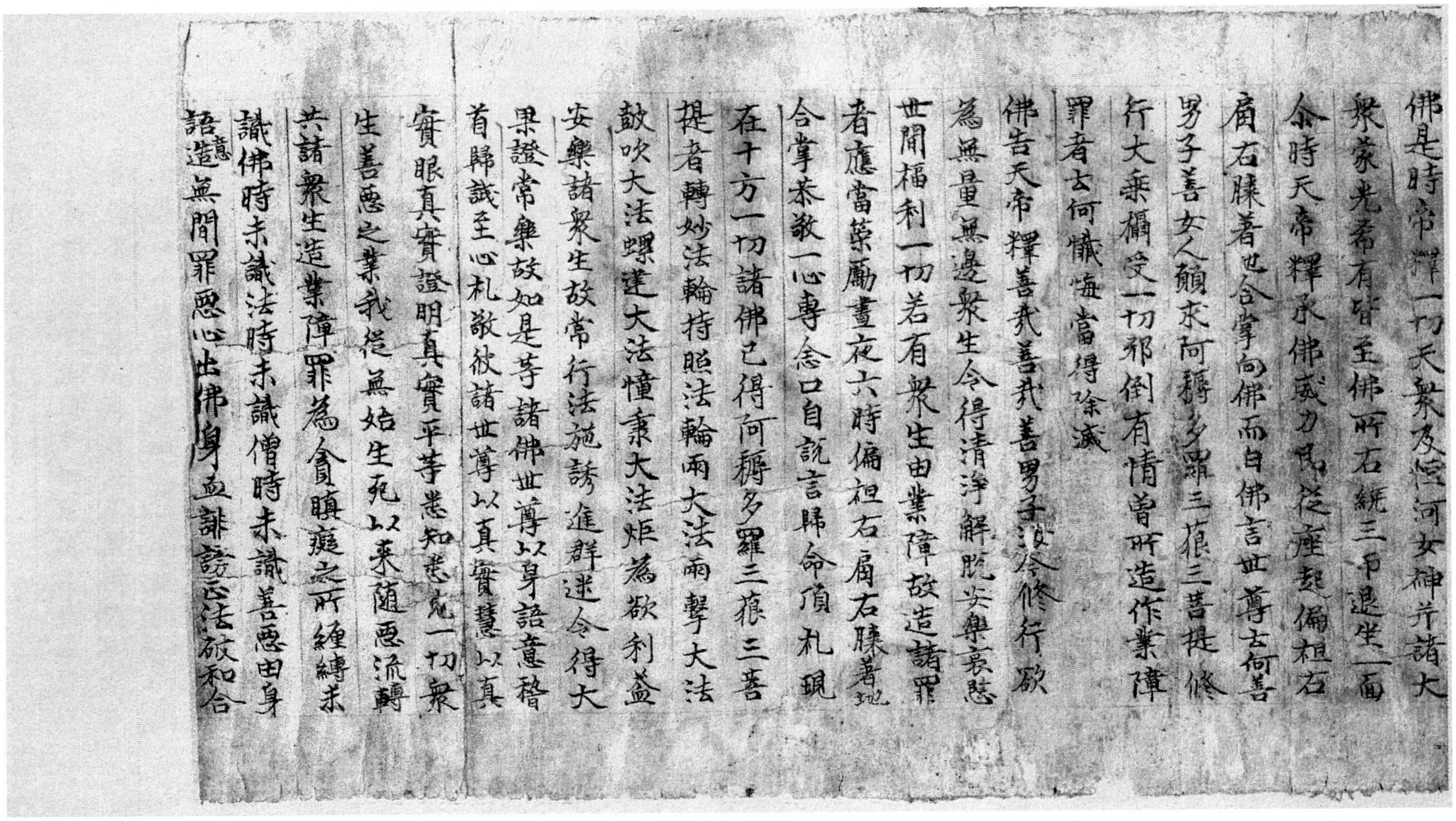
佛是時帝釋一切天衆及恒河女神并諸大
衆蒙光希有皆至佛所右繞三帀退坐一面
尒時天帝釋承佛威力即從座起偏袒右
肩右膝著地合掌向佛而白佛言世尊云何善
男子善女人願求阿耨多羅三藐三菩提修
行大乘攝受一切邪倒有情曾所造作業障
罪者云何懺悔當得除滅
佛告天帝釋善哉善哉善男子汝今修行欲
為無量無邊衆生令得清淨解脫安樂哀愍
世間福利一切若有衆生由業障故造諸罪
者應當策勵晝夜六時偏袒右肩右膝著地
合掌恭敬一心專念口自說言歸命頂禮現
在十方一切諸佛已得阿耨多羅三藐三菩
提者轉妙法輪持照法輪雨大法雨擊大法
鼓吹大法螺建大法幢秉大法炬為欲利益
安樂諸衆生故常行法施誘進群迷令得大
果證常樂故如是等諸佛世尊以身語意稽
首歸誠至心禮敬彼諸世尊以真實慧以真
實眼真實證明真實平等悉知悉見一切衆
生善惡之業我從無始生死以來隨惡流轉
共諸衆生造業障罪為貪瞋癡之所纏縛未
識佛時未識法時未識僧時未識善惡由身
語意造無間罪惡心出佛身血誹謗正法破和合

BD04571 號　金光明最勝王經卷三　（2–2）

BD04571 號背　雜寫　（1–1）

空無際空散空無變異空本性空自相空共
相空一切法空不可得空無性空自性空無
性自性空真如相諸菩薩摩訶薩如實了知
而於中學於一切法如實了知略廣之相善
現内空真如無生無滅亦無住異而可施設
是名内空真如相外空乃至無性自性空真
如無生無滅亦無住異而可施設是名外空
乃至無性自性空真如相諸菩薩摩訶薩如
實了知當於中學於一切法如實了知略廣
之相世尊云何真如真如相云何法界法性
不虛妄性不變異性平等性離生性法定法
住實際虛空界不思議界真如相諸菩薩摩
訶薩如實了知而於中學於一切法如實了
知略廣之相善現真如真如無生無滅亦無住
異而可施設是名真如真如相法界乃至不
思議界真如無生無滅亦無住異而可施
設是名法界乃至不思議界真如相諸菩薩
摩訶薩如實了知當於中學於一切法如實
了知略廣之相世尊云何苦聖諦真如相云何
集滅道聖諦真如相諸菩薩摩訶薩如實

BD04572 號　大般若波羅蜜多經卷三五七　（5–1）

知略廣之相善現真如真如無生無滅亦無住
異而可施設是名真如真如相法界乃至不
思議界真如無生無滅亦無住異而可施
設是名法界乃至不思議界真如相諸菩薩
摩訶薩如實了知當於中學於一切法如實
了知略廣之相世尊云何苦聖諦真如相云何
集滅道聖諦真如相諸菩薩摩訶薩如實
了知而於中學於一切法如實了知略廣之
相善現苦聖諦真如無生無滅亦無住異而
可施設是名苦聖諦真如相集滅道聖諦真
如無生無滅亦無住異而可施設是名集滅
道聖諦真如相諸菩薩摩訶薩如實了知當
於中學於一切法如實了知略廣之相世尊
云何四靜慮真如相云何四無量四無色定真
如相諸菩薩摩訶薩如實了知而於中學
於一切法如實了知略廣之相善現四靜慮
真如無生無滅亦無住異而可施設是名四
靜慮真如相四無量四無色定真如無生無
滅亦無住異而可施設是名四無量四無色
定真如相諸菩薩摩訶薩如實了知當於中
學於一切法如實了知略廣之相
世尊云何八解脫真如相云何八勝處九次第
定十遍處真如相諸菩薩摩訶薩如實了
知而於中學於一切法如實了知略廣之相善
現八解脫真如無生無滅亦無住異而可
施設是名八解脫真如相八勝處九次第定
十遍處真如無生無滅亦無住異而可施設

BD04572 號　大般若波羅蜜多經卷三五七　（5–2）

世尊云何八解脫真如相云何八勝處九次第
定十遍處真如相諸菩薩摩訶薩如實了
知而於中學於一切法如實了知略廣之相善
現八解脫真如無生無滅亦無住異而可
施設是名八解脫真如相八勝處九次第定
十遍處真如無生無滅亦無住異而可施設
是名八勝處九次第定十遍處真如相諸菩
薩摩訶薩如實了知當於中學於一切法如
實了知略廣之相世尊云何四念住真如相云
何四正斷四神足五根五力七等覺支八聖
道支真如相諸菩薩摩訶薩如實了知而
於中學於一切法如實了知略廣之相善現
四念住真如無生無滅亦無住異而可施設
是名四念住真如相四正斷乃至八聖道支
真如無生無滅亦無住異而可施設是名四
正斷乃至八聖道支真如相諸菩薩摩訶薩
如實了知當於中學於一切法如實了知略
廣之相世尊云何空解脫門真如相云何無
相無願解脫門真如相諸菩薩摩訶薩如實
了知而於中學於一切法如實了知略廣之
相善現空解脫門真如無生無滅亦無住異
而可施設是名空解脫門真如相無相無願
解脫門真如無生無滅亦無住異而可施設
是名無相無願解脫門真如相諸菩薩摩訶
薩如實了知當於中學於一切法如實了知
略廣之相
世尊云何五眼真如相云何六神通真如相諸

BD04572 號　大般若波羅蜜多經卷三五七　（5–3）

解脫門真如無生無滅亦無住異而可施設
是名無相無願解脫門真如相諸菩薩摩訶
薩如實了知當於中學於一切法如實了知
略廣之相
世尊云何五眼真如相云何六神通真如相諸
菩薩摩訶薩如實了知而於中學於一切
法如實了知略廣之相善現五眼真如無生
無滅亦無住異而可施設是名五眼真如相
六神通真如無生無滅亦無住異而可施設
是名六神通真如相諸菩薩摩訶薩如實了
知當於中學於一切法如實了知略廣之相世
尊云何佛十力真如相云何四無所畏四無
礙解大慈大悲大喜大捨十八佛不共法
真如相諸菩薩摩訶薩如實了知而於中學
於一切法如實了知略廣之相善現佛十力
真如無生無滅亦無住異而可施設是名佛
十力真如相四無所畏乃至十八佛不共法
真如無生無滅亦無住異而可施設是名四
無所畏乃至十八佛不共法真如相諸菩薩
摩訶薩如實了知當於中學於一切法如實
了知略廣之相世尊云何無忘失法真如相云
何恒住捨性真如相諸菩薩摩訶薩如實
了知而於中學於一切法如實了知略廣之相
善現無忘失法真如無生無滅亦無住異
而可施設是名無忘失法真如相恒住捨性
真如無生無滅亦無住異而可施設是名恒
住捨性真如相諸菩薩摩訶薩如實了知當
於中學於一切法如實了知略廣之相世尊

BD04572 號　大般若波羅蜜多經卷三五七　（5–4）

六神通真如無生無滅亦無住異而可施設
是名六神通真如相諸菩薩摩訶薩如實了
知當於中學於一切法如實了知略廣之相世
尊云何佛十力真如相云何四無所畏四無
礙解大慈大悲大喜大捨十八佛不共法
真如相諸菩薩摩訶薩如實了知而於中學
於一切法如實了知略廣之相善現佛十力
真如無生無滅亦無住異而可施設是名佛
十力真如相四無所畏乃至十八佛不共法
真如無生無滅亦無住異而可施設是名四
無所畏乃至十八佛不共法真如相諸菩薩
摩訶薩如實了知當於中學於一切法如實
了知略廣之相世尊云何無忘失法真如相云
何恒住捨性真如相諸菩薩摩訶薩如實
了知而於中學於一切法如實了知略廣之相
善現無忘失法真如無生無滅亦無住異
而可施設是名無忘失法真如相恒住捨性
真如無生無滅亦無住異而可施設是名恒
住捨性真如相諸菩薩摩訶薩如實了知當
於中學於一切法如實了知略廣之相世尊

BD04572號　大般若波羅蜜多經卷三五七　（5–5）

…吉文齒十七吉…
尼二十一阿盧伽婆娑蘇反
祢毗剃二十三阿便哆部反[illegible]
祢履剃二十四阿亶哆波隸輸地二十五金靑反
漚究隸二十六牟究隸二十七阿羅隸二十八波羅隸
首迦差初凡反二十九阿三磨三履三十一佛駄毗
吉利袠帝三十二達磨波利差猜離反帝三十三
僧伽涅瞿沙祢三十四婆舍婆舍輸地三十五曼哆
邏三十六曼哆邏叉夜多三十七郵樓哆三十八郵
樓哆憍舍略三十九惡叉邏四十惡叉冶多冶四十一
阿婆盧四十二阿摩若荏蔗反那多夜四十三
世尊是陀羅尼神呪六十二億恒河沙等諸
佛所說若有侵毀此法師者則為侵毀是諸
佛已時釋迦牟尼佛讚藥王菩薩言善哉善
哉藥王汝愍念擁護此法師故說是陀羅尼
於諸衆生多所饒益尒時勇施菩薩白佛言
世尊我亦為擁護讀誦受持法華經者說陀
羅尼若此法師得是陀羅尼若夜叉若羅剎
若富單那若吉蔗若鳩槃荼若餓鬼等伺求
其短无能得便即於佛前而說呪曰
痤誓螺隸一摩訶痤隸二郁枳三目枳四阿

BD04573號　妙法蓮華經卷七　（3–1）

於諸衆生多所饒益尒時勇施菩薩白佛言
世尊我亦為擁護讀誦受持法華經者說陁
羅尼若此法師得是陁羅尼若夜叉若羅剎
若富單那若吉蔗若鳩槃荼若餓鬼等伺求
其短无能得便即於佛前而說呪曰
痤誓螺反䝮一摩訶痤䝮二郁枳三目枳四阿
䝮五阿羅婆第六涅䝮第七涅䝮多婆第
八伊緻猪履反柅九韋緻柅十旨緻柅十一涅䝮墀
柅十二涅犁墀婆底十三
世尊是陁羅尼神呪恒河沙等諸佛所說亦
皆隨喜若有侵毀此法師者則為侵毀是諸
佛已尒時毗沙門天王護世者白佛言世尊我
亦為愍念衆生擁護此法師故說是陁羅尼
即說呪曰
阿梨一那梨二㝹那梨三阿那盧四那履五拘那履六
世尊以是神呪擁護法師我亦自當擁護持
是經者令百由旬內无諸衰患尒時持國天
王在此會中與千万億那由他乾闥婆衆恭
敬圍繞前詣佛所合掌白佛言世尊我亦以
陁羅尼神呪擁護持法華經者即說呪曰
阿伽祢一伽祢二瞿利三乾陁利四旃陁利五摩
蹬耆六常求利七浮樓莎柅八頞底九
世尊是陁羅尼神呪四十二億諸佛所說若
有侵毀此法師者則為侵毀是諸佛已尒時

王在此會中與千万億那由他乾闥婆衆恭
敬圍繞前詣佛所合掌白佛言世尊我亦以
陁羅尼神呪擁護持法華經者即說呪曰
阿伽祢一伽祢二瞿利三乾陁利四旃陁利五摩
蹬耆六常求利七浮樓莎柅八頞底九
世尊是陁羅尼神呪四十二億諸佛所說若
有侵毀此法師者則為侵毀是諸佛已尒時
有羅剎女等一名藍婆二名毗藍婆三名曲
齒四名華齒五名黑齒六名多髮七名无厭足
八名持瓔珞九名睪帝十名奪一切衆生精
氣是十羅剎女與鬼子母并其子及眷屬
俱詣佛所同聲白佛言世尊我等亦欲擁護
讀誦受持法華經者除其衰患若有伺求
法師短者令不得便即於佛前而說呪曰
伊提履一伊提泯二伊提履三阿提履四伊提
履五泥履六泥履七泥履八泥履九泥履十
樓醯十一樓醯十二樓醯十三樓醯十四多醯十五多
醯十六多醯十七兜醯十八㝹醯十九
寧上我頭上莫惱於法師若夜叉若羅剎若

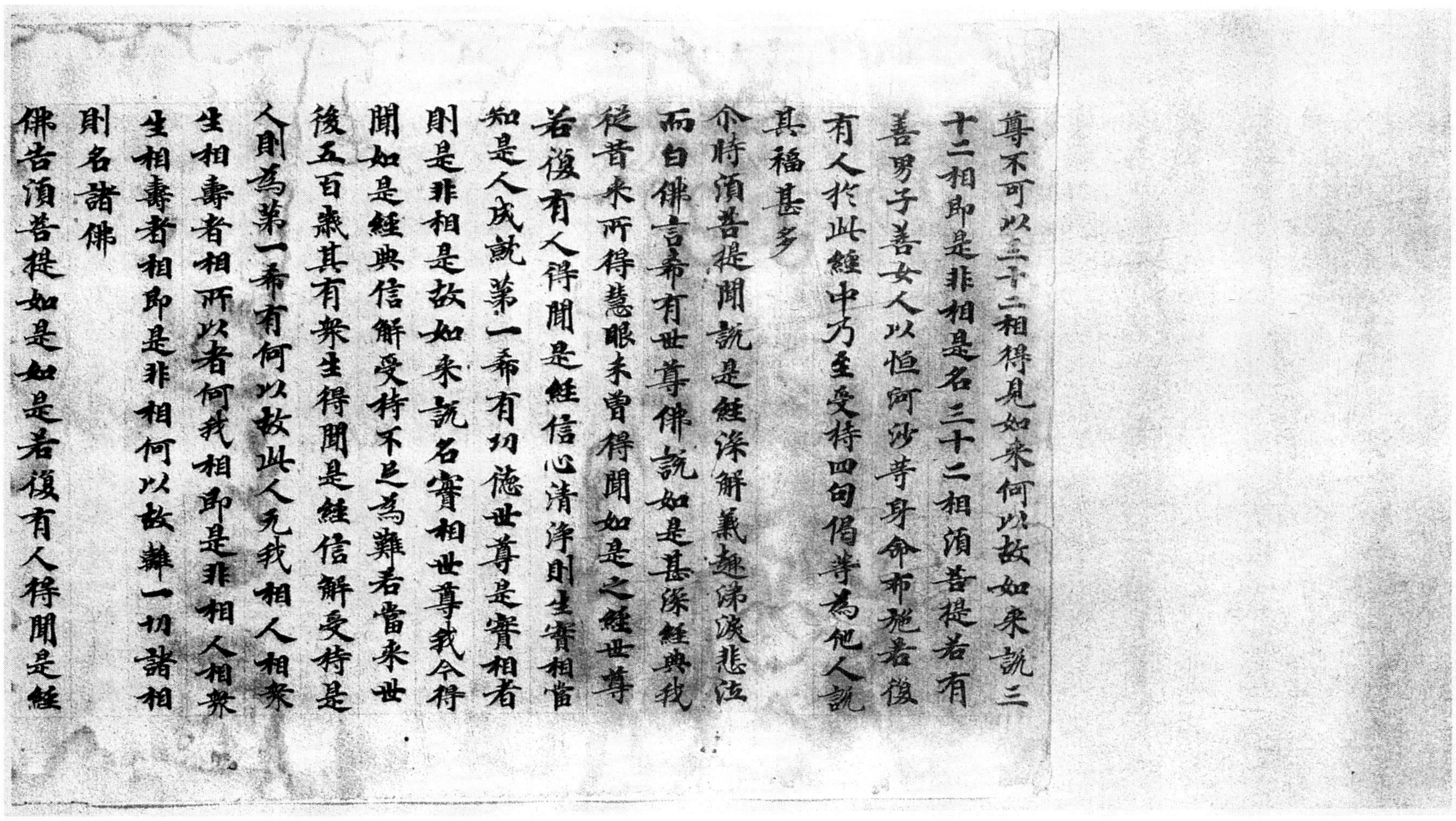
尊不可以三十二相得見如來何以故如來說三
十二相即是非相是名三十二相須菩提若有
善男子善女人以恒河沙等身命布施若復
有人於此經中乃至受持四句偈等為他人說
其福甚多
尒時須菩提聞說是經深解義趣涕淚悲泣
而白佛言希有世尊佛說如是甚深經典我
從昔來所得慧眼未曾得聞如是之經世尊
若復有人得聞是經信心清淨則生實相當
知是人成就第一希有功德世尊是實相者
則是非相是故如來說名實相世尊我今得
聞如是經典信解受持不足為難若當來世
後五百歲其有眾生得聞是經信解受持是
人則為第一希有何以故此人无我相人相眾
生相壽者相所以者何我相即是非相人相眾
生相壽者相即是非相何以故離一切諸相
則名諸佛
佛告須菩提如是如是若復有人得聞是經

BD04574 號　金剛般若波羅蜜經（第三紙僞）　（8–1）

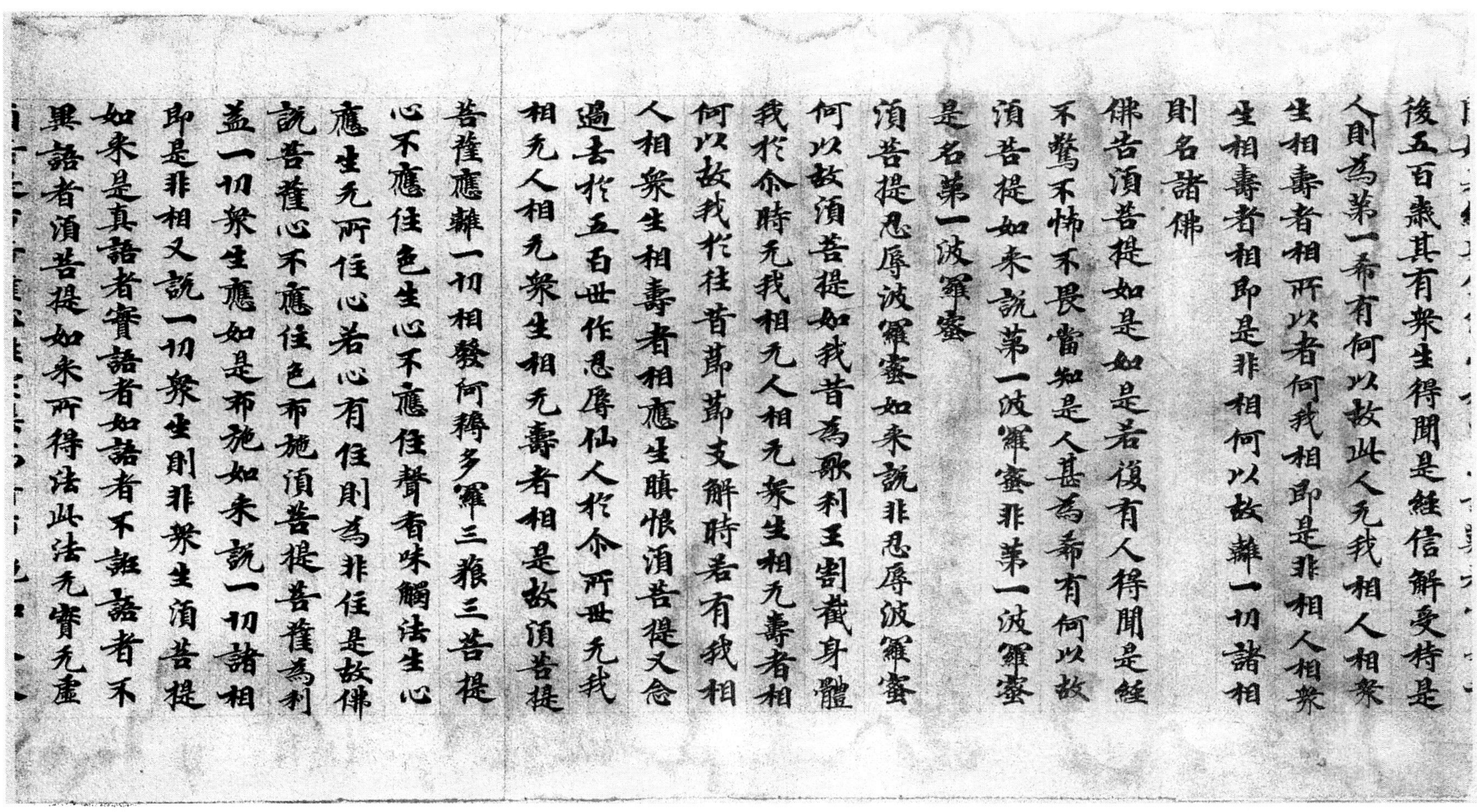
後五百歲其有眾生得聞是經信解受持是
人則為第一希有何以故此人无我相人相眾
生相壽者相所以者何我相即是非相人相眾
生相壽者相即是非相何以故離一切諸相
則名諸佛
佛告須菩提如是如是若復有人得聞是經
不驚不怖不畏當知是人甚為希有何以故
須菩提如來說第一波羅蜜非第一波羅蜜
是名第一波羅蜜
須菩提忍辱波羅蜜如來說非忍辱波羅蜜
何以故須菩提如我昔為歌利王割截身體
我於尒時无我相无人相无眾生相无壽者相
何以故我於往昔節節支解時若有我相
人相眾生相壽者相應生瞋恨須菩提又念
過去於五百世作忍辱仙人於尒所世无我
相无人相无眾生相无壽者相是故須菩提
菩薩應離一切相發阿耨多羅三藐三菩提
心不應住色生心不應住聲香味觸法生心
應生无所住心若心有住則為非住是故佛
說菩薩心不應住色布施須菩提菩薩為利
益一切眾生應如是布施如來說一切諸相
即是非相又說一切眾生則非眾生須菩提
如來是真語者實語者如語者不誑語者不
異語者須菩提如來所得法此法无實无虛

BD04574 號　金剛般若波羅蜜經（第三紙僞）　（8–2）

說菩薩心不應住色布施須菩提菩薩為利
益一切衆生應如是布施如來說一切諸相
即是非相又說一切衆生則非衆生須菩提
如來是真語者實語者如語者不誑語者不
異語者須菩提如來所得法此法无實无虛
須菩提若菩薩心住於法而行布施如人入
闇則无所見若菩薩心不住法而行布施如
人有目日光明照見種種色須菩提當來之
世若有善男子善女人能於此經受持讀誦
則為如來以佛智慧悉知是人悉見是人皆
得成就无量无邊功德
須菩提若有善男子善女人初日分以恒河沙等
身布施中日分復以恒河沙等身布施後日分亦
以恒河沙等身布施如是无量百千萬億劫
以身布施若復有人聞此經典信心不逆其福
勝彼何况書寫受持讀誦為人解說須菩
提以要言之是經有不可思議不可稱量无邊
功德如來為發大乘者說為發最上乘者說
若有人能受持讀誦廣為人說如來悉知是
人悉見是人皆得成就不可量不可稱无有邊
不可思議功德如是人等則為荷擔如來阿耨
多羅三藐三菩提何以故須菩提若樂小法者
著我見人見衆生見壽者見則於此經不能
聽受讀誦為人解說須菩提在在處處若
有此經一切世間天人阿脩羅所應供養當知

BD04574號　金剛般若波羅蜜經（第三紙偽）　（8–3）

人悉見是人皆得成就不可量不可稱无有邊
不可思議功德如是人等則為荷擔如來阿耨
多羅三藐三菩提何以故須菩提若樂小法者
著我見人見衆生見壽者見則於此經不能
聽受讀誦為人解說須菩提在在處處若
有此經一切世間天人阿脩羅所應供養當知
此處則為是塔皆應恭敬作礼圍繞以諸華
香而散其處
復次須菩提善男子善女人受持讀誦此經若
為人輕賤是人先世罪業應墮惡道以今世人
輕賤故先世罪業則為消滅當得阿耨多羅三
藐三菩提須菩提我念過去无量阿僧祇劫於
然燈佛前得值八百四千萬億那由他諸佛悉
皆供養承事无空過者若復有人於後末世能
受持讀誦此經所得功德於我所供養諸佛功
德百分不及一千萬億分乃至筭數譬喻所不能
及須菩提若善男子善女人於後末世有受
持讀誦此經所得功德我若具說者或有人
聞心則狂亂狐疑不信須菩提當知是經
義不可思議果報亦不可思議
尒時須菩提白佛言世尊善男子善女人發
阿耨多羅三藐三菩提心云何應住云何降
伏其心佛告須菩提善男子善女人發阿耨
多羅三藐三菩提者當生如是心我應滅度
一切衆生滅度一切衆生已而无有一衆生實

BD04574號　金剛般若波羅蜜經（第三紙偽）　（8–4）

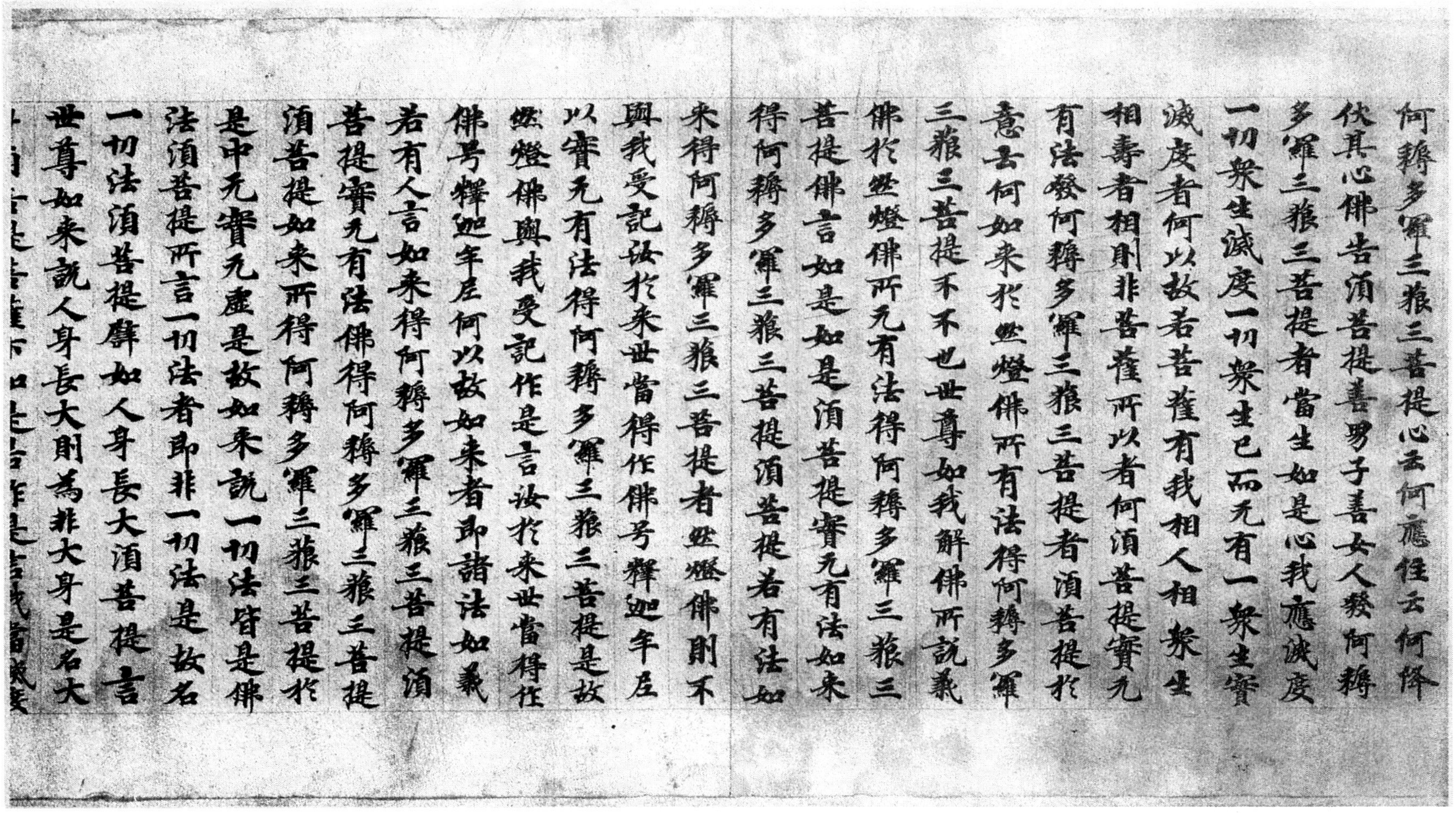
何耨多羅三藐三菩提心云何應住云何降
伏其心佛告須菩提善男子善女人發阿耨
多羅三藐三菩提者當生如是心我應滅度
一切衆生滅度一切衆生已而无有一衆生實
滅度者何以故若菩薩有我相人相衆生
相壽者相則非菩薩所以者何須菩提實无
有法發阿耨多羅三藐三菩提者須菩提於
意云何如來於然燈佛所有法得阿耨多羅
三藐三菩提不不也世尊如我解佛所說義
佛於然燈佛所无有法得阿耨多羅三藐三
菩提佛言如是如是須菩提實无有法如來
得阿耨多羅三藐三菩提須菩提若有法如
來得阿耨多羅三藐三菩提者然燈佛則不
與我受記汝於來世當得作佛号釋迦牟尼
以實无有法得阿耨多羅三藐三菩提是故
然燈佛與我受記作是言汝於來世當得作
佛号釋迦牟尼何以故如來者即諸法如義
若有人言如來得阿耨多羅三藐三菩提須
菩提實无有法佛得阿耨多羅三藐三菩提
須菩提如來所得阿耨多羅三藐三菩提於
是中无實无虛是故如來說一切法皆是佛
法須菩提所言一切法者即非一切法是故名
一切法須菩提譬如人身長大須菩提言
世尊如來說人身長大則為非大身是名大

BD04574 號　金剛般若波羅蜜經（第三紙僞）　（8–5）

法須菩提所言一切法者即非一切法是故名
一切法須菩提譬如人身長大須菩提言
世尊如來說人身長大則為非大身是名大
身須菩提菩薩亦如是若作是言我當滅度
无量衆生則不名菩薩何以故須菩提實无
有法名為菩薩是故佛說一切法无我无人
无衆生无壽者須菩提若菩薩作是言我當
莊嚴佛土是不名菩薩何以故如來說莊嚴
佛土者即非莊嚴是名莊嚴須菩提若菩薩
通達无我法者如來說名真是菩薩
須菩提於意云何如來有肉眼不如是世尊
如來有肉眼須菩提於意云何如來有天眼
不如是世尊如來有天眼須菩提於意云何
如來有慧眼不如是世尊如來有慧眼須菩
提於意云何如來有法眼不如是世尊如來
有法眼須菩提於意云何如來有佛眼不如
是世尊如來有佛眼須菩提於意云何恒河
中所有沙佛說是沙不如是世尊如來說是
沙須菩提於意云何如一恒河中所有沙有
如是等恒河是諸恒河所有沙數佛世界如
是寧為多不甚多世尊佛告須菩提尒所國
土中所有衆生若干種心如來悉知何以故
如來說諸心皆為非心是名為心所以者何
須菩提過去心不可得現在心不可得未來心

BD04574 號　金剛般若波羅蜜經（第三紙僞）　（8–6）

是寧為多不甚多世尊佛告須菩提尒所國
土中所有衆生若干種心如來悉知何以故
如來説諸心皆為非心是名為心所以者何
須菩提過去心不可得現在心不可得未來心
不可得須菩提於意云何若有人滿三千大
千世界七寶以用布施是人以是因緣得福
多不如是世尊此人以是因緣得福甚多須
菩提若福德有實如來不説得福德多以福
德无故如來説得福德多
須菩提於意云何佛可以具足色身見不不
也世尊如來不應以具足色身見何以故如來説
具足色身即非具足色身是名具足色身須菩
提於意云何如來可以具足諸相見不不也
世尊如來不應以具足諸相見何以故如來
説諸相具足即非具足是名諸相具足須菩
提汝勿謂如來作是念我當有所説法莫作
是念何以故若人言如來有所説法即為謗
佛不能解我所説故須菩提説法者无法可
説是名説法須菩提白佛言世尊佛得阿耨
多羅三藐三菩提為无所得耶如是如是須
菩提我於阿耨多羅三藐三菩提乃至无有
少法可得是名阿耨多羅三藐三菩提復次
須菩提是法平等无有高下是名阿耨多
羅三藐三菩提以无我无人无衆生无壽者
脩一切善法則得阿耨多羅三藐三菩提須

BD04574號　金剛般若波羅蜜經（第三紙僞）　（8–7）

也世尊如來不應以具足色身見何以故如來説
具足色身即非具足色身是名具足色身須菩
提於意云何如來可以具足諸相見不不也
世尊如來不應以具足諸相見何以故如來
説諸相具足即非具足是名諸相具足須菩
提汝勿謂如來作是念我當有所説法莫作
是念何以故若人言如來有所説法即為謗
佛不能解我所説故須菩提説法者无法可
説是名説法須菩提白佛言世尊佛得阿耨
多羅三藐三菩提為无所得耶如是如是須
菩提我於阿耨多羅三藐三菩提乃至无有
少法可得是名阿耨多羅三藐三菩提復次
須菩提是法平等无有高下是名阿耨多
羅三藐三菩提以无我无人无衆生无壽者
脩一切善法則得阿耨多羅三藐三菩提須
菩提所言善法者如來説非善法是名善法
須菩提若三千大千世界中所有諸須彌山王

BD04574號　金剛般若波羅蜜經（第三紙僞）　（8–8）

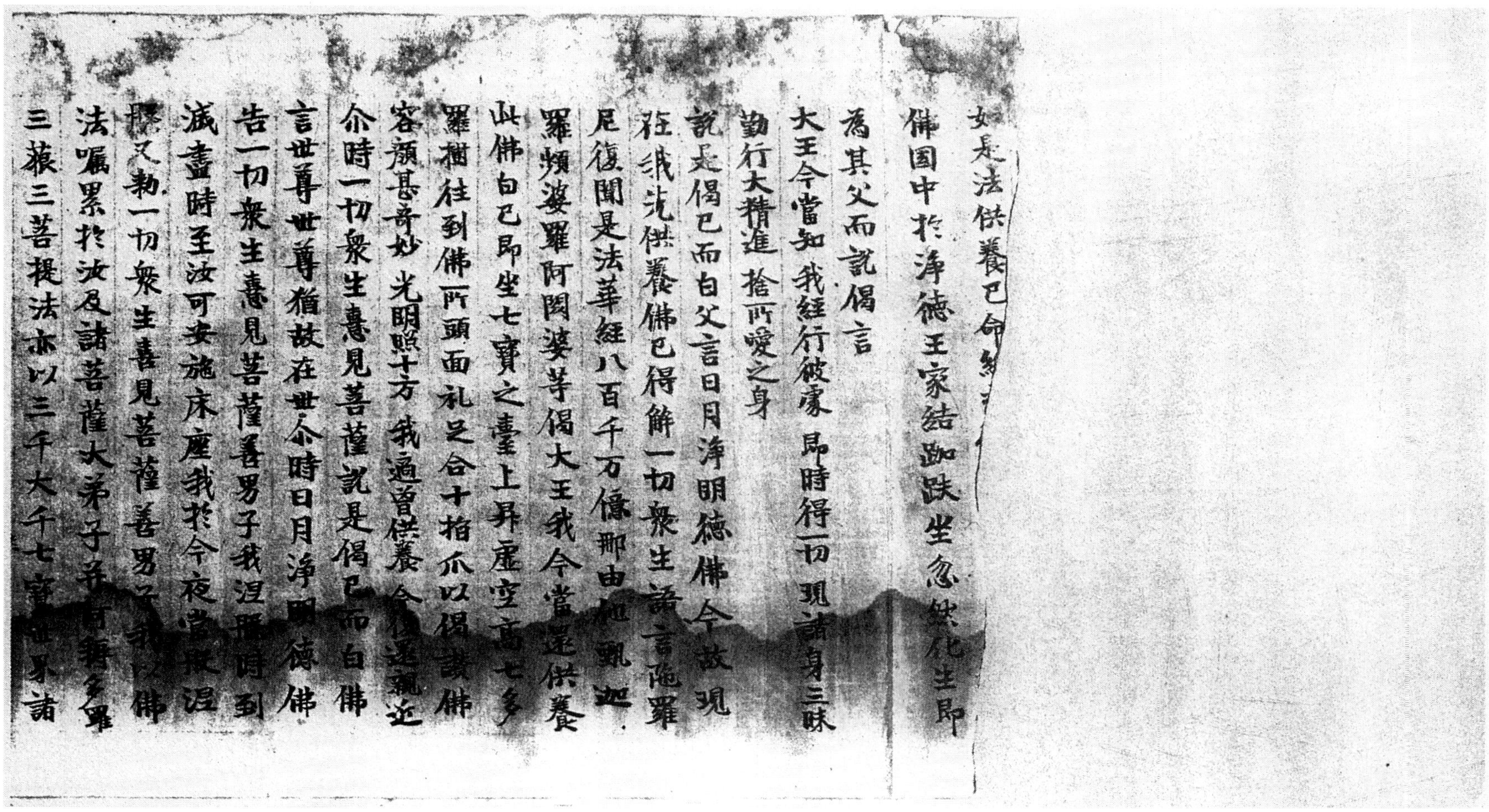
如是法供養已命終
佛国中於淨德王家結跏趺坐忽然化生即
為其父而說偈言
大王今當知 我經行彼處 即時得一切 現諸身三昧
勤行大精進 捨所愛之身
說是偈已而白父言日月淨明德佛今故現
在我先供養佛已得解一切衆生語言陀羅
尼復聞是法華經八百千万億那由他甄迦
羅頻婆羅阿閦婆等偈大王我今當還供養
此佛白已即坐七寶之臺上昇虛空高七多
羅樹往到佛所頭面礼足合十指爪以偈讚佛
容顏甚奇妙 光明照十方 我適曾供養 今復還親近
尒時一切衆生憙見菩薩說是偈已而白佛
言世尊世尊猶故在世尒時日月淨明德佛
告一切衆生憙見菩薩善男子我涅槃時到
滅盡時至汝可安施床座我於今夜當般涅
槃又勅一切衆生憙見菩薩善男子我以佛
法囑累於汝及諸菩薩大弟子并阿耨多羅
三藐三菩提法亦以三千大千七寶世界諸

BD04575 號　妙法蓮華經卷六　　（3–1）

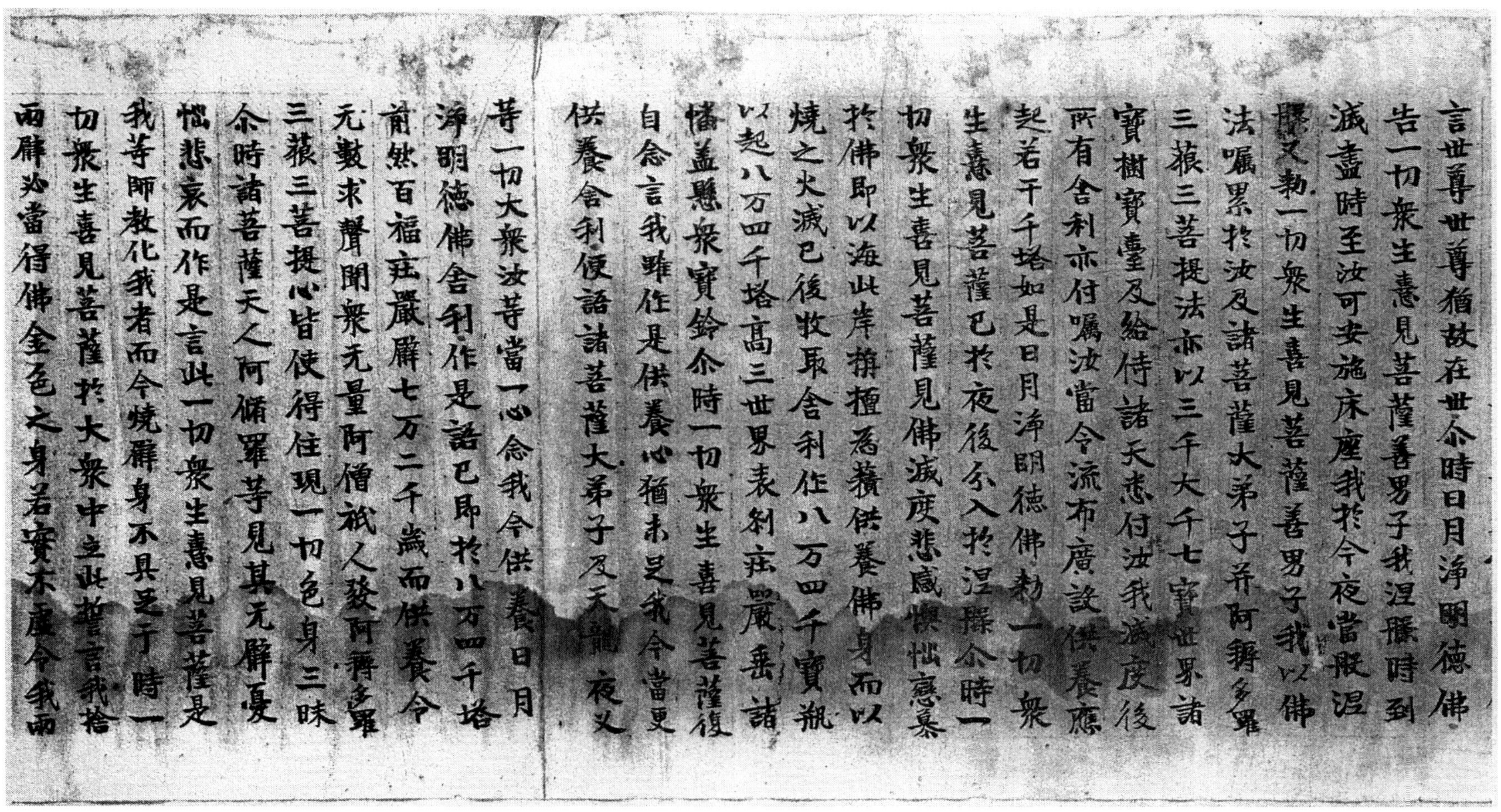
言世尊世尊猶故在世尒時日月淨明德佛
告一切衆生憙見菩薩善男子我涅槃時到
滅盡時至汝可安施床座我於今夜當般涅
槃又勅一切衆生憙見菩薩善男子我以佛
法囑累於汝及諸菩薩大弟子并阿耨多羅
三藐三菩提法亦以三千大千七寶世界諸
寶樹寶臺及給侍諸天悉付於汝我滅度後
所有舍利亦付囑汝當令流布廣設供養應
起若干千塔如是日月淨明德佛勅一切衆
生憙見菩薩已於夜後分入於涅槃尒時一
切衆生喜見菩薩見佛滅度悲感懊惱戀慕
於佛即以海此岸栴檀為積供養佛身而以
燒之火滅已後收取舍利作八万四千寶瓶
以起八万四千塔高三世界表剎莊嚴垂諸
幡蓋懸衆寶鈴尒時一切衆生喜見菩薩復
自念言我雖作是供養心猶未足我今當更
供養舍利便語諸菩薩大弟子及天龍夜叉
等一切大衆汝等當一心念我今供養日月
淨明德佛舍利作是語已即於八万四千塔
前然百福莊嚴臂七万二千歲而供養令
无數求聲聞衆无量阿僧祇人發阿耨多羅
三藐三菩提心皆使得住現一切色身三昧
尒時諸菩薩天人阿脩羅等見其无臂憂
惱悲哀而作是言此一切衆生憙見菩薩是
我等師教化我者而今燒臂身不具足于時一
切衆生喜見菩薩於大衆中立此誓言我捨
兩臂必當得佛金色之身若實不虛令我兩

BD04575 號　妙法蓮華經卷六　　（3–2）

三藐三菩提
尒時諸菩薩天人阿脩羅等見其无臂憂
惱悲哀而作是言此一切衆生憙見菩薩是
我等師教化我者而今燒臂身不具足于時一
切衆生憙見菩薩於大衆中立此誓言我捨
兩臂必當得佛金色之身若實不虛令我兩
臂還復如故作是誓已自然還復由斯菩薩
福德智慧淳厚所致當尒之時三千大千世
界六種震動天雨寶華一切人天得未曾有
佛告宿王華菩薩於汝意云何一切衆生憙
見菩薩豈異人乎今藥王菩薩是也其所捨
身布施如是无量百千万億那由他數宿王
華若有發心欲得阿耨多羅三藐三菩提者
能然手指乃至足一指供養佛塔勝以國城
妻子及三千大千國土山林河池諸珎寶物
而供養者若復有人以七寶滿三千大千世
界供養於佛及大菩薩辟支佛阿羅漢是人
所得功德不如受持此法華經乃至一四句
偈其福最多宿王華譬如一切川流江河諸
水之中海為第一此法華經亦復如是於諸
如來所說經中最為深大又如土山黒山小鐵
圍山大鐵圍山及十寶山衆山之中須弥山
為第一此法華經亦復如是於諸經中最
為其上又如衆星之中月天子最為第一此

BD04575號　妙法蓮華經卷六　（3–3）

須菩提於意云何菩薩莊嚴佛土不不也世
尊何以故莊嚴佛土者則非莊嚴是名莊嚴
是故須菩提諸菩薩摩訶薩應如是生清淨
心不應住色生心不應住聲香味觸法生心
應无所住而生其心須菩提譬如有人身如
須弥山王於意云何是身為大不須菩提言
甚大世尊何以故佛說非身是名大身
須菩提如恒河中所有沙數如是沙等恒河
於意云何是諸恒河沙寧為多不須菩提言
甚多世尊但諸恒河尚多无數何況其沙須
菩提我今實言告汝若有善男子善女人以
七寶滿尒所恒河沙數三千大千世界以用
布施得福多不須菩提言甚多世尊佛告須
菩提若善男子善女人於此經中乃至受持
四句偈等為他人說而此福德勝前福德
復次須菩提隨說是經乃至四句偈等當知
此處一切世間天人阿脩羅皆應供養如佛
塔廟何況有人盡能受持讀誦須菩提當知

BD04576號　金剛般若波羅蜜經　（2–1）

須弥山王於意云何是身爲大不須菩提言
甚大世尊何以故佛說非身是名大身
須菩提如恒河中所有沙數如是沙等恒河
於意云何是諸恒河沙寧爲多不須菩提言
甚多世尊但諸恒河尚多无數何況其沙須
菩提我今實言告汝若有善男子善女人以
七寶滿尒所恒河沙數三千大千世界以用
布施得福多不須菩提言甚多世尊佛告須
菩提若善男子善女人於此經中乃至受持
四句偈等爲他人說而此福德勝前福德
復次須菩提隨說是經乃至四句偈等當知
此處一切世間天人阿脩羅皆應供養如佛
塔廟何况有人盡能受持讀誦須菩提當知
是人成就冣上第一希有之法若是經典所
在之處則爲有佛若尊重弟子
尒時須菩提白佛言世尊當何名此經我等
云何奉持佛告須菩提是經名爲金剛般若
波羅蜜以是名字汝當奉持所以者何須菩
提佛說般若波羅蜜則非般若波羅蜜須
菩提於意云何如来有所說法不須菩提白
佛言世尊如来无所說須菩提於意云何三
千大千世界所有微塵是爲多不須菩提言
甚多世尊須菩提諸微塵如来說非微塵

BD04576 號　金剛般若波羅蜜經　（2–2）

佛說佛名經卷第一

BD04577 號背　護首　（1–1）

觀音礼一本
清淨琉璃 无去无來 不生不滅 自然常住
離二恒攝 千佛共尊 十方同倡 恒沙功等
非色非星 南无清淨法身同處釋迦牟尼佛
志心敬礼 毗盧遮那 千葉蓮花 次知神變
得山總勇 願海無邊 積行三倡 里賓八十地
南无清淨法身釋迦牟尼佛

BD04577 號 1　觀音禮　　（10–1）

得山總勇 願海無邊 積行三倡 里賓八十地
南无清淨法身釋迦牟尼佛

BD04577 號 1　觀音禮　　（10–2）

佛説佛名經卷第一

南无東方阿閦佛　南无大光佛
南无靈目佛　南无无畏佛
南无不可思議佛　南无燈王佛
南无放光佛　南无光明莊嚴佛
南无大勝佛　南无成就大事佛
南无寶見佛　南无堅王華佛
歸命東方如是等无量无邊諸佛
南无南方普滿佛　南无威王佛
南无住持疾行佛　南无點慧佛
南无稱聲佛　南无不厭見身佛
南无師子聲佛　南无不空見佛
南无起行佛　南无一切行清淨佛
南无莊嚴王佛　南无大山王佛
歸命南方无量壽佛　南无師子
南无香積王佛　南无香守
南无奮迅佛　南无虛空、
南无寶幢佛　南无清淨
南无樂莊嚴王佛　南无寶山

BD04577 號 2　佛名經（十六卷本）卷一　（10–3）

歸命南方无量壽佛　南无師子
南无香積王佛　南无香守
南无奮迅佛　南无虛空、
南无寶幢佛　南无清淨
南无樂莊嚴王佛　南无寶山
南无光王佛　南无出月光
歸命西方如是等无量无邊諸佛
南无北方難勝佛　南无月光佛
南无栴檀佛　南无自在佛
南无金色王佛　南无月色栴檀佛
南无普眼見佛　南无普照眼見佛
南无輪手佛　南无无垢佛
歸命北方如是等无量无邊諸佛
南无東南方治地佛　南无自在佛
南无法自在佛　南无法慧佛
南无法思佛　南无常法慧佛
南无常樂佛　南无善思惟佛
南无善住佛　南无善解佛
歸命東南方如是等无量无邊諸佛
南无西南方那羅延佛　南无龍王德佛
南无寶聲佛　南无地自在佛
南无人王佛　南无妙聲佛
南无點慧佛　南无妙香華佛
南无天王佛　南无常清淨眼佛
歸命西南方如是等无量无邊諸佛

BD04577 號 2　佛名經（十六卷本）卷一　（10–4）

歸命東南方如是等无量无邊諸佛
南无西南方那羅延佛　南无龍王德佛
南无寶聲佛　南无地自在佛
南无人王佛　南无妙聲佛
南无黠慧佛　南无妙香華佛
南无天王佛　南无常清淨眼佛
歸命西南方如是等无量无邊諸佛
南无西北方月光面佛　南无月光佛
南无月幢佛　南无勇猛佛
南无日光面佛　南无日藏佛
南无日光莊嚴佛　南无華身佛
南无波頭摩藏佛　南无波頭摩勝佛
南无師子聲王佛　南无善住意佛
歸命西北方如是无量无邊諸佛
南无東北方舜諸根佛　南无舜滅佛
南无大將佛　南无淨勝佛
南无淨妙聲佛　南无淨天供養佛
南无善化佛　南无化佛
南无善意佛　南无善意住持佛
歸命東北方如是等无量无邊諸佛
南无下方寶行佛　南无疾行佛
南无黠慧佛　南无堅固王佛
南无金剛齊佛　南无師子佛
南无奮迅佛
從此以上一百佛

BD04577 號 2　佛名經（十六卷本）卷一　（10–5）

南无黠慧佛
南无金剛齊佛　南无師子佛
南无奮迅佛
從此以上一百佛
南无如寶住佛　南无成功德佛
南无功德得佛　南无善安樂佛
南无天龍金剛佛
歸命下方如是等无量无邊諸佛
南无上方无量勝佛　南无雲王佛
南无雲功德佛　南无无量稱名佛
南无聞身王佛　南无大功德佛
南无大須彌佛　南无降伏魔王佛
歸命上方如是等无量无邊諸佛
南无未來普賢佛　南无彌勒佛
南无觀世自在佛　南无得大勢至佛
南无虛空藏佛　南无无垢稱佛
南无成就義佛　南无寶聲佛
南无大海佛　南无无盡意佛
歸命未來如是等无量无邊諸佛
善男子若人受持讀誦是諸佛名現世安
隱遠離諸難及消滅諸罪未來畢竟得阿
耨多羅三藐三菩提
南无无垢光佛　南无樂莊嚴思惟佛
南无无垢月幢稱佛　南无華光佛
南无大光佛　南无寶上佛

BD04577 號 2　佛名經（十六卷本）卷一　（10–6）

隱遠離諸難及消滅諸罪未來畢竟得阿
耨多羅三藐三菩提
南无无垢光佛　南无樂莊嚴思惟佛
南无无垢月幢稱佛　南无華光佛
南无大光佛　南无寶上佛
南无无畏觀佛　南无遠離諸畏驚怖佛
南无師子奮迅力佛　南无金光明王佛
若善男子善女人十日讀誦思惟是佛名必
遠離一切業障
南无一切同名佛　南无日龍奮迅二佛
南无一切同名龍奮迅佛　南无六十功德寶佛
南无一切同名功德寶佛　南无六十二毗留羅佛
南无一切同名毗留羅佛　南无八万四千同名自在幢佛
南无一切同名自在幢佛　南无三百大幢佛
南无一切同名大幢佛　南无五百淨聲王佛
南无一切同名淨聲王佛　南无五百波頭摩王佛
南无一切同名波頭摩王佛　南无五百日聲佛
南无一切同名日聲佛　南无五百樂自在聲佛
南无一切同名樂自在聲佛　南无五百日佛
南无一切同名日佛　南无五百普光佛
南无一切同名普光佛　南无五百波頭摩上王佛
南无一切同名波頭摩上王佛　南无七百法光莊嚴佛
南无一切同名法光莊嚴佛　南无千法莊嚴王佛
南无一切同名法莊嚴王佛　南无千八百稱聲王佛
南无一切同名千八百稱聲王佛　南无三万散華佛
南无一切同名散華佛　南无三万三百稱聲王佛

BD04577 號 2　佛名經（十六卷本）卷一　（10–7）

南无一切同名波頭摩上王佛　南无七百法光莊嚴佛
南无一切同名法光莊嚴佛　南无千法莊嚴王佛
南无一切同名千八百稱聲王佛　南无千八百稱聲王佛
南无一切同名散華佛　南无三万散華佛
南无一切同名稱聲王佛　南无三万三百稱聲王佛
南无一切同名何難陁佛　南无八万四千同難陁佛
南无一切同名寂滅佛　南无千八百寂滅佛
南无一切同名歡喜佛　南无五百歡喜佛
南无一切同名威德佛　南无五百威德佛
南无一切同名上威德佛　南无五百上威德佛
南无一切同名日王佛　南无五百日王佛
南无一切同名雲雷聲王佛　南无千雲雷聲王佛
南无一切同名日熾自在聲佛　南无千日熾自在聲佛
南无一切同名離垢聲自在王佛　南无千離垢聲自在王佛
南无千勢自在聲佛　南无一切同名勢自在聲佛
南无千功德蓋幢安隱自在王佛
南无一切同名功德蓋幢安隱自在王佛
南无千閻浮檀佛　南无一切同名閻浮檀佛
南无千无垢聲自在王佛
南无一切同名无垢聲自在王佛
南无遠離諸怖聲自在王佛
南无一切同名遠離諸怖聲自在王佛
南无二千駒隣佛
從此以上二百佛

BD04577 號 2　佛名經（十六卷本）卷一　（10–8）

南无[illegible]

南无一切同名无垢聲自在王佛

南无遠離諸怖聲自在王佛

南无一切同名遠離諸怖聲自在王佛

南无二千駒隣佛

從此以上二百佛

南无一切同名駒隣佛

南无一切同名　南无一切同名寶幢佛

南无八千堅精進佛　南无一切同名堅精進佛

南无八千威德佛　南无一切同名威德佛

南无八千然燈佛　南无一切同名然燈佛

南无十千迦葉佛　南无一切同名迦葉佛

南无十千清淨面蓮華香積佛

南无一切同名清淨面蓮華香積佛

南无一切同名威德佛　南无五百日王佛

南无十千莊嚴王佛　南无一切同名莊嚴王佛

南无十千星宿佛　南无一切同名星宿佛

南无一万八千娑羅王佛　南无一切同名娑羅王佛

南无一万八千娑羅自在王佛　南无一切同名娑羅自在王佛

南无一万八千善護佛　南无一切同名善護佛

南无四万頻莊嚴佛　南无一切同名頻莊嚴佛

南无三千毗盧舍那佛　南无一切同名毗盧舍那佛

南无三千放光佛　南无一切同名放光佛

南无三千釋迦牟尼佛　南无一切同名釋迦牟尼佛

南无三万日月太白佛　南无一切同名日月太白佛

南无六万波頭上王佛　南无一切同名波頭上王佛

南无十千迦葉佛　南无[illegible]

南无十千清淨面蓮華香積佛

南无一切同名清淨面蓮華香積佛

南无一切同名威德佛　南无五百日王佛

南无十千莊嚴王佛　南无一切同名莊嚴王佛

南无十千星宿佛　南无一切同名星宿佛

南无一万八千娑羅王佛　南无一切同名娑羅王佛

南无一万八千娑羅自在王佛　南无一切同名娑羅自在王佛

南无一万八千善護佛　南无一切同名善護佛

南无四万頻莊嚴佛　南无一切同名頻莊嚴佛

南无三千毗盧舍那佛　南无一切同名毗盧舍那佛

南无三千放光佛　南无一切同名放光佛

南无三千釋迦牟尼佛　南无一切同名釋迦牟尼佛

南无三万日月太白佛　南无一切同名日月太白佛

南无六万波頭上王佛　南无一切同名波頭上王佛

南无六万能令衆生離諸見佛　南无一切同名能令衆生離諸見佛

南无六十百千万氏號義見佛　南无一切同名氏號義見佛

南无无量百千万名不可勝佛　南无一切同名不可勝佛

南无二億拘隣佛　南无一切月名拘隣佛

金光明最勝王經序品第一　三藏法師義淨奉制譯
如是我聞一時薄伽梵在王舍城鷲峯山頂於
最清淨甚深法界諸佛之境如來所居與大苾
芻眾九万八千人俱皆是阿羅漢能善調伏如大象王諸
漏已除无復煩惱心善解脫慧善解脫所作已辦棄
諸重擔逮得己利盡諸有結得大自在住清淨戒善
巧方便智慧莊嚴證八解脫已到彼岸其名曰具壽
阿若憍陳如具壽阿說侍具壽婆濕波具壽摩訶
摩那具壽婆帝利迦大迦攝波優樓頻螺迦攝波伽耶迦攝
那提迦攝舍利子大目揵連唯阿難陀住於學地如是
等諸大聲聞各於晡時從定而起往詣佛所頂禮佛足
右遶三帀退坐一面
復有菩薩摩訶薩百千万億人俱有大威德如大龍
王名稱普聞眾所知識施戒清淨常樂奉持忍行精
勤經无量劫超諸靜慮繫念現前開闡慧門善修方便
自在遊戲微妙神通逮得總持辯才无盡斷諸煩惱累染
皆亡不久當成一切種智降魔軍眾而擊法鼓制諸外道
起淨心轉妙法輪度人天眾十方佛土悉已莊嚴六趣有情无不
蒙益成就大智具足大忍住大慈悲心有大堅固力歷事諸
佛不般涅槃發弘誓心盡未來際植於佛所深種淨因於三
世法悟无生忍超於二乘所行境界

BD04578號　金光明最勝王經卷一　（8–1）

自在遊戲微妙神通逮得總持辯才无盡斷諸煩惱累染
皆亡不久當成一切種智降魔軍眾而擊法鼓制諸外道
起淨心轉妙法輪度人天眾十方佛土悉已莊嚴六趣有情无不
蒙益成就大智具足大忍住大慈悲心有大堅固力歷事諸
佛不般涅槃發弘誓心盡未來際植於佛所深種淨因於三
世法悟无生忍超於二乘所行境界以大善巧化世間於大師
教能敷演秘密之法甚深空性皆已了知无復疑惑其名曰
无障礙轉法輪菩薩常發心轉法輪菩薩常精進菩薩
不休息菩薩慈氏菩薩妙吉祥菩薩觀自在菩薩總持
自在王菩薩大辯莊嚴王菩薩妙高山王菩薩大海深王菩
薩寶幢菩薩大寶幢菩薩地藏菩薩虛空藏菩薩寶手
自在菩薩金剛手菩薩歡喜力菩薩大法力菩薩大莊嚴光
菩薩大金光莊嚴菩薩淨戒菩薩常定菩薩極清淨慧
菩薩堅固精進菩薩心如虛空菩薩不斷大願菩薩施藥菩
薩療諸煩惱病菩薩醫王菩薩歡喜高王菩薩得上授記
菩薩大雲淨光菩薩大雲持法菩薩大雲名稱喜樂菩薩大雲
現无邊稱菩薩大雲師子吼菩薩大雲牛王吼菩薩大雲吉
祥菩薩大雲寶德菩薩大雲日藏菩薩大雲月藏菩
薩大雲星光菩薩大雲火光菩薩大雲電光菩薩大雲
雷音菩薩大雲慧雨充遍菩薩大雲清淨雨王菩薩
大雲華樹王菩薩大雲青蓮華香菩薩大雲寶栴檀香
清涼身菩薩大雲除闇菩薩大雲破翳菩薩如是等无
量大菩薩眾各於晡時從定而起往詣佛所頂禮佛足右遶
三帀退坐一面
復有梨車毗童子五億八千其名曰師子光童子師子慧童子
法授童子因陀羅授童子大光童子大猛童子佛護童子法
護童子僧護童子金剛護童子虛空護童子虛空吼童子
寶藏童子吉祥妙藏童子如是等人而為上首悉皆安住
无上菩提於大乘中深信歡喜各於晡時往詣佛所頂禮
佛足右遶三帀退坐一面
復有四万二千天子其名曰喜見天子喜悅天子日光天子月
髻天子明慧天子虛空淨慧天子除煩惱天子吉祥天子如是
等天子而為上首皆發弘願護持大乘

BD04578號　金光明最勝王經卷一　（8–2）

童子虛空吼童子
寶藏童子吉祥妙藏童子如是等人而為上首悉皆安住
无上菩提於大乘中深信歡喜各於晡時往詣佛所頂礼
佛足右遶三帀退坐一面
復有四万二千天子其名曰喜見天子喜悅天子日光天子月
髻天子明慧天子虛空淨慧天子除煩惱天子吉祥天子如是
等天而為上首皆發弘願護持大乘紹隆正法能使不絕各
於晡時往詣佛所頂礼佛足右遶三帀退坐一面
復有二万八千龍王蓮華龍王瞖羅葉龍王大力龍王大吼龍
王小波龍王持駃水龍王金面龍王如意龍王是等龍王而為
上首於大乘法常樂受持發深信心稱揚擁護各於晡時往
詣佛所頂礼佛足右遶三帀退坐一面
復有三万六千諸藥叉衆毗沙門天王而為上首其名曰菴婆藥
叉持菴婆藥叉蓮華光藏藥叉蓮華面藥叉顰眉藥叉現大
怖藥叉動地藥叉吞食藥叉是等藥叉悉皆愛樂如來正法
深心護持不生疲懈各於晡時往詣佛所頂礼佛足右遶三帀
退坐一面
復有四万九千揭路茶王香象勢力王而為上首及餘健闥婆阿
蘇羅緊那羅莫呼洛伽等山林河海一切神仙并諸大國所有
王衆中宮后妃淨信男女人天大衆悉皆雲集咸願擁護
无上大乘讀誦受持書寫流布各於晡時往詣佛所頂礼佛
足右遶三帀退坐一面　九
如是等聲聞菩薩人天大衆龍神八部既雲集已各各至心
合掌恭敬瞻仰尊容目未曾捨願樂欲聞殊勝妙法尒時
薄伽梵於日晡時從定而起觀察大衆而說頌曰
金光明妙法　最勝諸經王　甚深難得聞　諸佛之境界
我當為大衆　宣說如是經　并四方四佛　威神共加護
東方阿閦尊　南方寶相佛　西方无量壽　北方天鼓音
我復演妙法　吉祥懺中勝　能滅一切罪　淨除諸惡業
及消衆苦患　常與无量樂　一切智根本　諸功德莊嚴
衆生身不具

BD04578號　金光明最勝王經卷一　（8–3）

金光明妙法　最勝諸經王　甚深難得聞　諸佛之境界
我當為大衆　宣說如是經　并四方四佛　威神共加護
東方阿閦尊　南方寶相佛　西方无量壽　北方天鼓音
我復演妙法　吉祥懺中勝　能滅一切罪　淨除諸惡業
及消衆苦患　常與无量樂　一切智根本　諸功德莊嚴
衆生身不具　壽命將損減　諸惡相現前　天神皆捨離
親友懷瞋恨　眷屬悉分離　彼此共乖違　珍財皆散失
惡星為變怪　或被邪蠱侵　若復多憂愁　衆苦之所逼
睡眠見惡夢　因此生煩惱　是人當澡浴　應著鮮潔衣
於此妙經王　甚深佛所讚　專注心无亂　讀誦聽受持
由此經威力　能離諸災橫　及餘衆苦難　无不皆除殄
護世四王衆　及大臣眷屬　无量諸藥叉　一心皆擁衛
大辯才天女　尼連河水神　訶利底母神　堅牢地神衆
梵王帝釋主　龍王緊那羅　及金翅鳥王　阿蘇羅天衆
如是天神等　并將其眷屬　皆來護是人　晝夜常不離
我當說是經　甚深佛所讚　諸佛秘密教　千万劫難逢
若有聞是經　能為他演說　若心生隨喜　或設於供養
如是諸人等　當於无量劫　常為諸天人　龍神所恭敬
此福聚无量　數過於恒沙　讀誦是經者　當獲斯功德
亦為十方尊　深行諸菩薩　擁護持經者　令離諸苦難
供養是經者　如前澡浴身　飲食及香華　恒起慈悲意
若欲聽是經　令心淨无垢　常生歡喜念　能長諸功德
若以尊重心　聽聞是經者　善生於人趣　遠離諸苦難
彼人善根熟　諸佛之所讚　方得聞是經　及以懺悔法
金光明最勝王經如來壽量品第二
尒時王舍大城有一菩薩摩訶薩名曰妙幢已於過去无量俱
胝那庾多百千佛所承事供養殖諸善根是時妙幢菩薩
獨於靜處作是思惟以何因緣釋迦牟尼如來壽命短促唯
八十年復作是念如佛所說有二因緣得壽命長云何為

BD04578號　金光明最勝王經卷一　（8–4）

彼人善根熟　諸佛之所讚　方得聞是經　及以懺悔法
金光明冣勝王經如來壽量品第二
尒時王舍大城有一菩薩摩訶薩名曰妙幢已於過去无量俱
胝那庾多百千佛所承事供養殖諸善根是時妙幢菩薩
獨於靜處作是思惟以何因緣釋迦牟尼如來壽命短促唯
八十年復作是念如佛所說有二因緣得壽命長云何為
二一者不害生命二者施飲食然釋迦牟尼如來曾於无量百千
万億无數大劫不害生命行十善道常以飲食惠施一切飢餓眾
生乃至已身血肉骨髓亦持施與令得飽滿況餘飲食時彼
菩薩於世尊所作是念時以佛威力其室忽然廣博嚴淨帝
青琉璃種種眾寶雜綵間飾如佛淨土有妙香氣過諸天
香芬馥充滿於其四面各有上妙師子之座四寶所成以天寶
衣而敷其上復於此座有妙蓮華種種珎寶以為嚴飾量等
如來自然顯現於蓮華上有四如來東方不動南方寶相西
方无量壽北方天鼓音是四如來各於其座跏趺而坐放大光
明周遍照耀王舍大城及此三千大千世界乃至十方恒河沙等
諸佛國土雨諸天華奏諸天樂尒時於此贍部洲中及三千大
千世界所有眾生以佛威力受勝妙樂无有乏少若身不具
皆蒙具足盲者能視聾者得聞瘂者能言愚者得智若心
亂者得本心若衣无者得衣服被汙賤者人所敬有垢穢者
身清潔於此世間所有利益未曾有事悉皆顯現
尒時妙幢菩薩見四如來及希有事歡喜踊躍合掌一心瞻仰
諸佛殊勝之相亦復思惟釋迦牟尼如來无量功德唯於壽命
生疑惑心云何如來功德无量壽命短促唯八十年
尒時四佛告妙幢菩薩言善男子汝今不應思忖如來壽命
長短何以故善男子我等不見諸天世間梵魔沙門婆羅門等
人及非人有能筭知佛之壽量知其齊限唯除无上正遍知者
時四如來欲說釋迦牟尼佛所有壽量以佛威力欲色界天

BD04578號　金光明最勝王經卷一　（8–5）

亂者得本心若衣无者得衣服被汙賤者人所敬有垢穢者
身清潔於此世間所有利益未曾有事悉皆顯現
尒時妙幢菩薩見四如來及希有事歡喜踊躍合掌一心瞻仰
諸佛殊勝之相亦復思惟釋迦牟尼如來无量功德唯於壽命
生疑惑心云何如來功德无量壽命短促唯八十年
尒時四佛告妙幢菩薩言善男子汝今不應思忖如來壽命
長短何以故善男子我等不見諸天世間梵魔沙門婆羅門等
人及非人有能筭知佛之壽量知其齊限唯除无上正遍知者
時四如來欲說釋迦牟尼佛所有壽量以佛威力欲色界天
諸龍鬼神健闥婆阿蘇羅揭路荼緊那羅摩呼洛伽及无
量百千億那庾多菩薩摩訶薩悉來集會入妙幢菩
薩淨妙室中尒時四佛於大眾中欲顯釋迦牟尼如來所有壽
量而說頌曰
一切諸海水　可知其滴數　无有能數知　釋迦之壽量
析諸妙高山　如芥可知數　无有能數知　釋迦之壽量
一切大地土　可知其塵數　无有能筭知　釋迦之壽量
假使量虛空　可得盡邊際　无有能度知　釋迦之壽量
若人住一劫　盡力常筭數　亦須不能知　世尊之壽量
不害眾生命　及施於飲食　由斯二種因　得壽命長遠
是故大覺尊　壽命難知數　如劫无邊際　壽量亦如是
妙幢汝當知　不應起疑惑　冣勝壽无量　莫能知數者
尒時妙幢菩薩聞四如來說四釋迦牟尼佛壽量无限白言世
尊云何如來示現如是短促壽量時四世尊告妙幢菩
薩言善男子彼釋迦牟尼佛於五濁惡世出現之時人壽百年
稟性下劣善根微薄復无信解此諸眾生多有我見人見
眾生壽者養育邪見我我所見斷常見等為欲利益此
諸異生及眾外道如是等類令生正解速得成就无上菩提是
故釋迦牟尼如來示現如是短促壽命善男子然彼如來欲

BD04578號　金光明最勝王經卷一　（8–6）

尒時妙幢菩薩聞四如來說釋迦牟尼佛壽量无限白言世
尊云何如來示現如是短促壽量時四世尊告妙幢菩
薩言善男子彼釋迦牟尼佛於五濁惡世出現之時人壽百年
稟性下劣善根微薄復无信解此諸眾生多有我見人見
眾生壽者養育邪見我我所見斷常見等為欲利益此
諸異生及眾外道如是等類令生正解速得成就无上菩提是
故釋迦牟尼如來示現如是短促壽命善男子然彼如來欲
令眾生見涅槃已生難遭想憂苦等想於佛世尊所說經教
速當受持讀誦通利為人講說不生謗毀是故如來現斯短壽
何以故彼諸眾生若見如來不般涅槃不生恭敬難遭之想如來
所說甚深經典亦不受持讀誦通利為人宣說所以者何以常
見佛不尊重故善男子譬如有人見其父母多有財產珍寶
豐盈便於財物不生希有難遭之想所以者何於父母財物
生常想故善男子彼諸眾生亦復如是若見如來不入涅槃
不生希有難遭之想所以者何由常見故善男子譬如有人
父母貧窮資財乏少然彼貧人或詣王家或大臣舍見其倉庫
種種珍財悉皆盈滿生希有心難遭之想時彼貧人為欲求財廣
設方便策勤无怠所以者何為捨貧窮受安樂故善男子彼
諸眾生亦復如是若見如來入於涅槃生難遭想乃至憂苦
等想復作是念於无量劫諸佛如來出現於世如烏曇跋華時
乃一現彼諸眾生發希有心起難遭想若遇如來心生敬信聞說
正法生實語想所有經典悉皆受持不生毀謗善男子以是
因緣彼佛世尊不久住世速入涅槃善男子是諸如來以如是
等善巧方便成熟眾生尒時四佛說是語已忽然不現
尒時妙幢菩薩摩訶薩與无量百千菩薩及无量億百千那
庾多眾生俱共往詣鷲峯山中釋迦牟尼如來正遍知所頂
禮佛足在一面立時妙幢菩薩以如上事具白世尊時四如來亦
詣鷲峯至釋迦牟尼佛所各隨本方就座而坐告侍者菩薩

BD04578號　金光明最勝王經卷一　（8–7）

所說甚深經典亦不受持讀誦通利為人宣說所以者何以常
見佛不尊重故善男子譬如有人見其父母多有財產珍寶
豐盈便於財物不生希有難遭之想所以者何於父母財物
生常想故善男子彼諸眾生亦復如是若見如來不入涅槃
不生希有難遭之想所以者何由常見故善男子譬如有人
父母貧窮資財乏少然彼貧人或詣王家或大臣舍見其倉庫
種種珍財悉皆盈滿生希有心難遭之想時彼貧人為欲求財廣
設方便策勤无怠所以者何為捨貧窮受安樂故善男子彼
諸眾生亦復如是若見如來入於涅槃生難遭想乃至憂苦
等想復作是念於无量劫諸佛如來出現於世如烏曇跋華時
乃一現彼諸眾生發希有心起難遭想若遇如來心生敬信聞說
正法生實語想所有經典悉皆受持不生毀謗善男子以是
因緣彼佛世尊不久住世速入涅槃善男子是諸如來以如是
等善巧方便成熟眾生尒時四佛說是語已忽然不現
尒時妙幢菩薩摩訶薩與无量百千菩薩及无量億百千那
庾多眾生俱共往詣鷲峯山中釋迦牟尼如來正遍知所頂
禮佛足在一面立時妙幢菩薩以如上事具白世尊時四如來亦
詣鷲峯至釋迦牟尼佛所各隨本方就座而坐告侍者菩薩
言善男子汝今可詣釋迦牟尼佛所為我致問少病少惱
如來

BD04578號　金光明最勝王經卷一　（8–8）

BD04578 號背　殘狀（擬）　　（2–1）

BD04578 號背　雜寫　　（2–2）

般若[illegible]
邊際水火風空識界如空无邊際因緣如空
无邊際等无間緣所緣緣增上緣如空无邊
際无明如空无邊際行識名色六處觸受愛
取有生老死愁歎苦憂惱如空无邊際復次
善現色蘊離色蘊自性色蘊真如是佛法受
想行識蘊離受蘊等自性受蘊等真如是佛
法眼處離眼處自性眼處真如是佛法耳鼻
舌身意處離耳處等自性耳處等真如是佛
法色處離色處自性色處真如是佛法聲香
味觸法處離聲處等自性聲處等真如是佛
法眼界離眼界自性眼界真如是佛法耳鼻
舌身意界離耳界等自性耳界等真如是佛
法色界離色界自性色界真如是佛法聲香
味觸法界離聲界等自性聲界等真如是
佛法眼識界離眼識界自性眼識界真如是佛
法耳鼻舌身意識界離耳識界等自性耳識
界等真如是佛法眼觸離眼觸自性眼觸真

BD04579 號　大般若波羅蜜多經卷五五五　（3–1）

法眼界[illegible]
舌身意界離耳界等自性耳界等真如是佛
法色界離色界自性色界真如是佛法聲香
味觸法界離聲界等自性聲界等真如是
佛法眼識界離眼識界自性眼識界真如是佛
法耳鼻舌身意識界離耳識界等自性耳識
界等真如是佛法眼觸離眼觸自性眼觸真
如是佛法耳鼻舌身意觸離耳觸等自性耳
觸等真如是佛法眼觸為緣所生諸受離
眼觸為緣所生諸受自性眼觸為緣所生諸受
真如是佛法耳鼻舌身意觸為緣所生諸受
離耳觸為緣所生諸受等自性耳觸為緣所
生諸受等真如是佛法地界離地界自性地
界真如是佛法水火風空識界離水界等自
性水界等真如是佛法因緣離因緣自性因
緣真如是佛法等无間緣所緣緣增上緣離
等无間緣等自性等无間緣等真如是佛法
无明離无明自性无明真如是佛法行識名
色六處觸受愛取有生老死愁歎苦憂惱離
行等自性行等真如是佛法復次善現色蘊
法性无邊際受想行識蘊法性无邊際眼處
法性无邊際耳鼻舌身意處法性无邊際色
處法性无邊際聲香味觸法處法性无邊際
眼界法性无邊際耳鼻舌身意界法性无邊
際色界法性无邊際聲香味觸法界法性无
邊際眼識界法性无邊際耳鼻舌身意識界
法性无邊際眼觸法性无邊際耳鼻舌身意
觸法性无邊際眼觸為緣所生諸受法性无
邊際耳鼻舌身意觸為緣所生諸受法性无
[illegible]

BD04579 號　大般若波羅蜜多經卷五五五　（3–2）

際色界法性无邊際聲香味觸法界法性无
邊際眼識界法性无邊際耳鼻舌身意識界
法性无邊際眼觸法性无邊際耳鼻舌身意
觸法性无邊際眼觸爲緣所生諸受法性无
邊際耳鼻舌身意觸爲緣所生諸受法性无
邊際地界法性无邊際水火風空識界法性
无邊際因緣法性无邊際等无間緣所緣緣
增上緣法性无邊際无明法性无邊際行識
名色六處觸受愛取有生老死愁歎苦憂惱
法性无邊際復次善現色蘊空法性无邊際
受想行識蘊空法性无邊際眼處空法性无
邊際耳鼻舌身意處空法性无邊際色處
空法性无邊際聲香味觸法處空法性无邊
際眼界空法性无邊際耳鼻舌身意界空法
性无邊際色界空法性无邊際聲香味觸法界
空法性无邊際眼識界空法性无邊際耳鼻
舌身意識界空法性无邊際眼觸空法性无
邊際耳鼻舌身意觸空法性无邊際眼觸爲
緣所生諸受空法性无邊際耳鼻舌身意觸
爲緣所生諸受空法性无邊際地界空法性
无邊際水火風空識界空法性无邊際因緣
空法性无邊際等无間緣所緣緣增上緣空
法性无邊際无明空法性无邊際行識名色
六處觸受愛取有生老死愁歎苦憂惱空法

BD04579號　大般若波羅蜜多經卷五五五　（3–3）

大乘无量壽經
如是我聞一時薄伽梵在舍衛國祇樹給孤獨園與大苾芻僧千二百五十人大菩薩
衆俱爾時世尊告曼殊室利童子曼殊上方有世界名无量功德聚
无量智決定王如來阿耨多羅三藐三菩提現爲衆生開示說法曼殊諦聽
短壽大限百年於中殀枉橫死者衆曼殊如无量壽如來功德名稱法要若有衆生得聞
名号若自書或使人書爲經卷受持讀誦若於舍宅所住之處以種種花鬘瓔珞塗香末香
而爲供養如其命盡復得延年滿足百歲如是曼殊若有衆生得聞是无量壽智決定王如來一百
八名号者益其壽命若有衆生大命將盡憶念是如來名号更得增壽如是曼殊若有善
男子善女人欲求長壽作是无量壽如來一百八名号有得聞者或自書若使人書受持讀誦
是等果報福得具足陁羅尼曰　南謨薄伽勃底一阿波唎蜜哆二阿喻紇硯娜三
須毗你悉指陁四囉佐耶五怛他羯他耶六怛姪他唵七薩婆桑悉迦囉八波唎輸底九達磨底
伽伽娜十一薩謨特伽底十二薩婆毗輸底十三摩訶娜耶十四波唎婆唎莎訶十五
世尊後曼殊室利如是如來百八名号若有自書或使人書能爲經卷受持讀誦
壽命盡復滿百年壽終此身後得往生无量福智世界无量壽淨土陁羅尼曰
南謨薄伽勃底一阿波唎蜜哆二阿喻紇硯娜三須毗你悉指陁四囉佐耶五怛他羯他耶六
怛姪他唵七薩婆桑悉迦囉八波唎輸底九達磨底十伽伽娜十一薩謨特伽底十二
薩婆毗輸底十三摩訶娜耶十四波唎婆唎莎訶十五　爾時復有九十九俱胝佛一時同聲
說是无量壽宗要經陁羅尼曰　南謨薄伽勃底一阿波唎蜜哆二阿喻紇硯娜三
須毗你悉指陁四囉佐耶五怛他羯他耶六怛姪他唵七薩婆桑悉迦囉八波唎輸底九達磨
底十伽伽娜十一薩謨特伽底十二薩婆毗輸底十三摩訶娜耶十四波唎婆唎莎訶十五
爾時復有百四俱胝佛一時同聲說是无量壽宗要經陁羅尼曰　南謨薄伽勃底一
阿波唎蜜哆二阿喻紇硯娜三須毗你悉指陁四囉佐耶五怛他羯他耶六怛姪他唵七薩婆桑悉迦
囉八波唎輸底九達磨底十伽伽娜十一薩謨特伽底十二薩婆毗輸底十三摩訶娜耶十四

BD04580號　無量壽宗要經　（5–1）

波唎婆唎莎訶十五 尒時復有九十九姟佛一時同聲
說是无量壽宗要經陀羅尼曰 南謨薄伽勃底一 阿波唎蜜哆二 阿喻紇硯娜三
須毗你悉指陀四 囉佐耶五 怛他羯他耶六 怛姪他唵七 薩婆桑塞迦囉八 波唎輸底九 達磨
底十 伽迦娜十一 薩訶某特迦底十二 莎婆婆毗輸底十三 摩訶娜耶十四 波唎婆唎莎訶十五
尒時復一百四姟佛一時同聲說是无量壽宗要經陀羅尼曰 南謨薄伽勃底一
阿波唎蜜哆二 阿喻紇硯娜三 須毗你悉指陀四 囉佐耶五 怛他羯他耶六 怛姪他唵七 薩婆桑塞迦
囉八 波唎輸底九 達磨底十 伽迦娜十一 薩訶某特迦底十二 薩婆婆毗輸底十三 摩訶娜耶十四 波唎
婆唎莎訶十五 尒時復有七姟佛一時同聲說是无量壽宗要經陀羅尼曰 南謨薄伽勃底一
阿波唎蜜哆二 阿喻紇硯娜三 須毗你悉指陀四 囉佐耶五 怛他羯他耶六 怛姪他唵七 薩婆桑塞迦囉八 波唎輸底九
達磨底十 伽迦娜十一 薩訶某特迦底十二 薩婆婆毗輸底十三 摩訶娜耶十四 波唎婆唎莎訶十五
尒時復有六十五姟佛一時同聲說是无量壽宗要經陀羅尼曰 南謨薄伽勃底一 阿波唎蜜哆二
阿喻紇硯娜三 須毗你悉指陀四 囉佐耶五 怛他羯他耶六 怛姪他唵七 薩婆桑塞迦囉八 波唎輸底九 達磨
底十 伽迦娜十一 薩訶某特迦底十二 莎婆婆毗輸底十三 摩訶娜耶十四 波唎婆唎莎訶十五
尒時復有五十五姟佛一時同聲說是无量壽宗要經陀羅尼曰 南謨薄伽勃底一 阿波唎蜜哆二 阿
喻紇硯娜三 須毗你悉指陀四 囉佐耶五 怛他羯他耶六 怛姪他唵七 薩婆桑塞迦囉八 波唎輸底九 達磨底十
伽迦娜十一 薩訶某特迦底十二 薩婆婆毗輸底十三 摩訶娜耶十四 波唎婆唎莎訶十五 尒時復有四十五姟
佛一時同聲說是无量壽宗要經陀羅尼曰 南謨薄伽勃底一 阿波唎蜜哆二 阿喻紇硯娜三
須毗你悉指陀四 囉佐耶五 怛他羯他耶六 怛姪他唵七 薩婆桑塞迦囉八 波唎輸底九 達磨底十 伽迦娜十一
薩訶某特迦底十二 薩婆婆毗輸底十三 摩訶娜耶十四 波唎婆唎莎訶十五 尒時復有三十六姟佛一時
同聲說是无量壽宗要經陀羅尼曰 南謨薄伽勃底一 阿波唎蜜哆二 阿喻紇硯娜三 須毗你悉指陀四
囉佐耶五 怛他羯他耶六 怛姪他唵七 薩婆桑塞迦囉八 波唎輸底九 達磨底十 伽迦娜十一 莎訶某特迦底十二
莎婆婆毗輸底十三 摩訶娜耶十四 波唎婆唎莎訶十五 尒時復有二十五姟佛一時同說是无量
壽宗要經陀羅尼曰 南謨薄伽勃底一 阿波唎蜜哆二 阿喻紇硯娜三 須毗你悉指陀四 囉佐耶五
怛姪他唵七 薩婆桑塞迦囉八 波唎輸底九 達磨底十 伽迦娜十一 薩訶某特迦底十二 莎婆婆毗輸底十三 摩
訶娜耶十四 波唎婆唎莎訶十五 尒時復有恒訶沙姟佛一時同聲說是无量壽宗要經陀羅尼曰
南謨薄伽勃底一 阿波唎蜜哆二 阿喻紇硯娜三 須毗你悉指陀四 囉佐耶五 怛他羯他耶六 怛姪他唵七
薩婆桑塞迦囉八 波唎輸底九 達磨底十 伽迦娜十一 薩訶某特伽底十二 薩婆婆毗輸底十三 摩訶
娜耶十四 波唎婆唎莎訶十五 善男子若有自書寫教人書寫是无量壽宗要經如其命盡
復得長壽而滿百年陀羅尼曰 南謨薄伽勃底一 阿波唎蜜哆二 阿喻紇硯娜三 須毗你悉指
陀四 囉佐耶五 怛他羯他耶六 怛姪他唵七 薩婆桑塞迦囉八 波唎輸底九 達磨底十 伽迦娜十一 薩訶某

BD04580號　無量壽宗要經　（5–2）

南謨薄伽勃底一 阿波唎蜜哆二 阿喻紇硯娜三 須毗你悉指陀四 囉佐耶五 怛他羯他耶六 怛姪他唵七
薩婆桑塞迦囉八 波唎輸底九 達磨底十 伽迦娜十一 薩訶某特伽底十二 薩婆婆毗輸底十三 摩訶
娜耶十四 波唎婆唎莎訶十五 善男子若有自書寫教人書寫是无量壽宗要經如其命盡
復得長壽而滿百年陀羅尼曰 南謨薄伽勃底一 阿波唎蜜哆二 阿喻紇硯娜三 須毗你悉指
陀四 囉佐耶五 怛他羯他耶六 怛姪他唵七 薩婆桑塞迦囉八 波唎輸底九 達磨底十 伽迦娜十一 薩訶某
特迦底十二 薩婆婆毗輸底十三 摩訶娜耶十四 波唎婆唎莎訶十五 若有自書寫教人書寫是
无量壽宗要經讀誦受持畢竟不墮地獄在〻所生得宿命智陀羅尼曰 南謨薄伽勃底
阿波唎蜜哆二 阿喻紇硯娜三 須毗你悉指陀四 囉佐耶五 怛他羯他耶六 怛姪他唵七 薩婆桑塞迦
囉八 波唎輸底九 達磨底十 伽迦娜十一 薩訶某特迦底十二 薩婆婆毗輸底十三 摩訶娜耶十四 波唎
婆唎莎訶十五 若有自書寫教人書寫是无量壽宗要經受持讀誦如同書寫八万四千一切經
典陀羅尼曰 南謨薄伽勃底一 阿波唎蜜哆二 阿喻紇硯娜三 須毗你悉指陀四 囉佐耶五 怛
他羯他耶六 怛姪他唵七 薩婆桑塞迦囉八 波唎輸底九 達磨底十 伽迦娜十一 莎訶某特迦底十二
薩婆婆毗輸底十三 摩訶娜耶十四 波唎婆唎莎訶十五 若有自書寫教人書寫是无量壽宗
要經即是書寫八万四千部建立塔廟陀羅尼曰 南謨薄伽勃底一 阿波唎蜜哆二 阿喻紇硯
娜三 須毗你悉指陀四 囉佐耶五 怛他羯他耶六 怛姪他唵七 薩婆桑塞迦囉八 波唎輸底九 達磨底十
伽迦娜十一 薩訶某特迦底十二 莎婆婆毗輸底十三 摩訶娜耶十四 波唎婆唎莎訶十五
若有自書寫教人書寫是无量壽宗要經能消五无間等一切重罪陀羅尼曰 南謨薄伽勃底
阿波唎蜜哆二 阿喻紇硯娜三 須毗你悉指陀四 囉佐耶五 怛他羯他耶六 怛姪他唵七 薩婆桑塞迦
囉八 波唎輸底九 達磨底十 伽迦娜十一 薩訶某特迦底十二 莎婆婆毗輸底十三 摩訶娜耶十四
波唎婆唎莎訶十五 若有自書寫教人書寫是无量壽宗要經受持讀誦設有
重罪積如須弥盡能除滅陀羅尼曰 南謨薄伽勃底一 阿波唎蜜哆二 阿喻紇硯娜三 須毗你
悉指陀四 囉佐耶五 怛他羯他耶六 怛姪他唵七 薩婆桑塞迦囉八 波唎輸底九 達磨底十 伽迦娜十一
薩訶某特迦底十二 薩婆婆毗輸底十三 摩訶娜耶十四 波唎婆唎莎訶十五 若有自書寫教人
書寫是无量壽宗要經受持讀誦若魔〻之眷屬夜叉羅刹不得其便終无枉死陀羅尼
曰 南謨薄伽勃底一 阿波唎蜜哆二 阿喻紇硯娜三 須毗你悉指陀四 囉佐耶五 怛他羯他耶六 怛姪
他唵七 薩婆桑塞迦囉八 波唎輸底九 達磨底十 伽迦娜十一 薩訶某特迦底十二 莎婆婆毗輸底十三
摩訶娜耶十四 波唎婆唎莎訶十五 若有自書寫教人書寫是无量壽宗要經受持讀誦當
命終時有九十九姟佛現其人前千佛授手能遊一切佛剎莫於此經生疑惑於陀羅尼曰
南謨薄伽勃底一 阿波唎蜜哆二 阿喻紇硯娜三 須毗你悉指陀四 囉佐耶五 怛他羯他耶六 怛姪他唵七
薩婆桑塞迦囉八 波唎輸底九 達磨底十 伽迦娜十一 莎訶某特迦底十二 薩婆婆毗輸底十三 摩訶娜

BD04580號　無量壽宗要經　（5–3）

書寫是无量壽宗要經受持讀誦若魔魔之眷屬夜叉羅剎不得其便終无枉死陀羅尼
曰　南謨薄伽勃底一阿波唎蜜哆二阿喻紇硯娜三須毗你悉指陀四囉佐耶五怛他羯他耶六怛姪
他唵七薩婆桑悉迦囉八波唎輸底九達磨底十伽迦娜十一薩訶娑特迦底十二莎婆毗輸底十三
摩訶娜耶十四波唎婆唎莎訶十五　若有自書寫教人書寫是无量壽宗要經受持讀誦當
命終時有九十九俱胝佛現其人前千佛授手能遊一切佛剎莫於此經生疑惑陀羅尼曰
南謨薄伽勃底一阿波唎蜜哆二阿喻紇硯娜三須毗你悉指陀四囉佐耶五怛他羯他耶六怛姪他唵七
薩婆桑悉迦囉八波唎輸底九達磨底十伽迦娜十一莎訶娑特迦底十二薩婆毗輸底十三摩訶娜
耶十四波唎婆唎莎訶十五　若有自書寫教人書寫是无量壽宗要經受持讀誦常得四天大王隨
其衛護陀羅尼曰　南謨薄伽勃底一阿波唎蜜哆二阿輸紇硯娜三須毗你悉指陀四囉佐耶五怛
他羯他耶六怛姪他唵七薩婆桑悉迦囉八波唎輸底九達磨底十伽迦娜十一薩訶娑特迦底十二薩
婆毗輸底十三摩訶娜耶十四波唎婆唎莎訶十五　若有自書寫教人書寫是无量
壽宗要經受持讀誦當得往生西方極樂世界阿彌陀淨土陀羅尼曰　南謨薄伽勃底一阿
波唎蜜哆二阿喻紇硯娜三須毗你悉指陀四囉佐耶五怛他羯他耶六怛姪他唵七薩婆桑悉迦囉八
波唎輸底九達磨底十伽迦娜十一薩訶娑特迦底十二薩婆毗輸底十三摩訶娜耶十四波唎婆唎
莎訶十五　若有方所自書寫教人書寫是无量壽宗要經典之處則為是塔皆
應恭敬作礼若是畜生或為鳥獸得聞是經即是等類皆當不久得成一切種智陀
羅尼曰　南謨薄伽勃底一阿波唎蜜哆二阿喻紇硯娜三須毗你悉指陀四囉佐耶五怛他羯他耶六
怛姪他唵七薩婆桑悉迦囉八波唎輸底九達磨底十伽迦娜十一薩訶娑特迦底十二薩婆
婆毗輸底十三摩訶娜耶十四波唎婆唎莎訶十五　若有於是无量壽自經書寫者往之
書畢竟不受女人之身陀羅尼曰　南謨薄伽勃底一阿波唎蜜哆二阿喻紇硯娜三須毗你悉
陀四囉佐耶五怛他羯他耶六怛姪他唵七薩婆桑悉迦囉八波唎輸底九達磨底十伽迦娜十一薩
訶娑特迦底十二薩婆毗輸底十三摩訶娜耶十四波唎婆唎莎訶十五　若有於是經少分能
惠施者等於三千大千世界滿中七寶而布施陀羅尼曰　南謨薄伽勃底一阿波唎
蜜哆二阿喻紇硯娜三須毗你悉指陀四囉佐耶五怛他羯他耶六怛姪他唵七薩婆桑悉
迦囉八波唎輸底九達磨底十伽迦娜十一薩訶娑特迦底十二莎婆毗輸底十三摩訶娜耶十四波
唎婆唎莎訶十五　若有人供養是經者則是供養一切諸經等无有異陀羅尼曰
南謨薄伽勃底一阿波唎蜜哆二阿喻紇硯娜三須毗你悉指陀四囉佐耶五怛他羯他耶六怛姪
他唵七薩婆桑悉迦囉八波唎輸底九達磨底十伽迦娜十一薩訶娑特迦底十二薩婆毗輸
底十三摩訶娜耶十四波唎婆唎莎訶十五
如是毗婆尸佛尸棄佛毗舍浮佛俱留孫佛俱那含牟尼佛加葉佛釋迦牟尼佛若有人以七寶

BD04580號　無量壽宗要經　（5–4）

輸底九達磨底十伽迦娜十一薩訶娑特迦底十二莎婆毗輸底十三摩訶娜耶十四波
唎婆唎莎訶十五　若有人供養是經者則是供養一切諸經等无有異陀羅尼曰
南謨薄伽勃底一阿波唎蜜哆二阿喻紇硯娜三須毗你悉指陀四囉佐耶五怛他羯他耶六怛姪
他唵七薩婆桑悉迦囉八波唎輸底九達磨底十伽迦娜十一薩訶娑特迦底十二薩婆毗輸
底十三摩訶娜耶十四波唎婆唎莎訶十五
如是毗婆尸佛尸棄佛毗舍浮佛俱留孫佛俱那含牟尼佛加葉佛釋迦牟尼佛若有人以七寶
供養如是七佛其福有限書寫受持是无量壽經典所有功德不可限量陀羅尼曰
南謨薄伽勃底一阿波唎蜜哆二阿喻紇硯娜三須毗你悉指陀四囉佐耶五怛他羯他耶六怛姪他唵七
薩婆桑悉迦囉八波唎輸底九達磨底十伽迦娜十一薩訶娑特迦底十二薩婆毗輸底十三摩訶
娜耶十四波唎婆唎莎訶十五　若有七寶等於須彌以用布施其福上能知其限量是无量
壽經典其福不可知數陀羅尼曰　南謨薄伽勃底一阿波唎蜜哆二阿喻紇硯娜三須毗你
悉指陀四囉佐耶五怛他羯他耶六怛姪他唵七薩婆桑悉迦囉八波唎輸底九達磨底十伽迦娜
薩訶娑特迦底十二薩婆毗輸底十三摩訶娜耶十四波唎婆唎莎訶十五　如是四大海水可知滴
數是无量壽經典所生果報不可數量陀羅尼　南謨薄伽勃底一阿波唎蜜哆二阿喻紇硯
娜三須毗你悉指陀四囉佐耶五怛他羯他耶六怛姪他唵七薩婆桑悉迦囉八波唎輸底九達磨底十
伽迦娜十一薩訶娑特迦底十二莎婆毗輸底十三摩訶娜耶十四波唎婆唎莎訶十五　若自書寫使
人書寫是无量壽經典又能護持供養即如恭敬供養一切十方佛土如來无有別異陀羅尼曰
南謨薄勃底一阿波唎蜜哆二阿喻紇硯娜三須毗你悉指陀四囉佐耶五怛他羯他耶六怛姪他唵七
薩婆桑悉迦囉八波唎輸底九達磨底十伽迦娜十一薩訶娑特迦底十二莎婆毗輸底十三摩訶
娜耶十四波唎婆唎莎訶十五　布施力能成正覺　悟布施力人師子　布施力能聲普聞
慈悲階漸衆能入　持戒力能成正覺　悟持戒力人師子　持戒力能聲普聞　慈悲階漸衆能入
忍辱力能成正覺　悟忍辱力人師子　忍辱力能聲普聞　慈悲階漸衆能入　精進力能成正
覺　悟精進力人師子　精進力能聲普聞　慈悲階漸衆能入　禪定力能成正覺　悟禪定力
人師子　禪定力能聲普聞　慈悲階漸衆能入　智慧力能成正覺　悟智慧力人師子　智慧
力能聲普聞　慈悲階漸衆能入　尒時如來說是經已一切世間天人阿修羅揵闥婆
等聞佛所說皆大歡喜信受奉行

BD04580號　無量壽宗要經　（5–5）

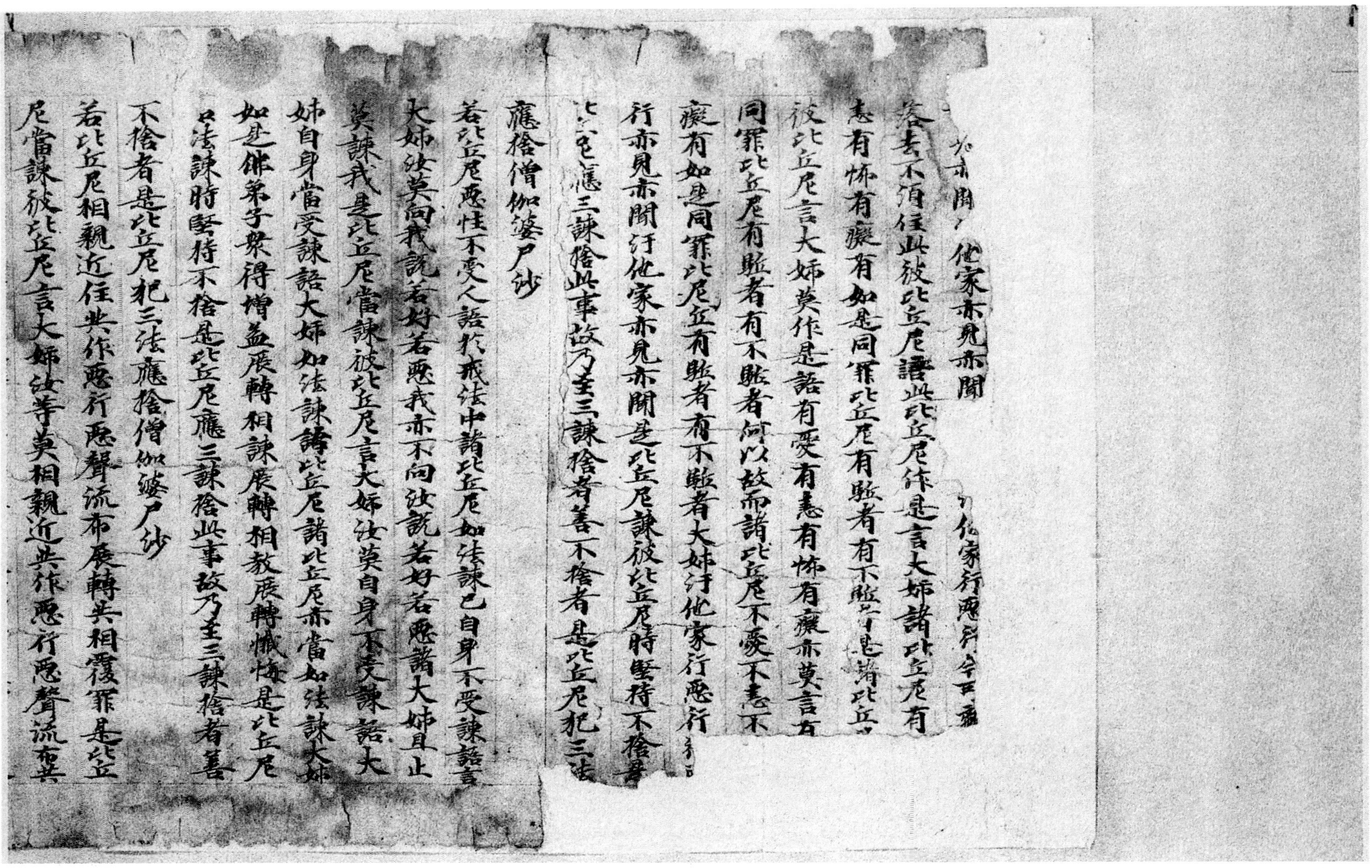

亦聞汙他家亦見亦聞……汙他家行惡行今可[illegible]
落去不須住此彼比丘尼語此比丘尼作是言大姊諸比丘尼有
恚有怖有癡有如是同罪比丘尼有駈者有不駈者而諸比丘
彼比丘尼言大姊莫作是語有愛有恚有怖有癡亦莫言有
同罪比丘尼有駈者有不駈者何以故而諸比丘尼不愛不恚不
癡有如是同罪比丘尼有駈者有不駈者大姊汙他家行惡行[illegible]
行亦見亦聞汙他家亦見亦聞是比丘尼諫彼比丘尼時堅持不捨者
比丘尼應三諫捨此事故乃至三諫捨者善不捨者是比丘尼犯三法
應捨僧伽婆尸沙
若比丘尼惡性不受人語於戒法中諸比丘尼如法諫已自身不受諫語言
大姊汝莫向我說若好若惡我亦不向汝說若好若惡諸大姊且止
莫諫我是比丘尼當諫彼比丘尼言大姊汝莫自身不受諫語大
姊自身當受諫語大姊如法諫諸比丘尼諸比丘尼亦當如法諫大姊
如是佛弟子衆得增益展轉相諫展轉相教展轉懺悔是比丘尼
如法諫時堅持不捨是比丘尼應三諫捨此事故乃至三諫捨者善
不捨者是比丘尼犯三法應捨僧伽婆尸沙
若比丘尼相親近住共作惡行惡聲流布展轉共相覆罪是比丘
尼當諫彼比丘尼言大姊汝等莫相親近共作惡行惡聲流布共

BD04581號　四分比丘尼戒本　（3–1）

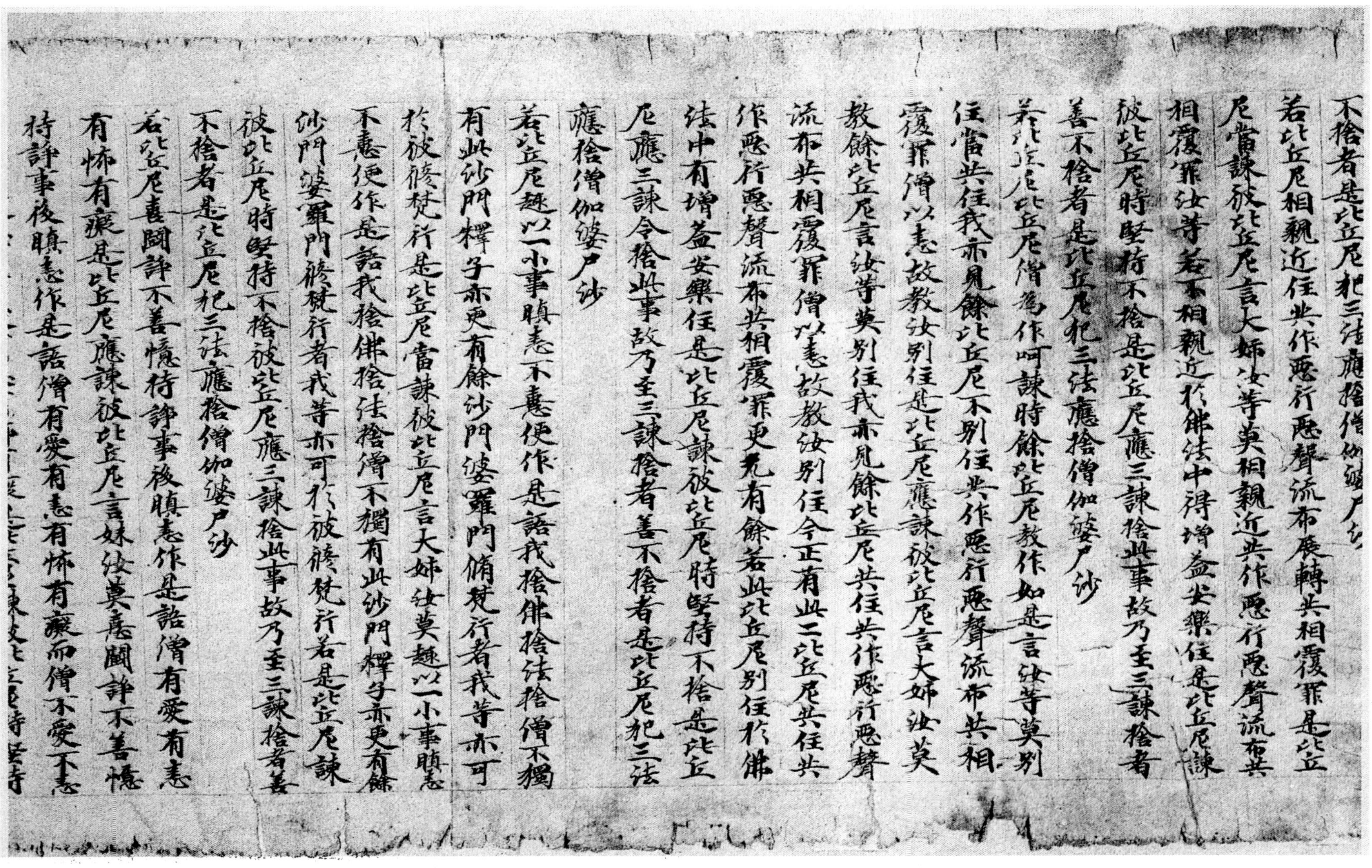

不捨者是比丘尼犯三法應捨僧伽婆尸沙
若比丘尼相親近住共作惡行惡聲流布展轉共相覆罪是比丘
尼當諫彼比丘尼言大姊汝等莫相親近共作惡行惡聲流布共
相覆罪汝等若不相親近於佛法中得增益安樂住是比丘尼諫
彼比丘尼時堅持不捨是比丘尼應三諫捨此事故乃至三諫捨者
善不捨者是比丘尼犯三法應捨僧伽婆尸沙
若比丘尼比丘尼僧爲作呵諫時餘比丘尼教作如是言汝等莫別
住當共住我亦見餘比丘尼不別住共作惡行惡聲流布共相
覆罪僧以恚故教汝別住是比丘尼應諫彼比丘尼言大姊汝莫
教餘比丘尼言汝等莫別住我亦見餘比丘尼共住共作惡行惡聲
流布共相覆罪僧以恚故教汝別住今正有此二比丘尼共住共
作惡行惡聲流布共相覆罪更无有餘若此比丘尼別住於佛
法中有增益安樂住是比丘尼諫彼比丘尼時堅持不捨是比丘
尼應三諫令捨此事故乃至三諫捨者善不捨者是比丘尼犯三法
應捨僧伽婆尸沙
若比丘尼趣以一小事瞋恚不憙便作是語我捨佛捨法捨僧不獨
有此沙門釋子亦更有餘沙門婆羅門脩梵行者我等亦可
於彼脩梵行是比丘尼當諫彼比丘尼言大姊汝莫趣以一小事瞋恚
不憙便作是語我捨佛捨法捨僧不獨有此沙門釋子亦更有餘
沙門婆羅門脩梵行者我等亦可於彼脩梵行若是比丘尼諫
彼比丘尼時堅持不捨彼比丘尼應三諫捨此事故乃至三諫捨者善
不捨者是比丘尼犯三法應捨僧伽婆尸沙
若比丘尼喜鬪諍不善憶持諍事後瞋恚作是語僧有愛有恚
有怖有癡是比丘尼應諫彼比丘尼言妹汝莫喜鬪諍不善憶
持諍事後瞋恚作是語僧有愛有恚有怖有癡而僧不愛不恚

BD04581號　四分比丘尼戒本　（3–2）

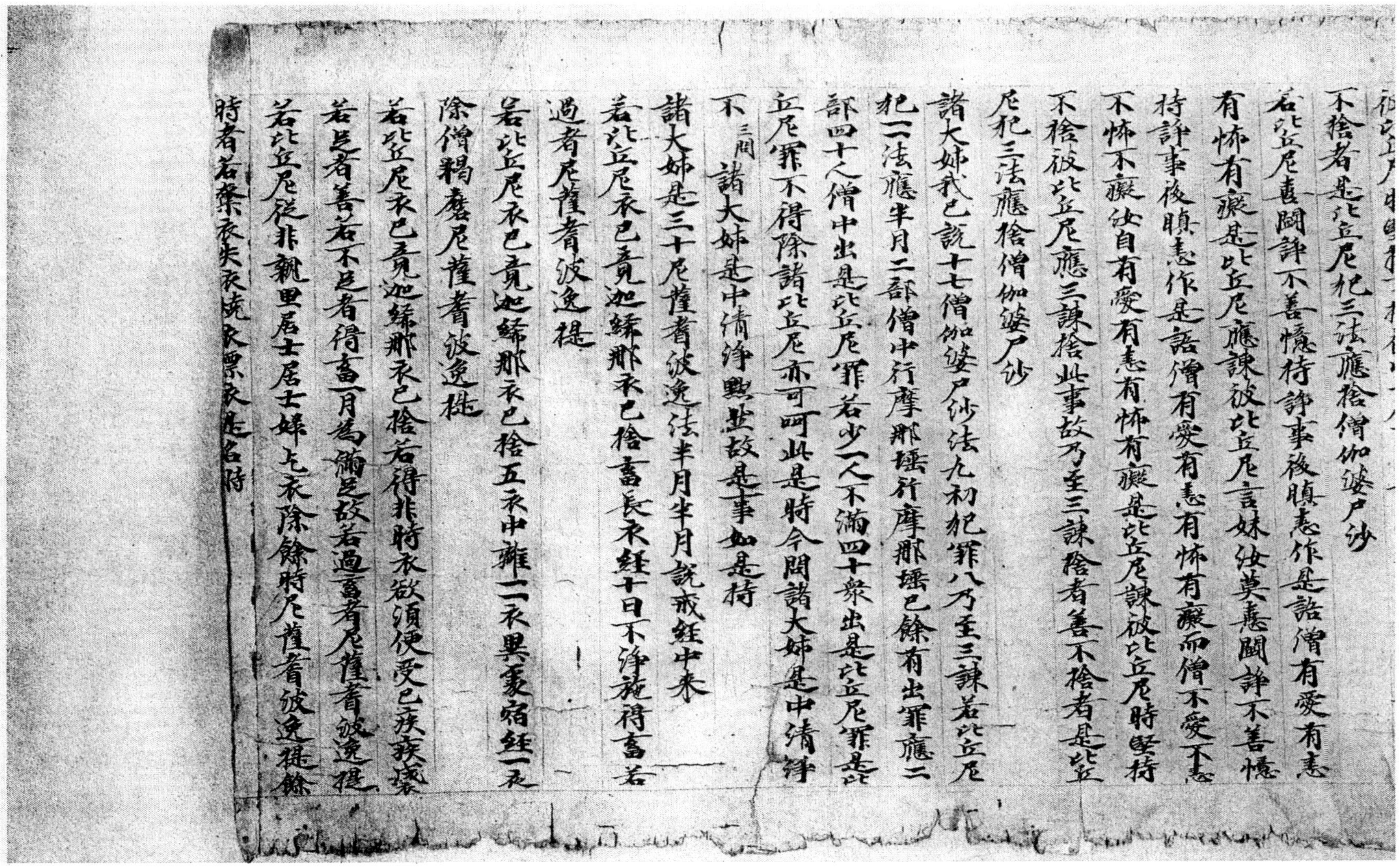
不捨者是比丘尼犯三法應捨僧伽婆尸沙
若比丘尼喜鬪諍不善憶持諍事後瞋恚作是語僧有愛有恚
有怖有癡是比丘尼應諫彼比丘尼言妹汝莫喜鬪諍不善憶
持諍事後瞋恚作是語僧有愛有恚有怖有癡而僧不愛不恚
不怖不癡汝自有愛有恚有怖有癡是比丘尼諫彼比丘尼時堅持
不捨彼比丘尼應三諫捨此事故乃至三諫捨者善不捨者是比丘
尼犯三法應捨僧伽婆尸沙
諸大姊我已說十七僧伽婆尸沙法九初犯罪八乃至三諫若比丘尼
犯一一法應半月二部僧中行摩那埵行摩那埵已餘有出罪應二
部四十人僧中出是比丘尼罪若少一人不滿四十衆出是比丘尼罪是比
丘尼罪不得除諸比丘尼亦可呵此是時今問諸大姊是中清淨
不 三問 諸大姊是中清淨默然故是事如是持
諸大姊是三十尼薩耆波逸提法半月半月說戒經中來
若比丘尼衣已竟迦絺那衣已捨畜長衣經十日不淨施得畜若
過者尼薩耆波逸提
若比丘尼衣已竟迦絺那衣已捨五衣中離一一衣異處宿經一夜
除僧羯磨尼薩耆波逸提
若比丘尼衣已竟迦絺那衣已捨若得非時衣欲須便受已疾疾成衣
若足者善若不足者得畜一月為滿足故若過畜者尼薩耆波逸提
若比丘尼從非親里居士居士婦乞衣除餘時尼薩耆波逸提餘
時者若奪衣失衣燒衣漂衣是名時

BD04581 號　四分比丘尼戒本　（3–3）

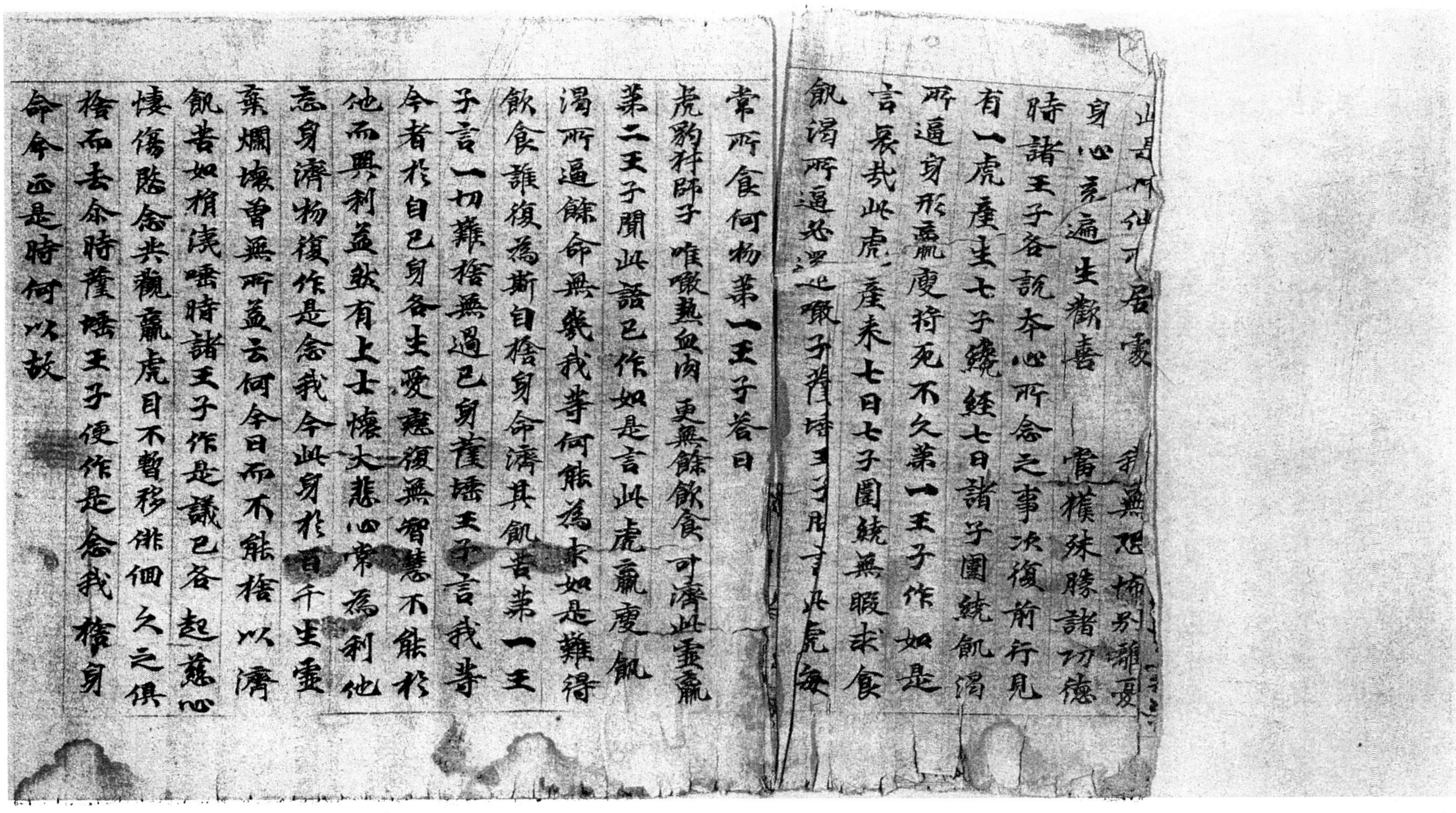
我無恐怖別離憂
身心充遍生歡喜　當獲殊勝諸功德
時諸王子各說本心所念之事次復前行見
有一虎產生七子纔經七日諸子圍繞飢渴
所逼身形羸瘦將死不久第一王子作如是
言哀哉此虎產來七日七子圍繞無暇求食
飢渴所逼必還噉子薩埵王子問言此虎每
常所食何物第一王子答曰
虎豹豺師子　唯噉熱血肉　更無餘飲食　可濟此羸
第二王子聞此語已作如是言此虎羸瘦飢
渴所逼餘命無幾我等何能為求如是難得
飲食誰復為斯自捨身命濟其飢苦第一王
子言一切難捨無過己身薩埵王子言我等
今者於自己身各生愛戀復無智慧不能於
他而興利益然有上士懷大悲心常為利他
忘身濟物復作是念我今此身於百千生虛
棄爛壞曾無所益云何今日而不能捨以濟
飢苦如捐洟唾時諸王子作是議已各起慈心
悽傷愍念共觀羸虎目不暫移徘徊久之俱
捨而去爾時薩埵王子便作是念我捨身
命今正是時何以故

BD04582 號　金光明最勝王經卷一〇　（18–1）

他而興利益然有上士懷大悲心常爲利他
忘身濟物復作是念我今此身於百千生虛
棄爛壞曾無所益云何今日而不能捨以濟
飢苦如捐涕唾時諸王子作是議已各起慈心
悽傷愍念共觀羸虎目不暫移徘徊久之俱
捨而去尒時薩埵王子便作是念我捨身
命今正是時何以故
我從久來持此身　臭穢膿流不可愛
供給敷具并衣食　象馬車乘及珍財
變壞之法體無常　恒求難滿難保守
雖常供養懷怨害　終歸棄我不知恩
復次此身不堅於我無益可畏如賊不淨如
糞我於今日當使此身修廣大業於生死海
作大舟船棄捨輪迴令得出離復作是念若
捨此身則捨無量癰疽惡疾百千怖畏是身
唯有大小便利不堅如泡諸蟲所集血脈筋
骨共相連持甚可厭患是故我今應當棄捨
以求無上究竟涅槃永離憂患無常苦惱生
死休息斷諸塵累以定慧力圓滿熏修百福
莊嚴成一切智諸佛所讚微妙法身既證得
已施諸衆生無量法樂是時王子興大勇猛
發弘誓願以大悲念增益其心慮彼二兄情
懷怖懼共爲留難不果所祈即便白言二兄
前去我且於後尒時王子摩訶薩埵還入林
中至其虎所脫去衣服置於竹上作是誓言
我爲法界諸衆生　志求無上菩提處
起大悲心不傾動　當捨凡夫所愛身

懷怖懼共爲留難不果所祈即便白言二兄
前去我且於後尒時王子摩訶薩埵還入林
中至其虎所脫去衣服置於竹上作是誓言
我爲法界諸衆生　志求無上菩提處
起大悲心不傾動　當捨凡夫所愛身
菩提無患無熱惱　諸有智者之所樂
三界苦海諸衆生　我今救濟令安樂
是時王子作是言已於餓虎前委身而臥由
此菩薩慈悲威勢虎無能爲菩薩見已即上
高山投身于地復作是念虎今羸瘦不能食
我即起求刀竟不能得即以乾竹刺頸出血
漸近虎邊是時大地六種震動如風激水涌
沒不安日無精明如羅睺障諸方闇蔽無復
光耀天雨名花及妙香末繽紛亂墜遍滿林
中尒時虛空有諸天衆見是事已生隨喜心
歎未曾有咸共讚言善哉大士即說頌曰
大士救護運悲心　等視衆生如一子
勇猛大喜情無悋　捨身濟苦福難思
定至真常勝妙處　永離生死諸纏縛
不久當獲菩提果　寂靜安樂證無生
是時餓虎既見菩薩頸下血流即便舐血噉
肉皆盡唯留餘骨尒時第一王子見地動已告
其弟曰
大地山河皆震動　諸方闇蔽日無光
天花亂墜遍空中　定是我弟捨身相
第二王子聞兄語已說伽他曰

肉皆盡唯留餘骨尒時第一王子見地動已告
其弟曰
大地山河皆震動　諸方闇蔽日無光
天花亂墜遍空中　定是我弟捨身相
第二王子聞兄語已說伽他曰
我聞薩埵作悲言　見彼餓虎身羸瘦
飢苦所纏恐食子　我今疑弟捨其身
時二王子生大愁苦啼泣悲歎即共相隨還
至虎所見弟衣服在竹枝上骸骨及髮在處
縱橫流血成泥霑汙其地見已悶絕不能自
持投身骨上久乃得穌即起舉手哀號大哭
俱時歎曰
我弟貌端嚴　父母偏愛念　云何俱共出　捨身而不歸
父母若問時　我等如何荅　寧可同捐命　豈復自存身
時二王子悲泣懊惱漸捨而去時小王子所
將侍從互相謂曰王子何在宜共推求
尒時國大夫人寢高樓上便於夢中見不祥
相被割兩乳牙齒墮落得三鴿鶵一為鷹奪
二被驚怖地動之時夫人遂覺心大愁惱作如
是言
何故今時大地動　江河林樹皆搖震
日無精光如覆蔽　目瞤乳動異常時
如箭射心憂苦逼　遍身戰掉不安隱
我之所夢不祥徵　必有非常災變事
夫人兩乳忽然流出念此必有變怪之事時
有侍女聞外人言求覓王子今猶未得心大

日無精光如覆蔽　目瞤乳動異常時
如箭射心憂苦逼　遍身戰掉不安隱
我之所夢不祥徵　必有非常災變事
夫人兩乳忽然流出念此必有變怪之事時
有侍女聞外人言求覓王子今猶未得心大
驚怖即入宮中白夫人曰大家知不外聞諸
人散覓王子遍求不得時彼夫人聞是語已
生大憂惱悲淚盈目至大王所白言大王我
聞外人作如是語失我最小所愛之子王聞
語已驚惶失所悲哽而言苦哉今日失我愛
子即便收淚慰喻夫人告言賢首汝勿憂慼
吾今共出求覓愛子王與大臣及諸人衆即
共出城各各分散隨處求覓未久之頃有一
大臣前白王曰聞王子在願勿憂愁其最小者
今猶未見王聞是語悲歎而言苦哉苦哉
失我愛子
初有子時歡喜少　後失子時憂苦多
我使瀲兒重壽命　縱我身亡不為苦
夫人聞已憂惱纏懷如被箭中而嗟歎曰
我之三子并侍從　俱往林中共遊賞
最小愛子獨不還　定有乖離災厄事
次第二臣來至王所王問臣曰愛子何在第
二大臣懊惱啼泣喉舌乾燥口不能言竟無
所荅夫人問曰
速報小子今何在　我身熱惱遍燒然
悶亂荒迷失本心　勿使我胷今破裂

次第二臣來至王所王問臣曰愛子何在第
二大臣懊惱啼泣喉舌乾燥口不能言竟無
所荅夫人問曰
速報小子今何在　我身熱惱遍燒然
悶亂荒迷失本心　勿使我胷今破裂
時第二臣即以王子捨身之事具白王知王
及夫人聞其事已不勝悲噎望捨身處驟駕
前行詣竹林所至彼菩薩捨身之地見其骸
骨隨處交橫俱時投地悶絕將死猶如猛風
吹倒大樹心迷失緒都無所知時大臣等以
水遍灑王及夫人良久乃穌舉手而哭咨嗟
歎曰
禍哉愛子端嚴相　因何死苦先來逼
若我得在汝前亡　豈見如斯大苦事
尒時夫人迷悶稍止頭髮蓬亂兩手椎胷宛
轉于地如魚處陸若牛失子悲泣而言
我子誰屠割　餘骨散于地　失我所愛子　憂悲不自勝
苦哉誰殺子　致斯憂惱事　我心非金剛　云何而不破
我夢中所見　兩乳皆被割　牙齒悉墮落　今遭大苦痛
又夢三鴿鶵　一被鷹擒去　今失所愛子　惡相表非虛
尒時大王及於夫人并二王子盡哀號哭瓔
珞不御與諸人衆共收菩薩遺身舍利為於
供養置窣覩波中阿難陁汝等應知此即是
彼菩薩舍利復告阿難陁我於昔時雖具煩
惱貪瞋癡等能於地獄餓鬼傍生五趣之中
隨緣救濟令得出離何況今時煩惱都盡無
復餘習号天人師具一切智而不能為一一

BD04582號　金光明最勝王經卷一〇　（18-6）

供養置窣覩波中阿難陁汝等應知此即是
彼菩薩舍利復告阿難陁我於昔時雖具煩
惱貪瞋癡等能於地獄餓鬼傍生五趣之中
隨緣救濟令得出離何況今時煩惱都盡無
復餘習号天人師具一切智而不能為一一
衆生經於多劫在地獄中及於餘處代受衆
苦令出生死煩惱輪迴尒時世尊欲重宣此
義而說頌言
我念過去世　無量無數劫　或時作國王　或復為王子
常行於大施　及捨所愛身　願出離生死　至妙菩提處
昔時有大國　國王名大車　王子名勇猛　常施心無悋
王子有二兄　号大渠大天　三人同出遊　漸至山林所
見虎飢所逼　便生如是心　此虎飢火燒　更無餘可食
大士覩如斯　恐其將食子　捨身無所顧　救子不令傷
大地及諸山　一時皆震動　江海皆騰躍　驚波水逆流
天地失光明　昏闇無所見　林野諸禽獸　飛奔失所依
二兄怪不還　憂感生悲苦　即與諸侍從　林藪遍尋求
兄弟共籌議　復往深山處　四顧無所有　見虎處空林
其母并七子　口皆有血汙　殘骨并餘髮　縱橫在地中
復見有流血　散在竹林所　二兄既見已　心生大恐怖
悶絕俱投地　荒迷不覺知　塵土坌其身　六情皆失念
王子諸侍從　啼泣心憂惱　以水灑令穌　舉手號咷哭
菩薩捨身時　慈母在宮內　五百諸婇女　共受於妙樂
夫人之兩乳　忽然自流出　遍體如針刺　苦痛不能安
欻生失子想　憂箭苦傷心　即白大王知　陳斯苦惱事
悲泣不堪忍　哀聲向王說　大王今當知　我生大苦惱

BD04582號　金光明最勝王經卷一〇　（18-7）

悶絕倒於地　荒迷不覺知　[illegible]王至其所　六情皆失念
王子諸侍從　啼泣心憂惱　以水灑令穌　舉手號咷哭
菩薩捨身時　慈母在宮內　五百諸婇女　共受於妙樂
夫人之兩乳　忽然自流出　遍體如針刺　苦痛不能安
欻生失子想　憂箭苦傷心　即白大王知　陳斯苦惱事
悲泣不堪忍　哀聲向王說　大王今當知　我生大苦惱
兩乳忽流出　禁止不隨心　如針遍刺身　煩惋胷欲破
我先夢惡徵　必當失愛子　願王濟我命　知兒存與亡
夢見三鴿雛　小者是愛子　忽被鷹奪去　悲愁難具陳
我今沒憂海　趣死將不久　恐子命不全　願為速求覓
又聞外人語　小子求不得　我今意不安　願王哀愍我
夫人白王已　舉身而躃地　悲痛心悶絕　荒迷不覺知
婇女見夫人　悶絕在於地　舉聲皆大哭　憂惶失所依
王聞如是語　懷憂不自勝　因命諸群臣　尋求所愛子
皆共出城外　隨處而追覓　涕泣問諸人　王子今何在
今者為存亡　誰知所去處　云何令得見　遍我憂惱心
諸人悉共傳　咸言王子死　聞者皆傷悼　悲歎苦難裁
尒時大車王　悲號從座起　即就夫人處　以水灑其身
夫人蒙水灑　久乃得醒悟　悲啼以問王　我兒今在不
王告夫人曰　我已使諸人　四向求王子　尚未有消息
王又告夫人　汝莫生煩惱　且當自安慰　可共出追尋
王即与夫人　嚴駕而前進　號動聲悽慼　憂心若火然
士庶百千万　亦隨王出城　各欲求王子　悲號聲不絕
王求愛子故　目視於四方　見有一人來　被髮身塗血
遍體蒙塵土　悲哭逆前來　王見是惡相　倍復生憂惱
王便舉兩手　哀號不自裁　初有一大臣　急忙至王所
進白大王曰　幸願勿悲哀　王之所愛子　今雖求未獲

BD04582號　金光明最勝王經卷一〇　（18–8）

士庶百千万　亦隨王出城　各欲求王子　悲號聲不絕
王求愛子故　目視於四方　見有一人來　被髮身塗血
遍體蒙塵土　悲哭逆前來　王見是惡相　倍復生憂惱
王便舉兩手　哀號不自裁　初有一大臣　急忙至王所
進白大王曰　幸願勿悲哀　王之所愛子　今雖求未獲
不久當來至　以釋大王憂　王復更前行　見次大臣至
其臣詣王所　流淚白王言　二子今現存　被憂火所逼
其第三王子　已被無常吞　見餓虎初生　將欲食其子
彼薩埵王子　見此起悲心　願求無上道　當度一切眾
繫想妙菩提　廣大深如海　即上高山頂　投身餓虎前
虎羸不能食　以竹自傷頸　遂噉王子身　唯有餘骸骨
時王及夫人　聞已俱悶絕　心沒於憂海　煩惱火燒然
臣以栴檀水　灑王及夫人　俱起大悲號　舉手椎胷臆
第三大臣來　白王如是語　我見二王子　悶絕在林中
臣以冷水灑　尒乃蘇穌息　顧視於四方　如猛火周遍
暫起而還伏　悲號不自勝　舉手以哀言　稱歎弟希有
王聞如是說　倍增憂火煎　夫人大號咷　高聲作是語
我之小子偏　鍾愛　已為無常羅剎吞
餘有二子今現存　復被憂火所燒逼
我今速可之山下　安慰令其保餘命
即便馳駕望前路　一心詣彼捨身崖
路逢二子行啼泣　椎胷懊惱失容儀
父母見已抱憂悲　俱往山林捨身處
既至菩薩捨身地　共聚悲號生大苦
脫去瓔珞盡哀心　收取菩薩身餘骨
与諸人眾同供養　共造七寶窣覩波
以彼舍利置函中　整駕懷憂趣城邑

BD04582號　金光明最勝王經卷一〇　（18–9）

父母見已抱憂悲　俱往山林捨身處
既至菩薩捨身地　共聚悲號生大苦
脱去瓔珞盡哀心　收取菩薩身餘骨
與諸人衆同供養　共造七寶窣覩波
以彼舍利置函中　整駕懷憂趣城邑
復告阿難陀　往時薩埵者　即我牟尼是　勿生於異念
王是父淨飯　后是母摩耶　太子謂慈氏　次為殊室利
虎是大世主　五兒五苾芻　一是大目連　一是舍利子
我為汝等說　往昔利他緣　如是菩薩行　成佛因當學
菩薩捨身時　發如是弘願　願我身餘骨　來世益衆生
此是捨身處　七寶窣覩波　以經無量時　遂沉於厚地
由昔本願力　隨緣興濟度　為利於人天　從地而涌出
爾時世尊說是往昔因緣之時無量阿僧企
耶人天大衆皆大悲喜歎未曾有悉發阿耨
多羅三藐三菩提心復告樹神我為報恩故
致禮敬佛攝神力其窣覩波還沒于地
金光明最勝王經十方菩薩讚歎品第廿七
爾時釋迦牟尼如來說是經時於十方世界有
無量百千万億諸菩薩衆各從本土詣鷲
峯山至世尊所五輪著地禮世尊已一心合
掌異口同音而讚歎曰
佛身微妙真金色　其光普照等金山
清淨柔軟若蓮花　無量妙彩而嚴飾
三十二相遍莊嚴　八十種好皆圓備
光明晒著無與等　離垢猶如淨滿月
其聲清徹甚微妙　如師子吼震雷音
八種微妙應群機　超勝迦陵頻伽等

BD04582號　金光明最勝王經卷一〇　（18–10）

掌異口同音而讚歎曰
佛身微妙真金色　其光普照等金山
清淨柔軟若蓮花　無量妙彩而嚴飾
三十二相遍莊嚴　八十種好皆圓備
光明晒著無與等　離垢猶如淨滿月
其聲清徹甚微妙　如師子吼震雷音
八種微妙應群機　超勝迦陵頻伽等
百福妙相以嚴容　光明具足淨無垢
智慧澄明如大海　功德廣大若虛空
圓光遍滿十方界　隨緣普濟諸有情
煩惱愛染習皆除　法炬恒然不休息
哀愍利益諸衆生　現在未來能與樂
常為宣說第一義　令證涅槃真寂靜
佛說甘露殊勝法　能與甘露微妙義
引入甘露涅槃城　令受甘露無為樂
常於生死大海中　解脫一切衆生苦
令彼能住安隱路　恒與難思如意樂
如來德海甚深廣　非諸譬喻所能知
於衆常起大悲心　方便精勤恒不息
如來智海無邊際　一切人天共測量
假使千万億劫中　不能得知其少分
我今略讚佛功德　於德海中唯一滴
迴斯福聚施群生　皆願速證菩提果
爾時世尊告諸菩薩言善哉善哉汝等善能
如是讚佛功德利益有情廣興佛事能滅諸
罪生無量福
金光明最勝王經妙幢菩薩讚歎品第廿八

BD04582號　金光明最勝王經卷一〇　（18–11）

迴斯福聚施群生　皆願速證菩提果
尒時世尊告諸菩薩言善哉善哉汝等善能
如是讚佛功德利益有情廣興佛事能滅諸
罪生無量福
金光明最勝王經妙幢菩薩讚歎品第廿六
尒時妙幢菩薩即從座起偏袒右肩右膝著
地合掌向佛而說讚曰
牟尼百福相圓滿　無量功德以嚴身
廣大清淨人樂觀　猶如千日光明照
焰彩無邊光熾盛　如妙寶聚相端嚴
如日初出映虛空　紅白分明間金色
亦如金光普照　悉能周遍百千土
能滅眾生無量苦　皆与無邊勝妙樂
諸相具足悉嚴淨　眾生樂觀無厭足
頭髮柔耎紺青色　猶如黑蜂集妙花
大喜大捨淨莊嚴　大慈大悲皆具足
眾妙相好為嚴飾　菩提分法之所成
如來能施眾福利　令彼常蒙大安樂
種種妙德共莊嚴　光明普照千万土
如來光明極圓滿　猶如赫日遍空中
佛如須彌功德具　示現能周於十方
如來金口妙端嚴　齒白齊密如珂雪
如來面貌無倫疋　眉間毫相常右旋
光潤鮮白等頗梨　猶如滿月居空界
佛告妙幢菩薩汝能如是讚佛功德不可思
議利益一切令未知者隨順修學
金光明最勝王經菩提樹神讚歎品第廿七

如來面貌無倫疋　眉間毫相常右旋
光潤鮮白等頗梨　猶如滿月居空界
佛告妙幢菩薩汝能如是讚佛功德不可思
議利益一切令未知者隨順修學
金光明最勝王經菩提樹神讚歎品第廿七
尒時菩提樹神亦以伽他讚世尊曰
敬礼如來清淨慧　敬礼常求正法慧
敬礼能離非法慧　敬礼恒無分別慧
希有世尊無邊行　希有難見比優曇
希有如海鎮山王　希有善逝光無量
希有調御弘慈願　希有釋種明逾日
能說如是經中寶　哀愍利益諸群生
牟尼寂靜諸根定　能入寂靜涅槃城
能住寂靜等持門　能知寂靜深境界
兩足中尊住空寂　聲聞弟子身亦空
一切法體性皆無　一切眾生悉空寂
我常憶念於諸佛　我常樂見諸世尊
我常發起慇重心　常得值遇如來日
我常頂礼於世尊　願常渴仰心不捨
悲泣流淚情無間　常得奉事不知猒
唯願世尊起悲心　和顏常得令我見
佛及聲聞眾清淨　願常普濟於人天
佛身本淨若虛空　亦如幻焰及水月
願說涅槃甘露法　能生一切功德聚
世尊所有淨境界　慈悲正行不思議
聲聞獨覺非所量　大仙菩薩不能測

唯願世尊起悲心　和顏常得令我見
佛及聲聞衆清淨　顏常普濟於人天
佛身本淨若虛空　亦如幻燄及水月
願說涅槃甘露法　能生一切功德聚
世尊所有淨境界　慈悲正行不思議
聲聞獨覺非所量　大仙菩薩不能測
唯願如來哀愍我　常令覩見大悲身
三業無倦奉慈尊　速出生死歸真際
尒時世尊聞是讚已以梵音聲告樹神曰善
哉善哉善女天汝能於我真實無妄清淨法
身自利利他宣揚妙相以此功德令汝速證
最上菩提一切有情同所修習若得聞者皆
入甘露無生法門
金光明最勝王經大辯才天女讚歎品第卅
尒時大辯才天女即從座起合掌恭敬以直
言詞讚世尊曰
南謨釋迦牟尼如來應正等覺身真金色咽
如螺貝面如滿月目類青蓮脣口赤好如頗
梨色鼻高修直如截金鋌齒白齊密如拘物
頭花身光普照如百千日光彩映徹如贍部
金所有言詞皆無謬失示三解脫門開三菩
提路心常清淨意樂亦然佛所住處及所行
境亦常清淨離非威儀進止無謬六年苦行
三轉法輪度苦衆生令歸彼岸身相圓滿如
拘物陁樹六度熏修三業無失具一切智自他
利滿所有宣說常為衆生言不虛設於釋種
中為大師子堅固勇猛具八解脫我今隨力

BD04582號　金光明最勝王經卷一〇　（18–14）

境亦常清淨離非威儀進止無謬六年苦行
三轉法輪度苦衆生令歸彼岸身相圓滿如
拘物陁樹六度熏修三業無失具一切智自他
利滿所有宣說常為衆生言不虛設於釋種
中為大師子堅固勇猛具八解脫我今隨力
稱讚如來少分功德猶如蚊子飲大海水願
以此福廣及有情永離生死成無上道
尒時世尊告大辯才天曰善哉善哉汝久修習
具大辯才今復於我廣陳讚歎令汝速證無
上法門相好圓明普利一切
金光明最勝王經付囑品第卅一
尒時世尊普告無量菩薩及諸人天一切大
衆汝等當知我於無量無數大劫勤脩苦行
獲甚深法菩提正因已為汝說汝等誰能發
勇猛心恭敬守護我涅槃後於此法門廣宣
流布能令正法久住世間尒時衆中有六十
俱胝諸大菩薩六十俱胝諸天大衆異口同
音作如是語世尊我等咸有欣樂之心於佛
世尊無量大劫勤脩苦行所獲甚深微妙之
法菩提正因恭敬護持不惜身命佛涅槃後
於此法門廣宣流布當令正法久住世間尒
時諸大菩薩即於佛前說伽他曰
世尊真實語　安住於實法　由彼真實故　護持於此經
大悲為甲冑　安住於大慈　由彼慈悲力　護持於此經
福資糧圓滿　生起智資糧　由資糧滿故　護持於此經
降伏一切魔　破滅諸邪論　斷除惡見故　護持於此經
護世并釋梵　乃至阿蘇羅　龍神藥叉等　護持於此經

BD04582號　金光明最勝王經卷一〇　（18–15）

世尊真實語　安住於實法　由彼真實故　護持於此經
大悲為甲冑　安住於大慈　由彼慈悲力　護持於此經
福資糧圓滿　生起智資糧　由資糧滿故　護持於此經
降伏一切魔　破滅諸邪論　斷除惡見故　護持於此經
護世并釋梵　乃至阿蘇羅　龍神藥叉等　護持於此經
地上及虛空　久住於斯者　奉持佛教故　護持於此經
四梵住相應　四聖諦嚴飾　降伏四魔故　護持於此經
虛空成質礙　質礙成虛空　諸佛所護持　無能傾動者
爾時四大天王聞佛說此護持妙法各生隨
喜護正法心一時同聲說伽他曰
我今於此經　及男女眷屬　皆一心擁護　令得廣流通
若有持經者　能作菩提因　我常於四方　擁護而承事
爾時天帝釋合掌恭敬說伽他曰
諸佛證此法　為欲報恩故　饒益菩薩眾　出世演斯經
我於彼諸佛　報恩常供養　護持如是經　及以持經者
爾時覩史多天子合掌恭敬說伽他曰
佛說如是經　若有能持者　當住菩提位　來生覩史天
世尊我慶喜　捨天殊勝報　住於贍部洲　宣揚是經典
爾時索訶世界主梵天王合掌恭敬說伽他曰
諸靜慮無量　諸乘及解脫　皆從此經出　是故演斯經
若說是經處　我捨梵天樂　為聽如是經　亦常為擁護
爾時魔王子名曰商主合掌恭敬說伽他曰
若有受持此　正義相應經　不隨魔所行　淨除魔惡業
我等於此經　亦當勤守護　發大精進意　隨處廣流通
爾時魔王合掌恭敬說伽他曰
若有持此經　能伏諸煩惱　如是眾生類　擁護令安樂
若有說是經　諸魔不得便　由佛威神故　我當擁護彼

BD04582號　金光明最勝王經卷一〇　（18–16）

爾時魔王子名曰商主合掌恭敬說伽他曰
若有受持此　正義相應經　不隨魔所行　淨除魔惡業
我等於此經　亦當勤守護　發大精進意　隨處廣流通
爾時魔王合掌恭敬說伽他曰
若有持此經　能伏諸煩惱　如是眾生類　擁護令安樂
若有說是經　諸魔不得便　由佛威神故　我當擁護彼
爾時妙吉祥天子亦於佛前說伽他曰
諸佛妙菩提　於此經中說　若持此經者　是供養如來
我當持此經　為俱胝天說　恭敬聽聞者　勸至菩提處
爾時慈氏菩薩合掌恭敬說伽他曰
若見住菩提　与為不請友　乃至捨身命　為護此經王
我聞如是法　當往覩史天　由世尊加護　廣為人天說
爾時上坐大迦葉波合掌恭敬說伽他曰
佛於聲聞乘　說我尠智慧　我今隨自力　護持如是經
若有持此經　我當攝受彼　授其詞辯力　常隨讚善哉
爾時具壽阿難陀合掌向佛說伽他曰
我親從佛聞　無量眾經典　未曾聞如是　深妙法中王
我今聞是經　親於佛前受　諸樂菩提者　當為廣宣通
爾時世尊見諸菩薩人天大眾各各發心於
此經典流通擁護勸進菩薩廣利眾生讚言
善哉善哉汝等能於如是微妙經王虔誠流
布乃至於我般涅槃後不令散滅即是無上
菩提正因所獲功德於恒沙劫說不能盡若有
苾芻苾芻尼鄔波索迦鄔波斯迦及餘善
男子善女人等供養恭敬書寫流通為人解
說所獲功德亦復如是故汝等應勤修習

BD04582號　金光明最勝王經卷一〇　（18–17）

尒時具壽阿難陁合掌向佛說伽他曰
我親從佛聞 無量衆經典 未曾聞如是 深妙法中王
我今聞是經 親於佛前受 諸有菩提者 當為廣宣通
尒時世尊見諸菩薩人天大衆各各發心於
此經典流通擁護勸進菩薩廣利衆生讚言
善哉善哉汝等能於如是微妙經王虔誠流
布乃至於我般涅槃後不令散滅即是無上
菩提正因所獲功德於恒沙劫說不能盡若有
苾芻苾芻尼鄔波索迦鄔波斯迦及餘善
男子善女人等供養恭敬書寫流通為人解
說所獲功德亦復如是故汝等應勤修習
尒時無量無邊恒沙大衆聞佛說已皆大
歡喜信受奉行
金光明最勝王經卷第十

BD04582 號　金光明最勝王經卷一〇　（18–18）

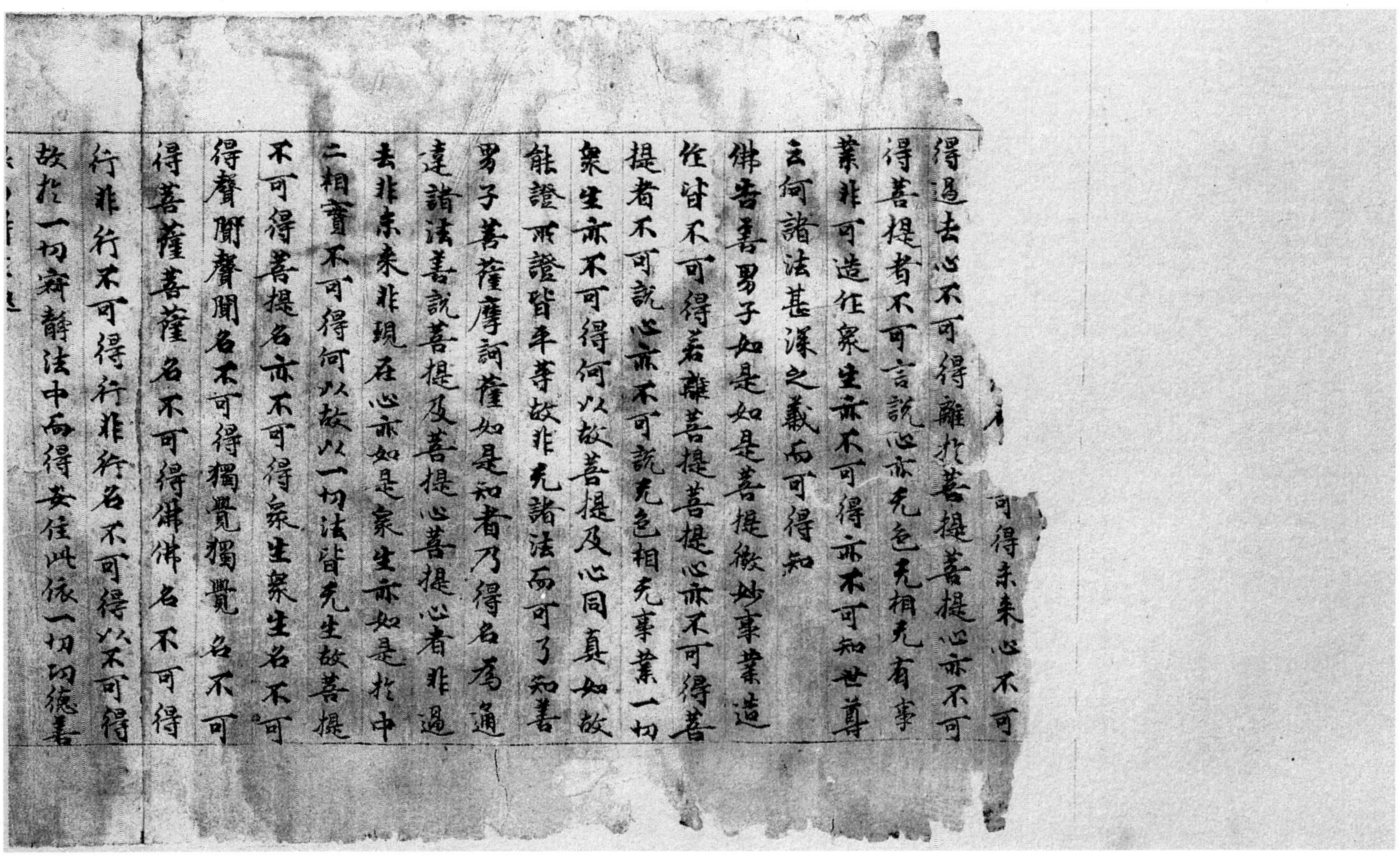

可得未來心不可
得過去心不可得離於菩提菩提心亦不可
得菩提者不可言說心亦无色无相无有事
業非可造作衆生亦不可得亦不可知世尊
云何諸法甚深之義而可得知
佛告善男子如是如是菩提微妙事業造
作皆不可得若離菩提菩提心亦不可得菩
提者不可說心亦不可說无色相无事業一切
衆生亦不可得何以故菩提及心同真如故
能證所證皆平等故非无諸法而可了知善
男子菩薩摩訶薩如是知者乃得名為通
達諸法善說菩提及菩提心菩提心者非過
去非未來非現在心亦如是衆生亦如是於中
二相實不可得何以故以一切法皆无生故菩提
不可得菩提名亦不可得衆生衆生名不可
得聲聞聲聞名不可得獨覺獨覺名不可
得菩薩菩薩名不可得佛佛名不可得
行非行不可得行非行名不可得以不可得
故於一切寂靜法中而得安住此依一切功德善

BD04583 號　金光明最勝王經卷四　（18–1）

二相實不可得何以故以一切法皆无生故菩提
不可得菩提名亦不可得衆生衆生名不可
得聲聞聲聞名不可得獨覺獨覺名不可
得菩薩菩薩名不可得佛佛名不可得
行非行不可得行非行名不可得以不可得
故於一切寂靜法中而得安住此依一切功德善
根而得生起
善男子譬如寶須弥山王饒益一切此菩提
心利衆生故是名第一布施波羅蜜因善男
子譬如大地持衆物故是名第二持戒波羅
蜜因譬如師子有大威力獨步无畏離驚
怖故是名第三忍辱波羅蜜因譬如風輪那
羅延力勇壯速疾心不退故是名第四勤策波
羅蜜因譬如七寶樓觀有四階道清涼之風來
吹四門受安隱樂靜慮法藏求滿足故是名
第五靜慮波羅蜜因譬如日輪光耀熾盛此
心速能破滅生死无明闇故是名第六智慧波
羅蜜因譬如商主能令一切心願滿足此心能度
生死險道獲功德寶故是名第七方便勝智
波羅蜜因譬如淨月圓滿无翳此心能於一
切境界清淨具足故是名第八願波羅蜜因
譬如轉輪聖王主兵寶臣隨意自在此心善
能莊嚴淨佛國土无量功德廣利群生故是
名第九力波羅蜜因譬如虛空及轉輪聖王此
心能於一切境界无有障㝵於一切處皆得
自在至灌頂位故是名第十智波羅蜜因善

BD04583號　金光明最勝王經卷四　（18–2）

名第九力波羅蜜因譬如虛空及轉輪聖王此
心能於一切境界无有障㝵於一切處皆得
自在至灌頂位故是名第十智波羅蜜因善
男子是名菩薩摩訶薩十種菩提心因如
是十因汝當修學
善男子依五種法菩薩摩訶薩成就布施波
羅蜜云何為五一者信根二者慈悲三者无求
欲心四者攝受一切衆生五者願求一切智智
善男子是名菩薩摩訶薩成就布施波羅
蜜善男子復依五法菩薩摩訶薩成就持
戒波羅蜜云何為五一者三業清淨二者不
為一切衆生作煩惱因緣三者閉諸惡道開
善趣門四者過於聲聞獨覺之地五者一切
功德皆悉滿足善男子是名菩薩摩訶薩
成就持戒波羅蜜善男子復依五法菩薩摩
訶薩成就忍辱波羅蜜云何為五一者能伏貪
瞋煩惱二者不惜身命不求安樂止息之想三
者思惟往業遭苦能忍四者發慈悲心成就衆
生諸善根故五者為得甚深无生法忍善男
子是名菩薩摩訶薩成就忍辱波羅蜜善男
子復依五法菩薩摩訶薩成就勤策波羅蜜
云何為五一者與諸煩惱不樂共住二者福
德未具不受安樂三者於諸難行苦行之事
不生猒心四者以大慈悲攝受利益方便成
熟一切衆生五者願求不退轉地善男子是名
菩薩摩訶薩成就勤策波羅蜜善男子復

BD04583號　金光明最勝王經卷四　（18–3）

云何為五一者與諸煩惱不樂共住二者福
德未具不受安樂三者於諸難行苦行之事
不生猒心四者以大慈悲攝受利益方便成
熟一切眾生五者願求不退轉地善男子是名
菩薩摩訶薩成就勤策波羅蜜善男子復
依五法菩薩摩訶薩成就靜慮波羅蜜云
何為五一者於諸善法攝令不散故二者常願
解脫不著二邊故三者願得神通成就眾生
諸善根故四者為淨法界蠲除心垢故五者
為斷眾生煩惱根本故善男子是名菩薩摩
訶薩成就靜慮波羅蜜善男子復依五法菩
薩摩訶薩成就智慧波羅蜜云何為五一者
常於一切諸佛菩薩及明智者供養親近不
生猒背二者諸佛如來說甚深法心常樂聞
无有猒足三者真俗勝智樂善分別四者見
修煩惱咸速斷除五者世間技術五明之法
皆悉通達善男子是名菩薩摩訶薩成就
智慧波羅蜜善男子復依五法菩薩摩訶薩
成就方便波羅蜜云何為五一者於一切眾生
意樂煩惱心行差別悉皆通達二者无量諸
法對治之門心皆曉了三者大慈悲定出入自
在四者於諸波羅蜜多皆願修行成熟滿足五
者一切佛法皆願了達攝受无遺善男子是
名菩薩摩訶薩成就方便勝智波羅蜜善男
子復依五法菩薩摩訶薩成就願波羅蜜云
何為五一者於一切法從本以來不生不滅
非有非无心得安住二者觀一切法最妙理趣

BD04583號　金光明最勝王經卷四　（18–4）

者一切佛法皆願了達攝受无遺善男子是
名菩薩摩訶薩成就方便勝智波羅蜜善男
子復依五法菩薩摩訶薩成就願波羅蜜云
何為五一者於一切法從本以來不生不滅
非有非无心得安住二者觀一切法最妙理趣
離垢清淨心得安住三者過一切相心本真如
无作无行不異不動心得安住四者為欲利
益諸眾生事於俗諦中心得安住五者於
奢摩他毗鉢舍那同時運行心得安住善男
子是名菩薩摩訶薩成就願波羅蜜善男子
復依五法菩薩摩訶薩成就力波羅蜜云
何為五一者以正智力能了一切眾生心行
善惡二者能令一切眾生入於甚深微妙之
法三者一切眾生輪迴生死隨其緣業如實了
知四者於諸眾生三種根性以正智力能分別
知五者於諸眾生如理為說令種善根成熟
度脫皆是智力故善男子是名菩薩摩訶
薩成就力波羅蜜善男子復依五法菩薩
摩訶薩成就智波羅蜜云何為五一者能
於諸法分別善惡二者於黑白法遠離攝
受三者能於生死涅槃不猒不喜四者具福
智行至究竟處五者受勝灌頂能得諸佛
不共法等及一切智智善男子是名菩薩摩
訶薩成就智波羅蜜善男子何者是波羅
蜜義所謂修習勝利是波羅蜜義滿足无量
大甚深智是波羅蜜義行非行法心不執著

BD04583號　金光明最勝王經卷四　（18–5）

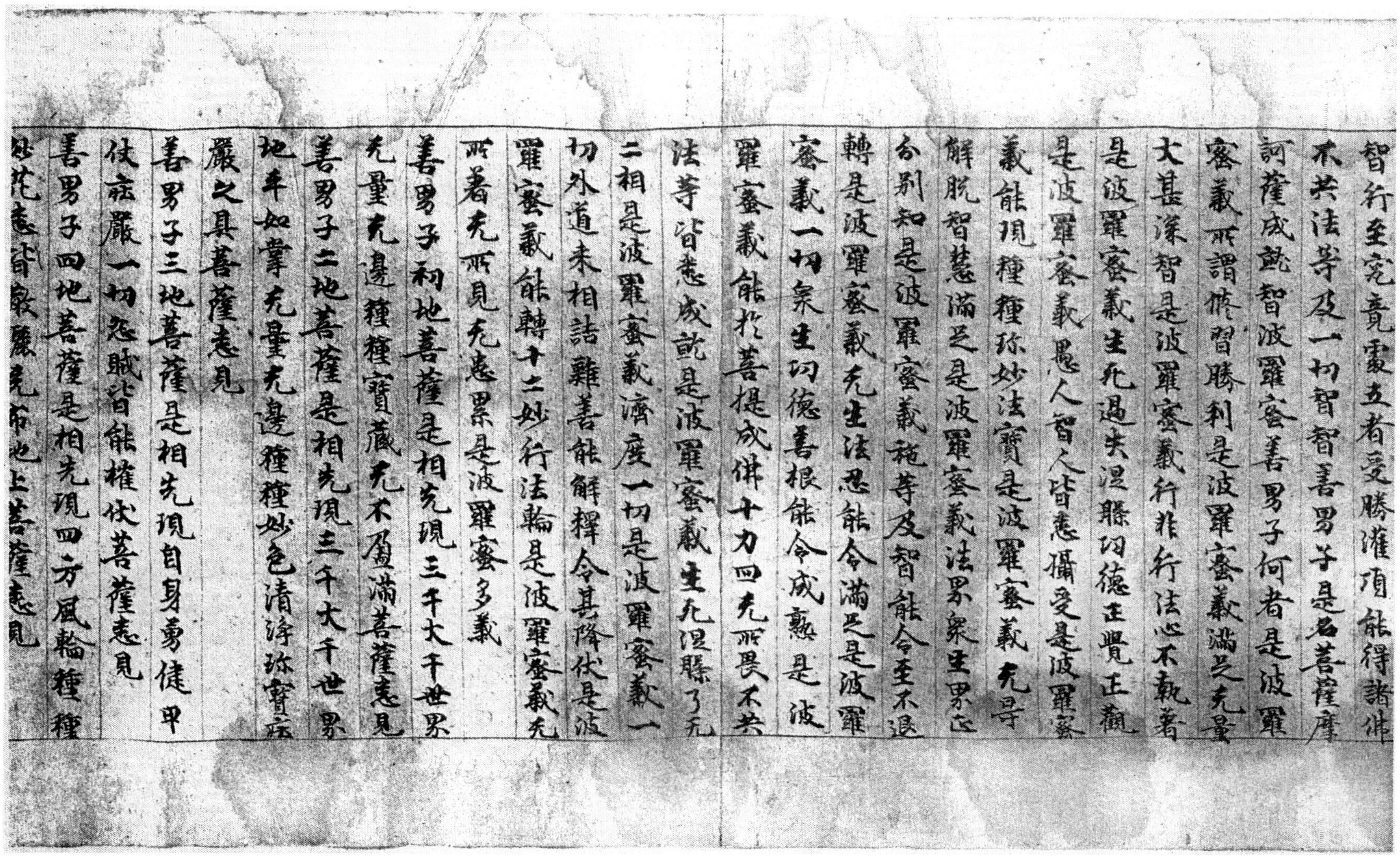

BD04583號　金光明最勝王經卷四　　（18–6）

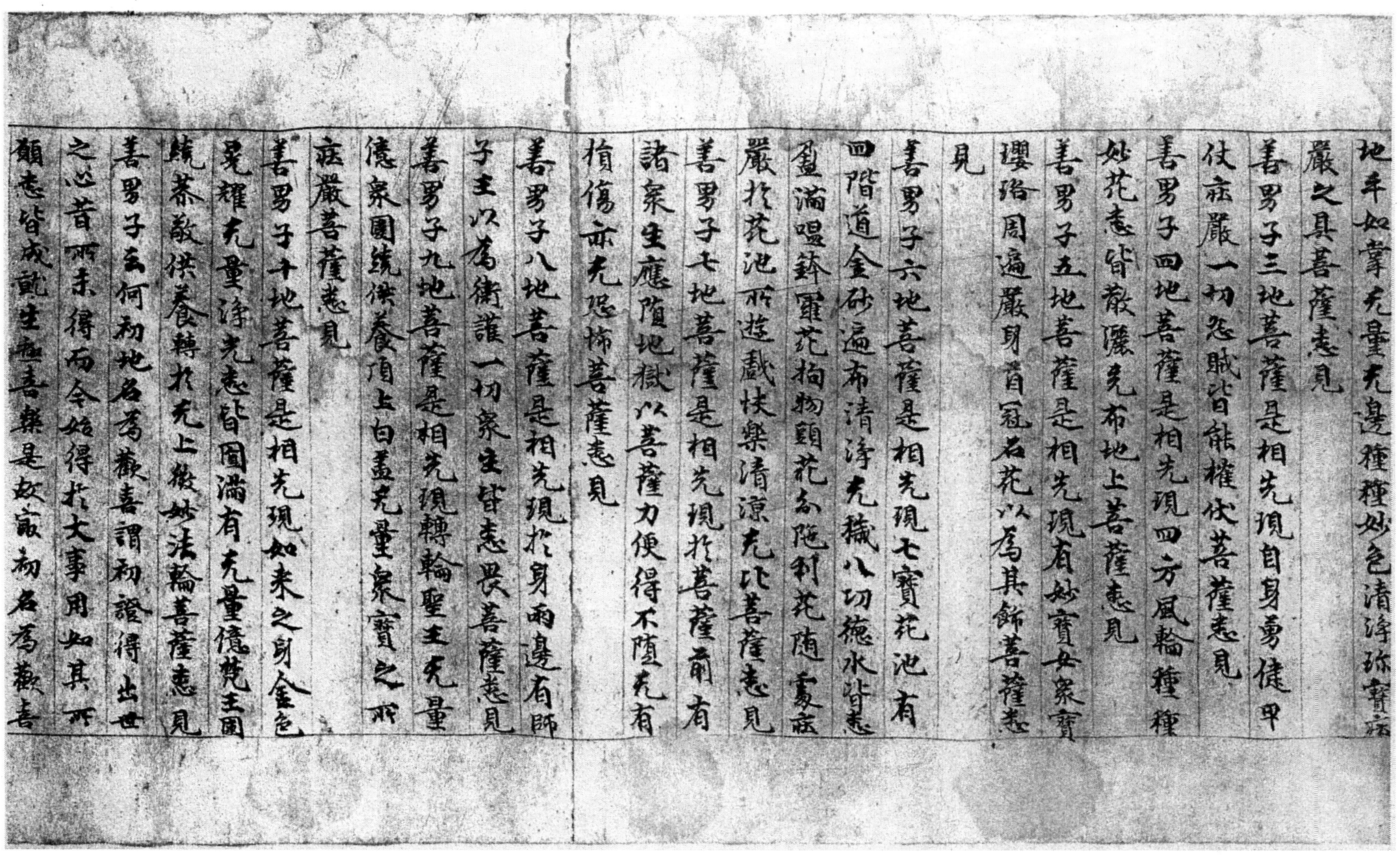

BD04583號　金光明最勝王經卷四　　（18–7）

善男子十地菩薩是相先現如來之身金色
晃耀无量淨光悉皆圓滿有无量億梵王圍
繞恭敬供養轉於无上微妙法輪菩薩悉見
善男子云何初地名為歡喜謂初證得出世
之心昔所未得而今始得於大事用如其所
願悉皆成就生極喜樂是故最初名為歡喜
諸微細垢犯戒過失皆得清淨是故二地名
為无垢无量智慧三昧光明不可傾動无能
摧伏聞持陁羅尼以為根本是故三地名為
明地以智慧火燒諸煩惱增長光明修行覺
品是故四地名為焰地修行方便勝智自在
極難得故見修煩惱難伏能伏是故五地名
為難勝行法相續了了顯現无相思惟皆悉
現前是故六地名為現前无漏无間无相思
惟解脫三昧遠修行故是地清淨无有障㝵
是故七地名為遠行无相思惟修得自在諸
煩惱行不能令動是故八地名為不動說一
切法種種差別皆得自在无患无累增長智
慧自在无㝵是故九地名為善慧法身如虛
空智慧如大雲皆能遍滿覆一切故是故第
十名為法雲
善男子執著有相我法无明怖畏生死惡趣
无明此二无明障於初地微細學處誤犯无
明發起種種業行无明此二无明障於二地
未得今得愛著无明能障殊勝摠持无明
此二无明障於三地味著等至喜樂无明微妙
淨法愛樂无明此二无明障於四地欲背生

BD04583號　金光明最勝王經卷四　（18–8）

无明此二无明障於初地微細學處誤犯无
明發起種種業行无明此二无明障於二地
未得今得愛著无明能障殊勝摠持无明
此二无明障於三地味著等至喜樂无明微妙
淨法愛樂无明此二无明障於四地欲背生
死无明希趣涅槃无明此二无明障於五地
觀行流轉无明麁相現前无明此二无明障
於六地微細諸相現行无明作意欣樂无相
无明此二无明障於七地於无相觀功用无
明執相自在无明此二无明障於八地於所
說義及名句文此二无量未善巧无明於詞
辯才不隨意无明此二无明障於九地於大
神通未得自在變現无明微細秘密未能悟
解事業无明此二无明障於十地於一切境
微細所知障㝵无明極細煩惱麁重无明此
二无明障於佛地
善男子菩薩摩訶薩於初地中行施波羅
蜜於第二地行戒波羅蜜於第三地行忍波
羅蜜於第四地行勤波羅蜜於第五地行定
波羅蜜於第六地行慧波羅蜜於第七行方
便勝智波羅蜜於第八地行願波羅蜜於第
九地行力波羅蜜於第十地行智波羅蜜
善男子菩薩摩訶薩最初發心攝受能生
妙寶三摩地第二發心攝受能生可愛樂三
摩地第三發心攝受能生難動三摩地第四發
心攝受能生不退轉三摩地第五發心攝受能

BD04583號　金光明最勝王經卷四　（18–9）

九地行力波羅蜜於第十地行智波羅蜜
善男子菩薩摩訶薩最初發心攝受能生
妙寶三摩地第二發心攝受能生可愛樂三
摩地第三發心攝受能生難動三摩地第四發
心攝受能生不退轉三摩地第五發心攝受能
生寶花三摩地第六發心攝受能生日圓光
焰三摩地第七發心攝受能生一切願如意
成就三摩地第八發心攝受能生現前證住
三摩地第九發心攝受能生智藏三摩地第
十發心攝受能生勇進三摩地善男子是名
菩薩摩訶薩十種發心善男子菩薩摩訶
薩於此初地得陀羅尼名依功德力尒時世
尊即說呪曰
怛 姪 他 晡律你曷奴剌剃
獨虎獨虎獨虎 耶跋蘇利瑜
阿婆婆薩底丁里反下皆同 耶跋旃達羅
調 怛 底 多跋達路 叉湯
撣蔡鉢剌訶嚧 頡嚕莎訶
善男子此陀羅尼是過一恒河沙數諸佛
所說為護初地菩薩故若有誦持此陀羅尼
呪者得脫一切怖畏所謂虎狼師子惡獸之類
一切惡鬼人非人等怨賊災橫及諸苦惱解
脫五障不忘念初地
善男子菩薩摩訶薩於第二地得陀羅尼
名善安樂住
怛 姪 他 嗢 篅入聲下同 里
質里質里 嗢篅羅篅羅 引喃

BD04583號　金光明最勝王經卷四　（18–10）

脫五障不忘念初地
善男子菩薩摩訶薩於第二地得陀羅尼
名善安樂住
怛 姪 他 嗢 篅入聲下同 里
質 里 質 里 嗢篅羅篅羅 引喃
繕覩繕覩 嗢篅里 虎嚕虎嚕莎訶
善男子此陀羅尼是過二恒河沙數諸佛所
說為護二地菩薩故若有誦持此陀羅尼呪
者脫諸怖畏惡獸惡鬼人非人等怨賊災橫
及諸苦惱解脫五障不忘念二地
善男子菩薩摩訶薩於第三地得陀羅尼
名難勝力
怛 姪 他 憚宅枳 般宅枳
羯剌㨖 高剌㨖 雞由哩 憚㨖里 莎訶
善男子此陀羅尼是過三恒河沙數諸佛
所說為護三地菩薩故若有誦持此陀羅尼
呪者脫諸怖畏惡獸惡鬼人非人等怨賊災
橫及諸苦惱解脫五障不忘念三地
善男子菩薩摩訶薩於第四地得陀羅尼名
大利益
怛 姪 他 室 唎 室 唎
陀弭你陀弭你 陀哩陀哩你
室唎室唎你 毗舍羅波世波始娜
畔陀弭帝 莎訶
善男子此四陀羅尼是過四恒河沙數諸佛所
說為護四地菩薩故若有誦持此陀羅尼呪

BD04583號　金光明最勝王經卷四　（18–11）

陁弥你陁弥你　陁哩陁哩你
室唎室唎　毗舍羅波世波始娜
畔陁彌帝莎訶
善男子此四　羅尼是過四恒河沙數諸佛所
說為護四地菩薩故若有誦持此陁羅尼呪
者脫諸怖畏惡獸惡鬼人非人等怨賊灾橫
及諸苦惱解脫五障不忘念四地
善男子菩薩摩訶薩於第五地得陁羅尼
名種種功德莊嚴
怛　姪　他　訶哩訶哩你
遮哩遮哩你　羯喇摩引你
僧羯喇摩引你　三婆山你瞻婆你
悉耽婆你謨漢你　碎閻步陛莎訶
善男子此陁羅尼是過五恒河沙數諸佛所
說為護五地菩薩摩訶薩故若有誦持此
陁羅尼呪者脫諸怖畏惡獸惡鬼人非人等
怨賊灾橫及諸苦惱解脫五障不忘念五地
善男子菩薩摩訶薩於第六地得陁羅尼
名圓滿智
怛　姪　他　毗徒哩毗徒哩
摩哩你迦里迦里　毗度漢底
嚕嚕嚕嚕　主嚕主嚕
杜嚕婆杜嚕婆　捨捨設者婆哩灑
莎入悉底薩婆薩埵喃　悉旬覩湯
曷怛囉鉢陁你莎訶
善男子此陁羅尼是過六恒河沙數諸佛所
說為護六地菩薩摩訶薩故若有誦持此

BD04583號　金光明最勝王經卷四　（18–12）

嚕嚕嚕嚕　主嚕主嚕
杜嚕婆杜嚕婆　捨捨設者婆哩灑
莎入悉底薩婆薩埵喃　悉旬覩湯
曷怛囉鉢陁你莎訶
善男子此陁羅尼是過六恒河沙數諸佛所
說為護六地菩薩摩訶薩故若有誦持此
陁羅尼呪者脫諸怖畏惡獸惡鬼人非人等
怨賊灾橫及諸苦惱解脫五障不忘念六地
善男子菩薩摩訶薩於第七地得陁羅尼
名法勝行
怛　姪　他　勺訶上勺訶引嚕
勺訶勺訶勺訶嚕　鞞陸枳鞞陸枳
阿蜜栗多唬漢你　勒里山池
鞞嚕勒枳娑嚕伐底　鞞提呬枳
頻陁鞞哩你　阿蜜哩底枳
薄虎主愈　薄虎主愈莎訶
善男子此陁羅尼是過七恒河沙數諸佛
所說為護七地菩薩故若有誦持此陁羅尼
呪者脫諸怖畏惡獸惡鬼人非人等怨賊灾橫
及諸苦惱解脫五障不忘念七地
善男子菩薩摩訶薩於第八地得羅尼名
无盡藏
怛　姪　他　室唎室唎室唎你
蜜底蜜底　羯哩羯哩醯嚕醯嚕
主嚕主嚕　畔陁弭莎訶
善男子此陁羅尼過八恒河沙數諸佛所說
為護八地菩薩故若有誦持此陁羅尼呪者

BD04583號　金光明最勝王經卷四　（18–13）

无盡藏

怛　姪　他　　室唎室唎室唎儞

窭　底　窭　底　　羯哩羯哩醯嚕醯嚕

主嚕主嚕　　畔陀須莎訶

善男子此陀羅尼過八恒河沙數諸佛所說

爲護八地菩薩故若有誦持此陀羅尼呪者

脫諸怖畏惡獸惡鬼人非人等怨賊災横及諸

苦惱解脫五障不忘念八地

善男子菩薩摩訶薩於第九地得陀羅尼名

无量門

怛　姪　他　　訶哩旃荼哩枳

俱藍婆剌雞 天里反　都　剌　死

拔吒拔死室唎室唎　迦室哩迦也室唎

莎 蘇活反　悉　底　　薩婆薩埵喃莎訶

善男子此陀羅尼是過九恒河沙數諸佛所

說爲護九地菩薩故若有誦持此陀羅尼呪

者脫諸怖畏惡獸惡鬼人非人等怨賊災横

及諸苦惱解脫五障不忘念九地

善男子菩薩摩訶薩於第十地得陀羅尼

名破金剛山

怛　姪　他　　悉提去　蘇悉提去

謨折你木察你　　毘木底菴末麗

毘末麗涅末麗　　忙揭麗

呬囒若揭鞞　　曷剌怛娜揭鞞

三曼多跋姪麗　　薩婆頞他娑憚你

摩捺斯莫訶摩捺斯　　頞步底

頞室步底　　阿剌誓毘剌誓

BD04583號　金光明最勝王經卷四　（18–14）

毘末麗涅末麗　　忙揭麗

呬囒若揭鞞　　曷剌怛娜揭鞞

三曼多跋姪麗　　薩婆頞他娑憚你

摩捺斯莫訶摩捺斯　　頞步底

頞室步底　　阿剌誓毘剌誓

頞主底菴蜜栗底　　阿喇誓毘喇誓

跋　嚧　誐　　跋囉甜大廿麼莎入麗

晡剌你晡剌娜　　曼奴剌剎莎訶

善男子此陀羅尼灌頂吉祥句是過十恒河

沙數諸佛所說爲護十地菩薩故若有誦持

此陀羅尼呪者脫諸怖畏惡獸惡鬼人非人

等怨賊災横一切毒害皆悉除滅解脫五障

不忘念十地

尒時師子相无㝵光焰菩薩聞佛說此不可

思議陀羅尼已即從座起偏袒右肩右膝著

地合掌恭敬頂礼佛足以頌讚佛

敬礼无譬喻　甚深无相法　衆生失正知　唯佛能濟度

如來明慧眼　不見一法相　復以正法眼　普照不思議

不生於一法　亦不滅一法　由斯平等見　得至无上處

不壞於生死　亦不住涅槃　不著於二邊　是故證圓寂

於淨不淨品　世尊知一味　由不分別故　獲得最清淨

世尊无邊身　不說於一字　令諸弟子衆　法雨皆充滿

佛觀衆生相　一切種皆无　然於苦惱者　常興於救護

苦樂常无常　有我无我等　不一亦不異　不生亦不滅

如是衆多義　隨說有差別　譬如空谷響　唯佛能了知

法界无分別　是故无異乘　爲度衆生故　分別說有三

BD04583號　金光明最勝王經卷四　（18–15）

佛顧衆生相 一切種皆无 然於苦惱者 常興於救護
苦樂常无常 有我无我等 不一亦不異 不生亦不滅
如是衆多義 隨說有差別 譬如空谷響 唯佛能了知
法界无分別 是故无異乘 為度衆生故 分別說有三
尒時大自在梵天王亦從座起偏袒右肩右膝
著地合掌恭敬頂礼佛足而白佛言世尊此
金光明最勝王經甚深難量初中後善文
義究竟皆能成就一切佛法若受持者是人
則為報諸佛恩佛言善男子如是如是如汝
所說善男子若得聽聞是經典者皆不退於
阿耨多羅三藐三菩提何以故善男子是能
成熟不退地菩薩殊勝善根是第一法印是
衆經王故應聽聞受持讀誦何以故善男子
若一切衆生未種善根未成熟善根未親近
諸佛者不能聽聞是微妙法若善男子善
女人能聽受者一切罪障皆悉除滅得最清
淨常得見佛不離諸佛及善知識勝行之人
恒聞妙法住不退地獲得如是勝陁羅尼門所
謂无盡无減海印出妙功德陁羅尼 无盡无
減通達衆生意行言語陁羅尼 无盡无減日
圓无垢相光陁羅尼 无盡无減滿月相光陁
羅尼 无盡无減能伏諸惑演功德流陁羅尼
无盡无減破剛金山陁羅尼 无盡无減說不
可說義因緣藏陁羅尼 无盡无減通達實
語法則音聲陁羅尼 无盡无減虛空无垢心
行印陁羅尼 无盡无減无邊佛身皆能顯
現陁羅尼 无盡无減

BD04583號　金光明最勝王經卷四　（18–16）

圓无垢相光陁羅尼 无盡无減滿月相光陁
羅尼 无盡无減能伏諸惑演功德流陁羅尼
无盡无減破剛金山陁羅尼 无盡无減說不
可說義因緣藏陁羅尼 无盡无減通達實
語法則音聲陁羅尼 无盡无減虛空无垢心
行印陁羅尼 无盡无減无邊佛身皆能顯
現陁羅尼 无盡无減
善男子如是等无盡无減諸陁羅尼門得
成就故是菩薩摩訶薩能於十方一切佛土
化作佛身演說无上種種正法於法真如不
動不住不來不去善能成熟一切衆生善根
亦不見一衆生可成熟者雖說種種諸法於
言詞中不動不住不去不來能於生滅證无
生滅以何因緣說諸行法无有去來由一切法體
无異故說是法時三万億菩薩摩訶薩得
无生法忍无量諸菩薩不退菩提心无量无
邊苾芻苾芻尼得法眼淨无量衆生發菩
薩心尒時世尊而說頌曰
勝法能逆生死流 甚深微妙難得見
有情盲冥貪欲覆 由不見故受衆苦
尒時大衆俱從座起頂礼佛足而白佛言
世尊若所在處講宣讀誦此金光明最勝
王經我等大衆皆悉往彼為作聽衆是說法
師令得利益安樂无障身意泰然我等皆
當盡心供養亦令聽衆安隱快樂所住國土
无諸怨賊恐怖厄難飢饉之苦人民熾盛此
說法處道場之地一切諸天人非人等一切衆

BD04583號　金光明最勝王經卷四　（18–17）

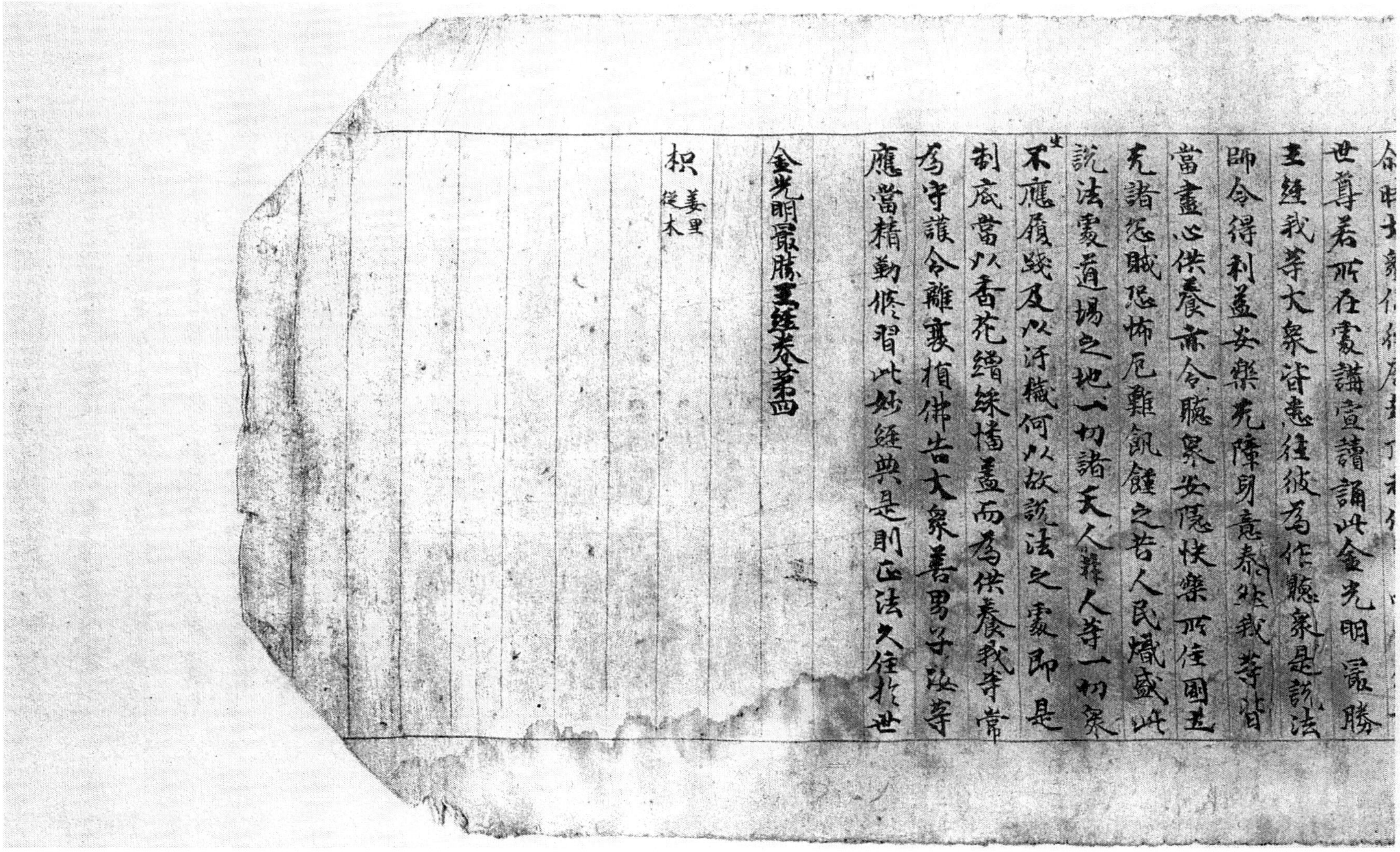

命中……
世尊若所在處講宣讀誦此金光明最勝
王經我等大衆皆悉往彼為作聽衆是說法
師令得利益安樂无障身意泰然我等皆
當盡心供養亦令聽衆安隱快樂所住國土
无諸怨賊恐怖厄難飢饉之苦人民熾盛此
說法處道場之地一切諸天人非人等一切衆
生不應履踐及以汙穢何以故說法之處即是
制底當以香花繒綵幡蓋而為供養我等常
為守護令離衰損佛告大衆善男子汝等
應當精勤修習此妙經典是則正法久住於世

金光明最勝王經卷第四

枳 姜里從木

BD04583 號　金光明最勝王經卷四　（18–18）

天大將軍身得度者即現天大將軍
說法應以毗沙門身得度者即現毗沙
而為說法應以小王身得度者即現
而為說法應以長者身得度者即現長
而為說法應以居士身得度者即現居士身
而為說法應以宰官身得度者即現宰官身
而為說法應以婆羅門身得度者即現婆羅
門身而為說法應以比丘比丘尼優婆塞優
婆夷身得度者即現比丘比丘尼優婆塞優
婆夷身而為說法應以長者居士宰官婆羅
門婦女身得度者即現婦女身而為說法應
以童男童女身得度者即現童男童女身而
為說法應以天龍夜叉乾闥婆阿脩羅迦樓
羅緊那羅摩睺羅伽人非人等身得度者即
皆現之而為說法應以執金剛神得度者即
現執金剛神而為說法无盡意觀世音菩

BD04584 號　觀世音經　（4–1）

門婦女身得度者即現婦女身而為說法應
以童男童女身得度者即現童男童女身而
為說法應以天龍夜叉乾闥婆阿脩羅迦樓
羅緊那羅摩睺羅伽人非人等身得度者即
皆現之而為說法應以執金剛神得度者即
現執金剛神而為說法无盡意觀世音菩
薩成就如是功德以種種形遊諸國土度脫
眾生是故汝等應當一心供養觀世音菩薩
是觀世音菩薩摩訶薩於怖畏急難之中
能施无畏是故此娑婆世界皆号之為施无
畏者无盡意菩薩白佛言世尊我今當供
養觀世音菩薩即解頸眾寶珠瓔珞價直百
千兩金而以與之作是言仁者受此法施珎寶瓔
珞時觀世音菩薩不肯受之无盡意復白觀
世音菩薩言仁者愍我等故受此瓔珞尒時
佛告觀世音菩薩當愍此无盡意菩薩及四
眾天龍夜叉乾闥婆阿脩羅迦樓羅緊那羅
摩睺羅伽人非人等故受是瓔珞即時觀世
音菩薩愍諸四眾及於天龍人非人等受其
瓔珞分作二分一分奉釋迦牟尼佛一分奉多
寶佛塔无盡意觀世音菩薩有如是自在神
力遊於娑婆世界尒時无盡意菩薩以偈
問曰
世尊妙相具　我今重問彼　佛子何因緣　名為觀世音
具足妙相尊　偈荅无盡意　汝聽觀音行　善應諸方所
弘誓深如海　歷劫不思議　侍多千億佛　發大清淨願

BD04584 號　觀世音經　（4–2）

寶佛塔无盡意觀世音菩薩有如是自在神
力遊於娑婆世界尒時无盡意菩薩以偈
問曰
世尊妙相具　我今重問彼　佛子何因緣　名為觀世音
具足妙相尊　偈荅无盡意　汝聽觀音行　善應諸方所
弘誓深如海　歷劫不思議　侍多千億佛　發大清淨願
我為汝略說　聞名及見身　心念不空過　能滅諸有苦
假使興害意　推落大火坑　念彼觀音力　火坑變成池
或漂流巨海　龍魚諸鬼難　念彼觀音力　波浪不能沒
或在須彌峯　為人所推墮　念彼觀音力　如日虛空住
或被惡人逐　墮落金剛山　念彼觀音力　不能損一毛
或值怨賊繞　各執刀加害　念彼觀音力　咸即起慈心
或遭王難苦　臨刑欲壽終　念彼觀音力　刀尋段段壞
或囚禁枷鎖　手足被杻械　念彼觀音力　釋然得解脫
呪詛諸毒藥　所欲害身者　念彼觀音力　還著於本人
或遇惡羅剎　毒龍諸鬼等　念彼觀音力　時悉不敢害
若惡獸圍遶　利牙爪可怖　念彼觀音力　疾走无邊方
蚖蛇及蝮蝎　氣毒煙火燃　念彼觀音力　尋聲自迴去
雲雷鼓掣電　降雹澍大雨　念彼觀音力　應時得消散
眾生被困厄　无量苦逼身　觀音妙智力　能救世間苦
具足神通力　廣脩智方便　十方諸國土　无剎不現身
種種諸惡趣　地獄鬼畜生　生老病死苦　以漸悉令滅
真觀清淨觀　廣大智慧觀　悲觀及慈觀　常願常瞻仰
无垢清淨光　慧日破諸闇　能伏災風火　普明照世間
悲體戒雷震　慈意妙大雲　澍甘露法雨　滅除煩惱焰
諍訟經官處　怖畏軍陣中　念彼觀音力　眾怨悉退散
妙音觀世音　梵音海潮音　勝彼世間音　是故須常念

BD04584 號　觀世音經　（4–3）

無垢清淨光 慧日破諸闇 能伏災風火 普明照世間
悲體戒雷震 慈意妙大雲 澍甘露法雨 滅除煩惱焰
諍訟經官處 怖畏軍陣中 念彼觀音力 衆怨悉退散
妙音觀世音 梵音海潮音 勝彼世間音 是故須常念
念念勿生疑 觀世音淨聖 於苦惱死厄 能為作依怙
具一切功德 慈眼視衆生 福聚海无量 是故應頂礼
尒時持地菩薩即從座起前白佛言世尊若
有衆生聞是觀世音菩薩品自在之業普門
示現神通力者當知是人功德不少佛說是
普門品時衆中八万四千衆生皆發无等等
阿耨多羅三藐三菩提心

觀世音經

辛丑年七月六日李生童子唐文英為妹久患寫畢功記

BD04584 號　觀世音經　（4–4）

量計法對治是門心皆曉了三者大慈悲定
出入自在四者於諸波羅蜜多皆願修行成
熟滿足五者一切佛法皆願了達攝受无遺
善男子是名菩薩摩訶薩成就方便勝智波
羅蜜善男子復依五法菩薩摩訶薩成就願
波羅蜜云何為五一者於一切法從本以來
不生不滅非有非无心得安住二者觀一切
法最妙理趣離垢清淨心得安住三者過
一切相心本真如无作无行不異不動心得
安住四者為欲利益諸衆生事於俗諦中心
得安住五者於奢摩他毗鉢舍那同時運行心
得安住善男子是名菩薩摩訶薩成就願波
羅蜜善男子復依五法菩薩摩訶薩成就力
波羅蜜云何為五一者以正智力能了一切
衆生心行善惡二者能令一切衆生入於甚
深微妙之法三者一切衆生輪迴生死隨其
緣業如實了知四者於諸衆生三種根性以

BD04585 號　金光明最勝王經卷四　（7–1）

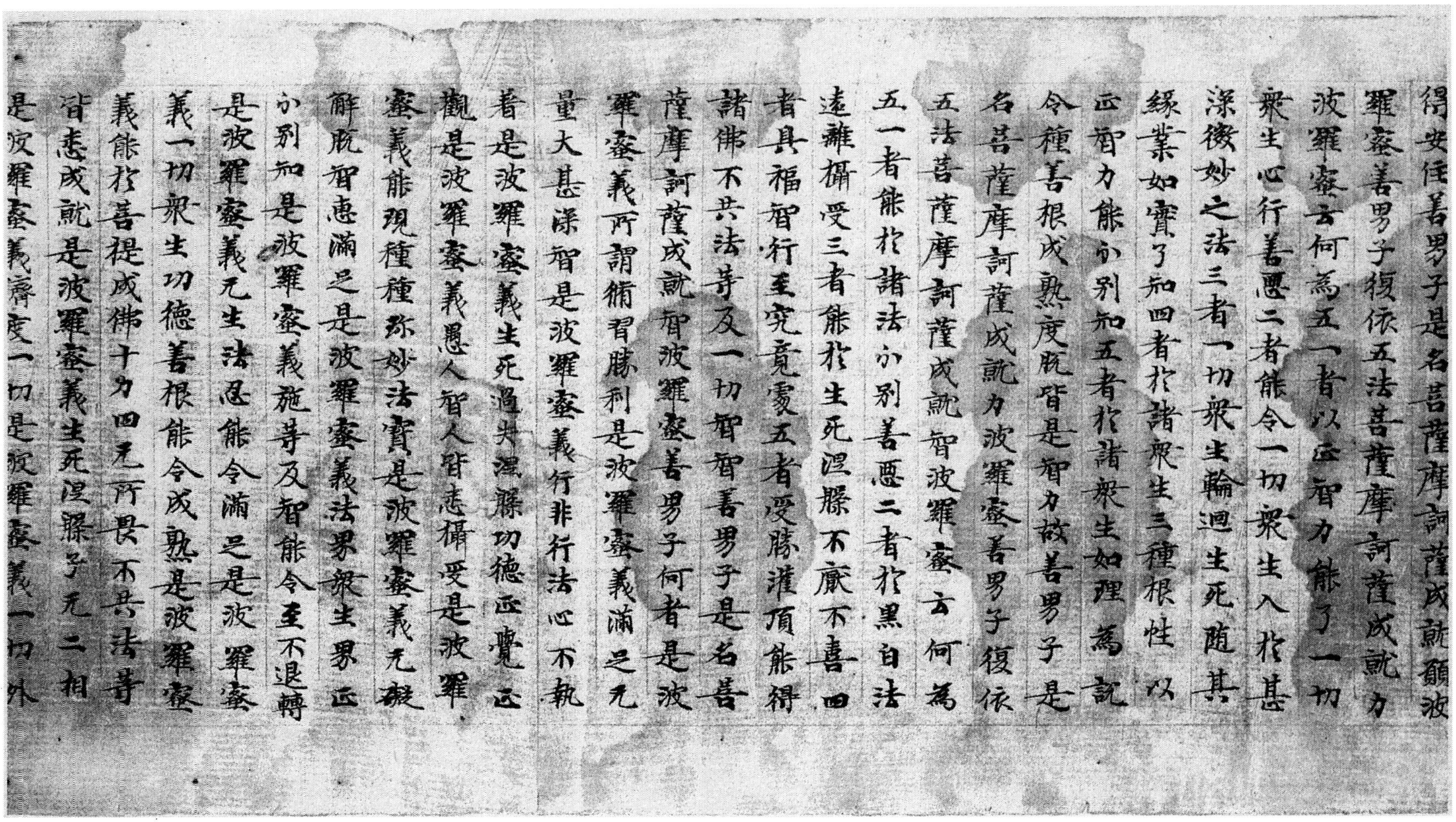
得安住善男子是名菩薩摩訶薩成就願波
羅蜜善男子復依五法菩薩摩訶薩成就力
波羅蜜云何為五一者以正智力能了一切
衆生心行善惡二者能令一切衆生入於甚
深微妙之法三者一切衆生輪迴生死隨其
緣業如實了知四者於諸衆生三種根性以
正智力能分別知五者於諸衆生如理為說
令種善根成熟度脫皆是智力故善男子是
名菩薩摩訶薩成就力波羅蜜善男子復依
五法菩薩摩訶薩成就智波羅蜜云何為
五一者能於諸法分別善惡二者於黑白法
遠離攝受三者能於生死涅槃不厭不喜四
者具福智行至究竟處五者受勝灌頂能得
諸佛不共法等及一切智智善男子是名菩
薩摩訶薩成就智波羅蜜善男子何者是波
羅蜜義所謂修習勝利是波羅蜜義滿足无
量大甚深智是波羅蜜義行非行法心不執
著是波羅蜜義生死過失涅槃功德正覺正
觀是波羅蜜義愚人智人皆悉攝受是波羅
蜜義能現種種珎妙法寶是波羅蜜義无礙
解脫智慧滿足是波羅蜜義法界衆生界正
分別知是波羅蜜義施等及智能令至不退轉
是波羅蜜義无生法忍能令滿足是波羅蜜
義一切衆生功德善根能令成熟是波羅蜜
義能於菩提成佛十力四无所畏不共法等
皆悉成就是波羅蜜義生死涅槃了无二相
是波羅蜜義濟度一切是波羅蜜義一切外

BD04585 號　金光明最勝王經卷四　（7–2）

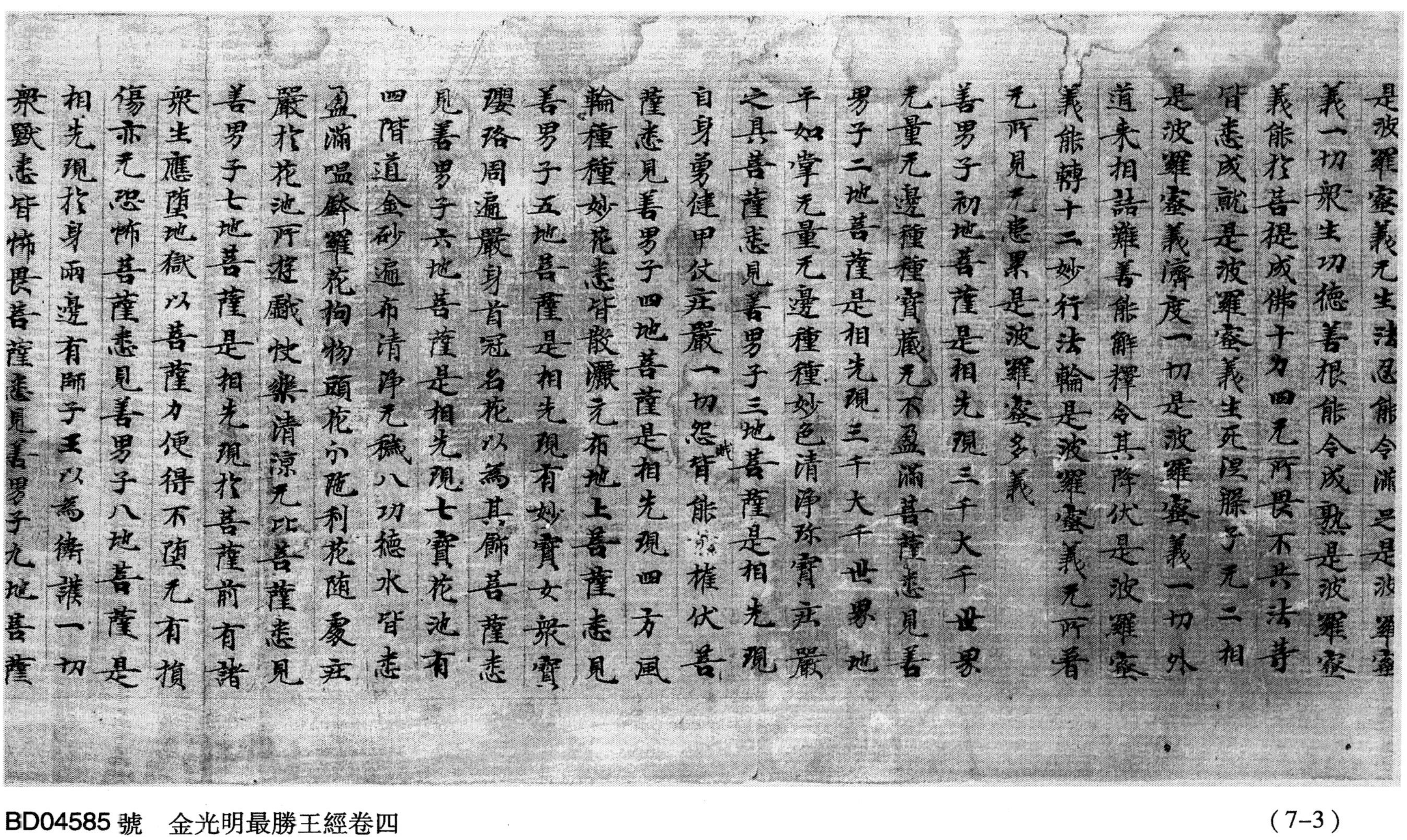
是波羅蜜義无生法忍能令滿足是波羅蜜
義一切衆生功德善根能令成熟是波羅蜜
義能於菩提成佛十力四无所畏不共法等
皆悉成就是波羅蜜義生死涅槃了无二相
是波羅蜜義濟度一切是波羅蜜義一切外
道來相詰難善能解釋令其降伏是波羅蜜
義能轉十二妙行法輪是波羅蜜義无所著
无所見无患累是波羅蜜多義
善男子初地菩薩是相先現三千大千世界
无量无邊種種寶藏无不盈滿菩薩悉見善
男子二地菩薩是相先現三千大千世界地
平如掌无量无邊種種妙色清淨珎寶莊嚴
之具菩薩悉見善男子三地菩薩是相先現
自身勇健甲仗莊嚴一切怨賊皆能摧伏菩
薩悉見善男子四地菩薩是相先現四方風
輪種種妙花悉皆散灑充布地上菩薩悉見
善男子五地菩薩是相先現有妙寶女衆寶
瓔珞周遍嚴身首冠名花以為其飾菩薩悉
見善男子六地菩薩是相先現七寶花池有
四階道金沙遍布清淨无穢八功德水皆悉
盈滿嗢鉢羅花拘物頭花分陀利花隨處莊
嚴於花池所遊戲快樂清涼无比菩薩悉見
善男子七地菩薩是相先現於菩薩前有諸
衆生應墮地獄以菩薩力便得不墮无有損
傷亦无恐怖菩薩悉見善男子八地菩薩是
相先現於身兩邊有師子王以為衛護一切
衆獸悉皆怖畏菩薩悉見善男子九地菩薩

BD04585 號　金光明最勝王經卷四　（7–3）

嚴於花池所遊戲快樂清涼无比菩薩悉見
善男子七地菩薩是相先現於菩薩前有諸
眾生應墮地獄以菩薩力便得不墮无有損
傷亦无恐怖菩薩悉見善男子八地菩薩是
相先現於身兩邊有師子王以為衛護一切
眾獸悉皆怖畏菩薩悉見善男子九地菩薩
是相先現轉輪聖王无量億眾圍繞供養頂
上白蓋无量眾寶之所莊嚴菩薩悉見善男
子十地菩薩是相先現如來之身金色晃耀
无量淨光悉皆圓滿有无量億梵王圍繞恭
敬供養轉於无上微妙法輪菩薩悉見
善男子云何初地名為歡喜謂初發得出世之
心昔所未得而今始得於大事用如其所願
悉皆成就生極喜樂是故最初名為歡喜
諸微細垢犯戒過失皆得清淨是故二地名
為无垢无量智慧三昧光明不可傾動无能
摧伏聞持陀羅尼以為根本是故三地名為
明地以智慧火燒諸煩惱增長光明循行覺
品是故四地名為焰地循行方便勝智自在
極難得故見循煩惱難伏能伏是故五地名
為難勝行法相續了了顯現无相思惟皆悉
現前是故六地名為現前无漏无間无相思
惟解脫三昧遠循行故是地清淨无有障礙
是故七地名為遠行无相思惟循得自在諸
煩惱行不能令動是故八地名為不動說一
切法種種差別皆得自在无患无累增長智
慧自在无礙是故九地名為善慧法身如虛

BD04585號　金光明最勝王經卷四　（7–4）

惟解脫三昧遠循行故是地清淨无有障礙
是故七地名為遠行无相思惟循得自在諸
煩惱行不能令動是故八地名為不動說一
切法種種差別皆得自在无患无累增長智
慧自在无礙是故九地名為善慧法身如虛
空智慧如大雲皆能遍滿覆一切故是故第
十名為法雲
善男子執着有相我法无明怖畏生死惡趣
无明此二无明障於初地微細學處誤犯无
明發起種種業行无明此二无明障於二地未
得令得愛着无明能障殊勝摠持无明此二
无明障於三地味着等至喜悅无明微妙淨
法愛樂无明此二无明障於四地欲背生死
无明希趣涅槃无明此二无明障於五地觀
行流轉无明麁相現前无明此二无明障於
六地微細諸相現行无明作意欣樂无相无
明此二无明障於七地於无相觀功用无明
執相自在无明此二无明障於八地於所說
義及名句文此二无量未善巧无明於詞辯
中不隨意无明此二无明障於九地於大神通
未得自在變現无明微細秘密未能悟解事
業无明此二无明障於十地於一切境微
細所知障礙无明極細煩惱麁重无明此二
无明障於佛地
善男子菩薩摩訶薩於初地中行施波羅蜜
於第二地行戒波羅蜜於第三地行忍波羅
蜜於第四地行勤波羅蜜於第五地行定波

BD04585號　金光明最勝王經卷四　（7–5）

業无明山二无明障於十地行一切行微
細所知障礙无明極細煩惱麁重无明此二
无明障於佛地
善男子菩薩摩訶薩於初地中行施波羅蜜
於第二地行戒波羅蜜於第三地行忍波羅
蜜於第四地行勤波羅蜜於第五地行定波
羅蜜於第六地行恵波羅蜜於第七地行方
便勝智波羅蜜於第八地行願波羅蜜於第
九地行力波羅蜜於第十地行智波羅蜜善
男子菩薩摩訶薩初發心攝受能生妙寶
三摩地第二發心攝受能生可愛樂三摩地
第三發心攝受能生難動三摩地第四發心
攝受能生不退轉三摩地第五發心攝受能
生寶花三摩地第六發心攝受能生日圓光
燄三摩地第七發心攝受能生一切願如意
成就三摩地第八發心攝受能生現前證住
三摩地第九發心攝受能生智藏三摩地第
十發心攝受能生勇進三摩地善男子是名
菩薩摩訶薩十種發心善男子菩薩摩訶薩
於此初地得陁羅尼名依功德力尒時世尊
即說呪曰
怛　姪　他　晡啡你㝵奴㰈剎
獨虎獨虎獨虎　耶欲蘇利瑜
阿婆婆薩底（下丁里反 下音同）　耶欲痲達囉
調　怛　底　多欲達喻乂溥
憚荼鞞唎訶嚧　祁　噌　莎　訶
善男子此陁羅尼是過一恒河沙數諸佛所

獨虎獨虎獨虎　耶欲蘇利瑜
阿婆婆薩底（下丁里反 下音同）　耶欲痲達囉
調　怛　底　多欲達喻乂溥
憚荼鞞唎訶嚧　祁　噌　莎　訶
善男子此陁羅尼是過一恒河沙數諸佛所
說為護初地菩薩故若有誦持此陁羅尼呪
者得脫一切怖畏所謂虎狼師子惡獸之類
一切惡鬼人非人等怨賊灾横及諸苦惱解
脫五障不忘念初地
善男子菩薩摩訶薩於第二地得陁羅尼
名善安樂住
怛　姪　他　嗢　篅（下入聲同）　里
質　里　質　里　嗢篅羅篅羅（引）喃
繕覩繕覩嗢篅里　虎嚕虎嚕莎訶
善男子此陁羅尼是過二恒河沙數諸佛所
說為護二地菩薩故若有誦持此陁羅尼呪
者脫諸怖畏惡獸惡鬼人非人等怨賊灾横
及諸苦惱解脫五障不忘念二地
善男子菩薩摩訶薩於第三地得陁羅尼名
難勝力
呾　姪　他　憚宅枳　般宅枳
羯喇㰝高喇㰝　雞田哩憚㰝里莎訶
善男子此陁羅尼是過三恒河沙數諸佛所
說為護[illegible]誦持此陁羅尼呪
皆[illegible]

大般若波羅蜜多經卷第三百一十五　三藏法
初分真善友品第卌五之三
佛言：善現，如是如是，如汝所
中无，以是分別，謂此是色受
亦无如是分別，謂此是受想
究竟中无如是分別，謂此
意處究竟中亦无如是分別言
身意處。善現，色處究竟中无如
是色處聲香味觸法處究竟中亦
別謂此是聲香味觸法處。善現
无如是分別謂此是眼界色界眼
觸眼觸爲緣所生諸受究竟中亦
別謂此是色界乃至眼觸爲緣所
現耳界究竟中无如是分別謂此是

BD04586號　大般若波羅蜜多經卷三一五　（2–1）

是色處聲香味觸法處
別謂此是聲香味觸法處。善現
无如是分別謂此是眼界色界眼
觸眼觸爲緣所生諸受究竟中亦
別謂此是色界乃至眼觸爲緣所
現耳界究竟中无如是分別謂此是
果耳識界及耳觸耳觸爲緣所生諸受究竟
中亦无如是分別謂此是聲界乃至耳觸爲
緣所生諸受。善現，鼻界究竟中无如是分別
謂此是鼻界香界鼻識界及鼻觸鼻觸爲
緣所生諸受究竟中亦无如是分別謂此是香
界乃至鼻觸爲緣所生諸受。善現，舌界究竟
中无如是分別謂此是舌界味界舌識界及
舌觸舌觸爲緣所生諸受究竟中亦无如是
分別謂此是味界乃至舌觸爲緣所生諸受。
善現，身界究竟中无如是分別謂此是身界
觸界身識界及身觸身觸爲緣所生諸受究
竟中亦无如是分別謂此是觸界乃至身觸
爲緣所生諸受。善現，意界究竟中无如是分
別謂此是意界法界意識界及意觸意觸爲
緣所生諸受究竟中亦无如是分別謂此是
法界乃至意觸爲緣所生諸受。善現，地界究
竟中无如是分別謂此是地界水火風空識
界究竟中亦无如是分別謂此是水火風空
[illegible]

BD04586號　大般若波羅蜜多經卷三一五　（2–2）

河沙菩
菩薩其身
為諸衆生説身
身或現自在天身
身或現毗沙門天王身
現諸小王身或現長者
宰官身或現婆羅門身
婆塞優婆夷身或現長者
宰官婦女身或現婆羅門婦
童女身或現天龍夜叉乾闥婆
羅緊那羅摩睺羅伽人非人等身
諸有地獄餓鬼畜生及衆難處皆
至於王後宮變為女身而説是經
音菩薩能救護娑婆世界諸衆生者
菩薩如是種種變化現身在此娑婆〻
諸衆生説是經典於神通變化智慧无〻
減是菩薩以若干智慧明照娑婆世界令一

BD04587號　妙法蓮華經卷七　（22–1）

至於王後宮變為女身而説是經
音菩薩能救護娑婆世界諸衆生者
菩薩如是種種變化現身在此娑婆〻
諸衆生説是經典於神通變化智慧无〻
減是菩薩以若干智慧明照娑婆世界令一
切衆生各得所知於十方恒河沙世界中亦
復如是若應以聲聞形得度者現聲聞形而
為説法應以辟支佛形得度者現辟支佛形
而為説法應以菩薩形得度者現菩薩形而
為説法應以佛形得度者即現佛形而為説
法如是種種隨所應度而為現形乃至應以
滅度而得度者示現滅度華德妙音菩薩
訶薩成就大神通智慧之力其事如是尒時
華德菩薩白佛言世尊是妙音菩薩深種善
根世尊是菩薩住何三昧而能如是在所變
現度脫衆生佛告華德菩薩善男子其三昧
名現一切色身妙音菩薩住是三昧中能如
是饒益无量衆生説是妙音菩薩品時與妙
音菩薩俱來者八万四千人皆得現一切色
身三昧此娑婆世界无量菩薩亦得是三昧
及陁羅尼尒時妙音菩薩摩訶薩供養釋
牟尼佛及多寶佛塔已還歸本土所經諸國
六種震動雨寶蓮華作百千万億種種伎樂
既到本國與八万四千菩薩圍繞至淨華宿
王智佛所白佛言世尊我到娑婆世界饒益
衆生見釋迦牟尼佛及見多寶佛塔禮拜供
養又見文殊師利法王子菩薩及見藥王菩

BD04587號　妙法蓮華經卷七　（22–2）

六種震動雨寶蓮華作百千万億種種伎樂
既到本國與八万四千菩薩圍繞至淨華宿
王智佛所白佛言世尊我到娑婆世界饒益
衆生見釋迦牟尼佛及見多寶佛塔礼拜供
養又見文殊師利法王子菩薩及見藥王菩
薩得勤精進力菩薩勇施菩薩等亦令八万
四千菩薩得現一切色身三昧說是妙音菩
薩來往品時四万二千天子得无生法忍華
德菩薩得法華三昧
妙法蓮華經觀世音菩薩普門品第二十五
尒時无盡意菩薩即從座起偏袒右肩合掌
向佛而作是言世尊觀世音菩薩以何因緣
名觀世音佛告无盡意菩薩善男子若有无
量百千万億衆生受諸苦惱聞是觀世音菩
薩一心稱名觀世音菩薩即時觀其音聲皆
得解脫若有持是觀世音菩薩名者設入
火火不能燒由是菩薩威神力故若為大水
所漂稱其名号即得淺處若有百千万億衆
生為求金銀琉璃車𤦲馬瑙珊瑚虎珀真珠
等寶入於大海假使黑風吹其船舫漂墮羅
剎鬼國其中若有乃至一人稱觀世音菩薩
名者是諸人等皆得解脫羅剎之難以是因
緣名觀世音若復有人臨當被害稱觀世音
菩薩名者彼所執刀杖尋段段壞而得解
若三千大千國土滿中夜叉羅剎欲來惱人
聞其稱觀世音菩薩名者是諸惡鬼尚不能

BD04587號　妙法蓮華經卷七　（22–3）

名者是諸人等皆得解脫羅剎之難以是因
緣名觀世音若復有人臨當被害稱觀世音
菩薩名者彼所執刀杖尋段段壞而得解
若三千大千國土滿中夜叉羅剎欲來惱人
聞其稱觀世音菩薩名者是諸惡鬼尚不能
以惡眼視之况復加害設復有人若有罪若
无罪杻械枷鎖檢繫其身稱觀世音菩薩名
者皆悉斷壞即得解脫若三千大千國土滿
中怨賊有一商主將諸商人賷持重寶經過
險路其中一人作是唱言諸善男子勿得恐
怖汝等應當一心稱觀世音菩薩名号是菩
薩能以无畏施於衆生汝等若稱名者於此
怨賊當得解脫衆商人聞俱發聲言南无觀
世音菩薩稱其名故即得解脫无盡意觀世
音菩薩摩訶薩威神之力巍巍如是若有衆
生多於婬欲常念恭敬觀世音菩薩便得離
欲若多瞋恚常念恭敬觀世音菩薩便得離
瞋若多愚癡常念恭敬觀世音菩薩便得離
癡无盡意觀世音菩薩有如是等大威神力
多所饒益是故衆生常應心念若有女人設
欲求男礼拜供養觀世音菩薩便生福德智
慧之男設欲求女便生端正有相之女宿殖
德本衆人愛敬无盡意觀世音菩薩有如是
力若有衆生恭敬礼拜觀世音菩薩福不唐
捐是故衆生皆應受持觀世音菩薩名号无
盡意若有人受持六十二億恒河沙菩薩名

BD04587號　妙法蓮華經卷七　（22–4）

慧之男設欲求女便生端正有相之女宿殖
德本衆人愛敬无盡意觀世音菩薩有如是
力若有衆生恭敬礼拜觀世音菩薩福不唐
捐是故衆生皆應受持觀世音菩薩名号无
盡意若有人受持六十二億恒河沙菩薩名
字復盡形供養飲食衣服卧具醫藥於汝意
云何是善男子善女人功德多不无盡意言
甚多世尊佛言若復有人受持觀世音菩薩
名号乃至一時礼拜供養是二人福正等无
異於百千万億劫不可窮盡无盡意受持觀
世音菩薩名号得如是无量无邊福德之利
无盡意菩薩白佛言世尊觀世音菩薩云何
遊此娑婆世界云何而爲衆生説法方便之
力其事云何佛告无盡意菩薩善男子若
國土衆生應以佛身得度者觀世音菩薩即
現佛身而爲説法應以辟支佛身得度者即
現辟支佛身而爲説法應以聲聞身得度者
即現聲聞身而爲説法應以梵王身得度者
即現梵王身而爲説法應以帝釋身得度者
即現帝釋身而爲説法應以自在天身得度
者即現自在天身而爲説法應以大自在天
身得度者即現大自在天身而爲説法應
天大將軍身得度者即現天大將軍身而爲
説法應以毗沙門身得度者即現毗沙門身
而爲説法應以小王身得度者即現小王身
而爲説法應以長者身得度者即現長者身
而爲説法應以居士身得度者即現居士身

BD04587號　妙法蓮華經卷七　（22-5）

天大將軍身得度者即現天大將軍身而爲
説法應以毗沙門身得度者即現毗沙門身
而爲説法應以小王身得度者即現小王身
而爲説法應以長者身得度者即現長者身
而爲説法應以居士身得度者即現居士身
而爲説法應以宰官身得度者即現宰官身
而爲説法應以婆羅門身得度者即現婆羅
門身而爲説法應以比丘比丘尼優婆塞優
婆夷身得度者即現比丘比丘尼優婆塞優
婆夷身而爲説法應以長者居士宰官婆
羅門婦女身得度者即現婦女身而爲説法應
以童男童女身得度者即現童男童女身而
爲説法應以天龍夜叉乾闥婆阿脩羅迦樓
羅緊那羅摩睺羅伽人非人等身得度者即
皆現之而爲説法應以執金剛神得度者即
現執金剛神而爲説法无盡意是觀世音菩
薩成就如是功德以種種形遊諸國土度脱衆
生是故汝等應當一心供養觀世音菩薩是觀
世音菩薩摩訶薩於怖畏急難之中能施
无畏是故此娑婆世界皆号之爲施无畏者
无盡意菩薩白佛言世尊我今當供養觀世
音菩薩即解頸衆寶珠瓔珞價直百千兩金
而以與之作是言仁者受此法施珎寶瓔珞
時觀世音菩薩不肯受之无盡意復白觀世
音菩薩言仁者愍我等故受此瓔珞尒時佛
告觀世音菩薩當愍此无盡意菩薩及四衆

BD04587號　妙法蓮華經卷七　（22-6）

无盡意菩薩白佛言世尊我今當供養觀世
音菩薩即解頸衆寶珠瓔珞價直百千兩金
而以與之作是言仁者受此法施珎寶瓔珞
時觀世音菩薩不肯受之无盡意復白觀世
音菩薩言仁者愍我等故受此瓔珞尒時佛
告觀世音菩薩當愍此无盡意菩薩及四衆
天龍夜叉乾闥婆阿脩羅迦樓羅緊那羅
摩睺羅伽人非人等故受是瓔珞即時觀世音
菩薩愍諸四衆及於天龍人非人等受其瓔
珞分作二分一分奉釋迦牟尼佛一分奉多
寶佛塔无盡意觀世音菩薩有如是自在神
力遊於娑婆世界尒時无盡意菩薩以偈問曰
世尊妙相具　我今重問彼　佛子何因緣　名為觀世音
具足妙相尊　偈荅无盡意　汝聽觀音行　善應諸方所
弘誓深如海　歷劫不思議　侍多千億佛　發大清淨願
我為汝略說　聞名及見身　心念不空過　能滅諸有苦
假使興害意　推落大火坑　念彼觀音力　火坑變成池
或漂流巨海　龍魚諸鬼難　念彼觀音力　波浪不能沒
或在須彌峯　為人所推墮　念彼觀音力　如日虛空住
或被惡人逐　墮落金剛山　念彼觀音力　不能損一毛
或值怨賊遶　各執刀加害　念彼觀音力　咸即起慈心
或遭王難苦　臨刑欲壽終　念彼觀音力　刀尋段段壞
或囚禁枷鏁　手足被杻械　念彼觀音力　釋然得解脫
呪詛諸毒藥　所欲害身者　念彼觀音力　還著於本人
或遇惡羅剎　毒龍諸鬼等　念彼觀音力　時悉不敢害
若惡獸圍遶　利牙爪可怖　念彼觀音力　疾走无邊方
蚖蛇及蝮蝎　氣毒煙火然　念彼觀音力　尋聲自迴去

BD04587號　妙法蓮華經卷七　（22–7）

呪詛諸毒藥　所欲害身者　念彼觀音力　還著於本人
或遇惡羅剎　毒龍諸鬼等　念彼觀音力　時悉不敢害
若惡獸圍遶　利牙爪可怖　念彼觀音力　疾走无邊方
蚖蛇及蝮蝎　氣毒煙火然　念彼觀音力　尋聲自迴去
雲雷鼓掣電　降雹澍大雨　念彼觀音力　應時得消散
衆生被困厄　无量苦逼身　觀音妙智力　能救世間苦
具足神通力　廣脩智方便　十方諸國土　无剎不現身
種種諸惡趣　地獄鬼畜生　生老病死苦　以漸悉令滅
真觀清淨觀　廣大智慧觀　悲觀及慈觀　常願常瞻仰
无垢清淨光　慧日破諸闇　能伏災風火　普明照世間
悲體戒雷震　慈意妙大雲　澍甘露法雨　滅除煩惱焰
諍訟經官處　怖畏軍陣中　念彼觀音力　衆怨悉退散
妙音觀世音　梵音海潮音　勝彼世間音　是故須常念
念念勿生疑　觀世音淨聖　於苦惱死厄　能為作依怙
具一切功德　慈眼視衆生　福聚海无量　是故應頂禮
尒時持地菩薩即從座起前白佛言世尊若
有衆生聞是觀世音菩薩品自在之業普門
示現神通力者當知是人功德不少佛說是
普門品時衆中八万四千衆生皆發无等等
阿耨多羅三藐三菩提心

妙法蓮華經陁羅尼品第二十六

尒時藥王菩薩即從座起偏袒右肩合掌向
佛而白佛言世尊若善男子善女人有能受
持法華經者若讀誦通利若書寫經卷得幾
所福佛告藥王若有善男子善女人供養八
百万億那由他恒河沙等諸佛於汝意云何

BD04587號　妙法蓮華經卷七　（22–8）

尒時藥王菩薩即從座起偏袒右肩合掌向
佛而白佛言世尊若善男子善女人有能受
持法華經者若讀誦通利若書寫經卷得幾
所福佛告藥王若有善男子善女人供養八
百万億那由他恒河沙等諸佛於汝意云何
其所得福寧為多不甚多世尊佛言若善
男子善女人能於是經乃至受持一四句偈讀
誦解義如說修行功德甚多尒時藥王菩薩
白佛言世尊我今當與說法者陀羅尼呪以
守護之即說呪曰
安尒一 曼尒二 摩祢三 摩摩祢四 旨隸五 遮
梨第六 賒咩羊鳴音七 賒履冈雉反 多瑋八 羶輸千反
帝九 目帝十 目多履十一 娑履十二 阿瑋娑履十三
桑履十四 娑履十五 叉裔十六 阿叉裔十七 阿耆膩十八
羶帝十九 賒履二十 陀羅尼二十一 阿盧伽婆娑蘇奈反 簸
蔗毗叉膩二十二 祢毗剃二十三 阿便哆都餓反 邏
祢履剃二十四 阿亶哆波隸輸地二十五 漚烏賣反
究隸二十六 牟究隸二十七 阿羅隸二十八 波羅隸
二十九 首迦差初凡反 三十 阿三磨三履三十一 佛馱毗
吉利袠帝三十二 達磨波利差精離反 帝三十三 僧
伽涅瞿沙祢三十四 婆舍婆舍輸地三十五 曼哆
邏三十六 曼哆邏叉夜多三十七 郵樓哆三十八 郵
樓哆憍舍略三十九 惡叉邏四十 惡叉冶多冶四十一
阿婆盧四十二 阿摩若荏蔗反 那多夜四十三
世尊是陀羅尼神呪六十二億恒河沙等諸
佛所說若有侵毀此法師者則為侵毀是諸

BD04587號　妙法蓮華經卷七　（22–9）

邏三十六 曼哆邏叉夜多三十七 郵樓哆三十八 郵
樓哆憍舍略三十九 惡叉邏四十 惡叉冶多冶四十一
阿婆盧四十二 阿摩若荏蔗反 那多夜四十三
世尊是陀羅尼神呪六十二億恒河沙等諸
佛所說若有侵毀此法師者則為侵毀是諸
佛已時釋迦牟尼佛讚藥王菩薩言善哉
善哉藥王汝愍念擁護此法師故說是陀羅尼
於諸衆生多所饒益尒時勇施菩薩白佛言
世尊我亦為擁護讀誦受持法華經者說陀
羅尼若此法師得是陀羅尼若夜叉若羅刹
若富單那若吉蔗若鳩槃茶若餓鬼等伺求
其短无能得便即於佛前而說呪曰
痤誓螺反 隸一 摩訶痤隸二 郁枳三 目枳四 阿
隸五 阿羅婆第六 涅隸第七 涅隸多婆第八
伊緻精履反 柅九 韋緻柅十 旨緻柅十一 涅隸墀
柅十二 涅犁墀婆底十三
世尊是陀羅尼神呪恒河沙等諸佛所說亦
皆隨喜若有侵毀此法師者則為侵毀是諸
佛已尒時毗沙門天王護世者白佛言世尊
我亦為愍念衆生擁護此法師故說是陀羅
尼即說呪曰
阿梨一 那梨二 㝹那梨三 阿那盧四 那履五
拘那履六
世尊以是神呪擁護法師我亦自當擁護持
是經者令百由旬内无諸衰患尒時持國天
王在此會中與千万億那由他乹闥婆衆恭

BD04587號　妙法蓮華經卷七　（22–10）

阿梨　那梨　㝹那梨　阿那盧　那履
拘那履六
世尊以是神呪擁護法師我亦自當擁護持
是經者令百由旬內无諸衰患尒時持國天
王在此會中與千万億那由他乾闥婆衆恭
敬圍繞前詣佛所合掌白佛言世尊我亦以
陁羅尼神呪擁護持法華經者即說呪曰
阿伽祢一伽祢二瞿利三乾陁利四栴陁利
五摩蹬者六常求利七浮樓莎柅八頞底九
世尊是陁羅尼神呪四十二億諸佛所說若
有侵毀此法師者則為侵毀是諸佛已尒時
有羅刹女等一名藍婆二名毗藍婆三名曲
齒四名華齒五名黑齒六名多髮七名无猒
足八名持瓔珞九名睪帝十名奪一切衆生
精氣是十羅刹女與鬼子母并其子及眷屬
俱詣佛所同聲白佛言世尊我等亦欲擁護讀
誦受持法華經者除其衰患若有伺求法師
短者令不得便即於佛前而說呪曰
伊提履一伊提泯二伊提履三阿提履四伊
提履五泥履六泥履七泥履八泥履九泥履
十樓醯十一樓醯十二樓醯十三樓醯十四多醯十五多醯
十六多醯十七兜醯十八㝹醯十九
寧上我頭上莫惱於法師若夜叉若羅刹若
餓鬼若富單那若吉蔗若毗陁羅若揵馱若
烏摩勒伽若阿跋摩羅若夜叉吉蔗若人吉
蔗若熱病若一日若二日若三日若四日若至
七日若常熱病若男形若女形若童男形

BD04587號　妙法蓮華經卷七　(22–11)

寧上我頭上莫惱於法師若夜叉若羅刹若
餓鬼若富單那若吉蔗若毗陁羅若揵馱若
烏摩勒伽若阿跋摩羅若夜叉吉蔗若人吉
蔗若熱病若一日若二日若三日若四日若至
七日若常熱病若男形若女形若童男形
若童女形乃至夢中亦復莫惱即於佛前而
說偈言
若不順我呪　惱亂說法者　頭破作七分　如阿梨樹枝
如煞父母罪　亦如壓油殃　斗秤欺誑人　調達破僧罪
犯此法師者　當獲如是殃
諸羅刹女說此偈已白佛言世尊我等亦當
身自擁護受持讀誦脩行是經者令得安隱
離諸衰患消衆毒藥佛告諸羅刹女善哉善
哉汝等但能擁護受持法華名者福不可量
何況擁護具足受持供養經卷華香瓔珞末
香塗香燒香幡蓋伎樂燃種種燈蘇燈油燈
諸香油燈蘇摩那華油燈瞻蔔華油燈婆師
迦華油燈優鉢羅華油燈如是等百千種供
養者睪帝汝等及眷屬應當擁護如是法
師說是陁羅尼品時六万八千人得无生法忍
妙法蓮華經妙莊嚴王本事品第二十七
尒時佛告諸大衆乃往古世過无量无邊不
可思議阿僧祇劫有佛名雲雷音宿王華智
多陁阿伽度阿羅呵三藐三佛陁國名光明
莊嚴劫名憙見彼佛法中有王名妙莊嚴其
王夫人名曰淨德有二子一名淨藏二名淨

BD04587號　妙法蓮華經卷七　(22–12)

尒時佛告諸大衆乃往古世過无量无邊不
可思議阿僧祇劫有佛名雲雷音宿王華智
多陁阿伽度阿羅呵三藐三佛陁國名光明
莊嚴劫名憙見彼佛法中有王名妙莊嚴其
王夫人名曰淨德有二子一名淨藏二名淨
眼是二子有大神力福德智慧久脩菩薩所
行之道所謂檀波羅蜜尸羅波羅蜜羼提
波羅蜜毗梨耶波羅蜜禪波羅蜜般若波羅蜜
方便波羅蜜慈悲喜捨乃至三十七助道法
皆悉明了通達又得菩薩淨三昧日星宿三
昧淨光三昧淨色三昧淨照明三昧長莊嚴
三昧大威德藏三昧於此三昧亦悉通達尒
時彼佛欲引導妙莊嚴王及愍念衆生故說
是法華經時淨藏淨眼二子到其母所合十
指爪掌白言願母往詣雲雷音宿王華智佛
所我等亦當侍從親近供養礼拜所以者何
此佛於一切天人衆中說法華經宜應聽受
母告子言汝父信受外道深著婆羅門法汝
等應往白父與共俱去淨藏淨眼合十爪指
掌白母我等是法王子而生此邪見家母告
子言汝等當憂念汝父為現神變若得見者
心必清淨或聽我等往至佛所於是二子念
其父故踊在虛空高七多羅樹現種種神變
於虛空中行住坐卧身上出水身下出火身
下出水身上出火或現大身滿虛空中而復
現小小復現大於空中滅忽然在地入地如水

心必清淨或聽我等往至佛所於是二子念
其父故踊在虛空高七多羅樹現種種神變
於虛空中行住坐卧身上出水身下出火身
下出水身上出火或現大身滿虛空中而復
現小小復現大於空中滅忽然在地入地如水
履水如地現如是等種種神變令其父王
心淨信解時父見子神力如是心大歡喜得
未曾有合掌向子言汝等師為是誰誰之弟
子二子白言大王彼雲雷音宿王華智佛今
在七寶菩提樹下法座上坐於一切世間天
人衆中廣說法華經是我等師我是弟子父
語子言我今亦欲見汝等師可共俱往於是
二子從空中下到其母所合掌白母父王今
已信解堪任發阿耨多羅三藐三菩提心我
等為父已作佛事願母見聽於彼佛所出家
脩道尒時二子欲重宣其意以偈白母
願母放我等　出家作沙門　諸佛甚難值　我等隨佛學
如優曇波羅　值佛復難是　脫諸難亦難　願聽我出家
母即告言聽汝出家所以者何佛難值故於
是二子白父母言善哉父母願時往詣雲雷
音宿王華智佛所親近供養所以者何佛難
得值如優曇波羅華又如一眼之龜值浮木
孔而我等宿福深厚生值佛法是故父母當
聽我等令得出家所以者何諸佛難值時亦
難遇彼時妙莊嚴王後宮八万四千人皆悉
堪任受持是法華經淨眼菩薩於法華三昧
久已通達淨藏菩薩已於无量百千万億劫

孔而我等宿福深厚生值佛法是故父母當
聽我等令得出家所以者何諸佛難值時亦
難遇彼時妙莊嚴王後宮八万四千人皆悉
堪任受持是法華經淨眼菩薩於法華三昧
久已通達淨藏菩薩已於无量百千万億劫
通達離諸惡趣三昧欲令一切衆生離諸惡
趣故其王夫人得諸佛習三昧能知諸佛秘
密之藏二子如是以方便力善化其父令心
信解好樂佛法於是妙莊嚴王與群臣眷屬
俱淨德夫人與後宮采女眷屬俱其王二子
與四万二千人俱一時共詣佛所到已頭面
礼足遶佛三帀却住一面尒時彼佛為王說
法示教利喜王大歡悅尒時妙莊嚴王及其
夫人解頸真珠瓔珞價直百千以散佛上於
虛空中化成四柱寶臺臺中有大寶床敷百
千万天衣其上有佛結加趺坐放大光明尒
時妙莊嚴王作是念佛身希有端嚴殊特成
就第一微妙之色時雲雷音宿王華智佛告
四衆言汝等見是妙莊嚴王於我前合掌立
不此王於我法中作比丘精勤脩習助佛道
法當得作佛号娑羅樹王國名大光劫名大
高王其娑羅樹王佛有无量菩薩衆及无量
聲聞其國平正功德如是其王即時以國付
弟與夫人二子并諸眷屬於佛法中出家脩
道王出家已於八万四千歲常勤精進脩行
妙法華經過是已後得一切淨功德莊嚴三
昧即昇虛空高七多羅樹而白佛言世尊此

BD04587號　妙法蓮華經卷七　（22–15）

高王其娑羅樹王佛有无量菩薩衆及无量
聲聞其國平正功德如是其王即時以國付
弟與夫人二子并諸眷屬於佛法中出家脩
道王出家已於八万四千歲常勤精進脩行
妙法華經過是已後得一切淨功德莊嚴三
昧即昇虛空高七多羅樹而白佛言世尊此
我二子已作佛事以神通變化轉我邪心令
得安住於佛法中得見世尊此二子者是我
善知識為欲發起宿世善根饒益我故來生
我家尒時雲雷音宿王華智佛告妙莊嚴
王言如是如是如汝所言若善男子善女人種
善根故世世得善知識其善知識能作佛事
示教利喜令入阿耨多羅三藐三菩提大王
當知善知識者是大因緣所謂化導令得見
佛發阿耨多羅三藐三菩提心大王汝見此
二子不此二子已曾供養六十五百千万億
那由他恒河沙諸佛親近恭敬於諸佛所受
持法華經愍念邪見衆生令住正見妙莊嚴
王即從虛空中下而白佛言世尊如來甚希
有以功德智慧故頂上肉髻光明顯照其眼
長廣而紺青色眉間豪相白如珂月齒白齊
密常有光明脣色赤好如頻婆菓尒時妙莊
嚴王讚嘆佛如是等无量百千万億功德已
於如來前一心合掌復白佛言世尊未曾有
也如來之法具足成就不可思議微妙功德
教戒所行安隱快善我從今日不復自隨心

BD04587號　妙法蓮華經卷七　（22–16）

蜜常有光明脣色赤好如頻婆菓尒時妙莊
嚴王讃嘆佛如是等无量百千万億功德已
於如來前一心合掌復白佛言世尊未曾有
也如來之法具足成就不可思議微妙功德
教戒所行安隱快善我從今日不復自隨心
行不生耶見憍慢瞋恚諸惡之心說是語已
礼佛而出佛告大衆於意云何妙莊嚴王豈
異人乎今華德菩薩是其淨德夫人今佛前
光照莊嚴相菩薩是哀愍妙莊嚴王及諸眷
属故於彼中生其二子者今藥王菩薩藥上
菩薩是是藥王藥上菩薩成就如此諸大功
德已於无量百千万億諸佛所殖衆德本成
就不可思議諸善功德若有人識是二菩薩
名字者一切世間諸天人民亦應礼拜佛說
是妙莊嚴王本事品時八万四千人遠塵離
垢於諸法中得法眼淨

妙法蓮華經普賢菩薩勸發品第二十八

尒時普賢菩薩以自在神通威德名聞與大
菩薩无量无邊不可稱數從東方來所經諸
國普皆震動雨寶蓮華作无量百千万億種
種伎樂又與无數諸天龍夜叉乾闥婆阿脩
羅迦樓羅緊那羅摩睺羅伽人非人等大衆
圍繞各現威德神通之力到娑婆世界耆闍
崛山中頭面礼釋迦牟尼佛右繞七帀白佛
言世尊我於寶威德上王佛國遥聞此娑婆

羅迦樓羅緊那羅摩睺羅伽人非人等大衆
圍繞各現威德神通之力到娑婆世界耆闍
崛山中頭面礼釋迦牟尼佛右繞七帀白佛
言世尊我於寶威德上王佛國遥聞此娑婆
世界說法華經與无量无邊百千万億諸菩
薩衆共来聽受唯願世尊當為說之若善男
子善女人於如來滅後云何能得是法華經
佛告普賢菩薩若善男子善女人成就四法
於如來滅後當得是法華經一者為諸佛護
念二者殖衆德本三者入正定聚四者發救一
切衆生之心善男子善女人如是成就四
法於如來滅後必得是經尒時普賢菩薩白
佛言世尊於後五百歲濁惡世中其有受持
是經典者我當守護除其衰患令得安隱使
无伺求得其便者若魔若魔子若魔女若魔
民若為魔所著者若夜叉若羅刹若鳩槃荼
若毗舍闍若吉蔗若富單那若韋陁羅等諸
惱人者皆不得便是人若行若立讀誦此經
我尒時乘六牙白象王與大菩薩衆俱詣其
所而自現身供養守護安慰其心亦為供養
法華經故是人若坐思惟此經尒時我復乘
白象王現其人前其人若於法華經有所忘
失一句一偈我當教之與共讀誦還令通利
尒時受持讀誦法華經者得見我身甚大歡
喜轉復精進以見我故即得三昧及陁羅尼
名為旋陁羅尼百千万億旋陁羅尼法音方

白象王現其人前其人若於法華經有所忘
失一句一偈我當教之與共讀誦還令通利
尒時受持讀誦法華經者得見我身甚大歡
喜轉復精進以見我故即得三昧及陁羅尼
名為旋陁羅尼百千万億旋陁羅尼法音方
便陁羅尼得如是等陁羅尼世尊若後世後
五百歲濁惡世中比丘比丘尼優婆塞優婆
夷求索者受持者讀誦者書寫者欲脩習是
法華經於三七日中應一心精進滿三七日
已我當乘六牙白象與无量菩薩而自圍繞
以一切衆生所憙見身現其人前而為說法
示教利喜亦復與其陁羅尼呪得是陁羅尼
故无有非人能破壞者亦不為女人之所惑
亂我身亦自常護是人唯願世尊聽我說此
陁羅尼即於佛前而說呪曰
阿檀地途賣反一 檀陁婆地二 檀陁婆帝三 檀陁
鳩舍隸四 檀陁脩陁隸五 脩陁隸六 脩陁羅
婆底七 佛馱波羶禰八 薩婆陁羅尼阿婆多
尼九 薩婆婆沙阿婆多尼十 脩阿婆多尼十一
僧伽婆履叉尼十二 僧伽涅伽陁尼十三 阿僧祇
十四 僧伽波伽地十五 帝隸阿惰僧伽兜略盧遮反
波羅帝十六 薩婆僧伽三摩地伽蘭地十七 薩婆
達磨脩波利剎帝十八 薩婆薩埵樓馱憍舍
略阿㝹伽地十九 辛阿毗吉利地帝二十
世尊若有菩薩得聞是陁羅尼者當知普
賢神通之力若法華經行閻浮提有受持者
應作此念皆是普賢威神之力若有受持讀誦

BD04587號　妙法蓮華經卷七　（22–19）

波羅帝十六 薩婆僧伽三摩地伽蘭地十七 薩婆
達磨脩波利剎帝十八 薩婆薩埵樓馱憍舍
略阿㝹伽地十九 辛阿毗吉利地帝二十
世尊若有菩薩得聞是陁羅尼者當知普
賢神通之力若法華經行閻浮提有受持者
應作此念皆是普賢威神之力若有受持讀誦
正憶念解其義趣如說脩行當知是人行普
賢行於无量无邊諸佛所深種善根為諸如
來手摩其頭若但書寫是人命終當生忉利
天上是時八万四千天女作衆伎樂而來迎
之其人即著七寶冠於婇女中娛樂快樂何
況受持讀誦正憶念解其義趣如說脩行若
有人受持讀誦解其義趣是人命終為千佛
授手令不恐怖不墮惡趣即往兜率天上彌
勒菩薩所彌勒菩薩有三十二相大菩薩衆
所共圍繞有百千万億天女眷屬而於中生
有如是等功德利益是故智者應當一心自
書若使人書受持讀誦正憶念如說脩行世
尊我今以神通力守護是經於如來滅後閻
浮提內廣令流布使不斷絕尒時釋迦牟尼
佛讚言善哉善哉普賢汝能護助是經令
多所衆生安樂利益汝已成就不可思議功德
深大慈悲從久遠來發阿耨多羅三藐三菩
提意而能作是神通之願守護是經我當
以神通力守護能受持普賢菩薩名者普賢

BD04587號　妙法蓮華經卷七　（22–20）

佛讚言善哉善哉普賢汝能護助是經令
多所衆生安樂利益汝已成就不可思議功德
深大慈悲從久遠來發阿耨多羅三藐三菩
提意而能作是神通之願守護是經我當
以神通力守護能受持普賢菩薩名者普賢
若有受持讀誦正憶念脩習書寫是法華經
者當知是人則見釋迦牟尼佛如從佛口聞此
經典當知是人供養釋迦牟尼佛當知是人
佛讚善哉當知是人爲釋迦牟尼佛手摩其
頭當知是人爲釋迦牟尼佛衣之所覆如是
之人不復貪著世樂不好外道經書手筆亦
復不憙親近其人及諸惡者若屠兒若畜猪
羊雞狗若獵師若衒賣女色是人心意質直
有正憶念有福德力是人不爲三毒所惱亦
不爲嫉妬我慢邪慢增上慢所惱是人少欲
知足能脩普賢之行普賢若如來滅後後五
百歲若有人見受持讀誦法華經者應作是
念此人不久當詣道場破諸魔衆得阿耨多
羅三藐三菩提轉法輪擊法鼓吹法螺雨法
雨當坐天人大衆中師子法座上普賢若於
後世受持讀誦是經典者是人不復貪著衣
服臥具飲食資生之物所願不虛亦於現世
得其福報若有人輕毀之言汝狂人耳空作
是行終无所獲如是罪報當世世无眼若有
供養讚嘆之者當於今世得現果報若復見
受持是經者出其過惡若實若不實此人現
世得白癩病若輕咲之者當世世牙齒疎缺

BD04587號　妙法蓮華經卷七　（22–21）

百歲若有人見受持讀誦法華經者應作是
念此人不久當詣道場破諸魔衆得阿耨多
羅三藐三菩提轉法輪擊法鼓吹法螺雨法
雨當坐天人大衆中師子法座上普賢若於
後世受持讀誦是經典者是人不復貪著衣
服臥具飲食資生之物所願不虛亦於現世
得其福報若有人輕毀之言汝狂人耳空作
是行終无所獲如是罪報當世世无眼若有
供養讚嘆之者當於今世得現果報若復見
受持是經者出其過惡若實若不實此人現
世得白癩病若輕咲之者當世世牙齒疎缺
醜脣平鼻手脚繚戾眼目角睞身體臭穢惡
瘡膿血水腹短氣諸惡重病是故普賢若見
受持是經典者當起遠迎當如敬佛說是普
賢勸發品時恒河沙等无量无邊菩薩得百
千億旋陁羅尼三千大千世界微塵等諸菩
薩具普賢道佛說是經時普賢等諸菩薩
舍利弗等諸聲聞及諸天龍人非人等一切大
會皆大歡喜受持佛語作禮而去

BD04587號　妙法蓮華經卷七　（22–22）

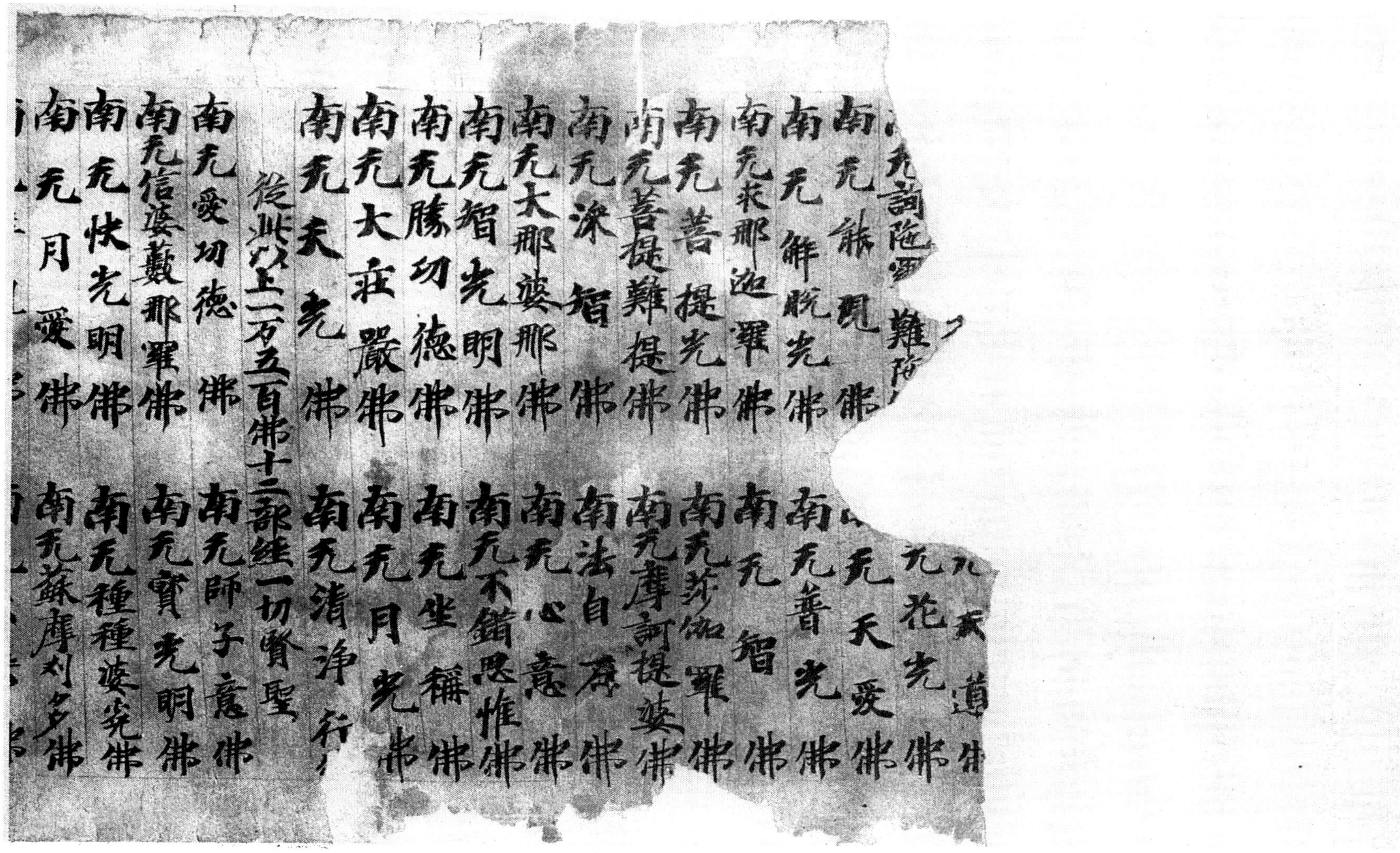
南无詶陁羅難陁□　南无□□道佛
南无龍見佛　南无花光佛
南无解脱光佛　南无天愛佛
南无來那迦羅佛　南无普光佛
南无善提光佛　南无智佛
南无菩提難提佛　南无莎伽羅佛
南无深智佛　南无摩訶提婆佛
南无大那婆那佛　南无法自在佛
南无智光明佛　南无心意佛
南无勝功德佛　南无不錯思惟佛
南无大莊嚴佛　南无坐稱佛
南无天光佛　南无月光佛
南无清淨行□
從此以上一万五百佛十二部經一切賢聖
南无愛功德佛　南无師子意佛
南无信婆藪那羅佛　南无寶光明佛
南无快光明佛　南无種種婆究佛
南无月愛佛　南无蘇摩刈多佛

BD04588號　佛名經（十六卷本）卷一四　（3-1）

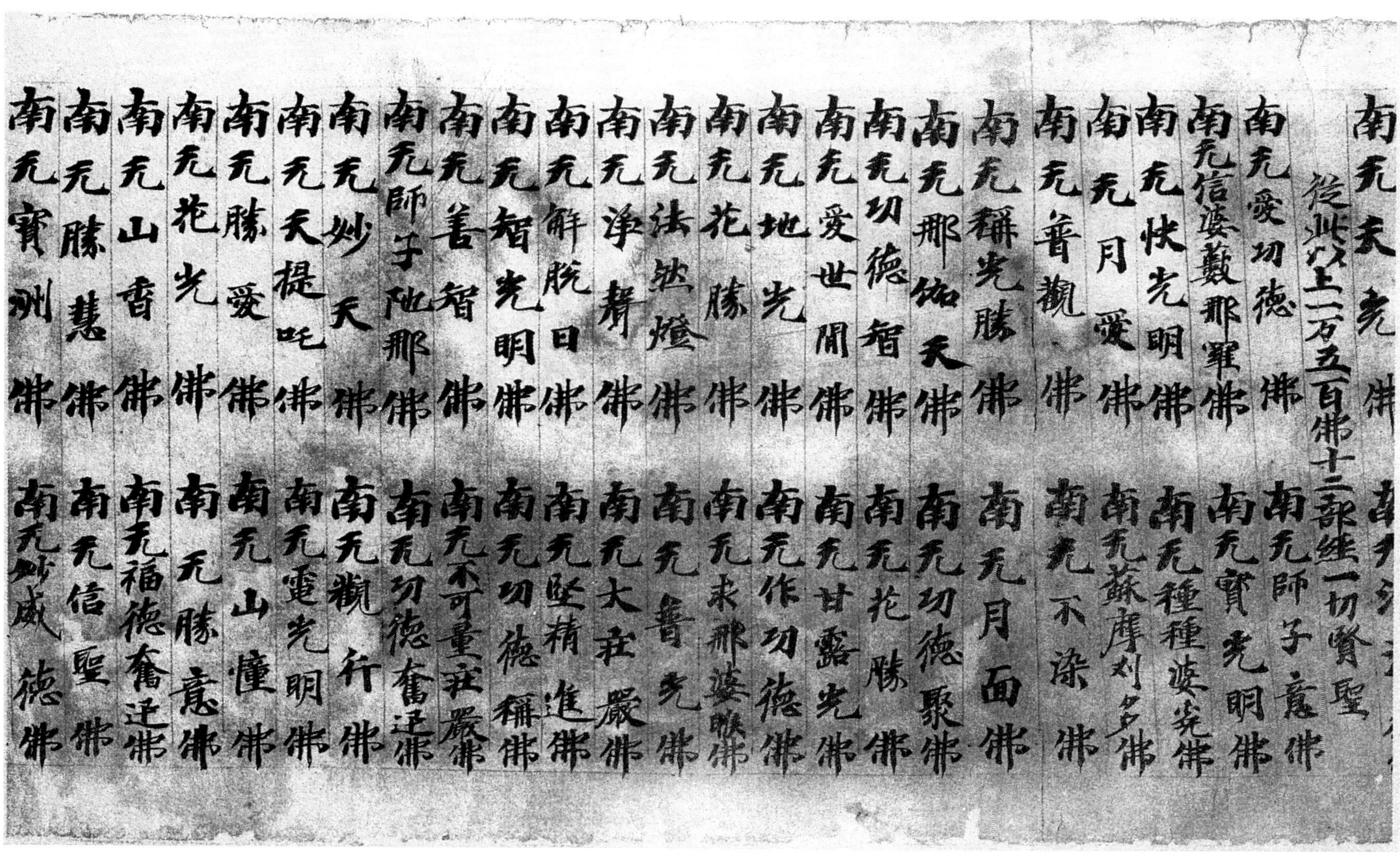
南无天光佛　南无□□
從此以上一万五百佛十二部經一切賢聖
南无愛功德佛　南无師子意佛
南无信婆藪那羅佛　南无寶光明佛
南无快光明佛　南无種種婆究佛
南无月愛佛　南无蘇摩刈多佛
南无普觀佛　南无不染佛
南无稱光勝佛　南无月面佛
南无那伽天佛　南无功德聚佛
南无功德智佛　南无花勝佛
南无愛世間佛　南无甘露光佛
南无地光佛　南无作功德佛
南无花勝佛　南无來那婆睺佛
南无法然燈佛　南无普光佛
南无淨聲佛　南无大莊嚴佛
南无解脱日佛　南无堅精進佛
南无智光明佛　南无功德稱佛
南无善智佛　南无不可量莊嚴佛
南无師子隨那佛　南无功德奮迅佛
南无妙天佛　南无觀行佛
南无天提吒佛　南无電光明佛
南无勝愛佛　南无山幢佛
南无花光佛　南无勝意佛
南无山香佛　南无福德奮迅佛
南无勝慧佛　南无信聖佛
南无寶洲佛　南无妙威德佛

BD04588號　佛名經（十六卷本）卷一四　（3-2）

南无解脫日佛
南无智光明佛
南无善智佛
南无師子陁那佛
南无妙天佛
南无天提吒佛
南无勝愛佛
南无花光佛
南无山香佛
南无勝慧佛
南无寶洲佛
南无寂後見佛
南无妙莊嚴佛
南无清淨見佛
南无清淨眼佛
南无不課尖佛
南无樂觧勝佛
南无勝土佛
南无自業佛
光明行佛

南无堅精進佛
南无功德稱佛
南无不可量莊嚴佛
南无功德奮迅佛
南无觀行佛
南无電光明佛
南无山幢佛
南无勝意佛
南无福德奮迅佛
南无信聖佛
南无妙威德佛
南无愛行佛
南无功德藏勝佛
南无威德力佛
南无智行佛
南无聖明佛
南无火聲佛
南无成就光明佛
南无照稱光照佛
南无愛自在佛

BD04588號　佛名經（十六卷本）卷一四　　（3–3）

若此也
文殊師利又問何謂為悲荅曰菩薩所作功
德皆與一切衆生共之何謂為喜荅曰有所
饒益歡喜无悔何謂為捨荅曰所作福祐无
所悕望文殊師利又問生死有畏菩薩當何
所依維摩詰言菩薩於生死畏中當依如來
功德之力文殊師利又問菩薩欲依如來功
德之力當依何住荅曰菩薩欲依如來功德
力者當住度脫一切衆生又問欲度衆生當
何所除荅曰欲度衆生除其煩惱又問欲除
煩惱當何所行荅曰當行正念又問云何行
於正念荅曰當行不生不滅又問何法不生
何法不滅荅曰不善不生善法不滅又問善
不善孰為本荅曰身為本又問身孰為本荅
曰貪欲為本又問貪欲孰為本荅曰虛妄分
別為本又問虛妄分別孰為本荅曰顛倒想
為本又問顛倒想孰為本荅曰无住為本又
問无住孰為本荅曰无住則无本文殊師利
從无住本立一切法
時維摩詰室有一天女見諸大人聞所說法

BD04589號　維摩詰所說經卷中　　（2–1）

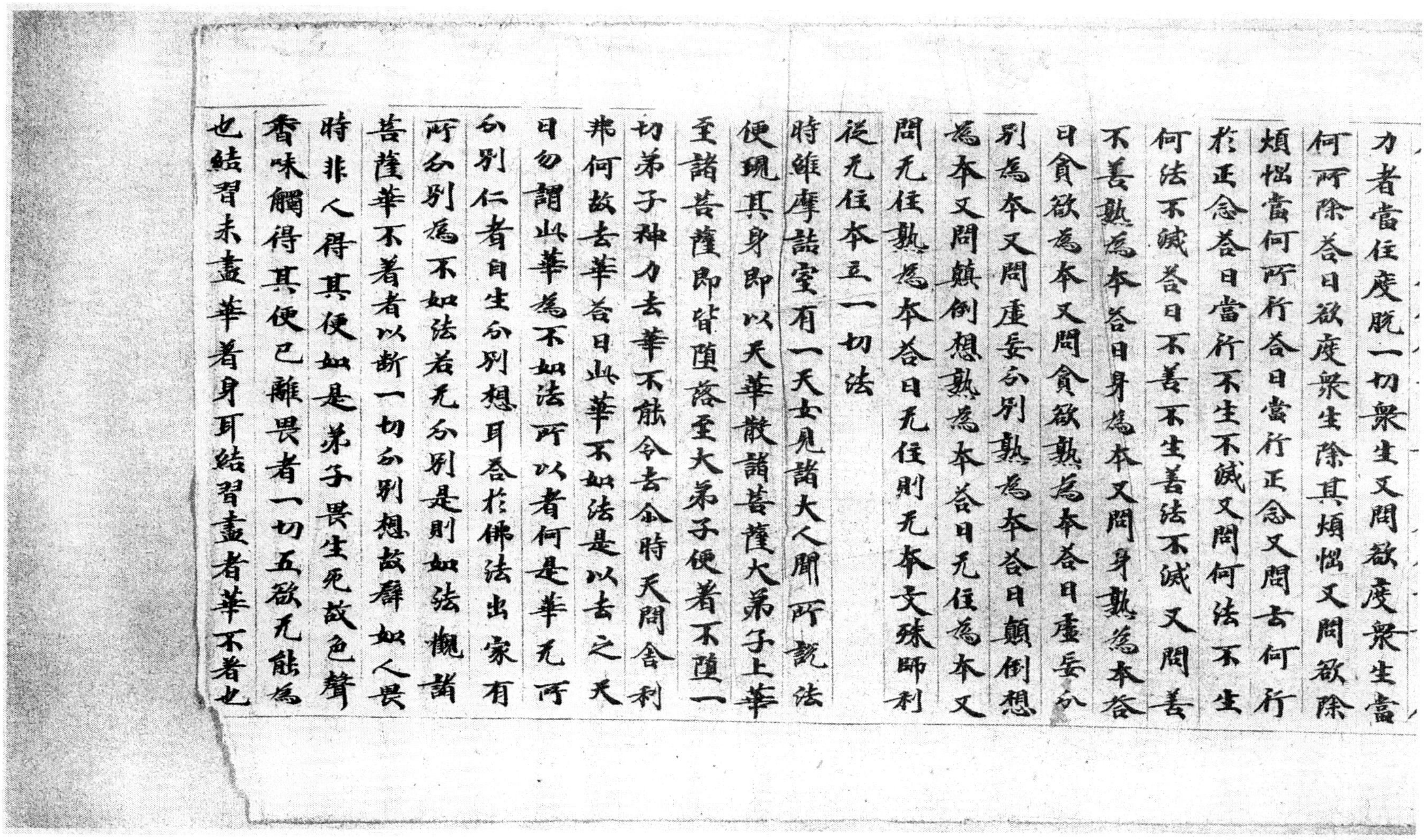

力者當住度脫一切衆生又問欲度衆生當
何所除荅曰欲度衆生除其煩惱又問欲除
煩惱當何所行荅曰當行正念又問云何行
於正念荅曰當行不生不滅又問何法不生
何法不滅荅曰不善不生善法不滅又問善
不善孰爲本荅曰身爲本又問身孰爲本荅
曰貪欲爲本又問貪欲孰爲本荅曰虛妄分
別爲本又問虛妄分別孰爲本荅曰顛倒想
爲本又問顛倒想孰爲本荅曰无住爲本又
問无住孰爲本荅曰无住則无本文殊師利
從无住本立一切法
時維摩詰室有一天女見諸大人聞所說法
便現其身即以天華散諸菩薩大弟子上華
至諸菩薩即皆墮落至大弟子便著不墮一
切弟子神力去華不能令去尒時天問舍利
弗何故去華荅曰此華不如法是以去之天
曰勿謂此華爲不如法所以者何是華无所
分別仁者自生分別想耳若於佛法出家有
所分別爲不如法若无所分別是則如法觀諸
菩薩華不著者以斷一切分別想故譬如人畏
時非人得其便如是弟子畏生死故色聲
香味觸得其便已離畏者一切五欲无能爲
也結習未盡華著身耳結習盡者華不著也

BD04589號　維摩詰所說經卷中　（2–2）

BD04589號背　雜寫　（1–1）

BD04590號背　護首　　（1–1）

BD04590號　佛名經（十六卷本）卷一〇　　（36–1）

優波摩那比丘白佛言世尊世尊未來
數許佛佛告優波摩那比丘汝今諦聽
當為汝說比丘未來星宿劫中有三百
佛出世同名大難[illegible]
復有十千同名莊嚴王佛
華作劫中有一億百千万佛出世同名菩
提覺華八頻婆羅佛出世同名離愛佛
多盧波摩劫中有六千佛出同名散華
勝聲劫中婆羅自在高幢世界十千佛
出世同名清淨優波羅香山普華劫
中有十千八百佛出世復有千三百佛
出世同名梵聲
復有劫中世億佛出世同名釋迦牟
尼
復有劫八千同名然燈佛出世
復有劫中六十千同名歡喜佛出世
復有劫中三億佛出世同名佛沙
復有劫中十八千佛出世同名莎羅自
在王
復有劫中三百佛出世同名波頭摩勝
復有劫中五百佛出世同名波多婆
復有劫中千佛出世同名閻浮檀
復有劫中十二八千万佛出世同名見
一切義
復有劫中千佛出世同名俱隣

復有劫中千佛出世同名閻浮檀
復有劫中十二八千万佛出世同名見
一切義
復有劫中千佛出世同名俱隣
復有劫中九千佛出世同名迦葉
復有劫中十八佛出世同名目陁羅幢
復有劫中十五佛出世同名曰佛
復有劫中六十億佛出世同名大莊嚴
復有劫中六十佛出世同名日陁幢
復有劫中五百佛出世同名曰佛
復有劫中六十億佛出世同名大莊嚴
復有劫中六十二億佛出世同名寶行
復有劫中六十億佛出世同名莎羅
自在王
復有劫中八千佛出世同名堅精進
復有劫中百億佛出世同名決定光明
復有劫中八十億佛出世同名寶法決定
復有劫中六十二佛出世同名毗留那
復有劫中六十千佛出世同名妙波頭
摩
復有劫中四十千佛出世同名顛莊嚴
復有劫中五百佛出世同名華勝王
復有劫中四十億那由他佛出世同名
妙聲
復有劫中千佛出世同名功德蓋安隱

復有劫中四十千佛出世同名巔莊嚴
復有劫中五百佛出世同名華勝王
復有劫中四十億那由他佛出世同名
妙聲
復有劫中千佛出世同名功德蓋妄隱
自在王
復有劫中六十千佛出世同名堅脩羕滿
復有劫中十佛國土微塵數百千万不
可說不可說佛出世同名普賢
復有劫中七千佛出世同名法莊嚴王
比丘舉要言之未來諸佛无量无邊不可
說不可說不可窮盡比丘汝應當一心歸命
如是等諸佛尒時舍利弗從坐而起偏袒
右肩右膝著地蹢跪合掌白佛言世尊
佛現在佛告舍利弗汝見我現在我也
舍利弗言如是世尊我今實見佛身復
告舍利弗我今見十方无量无邊不可說
不可說世界同我名釋迦牟尼佛
在世者如汝見我无異如是同名然燈佛
同名毗婆尸佛　同名尸棄佛
同名毗舍浮佛　同名拘留孫佛
同名拘那含佛　同名迦葉佛
舍利弗舉要言之我若一劫若百千万
億那由他劫說同名諸佛不可窮盡何況
異名佛此如是等諸佛皆是文殊師利

同名毗婆尸佛　同名尸棄佛
同名毗舍浮佛　同名拘留孫佛
同名拘那含佛　同名迦葉佛
舍利弗舉要言之我若一劫若百千万
億那由他劫說同名諸佛不可窮盡何況
異名佛此如是等諸佛皆是文殊師利
初教發阿耨多羅三藐三菩提心
舍利弗汝應當一心歸命如是等諸佛
舍利弗現在劫五百同名智幢佛
復有劫五百同名法幢佛
復有劫六十二同名然燈佛
復有劫六十二同名尸棄佛
復有劫千同名然火單荼自在王聲佛
復有劫二千不同名智勝
或名炬燈王　或名法勝　或名有梵勝
舍利弗汝應當一心歸命如是等諸佛
舍利弗復有佛名妙聲分聲佛
舍利弗彼妙聲分聲佛壽命六十百
歲過是東方智自在兩足尊彼智自
在如來壽命十二千歲兩足尊威德自
在佛壽命七十六千歲過威德自在世
尊復有佛名摩醯首羅彼摩醯首羅
佛壽命滿一億歲
過摩醯首羅復有佛名梵聲彼梵聲
佛壽命滿足十億歲
過梵聲世尊復有佛名大衆自在

尊復有佛名摩醯首羅彼摩醯首羅
佛壽命滿一億歲
過摩醯首羅復有佛名梵聲彼梵聲
佛壽命滿足十億歲
過梵聲世尊復有佛名大衆自在
彼大衆自在佛壽命滿足六千歲
過聲自在世尊復有佛名勝聲彼勝
聲佛壽命滿足百億歲
過彼勝聲世尊有佛名月面彼月面佛
壽一日一夜過月面世尊復有佛名日面彼
日面佛壽命滿足千八百歲
過日面世尊復有佛名梵面佛彼梵面
佛壽命滿足卅三千歲
過梵面世尊復有佛名梵河沙婆彼
梵河沙婆佛壽命滿足千八百歲
舍利弗汝應當一心歸命如是等佛
舍利弗復過一劫中二百佛出世我說彼佛
名汝當歸命
南无不可燒身佛　南无稱名佛
南无威德佛　南无稱吼佛
南无稱佛　南无聲清淨佛
南无智勝佛　南无智解佛
南无點慧佛　南无智通佛
南无智成就佛　南无智供養佛
南无智妙佛　南无智奐佛

南无稱佛　南无聲清淨佛
南无智勝佛　南无智解佛
南无點慧佛　南无智通佛
南无智成就佛　南无智供養佛
南无智妙佛　南无智奐佛
南无智勇猛佛　南无淨上佛
南无梵天佛　南无善梵天佛
南无淨婆藪佛　南无妙梵聲佛
南无梵自在佛　南无梵天自在佛
南无因那陀佛　南无梵吼佛
南无梵德佛　南无威德力佛
南无威德自在佛　南无善威德佛
從此以上七千八百佛十二部經一切賢聖
南无威德自在佛　南无威德熾佛
南无善決定威德佛　南无威德天佛
南无威德勝佛　南无无驚怖佛
南无驚怖意佛　南无驚怖慧佛
南无驚怖衆生佛　南无驚怖面佛
南无驚怖熾佛　南无威德決定畢竟佛
南无威德天佛　南无驚怖寶佛
南无見驚怖佛　南无善眼佛
南无月勝佛　南无深聲佛
南无无邊聲佛　南无淨聲佛
南无清淨聲佛　南无无量聲佛
南无放聲佛　南无除伏魔力聲佛

南无威德天佛　南无鷲怖寶佛
南无見鷲怖佛　南无善眼佛
南无月勝佛　南无深聲佛
南无无邊聲佛　南无淨聲佛
南无清淨聲佛　南无无量聲佛
南无放聲佛　南无降伏魔力聲佛
南无住持聲佛　南无善日佛
南无清淨面佛　南无善照佛
南无无邊眼佛　南无普眼佛
南无稱眼佛　南无眼莊嚴佛
南无不可嫌眼佛　南无調柔語佛
南无調勝佛　南无善調心佛
南无善寂根佛　南无善寂意佛
南无善寂妙佛　南无善寂行佛
南无善寂去佛　南无善寂彼岸佛
南无善寂勇猛佛　南无住勝佛
南无善寂淨心佛　南无衆上首自在佛
南无有衆佛　南无衆自在佛
南无衆勝佛　南无清淨智佛
南无大衆自在佛　南无衆勇猛佛
南无放妙香佛　南无法方佛
南无法難勝佛　南无法行佛
南无法寶佛　南无法力佛
南无法佛　南无善法佛
南无法勇猛佛　南无法樂決定佛
南无[illegible]

BD04590號　佛名經（十六卷本）卷一〇　（36–8）

南无[illegible]佛　南无[illegible]佛
南无法難勝佛　南无法行佛
南无法寶佛　南无法力佛
南无法佛　南无善法佛
南无法勇猛佛　南无法樂決定佛
南无寶法決定一劫中八十億同名佛
第二劫中八十億亦同名定佛
過決定佛　名勝成就佛　亦應一心敬礼
南无安隱佛　南无拘隣佛
南无善觀喜佛　南无善眼佛
南无頭隨羅吒佛　南无毗留博叉佛
南无善眼佛　南无妙眼佛
南无善見佛　南无善辯佛
南无釋迦牟尼佛　南无妙去佛
南无勝佛　南无旃檀佛
南无度佛　南无滅惡佛
南无大功德佛　南无摩黎支佛
南无光明佛　南无滿月佛
南无淨名佛　南无淨德佛
南无淨住佛　南无喜勝佛
南无月幢佛　南无寶鬘佛
南无无畏佛　南无然燈佛
南无妙法佛　南无高頂佛
南无稱妙佛　南无深勝釋迦牟尼佛
從此以上七千九百佛十二部經一切賢聖
南无吉沙佛　南无弗沙佛

BD04590號　佛名經（十六卷本）卷一〇　（36–9）

南无畏佛　南无然燈佛
南无妙法佛　南无高頂佛
南无稱妙佛　南无淨勝釋迦牟尼佛
從此以上七千九百佛十二部經一切賢聖
南无吉沙佛　南无弗沙佛
南无毗婆尸佛　南无尸棄佛
南无毗舍浮佛　南无拘留孫佛
南无拘那含佛　南无迦葉佛
佛復告舍利弗現在東方可樂世
界中名阿閦佛應當一心敬礼
南无日藏佛　南无龍王自在王佛
南无日作佛　南无龍歡喜佛
南无自在佛　南无稱光明佛
南无城佛　南无普次佛
南无普寶佛　南无稱自在王佛
南无行法行稱佛　南无初智慧佛
南无智山佛　南无因光明佛
南无生勝佛　南无弥留藏佛
南无智海佛　南无大精進佛
南无高山勝佛　南无功德藏佛
南无智法界佛　南无无畏自在佛
南无大精進成就佛　南无智成就佛
南无无导王佛　南无地力精進佛
南无持佛　南无力王佛
南无善現佛　南无法光明王佛
南无降伏魔佛　南无不斷實佛

南无智法界佛　南无无畏自在佛
南无大精進成就佛　南无智成就佛
南无无导王佛　南无地力精進佛
南无持佛　南无力王佛
南无善現佛　南无法光明王佛
南无降伏魔佛　南无不斷實佛
南无功德山佛　南无智齊佛
南无无障力王佛　南无善思惟佛
南无師子歡喜佛　南无威光明佛
南无快勝王佛　南无盡智藏佛
南无寶面勝佛　南无智波婆佛
南无決定稱佛　南无无邊觀王佛
南无法華雨佛　南无作光明佛
南无高山王佛　南无成就法輪王佛
南无无垢眼佛　南无大名聲德佛
南无无导智力王佛　南无无导安隱佛
南无寂門佛　南无福德精進佛
南无智衣王佛　南无法自在王佛
南无妨安隱佛　南无智成就佛
南无大力弥留藏佛　南无觀功德精進佛
南无得无障不迷佛　南无香光明佛
南无功德聚進王佛　南无法齊底佛
南无聲自在王佛　南无讓聲佛
南无種種力精進王佛　南无寶光明勝王佛
南无遍一切須弥王佛　南无寶弥留佛
南无不動法佛　南无堅固蓋王佛

南无功德聚進王佛　南无法膺底佛
南无聲自在王佛　南无讓聲佛
南无種種力精進佛　南无寶光明勝佛
南无遍一切須弥佛　南无寶弥留佛
南无不動法佛　南无堅固蓋王佛
南无普功德佛　南无法沙羅弥留佛
南无聚集智聲佛　南无智炎華月王佛
南无龍王自在王佛　南无復曇未華王佛
南无真金色王佛　南无增長法幢王佛
南无栴檀波羅光佛　南无住法功德稱佛
南无堅固意精進佛　南无然塵燈佛
南无精進步佛　南无无邊堅固幢佛
南无寂法稱佛　南无法王佛
南无降伏大眾佛　南无有光炎華高王佛
南无智勝照佛　南无中威德然燈佛
從此以上八千佛十二部經一切賢聖
南无无諍无畏佛　南无智化聲佛
南无二輪成就佛　南无妙身蓋佛
南无勝莊嚴王佛　南无師子坐善佛
南无放月光華王佛
復次舍利弗現在南方佛汝應當一心歸命
南无法自在吼佛　南无初發心香自
在沙羅佛　南无師子奮迅佛
南无那羅延自在藏弥留勝佛
南无寶山精進自在集功德佛
[illegible]

BD04590號　佛名經（十六卷本）卷一〇　（36–12）

復次舍利弗現在南方佛汝應當一心歸命
南无法自在吼佛　南无初發心香自
在沙羅佛　南无師子奮迅佛
南无那羅延自在藏弥留勝佛
南无寶山精進自在集功德佛
南无樹提藏佛　南无星宿方便稱佛
南无功德力沙羅佛　南无妙聲吼奮迅佛
南无得一切眾生意佛　南无大意佛
南无妙聲佛　南无寶地山佛
南无法雲吼聲佛　南无光波婆呼佛
南无香波頭摩精進王成就佛
南无无垢光明佛　南无功德跡佛
南无因緣光明佛　南无无邊功德佛
次礼十二部尊經大藏法輪
南无數東意華經　南无龍施本起經
南无道德章經　南无師子奮迅王經
南无更出小品經　南无摩訶厥難門經
南无昊維摩詰經　南无摩經
南无浮光[illegible]　南无閻冗眼種經
南无摩調王經　南无勇伏經
南无色為非常念經　南无摩達經
南无盧夷一旦經　南无照藏經
南无善法義經
南无奇異道家難閻任霧經
南无奇異道家難閻法本經
[illegible]

BD04590號　佛名經（十六卷本）卷一〇　（36–13）

南无盧夷一旦経　南无照藏経
南无菩法義経
南无奇異道家難閫任霧経
南无奇異道家難閫法本経
南无爲步（　）　南无治身経
南无菩首章経　南无衆祐経
南无濟方等経　南无无本経
南无獨居思惟息念経
南无長者須達経
南无獨坐思惟意中念生経
次礼十方諸菩薩
南无金瓔珞明（　）菩薩
南无離諸陰菩薩
南无心无㝵菩薩　南无一切行淨菩薩
南无等見菩薩　南无等不等見菩薩
南无三昧遊戲菩薩　南无法自在菩薩
南无法相菩薩　南无明莊嚴菩薩
南无大莊嚴菩薩　南无寶頂菩薩
南无寶印首菩薩　南无常舉手菩薩
南无常下手菩薩　南无常慘菩薩
南无常喜菩薩　南无喜王菩薩
南无得辯手音聲菩薩
南无虛空雷音菩薩
南无持寶炬菩薩　南无勇德菩薩
南无帝網菩薩　南无馬光菩薩

BD04590號　佛名經（十六卷本）卷一〇　（36–14）

南无常喜菩薩　南无喜王菩薩
南无得辯手音聲菩薩
南无虛空雷音菩薩
南无持寶炬菩薩　南无勇德菩薩
南无帝網菩薩　南无馬光菩薩
南无定无㝵菩薩　南无寶勝菩薩
南无天王菩薩　南无破魔菩薩
南无雷得菩薩　南无自在菩薩
次礼聲聞緣覺一切賢聖
南无阿利多辟支佛　南无婆利多辟支佛
南无多伽樓辟支佛　南无稱辟支佛
南无見辟支佛　南无愛見辟支佛
南无見辟支、、　南无乾陁羅辟支佛
南无无憂辟支佛　南无梨沙婆辟支佛
歸命如是等无量无邊辟支佛
礼三寶已次復懺悔
次懺劫盜之業經中說言若物屬他他所
守護於此物中一草一葉不與不取何況
盜竊但自衆生唯見現在利故以種種不
道而取致使未（　）人此殃累是故經言劫
盜之罪能令衆生墮於地獄餓鬼受苦
若在畜生則受牛馬驢騾駝等形以其所
有身力血肉償他宿債若生人中爲他奴
婢衣不蔽形食不充命貧寒困苦人理殆
盡劫盜既有如是苦報是故弟子今日至

BD04590號　佛名經（十六卷本）卷一〇　（36–15）

盜之罪能令衆生墮於地獄餓鬼受苦
若在畜生則受牛馬驢騾駝等形以其所
有身力血肉償他宿債若生人中為他奴
婢衣不蔽形食不充命貧寒困苦人理殆
盡劫盜既有如是苦報是故弟子今日至
到稽首歸依於佛
南无東方壞諸勇悍佛
南无南方妙音□在佛
南无西方大雲光佛
南无北方雲自在王佛
從此以上八千一百佛十二部經一切賢聖
南无東南方无邊莊嚴佛
南无西南无過去魔界佛
南无西北方見无恐懼佛
南无東北方一□嚴佛
南无下方妙善住王佛
南无上方蓮花藏王佛
如是十方盡虛空界一切三寶
弟子等自從无始以來至於今日或盜他
財寶興刃强奪或自恃持身逼迫而取或
恃公威或假勢力高桁大械枉押良善吞
納姦貨考直為曲為此因緣身羅憲
網或任邪治或□財物假公益私侵私
益公損彼利此損此利彼割他自饒口
興心搖或竊沒租估偷度關稅匿公課

BD04590號　佛名經（十六卷本）卷一〇　（36–16）

財寶興刃强奪或自恃持身逼迫而取或
恃公威或假勢力高桁大械枉押良善吞
納姦貨考直為曲為此因緣身羅憲
網或任邪治或□財物假公益私侵私
益公損彼利此損此利彼割他自饒口
興心搖或竊沒租估偷度關稅匿公課
輸藏隱使役如是等罪今悉懺悔或是
佛法僧物不與而取或經像物或治脊
塔寺或供養常住僧物或擬招提僧物
或盜取挨用恃勢不還或自借或貸人
或復換貸漏忘、　貿物混亂雜用或
以衆物穀米樵薪鹽豉醬酢菜茹菓實
錢帛竹木繒綵幡蓋、香花油燭隨情逐
意或自用或与人或迴佛花菓用僧鎰
物因三寶財私自利已如是等罪无量
无邊今日慚愧皆悉懺悔
又復无始以來至于今日或作周旋勿交
師僧同學父母兄弟六親眷屬共住
同止百一所須更、　因或於鄉隣比近
移籬拓墻侵他田宅改摽易塲略田園因
公託私奪人邸店及以毛野如是等罪
今悉懺悔
又復无始以來或攻城破邑燒村壞柵偷
賣良民誘他奴婢或復枉押无罪之人使
其形殞血肉身被徒鎖家業破散骨肉
生離分張異域生死隔絕如是等罪无

BD04590號　佛名經（十六卷本）卷一〇　（36–17）

……如是等罪
今悉懺悔
又復无始以來或攻城破邑燒村壞柵偷
賣良民誘他奴婢或復枉押无罪之人使
其形骸血肉身被徒鎖家業破散骨肉
生離分張異域生死隔絶如是等罪无
量无邊今悉懺悔
又復无始以來至於今日或商侶博貨
邸店市易輕秤小斗減割尺寸盜竊分
銖欺罔圭合以麤易好以短換長巧欺百
端希望豪利如是等罪今皆懺悔
又復无始以來至於今日穿踰墻壁斷
道抄掠抵捍債息負情違要面欺心口
或非道陵奪鬼神禽獸四生之物或託卜
相取人財寶如是乃至以利求利惡求多
悉无厭无足如是等罪无量无邊不可
說盡今日至到向十方佛尊法聖衆皆
悉懺悔
願弟子等承是懺悔劫盜等罪所生功
德生生世世得如意寶常雨七珍上妙
衣服百味甘露種種湯藥隨意所須應
念即至一切衆生……无偷奪想一切皆能
少欲知足不貪不染常樂惠施行急濟
道頭目髓腦捨身如棄涕唾迴向滿足
檀波羅蜜　礼一拜
南无增長眼佛　南无師子聲身奮迅佛

念即至一切衆生……无偷奪想一切皆能
少欲知足不貪不染常樂惠施行急濟
道頭目髓腦捨身如棄涕唾迴向滿足
檀波羅蜜　礼一拜
南无增長眼佛　南无師子聲身奮迅佛
南无天力師子奮迅佛　南无觀法佛
南无法華通佛　南无敬法清淨佛
南无堅精進行奮迅佛
南无自精進佛
南无弥留……　南无功德阿屋羅佛
南无淨根佛　南无喚智佛
南无智慧作佛　南无不破廣慧佛
南无力慧佛　南无夏頭鉾佛
南无法堅固歡喜佛　南无堅固意自在佛
南无平等須弥山聚佛　南无發捨成就佛
南无清淨藏佛　南无一切衆生自在佛
南无勝業清淨見佛　南无智自在佛
南无善快奮……　南无无障无著精進佛
南无世間自在佛　南无廣法行佛
南无功德成就佛　南无不怯弱成就佛
南无成如意佛　南无如觀法佛
南无旃檀蹄佛　南无敬重戒王佛
南无寶名佛　南无龍王自在聲佛
南无大智莊嚴佛　南无孫獨功德佛
南无阿羅摩佛　南无不滅莊嚴佛

南无成如意佛　南无如觀法佛
南无旃檀窟佛　南无敬重戒王佛
南无寶名佛　南无龍王自在聲佛
南无大智莊嚴佛　南无孫獨功德佛
南无阿羅摩佛　南无不滅莊嚴佛
南无淨功德[illegible]佛
南无自在相妙莊嚴稱佛
南无行自在王佛　南无法華弥留佛
南无法性莊嚴佛　南无願滿足佛
南无大捨莊嚴佛　南无千法无畏佛
南无有自在成聲佛　南无樂法奮迅佛
南无家王佛　南无解脫王佛
南无肩弥留佛　南无如意力電王佛
南无无障佛
南无不讚歎世間勝佛
南无法王決定佛　南无寶星雲王佛
南无阿秘多寶佛　南无法行自在佛
南无地勇名佛　南无无邊勝寶聲佛
南无名智奮迅王佛
南无名樹伽耶伽王佛
南无名增長惠佛
南无法華通一心佛
南无名伏照光目精進佛
南无名照觀佛王佛
南无名智盡天佛

BD04590號　佛名經（十六卷本）卷一〇　（36–20）

南无法華通一心佛
南无名伏照光目精進佛
南无名照觀佛王佛
南无名智盡天佛
南无名不著惡勝佛
南无名勝妙法佛
南无名火智聲智慧佛
南无名見一切世間不畏佛
南无名見[illegible]畏佛
南无名聲佛
南无如來行无量王佛
復次舍利弗現在四方佛汝應當一
心敬礼
南无初光明華心照佛
南无妙聲修行吼佛　南无普現佛
南无住勝智稱佛
南无作非作心華光佛
南无然行[illegible]王佛
南无普勝佛　南无智吼稱王佛
南无梵光聲歎普聲佛　南无眼佛
南无海香奏佛　南无千口自在[illegible]
從此以上八千二百佛十二部經一切賢聖
南无法速樂行佛　南无身賢速光佛
南无師子廣眼佛　南无十力光明勝佛
南无智來佛　南无无邊精進勝聲佛

BD04590號　佛名經（十六卷本）卷一〇　（36–21）

南无海香英佛　南无千口自在[illegible]
從此以上八千二百佛十二部經一切賢聖
南无法速樂行佛　南无身賢速光佛
南无師子廣眼佛　南无十力光明勝佛
南无智來佛　南无无邊精進勝佛
南无大勝成就法佛　南无不空見佛
南无不可盡□　南无觀法智佛
南无无妨王佛　南无无邊德佛
南无智察法佛
南无一切善根菩提通佛
南无无导精進善思惟奮迅王佛
南无善智勝善住功德佛
南无智勝見尸棄佛
南无妙功德智佛
南无不憂□□吼王佛
南无清淨□□佛
南无勝上功德佛　南无開法門藏佛
南无照法同王佛　南无力善住□佛
南无善釋力得佛　南无无邊門見佛
南无善化莊嚴佛　南无不似見佛
南无離瞋功德王佛
南无離塵億勝佛
南无大力般若奮迅佛
南无法□□佛
南无堅叉利□□佛
[illegible]

南无離瞋功德王佛
南无離塵億勝佛
南无大力般若奮迅佛
南无法□□佛
南无堅叉利□亘□佛
南无一切智功德勝佛
南无不樂出功德佛
南无精進過精進自在出佛
南无一切世間自在橋梁勝佛
南无示現盡功德佛　南无清淨大功德王佛
南无花嚴作莊嚴佛　南无獨王佛
南无得大通願力佛
南无吼聲□進佛
南无勝身羅□智佛
南无那羅延佛
南无寶光阿修羅勝佛
南无大海彌留勝王佛
南无不住生戒勝功德王佛
南无初不濁天王佛
南无虛空樂說无导稱佛
南无稱慧佛　南无无比藏稱佛
南无天自在覺　南无善行見王佛
南无種種行王佛　南无盧舍那勝功德佛
南无自在佛　南无蓮華佛
南无智善根成就住佛
南无[illegible]光佛

南无天自在梵佛　南无善行見王佛
南无種種行王佛　南无盧舍那勝功德佛
南无自在佛　南无莊華佛
南无智善根成就住佛
南无无障导智成就佛
南无善決法佛
南无法住莊嚴觀樂說稱佛
南无二寶然燈佛
南无摩訶思惟藏佛
南无不可思議　南无自在憶佛
南无師子面藏佛　南无智王莊嚴佛
南无自在根佛　南无離聲眼佛
南无善香佛　南无一六染　卩
南无波頭摩佛　南无法　佛
南无廣戒王佛　南无心善行稱佛
南无法自在佛　南无如意道觀藏佛
南无然貪燈王佛
南无世間意成就蓋法經
南无福德勝　南无善觀佛法勝佛
復次舍利弗[illegible]十方佛汝當一心歸命
南无初勝藏山佛　南无放光明佛
南无无邊智慧佛　南无如華　卩
南无一切龍奮迅勇猛佛
南无降伏一切魔佛
南无法世間鏡像佛　南无福德莊嚴佛

BD04590號　佛名經（十六卷本）卷一〇　（36–24）

南无初勝藏山佛　南无放光明佛
南无无邊智慧佛　南无如華　卩
南无一切龍奮迅勇猛佛
南无降伏一切魔佛
南无法世間鏡像佛　南无福德莊嚴佛
南无勝娑羅山佛　南无法木王佛
南无普莊嚴樹行勝佛
南无佛化成就　南无寶積成就佛
南无一切成就佛　南无三世智勝佛
南无勝威音佛　南无種種顏色佛
從此以上八千三百佛十二部經　一切賢聖
南无不退百勝光佛　南无分闍羅勝佛
南无奪一切邪見佛　南无得佛眼輪佛
南无得一切佛智佛　南无大慈悲救護勝佛
南无師子智稱佛　南无住寶際王佛
南无諸善根福德法成就佛
南无大无垢智　南无智勝王佛
南无佛法波頭摩　南无與一切相佛
南无隨一切意法雲相佛
南无滿足精進安忍佛
南无大眼留荼佛　南无勝光明佛
南无不動法智光佛　南无旃檀雲香佛
南无不除波頭摩聲佛
南无法增上聲王佛
南无樓釋法无导華稱佛

BD04590號　佛名經（十六卷本）卷一〇　（36–25）

南无滿足精進究竟忍佛
南无大吼留荼佛　南无肥光明佛
南无不動法智幢佛　南无旃檀雲香佛
南无不染波頭摩聲佛
南无法增上聲王佛
南无栴檀法无导華稱佛
南无佛眼无垢精進增上輪佛
南无无垢知[illegible]　南无智自在稱佛
南无无邊疑佛
南无廣威德自[illegible]王佛
南无无邊智奮迅无导心佛
南无欲法遺善住佛
南无一切生智佛
南无降伏魔力堅固意佛
南无精進自在寶王佛
南无見利益一切歡喜佛
南无威德[illegible]　南无大步佛王佛
南无種種日藏[illegible]　南无聲分齊寶乳佛
南无无垢法王佛
南无不退精進方便佛
南无莊嚴佛國土王佛
南无智根本善佛　南无不稱涅槃佛
南无一切龍摩尼藏佛
南无法樂自在佛
南无得法相自在佛
南无无邊[illegible]忍藏佛

BD04590號　佛名經（十六卷本）卷一〇　（36–26）

南无莊嚴佛國土王佛
南无智根本善佛　南无不稱涅槃佛
南无一切龍摩尼藏佛
南无法樂自在佛
南无得法相自在佛
南无无邊[illegible]忍藏佛
南无清淨佛
南无大法王拘摩勝佛
南无一切盡不盡佛
南无華弥留善佛　南无虛空智[illegible]
南无智力佛　南无无导聲智佛
南无无邊佛聲藏佛　南无智王不盡稱佛
南无心慧奮迅王佛　南无自性清淨智佛
南无智自在法王佛　南无正見佛
南无語見佛　南无滿足法香見佛
南无龍日[illegible]
南无因陀羅山[illegible]王佛
南无寶自在莎羅王佛
南无見一切衆[illegible]佛
南无永住持光明王佛
南无尊一切法佛　南无智寶法勝佛
南无精進自在奮心法藏佛
南无无导山佛　南无无垢踊佛
南无放光明照佛　南无奚自在藏佛
南无弥留力[illegible]上藏佛
南无精進[illegible]自在佛

BD04590號　佛名經（十六卷本）卷一〇　（36–27）

南无學一切法佛　南无智寶法勝佛
南无精進自在音心法藏佛
南无无导山佛　南无无垢踊佛
南无放光明照佛　南无受自在藏佛
南无弥留力[illegible]上藏佛
南无精進自[illegible]家自在佛
南无堅无畏功德佛
南无堅勇猛[illegible]毗[illegible]
南无堅猛寂静王佛
南无降伏闍弥留山王佛
南无勝丈夫芬陁梨佛
南无聖聲藏仙佛　南无普賢苂陁剎佛
南无法平等法身佛　南无難勝佛
南无難可意佛　南无不動佛
南无妙聲佛　南无勝聲佛
南无娑羅叠蘆[illegible]　南无寶聲佛
南无愛見佛　南无然燈佛
南无須弥劫佛　南无[illegible]佛
南无日佛　南无天佛
南无藥樹王佛　南无星宿佛
從此以上八千四百弗十二部經一切賢聖
南无覺佛　南无受記佛
南无愛作佛　南无无畏作佛
南无華寶旃檀果　南无龍功德佛
南无盧舍、　南无无垢佛
[illegible]

BD04590號　佛名經（十六卷本）卷一〇　（36–28）

從此以上八千四百弗十二部經一切賢聖
南无覺佛　南无受記佛
南无愛作佛　南无无畏作佛
南无華寶旃檀果　南无龍功德佛
南无盧舍、　南无无垢佛
南无无煩惱佛　南无善未佛
南无金色色佛　南无无根[illegible]佛
南无須弥燈佛　南无[illegible]首[illegible]佛
南无能作光佛　南无一切濁佛
南无无染佛　南无淨佛
南无解勝佛　南无華樹佛
南无法佛　南无善讃聲佛
南无得意佛　南无善斷愛佛
南无內外[illegible]佛　南无成就幢佛
南无梵聲[illegible]　南无妙聲佛
南无勝聲佛　南无南无佛
南无大通佛　南无乞毘佛
南无離一切煩惱佛　南无、怖[illegible]
南无離怯弱佛　南无不可動佛
南无樂解脫佛　南无成[illegible]佛
南无二足尊佛　南无一切動智佛
南无相莊嚴佛　南无不可動可量言佛
南无不畏言佛　南无常相應言佛
南无梵衆相[illegible]　南无卅三天衆相應佛
南无字金色[illegible]　南无捨佛
[illegible]

BD04590號　佛名經（十六卷本）卷一〇　（36–29）

南无相莊嚴佛　南无不可動可量言佛
南无不畏言佛　南无常相應言佛
南无梵光衆相聲佛　南无卅三天衆相應佛
南无字金色[illegible]　南无捨佛
南无莎羅花佛　南无金華佛
南无枸牟頭相佛　南无真[illegible]心佛
南无一切通智佛　南无得[illegible]法秘
南无不可相佛　南无善住佛
南无莊嚴相佛　南无妙聲佛
南无捨浮羅奮迅佛　南无清淨衆生佛
南无常香佛　南无畢竟大悲佛
南无成就堅佛　南无常微笑佛
南无離濁[illegible]　南无百相功德佛
南无隨順[illegible]　南无勝藏佛
南无般若幢佛　南无寶般若畢竟佛
南无满足意止[illegible]　南无觀上自[illegible]王佛
南无大英聚佛　南无[illegible]德[illegible]
南无梵勝天佛　南无内寶佛
南无二菩提幢佛　南无勝燈佛
南无善釋願起勝莎羅王佛
南无无垢光明佛　南无照佛
南无无畏觀佛　南无樂説莊嚴佛
南无无垢可[illegible]幡佛
南无華莊嚴[illegible]佛
南无火奮迅佛　南无寶上佛

南无无垢光明佛　南无照佛
南无无畏觀佛　南无樂説莊嚴佛
南无无垢可[illegible]幡佛
南无華莊嚴[illegible]佛
南无火奮迅佛　南无寶上佛
南无无畏智觀[illegible]　南无吩奮[illegible]聲佛
南无遠一切驚怖毛竪等[illegible]光[illegible]
南无伽耶王光明威德佛
南无觀世音佛　南无尼弥佛
南无寶火佛　南无山佛
南无自在佛
南无寶精進日月光明莊嚴威德聲王佛
南无初發[illegible]切疑即斷煩惱佛
南无斷闇三昧勝王佛
南无寶[illegible]实[illegible]　南无大[illegible]佛
從此以上八千五百[illegible]二部[illegible]
南无栴檀香佛　南无虚空平等佛
南无礼拜增上佛　南无不動作佛
南无歡喜佛　南无離畏佛
南无善清淨勝佛　南无光明王佛
南无不可降伏幢佛　南无勝一切佛
南无聞聲[illegible]　南无善觧佛
南无寶[illegible]　南无善僻佛
南无月喜[illegible]　南无善現佛

南无普清淨勝佛　南无光明王佛
南无不可降伏幢佛　南无勝一切佛
南无聞聲…　南无善辭佛
南无寶…　南无善辯佛
南无月喜…　南无善現佛
南无照賢首勝佛　南无得…佛
南无成就一切事…　南…佛
南无普寶蓋莊嚴佛　南…光…
南无寶善喜佛
南无清淨一切踊威德勝王佛
南无照賢勝佛　南无樂日佛
南无普賢佛　南无功德王光明佛
南无普光明佛　南无普香佛
南无善清…
次礼十…藏法輪
南无種若經　南无月明童子經
南无无憂施…　南无…諸…里經
南无隨藍經　南…行…經
南无給孤獨四生家閣受教經
南无禪行法相經　南无頻多和多經
南无法受塵經　南无嚴調經
南无單雲母經　南无貧女經
南无七處三觀經　南无七智經
南无決德寺經　南无七童經
南无所以…　南无留多經
南无耆闍崛…

BD04590號　佛名經（十六卷本）卷一〇　（36–32）

南无法受塵經　南无頻多和多經
南无單雲母經　南无嚴調經
南无七處三觀經　南无貧女經
南无決德寺經　南无七智經
南无所以…　南无七童經
南无耆闍崛…　南无留多經
南无未生王…　南无三…經
南无便賢者…　南…過經
南无三轉月明經　南…
南无是時自梵自守經
南无三品脩行經
次礼十方…大菩薩
南无頂相菩薩　南无出過菩薩
南无師子吼菩薩　南无雲陰菩薩
南无能…　南无相博王菩薩
南无香…　南无大香為菩薩
南无白香…　南无常精進菩薩
南无不休息…　南无妙…菩薩
南无華莊嚴…　南…菩薩
南无得大勢菩薩　南…
南无山王菩薩　南无帝網菩薩
南无寶施菩薩　南无破魔菩薩
南无莊嚴國土菩薩　南无金髻菩薩
南无珠髻菩薩
如是等諸大菩薩皆應憶念恭敬礼
…十…可…

BD04590號　佛名經（十六卷本）卷一〇　（36–33）

南无寶施菩薩　南无破魔菩薩
南无莊嚴國土菩薩　南无金髻菩薩
南无珠髻菩薩
如是等諸大菩薩皆應憶念恭敬礼
拜求阿惟[illegible]
次礼辟[illegible]一切賢聖
南无毗耶離[illegible]南无俱薩羅辟支佛
南无波數陀辟[illegible]南无无[illegible]辟支佛
南无寶无垢[illegible]南[illegible]支佛
南无直福德辟支佛　南无識辟支佛
南无黑辟支[illegible]南[illegible]黑[illegible]佛
南无香辟支佛　南无有香辟支佛
歸命如是等[illegible]无[illegible]辟支佛
從此以上八千[illegible]十二部經一切賢聖
礼三寶已次復懺悔
次復懺悔[illegible]之罪經中說言但為貪
欲門在[illegible]河莫之能出衆生為
是五欲因　不流轉生死一一衆生
一劫之中所積[illegible]如王舍城毗富羅山
所飲母乳如四海水身所出血[illegible]過於此
父母兄弟六親[illegible]哭泣所出目
淚如四海水是故說言[illegible]則生愛盡則
滅故知生死貪愛為本所以經言婬欲之
罪能令衆生墮於地獄餓鬼受苦若在
畜生則受鴿雀鴛鴦等身若生人中

BD04590號　佛名經（十六卷本）卷一〇　（36–34）

父母兄弟六親[illegible]哭泣所出目
淚如四海水是故說言[illegible]則生愛盡則
滅故知生死貪愛為本所以經言婬欲之
罪能令衆生墮於地獄餓鬼受苦若在
畜生則受鴿雀鴛鴦等身若生人中
妻不真良得不隨意眷屬婬欲既有
如此惡業是故弟子今日至到稽顙歸依
佛
南无東方師音王佛
南无[illegible]藏佛
南无[illegible]壽佛
南无北方[illegible]光佛
南无東南方无垢猶猶佛
南无西南[illegible]諷[illegible]上佛
南无西北方[illegible]佛
南无東北方[illegible]佛
南无下方垢彌王佛
南无上方智淨慧海佛
如是十方盡虛空界一切三寶
弟子自從无始以來至於今日或通人妻
妾奪他婦女侵陵貞潔汙比丘尼破他
梵行逼迫不道濁心邪視言語嘲調或
復恥他門戶汙賢善名或於男子五種
人所起不淨行如是等罪今悉懺悔
又復无始以來至于今日或眼為色或

BD04590號　佛名經（十六卷本）卷一〇　（36–35）

南无東南方无垢繒旛佛
南无西南□□調伏上佛
南无西北方□□
南无東北方心屈盖□所
南无下方垢稱王佛
南无上方智淨慧海佛
如是十方盡虛空界一切三寶
弟子自從无始以來至於今日或通人妻
妾奪他婦女侵陵貞潔汙比丘尼破他
梵行逼迫不道獨心邪視言語嘲調或
復恥他門戶汙賢善名或於男子五種
人所起不淨行如是等罪今悉懺悔
又復无始以來至于今日或眼為色或
愛染玄黃紅綠朱紫珍玩寶飾或取
男女長短黑白姿態之想起非法想耳
貪好□□絃管伎樂歌唱或取男
子音聲〻語〻大啼喚之相起非法想或鼻
著名香薀馥□□□法
想或舌貪好味□□肥衆生血肉滋養
四大更增苦本□□想身樂華綺縣

BD04590號　佛名經（十六卷本）卷一〇　（36–36）

大佛頂經卷第五

BD04591號背　護首　（1–1）

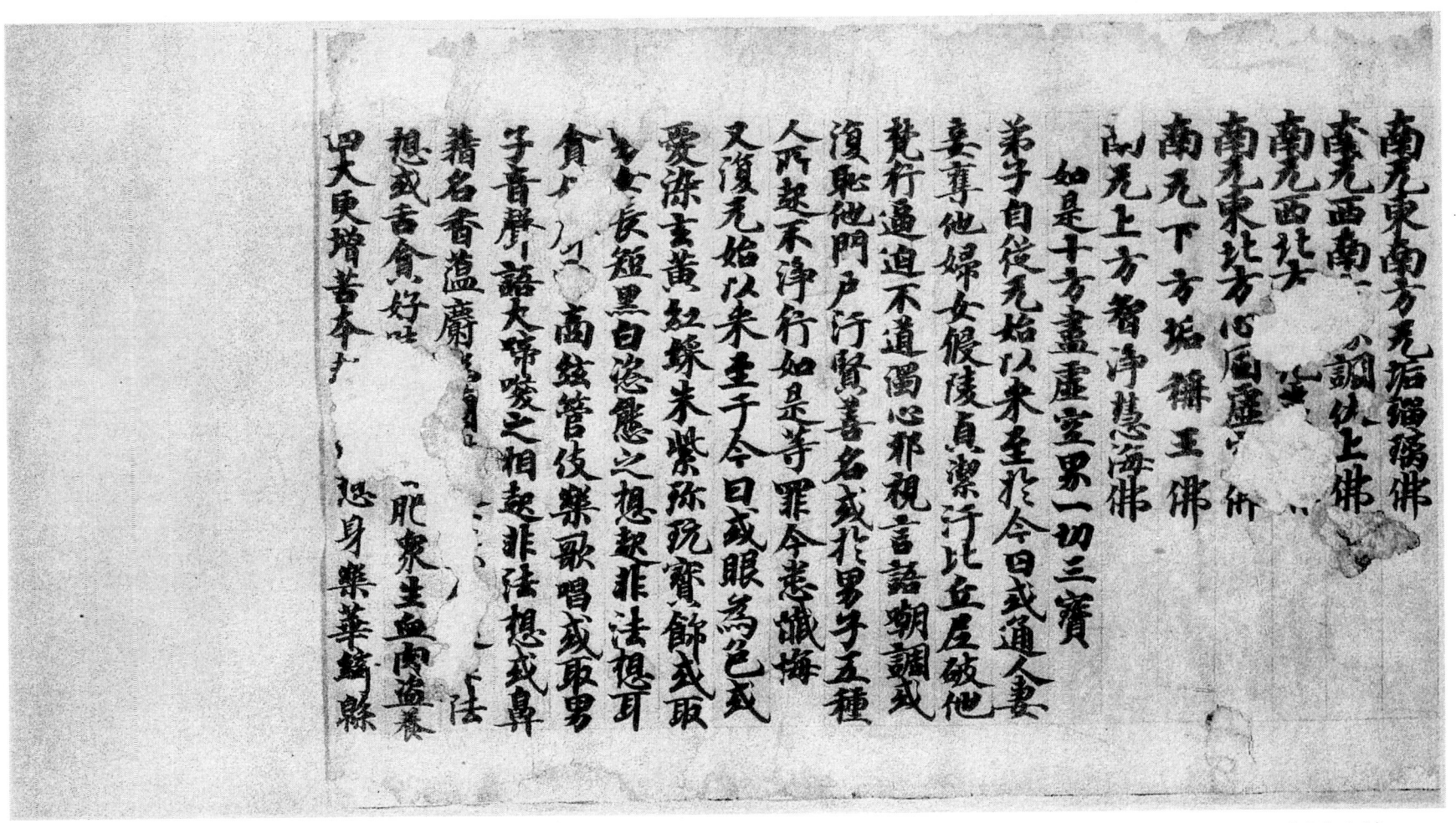

大佛頂如來密因脩證了義諸菩薩萬行首楞嚴經第五
一名中印度那蘭陁大道場經於灌頂部錄出別行
阿難白佛言世尊如來雖說第二義門今觀
世間解結之人若不知其所結之元我信是

BD04591號　大佛頂如來密因修證了義諸菩薩萬行首楞嚴經卷五　（3–1）

大佛頂如來密因脩證了義諸菩薩萬行首楞嚴經第五
一名中印度那蘭陁大道場經於灌頂部錄出別行
阿難白佛言世尊如來雖說第二義門今觀
世間解結之人若不知其所結之元我信是
人終不能解世尊我及會中有學聲聞亦
復如是從無始際與諸無明俱滅俱生雖得
如是多聞善根名為出家猶隔日瘧唯願大
慈哀愍淪溺今日身心云何是結從何名解
亦令未來苦難衆生得免輪迴不落三有作
是語已普及大衆五體投地雨淚翹誠佇
佛如來無上開示
尒時世尊憐愍阿難及諸會中諸有學者亦
為未來一切衆生為出世因作將來眼以閻
浮檀紫光金手摩阿難頂即時十方普佛
世界六種振動微塵如來住世界者各有寶光
從其頂出其光同時於彼世界來祇陁林灌
如來頂是諸大衆得未曾有於是阿難及諸
大衆俱聞十方微塵如來異口同音告阿難
言善哉阿難汝欲識知俱生無明使汝輪轉
生死結根唯汝六根更無他物汝復欲知無
上菩提令汝速登安樂解脫寂靜妙常亦汝
六根更非他物阿難雖聞如是法音心猶未
明稽首白佛云何令我生死輪迴安樂妙常
同是六根更非他物佛告阿難根塵同源縛
脫無二識性虛妄猶如空花阿難由塵發
知因根有相相見無性同於交蘆是故汝今

BD04591號　大佛頂如來密因修證了義諸菩薩萬行首楞嚴經卷五　（3–2）

亦令未來苦難衆生得免輪迴不落三有作
是語已普及大衆五體投地雨淚翹誠佇
佛如來無上開示
尒時世尊憐愍阿難及諸會中諸有學者亦
爲未來一切衆生爲出世因作將來眼以閻
浮檀紫光金手摩阿難頂即時十方普佛
世界六種振動微塵如來住世界者各有寶光
從其頂出其光同時於彼世界來祇陁林灌
如來頂是諸大衆得未曾有於是阿難及諸
大衆俱聞十方微塵如來異口同音告阿難
言善哉阿難汝欲識知俱生無明使汝輪轉
生死結根唯汝六根更無他物汝復欲知無
上菩提令汝速登安樂解脫寂靜妙常亦汝
六根更非他物阿難雖聞如是法音心猶未
明稽首白佛云何令我生死輪迴安樂妙常
同是六根更非他物佛告阿難根塵同源縛
脫無二識性虛妄猶如空花阿難由塵發
知因根有相相見無性同於交蘆是故汝今

BD04591 號　大佛頂如來密因修證了義諸菩薩萬行首楞嚴經卷五　（3–3）

阿羅漢道不須
无有法名阿羅
得阿羅漢道即爲著[illegible]壽者世
佛說我得无諍三昧人中最爲第一是
離欲阿羅漢我不作是念我是離欲阿羅
世尊我若作是念我得阿羅漢道世尊則不
說須菩提是樂阿蘭那行者以須菩提實无
所行而名須菩提是樂阿蘭那行
佛告須菩提於意云何如來昔在然燈佛所
於法有所得不世尊如來在然燈佛所於法
實无所得須菩提於意云何菩薩莊嚴佛土
不不也世尊何以故莊嚴佛土者則非[illegible]
名莊嚴是故須菩提諸菩[illegible]訶薩應如
是生清淨心不應住色生心不應住聲香味
觸法生心應无所住而生其心須菩提譬如
有人身如須彌山王於意云何是身爲大不
須菩提言甚大世尊何以故佛說非身是名
大身須菩提如恒河中所有沙數如是沙等
恒河於意云何是諸恒河沙寧爲多不須菩
提言甚多世尊但諸恒河尚多无數何況其
沙須菩提我今實言告汝若有善男子善
女人以七寶滿尒所恒河沙數三千大千世界

BD04592 號　金剛般若波羅蜜經　（8–1）

恒河於意云何是諸恒河沙寧為多不須菩
提言甚多世尊但諸恒河尚多无數何況其
沙須菩提我今實言告汝若有善男子善
女人以七寶滿尒所恒河沙數三千大千世界
以用布施得福多不須菩提言甚多世尊佛
告須菩提若善男子善女人於此經中乃至
受持四句偈等為他人說而此福德勝前福
德復次須菩提隨說是經乃至四句偈等當
知此處一切世間天人阿脩羅皆應供養如
佛塔廟何況有人盡能受持讀誦須菩提
當知是人成就最上第一希有之法若是經典
所在之處則為有佛若尊重弟子
尒時須菩提白佛言世尊當何名此經我等
云何奉持佛告須菩提是經名為金剛般若波
羅蜜以是名字汝當奉持所以者何須菩
提佛說般若波羅蜜則非般若波羅蜜須
菩提於意云何如來有所說法不須菩提白
佛言世尊如來无所說須菩提於意云何三
千大千世界所有微塵是為多不須菩提言甚
多世尊須菩提諸微塵如來說非微塵是名
微塵如來說世界非世界是名世界須菩提
於意云何可以三十二相見如來不不也世
尊何以故如來說三十二相即是非相是名
三十二相須菩提若有善男子善女人以恒
河沙等身命布施若復有人於此經中乃至
受持四句偈等為他人說其福甚多
尒時須菩提聞說是經深解義趣涕淚悲

BD04592號　金剛般若波羅蜜經　（8–2）

尊何以故如來說三十二相即是非相是名
三十二相須菩提若有善男子善女人以恒
河沙等身命布施若復有人於此經中乃至
受持四句偈等為他人說其福甚多
尒時須菩提聞說是經深解義趣涕淚悲
泣而白佛言希有世尊佛說如是甚深經典
我從昔來所得慧眼未曾得聞如是之經世
尊若復有人得聞是經信心清淨則生實
相當知是人成就第一希有功德世尊是實
相者則是非相是故如來說名實相世尊我
今得聞如是經典信解受持不足為難若當
來世後五百歲其有眾生得聞是經信解受
持是人則為第一希有何以故此人无我相人
相眾生相壽者相所以者何我相即是非相
人相眾生相壽者相即是非相何以故離一
切諸相則名諸佛
佛告須菩提如是如是若復有人得聞是
經不驚不怖不畏當知是人甚為希有何以
故須菩提如來說第一波羅蜜非第一波羅蜜
是名第一波羅蜜
須菩提忍辱波羅蜜如來說非忍辱波羅蜜
何以故須菩提如我昔為歌利王割截身體
我於尒時无我相无人相无眾生相无壽者
相何以故我於往昔節節支解時若有我
相人相眾生相壽者相應生嗔恨須菩提又
念過去於五百世作忍辱仙人於尒所世无我
相无人相无眾生相无壽者相是故須菩提

BD04592號　金剛般若波羅蜜經　（8–3）

我於尒時无我相无人相无眾生相无壽者
相何以故我於往昔節節支解時若有我
相人相眾生相壽者相應生嗔恨須菩提又
念過去於五百世作忍辱仙人於尒所世无我
相无人相无眾生相无壽者相是故須菩提
菩薩應離一切相發阿耨多羅三藐三菩提
心不應住色生心不應住聲香味觸法生心
應生无所住心若心有住則為非住是故佛
說菩薩心不應住色布施須菩提菩薩為
利益一切眾生應如是布施如來說一切諸相
即是非相又說一切眾生則非眾生須菩提
如來是真語者實語者如語者不誑語者
不異語者須菩提如來所得法此法无實无虛
須菩提若菩薩心住於法而行布施如人入闇
則无所見若菩薩心不住法而行布施如人有
目日光明照見種種色須菩提當來之世
若有善男子善女人能於此經受持讀誦
則為如來以佛智慧悉知是人悉見是人皆
得成就无量无邊功德
須菩提若有善男子善女人初日分以恒河
沙等身布施中日分復以恒河沙等身布施
後日分亦以恒河沙等身布施如是无量百
千萬億劫以身布施若復有人聞此經典信
心不逆其福勝彼何況書寫受持讀誦為人解
說須菩提以要言之是經有不可思議不可
稱量无邊功德如來為發大乘者說為發最
上乘者說若有人能受持讀誦廣為人說如
來悉知是人悉見是人皆得成就不可量不

BD04592號　金剛般若波羅蜜經　（8–4）

說須菩提以要言之是經有不可思議不可
稱量无邊功德如來為發大乘者說為發最
上乘者說若有人能受持讀誦廣為人說如
來悉知是人悉見是人皆得成就不可量不
可稱无有邊不可思議功德如是人等則
為荷擔如來阿耨多羅三藐三菩提何以
故須菩提若樂小法者著我見人見眾生見
壽者見則於此經不能聽受讀誦為人解說
須菩提在在處處若有此經一切世間天人
阿脩羅所應供養當知此處則為是塔皆應
恭敬作禮圍繞以諸華香而散其處
復次須菩提善男子善女人受持讀誦此經
若為人輕賤是人先世罪業應墮惡道以今
世人輕賤故先世罪業則為消滅當得阿耨
多羅三藐三菩提須菩提我念過去无量阿
僧祇劫於然燈佛前得值八百四千万億那
由他諸佛悉皆供養承事无空過者若復有
人於後末世能受持讀誦此經所得功德於
我所供養諸佛功德百分不及一千万億分
乃至筭數譬喻所不能及須菩提若善男子
善女人於後末世有受持讀誦此經所得功
德我若具說者或有人聞心則狂亂狐疑不
信須菩提當知是經義不可思議果報亦不
可思議
尒時須菩提白佛言世尊善男子善女人發
阿耨多羅三藐三菩提心云何應住云何降
伏其心佛告須菩提善男子善女人發阿耨

BD04592號　金剛般若波羅蜜經　（8–5）

信須菩提當知是經義不可思議果報亦不
可思議
介時須菩提白佛言世尊善男子善女人發
阿耨多羅三藐三菩提心云何應住云何降
伏其心佛告須菩提善男子善女人發阿耨
多羅三藐三菩提者當生如是心我應滅度
一切衆生滅度一切衆生已而无有一衆生實
滅度者何以故若菩薩有我相人相衆生
相壽者相則非菩薩所以者何須菩提實
无有法發阿耨多羅三藐三菩提者須菩提
於意云何如來於然燈佛所有法得阿耨多
羅三藐三菩提不不也世尊如我解佛所說義
佛於然燈佛所无有法得阿耨多羅三藐三菩
提佛言如是如是須菩提實无有法如來得
阿耨多羅三藐三菩提須菩提若有法如來
得阿耨多羅三藐三菩提者然燈佛則不
與我受記汝於來世當得作佛号釋迦牟
尼以實无有法得阿耨多羅三藐三菩提是
故然燈佛與我受記作是言汝於來世當得
作佛号釋迦牟尼何以故如來者即諸法如
義若有人言如來得阿耨多羅三藐三菩提
須菩提實无有法佛得阿耨多羅三藐三菩
提須菩提如來所得阿耨多羅三藐三菩提
於是中无實无虛是故如來說一切法皆是
佛法須菩提所言一切法者即非一切法是故
名一切法須菩提譬如人身長大須菩提言世
尊如來說人身長大則為非大身是名大身

BD04592號　金剛般若波羅蜜經　（8–6）

於是中无實无虛是故如來說一切法皆是
佛法須菩提所言一切法者即非一切法是故
名一切法須菩提譬如人身長大須菩提言世
尊如來說人身長大則為非大身是名大身
須菩提菩薩亦如是若作是言我當滅度
无量衆生則不名菩薩何以故須菩提實无
有法名為菩薩是故佛說一切法无我无人
无衆生无壽者須菩提若菩薩作是言我當
莊嚴佛土是不名菩薩何以故如來說莊嚴佛
土者即非莊嚴是名莊嚴須菩提若菩薩通
達无我法者如來說名真是菩薩
須菩提於意云何如來有肉眼不如是世尊
如來有肉眼須菩提於意云何如來有天眼
不如是世尊如來有天眼須菩提於意云何
如來有慧眼不如是世尊如來有慧眼須菩
提於意云何如來有法眼不如是世尊如來
有法眼須菩提於意云何如來有佛眼不如
是世尊如來有佛眼須菩提於意云何恒河
中所有沙佛說是沙不如是世尊如來說是
沙須菩提於意云何如一恒河中所有沙有
如是等恒河是諸恒河所有沙數佛世界如
是寧為多不甚多世尊佛告須菩提介所國
土中所有衆生若干種心如來悉知何以故
如來說諸心皆為非心是名為心所以者何須
菩提過去心不可得現在心不可得未來心
不可得須菩提於意云何若有人滿三千大千
世界七寶以用布施是人以是因緣得

BD04592號　金剛般若波羅蜜經　（8–7）

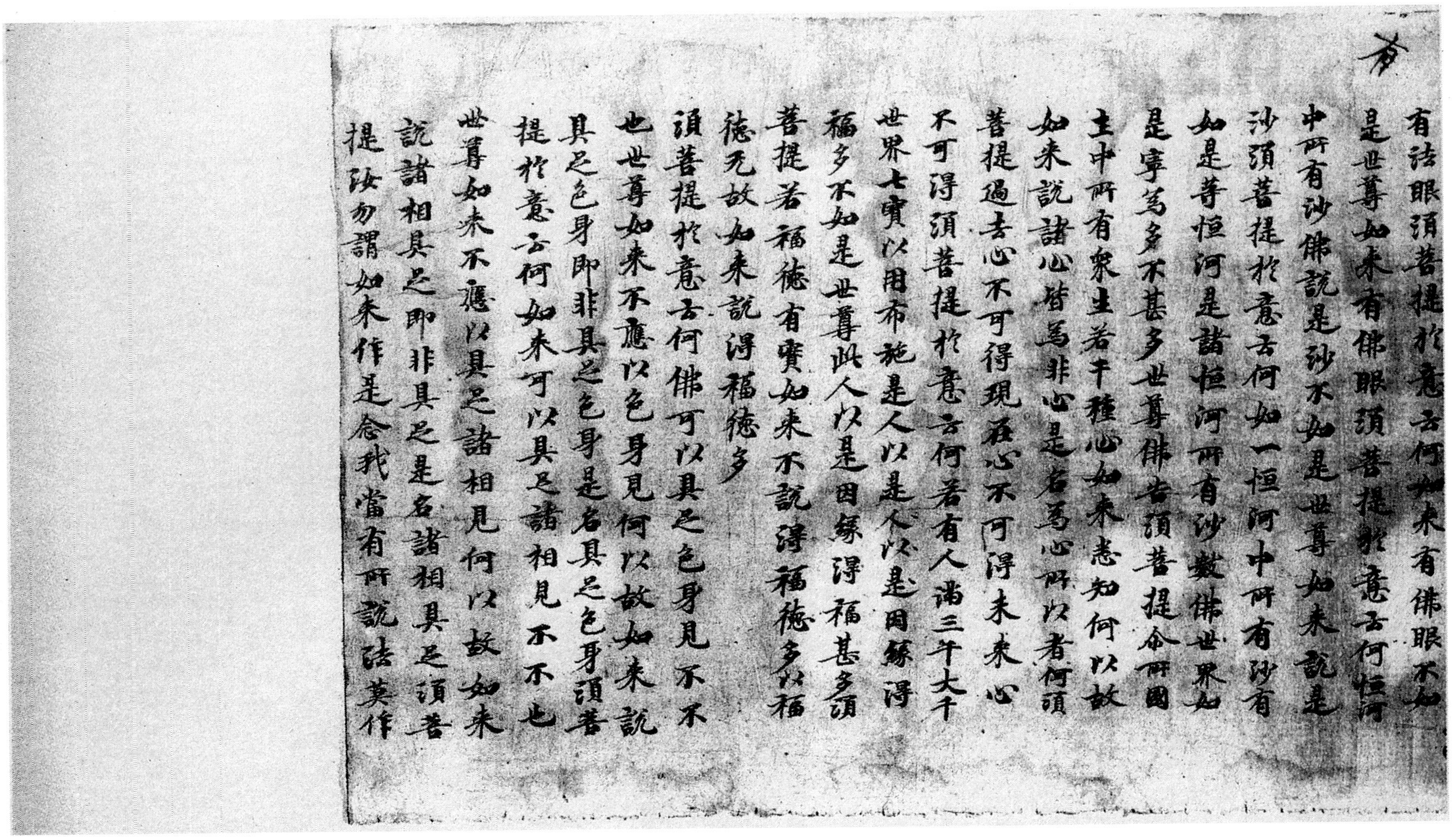

有

有法眼須菩提於意云何如來有佛眼不如
是世尊如來有佛眼須菩提於意云何恒河
中所有沙佛說是沙不如是世尊如來說是
沙須菩提於意云何如一恒河中所有沙有
如是等恒河是諸恒河所有沙數佛世界如
是寧為多不甚多世尊佛告須菩提尒所國
土中所有衆生若干種心如來悉知何以故
如來說諸心皆為非心是名為心所以者何須
菩提過去心不可得現在心不可得未來心
不可得須菩提於意云何若有人滿三千大千
世界七寶以用布施是人以是因緣得
福多不如是世尊此人以是因緣得福甚多須
菩提若福德有實如來不說得福德多以福
德无故如來說得福德多
須菩提於意云何佛可以具足色身見不不
也世尊如來不應以色身見何以故如來說
具足色身即非具足色身是名具足色身須菩
提於意云何如來可以具足諸相見不不也
世尊如來不應以具足諸相見何以故如來
說諸相具足即非具足是名諸相具足須菩
提汝勿謂如來作是念我當有所說法莫作

BD04592號　金剛般若波羅蜜經　（8–8）

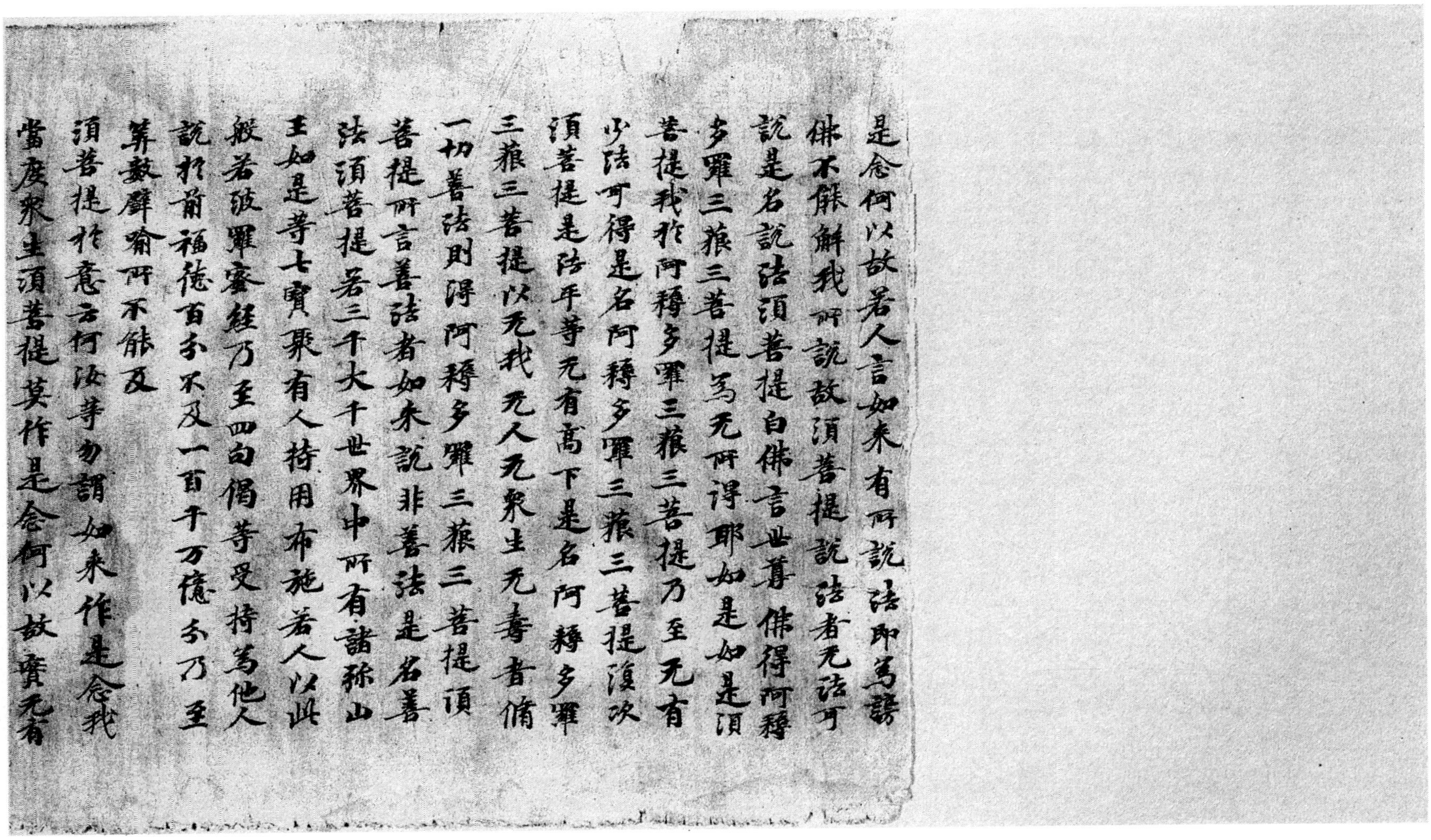

是念何以故若人言如來有所說法即為謗
佛不能解我所說故須菩提說法者无法可
說是名說法須菩提白佛言世尊佛得阿耨
多羅三藐三菩提為无所得耶如是如是須
菩提我於阿耨多羅三藐三菩提乃至无有
少法可得是名阿耨多羅三藐三菩提復次
須菩提是法平等无有高下是名阿耨多羅
三藐三菩提以无我无人无衆生无壽者脩
一切善法則得阿耨多羅三藐三菩提須
菩提所言善法者如來說非善法是名善
法須菩提若三千大千世界中所有諸弥山
王如是等七寶聚有人持用布施若人以此
般若波羅蜜經乃至四句偈等受持為他人
說於前福德百分不及一百千万億分乃至
算數譬喻所不能及
須菩提於意云何汝等勿謂如來作是念我
當度衆生須菩提莫作是念何以故實无有

BD04593號　金剛般若波羅蜜經　（4–1）

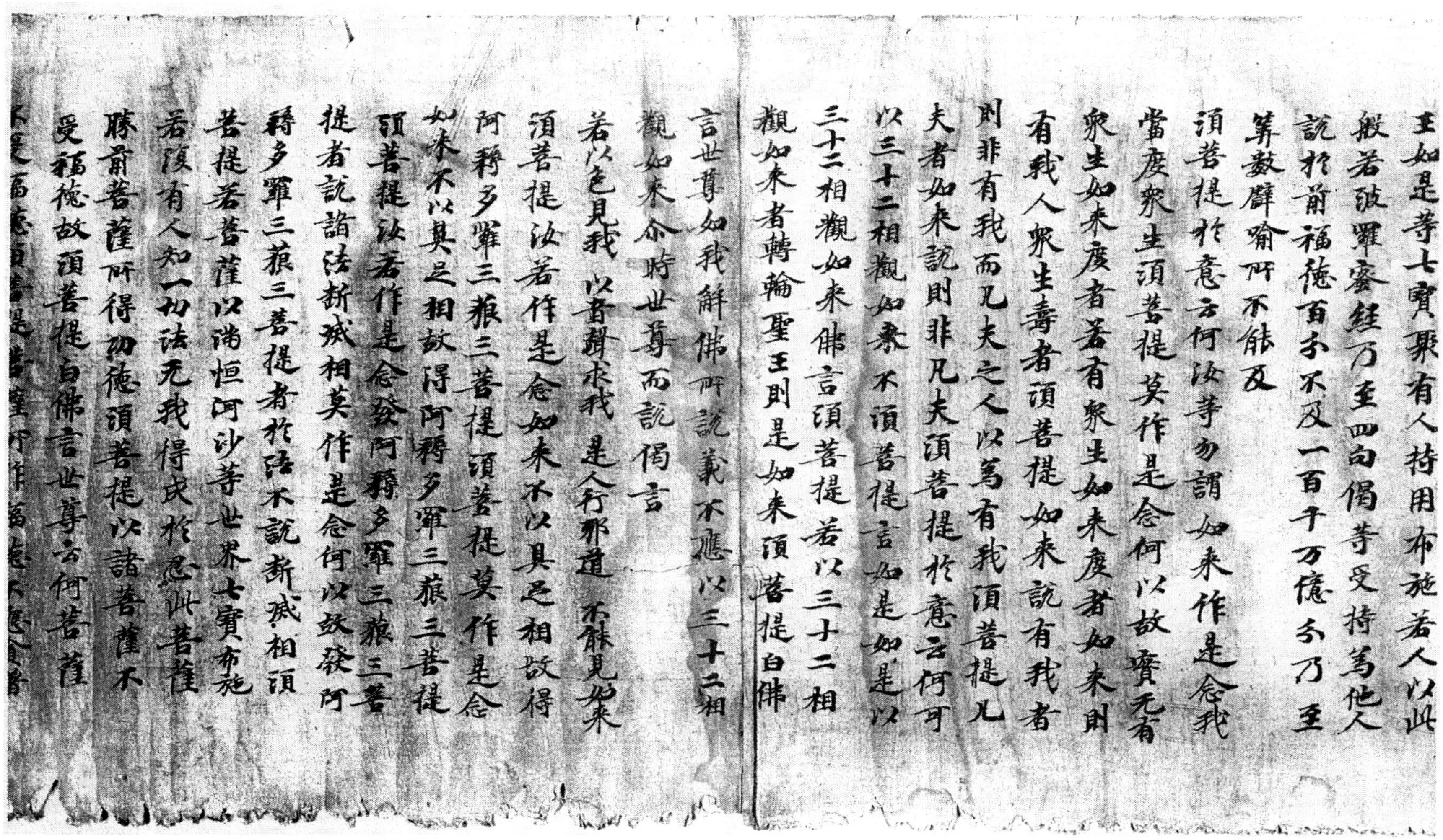
王如是等七寶聚有人持用布施若人以此
般若波羅蜜經乃至四句偈等受持為他人
說於前福德百分不及一百千万億分乃至
筭數譬喻所不能及
須菩提於意云何汝等勿謂如來作是念我
當度衆生須菩提莫作是念何以故實无有
衆生如來度者若有衆生如來度者如來則
有我人衆生壽者須菩提如來說有我者
則非有我而凡夫之人以為有我須菩提凡
夫者如來說則非凡夫須菩提於意云何可
以三十二相觀如來不須菩提言如是如是以
三十二相觀如來佛言須菩提若以三十二相
觀如來者轉輪聖王則是如來須菩提白佛
言世尊如我解佛所說義不應以三十二相
觀如來尒時世尊而說偈言
若以色見我　以音聲求我　是人行邪道　不能見如來
須菩提汝若作是念如來不以具足相故得
阿耨多羅三藐三菩提須菩提莫作是念
如來不以具足相故得阿耨多羅三藐三菩提
須菩提汝若作是念發阿耨多羅三藐三菩
提者說諸法斷滅相莫作是念何以故發阿
耨多羅三藐三菩提者於法不說斷滅相須
菩提若菩薩以滿恒河沙等世界七寶布施
若復有人知一切法无我得成於忍此菩薩
勝前菩薩所得功德須菩提以諸菩薩不
受福德故須菩提白佛言世尊云何菩薩
不受福德須菩提菩薩所作福德不應貪著

BD04593號　金剛般若波羅蜜經　（4–2）

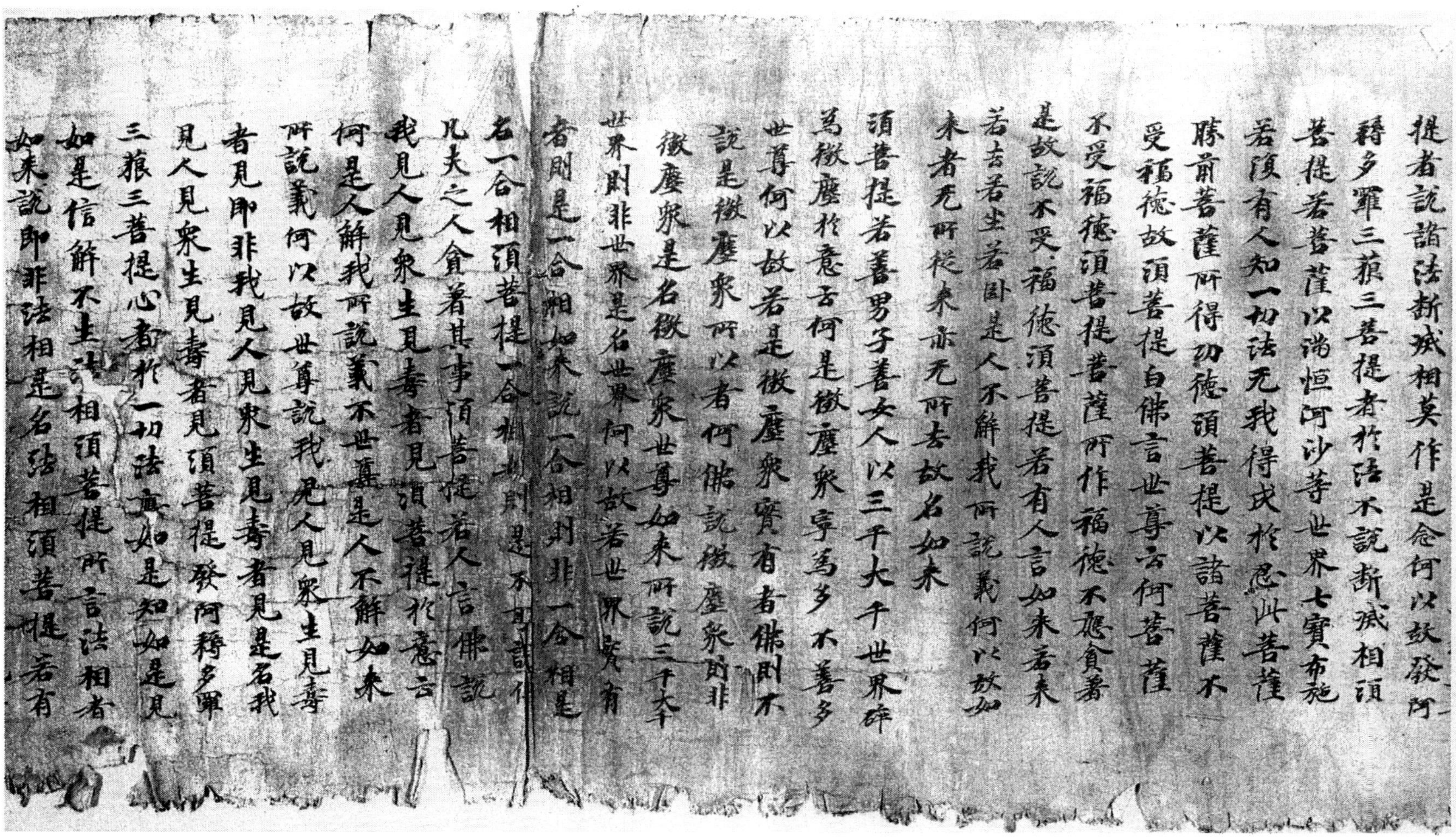
提者說諸法斷滅相莫作是念何以故發阿
耨多羅三藐三菩提者於法不說斷滅相須
菩提若菩薩以滿恒河沙等世界七寶布施
若復有人知一切法无我得成於忍此菩薩
勝前菩薩所得功德須菩提以諸菩薩不
受福德故須菩提白佛言世尊云何菩薩
不受福德須菩提菩薩所作福德不應貪著
是故說不受福德須菩提若有人言如來若來
若去若坐若卧是人不解我所說義何以故如
來者无所從來亦无所去故名如來
須菩提若善男子善女人以三千大千世界碎
為微塵於意云何是微塵衆寧為多不甚多
世尊何以故若是微塵衆實有者佛則不
說是微塵衆所以者何佛說微塵衆則非
微塵衆是名微塵衆世尊如來所說三千大千
世界則非世界是名世界何以故若世界實有
者則是一合相如來說一合相則非一合相是
名一合相須菩提一合相者則是不可說但
凡夫之人貪著其事須菩提若人言佛說
我見人見衆生見壽者見須菩提於意云
何是人解我所說義不世尊是人不解如來
所說義何以故世尊說我見人見衆生見壽
者見即非我見人見衆生見壽者見是名我
見人見衆生見壽者見須菩提發阿耨多羅
三藐三菩提心者於一切法應如是知如是見
如是信解不生法相須菩提所言法相者
如來說即非法相是名法相須菩提若有

BD04593號　金剛般若波羅蜜經　（4–3）

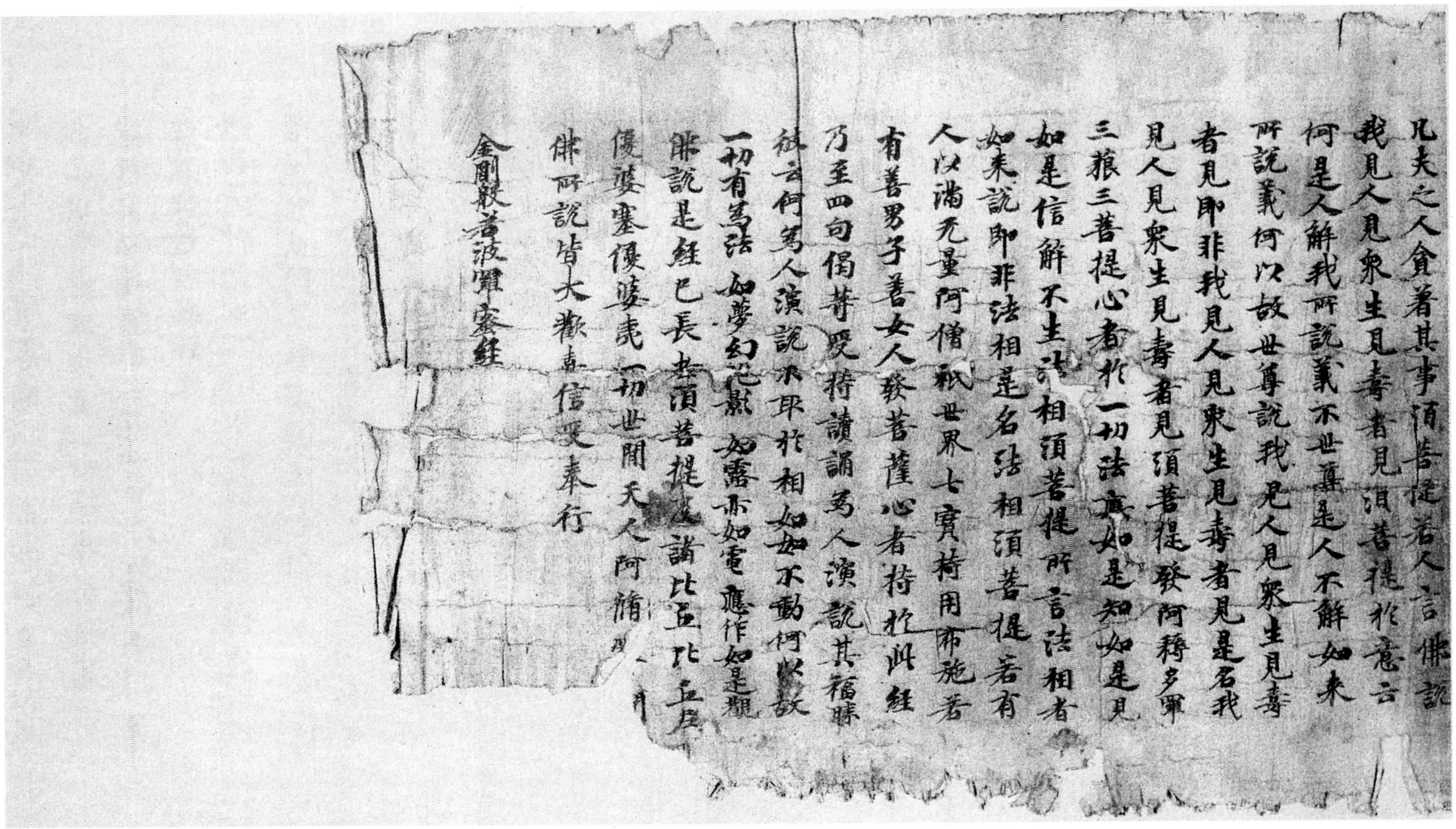
凡夫之人貪著其事須菩提若人言佛說
我見人見衆生見壽者見須菩提於意云
何是人解我所說義不世尊是人不解如來
所說義何以故世尊說我見人見衆生見壽
者見即非我見人見衆生見壽者見是名我
見人見衆生見壽者見須菩提發阿耨多羅
三藐三菩提心者於一切法應如是知如是見
如是信解不生法相須菩提所言法相者
如來說即非法相是名法相須菩提若有
人以滿无量阿僧祇世界七寶持用布施若
有善男子善女人發菩薩心者持於此經
乃至四句偈等受持讀誦爲人演說其福勝
彼云何爲人演說不取於相如如不動何以故
一切有爲法 如夢幻泡影 如露亦如電 應作如是觀
佛說是經已長老須菩提及諸比丘比丘尼
優婆塞優婆夷一切世間天人阿脩羅
佛所說皆大歡喜信受奉行
金剛般若波羅蜜經

BD04593 號　金剛般若波羅蜜經　（4–4）

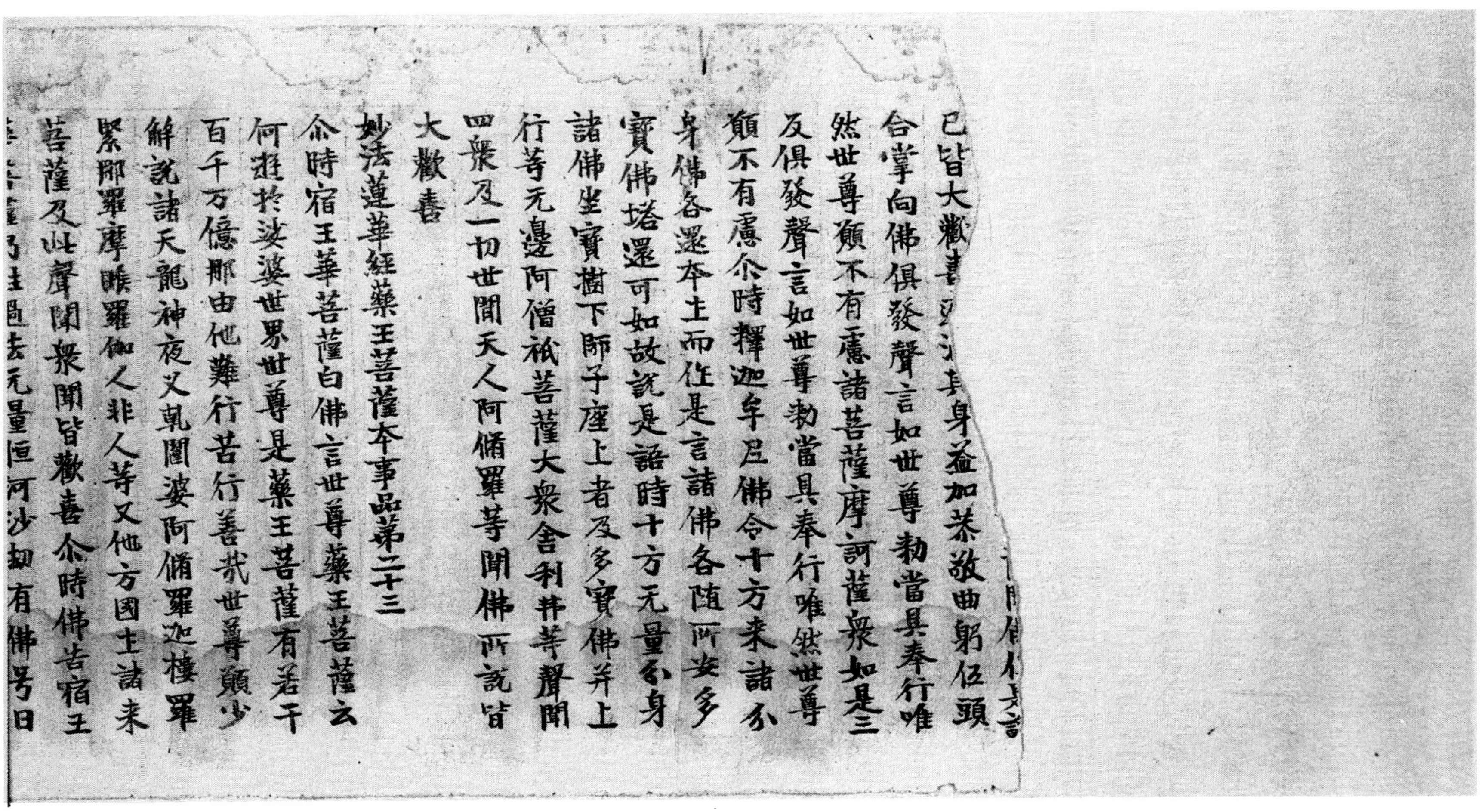
聞佛作是說
已皆大歡喜遍滿其身益加恭敬曲躬低頭
合掌向佛俱發聲言如世尊勅當具奉行唯
然世尊願不有慮諸菩薩摩訶薩衆如是三
反俱發聲言如世尊勅當具奉行唯然世尊
願不有慮尒時釋迦牟尼佛令十方來諸分
身佛各還本土而作是言諸佛各隨所安多
寶佛塔還可如故說是語時十方无量分身
諸佛坐寶樹下師子座上者及多寶佛并上
行等无邊阿僧祇菩薩大衆舍利弗等聲聞
四衆及一切世間天人阿脩羅等聞佛所說皆
大歡喜
妙法蓮華經藥王菩薩本事品第二十三
尒時宿王華菩薩白佛言世尊藥王菩薩云
何遊於娑婆世界世尊是藥王菩薩有若干
百千万億那由他難行苦行善哉世尊願少
解說諸天龍神夜叉乾闥婆阿脩羅迦樓羅
緊那羅摩睺羅伽人非人等又他方國土諸來
菩薩及此聲聞衆聞皆歡喜尒時佛告宿王
華菩薩乃往過去无量恒河沙劫有佛号日

BD04594 號　妙法蓮華經卷六　（3–1）

尒時宿王華菩薩白佛言世尊藥王菩薩云
何遊於娑婆世界世尊是藥王菩薩有若干
百千万億那由他難行苦行善哉世尊願少
解說諸天龍神夜叉乾闥婆阿脩羅迦樓羅
緊那羅摩睺羅伽人非人等又他方國土諸来
菩薩及此聲聞衆聞皆歡喜尒時佛告宿王
華菩薩乃往過去无量恒河沙劫有佛号日
月淨明德如來應供正遍知明行足善逝世
間解无上士調御丈夫天人師佛世尊其佛
有八十億大菩薩摩訶薩七十二恒河沙大
聲聞衆佛壽四万二千劫菩薩壽命亦等彼
國无有女人地獄餓鬼畜生阿脩羅等及以
諸難地平如掌琉璃所成寶樹莊嚴寶帳覆
上垂寶華幡寶瓶香爐周遍國界七寶為臺
一樹一臺其樹去臺盡一箭道此諸寶樹皆
有菩薩聲聞而坐其下諸寶臺上各有百億
諸天作天伎樂歌歎於佛以為供養尒時彼
佛為一切衆生憙見菩薩及衆菩薩諸聲聞
衆說法華經是一切衆生憙見菩薩樂習苦
行於日月淨明德佛法中精進經行一心求
佛滿万二千歲已得現一切色身三昧得此
三昧已心大歡喜即作念言我得現一切色
身三昧皆是得聞法華經力我今當供養日
月淨明德佛及法華經即時入是三昧於虛
空中雨曼陁羅華摩訶曼陁羅華細末堅黑
栴檀滿虛空中如雲而下又雨海此岸栴檀
之香此香六銖價直娑婆世界以供養佛作

BD04594號　妙法蓮華經卷六

（3–2）

行於日月淨明德佛法中精進經行一心求
佛滿万二千歲已得現一切色身三昧得此
三昧已心大歡喜即作念言我得現一切色
身三昧皆是得聞法華經力我今當供養日
月淨明德佛及法華經即時入是三昧於虛
空中雨曼陁羅華摩訶曼陁羅華細末堅黑
栴檀滿虛空中如雲而下又雨海此岸栴檀
之香此香六銖價直娑婆世界以供養佛作
是供養已從三昧起而自念言我雖以神力
供養於佛不如以身供養即服諸香栴檀薰
陸兜樓婆畢力迦沉水膠香又飲瞻蔔諸華
香油滿千二百歲已香油塗身於日月淨明
德佛前以天寶衣而自纏身灌諸香油以神
通力願而自燃身光明遍照八十億恒河沙
世界其中諸佛同時讃言善哉善哉善男子
是真精進是名真法供養如來若以華香瓔
珞燒香末香塗香天繒幡蓋及海此岸栴檀
之香如是等種種諸物供養所不能及假使
國城妻子布施亦所不及善男子是名第一
之施於諸施中最尊最上以法供養諸如来
故作是語已而各嘿然其身火燃千二百歲
過是已後其身乃盡一切衆生憙見菩薩作
終之後復生日月淨明德

BD04594號　妙法蓮華經卷六

（3–3）

世尊欲重宣此義而說偈言
常行忍辱 哀愍一切 乃能演說 佛所讚經
後末世時 持此經者 於家出家 及非菩薩
應生慈悲 斯等不聞 不信是經 則為大失
我得佛道 以諸方便 為說此法 令住其中
譬如強力 轉輪之王 兵戰有功 賞賜諸物
象馬車乘 嚴身之具 及諸田宅 聚落城邑
或與衣服 種種珍寶 奴婢財物 歡喜賜與
如有勇健 能為難事 王解髻中 明珠賜之
如來亦尒 為諸法王 忍辱大力 智慧寶藏
以大慈悲 如法化世 見一切人 受諸苦惱
欲求解脫 與諸魔戰 為是眾生 說種種法
以大方便 說此諸經 既知眾生 得其力已
末後乃為 說是法華 如王解髻 明珠與之
此經為尊 眾經中上 我常守護 不妄開示
今正是時 為汝等說 我滅度後 求佛道者
欲得安隱 演說斯經 應當親近 如是四法
讀是經者 常无憂惱 又无病痛 顏色鮮白

BD04595號　妙法蓮華經卷五　（4–1）

欲求解脫 與諸魔戰 為是眾生 說種種法
以大方便 說此諸經 既知眾生 得其力已
末後乃為 說是法華 如王解髻 明珠與之
此經為尊 眾經中上 我常守護 不妄開示
今正是時 為汝等說 我滅度後 求佛道者
欲得安隱 演說斯經 應當親近 如是四法
讀是經者 常无憂惱 又无病痛 顏色鮮白
不生貧窮 卑賤醜陋 眾生樂見 如慕賢聖
天諸童子 以為給使 刀杖不加 毒不能害
若人惡罵 口則閉塞 遊行无畏 如師子王
智慧光明 如日之照 若於夢中 但見妙事
見諸如來 坐師子座 諸比丘眾 圍繞說法
又見龍神 阿脩羅等 數如恒沙 恭敬合掌
自見其身 而為說法 又見諸佛 身相金色
放无量光 照於一切 以梵音聲 演說諸法
佛為四眾 說无上法 見身處中 合掌讚佛
聞法歡喜 而為供養 得陀羅尼 證不退智
佛知其心 深入佛道 即為授記 成最正覺
汝善男子 當於來世 得无量智 佛之大道
國土嚴淨 廣大无比 亦有四眾 合掌聽法
又見自身 在山林中 脩習善法 證諸實相
深入禪定 見十方佛
諸佛金身 百福相莊嚴 聞法為人說 常有是好夢
又夢作國王 捨宮殿眷屬 及上妙五欲 行詣於道場
在菩提樹下 而處師子座 求道過七日 得諸佛之智

BD04595號　妙法蓮華經卷五　（4–2）

又見自身　在山林中　脩習善法　證諸實相
深入禪定　見十方佛
諸佛金身色　百福相莊嚴　聞法為人說　常有是好夢
又夢作國王　捨宮殿眷屬　及上妙五欲　行詣於道場
在菩提樹下　而處師子座　求道過七日　得諸佛之智
成无上道已　起而轉法輪　為四衆說法　經千万億劫
說无漏妙法　度无量衆生　後當入涅槃　如烟盡燈滅
若後惡世中　說是第一法　是人得大利　如上諸功德
妙法蓮華經從地踊出品第十五
尒時他方國土諸来菩薩摩訶薩過八恒河
沙數於大衆中起合掌作礼而白佛言世尊
若聽我等於佛滅後在此娑婆世界勤加精
進護持讀誦書寫供養是經典者當於此土
而廣說之尒時佛告諸菩薩摩訶薩衆止善
男子不須汝等護持此經所以者何我娑婆
世界自有六万恒河沙等菩薩摩訶薩一一
菩薩各有六万恒河沙眷屬是諸人等能於
我滅後護持讀誦廣說此經佛說是時娑婆
世界三千大千國土地皆震裂而於其中有
无量千万億菩薩摩訶薩同時踊出是諸菩
薩身皆金色三十二相无量光明先盡在此
娑婆世界之下此界虛空中住是諸菩薩聞
釋迦牟尼佛所說音聲從下發来一一菩薩
皆是大衆唱導之首各將六万恒河沙眷屬
況將五万四万三万二万一万恒河沙等眷屬
者況復乃至一恒河沙半恒河沙四分之
一乃至千万億那由他分之一況復千万億

BD04595號　妙法蓮華經卷五　（4-3）

世界自有六万恒河沙等菩薩摩訶薩一一
菩薩各有六万恒河沙眷屬是諸人等能於
我滅後護持讀誦廣說此經佛說是時娑婆
世界三千大千國土地皆震裂而於其中有
无量千万億菩薩摩訶薩同時踊出是諸菩
薩身皆金色三十二相无量光明先盡在此
娑婆世界之下此界虛空中住是諸菩薩聞
釋迦牟尼佛所說音聲從下發来一一菩薩
皆是大衆唱導之首各將六万恒河沙眷屬
況將五万四万三万二万一万恒河沙等眷屬
者況復乃至一恒河沙半恒河沙四分之
一乃至千万億那由他分之一況復千万億
那由他眷屬況復億万眷屬況復千万百万
乃至一万況復一千一百乃至一十況復將五
四三二一弟子者況復單己樂遠離行如
是等比无量无邊筭數譬喻所不能知是諸
菩薩從地出已各詣虛空七寶妙塔多寶如
来釋迦牟尼佛所到已向二世尊頭面礼足
及至諸寶樹下師子座上佛所亦皆作礼右
繞三匝合掌恭敬以諸菩薩種種讚法而以

BD04595號　妙法蓮華經卷五　（4-4）

須菩提若有善男子善女人初日分以恒河
沙等身布施中日分復以恒河沙等身布施後
日分亦以恒河沙等身布施如是无量百千万
億劫以身布施若復有人聞此經典信心不
逆其福勝彼何況書寫受持讀誦為人解
說須菩提以要言之是經有不可思議不可
稱量无邊功德如來為發大乘者說為發
最上乘者說若有人能受持讀誦廣為人
說如來悉知是人悉見是人皆得成就不可量
不可稱无有邊不可思議功德如是人等則為
荷擔如來阿耨多羅三藐三菩提何以故須
菩提若樂小法者著我見人見衆生見壽者
見則於此經不能聽受讀誦為人解說須菩
提在在處處若有此經一切世間天人阿脩
羅所應供養當知此處則為是塔皆應恭敬
作礼圍繞以諸華香而散其處
復次須菩提善男子善女人受持讀誦此經
若為人輕賤是人先世罪業應墮惡道以今
世人輕賤故先世罪業則為消滅當得阿

BD04596 號　金剛般若波羅蜜經　（4–1）

菩提若樂小法者著我見人見衆生見壽者
見則於此經不能聽受讀誦為人解說須菩
提在在處處若有此經一切世間天人阿脩
羅所應供養當知此處則為是塔皆應恭敬
作礼圍繞以諸華香而散其處
復次須菩提善男子善女人受持讀誦此經
若為人輕賤是人先世罪業應墮惡道以今
世人輕賤故先世罪業則為消滅當得阿
耨多羅三藐三菩提須菩提我念過去无量
阿僧祇劫於然燈佛前得值八百四千万億那
由他諸佛悉皆供養承事无空過者若復有
人於後末世能受持讀誦此經所得功德於
我所供養諸佛功德百分不及一百千万億
分乃至筭數譬喻所不能及須菩提若善男
子善女人於後末世有受持讀誦此經所得
功德我若具說者或有人聞心則狂亂狐疑
不信須菩提當知是經義不可思議果報亦
不可思議
尒時須菩提白佛言世尊善男子善女人發
阿耨多羅三藐三菩提心云何應住云何降伏
其心佛告須菩提善男子善女人發阿耨多
羅三藐三菩提者當生如是心我應滅度一
切衆生滅度一切衆生已而无有一衆生
實滅度者何以故若菩薩有我相人相衆生
相壽者相則非菩薩所以者何須菩提實无
有法發阿耨多羅三藐三菩提者須菩提於
意云何如來於然燈佛所有法得阿耨多羅
三藐三菩提不不也世尊如我解佛所說義佛

BD04596 號　金剛般若波羅蜜經　（4–2）

切衆生滅度一切衆生已而无有一衆生
實滅度者何以故若菩薩有我相人相衆生
相壽者相則非菩薩所以者何須菩提實无
有法發阿耨多羅三藐三菩提者須菩提於
意云何如來於然燈佛所有法得阿耨多羅
三藐三菩提不不也世尊如我解佛所說義佛
於然燈佛所无有法得阿耨多羅三藐三菩
提佛言如是如是須菩提實无有法如來
得阿耨多羅三藐三菩提須菩提若有法如
來得阿耨多羅三藐三菩提然燈佛則不與
我受記汝於來世當得作佛号釋迦牟尼以
實无有法得阿耨多羅三藐三菩提是故然
燈佛與我受記作是言汝於來世當得作佛
号釋迦牟尼何以故如來者即諸法如義若
有人言如來得阿耨多羅三藐三菩提須菩
提實无有法佛得阿耨多羅三藐三菩提須
菩提如來所得阿耨多羅三藐三菩提於是
中无實无虛是故如來說一切法皆是佛法
須菩提所言一切法者即非一切法是故名
一切法須菩提譬如人身長大須菩提言世
尊如來說人身長大則非大身是名大身須
菩提菩薩亦如是若作是言我當滅度无量
衆生則不名菩薩何以故須菩提實无有法
名為菩薩是故佛說一切法无我无人无衆
生无壽者須菩提若菩薩作是言我當莊嚴
佛土是不名菩薩何以故如來說莊嚴佛土
者即非莊嚴是名莊嚴須菩提若菩薩通達
无我法者如來說名真是菩薩

BD04596號　金剛般若波羅蜜經　（4–3）

中无實无虛是故如來說一切法皆是佛法
須菩提所言一切法者即非一切法是故名
一切法須菩提譬如人身長大須菩提言世
尊如來說人身長大則非大身是名大身須
菩提菩薩亦如是若作是言我當滅度无量
衆生則不名菩薩何以故須菩提實无有法
名為菩薩是故佛說一切法无我无人无衆
生无壽者須菩提若菩薩作是言我當莊嚴
佛土是不名菩薩何以故如來說莊嚴佛土
者即非莊嚴是名莊嚴須菩提若菩薩通達
无我法者如來說名真是菩薩
須菩提於意云何如來有肉眼不如是世尊
如來有肉眼須菩提於意云何如來有天眼
不如是世尊如來有天眼須菩提於意云何
如來有慧眼不如是世尊如來有慧眼須菩
提於意云何如來有法眼不如是世尊如
來有法眼須菩提於意云何如來有佛眼
不如是世尊如來有佛眼須菩提於意云何

BD04596號　金剛般若波羅蜜經　（4–4）

[illegible]山青處
[illegible]應入作所應作此爲一切切
伏此菩薩摩訶薩既入如是四靜慮已
復應思惟此四靜慮於諸菩薩摩訶薩衆有
大恩德與諸菩薩摩訶薩衆爲所依止謂諸
薩磨摩訶薩衆將得无上正等覺時皆漸次
入此四靜慮既入如是四靜慮已依第四靜
慮引發五神通降伏魔軍成无上覺此菩薩
摩訶薩應作是念往昔菩薩摩訶薩衆皆
修靜慮波羅蜜多我亦應脩往昔菩薩摩訶
薩衆皆覺靜慮波羅蜜多我亦應覺往昔菩
薩摩訶薩衆皆依靜慮波羅蜜多隨意所樂
引發般若波羅蜜多我亦應依如是靜慮波
羅蜜多隨意所樂引發般若波羅蜜多又舍
利子一切菩薩摩訶薩衆无不皆依第四靜
慮方便趣入正性離生證會真如捨異生性
一切菩薩摩訶薩衆无不皆依第四靜慮方
便引發金剛喻定永盡諸漏證如來智是故
當知第四靜慮於諸菩薩摩訶薩衆有大恩

BD04597號　大般若波羅蜜多經卷五九一　（5–1）

羅蜜多隨意所樂引發般若波羅蜜多又舍
利子一切菩薩摩訶薩衆无不皆依第四靜
慮方便趣入正性離生證會真如捨異生性
一切菩薩摩訶薩衆无不皆依第四靜慮方
便引發金剛喻定永盡諸漏證如來智是故
當知第四靜慮於諸菩薩摩訶薩衆有大恩
德能令菩薩摩訶薩衆最初趣入正性離生
證會真如捨異生性最後證得所求无上正
等菩提由此菩薩摩訶薩衆應數現入第四
靜慮如是菩薩摩訶薩衆雖能現入此四靜
慮而不味著四靜慮樂及此等流勝妙生處
又舍利子一切菩薩摩訶薩衆安住如是四
種靜慮爲勝方便引諸功德如是菩薩摩訶
薩衆依第四靜慮起空无邊處想引空无邊
處定如是菩薩摩訶薩衆依空无邊處定起
識无邊處想引識无邊處定如是菩薩摩訶
薩衆依識无邊處定起无所有處想引无所
有處定如是菩薩摩訶薩衆依无所有處定
起非有想非无想處想引非想非非想處定
如是菩薩摩訶薩衆雖能現入四无色定而
不味著四无色定及此所得勝妙生處
尒時舍利子白佛言世尊諸菩薩摩訶薩觀
何義故雖能現入滅受想定而不現入尒時
佛告舍利子言諸菩薩摩訶薩怖墮聲聞及
獨覺地故不現入滅受想定勿著此定齊滅
安樂便欣證入阿羅漢果或獨覺果入般涅
槃諸菩薩摩訶薩觀如是義雖能現入滅受
想定而不現入時舍利子便白佛言諸菩薩

BD04597號　大般若波羅蜜多經卷五九一　（5–2）

何義故雖能現入滅受想定而不現入般
佛告舍利子言諸菩薩摩訶薩怖墮聲聞及
獨覺地故不現入滅受想定勿著此定寂滅
安樂便欣證入阿羅漢果或獨覺果入般涅
槃諸菩薩摩訶薩觀如是義雖能現入滅受
想定而不現入時舍利子便白佛言諸菩薩
摩訶薩甚為希有能為難事謂雖現入如是
諸定而於諸定不生味著又雖現入如是諸
定能起勝用而不離染佛言如是如汝所說
諸菩薩摩訶薩甚為希有能為難事又舍利
子諸菩薩摩訶薩最極希有謂雖現入四靜
靜慮四無色定寂靜安樂而不味著亦不離
染我今為汝略說譬喻令於此義得圓滿解
如有生此贍部洲人雖於欲界未得離染而
或得往北俱盧洲因現彼洲女無繫屬形容
端正遊戲自在又見彼洲衣服嚴具鮮淨殊
妙皆依樹生又見彼洲有香粳米其味甘美
不種自生又見彼洲觸處皆有種種珍寶甚
可愛玩見彼洲全於如是類隨意受用無定
繫屬而受用時非極耽染既受用已捨而無
戀贍部洲人雖未離染具觀見彼種種勝事
而不貪著歡喜還歸當知是人甚為希有如
是菩薩摩訶薩眾雖復現入種種靜慮四無
色定寂靜安樂底觀其中起種種微妙寂
靜殊勝功德而不味著還入欲界方便善巧
依欲界身精勤修學布施淨戒安忍精進靜
慮般若波羅蜜多精勤修學內空外空內外
空空空大空勝義空有為空無為空畢竟空

是菩薩摩訶薩眾雖復現入種種靜慮四無
色定寂靜安樂底觀其中起種種微妙寂
靜殊勝功德而不味著還入欲界方便善巧
依欲界身精勤修學布施淨戒安忍精進靜
慮般若波羅蜜多精勤修學內空外空內外
空空空大空勝義空有為空無為空畢竟空
無際空散空無變異空本性空自相空共相
空一切法空不可得空無性空自性空無性
自性空觀精勤修學諸法真如法界法性不
虛妄性不變異性平等性離生性法定法住
實際虛空界不思議界觀精勤修學無明緣
行行緣識識緣名色名色緣六處六處緣觸
觸緣受受緣愛愛緣取取緣有有緣生生緣
老死觀精勤修學無明滅故行滅行滅故識
滅識滅故名色滅名色滅故六處滅六處滅
故觸滅觸滅故受滅受滅故愛滅愛滅故取
滅取滅故有滅有滅故生滅生滅故老死滅
觀精勤修學若苦若無常若空若無我苦聖
諦觀精勤修學若因若集若生若緣集聖諦
觀精勤修學若滅若靜若妙若離滅聖諦觀
精勤修學若道若如若行若出道聖諦觀精
勤修學慈悲喜捨四無量觀精勤修學四念
住四正斷四神足五根五力七等覺支八聖
道支精勤修學八解脫八勝處九次第定十
遍處精勤修學空無相無願解脫門精勤修
學淨觀地種姓地第八地具見地薄地離欲
地已辦地獨覺地菩薩地如來地精勤修
學極喜地離垢地發光地焰慧地極難勝

故觸滅觸滅故受滅受滅故愛滅愛滅故取
滅取滅故有滅有滅故生滅生滅故老死滅
觀精勤修學若苦若無常若空若無我苦聖
諦觀精勤修學若因若集若生若緣集聖諦
觀精勤修學若滅若靜若妙若離滅聖諦觀
精勤於學若道若如若行若出道聖諦觀精
勤修學慈悲喜捨四無量觀精勤修學四念
住四正斷四神足五根五力七等覺支八聖
道支精勤修學八解脫八勝處九次第定十
遍處精勤修學空無相無願解脫門精勤修
學淨地觀種姓地第八地具見地薄地離欲
地已辦地獨覺地菩薩地如來地智精勤修
學極喜地離垢地發光地焰慧地極難勝
地現前地遠行地不動地善慧地法雲地精勤
脩學陁羅尼門三摩地門精勤脩學清淨五
眼六勝神通精勤修學如來十力四無所畏
四無礙解精勤修學大慈大悲大喜大捨十
八佛不共法精勤修學三十二大士相八十
隨好精勤修學無忘失法恒住捨性精勤修
學一切智道相智一切相智精勤修學々

BD04597號　大般若波羅蜜多經卷五九一　（5–5）

[illegible]
衆生
法相即著我人衆生
相即著我人衆生壽者是
取非法以是義故如來常說
說法如筏喻者法尚應捨
須菩提於意云何如來得阿 …… 一藐三
菩提耶如來有所說法耶須 …… 言如我解
佛所說義无有定法名阿耨多羅三藐三菩
提亦无有定法如來可說何以故如來所說
法皆不可取不可說非法非非法所以者何
一切賢聖皆以无為法而有差別
須菩提於意云何若人滿三千大千世界七寶
以用布施是人所得福德寧為多不須菩
提言甚多世尊何以故是福德即非福德性
是故如來說福德多若復有人於此經中受
持乃至四句偈等為他人說其福勝彼何以
故須菩提一切諸佛及諸佛阿耨多羅三藐

BD04598號　金剛般若波羅蜜經　（12–1）

以用布施是人所得福德寧為多不須菩
提言甚多世尊何以故是福德即非福德性
是故如來說福德多若復有人扵此經中受
持乃至四句偈等為他人說其福勝彼何以
故須菩提一切諸佛及諸佛阿耨多羅三藐
三菩提法皆從此經出須菩提所謂佛法者
即非佛法
須菩提扵意云何須陁洹能作是念我得須
陁洹果不須菩提言不也世尊何以故須陁
洹名為入流而无所入不入色聲香味觸法
是名須陁洹須菩提扵意云何斯陁含能作
是念我得斯陁含果不須菩提言不也世尊
何以故斯陁含名一往來而實无往來是名
斯陁含須菩提扵意云何阿那含能作是念
我得阿那含果不須菩提言不也世尊何以
故阿那含名為不來而實无來是故名阿那
含須菩提扵意云何阿羅漢能作是念我得
阿羅漢道不須菩提言不也世尊何以故實
无有法名阿羅漢世尊若阿羅漢作是念我
得阿羅漢道即為著我人衆生壽者世尊佛
說我得无諍三昧人中最為第一是第一離
欲阿羅漢我不作是念我是離欲阿羅漢世
尊我若作是念我得阿羅漢道世尊則不說
須菩提是樂阿蘭那行者以須菩提實无所
行而名須菩提是樂阿蘭那行
佛告須菩提扵意云何如來昔在然燈佛所

BD04598號　金剛般若波羅蜜經　（12–2）

說我得无諍三昧人中最為第一是第一離
欲阿羅漢我不作是念我是離欲阿羅漢世
尊我若作是念我得阿羅漢道世尊則不說
須菩提是樂阿蘭那行者以須菩提實无所
行而名須菩提是樂阿蘭那行
佛告須菩提扵意云何如來昔在然燈佛所
扵法有所得不世尊如來在然燈佛所扵法
實无所得須菩提扵意云何菩薩莊嚴佛
土不不也世尊何以故莊嚴佛土者則非莊嚴
是名莊嚴是故須菩提諸菩薩摩訶薩應
如是生清淨心不應住色生心不應住聲香味
觸法生心應无所住而生其心須菩提譬如有
人身如須弥山王扵意云何是身為大不須
菩提言甚大世尊何以故佛說非身是名
大身須菩提如恒河中所有沙數如是沙等
恒河扵意云何是諸恒河沙寧為多不須菩
提言甚多世尊但諸恒河尚多无數何況其沙
須菩提我今實言告汝若有善男子善女
人以七寶滿尒所恒河沙數三千大千世界以
用布施得福多不須菩提言甚多世尊佛
告須菩提若善男子善女人扵此經中乃至
受持四句偈等為他人說而此福德勝前福德
復次須菩提隨說是經乃至四句偈等當
知此處一切世間天人阿脩羅皆應供養如
佛塔廟何況有人盡能受持讀誦須菩提當
知是人成就最上第一希有之法若是經典
所在之處則為有佛若尊重弟子

BD04598號　金剛般若波羅蜜經　（12–3）

受持四句偈等為他人而此福德勝前福德
復次須菩提隨說是經乃至四句偈等當
知此處一切世間天人阿脩羅皆應供養如
佛塔廟何况有人盡能受持讀誦須菩提當
知是人成就最上第一希有之法若是經典
所在之處則為有佛若尊重弟子
尒時須菩提白佛言世尊當何名此經我等
云何奉持佛告須菩提是經名為金剛般若
波羅蜜以是名字汝當奉持所以者何須菩
提佛說般若波羅蜜則非般若波羅蜜須菩
提於意云何如來有所說法不須菩提白佛
言世尊如來无所說須菩提於意云何三千
大千世界所有微塵是為多不須菩提言
甚多世尊須菩提諸微塵如來說非微塵是
名微塵如來說世界非世界是名世界須菩提
於意云何可以三十二相見如來不不也世
尊不可以三十二相得見如來何以故如來說
三十二相即是非相是名三十二相須菩
提若有善男子善女人以恒河沙等身命布
施若復有人於此經中乃至受持四句偈等
為他人說其福甚多
尒時須菩提聞說是經深解義趣涕淚悲泣
而白佛言希有世尊佛說如是甚深經典我
從昔來所得慧眼未曾得聞如是之經世尊
若復有人得聞是經信心清淨則生實相
當知是人成就第一希有功德世尊是實相
者則是非相是故如來說名實相世尊我今得

BD04598號　金剛般若波羅蜜經　（12–4）

尒時須菩提聞說是經深解義趣涕淚悲泣
而白佛言希有世尊佛說如是甚深經典我
從昔來所得慧眼未曾得聞如是之經世尊
若復有人得聞是經信心清淨則生實相
當知是人成就第一希有功德世尊是實相
者則是非相是故如來說名實相世尊我今得
聞如是經典信解受持不足為難若當來
世後五百歲其有衆生得聞是經信解受持
是人則為第一希有何以故此人无我相人相
衆生相壽者相所以者何我相即是非相人
相衆生相壽者相即是非相何以故離一切諸
相則名諸佛
佛告須菩提如是如是若復有人得聞是經
不驚不怖不畏當知是人甚為希有何以故
須菩提如來說第一波羅蜜非第一波羅蜜
是名第一波羅蜜
須菩提忍辱波羅蜜如來說非忍辱波羅蜜
何以故須菩提如我昔為歌利王割截身體
我於尒時无我相无人相无衆生相无壽者
相何以故我於往昔節節支解時若有我相
人相衆生相壽者相應生瞋恨須菩提又念
過去於五百世作忍辱仙人於尒所世无我相
无人相无衆生相无壽者相是故須菩提菩
薩應離一切諸相發阿耨多羅三藐三菩提
心不應住色生心不應住聲香味觸法生
心應生无所住心若心有住則為非住是故佛
說菩薩心不應住色布施須菩提菩薩為利

BD04598號　金剛般若波羅蜜經　（12–5）

過去於五百世作忍辱仙人於尒所世无我相
无人相无衆生相无壽者相是故須菩提菩
薩應離一切諸相發阿耨多羅三藐三菩提
心不應住色生心不應住聲香味觸法生
心應生无所住心若心有住則爲非住是故佛
說菩薩心不應住色布施須菩提菩薩爲利
益一切衆生故應如是布施如来說一切諸相
即是非相又說一切衆生則非衆生須菩
提如来是真語者實語者如語者不誑語者
不異語者須菩提如来所得法此法无實无
虛須菩提若菩薩心住於法而行布施如人
入闇則无所見若菩薩心不住於法而行布
施如人有目日光明照見種種色須菩提當
来之世若有善男子善女人能於此經受持
讀誦則爲如来以佛智慧悉知是人悉見是
人皆得成就无量无邊功德
須菩提若有善男子善女人初日分以恒河
沙等身布施中日分復以恒河沙等身布施
後日分亦以恒河沙等身布施如是无量百千
万億劫以身布施若復有人聞此經典信心
不逆其福勝彼何況書寫受持讀誦爲人解
說須菩提以要言之是經有不可思議不可
稱量无邊功德如来爲發大乘者說爲發最
上乘者說若有人能受持讀誦廣爲人說如
来悉知是人悉見是人皆得成就不可量不
可稱无有邊不可思議功德如是人等則爲
荷擔如来阿耨多羅三藐三菩提何以故須

BD04598號　金剛般若波羅蜜經　（12–6）

說須菩提以要言之是經有不可思議不可
稱量无邊功德如来爲發大乘者說爲發最
上乘者說若有人能受持讀誦廣爲人說如
来悉知是人悉見是人皆得成就不可量不
可稱无有邊不可思議功德如是人等則爲
荷擔如来阿耨多羅三藐三菩提何以故須
菩提若樂小法者著我見人見衆生見壽者
見則於此經不能聽受讀誦爲人解說須菩
提在在處處若有此經一切世間天人阿脩
羅所應供養當知此處則爲是塔皆應恭
敬作禮圍遶以諸華香而散其處
復次須菩提若善男子善女人受持讀誦此
經若爲人輕賤是人先世罪業應墮惡道以今
世人輕賤故先世罪業則爲消滅當得阿耨多
羅三藐三菩提須菩提我念過去无量阿僧祇
劫於然燈佛前得值八百四千万億那由他諸
佛悉皆供養承事无空過者若復有人於後
末世能受持讀誦此經所得功德於我所供
養諸佛功德百分不及一千万億分乃至筭
數譬喻所不能及須菩提若善男子善女人
於後末世有受持讀誦此經所得功德我若
具說者或有人聞心則狂亂狐疑不信須菩
提當知是經義不可思議果報亦不可思議
尒時須菩提白佛言世尊善男子善女人發
阿耨多羅三藐三菩提心云何應住云何降
伏其心佛告須菩提善男子善女人發阿耨
多羅三藐三菩提者當生如是心我應滅度

BD04598號　金剛般若波羅蜜經　（12–7）

尒時須菩提白佛言世尊善男子善女人發
阿耨多羅三藐三菩提心云何應住云何降
伏其心佛告須菩提善男子善女人發阿耨
多羅三藐三菩提者當生如是心我應滅度
一切衆生滅度一切衆生已而无有一衆生
實滅度者何以故若菩薩有我相人相衆生
相壽者相則非菩薩所以者何須菩提實无
有法發阿耨多羅三藐三菩提者須菩提於
意云何如来於然燈佛所有法得阿耨多羅
三藐三菩提不不也世尊如我解佛所說義
佛於然燈佛所无有法得阿耨多羅三藐三
菩提佛言如是如是須菩提實无有法如来
得阿耨多羅三藐三菩提須菩提若有法如
来得阿耨多羅三藐三菩提者然燈佛則不與
我授記汝於来世當作佛号釋迦牟尼以
實无有法得阿耨多羅三藐三菩提是故然
燈佛與我授記作是言汝於来世當得作佛
号釋迦牟尼何以故如来者即諸法如義若
有人言如来得阿耨多羅三藐三菩提須菩
提實无有法佛得阿耨多羅三藐三菩提須
菩提如来所得阿耨多羅三藐三菩提於是
中无實无虛是故如来說一切法皆是佛法
須菩提所言一切法者即非一切法是故名一
切法須菩提譬如人身長大須菩提言世
尊如来說人身長大則為非大身是名大身
須菩提菩薩亦如是若作是言我當滅度无

BD04598號　金剛般若波羅蜜經　（12–8）

菩提如来所得阿耨多羅三藐三菩提於是
中无實无虛是故如来說一切法皆是佛法
須菩提所言一切法者即非一切法是故名一
切法須菩提譬如人身長大須菩提言世
尊如来說人身長大則為非大身是名大身
須菩提菩薩亦如是若作是言我當滅度无
量衆生則不名菩薩何以故須菩提實无有
法名為菩薩是故佛說一切法无我无人无
衆生无壽者須菩提若菩薩作是言我當莊
嚴佛土是不名菩薩何以故如来說莊嚴佛
土者即非莊嚴是名莊嚴須菩提若菩薩通
達无我法者如来說名真是菩薩
須菩提於意云何如来有肉眼不如是世尊如
来有肉眼須菩提於意云何如来有天眼不
如是世尊如来有天眼須菩提於意云何如
来有慧眼不如是世尊如来有慧眼須菩
提於意云何如来有法眼不如是世尊如来
有法眼須菩提於意云何如来有佛眼不如
是世尊如来有佛眼須菩提於意云何恒河
中所有沙佛說是沙不如是世尊如来說是
沙須菩提於意云何如一恒河中所有沙有
如是沙等恒河是諸恒河所有沙數佛世界
如是寧為多不甚多世尊佛告須菩提尒所
國土中所有衆生若干種心如来悉知何以
故如来說諸心皆為非心是名為心所以者
何須菩提過去心不可得現在心不可得未
来心不可得須菩提於意云何若有人滿三

BD04598號　金剛般若波羅蜜經　（12–9）

如是寧爲多不甚多世尊佛告須菩提尒所
國土中所有衆生若干種心如來悉知何以
故如來說諸心皆爲非心是名爲心所以者
何須菩提過去心不可得現在心不可得未
來心不可得須菩提於意云何若有人滿三
千大千世界七寶以用布施是人以是因緣
得福多不如是世尊此人以是因緣得福甚
多須菩提若福德有實如來不說得福德
多福德无故如來說德福多
須菩提於意云何佛可以具足色身見不不
也世尊如來不應以具足色身見何以故如來
說具足色身即非具足色身是名具足色身
須菩提於意云何如來可以具足諸相見不
不也世尊如來不應以具足諸相見何以故
如來說諸相具足即非具足是名諸相具足
須菩提汝勿謂如來作是念我當有所說法
莫作是念何以故若人言如來有所說法即
爲謗佛不能解我所說故須菩提說法者无
法可說是名說法須菩提白佛言世尊佛得
阿耨多羅三藐三菩提爲无所得耶如是如
是須菩提我於阿耨多羅三藐三菩提乃至
无有少法可得是名阿耨多羅三藐三菩提
復次須菩提是法平等无有高下是名阿耨
多羅三藐三菩提以无我无人无衆生无壽
者脩一切善法則得阿耨多羅三藐三菩提
須菩提所言善法者如來說非善法是名善
法須菩提若三千大千世界中所有諸須弥

復次須菩提是法平等无有高下是名阿耨
多羅三藐三菩提以无我无人无衆生无壽
者脩一切善法則得阿耨多羅三藐三菩提
須菩提所言善法者如來說非善法是名善
法須菩提若三千大千世界中所有諸須弥
山王如是等七寶聚有人持用布施若人以此
般若波羅蜜經乃至四句偈等受持讀誦爲
他人說於前福德百分不及一百千万億分
乃至筭數譬喻所不能及
須菩提於意云何汝等勿謂如來作是念我
當度衆生須菩提莫作是念何以故實无有
衆生如來度者若有衆生如來度者如來則
有我人衆生壽者須菩提如來說有我者則
非有我而凡夫之人以爲有我須菩提凡夫
者如來說則非凡夫須菩提於意云何可以
三十二相觀如來不須菩提言如是如是以
三十二相觀如來佛言須菩提若以三十二
相觀如來者轉輪聖王則是如來須菩提
白佛言世尊如我解[illegible]所說義不應以三十
二相觀如來尒時世[illegible]偈言
若以色見我以音聲求[illegible]邪道不能見如來
須菩提汝若作是念如[illegible]
阿耨多羅三藐三菩[illegible]
來不以具足相故得[illegible]
須菩提汝若作是念發阿[illegible]
[illegible]諸法斷滅相莫作[illegible]
藐三菩提者於法[illegible]

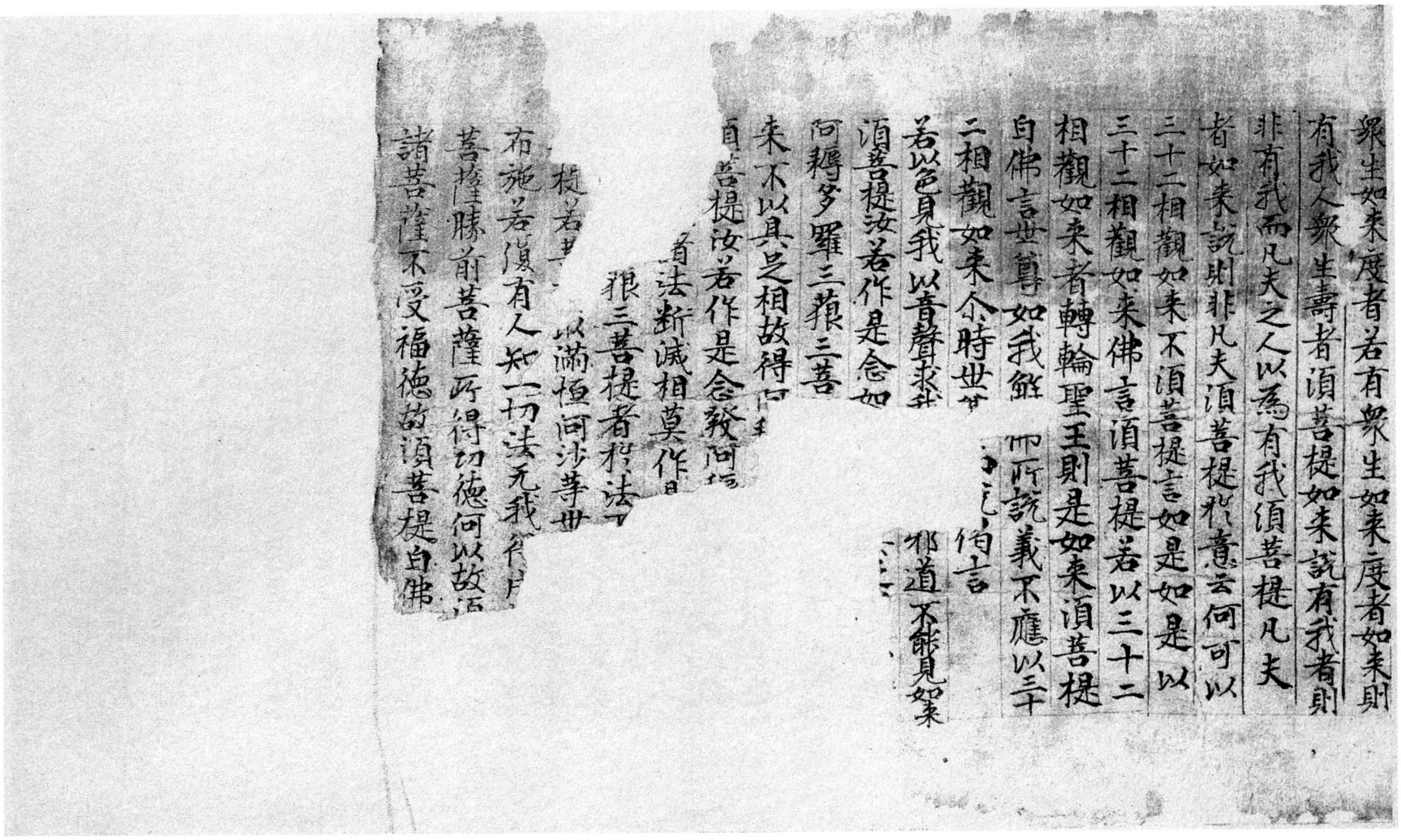

衆生如來度者若有衆生如來度者如來則
有我人衆生壽者須菩提如來說有我者則
非有我而凡夫之人以為有我須菩提凡夫
者如來說則非凡夫須菩提於意云何可以
三十二相觀如來不須菩提言如是如是以
三十二相觀如來佛言須菩提若以三十二
相觀如來者轉輪聖王則是如來須菩提
白佛言世尊如我解佛所說義不應以三十
二相觀如來尒時世尊　偈言
若以色見我以音聲求我　邪道不能見如來
須菩提汝若作是念如
阿耨多羅三藐三菩
來不以具足相故得
須菩提汝若作是念發阿
者法斷滅相莫作
藐三菩提者於法不
提若　以滿恒河沙等世
布施若復有人知一切法无我
菩薩勝前菩薩所得功德何以故須
諸菩薩不受福德故須菩提白佛

BD04598號　金剛般若波羅蜜經　　（12–12）

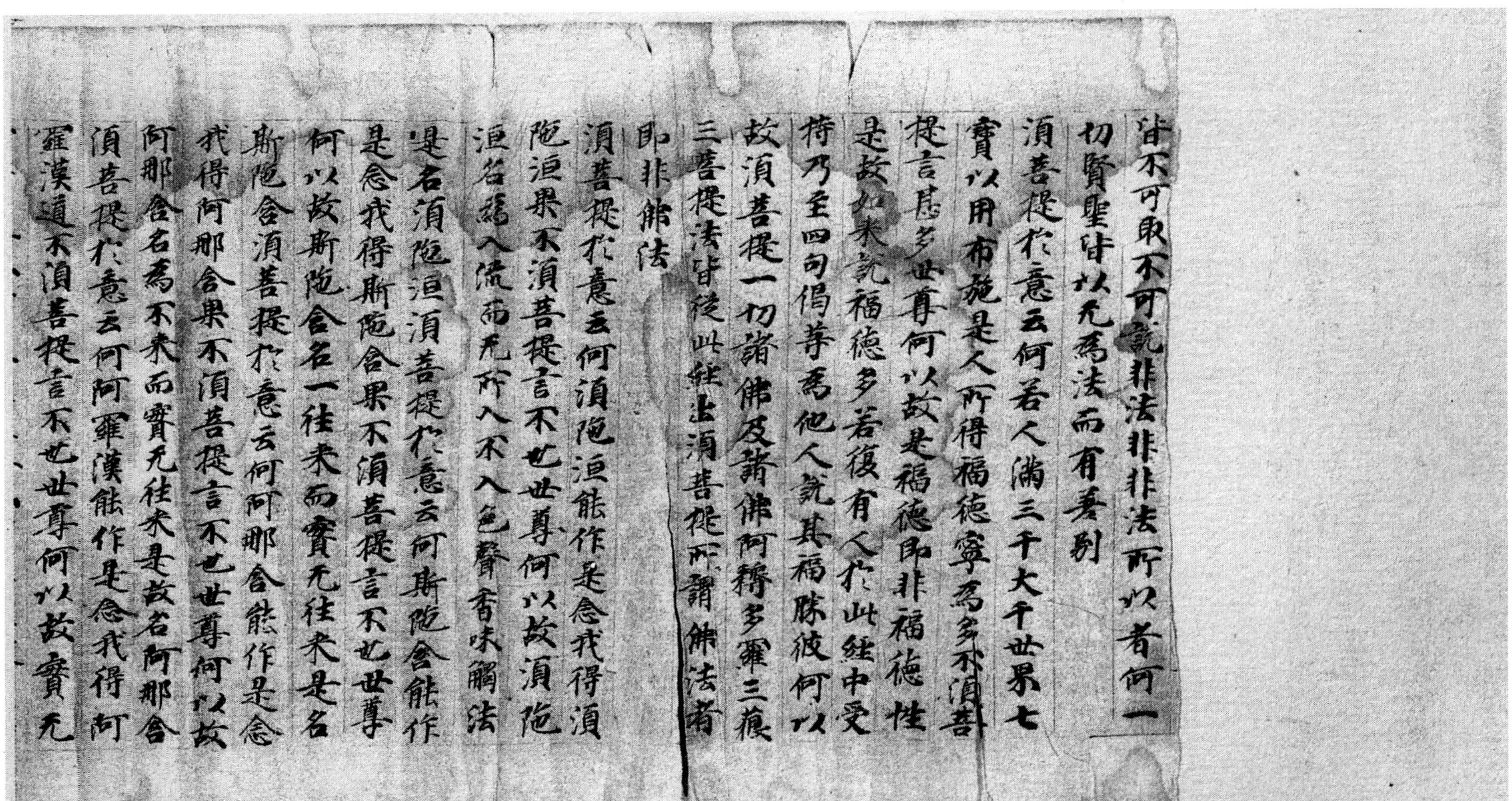

皆不可取不可說非法非非法所以者何一
切賢聖皆以无為法而有差別
須菩提於意云何若人滿三千大千世界七
寶以用布施是人所得福德寧為多不須菩
提言甚多世尊何以故是福德即非福德性
是故如來說福德多若復有人於此經中受
持乃至四句偈等為他人說其福勝彼何以
故須菩提一切諸佛及諸佛阿耨多羅三藐
三菩提法皆從此經出須菩提所謂佛法者
即非佛法
須菩提於意云何須陁洹能作是念我得須
陁洹果不須菩提言不也世尊何以故須陁
洹名為入流而无所入不入色聲香味觸法
是名須陁洹須菩提於意云何斯陁含能作
是念我得斯陁含果不須菩提言不也世尊
何以故斯陁含名一往來而實无往來是名
斯陁含須菩提於意云何阿那含能作是念
我得阿那含果不須菩提言不也世尊何以故
阿那含名為不來而實无往來是故名阿那含
須菩提於意云何阿羅漢能作是念我得阿
羅漢道不須菩提言不也世尊何以故實无

BD04599號　金剛般若波羅蜜經　　（2–1）

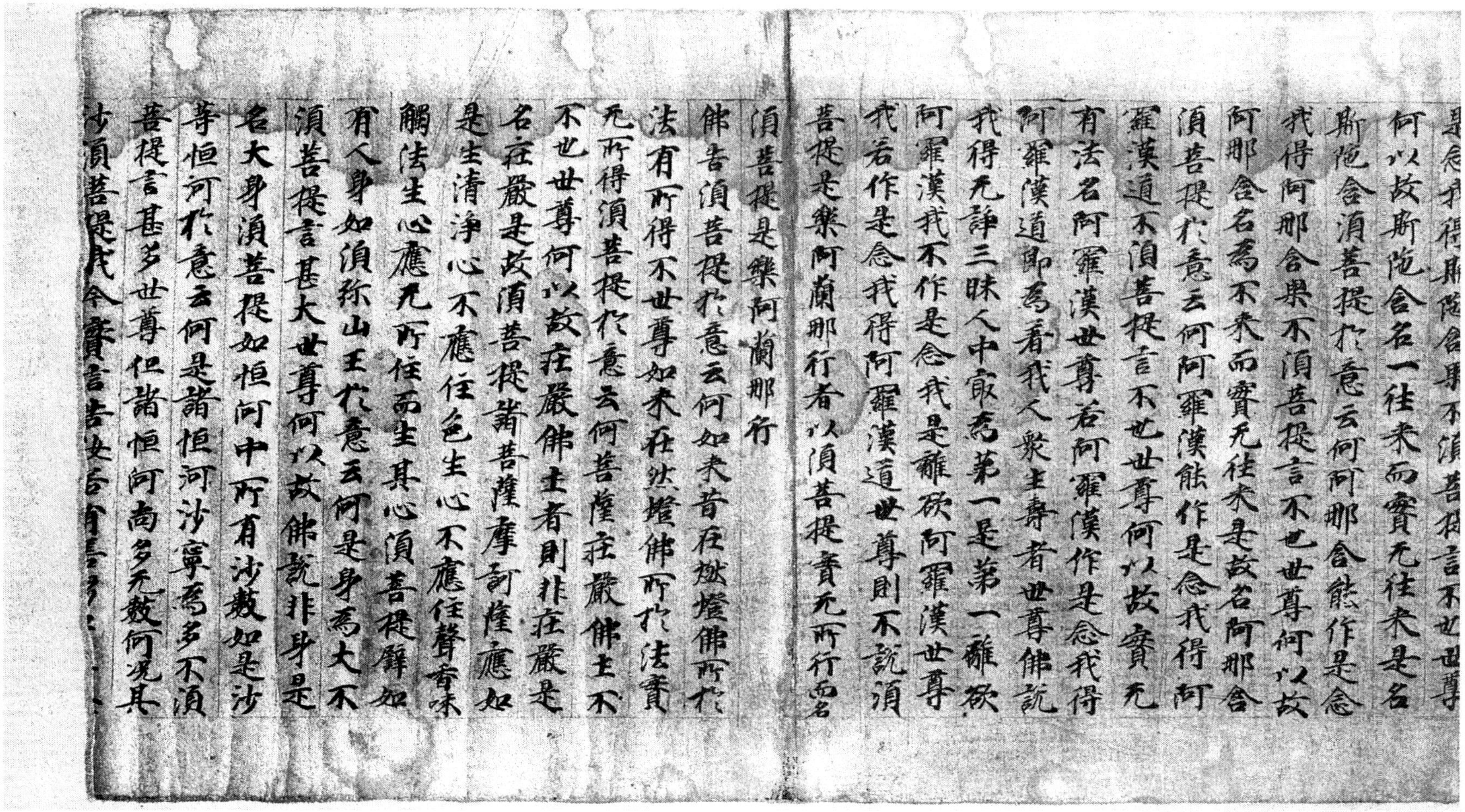

是念我得斯陀含果不須菩提言不也世尊
何以故斯陀含名一往來而實无往來是名
斯陀含須菩提於意云何阿那含能作是念
我得阿那含果不須菩提言不也世尊何以故
阿那含名為不來而實无來是故名阿那含
須菩提於意云何阿羅漢能作是念我得阿
羅漢道不須菩提言不也世尊何以故實无
有法名阿羅漢世尊若阿羅漢作是念我得
阿羅漢道即為著我人衆生壽者世尊佛說
我得无諍三昧人中最為第一是第一離欲
阿羅漢我不作是念我是離欲阿羅漢世尊
我若作是念我得阿羅漢道世尊則不說須
菩提是樂阿蘭那行者以須菩提實无所行而名
須菩提是樂阿蘭那行
佛告須菩提於意云何如來昔在然燈佛所於
法有所得不世尊如來在然燈佛所於法實
无所得須菩提於意云何菩薩莊嚴佛土不
不也世尊何以故莊嚴佛土者則非莊嚴是
名莊嚴是故須菩提諸菩薩摩訶薩應如
是生清淨心不應住色生心不應住聲香味
觸法生心應无所住而生其心須菩提譬如
有人身如須弥山王於意云何是身為大不
須菩提言甚大世尊何以故佛說非身是
名大身須菩提如恒河中所有沙數如是沙
等恒河於意云何是諸恒河沙寧為多不須
菩提言甚多世尊但諸恒河尚多无數何況其
沙須菩提我今實言告汝若有善…

BD04599 號　金剛般若波羅蜜經　（2–2）

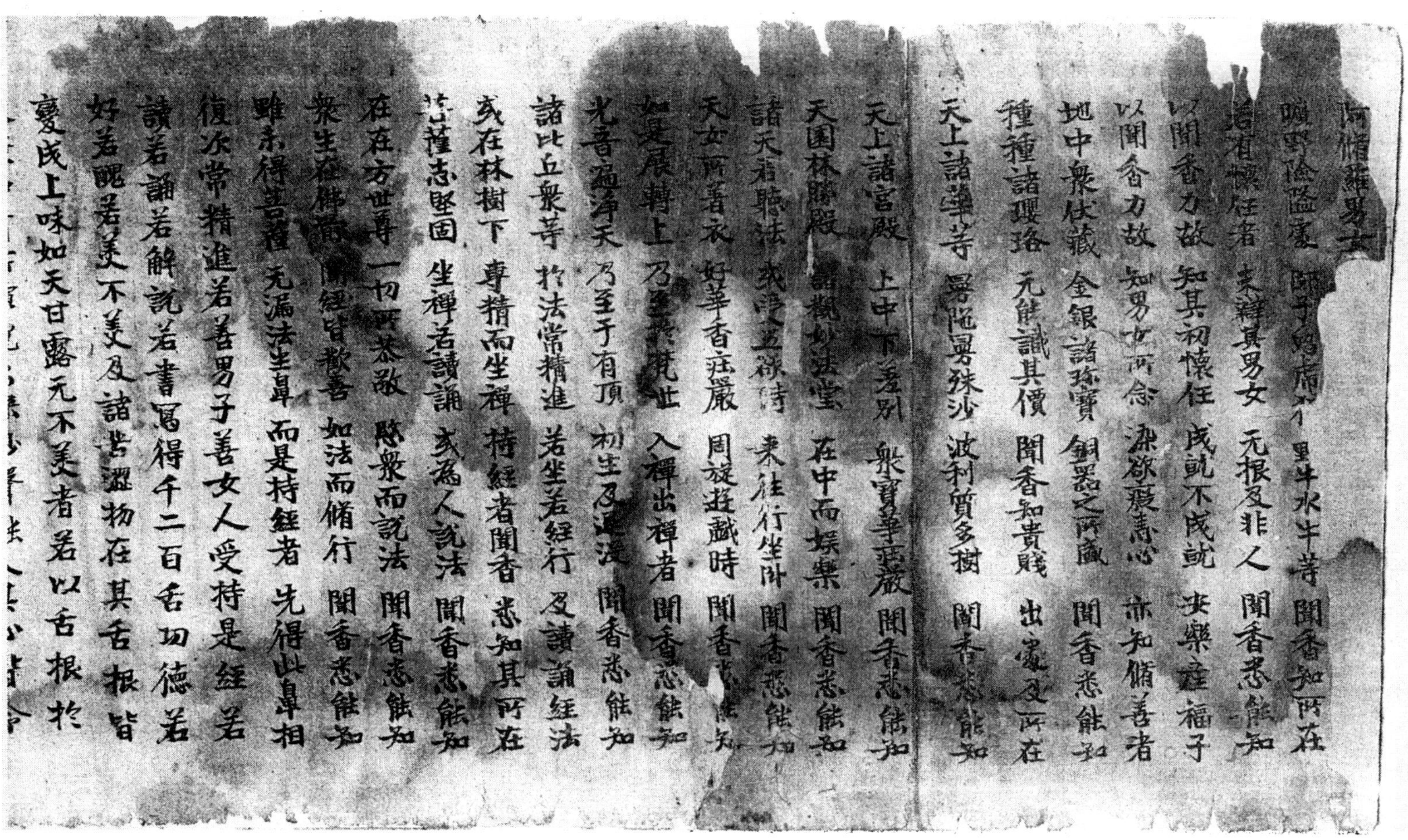

阿脩羅男女
曠野險隘處　師子象虎狼　野牛水牛等　聞香知所在
若有懷妊者　未辯其男女　无根及非人　聞香悉能知
以聞香力故　知其初懷妊　成就不成就　安樂產福子
以聞香力故　知男女所念　染欲癡恚心　亦知脩善者
地中衆伏藏　金銀諸珍寶　銅器之所盛　聞香悉能知
種種諸瓔珞　无能識其價　聞香知貴賤　出處及所在
天上諸華等　曼陀曼殊沙　波利質多樹　聞香悉能知
天上諸宮殿　上中下差別　衆寶華莊嚴　聞香悉能知
天園林勝殿　諸觀妙法堂　在中而娛樂　聞香悉能知
諸天若聽法　或受五欲時　來往行坐卧　聞香悉能知
天女所著衣　好華香莊嚴　周旋遊戲時　聞香悉能知
如是展轉上　乃至於梵世　入禪出禪者　聞香悉能知
光音遍淨天　乃至于有頂　初生及退沒　聞香悉能知
諸比丘衆等　於法常精進　若坐若經行　及讀誦經法
或在林樹下　專精而坐禪　持經者聞香　悉知其所在
菩薩志堅固　坐禪若讀誦　或為人說法　聞香悉能知
在在方世尊　一切所恭敬　愍衆而說法　聞香悉能知
衆生在佛前　聞經皆歡喜　如法而脩行　聞香悉能知
雖未得菩薩　无漏法生鼻　而是持經者　先得此鼻相
復次常精進若善男子善女人受持是經若
讀若誦若解說若書寫得千二百舌功德若
好若醜若美不美及諸苦澀物在其舌根皆
變成上味如天甘露无不美者若以舌根於
[illegible]

BD04600 號　妙法蓮華經卷六　（3–1）

如是展轉上乃至梵世 入禪出禪者 聞香悉能知
光音遍淨天 乃至于有頂 初生及退沒 聞香悉能知
諸比丘衆等 於法常精進 若坐若經行 及讀誦經法
或在林樹下 專精而坐禪 持經者聞香 悉知其所在
菩薩志堅固 坐禪若讀誦 或為人說法 聞香悉能知
在在方世尊 一切所恭敬 愍衆而說法 聞香悉能知
衆生在佛前 聞經皆歡喜 如法而脩行 聞香悉能知
雖未得菩薩 无漏法生鼻 而是持經者 先得此鼻相
復次常精進 若善男子善女人受持是經 若
讀若誦若解說若書寫 得千二百舌功德 若
好若醜 若美不美 及諸苦澁物 在其舌根 皆
變成上味 如天甘露 无不美者 若以舌根 於
大衆中有所演說 出深妙聲 能入其心 皆令
歡喜快樂 又諸天子天女 釋梵諸天 聞是深
妙音聲 有所演說言論次第 皆悉來聽 及諸
龍龍女 夜叉夜叉女 乾闥婆乾闥婆女 阿脩
羅阿脩羅女 迦樓羅迦樓羅女 緊那羅緊那
羅女 摩睺羅伽摩睺羅伽女 為聽法故 皆來
親近恭敬供養 及比丘比丘尼 優婆塞優婆
夷 國王王子 羣臣眷屬 小轉輪王 大轉輪王
七寶千子 內外眷屬 乘其宮殿 俱來聽法 以
是菩薩善說法故 婆羅門居士 國內人民 盡
其形壽 隨侍供養 又諸聲聞 辟支佛 菩薩 諸
佛 常樂見之 是人所在方面 諸佛皆向其處
說法 悉能受持一切佛法 又能出於深妙法
音 尒時世尊欲重宣此義而說偈言
是人舌根淨 終不受惡味 其有所食噉 悉皆成甘露
[illegible]

BD04600號　妙法蓮華經卷六　（3–2）

[illegible]
羅女 摩睺羅伽摩睺羅伽女 為聽法故 皆來
親近恭敬供養 及比丘比丘尼 優婆塞優婆
夷 國王王子 羣臣眷屬 小轉輪王 大轉輪王
七寶千子 內外眷屬 乘其宮殿 俱來聽法 以
是菩薩善說法故 婆羅門居士 國內人民 盡
其形壽 隨侍供養 又諸聲聞 辟支佛 菩薩 諸
佛 常樂見之 是人所在方面 諸佛皆向其處
說法 悉能受持一切佛法 又能出於深妙法
音 尒時世尊欲重宣此義而說偈言
是人舌根淨 終不受惡味 其有所食噉 悉皆成甘露
以深淨妙音 於大衆說法 以諸因緣喻 引導衆生心
聞者皆歡喜 設諸上供養 諸天龍夜叉 及阿脩羅等
皆以恭敬心 而共來聽法 是說法之人 若欲以妙音
遍滿三千界 隨意即能至 大小轉輪王 及千子眷屬
合掌恭敬心 常來聽受法 諸天龍夜叉 羅剎毗舍闍
亦以歡喜心 常樂來供養 梵天王魔王 自在大自在
如是諸天衆 常來至其所 諸佛及弟子 聞其說法音
常念而守護 或時為現身

BD04600號　妙法蓮華經卷六　（3–3）

著　録　凡　例

本目錄採用條目式著錄法。諸條目意義如下：

1.1　著錄編號。用漢語拼音首字“BD”表示，意為“北京圖書館藏敦煌遺書”，簡稱“北敦號”。文獻寫在背面者，標註為“背”。一件遺書上抄有多個文獻者，用數字 1、2、3 等標示小號。一號中包括幾件遺書，且遺書形態各自獨立者，用字母 A、B、C 等區別。

1.2　著錄分類號。本條記目錄暫不分類，該項空缺。

1.3　著錄文獻的名稱、卷本、卷次。

1.4　著錄千字文編號。

1.5　著錄縮微膠卷號。

2.1　著錄遺書的總體數據。包括長度、寬度、紙數、正面抄寫總行數與每行字數、背面抄寫總行數與每行字數。如該遺書首尾有殘破，則對殘破部分單獨度量，用加號加在總長度上。凡屬這種情況，長度用括弧標註。

2.2　著錄每紙數據。包括每紙長度及抄寫行數或界欄數。

2.3　著錄遺書的外觀。包括：(1) 裝幀形式。(2) 首尾存況。(3) 護首、軸、軸頭、天竿、縹帶，經名是書寫還是貼簽，有無經名號，扉頁、扉畫。(4) 卷面殘破情況及其位置。(5) 尾部情況。(6) 有無附加物（蟲繭、油污、線繩及其他）。(7) 有無裱補及其年代。(8) 界欄。(9) 修整。(10) 其他需要交待的問題。

2.4　著錄一件遺書抄寫多個文獻的情況。

3.1　著錄文獻首部文字與對照本核對的結果。

3.2　著錄文獻尾部文字與對照本核對的結果。

3.3　著錄錄文。

3.4　著錄對文獻的說明。

4.1　著錄文獻首題。

4.2　著錄文獻尾題。

5　著錄本文獻與對照本的不同之處。

6.1　著錄本遺書首部可與另一遺書綴接的編號。

6.2　著錄本遺書尾部可與另一遺書綴接的編號。

7.1　著錄題記、題名、勘記等。

7.2　著錄印章。

7.3　著錄雜寫。

7.4　著錄護首及扉頁的內容。

8　著錄年代。

9.1　著錄字體。如有武周新字、合體字、避諱字等，予以說明。

9.2　著錄卷面二次加工的情況。包括句讀、點標、科分、間隔號、行間加行、行間加字、硃筆、墨塗、倒乙、刪除、兌廢等。

10　著錄敦煌遺書發現後，近現代人所加內容，裝裱、題記、印章等。

11　備註。著錄揭裱互見、圖版本出處及其他需要說明的問題。

上述諸條，有則著錄，無則空缺。

為避文繁，上述著錄中出現的各種參考、對照文獻，暫且不列版本說明。全目結束時，將統一編制本條記目錄出現的各種參考書目。

本條記目錄為農曆年份標註其公曆紀年時，未進行歲頭年末之換算，請讀者使用時注意自行換算。

條　記　目　錄

BD04509—BD04600

1.1　BD04509 號
1.3　妙法蓮華經（八卷本）卷七
1.4　崗 009
1.5　105:5800
2.1　（17+286.7）×25 厘米；7 紙；186 行，行 17 字。
2.2　01：17+20，23；　02：46.0，28；　03：45.5，28；
04：46.0，28；　05：46.0，28；　06：45.7，28；
07：37.5，23。
2.3　卷軸裝。首脫尾殘。經黄打紙。第 1 紙上邊殘損，背有古代裱補。有烏絲欄。
3.1　首 10 行下殘→大正 262，9/50B23～C3。
3.2　尾殘→9/53A3。
4.1　妙法蓮華經常不輕菩薩品第廿（首）。
5　本文獻首脫，則首行為卷題的可能比為品題的可能大。故本文獻可能為八卷本。
8　8 世紀。唐寫本。
9.1　楷書。
11　圖版：《敦煌寶藏》，95/187B～191B。

1.1　BD04510 號
1.3　灌頂章句拔除過罪生死得度經
1.4　崗 010
1.5　250:7502
2.1　（2.3+362.5）×25.9 厘米；8 紙；196 行，行 17 字。
2.2　01：2.3+48.7，28；　02：50.5，28；　03：50.5，28；
04：50.4，28；　05：50.6，28；　06：50.6，28；
07：50.6，28；　08：10.6，拖尾。
2.3　卷軸裝。首殘尾全。經黄打紙，砑光上蠟。首紙下邊有水漬和鼠嚙殘損。有烏絲欄。
3.1　首行上殘→大正 1331，21/534A5。
3.2　尾全→21/536B5。
8　7～8 世紀。唐寫本。
9.1　楷書。
11　圖版：《敦煌寶藏》，106/506B～511A。

1.1　BD04511 號
1.3　大般若波羅蜜多經卷四二五
1.4　崗 011
1.5　084:3106
2.1　（2.1+137.2）×27.4 厘米；4 紙；85 行，行 17 字。
2.2　01：02.1，01；　02：45.8，28；　03：45.8，28；
04：45.6，28。
2.3　卷軸裝。首殘尾脫。上下邊有水漬殘破，第 2、3 紙接縫處下部開裂。有烏絲欄。
3.1　首行下殘→大正 220，7/134B23～24。
3.2　尾殘→7/135B21。
6.1　首→BD04517 號。
6.2　尾→BD04762 號。
8　8 世紀。唐寫本。
9.1　楷書。
11　圖版：《敦煌寶藏》，76/400A～401B。

1.1　BD04512 號
1.3　佛名經（十六卷本）卷一四
1.4　崗 012
1.5　063:0800
2.1　（2+42+2.8）×32 厘米；2 紙；27 行，行字不等。
2.2　01：2+31.5，19；　02：10.5+2.8，08。
2.3　卷軸裝。首尾均殘。有烏絲欄。
3.1　首 1 行上下殘→《七寺古逸經典研究叢書》，3/732 頁第 604 行。
3.2　尾 2 行中下殘→《七寺古逸經典研究叢書》，3/734 頁第 630～631 行。
5　與《大正藏》本對照，本件缺第 605 行。
6.1　首→BD04459 號。
6.2　尾→BD04486 號。

8　9～10世紀。歸義軍時期寫本。
9.1　楷書。
11　圖版：《敦煌寶藏》，62/346A。

1.1　BD04513號
1.3　大般若波羅蜜多經卷五二
1.4　崗013
1.5　084:2148
2.1　(1.7+47)×26厘米；2紙；28行，行17字。
2.2　01：01.7，素紙；　02：47.0，28。
2.3　卷軸裝。首殘尾脫。有烏絲欄。
3.1　首殘→大正220，5/296B15。
3.2　尾殘→5/296C15。
6.1　首→BD04455號。
6.2　尾→BD04754號。
8　8世紀。唐寫本。
9.1　楷書。
11　圖版：《敦煌寶藏》，72/113。

1.1　BD04514號
1.3　大般若波羅蜜多經卷五二
1.4　崗014
1.5　084:2141
2.1　47.9×26厘米；1紙；28行，行17字。
2.3　卷軸裝。首尾均脫。有烏絲欄。
3.1　首殘→大正220，5/294A23。
3.2　尾殘→5/294B22。
6.1　首→BD04503號。
6.2　尾→BD04328號。
8　8世紀。唐寫本。
9.1　楷書。
11　圖版：《敦煌寶藏》，72/106。

1.1　BD04515號
1.3　大般涅槃經（北本　異卷）卷三七
1.4　崗015
1.5　115:6512
2.1　(14.5+237.2)×26.5厘米；6紙；135行，行17字。
2.2　01：14.5+11，14；　02：51.0，28；　03：50.4，28；
04：50.5，28；　05：50.3，28；　06：24.0，09。
2.3　卷軸裝。首殘尾全。經黄打紙。首紙殘破嚴重，第4、5紙接縫下方開裂。有燕尾。有烏絲欄。
3.1　首7行殘→大正374，12/585A25～B3。
3.2　尾全→12/586C24。
4.2　大般涅槃經卷第卅七（尾）。
5　與《大正藏》本對照，分卷不同。經文相當於《大正藏》卷三十七迦葉菩薩品第十二之五至卷三十八迦葉菩薩品第十二之六。與諸大藏經分卷均不同。
8　7～8世紀。唐寫本。
9.1　楷書。
11　圖版：《敦煌寶藏》，100/44B～47B。

1.1　BD04516號
1.3　金剛般若波羅蜜經
1.4　崗016
1.5　094:3595
2.1　(26.5+119.7)×26厘米；4紙；82行，行17字。
2.2　01：26.5+21.5，26；　02：47.5，27；　03：47.5，27；
04：03.2，02。
2.3　卷軸裝。首全尾殘。經黄紙。卷首右下殘缺，卷面有等距離殘洞。已修整。有烏絲欄。
3.1　首14行下殘→大正235，8/748C17～749A3。
3.2　尾殘→8/749C18。
4.1　金剛般若波羅蜜經（首）。
8　7～8世紀。唐寫本。
9.1　楷書。
11　圖版：《敦煌寶藏》，79/46B～48A。

1.1　BD04517號
1.3　大般若波羅蜜多經卷四二五
1.4　崗017
1.5　084:3105
2.1　(11.8+74.1+2.1)×27.3厘米；2紙；53行，行17字。
2.2　01：11.8+30.8，25；　02：43.3+2.1，28。
2.3　卷軸裝。首殘尾脫。第2紙接縫處下開裂。有烏絲欄。
3.1　首6行上中殘→大正220，7/133C27～134A4。
3.2　尾行上殘→7/134B23～24。
4.1　□…□三藏法師玄奘奉詔譯（首）。
6.2　尾→BD04511號。
8　8世紀。唐寫本。
9.1　楷書。
11　圖版：《敦煌寶藏》，76/398B～399B。

1.1　BD04518號
1.3　佛名經（十六卷本）卷一
1.4　崗018
1.5　061:0542
2.1　(31.5+7)×32厘米；2紙；22行，行23字。
2.2　01：16.5，09；　02：15+7，13。
2.3　卷軸裝。首斷尾殘。有烏絲欄。
3.1　首殘→《七寺古逸經典研究叢書》，3/36頁第391行。
3.2　尾4行殘→《七寺古逸經典研究叢書》，3/37頁第413行～38頁第419行。
8　9～10世紀。歸義軍時期寫本。

9.1 楷書。
9.2 有刮改。
11 圖版:《敦煌寶藏》,59/639B。

1.1 BD04519 號
1.3 四分比丘尼戒本
1.4 崗 019
1.5 157:6955
2.1 (2+951.5)×26 厘米;22 紙;正面 613 行,行 21 字;背面 6 行,殘片。
2.2 01:2+17,12; 02:46.5,30; 03:46.5,30;
04:46.5,30; 05:46.5,30; 06:47.0,30;
07:46.5,30; 08:46.5,30; 09:46.5,30;
10:47.0,30; 11:46.5,30; 12:46.5,30;
13:46.5,30; 14:46.5,30; 15:33.0,21;
16:46.5,30; 17:46.5,30; 18:45.5,31;
19:45.5,31; 20:46.0,31; 21:45.5,31;
22:20.5,06。
2.3 卷軸裝。首殘尾全。第 2、3、10 紙下部破裂,第 4、17 紙上部撕裂。卷尾有竹製天竿,繫有縹帶,長 22 厘米,為 2 截繫在一起,一為棕色,一為紫色。背有古代裱補。有烏絲欄,界欄頂天立地。
2.4 本遺書包括 2 個文獻:(一)《四分比丘尼戒本》,613 行,抄寫在正面,今編為 BD04519 號。(二)《社司轉帖》(擬),6 行,抄寫在背面兩張古代裱補紙上,今編為 BD04519 號背。
3.1 首 1 行上殘→大正 1431,22/1032B5。
3.2 尾全→1432,22/1041A18。
4.2 四分比丘尼戒本一卷(尾)。
8 8~9 世紀。吐蕃統治時期寫本。
9.1 楷書。
11 圖版:《敦煌寶藏》,103/87A~100A。

1.1 BD04519 號背
1.3 社司轉帖(擬)
1.4 崗 019
1.5 157:6955
2.4 本遺書由 2 個文獻組成,本號為第 2 個,6 行,抄寫在背面兩張古代裱補紙上,兩紙字跡相互顛倒。餘參見 BD04519 號之第 2 項、第 11 項。
3.3 錄文:
第一張:
□…□遞□…□/
□…□違罰□…□/
□…□分付□…□/

第二張:
□…□升(?)□…□/
□…□年知 王□…□/
□…□湯金□…□/
□…□真知□…□
(錄文完)
3.4 説明:
兩張裱補紙原為同一文獻。
8 8~9 世紀。歸義軍時期寫本。
9.1 楷書。

1.1 BD04520 號
1.3 金光明最勝王經卷四
1.4 崗 020
1.5 083:1647
2.1 (4+134.5)×25.5 厘米;3 紙;82 行,行 17 字。
2.2 01:4+40,26; 02:47.0,28; 03:47.5,28。
2.3 卷軸裝。首全尾脱。卷首尾殘破嚴重。已修整。有烏絲欄。
3.1 首 2 行中殘→大正 665,16/417C19~22。
3.2 尾殘→16/418C21。
4.1 金光明最勝王經最淨□…□品第六,四,三藏法師義淨奉制譯(首)。
8 8 世紀。唐寫本。
9.1 楷書。
11 圖版:《敦煌寶藏》,69/69B~81A。

1.1 BD04521 號
1.3 大般若波羅蜜多經卷五二
1.4 崗 021
1.5 084:2144
2.1 48×26 厘米;1 紙;28 行,行 17 字。
2.3 卷軸裝。首尾均脱。有烏絲欄。
3.1 首殘→大正 220,5/295A20。
3.2 尾殘→5/295B18。
6.1 首→BD04349 號。
6.2 尾→BD04340 號。
8 8 世紀。唐寫本。
9.1 楷書。
11 圖版:《敦煌寶藏》,72/109。

1.1 BD04522 號
1.3 金剛般若波羅蜜經
1.4 崗 022
1.5 094:3908
2.1 (22.5+409.2)×26 厘米;11 紙;242 行,行 17 字。
2.2 01:13.5,08; 02:9+34.5,25; 03:44.3,25;
04:44.5,25; 05:44.5,26; 06:44.3,25;
07:44.5,25; 08:44.6,25; 09:44.5,25;
10:44.5,25; 11:19.0,08。

2.3　卷軸裝。首殘尾全。卷首殘破，右下殘缺；卷尾有殘洞。背有古代裱補。有烏絲欄。
3.1　首 13 行下殘→大正 235，8/749C2～14。
3.2　尾全→8/752C3。
4.2　金剛般若波羅蜜經（尾）。
5　與《大正藏》本對照，本卷經文無冥司偈，參見《大正藏》，8/751C16～19。
8　8 世紀。唐寫本。
9.1　楷書。
11　圖版：《敦煌寶藏》，81/152B～158A。

1.1　BD04523 號
1.3　四分比丘尼戒本
1.4　崗 023
1.5　157:6962
2.1　（5.5+50）×25.8 厘米；3 紙；36 行，行 22 字。
2.2　01：5.5+4，06；　02：32.0，21；　03：14.0，09。
2.3　卷軸裝。首尾均殘。卷首殘破嚴重，有土渣污穢；卷中殘損破裂。背有古代裱補。有烏絲欄。
3.1　首 4 行中下殘→大正 1431，22/1031B16。
3.2　尾殘→22/1032A14。
8　8～9 世紀。吐蕃統治時期寫本。
9.1　楷書。
11　圖版：《敦煌寶藏》，103/153B～154A。

1.1　BD04524 號
1.3　維摩詰所說經卷中
1.4　崗 024
1.5　070:1195
2.1　56.5×26 厘米；2 紙；33 行，行 20 字。
2.2　01：47.5，28；　02：09.0，05。
2.3　卷軸裝。首脫尾殘。有烏絲欄。
3.1　首殘→大正 475，14/549C22。
3.2　尾殘→14/550B28。
6.1　首→BD04500 號。
6.2　尾→BD04652 號。
8　8～9 世紀。吐蕃統治時期寫本。
9.1　楷書。
11　圖版：《敦煌寶藏》，65/642B～643A。

1.1　BD04525 號
1.3　妙法蓮華經度量天地品
1.4　崗 025
1.5　409:8564
2.1　（2+140.8）×27.3 厘米；4 紙；正面 93 行，行 17～19 字；背面 27 行，行字不等。
2.2　01：2+41.5，28；　02：42.5，28；　03：43.0，28；　04：13.8，09。
2.3　卷軸裝。首脫尾斷。有烏絲欄。
2.4　本遺書包括 2 個文獻：（一）《妙法蓮華經度量天地品》，93 行，抄寫在正面，今編為 BD04525 號。（二）《如來九觀》（擬），抄寫在背面，27 行，今編為 BD04525 號背。
3.4　說明：

本文獻首行中殘，尾殘。為中國人所撰佛典，未為歷代大藏經所收。
8　8～9 世紀。吐蕃統治時期寫本。
9.1　楷書。
11　圖版：《敦煌寶藏》，110/588A～591A。

1.1　BD04525 號背
1.3　如來九觀（擬）
1.4　崗 025
1.5　409:8564
2.4　本遺書由 2 個文獻組成，本號為第 2 個，27 行。餘參見 BD04525 號之第 2 項、第 11 項。
3.3　錄文：

一星喻見，二翳喻相，三燈喻識，四幻喻器，/
五露喻身，六泡喻受，七夢［喻］過去，八電喻現在，/
九雲喻未來。/
夫星雖夜燭，遇朝陽而不現；見雖邪決，逢正（?）魔必盡。此其同也。翳，眼/
之見毛輪，雖似有而非實。見，心所鑒之境，亦相而是空。此其同也。/
燈光依油炷而住，薪薪謝滅；識性依我愛，亦念念無常。/
此其同也。幻雖千變，智者審其非實；器雖萬像、觀者了之/
爲無。此其同也。露雖夜泫，遇朝陽而必晞；身雖暫，逢死魔而必壞。/
此其同也。風擊水而成泡，觸會境而生受；離風水而無泡，離觸/
力而無受。過去之境，非證智而所知；眠夢所遊，亦念心而所/
錄。此其同也。電光閃爍，僅似有而即無；現法亦而（爾），纔得體便滅。/
此其同也。雲浮在空，能作生雨之因；種子在識，能爲感報之本。/
以雲約雨，雨在未來而是無；以種約報，報在當生而不現。/
此其同也。如來得此九觀，故能行生死而不動。不動是法，即動則魔網也。如星翳燈幻，皆爲喻無常。/
（錄文完）
7.3　卷面有雜寫 12 行，內容大多為經名雜寫、經文雜寫等，出現的經名有“大乘百法明門論”、“佛說摩訶波若波羅蜜經”、“般若波羅蜜多心經”等。還有“張公把酒李公醉”、“張弓謂箭

三男無家我與”云云。
8　8～9 世紀。吐蕃統治時期寫本。
9.1　楷書。

1.1　BD04526 號
1.3　維摩詰所說經卷中
1.4　崗 026
1.5　070:1106
2.1　37×27.5 厘米；1 紙；25 行，行 23～26 字。
2.3　卷軸裝。首脫尾斷。有烏絲欄。
3.1　首殘→大正 475，14/545C24。
3.2　尾殘→14/546B6。
8　8 世紀。唐寫本。
9.1　楷書。
11　圖版：《敦煌寶藏》，65/349。

1.1　BD04527 號
1.3　大般涅槃經（北本）卷一三
1.4　崗 027
1.5　115:6371
2.1　（1.5+72.5+1.5）×25.5 厘米；2 紙；47 行，行 17 字。
2.2　01：1.5+34，22；　02：38.5+1.5，25。
2.3　卷軸裝。首尾均殘。有烏絲欄。
3.1　首行下殘→大正 374，12/443B17。
3.2　尾行上殘→12/444A5～6。
6.1　首→BD04643 號。
6.2　尾→BD04750 號。
8　8～9 世紀。吐蕃統治時期寫本。
9.1　楷書。
11　圖版：《敦煌寶藏》，98/423A～424A。

1.1　BD04528 號
1.3　金剛般若波羅蜜經
1.4　崗 028
1.5　094:3772
2.1　（1.5+440.1）×25 厘米；10 紙；260 行，行 17 字。
2.2　01：1.5+17，11；　02：47.0，28；　03：46.8，28；
04：47.3，28；　05：47.0，28；　06：47.0，28；
07：47.0，28；　08：47.0，28；　09：47.0，28；
10：47.0，25。
2.3　卷軸裝。首殘尾全。經黄紙。第 2、3 紙有竪裂。背有古代裱補。有烏絲欄。
3.1　首 1 行下殘→大正 235，8/749B8～9。
3.2　尾全→8/752C3。
4.2　金剛般若波羅蜜經（尾）。
5　與《大正藏》本對照，本卷經文無冥司偈，參見《大正藏》，8/751C16～19。

8　7～8 世紀。唐寫本。
9.1　楷書。
11　圖版：《敦煌寶藏》，80/268A～274A。

1.1　BD04529 號
1.3　佛名經（十六卷本）卷一四
1.4　崗 029
1.5　063:0794
2.1　486.4×27.5 厘米；13 紙；251 行，行 17 字。
2.2　01：07.8，03；　02：39.8，19；　03：39.8，19；
04：39.8，18；　05：39.0，20；　06：40.0，23；
07：40.0，22；　08：40.0，21；　09：40.0，21；
10：40.0，21；　11：40.0，21；　12：40.2，21；
13：40.0，22。
2.3　卷軸裝。首殘尾脫。第 4 紙上部破裂，第 6、7 紙接縫上部開裂。尾有蟲繭。背有古代裱補。有烏絲欄。
3.1　首殘→《七寺古逸經典研究叢書》，3/720 頁第 442 行。
3.2　尾殘→《七寺古逸經典研究叢書》，3/738 頁第 692 行。
8　7～8 世紀。唐寫本。
9.1　楷書。
11　圖版：《敦煌寶藏》，62/330A～335B。

1.1　BD04530 號 1
1.3　金光明最勝王經卷六
1.4　崗 030
1.5　083:1805
2.1　（282.4+7）×32 厘米；7 紙；223 行，行 28 字。
2.2　01：45.0，35；　02：44.8，35；　03：44.8，33；
04：44.3，35；　05：44.8，35；　06：44.8，35；
07：13.9+7，15。
2.3　卷軸裝。首脫尾殘。卷面有黴斑。全卷脫開為 3 截：第 1～4 紙為一截，第 5 紙為一截，第 6、7 紙為一截。有烏絲欄。
2.4　本遺書包括 2 個文獻：（一）《金光明最勝王經》卷六，77 行，今編為 BD04530 號 1。（二）《金光明最勝王經》卷七，147 行，今編為 BD04530 號 2。
3.1　首殘→大正 665，16/431A7。
3.2　尾全→16/432C10。
4.2　金光明最勝王經卷第六（尾）。
7.3　卷背有雜寫多處，其中有“康再成”、“康再成鄉官”、“康文”、“康再（？）言”等人名。又有“康内（？）社（？）夫”、“咸通九，學生康文書記。天子君五月。子曰李什齋欠事以人張安”、“欠底”等。
8　8～9 世紀。吐蕃統治時期寫本。
9.1　楷書。
11　圖版：《敦煌寶藏》，70/140B～144A。

1.1　BD04530 號 2

1.3　金光明最勝王經卷七
1.4　崗 030
1.5　083: 1805
2.4　本遺書由 2 個文獻組成，本號為第 2 個，147 行。餘參見 BD04530 號 1 之第 2 項、第 11 項。
3.1　首全→大正 665，16/432C13。
3.2　尾 5 行上殘→16/436A1～10。
4.1　金光明最勝王經無染著陀羅尼品第十三，七，三藏法師義淨奉制譯（首）。
8　8～9 世紀。吐蕃統治時期寫本。
9.1　楷書。
9.2　有倒乙。

1.1　BD04531 號
1.3　金剛般若波羅蜜經
1.4　崗 031
1.5　094: 3829
2.1　47.5×26.5 厘米；1 紙；28 行，行 17 字。
2.3　卷軸裝。首尾均脫。下邊有破損。有烏絲欄。
3.1　首殘→大正 235，8/749B20。
3.2　尾殘→8/749C19。
8　7～8 世紀。唐寫本。
9.1　楷書。
11　圖版：《敦煌寶藏》，80/492B～493A。

1.1　BD04532 號
1.3　妙法蓮華經卷六
1.4　崗 032
1.5　105: 5750
2.1　120.6×24.5 厘米；3 紙；73 行，行 17 字。
2.2　01：29.0，17；　02：45.8，28；　03：45.8，28。
2.3　卷軸裝。首殘尾脫。卷面多水漬及黴斑。有烏絲欄。
3.1　首殘→大正 262，9/49C22。
3.2　尾殘→9/50C28。
6.1　首→BD04600 號。
6.2　尾→BD04568 號。
8　8 世紀。唐寫本。
9.1　楷書。
11　圖版：《敦煌寶藏》，94/612B～614A。

1.1　BD04533 號
1.3　大般若波羅蜜多經卷四九〇
1.4　崗 033
1.5　084: 3225
2.1　（1.7+90.8）×25.4 厘米；2 紙；56 行，行 17 字。
2.2　01：1.7+44.5，28；　02：46.3，28。
2.3　卷軸裝。首殘尾脫。有烏絲欄。
3.1　首行下殘→大正 220，7/493B11～12。
3.2　尾殘→7/494A9。
6.1　首→BD04669 號。
6.2　尾→BD04454 號。
8　8～9 世紀。吐蕃統治時期寫本。
9.1　楷書。
9.2　有行間校加字。
11　圖版：《敦煌寶藏》，77/2B～3B。

1.1　BD04534 號
1.3　大般若波羅蜜多經卷三八二
1.4　崗 034
1.5　084: 3039
2.1　（53.7+3.7）×25.8 厘米；2 紙；33 行，行 17 字。
2.2　01：45.0，26；　02：8.7+3.7，07。
2.3　卷軸裝。首全尾殘。卷首殘破。卷背有鳥糞。有烏絲欄。
3.1　首全→大正 220，6/972A8。
3.2　尾 2 行下殘→6/972B13～14。
4.1　大般若波羅蜜多經卷第三百八十二，/初分諸功德相品第六十八之四，三藏法師玄奘奉詔譯/（首）。
8　8～9 世紀。吐蕃統治時期寫本。
9.1　楷書。
11　圖版：《敦煌寶藏》，76/170B～171A。

1.1　BD04535 號
1.3　金光明最勝王經卷九
1.4　崗 035
1.5　083: 1912
2.1　（13.4+635.1）×25.2 厘米；16 紙；正面 393 行，行 17 字；背面 31 行，行 20 餘字。
2.2　01：08.7，05；　02：4.7+40，28；　03：44.8，28；
04：45.0，28；　05：45.0，28；　06：45.0，28；
07：45.0，28；　08：45.0，28；　09：45.0，28；
10：45.0，28；　11：45.0，28；　12：45.0，28；
13：44.3，28；　14：44.5，28；　15：44.5，24；
16：12.0，拖尾。
2.3　卷軸裝。首殘尾全。卷首右下殘缺，卷面有黑色污穢，第 13 紙斷裂爲 2 截。尾有原軸，兩端塗棕色漆。背有古代裱補。已修整。有烏絲欄。
2.4　本遺書包括 2 個文獻：（一）《金光明最勝王經》卷九，393 行，抄寫在正面，今編為 BD04535 號。（二）《五臺山讃》，抄寫在背面，31 行，今編為 BD04535 號背。
3.1　首 8 行下殘→大正 665，16/444C6～13。
3.2　尾全→16/450C15。
4.2　金光明最勝王經卷第九（尾）。
5　尾附音義。
8　7～8 世紀。唐寫本。

9.1 楷書。
11 圖版：《敦煌寶藏》，70/635B～644B。

1.1 BD04535 號背
1.3 五臺山讚
1.4 崗 035
1.5 083：1912
2.4 本遺書由 2 個文獻組成，本號為第 2 個，31 行。餘參見 BD04535 號之第 2 項、第 11 項。
3.1 首全→《敦煌歌辭總編》，中/第 833 頁第 4 行。
3.2 尾全→《敦煌歌辭總編》，中/第 864 行第 4 行。
5 與《敦煌歌辭總編》錄文相比，本文獻有脫落，文多錯訛。
7.3 首 2 行爲《五臺山讚》讚文雜寫。察其形態，應為錯抄後廢棄，然後從頭開始抄寫。
8 7～8 世紀。唐寫本。
9.1 楷書。
9.2 有行間校加字。有倒乙。有重文號。有刪除號。
11 卷端有 3 行係重抄。

1.1 BD04536 號
1.3 大乘密嚴經（地婆訶羅本）卷中
1.4 崗 036
1.5 040：0380
2.1 （2.5＋62.5＋1）×26.5 厘米；2 紙；44 行，行 17 字。
2.2 01：2.5＋25.5，19； 02：37＋1，25。
2.3 卷軸裝。首尾均殘。有烏絲欄。
3.1 首 2 行中下殘→大正 681，16/733B26～29。
3.2 尾行中下殘→16/734A23。
5 與《大正藏》本比較，分段略有不同。
6.1 首→BD04506 號。
6.2 尾→BD04498 號。
8 8～9 世紀。吐蕃統治時期寫本。
9.1 楷書。
11 圖版：《敦煌寶藏》，58/466B～467B。

1.1 BD04537 號
1.3 妙法蓮華經（原缺）
1.4 崗 037
1.5
3.4 說明：
查原京師圖書館《敦煌石室經卷總目》第五冊，卷首目錄稱“（崗字）第三十七卷裝裱”，卷中將本遺書著錄為“開元五年《法華經》”，長為3丈4尺5寸。起字為“提轉”，止字為“解卷”。天頭註“此卷裝裱”，又註“未見”。另粘浮簽一張，上書：“崗字卅七卷被竊失去，未經追回（空盒收回）。”
陳垣《敦煌劫餘錄》對此號未作著錄，僅記載：“崗 37 號已裝裱。民國六年（1917）被竊，僅存空匣。”
此即《敦煌石室經卷總目》第八冊民國七年（1918）趙憲曾題記中所謂“去年被魏家驥等盜竊一卷，已送審判廳判罪。教追，尚未追回”者。
依據上述著錄，該卷應為《妙法蓮華經》，有開元五年（717）題記。詳情待考。

1.1 BD04538 號
1.3 無量壽宗要經
1.4 崗 038
1.5 275：8023
2.1 （8＋33）×31.5 厘米；1 紙；22 行，行 30 餘字。
2.3 卷軸裝。首脫尾全。上邊殘損。有烏絲欄。
3.1 首 5 行上下殘→大正 936，19/84B15～28。
3.2 尾全→19/84C29。
4.2 佛說無量壽宗要經（尾）。
7.1 尾有硃筆題名“呂日興”。
8 8～9 世紀。吐蕃統治時期寫本。
9.1 楷書。
11 圖版：《敦煌寶藏》，108/538A。

1.1 BD04539 號
1.3 無量壽宗要經
1.4 崗 039
1.5 275：7818
2.1 178×31 厘米；4 紙；113 行，行 30 餘字。
2.2 01：44.5，29； 02：44.5，30； 03：44.5，30； 04：44.5，24。
2.3 卷軸裝。首尾均全。第 1 紙上邊殘缺，卷面有蟲繭和殘洞。有烏絲欄。
3.1 首全→大正 936，19/82A3。
3.2 尾全→19/84C29。
4.1 大乘無量壽經（首）。
4.2 佛說無量壽宗要經（尾）。
8 8～9 世紀。吐蕃統治時期寫本。
9.1 楷書。
11 圖版：《敦煌寶藏》，108/31B～33B。

1.1 BD04540 號
1.3 妙法蓮華經卷六
1.4 崗 040
1.5 105：5860
2.1 112×25 厘米；3 紙；67 行，行 17 字。
2.2 01：45.0，28； 02：46.0，28； 03：21.0，11。
2.3 卷軸裝。首殘尾全。接縫處有開裂。有烏絲欄。
3.1 首殘→大正 262，9/54A25。
3.2 尾全→9/55A9。

4.2　妙法蓮華經卷第六（尾）。
6.1　首→BD04575 號。
8　8 世紀。唐寫本。
9.1　楷書。
9.2　有硃筆斷句及校改。
11　圖版：《敦煌寶藏》，95/394B～396A。

1.1　BD04541 號
1.3　金剛般若波羅蜜經
1.4　崗 041
1.5　094:4111
2.1　（2.3＋327.5）×27.7 厘米；7 紙；正面 188 行，行 17 字；背面 2 行，藏文。
2.2　01：2.3＋34.5，21；　02：49.5，28；　03：49.0，28；
04：49.0，28；　05：49.0，28；　06：48.5，28；
07：48.0，27。
2.3　卷軸裝。首殘尾全。卷首有殘損破裂，第 4～7 紙紙間接縫處有開裂。背有古代裱補。已修整。
2.4　本遺書包括 2 個文獻：（一）《金剛般若波羅蜜經》，188 行，抄寫在正面，今編為 BD04541 號。（二）藏文，2 行，抄寫在背面裱補紙上，今編為 BD04541 號背。
3.1　首 1 行中殘→大正 235，8/750B1。
3.2　尾全→8/752C2。
5　與《大正藏》本對照，本卷經文無冥司偈，參見《大正藏》，8/751C16～19。
8　8 世紀。唐寫本。
9.1　楷書。
11　圖版：《敦煌寶藏》，82/146B～150B。

1.1　BD04541 號背
1.3　藏文
1.4　崗 041
1.5　094:4111
2.4　本遺書由 2 個文獻組成，本號為第 2 個，2 行，抄寫在背面裱補紙上。餘參見 BD04541 號之第 2 項、第 11 項。
3.4　說明：
卷背裱紙上有藏文"mtshas blu－vam－myi then－skur－bgi gos"，為草書。
8　8～9 世紀。吐蕃統治時期寫本。

1.1　BD04542 號
1.3　金剛般若波羅蜜經
1.4　崗 042
1.5　094:4064
2.1　（12＋288＋24）×24 厘米；7 紙；正面 188 行，行 17 字；背面 6 行，行字不等。
2.2　01：12＋27，22；　02：48.5，28；　03：47.0，28；
04：47.0，28；　05：48.5，28；　06：47.0，28；
07：23＋24，26。
2.3　卷軸裝。首殘尾全。通卷殘破。背有古代裱補。有烏絲欄。已修整。
2.4　本遺書包括 3 個文獻：（一）《金剛般若波羅蜜經》，188 行，抄寫在正面，今編為 BD04542 號。（二）《便麥歷》（擬），抄寫在背面，6 行，今編為 BD04542 號背 1。（三）《佛畫殘片》（擬），共 5 紙，今編為 BD4542 號背 2。
3.1　首 10 行下殘→大正 235，8/750A28～B9。
3.2　尾 11 行下殘→8/752B19～C3。
4.2　金剛般若波羅蜜經（尾）。
5　與《大正藏》本對照，本卷經文無冥司偈，參見《大正藏》，8/751C16～19。
8　7～8 世紀。唐寫本。
9.1　楷書。
11　圖版：《敦煌寶藏》，82/5B～10A。

1.1　BD04542 號背 1
1.3　便麥歷（擬）
1.4　崗 042
1.5　094:4064
2.4　本遺書由 3 個文獻組成，本號為第 2 個，6 行。餘參見 BD04542 號之第 2 項、第 11 項。
3.3　錄文：
□…□辰年三月日（?）□…□/
□…□瘦子便麥□…□/
□…□定奴便麥□…□/

□…□巳年二月九日□…□/
□…□通子便麥□…□/
□…□叁碩，口承□…□/
（錄文完）
8　8～9 世紀。吐蕃統治時期寫本。
9.1　楷書。

1.1　BD04542 號背 2
1.3　佛畫殘片（擬）
1.4　崗 042
1.5　094:4064
2.4　本遺書由 3 個文獻組成，本號為第 3 個，共 5 紙。餘參見 BD04542 號之第 2 項、第 11 項。
3.4　說明：
本號原為紙本佛畫。後被剪開，用作經典背面的裱補紙。現殘紙上可見佛畫痕跡。
8　8～9 世紀。吐蕃統治時期寫本。

1.1　BD04543 號

1.3 金剛般若波羅蜜經
1.4 崗 043
1.5 094:4301
2.1 (4.8+139.3)×24.5 厘米；4 紙；90 行，行 17 字。
2.2 01：4.8+37.2，28； 02：42.3，28； 03：42.3，28；
04：17.5，06。
2.3 卷軸裝。首殘尾全。經黄紙。首紙有破裂，卷面、卷背多鳥糞。有燕尾。背有古代裱補。有烏絲欄。
3.1 首行下殘→大正 235，8/751B18～19。
3.2 尾全→8/752C3。
4.2 金剛般若波羅蜜經（尾）。
5 與《大正藏》本對照，本卷經文無冥司偈，參見《大正藏》，8/751C16～19。
8 7～8 世紀。唐寫本。
9.1 楷書。
11 圖版：《敦煌寶藏》，82/613B～615A。

1.1 BD04544 號 1
1.3 十王經
1.4 崗 044
1.5 288:8259
2.1 (3.5+215.5)×25.8 厘米；6 紙；166 行，行 17 字。
2.2 01：3.5+16，14； 02：42.6，31； 03：42.1，31；
04：42.3，31； 05：42.5，31； 06：30.0，28。
2.3 卷軸裝。首殘尾全 。通卷殘碎。尾有原軸，兩端塗黑漆。已修整。有烏絲欄。
2.4 本遺書包括 2 個文獻：（一）《十王經》，53 行，今編為 BD04544 號 1。（二）《護諸童子陀羅尼經》，92 行，今編為 BD04544 號 2。（三）《般若波羅蜜多心經》，21 行，今編為 BD04544 號 3。
3.1 首 3 行上殘→《敦煌本佛說十王經錄校研究》，第 47 頁第 11 行～12 行。
3.2 尾全→《敦煌本佛說十王經錄校研究》，第 50 頁第 22 行。
4.2 佛說閻羅王受記經一卷（尾）。
7.1 尾題之後有題記 2 行：“四月五日五七齋寫此經以阿娘馬氏追福，閻/羅天子以作證明，領受寫經功德，悉於樂處者也。/”
8 9～10 世紀。歸義軍時期寫本。
9.1 楷書。
11 圖版：《敦煌寶藏》，109/435B～438A。
此卷糟朽嚴重，修整後尚餘殘渣若干，無法綴接，今編為 BD16284 號。

1.1 BD04544 號 2
1.3 護諸童子陀羅尼經
1.4 崗 044
1.5 288:8259
2.4 本遺書白 3 個文獻組成，本號為第 2 個，92 行。餘參見 BD04544 號 1 之第 2 項、第 11 項。
3.1 首全→大正 1028，19/741B19。
3.2 尾全→19/742C6。
4.1 □□護諸童子陀羅尼咒經（首）。
4.2 佛說護諸童子經（尾）。
5 與《大正藏》本對照，文字有顛倒，略有不同。
7.1 尾題之後有題記 2 行：“四月十二日是六七齋，追福寫此經，馬氏一一領受/寫經功德，願生於善處。一心供養。/”
8 9～10 世紀。歸義軍時期寫本。
9.1 楷書。
9.2 有行間校加字。

1.1 BD04544 號 3
1.3 般若波羅蜜多心經
1.4 崗 044
1.5 288:8259
2.4 本遺書由 3 個文獻組成，本號為第 3 個，21 行。餘參見 BD045444 號 1 之第 2 項、第 11 項。
3.1 首全→大正 251，8/848C4。
3.2 尾全→8/848C24。
4.1 般若波羅蜜多心經（首）。
4.2 般若多心經（尾）。
7.1 尾題之後有題記 3 行：“四月十九日是收七齋，寫此經一卷以馬氏追/福，生於好處，遇善知識，長逢善因。眷屬/永充供養。/”
8 9～10 世紀。歸義軍時期寫本。
9.1 楷書。
9.2 有行間校加字。

1.1 BD04545 號
1.3 金光明最勝王經卷五
1.4 崗 045
1.5 083:1739
2.1 (5+479.7)×26 厘米；13 紙；301 行，行 17 字。
2.2 01：5+10.5，10； 02：41.0，27； 03：42.6，27；
04：31.2，20； 05：10.0，06； 06：42.8，27；
07：42.6，27； 08：43.3，27； 09：43.5，27；
10：43.3，27； 11：43.2，27； 12：43.2，27；
13：42.5，22。
2.3 卷軸裝。首殘尾全。全卷因接縫開裂，脫開成 8 截；卷端殘破嚴重。有蟲繭。有燕尾。背有古代裱補。有烏絲欄。已修整。
3.1 首 3 行上殘→大正 665，16/423C7～9。
3.2 尾全→16/427B13。
4.2 金光明最勝王經卷第五（尾）。
8 8～9 世紀。吐蕃統治時期寫本。
9.1 楷書。

9.2 有行間校加字。
11 圖版：《敦煌寶藏》，69/542A～548A。

1.1 BD04546 號
1.3 金光明最勝王經卷二
1.4 崗 046
1.5 083:1520
2.1 （3+224.7）×25 厘米；6 紙；正面 140 行，行 17 字；背面 5 行。
2.2 01：3+10，08； 02：46.0，28； 03：46.0，28；
04：45.0，28； 05：45.2，28； 06：32.5，20。
2.3 卷軸裝。首尾均殘。卷首殘破嚴重。各紙背皆有古代褙補。有烏絲欄。
2.4 本遺書包括 2 個文獻：（一）《金光明最勝王經》卷二，140 行，抄寫在正面，今編為 BD04546 號。（二）《社司轉帖》（擬），抄寫在卷背 5 塊褙補紙上，5 行，今編為 BD04546 號背。
3.1 首 2 行下殘→大正 665，16/409B26～28。
3.2 尾殘→16/411A29。
8 8～9 世紀。吐蕃統治時期寫本。
9.1 楷書。
11 圖版：《敦煌寶藏》，68/281B～284B。

1.1 BD04546 號背
1.3 社司轉帖（擬）
1.4 崗 044
1.5 288:8259
2.4 本遺書由 2 個文獻組成，本號為第 2 個，5 行，抄寫在背面 5 張古代褙補紙上。餘參見 BD04546 號之第 2 項、第 11 項。
3.4 說明：
卷背有 5 塊褙補紙，上有文字，原為同一件文獻，後剪為褙補紙。
今從卷端起，依次錄出：
（1）“陰社長”。
（2）“張社官”。
（3）“□…□定難/□…□者罰酒半□…□/”。
（4）“□…□取齊□…□”。
（5）“□…□有後到罰一角，全□…□”。
除上述錄文外，諸紙或有殘字痕，不錄。
8 9～10 世紀。歸義軍時期寫本。
9.1 行書。

1.1 BD04547 號
1.3 妙法蓮華經卷五
1.4 崗 047
1.5 105:5615
2.1 229.6×25.6 厘米；5 紙；134 行，行 17 字。
2.2 01：37.0，22； 02：48.1，28； 03：48.2，28；
04：48.2，28； 05：48.1，28。
2.3 卷軸裝。首殘尾脫。經黃紙。卷面有等距離殘破，所有接縫處皆有開裂。有烏絲欄。
3.1 首殘→大正 262，9/44A4。
3.2 尾殘→9/46A9。
8 7～8 世紀。唐寫本。
9.1 楷書。
11 圖版：《敦煌寶藏》，93/378B～381B。

1.1 BD04548 號 1
1.3 無量壽宗要經
1.4 崗 048
1.5 275:8024
2.1 297×31 厘米；7 紙；正面 198 行，行 30 餘字；背面 73 行。
2.2 01：43.0，29； 02：43.0，29； 03：43.0，27；
04：42.0，29； 05：42.0，28； 06：42.0，29；
07：42.0，27。
2.3 卷軸裝。首脫尾全。第 2、3 紙接縫處上部開裂，第 4 紙下邊有撕裂。有烏絲欄。
2.4 本遺書包括 4 個文獻：（一）《無量壽宗要經》，85 行，抄寫在正面，今編為 BD04548 號 1。（二）《無量壽宗要經》，113 行，抄寫在正面，今編為 BD04548 號 2。（三）《南宗頓教最上大乘摩訶般若波羅蜜經六祖惠能大師於韶州大梵寺施法壇經》，抄寫在背面，56 行。今編為 BD04548 號背 1。（四）《大辯邪正經》，抄寫在背面，17 行，今編為 BD04548 號背 2。
3.1 首殘→大正 936，19/83A17。
3.2 尾全→19/84C29。
4.2 佛說無量壽宗要經（尾）。
7.1 第 3 紙尾有題名“張良友”。
8 8～9 世紀。吐蕃統治時期寫本。
9.1 行楷。
11 圖版：《敦煌寶藏》，108/538B～546A。

1.1 BD04548 號 2
1.3 無量壽宗要經
1.4 崗 048
1.5 275:8024
2.4 本遺書由 4 個文獻組成，本號為第 2 個，113 行。餘參見 BD04548 號 1 之第 2 項、第 11 項。
3.1 首殘→大正 936，19/82B22。
3.2 尾全→19/84C29。
4.2 佛說無量壽宗要經（尾）。
7.1 第 7 紙尾有題記“張良友寫”。
8 8～9 世紀。吐蕃統治時期寫本。
9.1 行楷。

1.1 BD04548 號背 1

1.3　南宗頓教最上大乘摩訶般若波羅蜜經六祖惠能大師於韶州大梵寺施法壇經
1.4　崗 048
1.5　275:8024
2.4　本遺書由4個文獻組成，本號為第3個，抄寫在背面，56行。餘參見 BD04548 號1之第2項、第11項。
3.1　首殘→大正 2007，48/338C25。
3.2　尾全→48/341C2。
4.2　南宗頓教最上大乘壇經一卷（尾）。
5　與《大正藏》本對照，尾多"即是海水"，此件分卷。尾題後"大乘志八十"等3行菩薩法號相當於 48/345B13～17，文字略有參差。
8　9～10世紀。歸義軍時期寫本。
9.1　行楷。
9.2　有校改。有刪除、重文符號。

1.1　BD04548 號背2
1.3　大辯邪正經
1.4　崗 048
1.5　275:8024
2.4　本遺書由4個文獻組成，本號為第4個，17行。餘參見 BD04548 號1之第2項、第11項。
3.1　首全→大正 2893，85/1410C24。
3.2　尾缺→85/1411A6。
4.1　佛說大辯邪正法門品第一（首）。
5　與《大正藏》本對照，有缺文"二地能進道行菩薩"。
7.3　卷末有9行倒寫《金剛般若波羅蜜經》經文雜寫。不錄文。
8　9～10世紀。歸義軍時期寫本。
9.1　行楷。

1.1　BD04549 號
1.3　妙法蓮華經卷一
1.4　崗 049
1.5　105:4613
2.1　(8.9+887.8)×27 厘米；20紙；488行，行16～18字。
2.2　01：8.9+38.1，26；　02：47.4，26；　03：47.5，26；
04：47.7，26；　05：47.7，26；　06：47.5，26；
07：47.7，26；　08：47.8，26；　09：47.0，26；
10：47.4，26；　11：47.0，26；　12：47.1，26；
13：47.2，26；　14：47.0，26；　15：47.1，26；
16：47.2，26；　17：47.1，26；　18：47.2，26；
19：35.8，19；　20：09.3，01。
2.3　卷軸裝。首殘尾全。卷面刷黃。卷上邊多水漬、黴斑。背有鳥糞。有燕尾。有烏絲欄。
3.1　首5行上下殘→大正 262，9/2A17～22。
3.2　尾全→9/10B21。
4.2　妙法蓮華經卷第一（尾）。
8　7～8世紀。唐寫本。
9.1　楷書。
11　圖版：《敦煌寶藏》，85/103A～115B。

1.1　BD04550 號
1.3　摩訶般若波羅蜜經（四十卷本）卷一三
1.4　崗 050
1.5　088:3437
2.1　46.8×25.6 厘米；1紙；26行，行17字。
2.3　卷軸裝。首全尾脫。經黃打紙，砑光上蠟。卷前端有撕裂殘損。背有古代裱補。有烏絲欄。
3.1　首全→大正 223，8/277A5。
3.2　尾殘→8/277B3。
4.1　摩訶般若波羅蜜經散花品第廿八，卷十三（首）。
5　與《大正藏》本對照，卷次、品次不同，《大正藏》本為卷八。與《聖語藏》本分卷相同。
8　7～8世紀。唐寫本。
9.1　楷書。
11　圖版：《敦煌寶藏》，77/643A。

1.1　BD04551 號
1.3　金剛般若波羅蜜經
1.4　崗 051
1.5　094:4133
2.1　(4.5+270.6+1.8)×26 厘米；6紙；154行，行17字。
2.2　01：4.5+39.5，25；　02：50.5，28；
03：50.7，28；　04：50.7，28；
05：50.6，28；　06：28.6+1.8，17。
2.3　卷軸裝。首尾均殘。經黃打紙。卷面有等距離水漬，第2～4紙紙間接縫處開裂，第3紙有豎裂。有烏絲欄。
3.1　首3行下殘→大正 235，8/750B26～29。
3.2　尾1行下殘→8/752B23。
5　與《大正藏》本對照，本卷經文無冥司偈，參見《大正藏》，8/751C16～19。
8　7～8世紀。唐寫本。
9.1　楷書。
9.2　有行間校加字。
11　圖版：《敦煌寶藏》，82/198A～201B。

1.1　BD04552 號
1.3　四分比丘尼戒本
1.4　崗 052
1.5　157:6929
2.1　507.5×25.2 厘米；9紙；299行，行17字。
2.2　01：29.5，17；　02：78.5，46；　03：78.5，46；
04：78.5，46；　05：78.5，46；　06：44.5，26；
07：50.0，30；　08：50.0，30；　09：19.5，12。

2.3 卷軸裝。首尾均殘。卷面多水漬。第 2、3 紙與 3、4 紙接縫下部開裂，第 8 紙上方撕裂。卷尾殘破嚴重，多鳥糞。有烏絲欄。
3.1 首殘→大正 1431，22/1034A19。
3.2 尾殘→22/1038A28。
8 8~9 世紀。吐蕃統治時期寫本。
9.1 楷書。
9.2 有行間校加字。
11 圖版：《敦煌寶藏》，102/580B~587B。
從該件上揭下古代裱補紙 13 塊，今編爲 BD16221 號。

1.1 BD04553 號
1.3 妙法蓮華經卷四
1.4 崗 053
1.5 105:5271
2.1 (7+186.9)×25 厘米；4 紙；112 行，行 17 字。
2.2 01：7+41，28； 02：48.5，28； 03：48.7，28；
04：48.7，28。
2.3 卷軸裝。首殘尾脫。經黄打紙。卷首殘破嚴重。有烏絲欄。
3.1 首 4 行中下殘→大正 262，9/28A21~28。
3.2 尾殘→9/30A6。
8 7~8 世紀。唐寫本。
9.1 楷書。
11 圖版：《敦煌寶藏》，90/446B~449B。

1.1 BD04554 號
1.3 佛名經（十六卷本）卷一
1.4 崗 054
1.5 061:0551
2.1 229.5×26.3 厘米；5 紙；130 行，行 19 字。
2.2 01：46.0，26； 02：46.0，26； 03：46.0，26；
04：46.0，26； 05：45.5，26。
2.3 卷軸裝。首脫尾殘。第 2 紙下部撕裂。有烏絲欄。
3.1 首殘→《七寺古逸經典研究叢書》，3/28 頁第 286 行。
3.2 尾殘→《七寺古逸經典研究叢書》，3/38 頁第 419 行。
5 與《七寺古逸經典研究叢書》對照，卷中經文略有不同。尾多一句“至心歸命常住三寶”。
8 8 世紀。唐寫本。
9.1 楷書。
11 圖版：《敦煌寶藏》，60/14B~17B。

1.1 BD04555 號
1.3 瑜伽師地論卷三三
1.4 崗 055
1.5 201:7198
2.1 (12.4+449.7)×30.2 厘米；12 紙；266 行，行 17 字。
2.2 01：12.4+24.1，21； 02：41.4，24； 03：41.4，24；
04：41.5，24； 05：41.1，24； 06：41.1，24；
07：41.3，24； 08：41.6，24； 09：41.7，24；
10：41.6，24； 11：41.5，25； 12：11.4，04。
2.3 卷軸裝。首殘尾斷。首紙殘破嚴重，卷上邊有水漬、黴爛，第 11 紙有殘洞。尾部經文未抄完，尚有餘空。有烏絲欄。
3.1 首 7 行上下殘→大正 1579，30/465A27~B7。
3.2 尾殘→30/468B18。
3.4 說明：
本遺書為吐蕃統治時期所抄。從卷面硃筆點標等推測，可能歸義軍初期法成講經時，此卷曾被利用。
8 8~9 世紀。吐蕃統治時期寫本。
9.1 楷書。
9.2 有硃筆點標、校改及行間校加字。
11 圖版：《敦煌寶藏》，104/473A~478B。

1.1 BD04556 號
1.3 妙法蓮華經卷四
1.4 崗 056
1.5 105:5360
2.1 534.7×25 厘米；11 紙；297 行，行 17 字。
2.2 01：49.0，28； 02：48.8，28； 03：48.8，28；
04：48.8，28； 05：48.8，28； 06：48.8，28；
07：48.8，28； 08：48.8，28； 09：48.8，28；
10：48.8，28； 11：46.5，17。
2.3 卷軸裝。首脫尾全。經黄打紙。尾有原軸，下端軸頭脫落，上端鑲蓮蓬形軸頭。第 10、11 紙接縫處上開裂。有燕尾。有烏絲欄。
3.1 首殘→大正 262，9/32C24。
3.2 尾全→9/37A2。
4.2 妙法蓮華經卷第四（尾）。
8 7~8 世紀。唐寫本。
9.1 楷書。
11 圖版：《敦煌寶藏》，91/161B~169B。

1.1 BD04557 號
1.3 維摩詰所說經卷上
1.4 崗 057
1.5 070:0994
2.1 118×25 厘米；3 紙；56 行，行 17 字。
2.2 01：49.0，28； 02：49.0，28； 03：20.0，素紙。
2.3 卷軸裝。首尾均脫。背有古代裱補。有烏絲欄。
3.1 首殘→大正 475，14/541C12。
3.2 尾殘→14/542B14。
6.1 首→BD04641 號。
8 8~9 世紀。吐蕃統治時期寫本。
9.1 楷書。
11 圖版：《敦煌寶藏》，64/314B~316A。

1.1　BD04558 號 1
1.3　金剛般若波羅蜜經
1.4　崗 058
1.5　094:3661
2.1　491×27.3 厘米；11 紙；284 行，行 17 字。
2.2　01：48.0，28；　02：47.6，28；　03：47.5，28；
04：47.5，28；　05：48.0，28；　06：47.7，28；
07：47.5，28；　08：47.7，28；　09：47.5，28；
10：47.0，28；　11：15.0，04。
2.3　卷軸裝。首脱尾全。卷面有等距離油污。第 5 紙有豎裂。有烏絲欄。
2.4　本遺書包括 2 個文獻：（一）《金剛般若波羅蜜經》，281 行，今編為 BD04558 號 1。（二）《開經文》（擬），3 行，今編為 BD04558 號 2。
3.1　首殘→大正 235，8/749A17。
3.2　尾全→8/752C3。
4.2　金剛般若波羅蜜經（尾）。
5　與《大正藏》本對照，本卷經文無冥司偈，參見《大正藏》，8/751C16～19。
8　8 世紀。唐寫本。
9.1　楷書。卷尾《開經文》之字體與經文字體不同。
9.2　有刮改。
11　圖版：《敦煌寶藏》，79/394A～400A。

1.1　BD04558 號 2
1.3　開經文（擬）
1.4　崗 058
1.5　094:3661
2.4　本遺書由 2 個文獻組成，本號為第 2 個，3 行。餘參見 BD04558 號 1 之第 2 項、第 11 項。
3.3　錄文：
云何得壽，金剛不壞身。
復次何因/緣，得大堅固力。
云何於此經，究竟/到彼岸。
願佛開微蜜，廣爲衆生說。/
（錄文完）
8　8 世紀。唐寫本。
9.1　楷書。

1.1　BD04559 號
1.3　金剛般若波羅蜜經
1.4　崗 059
1.5　094:3532
2.1　（68.2+8）×24.6 厘米；3 紙；44 行，行 17 字。
2.2　01：50.2，29；　02：09.0，05；　03：9+8，10。
2.3　卷軸裝。首全尾殘。第 1、2 紙係歸義軍時期後補，第 3 紙殘破嚴重，卷中夾一小殘片。第 3 紙背有古代裱補。有烏絲欄。已修整。
3.1　首全→大正 235，8/748C17。
3.2　尾 5 行上殘→8/749B3～8。
4.1　金剛般若波羅蜜經（首）。
7.3　首題下有雜寫“如理實見分第五”。
8　8 世紀。唐寫本。
9.1　楷書。
11　圖版：《敦煌寶藏》，78/444B～445B。

1.1　BD04560 號
1.3　大乘密嚴經（地婆訶羅本）卷中
1.4　崗 060
1.5　040:0388
2.1　（62.5+1.5）×26.5 厘米；3 紙；39 行，行 17 字。
2.2　01：06.5，03；　02：45.0，28；　03：11+1.5，08。
2.3　卷軸裝。首尾均殘。有烏絲欄。
3.1　首殘→大正 681，16/737A20。
3.2　尾行上中殘→16/737B29。
4.1　大乘密嚴經阿賴邪建立品第六（首）
6.1　首→BD04452 號。
6.2　尾→BD04441 號。
8　8～9 世紀。吐蕃統治時期寫本。
9.1　楷書。
9.2　有刮改。
11　圖版：《敦煌寶藏》，58/480A～480B。

1.1　BD04561 號
1.3　無量壽宗要經
1.4　崗 061
1.5　275:7819
2.1　206×31 厘米；5 紙；139 行，行 30 餘字。
2.2　01：45.0，30；　02：45.0，31；　03：45.0，31；
04：45.0，31；　05：26.0，16。
2.3　卷軸裝。首尾均全。有烏絲欄。
3.1　首全→大正 936，19/82A3。
3.2　尾全→19/84C29。
4.1　大乘無量壽經（首）。
4.2　佛說無量壽宗要經（尾）。
8　8～9 世紀。吐蕃統治時期寫本。
9.1　楷書。
11　圖版：《敦煌寶藏》，108/34A～36B。

1.1　BD04562 號
1.3　淨名經集解關中疏卷上
1.4　崗 062
1.5　078:1339
2.1　131.3×31.4 厘米；3 紙；正面 92 行，行 27 字；背面 10

行，行字不等。
2.2　01：44.0，31；　　02：43.7，31；　　03：43.6，30。
2.3　卷軸裝。首尾均脱。卷首中部有殘洞，下方撕裂；卷面有油污；第2、3紙接縫下部開裂。有烏絲欄。
2.4　本遺書包括4個文獻：（一）《淨名經集解關中疏》卷上，92行，抄寫在正面，今編為BD04562號。（二）《尚書註疏雜抄》（擬），2行，抄寫在背面，今編為BD04562號背1。（三）《某田畝歷雜寫》（擬），4行，抄寫在背面，今編為BD04562號背2。（四）藏文，4行，抄寫在背面，今編為BD04562號背3。
3.1　首殘→大正2777，85/445B15。
3.2　尾缺→85/447A21。
8　8～9世紀。吐蕃統治時期寫本。
9.1　楷書。
9.2　有刪除號。
11　圖版：《敦煌寶藏》，67/43A～44B。

1.1　BD04562號背1
1.3　尚書註疏雜抄（擬）
1.4　崗062
1.5　078:1339
2.4　本遺書由4個文獻組成，本號為第2個，2行，抄寫在背面。餘參見BD04562號之第2項、第11項。
3.3　錄文：
傳：清□□至告攝，正義曰：國語之精意以□釋之，釋詁禋，祭也。孫炎曰：□□言□…□祭也。/周禮大宗伯之以禋祀之昊天帝實□日□星晨昌雲之可。（下接抄BD04562號背2）/
3.4　説明：
筆跡甚淡，字跡難辨，錄文恐有誤。從可辨文字看，應為抄自當時流行的某種《尚書》的註疏。故擬此名。
8　8～9世紀。吐蕃統治時期寫本。
9.1　楷書。

1.1　BD04562號背2
1.3　某田畝歷雜寫（擬）
1.4　崗062
1.5　078:1339
2.4　本遺書由4個文獻組成，本號為第3個，4行，抄寫在背面。餘參見BD04562號之第2項、第11項。
3.3　錄文：
（上接BD04562號背1）一段六畝桩柒渠畝梁桩參鄉/
□伏柒斗□…□（此處文字墨跡甚淡，難以辨認）捌柒伍陸/
拾三槗進朝青青麥麥麥，柱國用三拾馱國國同一/
仇（丑）年伍斗三升/
（錄文完）
7.3　上段文字後有雜寫“社司轉貼/右緣以車商量/”。又，卷端有雜寫“佛/上大/人”等字。
8　8～9世紀。吐蕃統治時期寫本。
9.1　楷書。

1.1　BD04562號背3
1.3　藏文
1.4　崗062
1.5　078:1339
2.4　本遺書由4個文獻組成，本號為第4個，4行，抄寫在背面。餘參見BD04562號之第2項、第11項。
3.3　錄文：
na nang du……。Snying – tshoms – gyi – sde devu – the – ning – gyi – mcheds – gso – sol – davi bdag – rgan – pavi – phu – po – bde – gams – pu rgyi – phan – kwan – a? us – te gzhan – gyis – sug – las – vtsal. mchid – nas bda – ki – pha – bo – Lug – la – las – snga – bcu – rkang – kyu – dkyus – na – vtsal – ɔavi – sgyin – ba bdag – ngan – ba – phu – bo. ma – Chis – gyi – bar – du – Sug – las – bdag – ngo – Lan – cing – vtsul – pa kha – Cig – ga……。
共4行，分別寫在兩處。
8　8～9世紀。吐蕃統治時期寫本。

1.1　BD04563號
1.3　大般涅槃經（北本）卷一三
1.4　崗063
1.5　115:6369
2.1　（2.5+94.5+2.5）×25.4厘米；3紙；60行，行17字。
2.2　01：2.5+40，26；　02：45.5，28；　03：9+2.5，06。
2.3　卷軸裝。首尾均殘。首紙上方有1處碎裂，卷面油污變硬。有烏絲欄。
3.1　首行下殘→大正374，12/442B16～17。
3.2　尾殘→12/443A18。
6.1　首→BD04333號。
6.2　尾→BD04643號。
8　8～9世紀。吐蕃統治時期寫本。
9.1　楷書。
11　圖版：《敦煌寶藏》，98/420B～421B。

1.1　BD04564號
1.3　無量壽宗要經
1.4　崗064
1.5　275:7820
2.1　176×31厘米；4紙；119行，行30餘字。
2.2　01：44.0，29；　02：44.0，30；　03：44.0，30；　04：44.0，30。
2.3　卷軸裝。首尾均全。有烏絲欄。
3.1　首全→大正936，19/82A3。

3.2　尾全→19/84C29。
4.1　大乘無量壽經（首）。
4.2　佛說無量壽宗要經（尾）。
7.1　第4紙末有題名“宋良昇”。
9.2　有校改。
8　8～9世紀。吐蕃統治時期寫本。
9.1　楷書。
11　圖版：《敦煌寶藏》，108/37A～39A。

1.1　BD04565號
1.3　雜阿含經卷二〇
1.4　崗065
1.5　417:8579
2.1　47.7×27.4厘米；1紙；28行，行17字。
2.3　卷軸裝。首尾均脫。有烏絲欄。
3.1　首殘→大正99，2/143A26。
3.2　尾殘→2/143B29。
8　8世紀。唐寫本。
9.1　楷書。
9.2　有刮改。
11　圖版：《敦煌寶藏》，110/624A～B。

1.1　BD04566號
1.3　佛名經（十六卷本）卷一四
1.4　崗066
1.5　063:0774
2.1　（6+40.5+2）×32厘米；2紙；28行，行23字。
2.2　01：6+25，18；　02：15.5+2，10。
2.3　卷軸裝。首尾均殘。有烏絲欄。
3.1　首4行中下殘→《七寺古逸經典研究叢書》，3/716頁第400～717頁405行。
3.2　尾1行上殘→《七寺古逸經典研究叢書》，3/717頁第413行。
5　與《七寺古逸經典研究叢書》本對照，本卷多《罪業報應教化地獄經》16行。
8　9～10世紀。歸義軍時期寫本。
9.1　楷書。
11　圖版：《敦煌寶藏》，62/228B～229A。

1.1　BD04567號
1.3　大般若波羅蜜多經卷四一八
1.4　崗067
1.5　084:3093
2.1　（13.7+55.7+7.2）×25.8厘米；2紙；45行，行17字。
2.2　01：10.1，06；　02：3.6+55.7+7.2，39。
2.3　卷軸裝。首尾均殘。首尾部殘破嚴重。有烏絲欄。已修整。
3.1　首8行上下殘→大正220，7/97A5～12。
3.2　尾3行上下殘→7/97B17～20。
8　8～9世紀。吐蕃統治時期寫本。
9.1　楷書。
11　圖版：《敦煌寶藏》，76/381A～B。

1.1　BD04568號
1.3　妙法蓮華經卷六
1.4　崗068
1.5　105:5805
2.1　131.6×24.5厘米；3紙；81行，行17字。
2.2　01：45.7，28；　02：45.7，28；　03：40.2，25。
2.3　卷軸裝。首尾均殘。卷面多黴斑，第3紙中間有撕裂。有烏絲欄。
3.1　首殘→大正262，9/50C28。
3.2　尾殘→9/52A2。
6.1　首→BD04532號。
8　8世紀。唐寫本。
9.1　楷書。
9.2　有硃筆斷句。
11　圖版：《敦煌寶藏》，95/207B～209A。

1.1　BD04569號
1.3　四分律比丘戒本
1.4　崗069
1.5　156:6815
2.1　710×25厘米；18紙；384行，行17字。
2.2　01：24.0，07；　02：34.0，20；　03：49.0，28；
04：49.5，28；　05：49.5，28；　06：49.5，28；
07：49.0，28；　08：31.0，16；　09：48.5，27；
10：41.0，22；　11：14.0，8；　12：41.0，24；
13：41.0，24；　14：25.0，15；　15：41.0，24；
16：41.0，24；　17：41.0，24；　18：41.0，24。
2.3　卷軸裝。首全尾脫。有護首，有芨芨草天竿。卷首有水漬、變色，卷面有油污。背有古代裱補。有烏絲欄。後7紙為唐寫本，前11紙為歸義軍時期寫本。
3.1　首全→大正1429，22/1015A18。
3.2　尾殘→22/1020B13。
4.1　四分戒本，出曇無德律（首）。
5　《大正藏》本無“出曇無德律”5字。
7.3　卷背有寫字後墨筆塗抹。
8　7～8世紀。唐寫本。
9.1　楷書。
9.2　有行間校加字。
11　圖版：《敦煌寶藏》，102/73A～82B。

1.1　BD04570號
1.3　大方等陀羅尼經卷二

1.4　崗 070
1.5　240:7448
2.1　(16.5+38.8)×26.2 厘米；2 紙；36 行，行 17 字。
2.2　01：16.5，11；　　02：38.8，25。
2.3　卷軸裝。首殘尾脫。尾紙有破裂及殘洞。卷首背有古代裱補。有烏絲欄。卷首有一行字被裱補紙遮蓋，似為“大方等”幾字。
3.1　首 11 行上下殘→大正 1339，21/647C4～15。
3.2　尾殘→21/648A13。
8　5～6 世紀。南北朝寫本。
9.1　楷書。
11　圖版：《敦煌寶藏》，106/293B～294A。

1.1　BD04571 號
1.3　金光明最勝王經卷三
1.4　崗 071
1.5　083:1584
2.1　(10.5+50)×25 厘米；2 紙；33 行，行 17 字。
2.2　01：10.5+41.5，28；　　02：08.5，05。
2.3　卷軸裝。首殘尾斷。卷首殘缺後補。通卷背有古代裱補，有烏絲欄。已修整。
3.1　首 2 行上殘→大正 665，16/413C9～13。
3.2　尾殘→16/414A17。
4.1　□…□卷三，三藏法師義淨奉 制譯。
7.3　卷端正背皆雜寫經名：“金光明最勝王經滅障□□□”，卷背又有 6 行雜寫，含經文雜寫“爾時世尊住……妙靜慮從身毛孔”等、賬歷雜寫“白錦綾、紫紬、内接三丈七尺縞練……”等，還有社司轉帖雜寫“社司轉帖，友（右）緣年支春座局席，次至張員住……”等，不具錄。
8　8～9 世紀。吐蕃統治時期寫本。
9.1　楷書。
11　圖版：《敦煌寶藏》，68/445B～446B。
　從該件上揭下殘片 1 塊，現編爲 BD16067。

1.1　BD04572 號
1.3　大般若波羅蜜多經卷三五七
1.4　崗 072
1.5　084:2980
2.1　140.5×24.9 厘米；3 紙；84 行，行 17 字。
2.2　01：47.0，28；　　02：46.8，28；　　03：46.7，28。
2.3　卷軸裝。首尾均脫。有烏絲欄。
3.1　首殘→大正 220，6/838C24。
3.2　尾殘→6/839C22。
6.1　首→BD04601 號。
6.2　尾→BD04735 號。
8　8～9 世紀。吐蕃統治時期寫本。
9.1　楷書。
11　圖版：《敦煌寶藏》，76/14A～15B。

1.1　BD04573 號
1.3　妙法蓮華經卷七
1.4　崗 073
1.5　105:6110
2.1　(6.5+83)×25.5 厘米；2 紙；51 行，行 17 字。
2.2　01：6.5+34.5，23；　　02：48.5，28。
2.3　卷軸裝。首殘尾脫。卷首殘破嚴重。卷面有水漬。有烏絲欄。
3.1　首 4 行上下殘→大正 262，9/58B22～25。
3.2　尾殘→9/59B6。
8　9～10 世紀。歸義軍時期寫本。
9.1　楷書。
11　圖版：《敦煌寶藏》，97/28A～29A。

1.1　BD04574 號
1.3　金剛般若波羅蜜經（第 3 紙偽）
1.4　崗 074
1.5　094:4027
2.1　251.8×25 厘米；6 紙；139 行，行 17 字。
2.2　01：51.0，28；　　02：25.0，14；　　03：50.0，28；
　　04：24.0，13；　　05：51.0，28；　　06：50.8，28。
2.3　卷軸裝。首尾均脫。經黄打紙。第 3 紙紙質和字體與其他紙不同，且破損嚴重，係被人截割偷換。有烏絲欄。
3.1　首殘→大正 235，8/750A21。
3.2　尾殘→8/752A1。
5　與《大正藏》本對照，本卷經文無冥司偈，參見《大正藏》，8/751C16～19。
8　7～8 世紀。唐寫本。
9.1　楷書。
11　圖版：《敦煌寶藏》，81/540B～543B。

1.1　BD04575 號
1.3　妙法蓮華經卷六
1.4　崗 075
1.5　105:5855
2.1　(2+93.4)×24.5 厘米；3 紙；58 行，行 17 字。
2.2　01：2+2，02；　　02：45.6，28；　　03：45.8，28。
2.3　卷軸裝。首殘尾斷。通卷上邊有等距離黴斑，下邊有水漬。有烏絲欄。
3.1　首行下殘→大正 262，9/53B18～19。
3.2　尾殘→9/54A25。
5　與《大正藏》本對照，有缺文：“供養於世尊，為求無上慧。”
6.1　首→BD04594 號。
6.2　尾→BD04540 號。

8　8 世紀。唐寫本。
9.1　楷書。
9.2　偶有硃筆點標，有硃筆行間校加字。
11　圖版：《敦煌寶藏》，95/384B～385B。

1.1　BD04576 號
1.3　金剛般若波羅蜜經
1.4　崗 076
1.5　094:3919
2.1　48×26 厘米；1 紙；28 行，行 17 字。
2.3　卷軸裝。首尾均脫。有烏絲欄。
3.1　首殘→大正 235，8/749C18。
3.2　尾殘→8/750A19。
8　7～8 世紀。唐寫本。
9.1　楷書。
11　圖版：《敦煌寶藏》，81/198A～B。

1.1　BD04577 號 1
1.3　觀音禮
1.4　崗 077
1.5　061:0517
2.1　315×26.5 厘米；7 紙；157 行，行字不等。
2.2　01：64.0，08；　02：23.5，13；　03：46.0，26；
04：46.0，26；　05：43.5，25；　06：46.0，26；
07：46.0，26。
2.3　卷軸裝。首全尾脫。有護首及經名。第 2 紙中部橫向撕裂，下部殘缺，第 5 紙下部撕裂。背有古代裱補，有烏絲欄。已修整。
2.4　本遺書包括 2 個文獻，主要文獻為《佛名經》（十六卷本）卷一，其後利用扉頁空白處抄寫“觀音禮一本”。今按照先後次序編號：（一）《觀音禮》，7 行，今編為 BD04577 號 1。（二）《佛名經》（十六卷本）卷一，150 行，今編為 BD04577 號 2。
3.3　錄文：
觀音禮一本/
清淨珍（真）如，無去無來，不生不滅，自然常住，/
酢二恆稿（?），千佛共尊，十方同偈，恆沙功等，/
非色非星（心），南無清淨法身同名釋迦牟尼佛。/
志心敬禮，毗盧遮那，千葉蓮花，次知珍寶，/
得山網（?）舅（?），願海無邊，積行三偈（劫），里廣十地，/
南無清淨法身釋迦牟尼佛。/
（錄文完）
4.1　觀音禮一本（首）。
8　9～10 世紀。歸義軍時期寫本。
9.1　楷書。
9.2　有行間校改字。
11　圖版：《敦煌寶藏》，59/509B～513B。

1.1　BD04577 號 2
1.3　佛名經（十六卷本）卷一
1.4　崗 077
1.5　061:0517
2.4　本遺書由 2 個文獻組成，本號為第 2 個，150 行。餘參見 BD04577 號 1 之第 2 項、第 11 項。
3.1　首全→《七寺古逸經典研究叢書》，3/6 頁第 11 行。
3.2　尾殘→《七寺古逸經典研究叢書》，3/17 頁第 155 行。
4.1　佛說佛名經卷第一（首）。
5　與《七寺古逸經典研究叢書》本對照，佛名略有不同。
7.4　護首有經名“佛說佛名經卷第一”。上有經名號。
8　9～10 世紀。歸義軍時期寫本。
9.1　楷書。

1.1　BD04578 號
1.3　金光明最勝王經卷一
1.4　崗 078
1.5　083:1440
2.1　（3+237.2+1）×25.5 厘米；6 紙；正面 159 行，行 20 字；背面 3 行，共 162 行。
2.2　01：3+20.5，16；　02：43.5，32；　03：44.2，29；
04：44.0，27；　05：44.0，29；　06：41+1，26。
2.3　卷軸裝。首全尾殘。通卷糟朽，各紙均有裱補。有上下邊欄，無竪界欄。已修整。
2.4　本遺書包括 2 個文獻：（一）《金光明最勝王經》卷一，159 行，抄寫在正面，今編為 BD04578 號。（二）《殘狀》（擬），3 行，抄寫在背面裱補紙上，今編為 BD04578 號背。
3.1　首 2 行上下殘→大正 665，16/403A3～7。
3.2　尾行上中殘→16/405C13～14。
4.1　□…□明最勝王經序品第一，三藏法師義淨奉□…□（首）。
8　9～10 世紀。歸義軍時期寫本。
9.1　楷書。
9.2　有行間校加字。序品中各長行段後有硃筆寫序號。
11　圖版：《敦煌寶藏》，67/582B～585B。

1.1　BD04578 號背
1.3　殘狀（擬）
1.4　崗 078
1.5　083:1440
2.4　本遺書由 2 個文獻組成，本號為第 2 個，抄寫在背面裱補紙上，3 行。餘參見 BD04578 號之第 2 項、第 11 項。
3.3　錄文：
未審達否□…□/
之次希乞解□…□/
上拯濟沉痾此□…□/

（録文完）
7.3 有雜寫“金願◇”、“管”、“盈（?）臺（?）南”等字。
8 9～10 世紀。歸義軍時期寫本。
9.1 行書。

1.1 BD04579 號
1.3 大般若波羅蜜多經卷五五五
1.4 崗 079
1.5 084:3342
2.1 92.2×26.2 厘米；3 紙；58 行，行 17 字。
2.2 01：24.7，15； 02：43.8，28； 03：23.7，15。
2.3 卷軸裝。首尾均殘。有烏絲欄。
3.1 首殘→大正 220，7/863C11。
3.2 尾殘→7/864B10。
6.1 首→BD04710 號。
6.2 尾→BD04626 號。
8 8～9 世紀。吐蕃統治時期寫本。
9.1 楷書。
9.2 有行間校加字。
11 圖版：《敦煌寶藏》，77/310B～311B。

1.1 BD04580 號
1.3 無量壽宗要經
1.4 崗 080
1.5 275:7821
2.1 (6+163)×31.5 厘米；4 紙；114 行，行 30 餘字。
2.2 01：6+30.5，24； 02：44.0，30； 03：44.5，30；
04：44.0，30。
2.3 卷軸裝。首尾均全。第 1 紙下邊殘缺。有烏絲欄。背有鳥糞。
3.1 首 4 行下殘→大正 936，19/82A3～11。
3.2 尾全→19/84C28。
4.1 大乘無量壽經（首）。
8 8～9 世紀。吐蕃統治時期寫本。
9.1 楷書。
9.2 有刮改。有校改。
11 圖版：《敦煌寶藏》，108/39B～41B。

1.1 BD04581 號
1.3 四分比丘尼戒本
1.4 崗 081
1.5 157:6906
2.1 (14+87+1)×28 厘米；4 紙；57 行，行 25 字。
2.2 01：14.0，8； 02：43.5，24； 03：43.5，24；
04：01.0，01。
2.3 卷軸裝。首尾均殘。首紙橫向斷開，第 2、3 紙橫向破裂，下邊殘破。背有古代裱補。有烏絲欄。
3.1 首 8 行下殘→大正 1431，22/1032C8。
3.2 尾 1 行下殘→22/1033C13。
8 9～10 世紀。歸義軍時期寫本。
9.1 楷書。
11 圖版：《敦煌寶藏》，102/488A～489A。

1.1 BD04582 號
1.3 金光明最勝王經卷一〇
1.4 崗 082
1.5 083:1969
2.1 (11.5+611.4)×25.8 厘米；14 紙；363 行，行 17 字。
2.2 01：11.5，07； 02：47.3，28； 03：47.0，28；
04：47.3，28； 05：47.2，28； 06：47.2，28；
07：47.2，28； 08：47.0，28； 09：46.8，28；
10：46.8，28； 11：47.1，28； 12：47.0，28；
13：46.8，28； 14：46.7，20。
2.3 卷軸裝。首殘尾全。有燕尾。背有古代裱補，裱補紙上有經文，因朝内粘貼，難以辨認。有燕尾。有烏絲欄。
3.1 首殘→大正 665，16/451B13。
3.2 尾全→16/456C19。
4.2 金光明最勝王經卷第十（尾）。
8 8～9 世紀。吐蕃統治時期寫本。
9.1 楷書。
11 圖版：《敦煌寶藏》，71/168A～176A。

1.1 BD04583 號
1.3 金光明最勝王經卷四
1.4 崗 083
1.5 083:1650
2.1 (3.5+633.7)×28 厘米；16 紙；367 行，行 17 字。
2.2 01：3.5+25.3，17； 02：40.7，24； 03：40.6，24；
04：40.6，24； 05：40.7，24； 06：40.5，24；
07：40.5，24； 08：40.3，24； 09：40.5，24；
10：40.5，24； 11：40.5，24； 12：40.6，24；
13：40.9，24； 14：40.5，24； 15：40.5，24；
16：40.5，14。
2.3 卷軸裝。首殘尾全。卷面有水漬及等距離油污。尾紙破損。有烏絲欄。已修整。
3.1 首 2 行上殘→大正 665，16/417C27。
3.2 尾全→16/422B21。
4.2 金光明最勝王經卷第四（尾）。
5 尾附音義。
8 8 世紀。唐寫本。
9.1 楷書。
11 圖版：《敦煌寶藏》，69/92A～100A。

1.1 BD04584 號

1.3　觀世音經
1.4　崗 084
1.5　111:6258
2.1　124.8×25.6 厘米；3 紙；65 行，行 17 字。
2.2　01：47.7，28；　02：47.6，28；　03：29.5，09。
2.3　卷軸裝。首脫尾全。卷面有污垢。首 4 行下部脫落 1 塊殘片，已綴接。有烏絲欄。已修整。
3.1　首 4 行下殘→大正 262，9/57B2～7。
3.2　尾全→9/58B7。
4.2　觀世音經（尾）。
7.1　卷尾有題記“辛丑年七月廿八日學生童子唐文英爲妹久患寫畢功記”。
8　821 年。吐蕃統治時期寫本。
9.1　楷書。
11　圖版：《敦煌寶藏》，97/485A～486B。

1.1　BD04585 號
1.3　金光明最勝王經卷四
1.4　崗 085
1.5　083:1682
2.1　（241.3+3.5）×25.8 厘米；6 紙；144 行，行 17 字。
2.2　01：47.7，28；　02：47.7，28；　03：47.6，28；
　　04：47.6，28；　05：47.4，28；　06：3.3+3.5，04。
2.3　卷軸裝。首尾均殘。卷面油污。有烏絲欄。
3.1　首殘→大正 665，16/418C21。
3.2　尾 2 行中殘→16/420B24～26。
8　8 世紀。唐寫本。
9.1　楷書。
11　圖版：《敦煌寶藏》，69/258B～261B。

1.1　BD04586 號
1.3　大般若波羅蜜多經卷三一五
1.4　崗 086
1.5　084:2855
2.1　（2+30.5+30.5+1.1）×25.7 厘米；3 紙；33 行，行 17 字。
2.2　01：2+6，護首；　02：24.5+20.2，26；
　　03：10.3+1.1，07。
2.3　卷軸裝。首全尾殘。有護首，上下殘缺。第 2、3 紙上邊下邊殘破。有烏絲欄。已修整。
3.1　首 14 行下殘→大正 220，6/605A22～B9。
3.2　尾行上下殘→6/605B27～28。
4.1　大般若波羅蜜多經卷第三百一十五，/初分真善友品第卌五之三，三藏法［師玄奘奉詔譯］/（首）。
8　8～9 世紀。吐蕃統治時期寫本。
9.1　楷書。
11　圖版：《敦煌寶藏》，75/248。

1.1　BD04587 號
1.3　妙法蓮華經卷七
1.4　崗 087
1.5　105:5879
2.1　（27.5+748）×26 厘米；17 紙；450 行，行 17 字。
2.2　01：27.5+17，26；　02：46.0，27；　03：46.0，27；
　　04：46.0，27；　05：45.5，27；　06：46.0，27；
　　07：46.0，27；　08：46.0，27；　09：46.0，27；
　　10：46.0，27；　11：46.0，27；　12：46.0，27；
　　13：46.0，26；　14：46.0，27；　15：45.5，26；
　　16：46.0，27；　17：42.0，21。
2.3　卷軸裝。首殘尾全。第 1 至 8 紙下邊有等距離殘缺，第 16、17 紙接縫處上邊開裂。有燕尾。有烏絲欄。已修整。
3.1　首 16 行下殘→大正 262，9/56A13～B1。
3.2　尾全→9/62A29。
8　7～8 世紀。唐寫本。
9.1　楷書。
11　圖版：《敦煌寶藏》，95/560A～570A。

1.1　BD04588 號
1.3　佛名經（十六卷本）卷一四
1.4　崗 088
1.5　063:0775
2.1　（5+74.5+3）×31.5 厘米；3 紙；48 行，行字不等。
2.2　01：5+27.5，19；　02：47，27；　03：03，02。
2.3　卷軸裝。首尾均殘。首紙上下部殘破，第 2 紙下邊殘損，卷面多水漬。有烏絲欄。已修整。
3.1　首 3 行上中殘→《七寺古逸經典研究叢書》，3/686 頁第 7～9 行。
3.2　尾 2 行上中殘→《七寺古逸經典研究叢書》，3/690 頁第 53～54 行。。
8　9～10 世紀。歸義軍時期寫本。
9.1　楷書。
11　圖版：《敦煌寶藏》，62/229B～230A。

1.1　BD04589 號
1.3　維摩詰所說經卷中
1.4　崗 089
1.5　070:1186
2.1　（1.5+50.5）×26.5 厘米；2 紙；31 行，行 17 字。
2.2　01：1.5+4，3；　02：46.5，28。
2.3　卷軸裝。首殘尾脫。有烏絲欄。
3.1　首行中下殘→大正 475，14/547C2～3。
3.2　尾殘→14/548A6。
6.1　首→BD04477 號。
6.2　尾→BD04648 號。
7.3　背有雜寫一字。

8　8～9 世紀。吐蕃統治時期寫本。
9.1　楷書。
11　圖版：《敦煌寶藏》，65/621B～622A。

1.1　BD04590 號
1.3　佛名經（十六卷本）卷一〇
1.4　崗 090
1.5　063：0712
2.1　（1249.6＋5.5）×25.3 厘米；26 紙；699 行，行 15 字。
2.2　01：19.0，護首；　02：49.0，27；　03：49.5，28；
04：49.5，28；　05：49.5，28；　06：49.5，28；
07：49.5，28；　08：49.5，28；　09：49.5，28；
10：49.5，28；　11：49.5，28；　12：49.5，28；
13：49.5，28；　14：49.5，28；　15：49.5，28；
16：49.5，28；　17：49.5，28；　18：49.5，28；
19：49.5，28；　20：49.5，28；　21：49.5，28；
22：49.5，28；　23：49.3，28；　24：49.3，28；
25：49.5，28；　26：43.5＋5.5，28。
2.3　卷軸裝。首全尾脱。經黄打紙。有護首，有竹製天竿，中間繫有彩色絲帶，長 40 厘米。首紙下邊殘損，第 1 至 5 紙上邊殘破，第 6 至尾紙上與中部有等距離殘洞，第 14 紙至尾紙下部有等距離殘洞；尾紙下邊殘缺，中下部有大殘洞。第 25、26 紙接縫上部開裂。有烏絲欄。已修整。
3.1　首全→《七寺古逸經典研究叢書》，3/482 頁第 1 行。
3.2　尾 3 行中下殘→《七寺古逸經典研究叢書》，3/535 頁第 682～685 行。
4.1　佛名經卷第十（首）。
7.4　護首有經名“佛名經卷第十”。
8　7～8 世紀。唐寫本。
9.1　楷書。
9.2　有硃筆間隔號。
11　圖版：《敦煌寶藏》，61/473B～491A。

1.1　BD04591 號
1.3　大佛頂如來密因修證了義諸菩薩萬行首楞嚴經卷五
1.4　崗 091
1.5　237：7405
2.1　69×26 厘米；2 紙；26 行，行 17 字。
2.2　01：22.2，護首；　02：46.8，26。
2.3　卷軸裝。首全尾脱。有護首，護首有竹製天竿並殘留縹帶結。第 2 紙下邊有殘損。有烏絲欄。
3.1　首全→大正 945，19/124B9。
3.2　尾殘→19/124C8。
4.1　大佛頂如來密因修證了義諸菩薩萬行首楞嚴經第五，/一名中印度那蘭陀大道場經，於灌頂部錄出別行/（首）。
7.4　護首有經名“大佛頂經卷第五”。上有經名號。
8　8 世紀。唐寫本。
9.1　楷書。
11　圖版：《敦煌寶藏》，106/98B～99A。

1.1　BD04592 號
1.3　金剛般若波羅蜜經
1.4　崗 092
1.5　094：3942
2.1　（10.5＋273.1）×26.5 厘米；7 紙；168 行，行 17 字。
2.2　01：10.5＋30，24；　02：40.5，24；　03：40.5，24；
04：40.5，24；　05：41.0，24；　06：40.1，24；
07：40.5，24。
2.3　卷軸裝。首殘尾脱。第 1 紙上下斷裂爲兩截，第 2、5 紙有破裂，第 5、6 紙間接縫處開裂，卷面有水漬、塵污。有烏絲欄。已修整。
3.1　首 5 行下殘→大正 235，8/749C7～12。
3.2　尾殘→8/751C12。
7.3　第 7 紙上下邊各有雜寫一字。
8　8 世紀。唐寫本。
9.1　楷書。
11　圖版：《敦煌寶藏》，81/275B～279A。

1.1　BD04593 號
1.3　金剛般若波羅蜜經
1.4　崗 093
1.5　094：4349
2.1　117×26.5 厘米；3 紙；67 行，行 17 字。
2.2　01：40.0，25；　02：40.5，26；　03：36.5，16。
2.3　卷軸裝。首脱尾全。卷尾殘破嚴重，2、3 紙粘接處上部有開裂。有蟲繭。背有古代裱補。有烏絲欄。
3.1　首殘→大正 235，8/751C12。
3.2　尾全→8/752C3。
4.2　金剛般若波羅蜜經（尾）。
5　與《大正藏》本對照，本卷經文無冥司偈，參見《大正藏》，8/751C16～19。
8　7～8 世紀。唐寫本。
9.1　楷書。
11　圖版：《敦煌寶藏》，83/34B～35B。

1.1　BD04594 號
1.3　妙法蓮華經卷六
1.4　崗 094
1.5　105：5839
2.1　（2＋84＋1.5）×24.5 厘米；2 紙；54 行，行 17 字。
2.2　01：2＋42.5，27；　02：41.5＋1.5，27。
2.2　卷軸裝。首尾均殘。上邊有等距離黴斑，下邊有水漬。有烏絲欄。
3.1　首行中殘→大正 262，9/52C21～22。

3.2　尾行上殘→9/53B18～19。
6.2　尾→BD04575 號。
8　8 世紀。唐寫本。
9.1　楷書。
11　圖版:《敦煌寶藏》, 95/330A～331A。

1.1　BD04595 號
1.3　妙法蓮華經卷五
1.4　崗 095
1.5　105:5499
2.1　114.9×25.4 厘米; 3 紙; 66 行, 行 17 字。
2.2　01: 18.7, 10;　02: 50.0, 28;　03: 46.2, 28。
2.3　卷軸裝。首殘尾脱。經黄打紙。上邊有水漬。有烏絲欄。
3.1　首殘→大正 262, 9/39A20。
3.2　尾殘→9/40A16。
8　7～8 世紀。唐寫本。
9.1　楷書。
11　圖版:《敦煌寶藏》, 92/571B～573A。

1.1　BD04596 號
1.3　金剛般若波羅蜜經
1.4　崗 096
1.5　094:4146
2.1　108.5×25.5 厘米; 3 紙; 63 行, 行 17 字。
2.2　01: 30.0, 19;　02: 73.5, 46;　03: 05.0, 03。
2.3　卷軸裝。首尾均殘。有烏絲欄。
3.1　首殘→大正 235, 8/750C7。
3.2　尾殘→8/751B20。
5　與《大王藏》本對照, 文字略有參差。
8　9～10 世紀。歸義軍時期寫本。
9.1　楷書。
11　圖版:《敦煌寶藏》, 82/229B～230B。

1.1　BD04597 號
1.3　大般若波羅蜜多經卷五九一
1.4　崗 097
1.5　084:3398
2.1　(12.2+135.1+3.2)×25.9 厘米; 5 紙; 92 行, 行 17 字。
2.2　01: 10.3, 05;　02: 1.9+43.1, 28;　03: 45.2, 28;
　　04: 44.9, 28;　05: 1.9+3.2, 03。
2.3　卷軸裝。首尾均殘。卷面有水漬, 有殘缺破損。有烏絲欄。已修整。
3.1　首 3 行上殘→大正 220, 7/1055C27～28。
3.2　尾行下殘→7/1057A2。
8　8～9 世紀。吐蕃統治時期寫本。
9.1　楷書。
11　圖版:《敦煌寶藏》, 77/472B～474A。

1.1　BD04598 號
1.3　金剛般若波羅蜜經
1.4　崗 098
1.5　094:3792
2.1　(12.5+362.2+16)×26 厘米; 9 紙; 235 行, 行 17 字。
2.2　01: 12.5+31, 26;　02: 49.5, 30;　03: 49.5, 29;
　　04: 49.7, 30;　05: 48.5, 28;　06: 39.0, 23;
　　07: 39.0, 23;　08: 38.5, 23;　09: 17.5+16, 23。
2.3　卷軸裝。首尾均殘。第 1 紙下邊豎裂, 卷上邊油污, 卷尾殘缺嚴重。有烏絲欄。已修整。
3.1　首 7 行中下殘→大正 235, 8/749B6～13。
3.2　尾 12 行下殘→8/752A16～29。
5　與《大正藏》本對照, 尾第 2 行多"何以故"。
8　9～10 世紀。歸義軍時期寫本。
9.1　楷書。硬筆書寫。
11　圖版:《敦煌寶藏》, 80/360A～365A。

1.1　BD04599 號
1.3　金剛般若波羅蜜經
1.4　崗 099
1.5　094:3801
2.1　(66+2)×26 厘米; 2 紙; 41 行, 行 17 字。
2.2　01: 44.5, 27;　02: 21.5+2, 14。
2.3　卷軸裝。首尾均殘。卷首有破裂, 脱落一塊殘片。上邊有水漬。有烏絲欄。
3.1　首殘→大正 235, 8/749B16。
3.2　尾 1 行下殘→8/749C28～29。
8　9～10 世紀。歸義軍時期寫本。
9.1　楷書。
11　圖版:《敦煌寶藏》, 80/404B～405A。

1.1　BD04600 號
1.3　妙法蓮華經卷六
1.4　崗 100
1.5　105:5772
2.1　(3.2+71.5+2)×24.5 厘米; 3 紙; 47 行, 行 17 字。
2.2　01: 3.2+10.5, 08;　02: 45.0, 28;　03: 16+2, 11。
2.3　卷軸裝。首尾均殘。第 2 紙有殘洞。背有古代裱補。有烏絲欄。已修整。
3.1　首 2 行下殘→大正 262, 9/49A4～7。
3.2　尾行下殘→9/49C21。
6.2　尾→BD04532 號。
8　8 世紀。唐寫本。
9.1　楷書。
11　圖版:《敦煌寶藏》, 94/658B～659B。

新舊編號對照表

一、千字文號與北敦號、縮微膠卷號對照表

千字文號	北敦號	縮微膠卷號
崗 009	BD04509 號	105：5800
崗 010	BD04510 號	250：7502
崗 011	BD04511 號	084：3106
崗 012	BD04512 號	063：0800
崗 013	BD04513 號	084：2148
崗 014	BD04514 號	084：2141
崗 015	BD04515 號	115：6512
崗 016	BD04516 號	094：3595
崗 017	BD04517 號	084：3105
崗 018	BD04518 號	061：0542
崗 019	BD04519 號	157：6955
崗 019	BD04519 號背	157：6955
崗 020	BD04520 號	083：1647
崗 021	BD04521 號	084：2144
崗 022	BD04522 號	094：3908
崗 023	BD04523 號	157：6962
崗 024	BD04524 號	070：1195
崗 025	BD04525 號	409：8564
崗 025	BD04525 號背	409：8564
崗 026	BD04526 號	070：1106
崗 027	BD04527 號	115：6371
崗 028	BD04528 號	094：3772
崗 029	BD04529 號	063：0794
崗 030	BD04530 號 1	083：1805
崗 030	BD04530 號 2	083：1805
崗 031	BD04531 號	094：3829
崗 032	BD04532 號	105：5750
崗 033	BD04533 號	084：3225
崗 034	BD04534 號	084：3039
崗 035	BD04535 號	083：1912
崗 035	BD04535 號背	083：1912
崗 036	BD04536 號	040：0380
崗 037	BD04537 號	空號
崗 038	BD04538 號	275：8023
崗 039	BD04539 號	275：7818
崗 040	BD04540 號	105：5860
崗 041	BD04541 號	094：4111
崗 041	BD04541 號背	094：4111
崗 042	BD04542 號	094：4064
崗 042	BD04542 號背 1	094：4064
崗 042	BD04542 號背 2	094：4064
崗 043	BD04543 號	094：4301
崗 044	BD04544 號 1	288：8259
崗 044	BD04544 號 2	288：8259
崗 044	BD04544 號 3	288：8259
崗 045	BD04545 號	083：1739
崗 046	BD04546 號	083：1520
崗 044	BD04546 號背	288：8259
崗 047	BD04547 號	105：5615
崗 048	BD04548 號 1	275：8024
崗 048	BD04548 號 2	275：8024
崗 048	BD04548 號背 1	275：8024
崗 048	BD04548 號背 2	275：8024
崗 049	BD04549 號	105：4618
崗 050	BD04550 號	088：3437
崗 051	BD04551 號	094：4133
崗 052	BD04552 號	157：6929
崗 053	BD04553 號	105：5271
崗 054	BD04554 號	061：0551
崗 055	BD04555 號	201：7198
崗 056	BD04556 號	105：5360
崗 057	BD04557 號	070：0994
崗 058	BD04558 號 1	094：3661
崗 058	BD04558 號 2	094：3661
崗 059	BD04559 號	094：3532
崗 060	BD04560 號	040：0388
崗 061	BD04561 號	275：7819
崗 062	BD04562 號	078：1339

崗 062	BD04562 號背 1	078：1339	崗 080	BD04580 號	275：7821
崗 062	BD04562 號背 2	078：1339	崗 081	BD04581 號	157：6906
崗 062	BD04562 號背 3	078：1339	崗 082	BD04582 號	083：1969
崗 063	BD04563 號	115：6369	崗 083	BD04583 號	083：1650
崗 064	BD04564 號	275：7820	崗 084	BD04584 號	111：6258
崗 065	BD04565 號	417：8579	崗 085	BD04585 號	083：1682
崗 066	BD04566 號	063：0774	崗 086	BD04586 號	084：2855
崗 067	BD04567 號	084：3093	崗 087	BD04587 號	105：5879
崗 068	BD04568 號	105：5805	崗 088	BD04588 號	063：0775
崗 069	BD04569 號	156：6815	崗 089	BD04589 號	070：1186
崗 070	BD04570 號	240：7448	崗 090	BD04590 號	063：0712
崗 071	BD04571 號	083：1584	崗 091	BD04591 號	237：7405
崗 072	BD04572 號	084：2980	崗 092	BD04592 號	094：3942
崗 073	BD04573 號	105：6110	崗 093	BD04593 號	094：4349
崗 074	BD04574 號	094：4027	崗 094	BD04594 號	105：5839
崗 075	BD04575 號	105：5855	崗 095	BD04595 號	105：5499
崗 076	BD04576 號	094：3919	崗 096	BD04596 號	094：4146
崗 077	BD04577 號 1	061：0517	崗 097	BD04597 號	084：3398
崗 077	BD04577 號 2	061：0517	崗 098	BD04598 號	094：3792
崗 078	BD04578 號	083：1440	崗 099	BD04599 號	094：3801
崗 078	BD04578 號背	083：1440	崗 100	BD04600 號	105：5772
崗 079	BD04579 號	084：3342			

二、縮微膠卷號與北敦號、千字文號對照表

縮微膠卷號	北敦號	千字文號	縮微膠卷號	北敦號	千字文號
040：0380	BD04536 號	崗 036	083：1440	BD04578 號	崗 078
040：0388	BD04560 號	崗 060	083：1440	BD04578 號背	崗 078
061：0517	BD04577 號 1	崗 077	083：1520	BD04546 號	崗 046
061：0517	BD04577 號 2	崗 077	083：1584	BD04571 號	崗 071
061：0542	BD04518 號	崗 018	083：1647	BD04520 號	崗 020
061：0551	BD04554 號	崗 054	083：1650	BD04583 號	崗 083
063：0712	BD04590 號	崗 090	083：1682	BD04585 號	崗 085
063：0774	BD04566 號	崗 066	083：1739	BD04545 號	崗 045
063：0775	BD04588 號	崗 088	083：1805	BD04530 號 1	崗 030
063：0794	BD04529 號	崗 029	083：1805	BD04530 號 2	崗 030
063：0800	BD04512 號	崗 012	083：1912	BD04535 號	崗 035
070：0994	BD04557 號	崗 057	083：1912	BD04535 號背	崗 035
070：1106	BD04526 號	崗 026	083：1969	BD04582 號	崗 082
070：1186	BD04589 號	崗 089	084：2141	BD04514 號	崗 014
070：1195	BD04524 號	崗 024	084：2144	BD04521 號	崗 021
078：1339	BD04562 號	崗 062	084：2148	BD04513 號	崗 013
078：1339	BD04562 號背 1	崗 062	084：2855	BD04586 號	崗 086
078：1339	BD04562 號背 2	崗 062	084：2980	BD04572 號	崗 072
078：1339	BD04562 號背 3	崗 062	084：3039	BD04534 號	崗 034

084：3093	BD04567 號	崗 067
084：3105	BD04517 號	崗 017
084：3106	BD04511 號	崗 011
084：3225	BD04533 號	崗 033
084：3342	BD04579 號	崗 079
084：3398	BD04597 號	崗 097
088：3437	BD04550 號	崗 050
094：3532	BD04559 號	崗 059
094：3595	BD04516 號	崗 016
094：3661	BD04558 號 1	崗 058
094：3661	BD04558 號 2	崗 058
094：3772	BD04528 號	崗 028
094：3792	BD04598 號	崗 098
094：3801	BD04599 號	崗 099
094：3829	BD04531 號	崗 031
094：3908	BD04522 號	崗 022
094：3919	BD04576 號	崗 076
094：3942	BD04592 號	崗 092
094：4027	BD04574 號	崗 074
094：4064	BD04542 號	崗 042
094：4064	BD04542 號背 1	崗 042
094：4064	BD04542 號背 2	崗 042
094：4111	BD04541 號	崗 041
094：4111	BD04541 號背	崗 041
094：4133	BD04551 號	崗 051
094：4146	BD04596 號	崗 096
094：4301	BD04543 號	崗 043
094：4349	BD04593 號	崗 093
105：4618	BD04549 號	崗 049
105：5271	BD04553 號	崗 053
105：5360	BD04556 號	崗 056
105：5499	BD04595 號	崗 095
105：5615	BD04547 號	崗 047
105：5750	BD04532 號	崗 032
105：5772	BD04600 號	崗 100
105：5800	BD04509 號	崗 009
105：5805	BD04568 號	崗 068
105：5839	BD04594 號	崗 094
105：5855	BD04575 號	崗 075
105：5860	BD04540 號	崗 040
105：5879	BD04587 號	崗 087
105：6110	BD04573 號	崗 073
111：6258	BD04584 號	崗 084
115：6369	BD04563 號	崗 063
115：6371	BD04527 號	崗 027
115：6512	BD04515 號	崗 015
156：6815	BD04569 號	崗 069
157：6906	BD04581 號	崗 081
157：6929	BD04552 號	崗 052
157：6955	BD04519 號	崗 019
157：6955	BD04519 號背	崗 019
157：6962	BD04523 號	崗 023
201：7198	BD04555 號	崗 055
237：7405	BD04591 號	崗 091
240：7448	BD04570 號	崗 070
250：7502	BD04510 號	崗 010
275：7818	BD04539 號	崗 039
275：7819	BD04561 號	崗 061
275：7820	BD04564 號	崗 064
275：7821	BD04580 號	崗 080
275：8023	BD04538 號	崗 038
275：8024	BD04548 號 1	崗 048
275：8024	BD04548 號 2	崗 048
275：8024	BD04548 號背 1	崗 048
275：8024	BD04548 號背 2	崗 048
288：8259	BD04544 號 1	崗 044
288：8259	BD04544 號 2	崗 044
288：8259	BD04544 號 3	崗 044
288：8259	BD04546 號背	崗 044
409：8564	BD04525 號	崗 025
409：8564	BD04525 號背	崗 025
417：8579	BD04565 號	崗 065
空號	BD04537 號	崗 037